尘道繁华

王秀堂 著

作家出版社

图书在版编目（CIP）数据

尘道繁华 / 王秀堂著. -- 北京：作家出版社，2024. 11. -- ISBN 978-7-5212-3188-5

Ⅰ. I247.5

中国国家版本馆 CIP 数据核字第 20241YA188 号

尘道繁华

作　　者：王秀堂
策　　划：北京东方文渊文化传媒有限公司
责任编辑：杨新月
装帧设计：瑰　鹂
出版发行：作家出版社有限公司
社　　址：北京农展馆南里 10 号　　**邮　　编：**100125
电话传真：86-10-65067186（发行中心）
86-10-65004079（总编室）
E-mail:zuojia @ zuojia.net.cn
http://www.zuojiachubanshe.com
印　　刷：唐山玺诚印务有限公司
成品尺寸：170 × 240
字　　数：635 千
印　　张：35.75
版　　次：2024 年 11 月第 1 版
印　　次：2024 年 11 月第 1 次印刷
ISBN 978-7-5212-3188-5
定　　价：68.00 元

既然人生的归宿已定，为什么要走捷径？难道曲折与挫折不是赏赐？迷路的孤勇何必惊恐？

白行躺在华不注山南麓华阳宫那棵活了九百年的老柏树下，闭着双眼，看不出是睡着了还是在冥想……

他如做茧的蚕，感受着漫长的孤独……

第一章

一九六二年，饥饿即将结束的一年。

在济南华不注山南麓华阳宫里的老柏树下，一位白衣仙者拔起老柏树边上的一棵柏树苗，在地上写下一个“行”字，随即把树苗扔给了面前的白三强、张书禾夫妇，夫妻俩拾起树苗千恩万谢地走了——

济南西城区挨着西市场的一个院落里，横着几排低矮的平房。靠着山墙，有一间后来垒起的泥砖房，八平方米。这间屋比其他的房子更低矮，几块木板钉起个小门，门旁开个口，算是窗。这间屋子里住着的是部队复员回到鲁北原籍，又返回城里安排了工作的白三强家。

这年春天的一个晚上，天空下起了小雨。白家的屋子里张书禾在给人糊火柴盒，加工费一厘钱一个，三岁的闺女梦儿在帮着妈妈抹糨糊。七岁的二儿子丰儿在帮着爸爸搓麻绳——原来拴门的绳子不结实，白家两口子不在家的时候，丰儿总能把房门弄开跑出去玩，白三强要用这个新麻绳把房门拴得更结实一些。白家是真正的家徒四壁：屋里搭起几块木板做床，一家人睡在上面。还有一个小木箱子是白三强在部队时用的，带回老家又带回来，用来放几件破衣裳，这也是白家唯一的家当。白家的房门没有锁，没什么怕偷的东西，拴门只有一个目的——就是为了两口子不在家的时候把两个孩子关在家里。

一晚上没人说话，小屋被沉闷的气氛笼罩着，只有屋顶的漏雨滴在盆子里传出的滴答声，像是初来的黑夜在向昏暗的灯泡不停地诉说。

白家两口子有心事——张书禾又怀上了。

这白三强和张书禾是什么背景和来历？怎么怀了孩子还成心事了呢？

白三强上数几代人都是赤贫，到白三强这一代，有白三强和他两个哥。白三强他爹在白三强出生后不久就得病死了，他娘带着仨孩子靠讨饭度日，不久白三强的二哥贫病交加也死了。等剩下的两个孩子能自己拿着破碗去各村要饭吃，白三强他娘生不如死、万念俱灰，投进水缸里把自己淹死了。多年后，八路军到村里招兵，拿出一红一白两杆旗让老百姓选，说选红旗的当八路军，选白旗的是汉奸，要被镇压。问白三强他哥选什么旗。白三强他哥说我什么旗也不选。问白三强选什么旗。白三强说我选红旗当八路。就这样，白三强十几岁参加了八路军。白三强参加八路军后，白三强他哥就靠给八路军干点诸如收布鞋、送信儿的小活混饭吃。后来经人介绍，白三强他哥娶了一个不会生育的寡妇当媳妇，破败不堪的白家总算又有了烟火气。张书禾家与白三强家截然相反，她老辈儿里是名门望族，钟鸣鼎食之家。到张书禾的老爷爷这一辈儿，虽然家道中落，但也依然是书香门第。张书禾的爷爷是爱国志士，民国初年他变卖家财舍下爱妻幼子赴福建参加孙中山下令成立的飞行队，是中国第一批会开飞机的人，因飞机事故没能善终。张书禾的爹是国民中学的校长、远近闻名的青年学者，可惜在组织乡亲给八路军收粮食送粮食时被日本兵打死了。张书禾是孤儿，她娘是在生她的时候难产死的，六岁时她爹又死了，她是跟着一个远房奶奶长大的。白三强粗壮有力、憨直刚毅，从不想这想那，只知道干活过日子。张书禾相貌姣好身材修长，虽然破衣烂衫但遮不住她眼神里睿智的光，这是胎里带。白三强说话粗声大嗓门，张书禾讲话和声细语娓娓道来。两个人若不是家境和社会的变迁，本不该相识，更不会组成家庭。

建国初期，白三强在济南的山东军区驻济部队当班长，亲戚把从天衢城长大的张书禾带到济南给白三强当媳妇。初时，二十三岁的白三强没看中十八岁的张书禾，嫌她面黄肌瘦窄肩细腰弱不禁风，不像庄稼地里的妇女。但张书禾知书达理应答有度，另有一番景象。白三强渐渐看出张书禾的好来，也就同意了这门亲事与张书禾结了婚。连队帮白三强在营房不远处借了间小屋让张书禾住下。白三强平日里在连队，每周能到借的房子里待个一天半天的。两人结婚不久，白三强他哥来信说鲁北家乡正在斗地主分田地，白三强要是复员回原籍，白家就能分到更多的地。白三强从小就盼望着哥俩能过上有房子有地的好日子，就去找首长问询复员的事。首长拿出人民革命军事委员会和政务院联合下发的《关于人民解放军 1950 年的复员工作的决定》的文件给白三强看。首长说：“本来没安排你复员，了大国一个。哈哈哈……”

胡金堂说：“哦，这个意思——白行，到这就行了。你这闺女的名字起得这么巧，谁给起的？”

白三强说：“大儿和二儿的名是我定的，三儿的名算是仙家定的。闺女的名是她妈起的，爱叫啥叫啥，我不管这个事。”

胡大嫂惊奇道：“哟！她妈还有这个文化，梦儿这名字起得好。”

张书禾说：“俺哪有啥文化，俺就是觉着生女孩子就像做梦——说是自己的孩子，长大了嫁人上人家家里去了，等于自己的孩子没了——这不和做梦一样？”

胡大嫂说：“嫁了人也是自己的孩子，生女孩就是做梦？你这么说可是不对。”

胡金堂说：“原来猜着你就两个儿子的命，现在有三个儿子，三强，你这个名字就应在三个儿子上，将来你三个儿子肯定都是好样的。”

白三强说：“胡大哥你猜得对，我就是俩儿的命——大儿过继给我大哥了。”白三强解释说：“我原来是兄弟仨，二哥饿死了，爹娘也没有了，全家就剩下我和我大哥兄弟俩。我大哥没孩子，想要我大儿，我不能不给。”

胡金堂说：“三强做事大气。看你平时说话办事的也很有派头，怎没弄个一官半职的？”

白三强说：“我这些年，全坏在一个叫杜凤山的人身上。”接下来，白三强把自己的经历说给胡金堂听——

一九四五年春天，白三强十八岁，是八路军鲁北县大队的战士、预备党员，任班长。副班长杜凤山他爹来找杜凤山，说杜凤山的哥当汉奸，在村里欺男霸女无恶不作，打爹骂娘无人敢管，让当八路的杜凤山回家砸死他哥。杜凤山怕部队知道他哥这个情况影响他进步，找白三强商量，最终二人决定由白三强背着枪，一起跟着杜凤山他爹去他村里吓唬吓唬他哥。当天夜里三人到了杜凤山村里。杜凤山的爹有杜凤山撑腰，胆子变大，见到杜凤山他哥就骂，他哥抄起铁锨就要打他爹，杜凤山害怕他哥不敢阻拦。白三强猫腰进到杜凤山他哥跟前，冲他哥肩膀捣了一枪托，他哥倒在地上，杜凤山他爹拾起铁锨冲他哥头上狠命拍了几下子。他哥就地死了。

死了人不是小事，村里报区里，区里报县里，直至报到渤海军区三分区。三分区派人调查，结论是白三强私自带枪脱离部队是第一错，未能阻止伤人致死事件为第二错。将白三强调离县大队，安排到部队鞋厂工作。杜凤山没带枪，死的又是他哥，因此没受任何处分。白三强调离，杜凤山成了班长，随后又被提成排长、连长。白三强被迫离开县大队，杜凤山向白三强深表歉意。但后来杜凤山转念一想，认为他哥的死白三强脱不了干系——如果白三强没把他哥打倒，他爹就不可能把他哥拍死。杜凤山由此记恨上了白三强。

后来白三强有几次被提干的机会，都被杜凤山从中作梗没能如愿。白三强也曾尝试调换单位另开新篇，依然被杜凤山跟踪使坏，至今一事无成。

与白三强命运不同，杜凤山步步高升，已经提拔为团级干部。

听完白三强的讲述，胡金堂感慨道："十八岁干下的事，耽误到现在。这个杜凤山和他哥一样坏，要不是他一直使坏，你现在也是团长了，转业也是个县长。"

白三强说："一开始我也找过杜凤山几次，是他叫我给他帮忙，我不能看着他爹挨打不管呀，我还因此受了处分，他怎么还记恨我呢？我咋想咋想不通。我找他，他就躲着，他也知道自己理亏。"

胡金堂宽慰说："别想以前的事了。你这个名字好，三强，应了现在的三个好儿子。我就大国一个儿子。你还有一个闺女，好日子在后头呢。"

胡大嫂说："你们两口子在这里住了这些年，俺光知道你家日子穷，没想到你还当过八路军。以后俺可不敢喊你们老三、老三家的了，俺要叫三哥、三嫂子。"

胡金堂端起酒说："来，三哥，喝酒吧。我敬三哥三嫂子！"

白三强说："这可不行，胡大哥比我岁数大也比我能耐大，叫我哥可不行。"

胡大嫂说："要不然就跟着孩子叫，以后就叫你俩三爸、三娘。"

胡金堂说："这个主意好，就这样叫了。来，三爸、三娘，祝贺你们又得了个儿子！"

自此，邻居们都习惯称白家两口子为三爸、三娘。

几年后，白家搬到了济南东郊一家国营厂的宿舍里。这是些简易三层红砖楼，一家两间房，外带一间小厨房，两家一个厕所。白家住在二层，从北窗远远望去，能看到苍劲圆润、孤伫原野、俗称华山的华不注山。三爸在厂里警卫队上班，三娘干上了临时工，丰儿也上学了。每天早晨出门前，三爸都要拿根绳子，一头拴在闺女梦儿的腰上，一头绑在门框上，都是死扣，绳子的长度正好能到厕所。小儿子行儿就像小马驹随着母马一样偎在姐姐身旁。像一些工人家庭一样，白家没有钱送两个孩子上托儿所——虽然每个月的托儿费只有几块钱。

然而经常出现的情况是，白家两口子下班到家一看，两个孩子早就跑得无影无踪——梦儿像她的二哥丰儿当年一样，总能把绳子解开。于是三爸一天天地把绳子系得紧些、更紧些……后来丰儿每天放学就多了个任务——找妹妹。弟弟不用找，他总是跟在梦儿身边。已经上学的丰儿很要脸面，他不愿意每天当着同学的面把弟弟妹妹领回家。于是只要找到他们，他就没轻没重地把妹妹打一顿，弟弟就在一边跟着哭。

几年中，白家人找孩子，已经成了所住宿舍区的一景儿。

这年夏天，八岁的梦儿到入学年龄了。一天早晨，三娘对放暑假在家的丰儿说："你在家里领着弟弟妹妹一起玩，就不绑着你妹妹了。"

见儿子没有搭腔，三娘就又嘱咐了一遍后上班去了。

见三娘走远，丰儿对着站在自己跟前等着一起玩的弟弟妹妹说："滚一边去！"

梦儿说："咱妈让你和俺俩一起玩。"

丰儿把妹妹往边上一推说："我自己出去玩，谁要跟着我，小心点！"说完就出去了。

梦儿怒视着丰儿离开后，对五岁的行儿说："弟弟，他不和咱玩咱自己玩。你想玩什么？"

行儿说："华山上有宝，我要去挖宝。"

梦儿说："弟弟你胆子真大，这么远，我可不敢去。"

行儿说："姐姐你和我挖宝去吧，哥哥说要是手里拿着宝，说什么别人都听，咱挖到宝以后就让哥哥和咱一起玩。"

梦儿说："咱没去过那里，咱不去了，要是咱妈找不着咱怎么办？"

行儿不高兴地说："咱吗能找着咱。"说完就赌气坐到一边。

梦儿看弟弟不高兴了，就说："走，弟弟，咱去。"

行儿就高兴地拿起家里给炉子添煤的小铁铲子说："姐姐要是挖了宝咱搬不动怎么办？"

梦儿说："咱再叫几个小孩一块去。"

中午三娘回家给孩子们做饭，见一个孩子也没在家就出去找。嘴里喊着转了几圈找到了丰儿，就问："弟弟妹妹呢？不是让你领着他们一起玩吗？"

丰儿说："他们又不听我的。"

三娘生气地说："你就不能帮大人干点事啊？快找去！"

三娘和丰儿分头去梦儿和行儿爱去的地方找，去一起玩的孩子们家里打听。结果是，直到过了吃饭的点，有好几家找不到自己的孩子。

轻易不丢孩子的家里害怕了，去派出所报案。派出所就让公安也帮着找。

邻近的几个宿舍区都找过了，桥洞子下面，小树林里，铁道边，附近的工厂里、村子里……能找的地方都找了，甚至已有家长拿着竹竿到路边的小河沟里探寻。

家长们变得惊恐，有的已经开始擦眼泪。

派出所的公安分析说："这几个孩子肯定在一块儿，找到一个就都找到了。分头再跑远一点去找。"

傍黑天的时候，两个公安骑着两辆自行车带着几个孩子回来了。一进宿舍，众人就都围了上来。

行儿的手指甲掉了一个，血淋淋的。梦儿一脸惊恐，知道没看好弟弟犯了错。

公安说："你们猜跑到哪里去了？跑到北面华山去了！这个小小子手指甲都掉了还到处乱爬，这不是胡闹吗！"

三娘问梦儿："华山这么远你们怎么去的？"

梦儿怯怯地说："我们偷偷爬到驴车上去的。"

三娘问："赶车的让你们上吗？"

梦儿说："他睡着了。到了华山他醒了就把我们轰下来了。"

三爸听着生气，一脚踢在梦儿身上。梦儿大哭起来，行儿就跟着姐姐一起哭。

公安说："听这些孩子说，你这个闺女是个孩子头儿，一群孩子都听她的。她说带着这些孩子去华山寻宝，宝没找到，她弟弟也找不着了。你闺女就让这些孩子帮着找弟弟，找不着不让回家。后来还是山上的解放军战士找到你小儿子，又给派出所打了电话这才把这些孩子接回来。幸亏都在那里等着，要不然非走丢了不可。"

三娘就问小儿子："你个人在山上乱跑想干啥去啊？"

行儿说："那个树上有枣，我想摘枣给妈吃。"

公安说："啥枣啊，听战士说是在华阳宫的一棵老柏树下面找到他的，树上结的有柏树籽。你说这点小孩子就想上树摘那柏树籽给他妈吃，那东西能吃吗？华山不让上，也不知道他怎么就跑到华阳宫里去了。"公安接过三爸递过来的烟卷说，"不过这小子比他姐姐心眼子多，拖拉机来了他姐姐和孩子们往前跑，这小子往路边跑。"

"俺这个小儿子叫'行'，聪明，干啥啥行。"三娘从衣袋里拿出手绢，一边要给小儿子包扎一边说，"孩子两岁的时候他胡伯伯把个针放在桌子上让他拿起来，她姐姐捏了半天没捏起来，俺这个小儿子一个手接着，一个手往桌子边上扒拉，几下就掉到手上了。”

大人们哈哈笑，一个大人说：“两岁就有这心眼，不简单不简单……”另一个说：“快去医务室给孩子包包吧，要消消炎才行。”三娘就抱起行儿上医务室。三爸给众人递着香烟，给丢孩子的家长赔不是。

被三娘夸是“干啥啥行”还聪明的行儿并不名副其实，他也有不聪明的时候——

就在去华山寻宝的几天后，随着一声“牛奶冰糕——三分五分的，卖冰糕——二分”，又一个卖冰糕的骑着自行车驮着用棉被盖着的白木箱子进了宿舍大院。行儿再一次扭头往家跑去——他又要做一次总是失败的尝试，哀求三娘给自己买一个冰糕。五岁的行儿还不知道冰糕是什么滋味。只要卖冰糕的来到宿舍，只要姐姐不把他拉开，他只能是看着能买得起冰糕的孩子炫耀似的在他面前把冰糕吃完。如果碰巧三娘在家，他就要向三娘哀求，一直哀求到卖冰糕的离开宿舍，或者被不耐烦的三娘冲屁股打几下，哭了算完。

“妈！”行儿跑进家门。

“听见了，不买！”

“这个卖冰糕的有不带牛奶的，二分钱一个。我听见喊了。”二哥丰儿帮腔说。

“贪贱吃穷人。”三娘有的是道理。

“我这里有一分钱。”丰儿不知道从哪里弄出一分钱摊在手上。

“吃冰糕拉肚子！”三娘今天说出一个新理由。

“弟弟，听妈的，不要。”姐姐梦儿说。

楼下卖冰糕的好像就要离开了，情急中行儿突然想出一个不拉肚子的办法：“妈！我买个冰糕煮煮吃！我买个冰糕煮煮吃……哇！”行儿眼盯着二哥手中的那一分钱大哭起来——又要没希望了，他想。

三娘停下手中的活计，片刻，突然快步走到窗前对外喊：“卖冰糕的！等一会儿！”

“我去叫住他！”丰儿冲门而出。

三娘拿出一毛钱递到梦儿手上说：“买三个，一人一个。”

不一会儿，梦儿和行儿一人捧着一个冰糕跑回家来，争先恐后地把冰糕举到三娘嘴边。

这一天，三爸从厂里拿回几块破铁皮，敲敲打打地做成大大小小的几个铁桶。三娘把三个孩子叫到跟前，指着大中小三个铁桶说："给你们拾煤渣用的，一人一个。"丰儿刚要开溜，三娘接着说："大桶拾满了给三分，半大桶给两分，小桶给一分。"

行儿过去用力地提起大桶说："我要大桶。"行儿无论啥事都想做好，盼着妈妈表扬自己。

丰儿推开弟弟，拿起三个桶跑到水池子跟前，在桶里接上水，倒来倒去地试了试说："我用中桶，两中桶还满不了一大桶呢。"

三娘夺过中桶把大桶递到丰儿手里说："你用大桶，妹妹用中桶，弟弟用小桶。"

丰儿不再争辩，拿着大桶跑了出去。梦儿领着弟弟各自拎着自己的桶也出去了。

梦儿拾煤渣的速度是最快的。过去梦儿拾煤渣是用一个布口袋盛着，现在有了铁皮桶，顺手多了。每次锅炉房往外倒炉灰，梦儿总是能在众多拾煤渣的孩子中第一个冲上去，那些最大最黑的煤渣也总是能被梦儿抢到。用粗铁丝窝成的铁钩子在炉灰堆上翻飞，不一会儿桶就满了。行儿拾得慢，但他不甘落后，总想着拾满了自己的再帮姐姐。赶上煤渣多的时候，梦儿会把挑出的煤渣集中在一边让弟弟看着，挑完煤渣梦儿一趟一趟把煤渣弄回家。但是梦儿每次都忘了向妈妈要钱，三娘也忘了给她。于是三娘给行儿钱的时候，行儿就问："姐姐的呢？"梦儿就说："俺不要。"三娘就说行儿："吃了多少胡萝卜啊操这个闲心？"行儿就把自己得的几分钱分给姐姐，但梦儿并不要，她从来不自己买东西，哪怕只需一分钱。后来行儿也不要钱了，他提着一小桶煤渣回家三娘掏出一分钱给他的时候，他就豪气地说："不要了。"三娘就会把拿着钱的手收回去，继而摸着行儿的头表扬道："俺这个老生子儿就是会疼娘。"行儿就感到比拿到一分钱还高兴。行儿从来没见过妈妈给姐姐钱，也没听到过妈妈表扬姐姐。

丰儿从来没有拾过煤渣，他是和锅炉房的人套近乎，帮着人家添煤、推车，哄得人家高兴了，用铁锨往他的桶里装上一下子煤，他就提着回家了。不过几次以后，丰儿就宁愿不要三分钱也不到锅炉房去了，他认为太没意思了。

日子是艰难的，但是丰儿好像总能从中找出有意思的事情来。一家人守着一个咸菜碗吃饭的时候，丰儿会夹起一个粗萝卜条说："粗的好吃，粗的脆。"于是弟弟妹妹开始跟着在咸菜碗里找粗的。往往为了一个粗萝卜条兄妹三人争闹不休。结果是三娘再做饭的时候把萝卜条都切得很粗。没想到一到吃饭丰儿又会夹起一根细萝卜条说："细的好吃，有滋味。"于是弟弟妹妹又会一边吃着嘴里的一边盯着碗里的细的，可是每当看好了要伸手，又总是被手疾眼快的丰儿一下抢走。三个孩子就又开始吵闹，都说是自己先看见的。三娘经常叹气说："又不是吃肉，萝卜条子也要抢。什么时候吃饭不吵架了，我就熬出来了。"

要想开荤吃肉，就要等到过年。因为物资匮乏，定量供应，即便舍得花俩钱儿也买不到东西。一栋楼十几户人家，每到过年会发几张猪头票、几张大前门烟票、几张点心票等，凭票掏钱购物。全楼住户一家出一个代表抓阄，谁抓着是谁的，有些困难的家庭干脆就放弃了。白家不管抓到什么购物券，总要设法和别人家换成猪头票。

炖猪头的这一天，三个孩子不再出门，看着三爸用烧红的火钩子烙去猪头上没收拾干净的鬃毛，抢着斧子把猪头一块块劈开放进锅里。

看着孩子们渴望的眼神，三娘说："出去玩会儿吧，煮熟了叫你们。"可是孩子们谁也不出去，丰儿和梦儿要么装着做作业，要么找点活干，总能找到留在家里的理由，行儿干脆目不转睛地守在炉子跟前等着。

"妈，冒热气了！"行儿喊。

"刚开锅，还早呢。"三娘说。

才一会儿，丰儿悄悄对弟弟说："闻到味了。"

"妈！闻到味了！"行儿提醒妈妈。

三娘过来说："早着呢，什么时候用筷子能插动，就好了。"

于是行儿拿来筷子，一会儿掀开锅盖用筷子插一插，一会儿再用筷子插一插……

猪头煮好了，三爸把肉剔下切好，连同炖猪头的汤一起留起来招待客人，兄妹仨要解馋只能先从啃骨头开始，而第一个得到骨头的行儿也总是先把骨头递到妈妈嘴边……

孩子们一天天长大，虽然弄些野菜、树叶子掺和着，但粮食还是越来越不够吃。一次丰儿饿倒在放学的路上，是三爸一个好心的同事把他背到食堂，用一个地瓜面窝头把他救醒过来的。

第二章

这天，住在西郊的胡金堂夫妇到家里来了，梦儿和行儿像见了亲人，胡伯伯胡娘娘的一阵喊。胡伯伯家里日子过得宽裕，带来的东西白家过年也难得一见——卤好的五香猪头肉用荷叶包着，闻一闻、看一眼就直咽唾沫。白家过年吃的猪头肉是自己家里煮的，和这个一比，味道就差远了。一瓶原装的景芝白干，要花一块三毛钱才能买到。白家过年时也会买酒，但那是散装的六毛钱一斤的地瓜干酒，只买一斤，招待客人用。

落座后胡伯伯从口袋里掏出了两毛三分钱一盒的泉城牌香烟，三爸上班时口袋里装的是八分钱一盒的大众牌，在家里抽从老家捎来的烟叶子——晒干搓碎了，用纸条卷着抽。孩子们用过的作业本，基本都让三爸用来卷烟叶了。

三娘切了猪头肉，拿起一块填到守在一旁的行儿嘴里，梦儿见状悄悄躲到一旁，丰儿几步走到跟前快速拿起一块放进自己嘴里也离开了。三娘又勉强凑了两个素菜，边往小木桌上端菜边说："少油没盐的别笑话俺。"胡娘娘拿眼四处一寻，把坐在远处的梦儿领到桌前，用筷子夹起一块猪头肉就往梦儿嘴里送，梦儿一边极力躲避，一边恐慌地看着父母，好像自己犯了很大的错误。三爸冲梦儿呵斥道："赖在这里干啥？"梦儿眼里含着泪，挣脱着要离开。

胡娘娘放下筷子，一把将梦儿揽到怀里说："我的亲娘，怎么把孩子吓成这样？"又气恼地对三娘说："你两口子重男轻女到啥程度啦！这还是孩子的家吗？"梦儿掉着眼泪挣脱开胡娘娘跑到外面去了，行儿就跟过去看。行儿想帮着姐姐擦眼泪，姐姐不允，行儿就又回到大人这边听大人们说事情。

吃饭了，两个男人坐在小木桌旁，边喝边聊，其余人胡乱填了肚子围在一旁说话。

时间不长，三娘听出了胡家夫妇的来意。原来前几日三爸到胡伯伯家去走走，说起过日子的艰难。胡伯伯夫妇就说能不能把梦儿送给他们？说白家重男轻女，胡家喜欢闺女。三爸说："回家和她妈商量商量。"

回到家来三爸还没有找到机会和三娘说这个事，胡伯伯两口子等不及，就上门来了。

胡伯伯两口子你一言我一语，先是试探着说，后来干脆就表明了当天就要把梦儿接走的意思。

胡伯伯最后说："俺家的条件好点，俺两口子的为人你们也了解，又都喜欢梦儿这个闺女，梦儿到俺家里来，亏不了孩子。你两口子烦女孩，俺两口子喜欢。"

胡娘娘附和着："俺从怀孕就盼着生个闺女，结果生下来是个小子，梦儿到俺家里，如了俺心愿。再说……也能给你们减轻点生活负担是不是？"

三娘表情怪异地看着三爸，三爸只管低着头吸烟。屋子里一片寂静。

"要是想孩子，啥时候到俺家里去看都欢迎，梦儿得空也可以来这里住几天。"胡伯伯补充说。

胡娘娘又附和道："这事定下就抓紧把户口办了，年龄一大户口就不好迁了。梦儿去了和俺大国就是一家人，等俩孩子大了……咱亲上加亲。"

"……事倒不是孬事。"三爸说。

"好！那就这么说定了。"胡伯伯高兴地说。胡娘娘跟着呵呵笑。

"俺看不行。"在一旁一直不作声的三娘说道，"要说家里的事男人做主，不该俺妇道人家插言，可是俺看这个事不行。俺孩子多，可也就这么一个闺女，这些年她爸爸不喜欢女孩子，俺也随着他做，可是要想把孩了送人，说啥俺也不能同意。前些年把大儿子芒儿送给了他大伯，现在又要送闺女，俺的孩子怎么这么不值钱啊？俺这也是人啊！"三娘说着就哭了起来，"这是过的啥日子啊？跟着你吃苦俺不嫌，把孩子送人俺不答应……"三娘边哭边说，突然哭声一停，面露恐慌地喊道："梦儿！梦儿呢？梦儿！"喊着就去找，找到家门外抱住孤零零站在走廊上的闺女放声大哭。

一屋子人跟着跑了出来，就见梦儿一边跟着妈妈哭一边帮妈妈擦着眼泪。行儿从来没见过妈妈哭，看这光景，也跟着哭。

"干啥！这不是商量吗。"三爸生气地说。

"不用商量！你烦俺娘儿几个，俺带着孩子自己过！不碍你眼！"三娘哭着说。

"这是怎么说的啊，孩子俺不要了，快屋里去吧，让人家笑话。"胡伯伯劝道。

“就是啊，不要了不要了，快屋里去吧。你看看你看看，俺也是好心。”胡娘娘说。

众人进了屋，好一会儿才平息下来。

一直在一旁冷眼观瞧的丰儿突然说：“我去，我愿意去。”

“你作死啊！”三娘骂道。

“丰儿快别添乱了，俺谁也不要了。”胡娘娘说。

这以后，三娘对梦儿的态度好了起来，还把自己平时舍不得穿的一件半新的褂子改了改，穿在了梦儿的身上。

梦儿上学以后，行儿没人管，三娘就像其他人一样把孩子带到干临时工的厂子里。厂子不大，有院墙，孩子们在里面玩也丢不了，大人们很放心。行儿每天跟着三娘上班下班，也算开心快乐。

过了一段时间，带孩子上班的人越来越多，厂里就下了个通知，不允许再把孩子带到厂里来。

这以后三爸三娘每天上班时就把行儿锁在家里。行儿被关在没有任何玩具的家里如同坐牢，每天盼着的就是哥哥姐姐放学回家。过了一段时间，行儿竟然从家里的窗子爬出去到楼下玩了。邻居们对三爸三娘说你家这个孩子成天从二层窗子往外爬，早晚要摔坏。三爸三娘就一再叮嘱行儿不要爬，但是不管用，行儿说他一个人在家里快憋死了，要求给他钥匙。把钥匙给行儿又担心他弄丢，于是三娘就拿出家里一直舍不得用的带密码的铜锁，交给行儿怎样打开怎样锁上。行儿每天高高兴兴地在家里自由出入，常把一堆孩子领到家里玩，弄得家里乱七八糟。三爸三娘一商量，把行儿送回了鲁北老家。

行儿和大哥白芒同住在大伯家里。在农村老家的日子要比城里宽裕，因为大伯是单干户——几乎所有的农民都加入了人民公社，只有大伯死活不肯。虽然大伯在乡亲们眼中有些另类，也因此成了全县的反面典型，家里的耕牛、农具都被公社派人强行充了公，但大伯家田里打下的粮食足够一家人吃的，还可以用粮食换些诸如豆腐、虾酱、香油之类的奢侈品，日子过得是人人羡慕。日子过得富裕，爸爸又在城里吃官饭，白芒自然成了香饽饽，加上他又读书读到高小毕业，别看只有十四五岁，前乡后村前来说媒的已经踏破了门槛。但是白芒哪一门亲也不认，他认为这么早定亲太吃亏，逢年过节还要给女家送东西，不如等过几年到了合适的岁数今天定亲明天就结婚更合算。

行儿在鲁北老家，感到处处都新鲜。那些玩伴，那些平顶土屋，那些房檐下白芒养着的成群的鸽子，那些携着一篮子点了红点的饽饽、菜包子走亲戚的情景，那些在农田里劳作的经历，还有跟着白芒到野地里用老鼠夹子穿上虫蛹抓喜鹊的快乐，都是那么美好。但是行儿也总是挨白芒打。

白芒打行儿，是因为行儿不听话，还给白芒惹事。

比如夏天的时候村里的小子们都是光着屁股在外面玩，行儿不肯光屁股。于是白芒就打他一顿，扒光他的衣服，把他推出门外。行儿就捂着下面蹲在门外，男男女女的玩伴都围着他看。几次下来，他也就像村子里的小子们一样光着身子乱跑，男男女女的玩伴也不再感到新奇了。

比如村里的孩子们相约要到邻村去要饭，行儿跑回家拿个碗也要跟着去，于是被白芒打一顿，把他关在家里。

比如让行儿看晒在麦场里的粮食，他总是跑到东头外姓家的寡妇二婶的屋里，与面黄肌瘦天天都在给别人家织布的二婶拉家常，说些城里的光景。于是白芒拧着他的耳朵，一巴掌把他打在地上。白行就大哭，寡妇二婶的傻儿子也会吓得跟着哇哇哭。

比如农忙的时候，行儿要像大人们一样钻到密不透风的棒子地里掰棒子，或者在收高粱前到闷罐一样的高粱地里掰高粱叶。庄稼的叶子特别是高粱叶把全身划得伤痕累累，汗水一浸，疼得人龇牙咧嘴。每掰完一趟来到地头，无论多么闷热的天气，你都会感到阵阵凉风扑面而来。这时候行儿就盼着能歇歇，可总是会被白芒拧着耳朵轰回田里。并不是白芒多么狠心，因为农忙时家家的孩子都要跟着大人一起干活。

白行挨打最多的一个原因，是他总是偷偷地把家里的干粮拿出去给村里的孩子吃，遇见来要饭的，他也是抢着多给。白行往外偷干粮令白芒防不胜防，因为白行总能变着法地把干粮偷出去分给孩子们。以至于白芒不得不经常在村子里转悠，遇见有手里捧着没掺野菜的干粮偷偷吃的，白芒就上前追究这干粮的出处，十有八九是白行给的。白芒每次都愤恨无比，摁住白行就死命打。但白行就是改不了，有机会就往外偷干粮分给同伴们。

不过白芒也有因为行儿挨打的时候。一次行儿正在光着屁股撅着腚和玩伴做游戏，白芒悄悄走到他身后，屈起中指狠劲弹在行儿的球球上，疼得他倒地大哭。于是大娘拿着笤帚疙瘩追着白芒打。受了委屈的行儿也会得到好处，大娘在做饭的时候会在灶台里扒出一点火来，拿个铁勺子，里面磕上个鸡蛋，不放油盐，凑到火上一晃，鸡蛋就凝固起来，馋人的香气四处弥漫。行儿就迫不及待地接过铁勺子挖着，几下就把鸡蛋全部填进自己肚子里。赶上蒸干粮，大娘就会留出或者专门和上点白面，搓成条状，缠在高粱秆上，塞到火旁的柴灰里，不一会儿一个上好的外酥内嫩的面食就烤好了，取名曰“补饥”。这东西多次把白行的嘴烫起燎泡，因为太好吃了，白行等不得它凉。

夏天村里人解暑的方法就是晚上到村前的大湾里洗澡，行儿也跟着下到水里抓着浅水中的芦苇根学凫水。遇到芦苇根被抓断，行儿滑进水深处，他就连忙去抓身边人的腿，嘴里大口大口喝着混浊的泥水，有几次他感到自己肯定要淹死了，却或脚蹬到了水底或被大人拉一把，又能回到岸上。这些险情行儿不敢对家里人说，担心大哥再把自己打一顿。

正值天气最热农活最多的时候，一天傍晚大娘和大伯因一点小事吵架，大娘赌气不和大伯一个炕上睡觉，在西面柴房里扒出个空儿来睡在了柴房，行儿因一直跟着大娘睡，就也去柴房和大娘挤在一起躺下。低矮的柴房没有窗子，里面堆满了柴火，行儿躺下后浑身不停地冒汗，感觉越来越憋得慌，他坚持着不说话，怕大娘把他轰到大伯房里去，最后他实在坚持不住了，有气无力地说：“大娘，我觉着我快热死了。”大娘说：“快睡吧，睡着了就不觉得热了。”行儿就继续坚持着，慢慢进入昏迷……

半夜里大娘热得再也坚持不住，伸手摸摸行儿的额头也没有汗，就自己从柴房里出来坐在门外纳凉，慢慢就靠着门框睡着了。后半夜大伯睡醒一觉出来解手，见大娘一个人靠着门框睡觉，就过来用脚碰一下大娘问她：“行儿呢？”

大娘好歹刚睡着，又和大伯吵了架，就不搭理他。大伯解完手回到房里从水缸里舀出小半瓢水喝了，躺下后想想不放心，就又到东套间白芒房里去看看，也没见到行儿。大伯又来到大娘跟前推推她问道：“行儿呢？”

大娘不耐烦地说：“个人找啊！”说着冲柴房摆了下头。

大伯到黑咕隆咚的柴房里摸索，待摸到行儿，并不知道行儿已经昏迷。大伯抱出行儿对大娘说：“柴房里热得像蒸笼，你知道跑出来凉快，孩子不热吗？快别赌气了，上大屋里睡吧。”说着就抱着行儿回了屋。

大娘起身在后面跟着赌气说：“热啥热，没出汗，才睡着一会儿你把他吵醒了吧！”

大伯把行儿放到炕上，骂了一句：“天咋这么热！老天爷你娘的是要下火吗！”然后又到水缸里舀出些水喝了。

大娘也走过来接过水瓢舀水喝了说：“你就吵吵吧，一准把行儿吵醒了。”说着端着水瓢走到炕前叫道：“行儿，喝点水再睡。”然而行儿并没有反应。

无论大伯大娘怎样叫怎样摇晃，行儿身子软软的没有任何反应。被吵醒的白芒也过来推搡了几下，行儿还是没有反应。大伯摸摸行儿的额头，对白芒说：“老热了，你快去南村紧靠着大湾的那家把那个赤脚医生叫来，他家门口挂着牌子。”

白芒说：“深更半夜的，凉快凉快就好了。”

大伯看支不动白芒，就对大娘说：“你快去！”大娘就着急忙慌地颠着小脚跑出去了。

赤脚医生是个中年人，出身中医世家，被选为负责附近几个村子的赤脚医生后又去接受了现代西医培训。他听大娘说了行儿的得病原因和症状就赶紧拿着药箱跟着过来了。

赤脚医生到了的时候行儿已经开始抽搐，赤脚医生把行儿从炕上抱到院子里，让大伯大娘给行儿扇扇子，自己拿出万金油抹在行儿的太阳穴上，然后从水缸里舀出一盆凉水，拿着手巾在水盆里蘸着凉水不停地给行儿擦身子擦手心脚心。赤脚医生说：“到天亮这个孩子要是醒过来就还有救，醒不了就没救了。”大娘张开嘴就要哭，被大伯一嗓子呵斥住，大伯说：“哭有啥用？快着扇！”

白芒指责赤脚医生说：“你这是吓唬人，我上过学，知道这是中暑，就是热着了，凉快凉快就好了。”

赤脚医生说：“你一个十几岁的孩子知道啥？中暑还有个轻重，轻度中暑叫热痉挛，中度中暑叫热衰竭，重度中暑叫热射病。得了热射病七八成的人救不过来。这些你知道不？上学学着了吗？”白芒没理了，不再说话。

大伯问：“你看俺这孩子是啥程度？”

赤脚医生说：“这孩子发高烧、抽搐，应该是热射病，能不能救过来就看他造化了。”

大伯问：“赶紧送医院行不？”

赤脚医生说：“送县医院没有用，上济南上天津也来不及。现在要紧的是给孩子降温，一直这么烧，救过来也是个残疾人——不是脑子烧坏了就是聋哑人。”大伯噌地站起身拿起挑子挑水去了——刚从井里提上来的水凉些。

天亮的时候，行儿睁开了眼睛，忙了半宿的赤脚医生赶紧尝试着给行儿喂水……直到行儿一泡热尿撒出来，赤脚医生说：“我回去歇歇，再到别的村里转转，过晌午我再来。”

五天以后，行儿痊愈了，没看出留下什么后遗症。

行儿病好后不久，就犯了一个大错，也是因为这件事，行儿被白芒打得最惨。

这天午时，行儿见大哥在屋子里翻来翻去找出一件行儿已经不穿的满是补丁的小破褂子揣进怀里，然后拿块笼布包上两个玉米面窝头，想了想后把两个窝头放回去，换成两个掺了野菜和麸皮的菜团子用笼布包好拿着急匆匆出去了。行儿不知道大哥要干什么去，就在后面悄悄跟着。村子里一片寂静，白芒径直走进寡妇二婶家里，行儿就跟了过去从门缝里往里看。

寡妇二婶的家就是一间低矮的土坯房子，破门破窗，房子里一个破土炕一个破灶台一个破柜子，还有别人放在她家的织布机，再无别的东西。白芒进到屋来看了看睡在土炕上的寡妇二婶三四岁的傻儿子，从笼布里拿出一个菜团子递给寡妇二婶：“昨儿跟你说的事想好了吗？”边说边把手中的菜团子晃一晃。

寡妇二婶坐在破凳子上织着布没抬头也没搭腔。

白芒干脆把另一个手中的笼布展开，一手拿着一个菜团子举在寡妇二婶眼前摇晃：“俺傻兄弟可是饿着呢。”

寡妇二婶停下手：“真没法说了，亏你想得出来，甭管咋说俺也是你婶子……”

“狗屁！”白芒打断她说，“你比我也大不了几岁，再说我姓啥你姓啥？也就是在一个村里住着叫你声婶子，咱根本不是一家子人，上去一百辈子也不是。”

寡妇二婶说：“你才多大呀，就想这个。”

白芒说：“心里想就证明长大了，你就说行不行吧？”

寡妇二婶说：“这要是让人知道了，俺就没法活了。”

白芒说：“只要你不说我不说谁也不能知道。”说着又晃晃手中的菜团子，“你有两天没吃干粮了吧？光喝野菜汤活不了人，我也不求你，你要是不怕俺傻兄弟饿死你就别答应。”

寡妇二婶看看炕上睡着的傻儿子，叹了口气。

白芒观察着寡妇二婶的神情，使出最后绝招——他放下菜团子，从怀里掏出那个破褂子，对寡妇二婶说：“我是来给俺傻兄弟送衣裳的，你要是答应了这衣裳就留下，要是不答应我拿着这些东西就走。”说完一只手拿着破褂子另一只手抓起那两个菜团子。

寡妇二婶看一眼白芒手里的东西，叹口气说："俺快饿死了，你人在这里，俺就是不愿意也没有力气反抗你。"说完从白芒手里拿过那两个菜团子，掰下一小块放进嘴里缓慢地咀嚼，把其余的放在一边的破柜子上留着给孩子吃。习惯了饥饿就不会饿得心慌，熬过了痛苦的折磨也就没有了眼泪，她不急着下咽，因为她不知道下一口在哪里。

白芒把寡妇二婶从破凳子上拉起来，伸手一拉她腰间拴着裤子的布条子，寡妇二婶的破裤子就滑落在脚面上，里面没有内衣，瘦骨伶仃的光身子杵在那里。白芒先是双手撩起寡妇二婶的破褂子看了看她干瘪的前胸，又俯下身去看下面，直起身子看了看睡在炕上的寡妇二婶的傻儿子，拿起自己带来的破褂子铺在炕前的地上，然后示意寡妇二婶在破褂子上躺下。

寡妇二婶弯腰拾起破褂子抖了抖又拍了拍，扭身趴在了炕沿上。

白芒愣了半天神才明白她的意思，褪下自己的裤子凑了上去。

正值这并不美妙的时刻，也活该行儿挨打——正在门缝里看得入神的行儿身子前倾，一下把寡妇二婶家的破门顶开，趴倒在两人跟前。

两个人都受了惊吓，光着身子吃惊地看着行儿，做不出穿衣等应有的反应。行儿爬起来就往家跑，跑到家里还没想好藏在哪里，白芒就跟着回来了，一脚把行儿踹倒在地，接着拳头巴掌不停地打在行儿的头上脸上。

大伯、大娘就上前拉开拦着，问是咋回事，白芒瞪着眼冲行儿喊："你要是敢说就打死你！"

行儿边哭边喊："他欺负寡妇二婶，他要弄人家，让我看见了他就打我！"

白芒恼羞成怒，冲上前来狠命地打着行儿："你再胡说我撕烂你的嘴！"

行儿喊："他就是欺负了！他都脱裤子了，我全看见了！"

白芒死命地打行儿，拦也拦不住。

事后，大伯问行儿："你才几岁，懂个啥，你咋知道你哥要弄你寡妇二婶？"

行儿说："看他那架势就知道——和咱村里配狗配驴的一个架势。"

大伯忍不住哈哈一笑，不知该怎样为白芒打掩护。

大伯和大娘再三嘱咐行儿："你看见的不是真的，你是做梦，你可千万别出去说，说出去公社里就把你哥抓起来了。"

行儿答应不说出去，这以后他也不再上寡妇二婶家去玩了，他认为大哥白芒欺负了人家，不好意思去了。

过了几天行儿又在大伯大娘面前告状：“大哥又上寡妇二婶家里去了！”

大娘问：“你咋知道的呢？”

行儿说：“我看见那个褂子在咱家里，那个褂子就是大哥送给寡妇二婶的。”

白芒气恼地说：“我就又去了一回，也没站脚，我是拿褂子去。”又说：“我还赔了两个菜团子和一块笼布呢！”

大伯说：“拿褂子想干啥？”

白芒理直气壮：“啥事也没成，我为啥给她褂子？”

或是因为不想再被骚扰，或是因为实在没吃的了，寡妇二婶带着她傻儿子回娘家去了。

原以为这件事就这么过去了，不承想事情被寡妇二婶的娘家知道了。这天早晨，寡妇二婶娘家的好几个人来到白家，说：“事也出了，俺家也不追究啥，白芒娶了她就行了。”

白芒气愤地说：“你们想好事能想到天边边去，别说她是寡妇还带着个傻孩子，就是没结婚，我也万不能看上她！我和她啥事也没有！”

来人说：“她在角门子外面不好意思进来，咱这就把她叫来当面对质，真没事俺也不能赖着你，真有事也不能不清不白地算完，得说个过来过去。”

大伯说：“最多也就是闹着玩，还能有啥事？白芒还是个孩子，知道啥。”

来人说：“你说得可轻巧了，男女的事能捅破天。”

来人去把寡妇二婶叫进来。大伯从干粮篮子里拿出块玉米饼子塞到行儿手里，让他出去玩。大娘担心白芒挨打，叫生产队长去了。

白芒瞪着寡妇二婶：“你个人给你个人身上泼粪，你回娘家咋说的？”

寡妇二婶说：“俺没说啥。”

白芒环顾来人：“我说没啥事吧？”

来人说：“她一个女人家，当着这么多人能说啥，你干了啥事你个人知道，用不着别人说。”

屋里人正争论着，生产队长带着几个小伙子走了进来，听了没几句话，就冲来人说：“你们来这么多人啥意思？要是来打仗的俺村里也不是没人，要是来说理的，要先把事弄清楚再来。”说着就把来人往外推，“先回去吧。快回快回。”

几个人被推到过道外面，领头的说：“没有你村这个弄法的，一点理也不讲。”

生产队长和几个小伙子也不多言，只管推着来人让他们走。

来人说：“你们也别仗着今天人多，俺村可比你村大。过几天俺们还来，再来俺就不跟你啰嗦这些了，俺是来送嫁妆、送铺盖！人不能被你白欺负了，这个媳妇你娶也得娶，不娶也得娶！”说完几个人就往村外走，寡妇二婶在后面跟着。来人冲寡妇二婶说，“你还跟着干啥？家里哪有你们的口粮。”

大伯喊住寡妇二婶：“你等等，我回家给你拾几个干粮你给孩子带着。我先说清楚，我可不是因为有啥事，全是为了你家孩子。”

来人说：“甭！你个人留着吧，几个干粮能管几天？俺也不送嫁妆了，俺这就回去请人看个日子，选好了日子俺就把她娘儿俩给你送来——你家就准备着接媳妇吧，俺是发送闺女，吹着喇叭来！”

来人走后，生产队长回到白家商量对策。商量来商量去，得出的唯一办法是：白芒赶紧娶媳妇。这边把媳妇娶进门，寡妇二婶那边也就死心了。除了此招，再无良策。

大伯大娘问白芒要啥样的？白芒本不想娶媳妇，事到这一步了，他也无可奈何。想想寡妇二婶那干瘪的身体，实在无法接受，可这十里八乡的闺女媳妇，个个干干巴巴、面黄肌瘦。家家户户饭都吃不上，上哪儿找水灵人儿去？

白芒思来想去，最后表态说：“干脆就抓大的，没见买牲口吗，一样钱要大的，买粮食买物件，甭管买什么，一样钱就要大的，不是个大就是堆大。要粗壮的，结实牢靠。你们看着找吧。”

“抓大的……”生产队长嘴里嘟囔着，突然眼前一亮，对大娘说：“你娘家村里就有个好闺女，那是个大的，你知道不？”

大娘问：“谁呀？”

生产队长说：“大满。知道不？”

一直紧锁眉头的大娘脸面一下舒展开来：“大满知道啊，知道大满。”说着看向大伯。大伯说：“那个闺女我见过，我看行。”

生产队长说：“大满是她村里铁姑娘队的队长，各生产队干部上公社里开会，我就经常见着大满。岁数……二十了，比白芒大四岁。”

大伯问：“咱说着热闹，还不知道人家那头啥情况，说婆家了吗？”

生产队长说：“这个我清楚，没婆家。”

白芒说：“女大三抱金砖，女大四没意思，女大五赛老母。俺娘不在这里，你们干脆给我找个大五岁的当娘吧！”

生产队长说：“你不是要大的嘛！”

白芒说：“我说是个子大，没说岁数大。”

生产队长说：“岁数大好啊，大四岁就是少吃你家四年粮食，来了就能生养孩子。这个大满干活那是没说的，庄稼地里的活你们就甭管了，她一个人就全收拾了。”

大娘在炕头上拿起笤帚扫着身上的土：“我这就上她家问问。”

生产队长说：“你去不合适，哪有自己给自己说媒的，我去，你们在家听信儿吧。”说着就快步走了。

大伯喊：“吃了晌午饭去吧？”

生产队长说：“接着就回来了。”

白家刚吃完午饭，生产队长领着个媒婆回来了。生产队长介绍说媒婆是大满的长辈，过来和白家见见面，听听咋回事。

媒婆在确认了白家确实有心娶大满后，就可劲地把大满一顿夸。

白芒说：“长处谁不会说？你说说她的短处。要是娶进门来，发现有你没说到的短处，就马上退婚，礼钱也要收回来。”

媒婆说：“还真是没啥短处，要说短处就是性子急、脾气大，再就是家里日子紧，大满是老大，弟弟妹妹好几个。这也不算啥，谁家不穷啊是吧？大满是铁姑娘队队长，可要强，要不是看着你这边日子好，人家也不一定就愿意嫁过来。”

白芒一撇嘴：“一个女人还性子急脾气大，这就是欠揍。”

媒婆说：“这个你放心，别看大满识字不多，这男尊女卑的道理她懂。我来时大满她爹娘也说了，白家这边有文化，大满进了门全听白家的。真要被白家退回去，她娘家也把她打出来。”

生产队长说：“大满庄稼地里的活是没得说，我知道。”

媒婆说：“针线活也好呀！纳的鞋底，细针密线的，谁见了谁说好！”

白芒一个劲挠头，拿不定主意。

大伯冲白芒说：“这还不赶紧定下，你想娶寡妇啊？”

白芒说：“我好像也见过这个人，忘了啥样了。”

媒婆说：“人在外头等着呢，叫进来你看看？”

白芒不以为然地说："又一个在外头等着的，也不知道着啥急。"

媒婆看看大娘："不是你们老着急吗？再不让人家先回去？"

大娘起身拉着媒婆的手往外走："俺都不知道孩子跟着来了，赶紧领进来。原本就是亲戚，在外头等着干啥？"

媒婆说："是我让她在外面等着的。"

大满跟着大娘和媒婆进到屋来，低着头，满脸通红。

白芒看看大满，确实是人高马大粗壮得很。虽然白芒看不中大满的长相，但有一样他认为还是划算的：那就是人长得粗壮、个子大，干活一准行。

大伯看白芒不反对，就对媒婆说："咱这门亲就这么说定了。你领着孩子先回去，我们收拾收拾，今天晚晌就拿着礼金上她家去提亲，没啥意见明天就结婚。"

媒婆说："明日就结婚？哪有这么快的，不得请人看个日子吗？"

大伯看看生产队长。生产队长对媒婆说："情况不是都给你们说了嘛，要急，等不得。"

白芒说："要我说今天住下就算完了，还折腾明天的事，不得花钱吗？"

媒婆惊呼："这可不行，哪有今天就住下的，明天还晚了吗？你着啥急？"

白芒说："我要是着急就让天爷爷打雷把我劈杀！我是说无故地花些钱没必要。"又补充说："不同意拉倒，明天也别来。"

大满红着脸说："咋说俺也得回去梳梳头再来。"

大伯对大满说："他说的不算数。你们先回去，把这些事给你爹娘说说，我和白芒晚会儿就到了。"

大满走后，白芒又要后悔，然而婚事已定，由不得他了。

第二天迎亲，得着信儿的亲戚们都来了，一辆小驴车把新媳妇大满接进白家。

寡妇二婶的娘家人也得了白芒娶亲的消息，集合起村里的男女老少浩浩荡荡地来砸场子。无奈白家早有防备，村口有白芒村里人和大满村里人合力把守着，进不到村里来。

一边往里冲，一边极力挡，双方推推搡搡、骂骂咧咧，你一拳我一脚，眼看就要抄家伙，幸好总有些认识的，加上各村来捧场的，你是我亲戚，我又是他亲戚，拉架的比打架的还多，总算稳住了局面没出大乱子。

事情以寡妇二婶娘家人的撤退而告终。寡妇二婶娘家人走时撂下话："这事没完。咱走着瞧！”

大满进门以后，十六岁的白芒对比自己高大粗壮的媳妇越看越不顺眼，心里后悔，就找茬欺负大满，想趁着没同房把这门亲给退了。然而大满逆来顺受从不反抗，任打任骂，哪怕自己憋屈得呕吐，也是低眉顺眼从不还口更不还手。白芒又提出不允许大满的弟弟妹妹到白家来的无理要求，没想到大满也答应了。婚退不了，白芒很无奈，就把西面柴房里的柴火搬出堆到屋后去，自己在西屋里搭了一张小床，任大伯大娘怎样劝说，他就是不到东套间的新房里去睡。大满娘家人了解到这些情况，就私下里跟大满说：你们还没圆房不算真结婚，你还是大姑娘，实在不行咱就不高攀这门亲了？没承想大满说：“白芒懂知识有学问，我打心里服他敬他，愿意这辈子跟着他，再说了，谁家男人不打媳妇？”

这样又过了好多天，白芒的大伯实在没有办法，给在城里的兄弟白三强写了封信，告诉他白芒已经结婚却不与媳妇圆房的事情。

三爸三娘夫妻俩很生气，抱怨结婚这么大的事当爹娘的竟然不知道，怎么不早说！随后三爸向厂里请了假，带着要看嫂子长啥样的白丰急急忙忙赶回老家。三娘愤愤地说：“回去后把行儿带回来吧，别再给咱定了娃娃亲！”

三爸和白丰从城里赶来，对白芒震慑不小——村子的人都说三爸当过八路打过仗见过世面，全村就出去他一个吃官饭的，是有本事的人。

三爸话语不多，对白芒说，媳妇也见了，是个老实人，一看就有力气，能干老多活。既然媳妇已经娶进门来，就要负责任，好好过日子吧。

白芒低头不语。白丰见状，直接把白芒推进了新房，自己到西屋里白芒的小床上躺着去。大娘呵呵笑着对白丰说：“这丰儿像傻一样——大白天的你推你哥进屋干啥？”

大人们在一起说话，行儿守在一旁，想想自己帮着家里干了很多农活，也不敢做不听话的事情，就盼望着大伯大娘或者大哥能向爸爸表扬自己几句。可是行儿等了老半天，也没有人说到他，只是大哥白芒说了一句：“这个小行儿傻乎乎的，经常往外偷干粮送人，走亲戚不知道多吃，光知道玩，回到家就害饿，还得吃个人家的。”行儿听着也不算什么好话，但他也不离开，而是一直守在那里，他心里已经想好了——跟着爸爸和二哥回自己的家。

第二天三爸和白丰要起五更赶到县里乘长途车回济南。大伯把村上生产队里唯一的一辆自行车借来，又跑到邻村借了一辆，白芒不会骑自行车，媳妇大满也不会，约好了两个会骑车的乡亲翌日一早送站。两辆自行车整整齐齐地摆在院子里，甚是壮观，村里的孩子们都跑来看。行儿就和小伙伴们道别，告诉他们要回济南自己的家了……

行儿吵闹着要一起回家，三爸不允。无奈无论爸爸和二哥怎样呵斥恐吓，行儿铁了心要跟着走。后来大人们悄悄商量了一下，嘴上答应带上行儿。行儿欢天喜地收拾着自己的东西。大娘说：别着急，早晨收拾来得及。

行儿心里并不踏实，担心大人们糊弄自己，有小伙伴叫他出去玩他也不去，一步不落地守在三爸身旁。

夜里大人们都睡下了，行儿穿着衣裳坐在床边等着，眼睛时时瞄向院里的自行车。大娘劝说：到天亮还早呢，脱了睡吧，到时候叫你。行儿不听，干脆怀抱着自己要带的东西，跑到屋门口坐靠在门扇上，瞪起眼睛等着。

行儿满脑子憧憬着和妈妈见面时的美好情景，慢慢进入了梦乡……

一阵轻轻的嘈杂声将行儿惊醒。他一个激灵站了起来，闻声看去大人们已经出了院门。行儿抱着东西大喊着追了出去，正在与众人道别的爸爸和二哥在人们“快走快走”的催促声中急忙分别坐上两辆自行车，负责送站的乡亲脚下用力一蹬，车子就消失在黎明前的黑暗中。行儿哇的一声哭了出来，死命在后面追，边哭边喊：“爸爸！等等我！哥哥！等等我！”

大娘对白芒说：“还不去把他拉回来！”

白芒说：“别管他，追不上他自己就回来了。”

天热的时候三爸从济南给老家来了封信，说是行儿快要上学了，过些天来接他回济南。白芒说：“我给济南回信：这马上就收麦子了，等收完了麦子再走。开学还早呢，着啥急？”

大满说：“他一个孩子能干啥？”

白芒骂道：“你懂个蛋！看地、拾麦穗、看着晒粮食，这不都是活？”

大伯也说：“收麦是最忙的时候，收了麦走对呀。”

大伯和白芒选好了开镰的日子，提前请好了本村的几个农活好的本家和外村的亲戚。

这天天刚麻麻亮，帮工的人拿着镰刀按点来到大伯家，白芒和大伯、大满早就在院门口等着了，看看人到齐了，大伯招呼一声“走”，大伙就跟着奔向家东的一块地而去。到了近前一看，白芒和大伯大吃一惊：自己家的麦子已经全都被割没了！来帮忙的人七嘴八舌议论着，说谁这么大胆敢偷麦子？这可是大罪过。

白芒赶紧呼呼地往东跑——那儿还有自己家的一块地。一会儿白芒跑回来喘着粗气对往东走着的大伯和大满说：“大东的地也被收完了。”大伯惊慌失措，嗓音颤抖：“这是咋回事？新社会还能遭土匪了吗？”

白芒说：“家后那块地也不知咋样了，走，看看去吧。”

白芒等人来到村后，远远见到一伙人正在匆匆忙忙地割麦子，边割边捆边往田边的几架独轮车上装。大伯高喊一声：“干啥的？”那伙人闻声赶紧用绳子拢住麦捆子推起独轮车就跑。

白芒等人前面堵后面追，很快就围住了那伙人。有人说：“这不是二婶娘家村里的人吗？”那伙人也不搭腔，推着车子挣脱着往前走。

白芒看寡妇二婶也在那伙人中间，上前冲着她踢了一脚，把她推倒在地。大伯不与众人搭话，低头去解捆着麦捆的绳子。

那伙人见白芒打人，又见大伯解粮车上的绳子，火气一下子就上来了。一个人抬起脚冲着撅着腚解绳子的大伯踹过去，大伯身子前冲，扑倒在车架子上，一个用来固定绳子的大铁钉插进了大伯脖颈上的主动脉，鲜血喷涌而出。

大满赶紧蹲下捂住大伯脖颈，血从大满的指缝里涌出来。大满冲白芒说：“不行啊，捂不住，快上公社卫生所吧！”

偷割麦子的人们看到这光景也害怕了，边把麦捆子卸下来边说：“你也打俺了，俺也打你了，你先动的手。你这麦子俺也不要了，你给你的人看病去吧，俺也得给俺的人看病去。”说着，拉过寡妇二婶坐在独轮车上就走。

白芒拉住他们：“不能走，村东头那两块地的麦子呢？全给我拉回来！”

大满着急地说：“别管麦子了，先顾人吧！”

白芒说：“这么早，卫生所里没人。”

这时大伯的身子突然抽搐起来，紧接着就一动不动了。

众人掐人中、蜷腿、大声喊，都无济于事了，大伯就这样走了。

县公安来人了解了情况，随后把寡妇二婶和她娘家来偷麦子的那伙人及白芒等一起带走了。分别问询后，县公安和公社干部、两个村的生产队队长把白芒等几个人叫到一起。

县公安说：“眼下正是忙三夏的时候，你们这个事，快刀斩乱麻。我们研究以后决定：这个事到此为止，今后谁也别再追究对方责任。白芒大伯发丧的钱公家出。就这样吧，都回去干活吧！”

白芒一愣，赶忙说：“不行不行，我那麦子呢？他们得还我的麦子！”

公安说：“麦子是赃物，公家没收了。”

白行说：“把我大伯打死了就白打吗？必须偿命、赔钱！”

公安瞪起眼说：“你欺负人家妇女咋说？你这是耍流氓！你再胡叨叨就抓你了！”

白芒含糊着说：“我没欺负。”

公安说：“啥事都有个起因，人家怎么不割别人家麦子？”

白芒说：“别人都入社了，哪有麦子，他把我麦子收走了，我吃啥？饿死吗？”

公社的干部说：“你加入人民公社，入社了就有口粮。”

白芒越想越吃亏，不由得大骂起来。

公安说：“别人都回去吧，把这个白芒关起来！”

回村的人把白芒被关起来的事告诉了大满。大满跑来领人，结果白芒说不赔麦子不赔钱，他不走。大满托生产队长给济南的三爸拍了电报。

三爸接到电报赶回老家，去把白芒领回家来。三爸在自家坟地确定了坟茔的位置后就着手安排发丧下葬的事。白芒阻止说：“先不能下葬，大伯是被人打死的，没个说法不行。”

三爸说：“我上公社问了，人家说是他个人摔的。各说各话，又没有证人，公社给了二十块钱下葬钱，这事就这样吧，争执下去没啥意思。”

白芒说：“这样不行，要是不给个说法，咱就抬着棺材上县里，县里不管就直接上济南上省里告状去！”

三爸不耐烦地说：“你本事大你告去吧。”

白芒说：“你和我一起咱先上县里。”

三爸说：“我不去，还不够丢人的。组织已经下结论了说是摔的，不相信组织不行。”

白芒说：“你跟我走一趟，到那里你不说话可行啊？你要是不同意我就不同意下葬。”

三爸无奈，借了村里的自行车带着白芒去了县政府。

爷儿俩找到县里相关负责人，白芒说："打死人不能白打，不给解决我们就上济南找省政府告状。"指着三爸说："这是我爸爸，就在济南公家上班，济南的事都熟。"

负责人看看穿着大头皮鞋和旧军装的三爸："你在济南工作？"

三爸说："我原来当八路的时候在渤海军区三分区，你查查吧，县里可能有记录，叫白三强。"

这负责人又详细问了问情况，让他爷儿俩等等，骑上公家的自行车找领导汇报去了。

几个小时后，负责人回来说："找书记汇报了，书记说再给十块钱慰问金。这可是从来没有过的。"

白芒说："一条人命不止这个数。"

负责人说："县里也没法了，你告到省里顶多就是抓人，你这里可是不给钱了。再说你也打了别人，还调戏妇女，弄不好会把你抓进去。"

三爸说："就这样吧。"

白芒说："十块太少。"

三爸对白芒说："不能没完没了，你要是不听话我就回济南了，你个人爱咋治咋治吧。"白芒只好勉强答应。

负责人领着爷儿俩找到管钱的人，写了字据让三爸摁了手印，把十块钱递到三爸手里，白芒从三爸手里拿过钱装进自己的衣兜里。

整个丧事都是三爸出钱，完事以后三爸带着快要上学的行儿回了济南。

三爸走后，生产队长对白芒说："凡事就怕有个开头，你家地里的庄稼，往后少不了被人家偷。"

白芒问："那咋办？"

生产队长说："赶紧入社。入了人民公社，庄稼是公家的，你和大满挣工分吃饭就行了。"

白芒想想也没别的办法，于是加入了人民公社。

大伯死了，大娘愤懑多病，几年以后，不治身亡，这是后话。

第三章

见到好久不见的老生儿子，三娘好一场哭。原因是行儿浑身上下被虱子跳蚤臭虫咬得烂乎乎的。行儿的皮肤怕咬，痒了就挠，一挠就破，有的地方已经化脓成疮。三娘边哭边埋怨三爸没在上次回乡时把行儿带回来……

已经上初中的白丰端详着从农村回来的土里土气的弟弟，总觉着他不顺眼。白丰围着行儿转了几圈，让他脱光衣服坐到水池子里给他洗了个凉水澡，感觉还是土里土气的不顺溜。终于，他好像找到了原因——行儿的眉毛太淡。于是他拿来爸爸的刮胡刀，把行儿的眉毛刮了个干干净净。“这样再长出来的眉毛就黑了。”白丰说。结果开学后一到学校，老师就问行儿眉毛是怎么回事，继而哈哈大笑。放学的时候，大大小小的同学们纷纷围着行儿看眉毛，气得负责领行儿回家的已上四年级的梦儿把弟弟揽在怀里不让看，骂了这个骂那个，推推搡搡又气又急地哭着回的家。

学习的内容并不难，第一课是学习“毛主席万岁！”五个大字，第二课是“中华人民共和国万岁！”诸如此类。

一天，白丰问行儿：“你班里女同学谁最好看？”

“都好看。”从农村刚刚回到省城的行儿，看着干干净净的同学们，确实感到都好看。

“胡说！有的好看，有的不好看。说，谁第一好看？谁第二好看？”

行儿说：“林晓荫第一好看。”

白丰问：“谁是林晓荫？”

“我同位儿。”行儿说。

梦儿说："林晓荫我知道，你怎么和她同桌啊？别和她说话——她爷爷是反动权威，她姥爷是国民党，跑到台湾去了。"

行儿并不懂姐姐说的道理："别人都不和我玩，林晓荫和我玩——她还借给我橡皮呢。"

梦儿很认真地说："弟弟，和谁玩都行，就是别和她玩。你要是和她玩，公安局会把你抓起来！"

听姐姐这样说，行儿的神情也紧张起来。

正在忙活着做饭的三娘听到了："说说话不要紧。"

白丰问："我怎么不认识林晓荫？哪个宿舍区的？有哥哥姐姐吗？"

梦儿说："独生女，她家是刚从青岛搬来的，在和咱挨着的那个宿舍区。给我们上课的韩老师和我们说过她家的事，不让我们和她玩，让我们提高警惕。"

行儿马上说："韩老师是我班主任！"

三娘问行儿："韩老师是咋说的啊？"

行儿想了想："韩老师让林晓荫和她爷爷划清界限。"

梦儿说："那个林晓荫真的很好看，和电影上的小孩一样。"

白丰悄悄吓唬行儿："林晓荫不算，明天仔细看看，谁第一好看，回来告诉我。要不然揍你。"

第二天吃饭的时候，白丰问行儿："昨天我下的命令你完成任务了吗？"

行儿马上站起，立正说道："报告哥哥：林晓荫第一好看！没有第二好看的了！"白丰哈哈大笑。

"怎么不教弟弟一点好啊？"三娘嗔怪道。

"妈，今天韩老师批评我，让我不能向我哥哥学。"行儿趁机告状。

"学他干什么，疯子！"梦儿附和。

在老师们的眼里白丰不是好学生，因为他爱干净，爱打扮，不像个工农子弟。他的发型不是平头，而是顺滑地四散垂下，时称"菊花顶"。他脚上穿着老师不让穿的、叫作"白压边儿"的露出白塑料底的黑布鞋。他喜欢把绒衣的领口剪开缝上拉锁，时称"大拉链"。他能够在同学们胡打乱闹的时候悠然地从口袋里掏出一只口琴，一边吹着一边在众目睽睽下走过去。白丰还脾气邪，爱打架，下手狠，脾气上来别说高年级的同学他不怕，就是老师、校主任他也不当回事。因为他叫白丰，人送外号"疯子"。白丰的身边每天都有几个看上去他并不在乎的同学簇拥着他，他在这一带的同龄人中有些名气。

然而很多同学并不知道行儿就是白丰的弟弟，所以就有孩子欺负这个刚从农村来的土里土气的同学。一次放学梦儿没有跟着，几个同龄的孩子趁行儿不注意一下把他推进了路边的沟里，每当他快要爬上来，就会有一个孩子再把他推下去。行儿想抓住一个与之纠缠，但总会有别的孩子从一旁冲上来将他撞开。受到这样的欺侮在行儿还是第一次，他心里憋屈得要死。打又打不过，人家人多，又没有用大哭来宣泄委屈的理由。几个孩子欺负完了他就跑开玩去了，剩下行儿又恨又急，孤零零站在沟里掉泪。同桌林晓荫从路边滑到沟里，帮他拾起丢在一旁沾满泥土的书包，拍拍上面的土，默默无语地递给行儿。行儿记着姐姐嘱咐的话，不理林晓荫，也不接书包。林晓荫把书包挂在行儿肩膀上，站在一旁看着他。

行儿哽咽着回到家向三娘哭诉受欺负的经过。没想到三娘听行儿讲完事情的经过，沉着脸说："活该！一样大的孩子，为什么打不过人家？是比人家吃得少还是喝得少？以后再让人家欺负就别回来，回来也别吃饭！"三娘又对白丰和梦儿说："你们两个明天谁也不能去打人家，大孩子打小孩子咱不占理。"

白丰对行儿说："要是大孩子欺负你，我就去揍他。和你一样大的孩子，你别怕，拼命和他打，他就败了。打他眼睛，一会儿我教你，明天就去报仇。"

"拿石头砸他头！"梦儿愤恨地说。

"不能拿东西打人！"三娘在一旁叮嘱。

第二天行儿来到学校，忐忑不安。他不爱和别人打架，但是肯定不能再被欺负了，否则回家不好交差。正在他琢磨怎样能不打人又不被打的时候，一个昨天欺负他的孩子喊着他的名字劲头十足地走了过来，看样子是要借着昨天的余威再欺负他一次。林晓荫不知从哪儿跑过来说："不能打架，打架我告老师。"声音不大，但态度坚决。

那孩子不听劝告，向行儿走来，走到行儿跟前，无缘无故举起拳头就要打行儿。行儿来不及多想，心里怦怦跳着，按照哥哥教的，伸出一拳打在那个孩子的眼睛上。正犹豫要不要再按照哥哥教的"双峰贯耳"，用两个拳头同时打对方的两个耳朵，没承想那个小孩已经捂着眼睛蹲到地上。行儿不知道接下来该怎么办，那个孩子站起来含泪偷偷瞄了行儿一眼，无声地走开了。

有些吃惊的林晓荫说："白行你真勇敢。"

行儿没有理她，也走开了。

放学的时候，行儿悄悄在口袋里装了几块石头，想等那几个孩子再欺负他的时候就拿石头吓唬他们。出了校门，那几个孩子在路边站着像是在等他，行儿把手伸进口袋里紧抓着石头，迎着他们走了过去。让行儿没想到的是，那几个孩子都向他赔着殷勤的笑脸。

“白行，咱们一起玩吧？”一个孩子说。

“我给你背书包。”另一个孩子说。

行儿就这样胜利了，让正担着心、急急火火跑来找弟弟的梦儿都吃一惊。

行儿在班里渐渐变得很受欢迎了，很多孩子愿意跟他玩，老师、同学及外面的大人都开始把行儿称作白行。

小孩子打架往往是由心理作用决定胜负，未必是真正实力上的较量。白行班里长得最高最胖的同学姓孟，最老实胆小，班里男女同学，和他吵架时只要一举手，他就赶紧双手蒙住自己的头，同学们就给他起个外号“蒙头”，因为姓孟，后来就叫他“孟头”。同学们都喜欢招惹他欺负他，常常是走到他跟前突然一举手，孟头就赶紧双手蒙头，同学就把举起的手做挠头状，说：我抓痒痒你蒙头干什么？孟头刚要放下双手，同学就又一举手，孟头就又双手蒙头。这招屡试不爽，成了同学们的乐趣。在孟头看来，班里多数同学都是他不敢惹的，白行因为一起玩的同学多、受欢迎，在孟头眼里更是不敢惹、很厉害的存在。

一次放学的路上好几个同学一起把孟头打哭了，孟头回到家，爸爸问是谁打的。孟头说是白行。孟头的爸爸领着孟头找到白行家里来，在楼下就高喊着：“让白行下来！为什么欺负小同学？”一些人就集聚过来看热闹。三娘赶紧领着白行来到楼下赔不是。孟头爸爸一见干巴瘦弱的白行气就消了一半，另一半是留给自己孩子撒的——他冲着自己的儿子吼道：“他这么瘦你打不过他？”看热闹的邻居跟着起哄说：“你儿子太熊包，过过秤你儿子一个顶人家仨！”孟头爸爸经这话一激，恼羞成怒一巴掌打在自己儿子头上。

三娘赶紧上前阻拦劝解，连赔不是。

孟头爸爸说：“嫂子你就别劝了，我不知道你还有这么个小儿子，还以为是你大儿子打了他。今天可是丢人了。”

三娘说：“他哥哥叫白丰。小孩子打架有什么丢人不丢人的。”又对两个孩子说：“以后你们在一起好好玩，别打架。”

白行说："不是我打的他。"

孟头他爸爸问孟头："到底是谁打的你？"

孟头吞吞吐吐不说话。

孟头爸爸问："你为什么说是白行打的？"

孟头说："我害怕白行。"白行看了孟头一眼，孟头赶紧把头低下。孟头爸爸见状愈发气恼，狠力一脚踢在儿子身上，孟头哇的一声哭了出来。孟头爸爸还不算完，拧着儿子耳朵边往回走边说："你这个窝囊废，今天我就让你知道什么是害怕！"

不知道为什么，林晓荫的爷爷从原来在工厂帮助解决技术问题的岗位改成扫大街的，地点就在白行上学的学校门口。

上课的时候，从窗子里就能看到林晓荫爷爷扫大街的身影，白行和其他同学一样，更不敢多接触林晓荫了——这是孩子们的爸爸妈妈一再嘱咐的。

然而白行已经把林晓荫当成自己最好的朋友——在心里。

一天放学的路上，白行班里的学生正排着队回家，两个大几岁的男孩子走过来问林晓荫："小狗崽子，你爷爷今天怎么没来扫地啊？死了吗？"白行知道这个孩子叫黑子，在他班里打仗第一。

另一个孩子说："肯定没死。"

林晓荫不搭话，低着头只管走。

黑子又对林晓荫说："俺两个打赌，我说你爷爷死了，他说没死，你说俺俩谁说得对？"

林晓荫眼里含着泪，不说话。

黑子一下把林晓荫的书包抢过来说："快说，你爷爷死没死？你不说我就把你书包扔了。"说完就把书包抡起来，随时要扔出去。

早已心急如焚的白行喊出一句："你爷爷才死了呢！"

黑子不认识白行，见比自己矮好几级的小孩敢对自己这样，认为自己的面子和威望受到了损害。他走到白行跟前，一巴掌打在白行脸上，骂道："妈了个蛋的想死啊！"

白行正在激愤中，顾不得害怕，冲上去厮打。黑子很意外，没想到白行会拿出玩命的劲头，嘴里边"哟哟哟"地嘲讽着边往后退，一下摘下白行的帽子扔了出去。

白行打不着他，就拾起自己的帽子说：“你小心点，让我哥哥揍你！”

“你哥哥是谁？”

“白丰！”

黑子赶紧说：“和你闹着玩呢，千万别告诉你哥哥。”

白行说：“你以后不能欺负人。”

黑子把手中林晓荫的书包一下扔出老远。白行愤恨地说：“你看着点！”跑过去拾起林晓荫的书包，低着头递给林晓荫后跑走了。

回到家白行把黑子欺负自己的事向二哥一说，白丰说：“走，揍他去。”

出了门，白丰对白行说：“我比他们大，揍他们咱妈知道了会生气。一会儿我看着，你上去揍他们，他们不敢还手。”白行开始后悔把这事告诉二哥。

转了一圈没找到那两个人，精心安排的一出好戏没法开演，这让白丰感到很没趣。他指着几个半大孩子对白行说：“欺负你的人是不是和他们差不多大？”

“差不多。”白行说。

“你过去揍他们。试一试，我看你敢不敢。”

“他们又没欺负我。”

“你去不去？你要不去我就揍你！”

“……不去，他们没欺负我。”

白丰冲那几个半大孩子摆着手喊道：“你们几个过来！”

那几个孩子都知道白丰，乖乖地跑过来站在白丰兄弟俩跟前。白丰对白行说：“你揍他们，快点！”

白行望着跟前几个无辜的人，下不去手脚。但他知道如果自己毫无反应，挨揍的就是自己。于是他抬起脚在一个孩子的腿上碰了一下，又抬起手在另一个孩子的身上碰了一下。然后抬眼看白丰。

“笨蛋。”白丰踢了白行一脚，走回家去。白行哭也不是，不哭也不是，悻悻地跟在二哥后面。

第二天上课时，林晓荫总是看着白行，像是有话说。白行注意到她看自己，赶紧回避。但是林晓荫老是这样看着，让白行很不自在。最后白行没好气地说：“你光看我干什么？别看我。”

林晓荫轻声说：“白行，我感谢你。”

像“感谢”这样的文明词，白行还是第一次听同学说，和广播里说的似的。白行说：“反正你别看我就行了。”

林晓荫悄悄在书包里拿出一本小画书放在白行手上。小画书，这可是白行做梦都想看的东西，白行翻开就要看。林晓荫说：“送给你，回家看。”白行觉着自己不应该要，应该还给她，可最终还是架不住小画书的吸引，稍一犹豫，即快速放进自己的书包。林晓荫说：“别告诉别人。”白行点点头。

小画书，图文并茂，生动形象，是当时社会上除了机关报纸和课本以外唯一的读物，大人都喜欢看，孩子见到更是如获至宝。

放学后，白行先不回家，躲在宿舍的墙外拿出小画书看了起来。一连看了好多遍，然后把画书藏在怀里，回家后藏在席子下面的草苫子里。这是白行瞒着家人的秘密，他知道如果家人知道他要了林晓荫的东西，自己肯定要倒霉。

过了些天，林晓荫又把一本画书放在白行手上……两个人很少说话，所谓互动就是传递画书时眼神的交流，即便如此，这种交流也是短暂的。这样过了好长时间，直到有一天，白行不得不说话了。白行说：“你别给我了，我没地方藏了，快被哥哥姐姐发现了。”

林晓荫说：“你看完就还给我，我给你换新的。”

这以后，白行每看完一本画书，就把封面画下来藏着，然后就把画书还给林晓荫，林晓荫很快就会给他一本新画书。

和林晓荫是好朋友，这是白行上小学时心里最大的秘密，一生难忘。

白行很快就像哥哥姐姐一样成了孩子们的头头儿，伙伴们玩的游戏他也玩得得心应手。比如玩“骑马打仗”，他骑在身材胖大的同学肩上，和也是骑在同学身上的对手撕扯，他总能先把对手拉下马来。比如玩“砸驴”，他总被推举为“驴头”。比如玩“打嘎”，比如扇“三角”……白行样样在行，样样领先。白行还喜欢到宿舍外面的小河边挖一些泥巴，捏成这样那样的东西，有汽车、有坦克大炮，还用泥巴和同学比输赢——把泥巴捏成盆状，壁厚底薄，反过来用力向地上一扣，叭的一声，“底”被崩开了，对方要用自己的泥巴给补上，洞越大，补的泥巴就越多……

白芒结婚后在老家过着不稼不穑、无拘无束的舒坦日子。自从大伯去世后，这个家就是他说了算了。虽然加入人民公社以后吃喝等生活条件大不如前，但是白芒成天玩，也算惬意。按照生产队的规定，男壮劳力出满工一天挣工分十分，折合一毛钱，女壮劳力一天挣八分钱。白芒因为每次都是出工不出力，生产队给他定的是干一天六分钱。白芒一是嫌丢人，二是觉着不值，干脆就不去干活了。幸亏大满能干，生产队给她的工钱也是一天一毛钱，和男人一样。日子就靠大满挣工分支撑着。

农闲的时候，三爸三娘一遍遍去信让白芒带着媳妇到济南来他就是不来，一晃两年过去了。这天三娘又叨叨这个事："大儿结婚两年了，我这当娘的还没见过媳妇是啥样的，我这当婆婆的不称职啊。再写封信催催吧！"

上中学的白丰在一旁不屑地说："你就是再写一百封信也白搭。根本就不知道为什么不来，写个屁信。"

三娘赶紧问："你知道你说啊，为什么？"

白丰拿出一支烟叼在嘴上去找火柴，没搭理三娘的问话。

三娘看看三爸，三爸没反应。三娘眼盯着白丰说："还没毕业就守着爹娘抽烟，谁家的孩子敢这样啊？"又看着三爸说："当爹的也不管管，也不怕人家笑话。"

白丰四下一看，走到三爸身前拿起火柴……

三娘气愤地说："你看看你看看，上他爹跟前拿火柴去，还不踢他一脚！"

三爸觉着再不发话实在不像个爹了，就给自己鼓着劲严肃着表情说："你知道你哥为啥不来你说吧。"

盼着三爸发火的三娘见三爸说出这么一句，叹口气看着白丰等他说话。

白丰怡然自得地深吸一口香烟，咧着嘴说："他嫌丢人！"

三娘吃惊地问："丢啥人？上济南来看爹娘丢啥人？"

白丰不耐烦地说："亏你俩还生了三四个孩子，这个都不懂。"说完摇着头出去了。

三爸三娘夫妻俩相互看看，不明白什么意思。一直注视着这一切的行儿脱口而出："我知道了，大哥没生孩子！"又自以为是地补充说："男的玩，女的玩，不到三天生小孩！"

梦儿拉一下行儿的衣袖说："弟弟别胡说。"

三爸三娘又相互看一眼，顿悟。

晚上，三爸又开始给白芒写信了。三娘对孩子们说："这次你们也拿张纸，每个人都给你哥写上几句话，让你哥带着你嫂子到济南来，就说娘想他，你们也想他。"

白丰说："谁爱写谁写，我不这么闲得慌。"

三娘说："给你哥写句话还累着你啦？我要是会写我也写。"

白丰说："他爱来不来，和我有什么关系？都是吃饱了撑的！"说完就出去玩了。

梦儿和行儿按照三娘的要求写好了信。三娘让念给她听听。行儿就念自己写的："大哥，咱妈说你再不来就带着全家人都回老家看你，住很多天。二哥可能吃了，一顿饭能吃三个馒头和两个窝头，还有菜也都让他吃了。"

三娘问行儿："你写的这个……你大哥要是信了我们都要回老家看他，他不就不来了？"

行儿神秘地说："大哥收到信肯定来。"

三娘问："你咋这么有把握？"

行儿边回忆边说："我在老家的时候，每次和大哥赶集，要是碰到有亲戚说想上咱家里来走亲戚，大哥就赶紧先上亲戚家里去，这样人家就不来了。"

三娘问："为啥不让人家来啊？"

行儿说："大哥说这些亲戚一来就是一家子人，吃咱若干粮食，咱去了吃他的，他还不能再来了。"

三爸听后哼一声："小气，让人瞧不起。"

三娘说："得说大儿会过日子，心眼多还不好吗？"

三爸说："好啥好，丢人吧！"

三娘说："还不是穷逼的，你要是有能耐成千斤地往老家运粮食，大儿天天喊着亲戚上家来吃。"

三爸说不过三娘，就起身拿过梦儿和行儿写的信和自己写的叠在一起出门寄信去了。

十多天后，三爸下班回到家说："老家来信了，白芒过些日子就带着媳妇来济南看看。"

一家人又惊又喜。三娘说："说来就来了，这次咋定得这么快啊。"

白丰沉着脸说："老大一个人来就没地方住，还带个媳妇，你们看着办，我床上没地方。"

三娘气愤地说："你听听，这是亲兄弟说的话吗？来了俺想办法，也不能睡到马路上去。"三娘又嘱咐梦儿和行儿："你俩都要懂事点，别让嫂子笑话。"

梦儿连声答应。白丰不屑地说：“没有爱情就结婚，就是个悲剧。”

大哥大嫂要来济南了，行儿心里特别高兴。由于在老家待了那段日子，他感到在这个家里自己是和大哥最亲近的人。每天放学他都要急急忙忙地往家跑，看看大哥来了没有。

这天，一家人正在吃饭，白芒来了。他站在门外喊：“娘！”身后跟着高大的媳妇大满。

一家人跑出来迎接。三娘虽然已经有了心理准备，见了魁伟的媳妇还是不由得哟了一声，继而满脸欢喜地拉着媳妇的手进屋坐在床边，望着媳妇眼泪不停地往下掉。大满也跟着掉泪，拘束地低着头。

三娘问：“嫁到这家来日子还习惯吧？能吃饱吧？芒儿要是欺负你，写信给他爸爸说。迎亲的那天这里也不知道，摆没摆席啊？别委屈了孩子……”

白芒说：“能进这家门她就是烧高香了，不摆席她也愿意。”

“这是怎么说话呀！”三娘嗔怪道。又宽慰媳妇说：“要说摆不摆席也不要紧，日子能过到一块儿比啥都强。俺和你爸爸结婚的时候，你爸爸还在部队上，俺俩谁也不认识谁，家里人把俺领到济南来，指导员抓一把花生往床上一撒，战士们一抢，就算结婚了。”

“倒是摆了几桌席。”白芒说，“不过可不是为了她，我原本就没看中她。”

“再胡说八道的你个人回老家吧，媳妇留下。”三娘生气道。转而又对媳妇说：“别和他计较，他这是烧包。你爸爸到现在也没说看中俺，这不也过到现在。”

“娘……”大满的眼泪流得更多了。

家长里短说了一阵，三娘对白丰、梦儿和行儿三人说：“你们三个出去玩玩吧，我和你哥有话说。”

行儿自作聪明地说：“我知道，生小孩的事。”

白芒的脸一下就红了，大满神情泰然低头不语。

三娘训斥行儿：“再胡说八道打你的嘴！”梦儿就拉着行儿跑出家门。走在后面的白丰叫住他俩说：“你俩回家和咱妈说，我晚上不回去睡觉了。”

梦儿说：“俺俩不说，愿意说自己说去。”

白丰一皱眉头：“想挨揍啊！家里住不开不知道吗？”

行儿问：“哥哥你上哪里睡觉去啊？”

白丰一瞪眼：“瞎打听什么，看你这熊样，老大一来看把你兴奋的！”说完径自走了。

行儿吓得不再说话，梦儿怒视着白丰的背影也没说话。

梦儿也到要好的同学家去看看能不能让她住下。通常宿舍里就是谁家有亲戚从农村来，家里的孩子就去同学家借宿，这已是惯例。

家里，三爸拿着烟卷站在家门外抽烟，三娘坐在屋里拉着媳妇的手问白芒："这里没旁人，当娘的啥话都能问，你说说为啥没有孩子啊？是要不上啊还是不想要啊？"

白芒低着头红着脸说："知道早晚要问这个，娘你别问了。"

三娘说："听说你刚结婚的时候还不到媳妇屋里去，是你兄弟愣把你推进去的，推进去以后呢？光装给外人看啊？"

白芒低着头闭着眼皱着眉不说话。

三娘问媳妇："是不是不在一块儿啊？"

大满待要说话，白芒抬头狠瞪她一眼。

三娘嗔怪道："你不愿意说还不让媳妇说啊？要不你就说。"

白芒又低下头。大满轻声说："也不是不在一块儿，咋说呢，在一块儿也和不在一块儿一样。"

三娘不解地问："这是啥意思？这两口人在一块儿咋还和不在一块儿一样呢？"

三娘拉一下白芒的袖子说："媳妇不好意思的，你说。"

白芒说："看不中她，还不就和不在一块儿一样呗。别说了。说点别的吧。"

大满怕改了话题，赶紧说："俺说上医院看看，他脸皮薄。"白芒瞪了媳妇一眼没说话。

三娘好像明白些了："他脸皮薄你个人去看看也行啊。"

大满说："俺没事。"

白芒嘟囔了一句："光你娘的胡说八道。"

三娘明白了，是白芒有问题。

三人无语。

片刻，三娘说："在这里住些天吧，白天都去上学上班了，你俩就上医院看看。"三娘知道白芒担心什么，就说："和谁也别提这些事，和你爸爸我也不说。也别说上医院的事，要是他们看见你们从外面回来，就说出去逛着玩了。"

白芒挺丢人地摇摇头，勉强嗯了一声。

就这样，白芒和媳妇在济南住了多天后，就又带着媳妇回鲁北去过他的悠闲生活去了。至于看没看病，效果怎么样，他不说也不让媳妇说，谁也不知道结果。但是有一样没有改变：这以后的好长一段时间里白芒夫妻依然没有孩子。

多天来，白芒在媳妇面前的派头让白丰羡慕不已。白丰开始吵闹着要把户口迁回老家，娶媳妇。三爸的态度并不明朗，三娘则坚决不允，先是苦口婆心地劝说，继而把户口本藏起来。这段时间，白丰每天放学后就翻箱倒柜地四处寻找户口本，还追问梦儿和行儿知不知道三娘把户口本藏哪儿了。行儿因为不知道，无法告密，梦儿说："知道也不告诉你。"于是白丰把梦儿没好气地打一顿，抓着梦儿的头往墙上碰，流了血。三娘下班后要打白丰，白丰说："正好，你把我打回老家我就不回来了。"三娘冲三爸说："你这当爹的怎么不管啊？"三爸说："他愿意回去就回去。"三娘说："大孩子送回老家带不出来了，这一个说什么也不能再回去了。"说着说着就哭了。白丰说："别让我找着户口本，哪天找着哪天往老家迁！就是最后找不着，我也要回去！"白丰说到做到，开始收拾自己的行李，好像要随时开拔的架势。

夜里，三爸三娘夫妻俩和梦儿睡在里屋，白丰和行儿兄弟俩睡在外屋，一家人都进入了梦乡。三娘悄悄起床，在三爸的裤子上解下他早年在部队发的、带着五角星铁扣子的皮腰带，来到外间白丰的床前，撩开被子骑坐在白丰身上，没等开打就先哭出声来。皮带劈头盖脸急风暴雨般打下来，白丰叫着，三娘哭着，三爸跑过来阻止，梦儿行儿跟着哭，家里乱作一团。三娘哭着打着骂着，越打越有气，直到邻居们前来劝阻才停下手来。三娘最后说："记住，我就是打断你的腿，也不让你回老家！"

三娘平日里和蔼可亲，从不粗声大嗓，发起火来竟然这么暴躁，这不仅完全出乎三爸的意料，三娘的三个孩子也完全没想到。

第二天，三娘让梦儿先到自己干临时工的地方给自己请了假，不去上班了，又让梦儿到学校给白丰请了假，不让他去上学了。三娘对白丰说："咱娘儿俩谁也别出这个门，就死在这个家里，让你爸爸管着收尸！"白丰要回老家的冲动就这样被镇压下去了。

后来附近一家新建的国营厂招收临时工，工资比三娘原来干活的地方一个月多三块钱，三娘便和一帮娘儿们都去干活。一段时间以后，这家厂子不再需要这么多临时工了，就把临时工都辞退了。但是厂里的领导悄悄对三娘说：你工作不偷懒，人也老实实在，厂里想留下你，你先和他们一块儿回去，过些日子再把你叫回来。就这样，三娘有了固定工作，几年以后转为国家正式职工。

随着三娘有了固定工作，白家有两个人有了稳定的收入，日子总算是安顿下来。每月拿到工资，首先要把这个月粮本上配给的粮食全部买回家来，煤本上的煤只是在冬天才会买，夏天可以用拾柴火来解决烧水做饭的问题。布票发得少，要设法用上，家里的人没有不缺衣服的，买来结实便宜的，给那个最需要的人。棉花票、肥皂票、食油票等，自己家里用不着或用不了，可以送人，至于那些肉票、鸡蛋票，家家用不着，送谁谁不要，每年都剩下烧火算完。大人们流传着一句顺口溜："富不过三天，穷不过一个月。"意思就是月月发工资，工资发下来买了粮食等生存必需品后，也就剩不下几个子儿了。

虽然日子紧，三娘也总想着要犒劳挣钱最多的三爸。在发下工资的时候，三娘会让行儿拿着空酒瓶子到门市部给三爸打一斤酒，七毛钱一斤，喝到下月发工资。赶上家里来了客人，就会买成瓶的原装酒，九毛钱一瓶，也是一斤，就有些奢侈了。

家里其他人也有改善生活的时候：如果到月底家里还有几块钱余额，就会去买一块五毛钱的油条一家人吃。油条也不是天天卖、处处卖。在济南东郊这一片宿舍区，只有东风饭店在每周星期天早晨才卖，数量也不多，做得多的时候，一个小时就卖完了。只在星期天早晨卖油条，居民们觉得很合理：星期天大人不上班孩子不上学，这样家里人可以聚在一起慢慢享受这美味。即便是每周只卖一次，各家也不是都去买，每家一个月有这么一次半次的也就可以了。

买油条是白行最爱干的事。无论冬天还是夏天他都爱干这个家务活，而且总是不到天亮就去排队。一家人都觉着行儿喜欢干这个耽误睡懒觉的活挺奇怪，但是谁也不知道为什么。只有行儿自己知道原因：周日早晨买油条，往往能见到住在另一个宿舍区的林晓荫。虽然在学校上学时天天都能见到她，但在校外相见，是完全不一样的感觉。虽然在周日早晨两个人远远地看到，从未向对方靠近，也从未说过一句话，但白行总感觉他看到的是不一样的林晓荫，林晓荫看到的也是不一样的自己。

通常的情况是，如果白行去了看到林晓荫已经在那里排队，白行就会也排上队，看着林晓荫买完油条默默地离开。如果去了没见到林晓荫，估计是还没来，白行就会在不远处胡乱转一会儿，估摸着再不排队就买不上的时候再去排队，导致有的时候去得很早结果没有买到油条。有几次白行买油条时去晚了，他看到林晓荫竟然也站在卖油条的那里不去排队！这应该不是爱情，因为他们才十多岁。但这两个孩子却一直对对方充满着好感和善意，并被对方所吸引。

白家的日子确实有好转了——家里竟然也会有剩菜汤了。初始，三娘在新菜做好出锅前就把上一顿的剩菜汤倒进锅里一块儿热热，赶上梦儿做菜时也照着三娘的做法往新菜里倒剩菜汤。多次以后白丰不愿意了："谁要再往新菜里倒剩菜汤我就把菜给你倒进垃圾桶里！"三娘问："那剩菜汤咋办？你喝了啊？"白丰说："谁爱喝谁喝，我不喝。"三娘说："又是油又是盐的，不能扔了呀。"一次梦儿做饭，又把剩菜汤倒进新菜里，一家人坐下吃饭时，白丰一看新炒的菜里有剩菜，真就把两大碗新菜端起来倒进垃圾桶里了，气得梦儿连哭带骂饭都没吃。三娘冲三爸说："你这当爹的由着他搞破坏啊？好好的菜花钱买到家来，又择又洗又切又炒，油盐酱醋的材料，做好了端上来，他啥也不干光等着吃，两大碗菜就这么倒了？"三爸缓声对白丰说："你这样不对。"白丰余气未消，瞪着眼说："我再说一遍：下次谁要再往新菜里倒剩菜我就直接连碗一起扔出去！"三娘看着三爸盼着他发火。三爸说："你看我干啥？"三娘说："你这当爹的可好！你不管他啊？"三爸说："这不想办法嘛，想想咋办，以后不能剩菜。"三娘生气地说："你这算啥办法？还不拿棍子打他！"三爸说："打有啥用？打没用。"

白行说："我有办法。"

三娘问："你有啥法？"

白行说："要是剩菜多的时候就单独盛着，少做新菜，要是只剩下点菜汤就多做新菜。"

三娘说："剩下菜汤也不是不想单独盛着，家里碗有数呀，就是碗多，桌子上也放不开，光饭碗和干粮就摆满了。"

三爸说："等以后换大桌子就行了。"

白行说："要是光剩下一点菜汤吃饭以前我喝了。"

三娘说："不咸吗？"

白行说："倒上热水一掺就不咸了。"

三娘想了想："嗯，行，还是俺老生子儿有办法。"

从这以后，每到三娘做饭时看有剩菜汤占着碗，就站在二楼走廊上冲着在楼下玩的白行喊："行儿！家来喝菜汤子！"遇到梦儿做饭，她就把剩菜汤倒上点开水自己喝了。

时间久了，就有同学问白行：“你家有多少菜汤？怎么你妈成天叫你喝菜汤？都耽误一起玩了。”

白行就对三娘说：“妈，以后喊我的时候别说喝剩菜汤，同学都笑话我了。”

三娘说：“好。以后不说喝菜汤了。”

第二天，又到做饭的时候了，三娘站在二楼走廊上冲着楼下喊：“行儿！家来喝油！”

第四章

即将高中毕业的白丰这天刚从学校出来，碰到一个拄着拐杖瘦弱的女孩走过来。那女孩问白丰：“高一是在几层？”

白丰看看这女孩，相貌很一般，面黄肌瘦，费劲地拄着双拐，有一个裤管空荡荡的，好像随时要倒下去似的，这让他突然想起自己以前上小学时饿晕在地上的情景，陡生了恻隐之心，就问：“你是来上学的吗？你是……你的腿怎么没的？”

女孩说：“下学期我就来上高一，先来看看。”

白丰又问：“你这是怎么弄的？”

女孩不愿意和白丰多说话，没搭理他，径直向学校走去。

白丰看着女孩的背影，觉着她很可怜。

白丰回到家后，总觉着有心事似的，仔细想想就是因为那个残疾女孩，他就又跑回学校，不过楼上楼下转了几圈也没找到她。

随后的几天白丰的脑子里总有那个女孩要倒下去的景象，他觉着自己应该挺身而出照顾她、保护她，甚至应该和那个女孩发生一段凄美的爱情故事。于是乎他做出了一个大胆的决定。

白丰找到班主任老师，说自己想留级再读一年。班主任以为白丰开玩笑，在确认他真有这个想法后一口否决了他。班主任说你想当降班猴也当不成，学校没有先例，都得按时毕业。白丰软磨硬泡苦苦哀求，班主任最后说你和我说没用，你找校主任去吧。

身为学校反面典型的白丰是校主任办公室的常客，他和校主任“大层次”也算是老熟人。以前白丰到主任办公室都是被大层次叫来，或者是被老师送来。这次白丰主动来到主任办公室，大层次问他干什么，白丰也不搭腔，端起脸盆架上的脸盆到水房把脏水倒掉接了半盆干净水回来，拿起抹布在水中涮了几下走过来给大层次擦桌子。大层次冷眼看着白丰忙活这一套，也不搭理他，倒要看看他想搞什么名堂。白丰擦完了桌椅见大层次不理他，就爬上窗台要给大层次擦玻璃。大层次越看越气，一嗓子把他喊下来，说有话就说有屁就放，少在这里出洋相。白丰就把想留级的想法说了。大层次眼盯着白丰，琢磨半天也没猜出这小子又想搞什么新花样？大层次问白丰为什么想留级？白丰说就是想学习干革命。大层次说那你可以学高尔基，高尔基的大学是在社会。白丰说自己要在主任的教导下好好学习天天向上。大层次想或许自己同意白丰留级，他可能又不留了——他只是想拿自己开涮。也或许他真想留级，但真实目的是什么呢？两个人大眼瞪小眼僵持了一会儿，大层次一拍桌子说："我同意！我倒要看看你到底想干什么！"

白丰回到家说："我要在学校再学一年，反正毕业也没事干。"

全家人惊诧。三娘问："不是都毕业了吗？学校愿意吗？"三爸说："再学一年有啥用？不如回家干点活。"

白丰说："学校同意。你们要是不同意我就回老家。"

三娘赶紧说："同意啊，只要人家学校同意就行。"

梦儿着急地说："不行！你不嫌丢人俺还嫌丢人呢！回老家也不能当降班猴！"

白丰得意地说："又不是学校让我降的班，是我自己主动要求的，这个丢什么人？光荣！"

梦儿说："光荣个屁！谁知道是你主动的？可都知道你是降班猴了！太丢人了，你要是降班以后别说是我哥哥！"

白丰冲梦儿一瞪眼："你想挨揍？咱爸咱妈都同意了你算老几？"

白丰就这样成了降班猴，谁也不知道他为了什么。

同年级的同学们都毕业了。新学期开学后，残疾女孩与白丰不是一个班。白丰知道了残疾女孩在哪个班后，又去找大层次说要调班，大层次问他为什么调。白丰也说不出理由来，最后找个理由说那个教室朝阳。大层次一拍桌子训斥道："学校是你家的啊你想咋样就咋样？滚出去！"白丰只好作罢。虽然和残疾女孩不一个班，白丰仍然天天早早地到学校去上学。

白丰留级成了降班猴是当时的一大新闻。

这一天，白行看到了一本对他影响很大的课外读物，这是一本在中小学生中影响很大的书:《雷锋的故事》。在那个年代除了课本学生们基本没有机会见到其他的书籍。白行是一口气把《雷锋的故事》这本书看完的。雷锋同志牺牲了。合上书本，白行眼里含着泪，二话不说拿起家里的笤帚就去扫楼梯，正好被回家来的梦儿看见:“干什么啊你？”

“我扫楼梯。”白行边扫边答应说。

梦儿说:“轮流值日，今天不该咱家扫。”

白行说:“以后我天天扫。”

“吃饱了撑的？家里的地你不扫跑到外面来假积极？回家！”梦儿拉着白行往家走。

白行第一次感到姐姐是这样不理解人，挣脱着说:“我不回家，我要学雷锋！你回家去看《雷锋的故事》，别管我！”

梦儿不再说话，用力拉着弟弟径直走到自己家门口往屋里一推说:“扫！在这里扫！擦桌子拖地擦窗户做饭！”争执了半天白行也没能再走出家门。

晚上，白行还是不能平息学习雷锋好榜样的激动心情，就又悄悄拿着笤帚出去扫楼梯，白行家住二层，他是从顶层三层开始扫的。扫完了还不想回家，又跑到另一个楼道去扫，扫完了又到别的楼去扫。正在越扫越带劲，越扫越陶醉，扫得自己心情澎湃的时候，就听一个大人的声音问:“谁啊？黑灯瞎火的干什么呢？”

白行抬头一看，是孟头的爸爸，穿着警服，就说:“叔叔，我扫楼梯。”

“你是谁啊？这么面熟？住在这个楼道吗？”

“不住在这里，我叫白行，是孟头的同学。”

“哦，想起来了。你在这里干什么？”

“扫楼梯。”

“跑到这里扫楼梯？想干什么？”

“我学雷锋。”

“学雷锋？谁相信啊？”孟头爸爸一把夺过白行手里的笤帚，“是不是又想欺负我儿子啊？你他妈的找上门来了？妈了个蛋的！”

“不是，我真的学雷锋。”

“狗屁！走！上派出所！”孟头爸爸扭住白行的胳膊说。

吵嚷中孟头从家里出来了:“我们没打仗。”

白行就赶紧把自己都扫了哪些楼梯一一讲明。

孟头爸爸松开白行的胳膊说:“一会儿我就各个楼梯去看看，你要是撒谎我上你家里抓你去！”说完就回家去了。

白行问孟头:“你爸爸是派出所的啊？”

“公安局的。”孟头说。

“警察叔叔还骂人啊？”白行很吃惊地说。

孟头没再搭腔，也回家去了。

白行当晚学雷锋的热情总算被平息了。

这以后的许多天里，白行总是寻找机会向雷锋同志学习，无论是在学校还是在上学放学的路上，他始终观察着有没有人需要他的帮助。例如看有没有搬东西拿不动的？有没有迷路的？有没有生病要去医院的？然而他总是找不到做好事的机会，无奈之下他看到有拉地排车的就去帮人家推车，没有拉地排车的他就去推驴车、推马车。但是有时候也会被误会:拉车或者赶车的人会不时盯着他看，担心他是偷东西的。这让白行很伤心……

白行因为喜欢劳动、爱做好事、学习成绩好、团结同学，被老师任命为班长。三娘知道白行当了班长，就夸奖说:“老生子儿当班长有出息了，俺和你爸爸结婚的时候，你爸爸就是班长。”三娘这样一夸赞，白行感到特别自豪——竟然和爸爸一样了！他下定决心一定要把班长当好。然而他这个班长当了不到三天就被撸了下来。

学校里号召的学雷锋活动也是多种多样的，最疯狂的就是鼓动学生去大马路上拾马粪驴粪牛粪，然后把拾回的粪交到学校，用在学校种的试验田里。谁拾回的粪多，老师就在课堂上表扬谁。每到上学放学甚至是短暂的课间，总会有一群群的小学生跟着路过的马车、牛车、驴车跑，盼着牲口拉屎。但往往是好不容易等到牲口拉下屎来，小学生们正要去拾，赶车的跳下车拿起车上的铁锨一下就把粪便铲进随车备着的粪筐里。若碰到地上有一堆粪，小学生们会蜂拥而上去抢。

一天正在上课，被提拔成校主任的韩老师突然来到白行的班里，打断了老师讲课。韩主任说:“同学们，我今天要讲一件非常严重的事，这样的事要是不处理好，同学们的思想就会有问题。同学们想一想，我们开展学雷锋做好事活动以来，同学们要是在马路上看到粪堆会感到多么亲切啊！可是就在今天上学的路上，我看到一个同学，她看到一堆粪没有感到亲切，她竟然拿出手绢铺在地上，用树枝把粪弄到手绢上兜着拿到学校来的。同学们，你们说她为什么这样？她这是怕脏！是资产阶级思想在作怪！我们工人阶级和贫下中农的孩子是不会怕脏的！我们会用手捧着送到学校！这个同学，还用我点你的名吗？站起来！”

林晓荫低着头眼睛里含着泪站了起来。

韩主任说：“同学们，今天放学的时候，要是看到粪堆，谁也不要去抢，就让林晓荫去拾，你们看着，看她是怎么拾的，明天向我报告。如果她还是怕脏，我们明天就在班里开她的批斗会！你们能监督好吗？”“能！”同学们齐声回答。

正在讲课的老师附和韩主任说：“白行，你是新班长，要带领同学们，好好监督林晓荫，要把这种资产阶级思想彻底批倒批臭！”

韩主任走后，林晓荫坐在那里一直掉眼泪。

白行心急如焚。最后，他想出了一个办法。

放学的时候，白行拿着班里的铁簸箕和笤帚与其他同学一起一直跟在林晓荫身后，每当看到马路上有粪，白行就抢先跑过去把粪扫到簸箕里。碰到有同学帮着林晓荫找粪，白行就会冲那个同学瞪眼，还故意把粪弄到他身上。第二天上学的路上，白行如法炮制，始终没有给林晓荫接触粪便的机会。

到了学校，就有同学去向韩主任报告，说白行不让林晓荫拾粪。韩主任就气冲冲地来到白行的班级。韩主任站上讲台冲白行喊道：“白行！你这班长是怎么当的？你想犯错误？你的阶级立场在哪一边？你的思想觉悟要低到什么程度？”

白行心里正生韩主任的气，他端着一簸箕粪便走到韩主任跟前说：“韩老师你思想觉悟高，你能分出这些粪便是什么牲口拉的吗？”白行把簸箕凑近韩主任，用手扒拉着粪便说：“我就能分出来——这是牛粪，这是骡子粪，这是驴粪……”

韩主任后退几步，满脸怒气地看着白行。白行手抓着一块粪便看着韩主任说：“你摸摸，摸也能摸出来。”韩主任张了几次嘴没有说出话来，猛地一转身走了。

当天，白行的班长职务被撤掉了。

白行担心老师叫家长，回到家就先把这个事向三娘说了。三娘说：“老师也不对，教育孩子也不能这个教育法。”

白丰对白行说：“像我弟弟。”

得到二哥认可，白行觉得自己做对了，他心里特别高兴——能被二哥表扬，难得。

三娘对白行说：“现在全都学雷锋，你要想学得好就要从心里想自己就是雷锋，做任何事都先想想要是雷锋的话他咋想、咋做，然后你再做。”

白行不解地问三娘：“妈，你说我姐姐为什么不让我学雷锋呢？你说奇怪不奇怪？”

三娘说：“她不让你扫楼梯是她不对。你扫楼梯前看没看自己身上干净不干净呀？咱家里的人，穿在身上的衣服甭管补丁多少，都要干净、板正，不能皱皱巴巴的。你看我和你爸爸、你哥你姐姐，是不是都这样呀？你现在长大了，以后也要这样。自己干干净净利利索索的，出门不给咱家丢人，学雷锋也不给雷锋丢人。”

三娘的话白行听进心里牢牢记住了。

校主任带头欺凌林晓荫，致使所有的学生都认为林晓荫应该被欺负，连一直被人欺负、呆头呆脑的孟头也认为自己的地位在林晓荫之上。一次上课前，孟头悄悄把一只癞蛤蟆放进林晓荫的书包里。上课铃一响，老师来到教室，同学们都回到座位上拿出书本准备上课。林晓荫也回到自己的座位伸手去书包里拿书，抓到一个软软的冰凉黏滑的东西，拿出来一看，是一只癞蛤蟆，吓得她一下跳起瘫坐到地上，脸色都白了。同学们哈哈大笑，一个同学向老师揭发说是孟头把癞蛤蟆放进林晓荫书包的。老师听后，静观林晓荫失魂落魄的样子，没有反应。白行噌一下站起，快步走到孟头跟前，挥拳冲孟头脸上、头上打去，孟头抱着头不敢还手也不敢出声……白行也不知道自己打了多少拳，直到老师过来把他扯开。白行径直走上讲台，怒气冲冲地冲着全班同学喊道：“以后谁要再敢欺负林晓荫得小心点！我和你拼命！”

老师也回到讲台，冲白行呵斥道：“白行你吓唬谁？还有没有阶级立场？”

白行仰脸怒视着老师凑了过去，双手攥成了拳头。

老师命令白行：“回到自己座位上去！”

白行依然怒视着老师没挪地方，像个不知天高地厚的小公鸡。

平日里待人和善、乐于助人的白行今天像换了个人似的顶撞老师、打同学，这完全出乎大家意料。

老师扭头命令林晓荫：“林晓荫坐回去！”

一个同学说：“癞蛤蟆还在她抽屉洞里。”

老师指着孟头命令道：“你去把癞蛤蟆扔到外面去。以后不能再这样。”

孟头起身从林晓荫抽屉洞里拿出癞蛤蟆扔到外面去了。林晓荫就坐回了自己座位上。

等盂头回来，老师对白行说："你也坐回去吧。"白行这才一脸怒气地环视着同学们回到自己的座位上。

在哥哥姐姐的眼里，白行就是个小孩子。但是白行也有露脸的时候。

白丰经常把一群群的簇拥者领回家，还有女孩子跟着。他们要么在楼前举"扽轱轮子""练块儿"，就是举杠铃练肌肉，要么就戴上拳击手套打拳击。白丰最喜欢的就是在晚上带着一群人爬上红瓦斜坡的三楼楼顶吹口琴、唱歌，如果心情好，就允许弟弟跟着在一边听。

在白丰一群人中，白丰的口琴吹得最好，这让白行很佩服也很羡慕。于是在白丰不在家的时候，白行会偷偷拉下三抽桌那个属于自己的靠边抽屉，从抽屉洞里将手伸到中间那个属于二哥的锁着的抽屉里，摸出口琴悄悄地学。他可着口琴的大小在纸上画上表格，依次写上 1234567，注上吹、吸，将口琴与表格标齐，按照哥哥随意放在外面的《怎样吹口琴》的小册子上的方法刻苦学习。估计哥哥快要回来的时候，就悄悄把口琴给他放回去。时间不长，白行吹起熟悉的曲子就不用看曲谱了。

这天刚吃完晚饭，有几个人来找白丰玩，还领着一个不认识的人，说是要和白丰比口琴。白丰说，不用上楼顶了，就在这里开始吧。那个人就吹了两首歌。白行听出来，那个人比二哥吹得好。

白丰拿着口琴不想吹。白行对那人说："我吹吹行吧？"那个人就把自己的口琴递到白行手上。

白行熟练地试了一下音，一首首曲子吹了起来，双手捧在一起，时而颤抖，时而张合，舌尖抵着部分琴口，一顶一顶，打着优美的节拍……渐渐地头也摇晃起来，好像要被自己吹出的曲子陶醉……

"你弟弟比我吹得好。"那个人说。

"他是我徒弟。我就不用吹了。"白丰把自己的口琴放回抽屉。

"你们以后别上俺家里来了，是来玩啊还是来找事啊？比什么比？连俺弟弟都比不过。都走吧，走走走！"梦儿把这些人轰出家门。

"弟弟你是怎么学会的？"梦儿故作惊奇地问。其实她早已知道白行的本事。

"以后再动我的东西小心我揍你，这次就原谅你了。"白丰说。

梦儿冲白丰说："给你长脸了还这样，看弟弟比你吹得好就急了。"

白行说："我觉着还是哥哥吹得好。"

这以后，白丰不再经常吹他的口琴了。但仍然会有一些和白丰差不多大的男男女女来找白丰玩。白丰不在家的时候，还有女孩会到家门口来，说是找白行，理由是白行能一个人唱全本的吕剧《都愿意》，她愿意听。白行就站在门口可劲地给人家唱，唱腔、对白、过门一样也不落。后来白行才知道，其实人家是找个理由等着二哥。

白行在音乐、戏曲上的潜质并没有被发觉和培养，因为父母没有要培养他的意识，也不认识这方面的老师，倒是白行对美术的爱好得到了家长的关心。缘由是同学把美术作业交到了白行家里，白行当场就给同学修改起来。三娘说：人家画得挺好的，你怎么给人家改了？白行的同学说：是老师让他改的——老师不在的时候都是白行领着上课——他怎么画我们就跟着画，画完了白行就给我们改。三娘听言甚是高兴，对三爸说：你托人找一个会画画的，让孩子跟着学画画吧。于是三爸就人托人地把一个人请到家里来，看了白行的习作，夸了几句，收为徒弟。据说这个人的水平不低，大明湖公园门前影壁上的毛主席像就是他画的。于是白行跟着师傅到商店买了画夹、水彩以及 2B 铅笔等，每到周日白行就和师父一起或到野外写生或到街头速写，忙活得挺带劲。但不久这个师傅托中间人对三爸说以后要真想跟着学画画就要交点钱，说出的数目令三爸三娘为难，只好不让白行跟着学了。

会画画、吹口琴，还能唱吕剧，白行感到挺得意的。然而白行的风头很快就被梦儿盖过去了。

山东一个著名的京剧团招演员，列出了招收条件。各个学校按照条件进行了初选，随后俊美挺拔的梦儿和另外五个学生就跟着老师去京剧团面试，然后京剧团就把梦儿一个人留下训练，说是培养一段时间看看行不行，再最后确定要不要。这以后梦儿就不再上学，天天去京剧团接受训练，在家里也是紧着忙活：要么吊嗓子，要么下腰、劈叉、翻跟头……

三爸三娘把主要精力也放到了梦儿身上，洗衣服做饭收拾屋子等所有的家务活都不让梦儿干了。为了保护嗓子，三爸还每天买回一个苹果专门给梦儿一个人吃，就连白行也只有看着的份儿。一次梦儿偷偷把苹果掰一块给弟弟吃，被三爸一嗓子喝住。行儿自出生以来，第一次失宠，心里老大的憋屈。

一段时间以后，京剧团就放出话来说：全省留下培训的三十个人中梦儿是最优秀的，嗓子、唱腔、身段都很出色，经过培训，梦儿的唱、念、做、打和手、眼、身、法、步的四技五法无不在行，是难得的苗子，特别是扮演李铁梅那叫一个绝，全省的小演员中挑不出第二个。一次爸爸去剧团看梦儿训练，就着打探打探消息。剧团的一个负责的就对三爸说，这次准备收五个，梦儿是铁定没问题了。

一家人高兴得不行，就连街坊邻居也开始对白家刮目相看。据说当时在八个样板戏之一的《红灯记》中扮演男主角李玉和的演员到山东来，省长要去见他都要在外面等着，梦儿要是演上《红灯记》的女主角李铁梅，那白家和高干家庭也差不多了。“快熬出来啦！”三爸三娘成天乐呵呵地说。

最后录取的名单出来了，梦儿果然排在第一位。按照规定，在办理进剧团的手续之前要先家访，然后政审。

负责到梦儿家家访的是个二十多岁的小伙子，剧团的团委书记。团委书记就叫着一个女演员一起来到梦儿家。

梦儿一家人早就收拾好了屋子买好了茶叶在家里等着。见家访的领导来了无比热情地迎进屋里。梦儿笑嘻嘻的，向家里人介绍说：“他是团委书记。”说完就冲着团委书记笑，和团委书记很熟悉的样子。

团委书记聪明干练，坐下后先是自我介绍说：“大叔大婶，我叫杜镇强。”接着又道歉：“您看和大叔的名重了一个字。”

三爸赶紧说：“这个要什么紧啊！现在叫强的比我那时候可是多了，都叫强。”

三娘附和着：“可不，全是叫强的，说明这个名好啊。”

梦儿说：“又不是一个姓，你姓杜俺姓白。”

三娘说：“一个姓也正常啊，叫强好，都叫强。”

三爸拿出准备好的好烟递给杜镇强说：“你别说，还真是都叫强，我那厂里就全都叫强。杜书记抽烟吧。”

杜镇强赶紧起身说不会吸烟，接着就可劲把梦儿夸了一通，随行的女演员在一旁连连说是。

三爸就说：“感谢组织培养，这都多亏了组织。孩子再行，今后也要好好努力，多向领导学习。你看你这么年轻就是团委书记，梦儿要好好向你学习。”

三娘就说：“可不就是了，俺一辈子也忘不了你们。”

杜镇强问：“听口音大叔大婶是哪里人啊？鲁北的吗？”

三爸说：“是啊。你咋知道啊？”

杜镇强说：“我祖籍也是鲁北的。”又对梦儿说：“没听你说过呢？”

梦儿说：“你也没说过呀，再说有什么好说的，又不是北京的。”

三爸说：“咋这么巧啊？鲁北哪里啊？”

梦儿自豪地说：“俺爸爸是老八路！”

杜镇强说：“我父亲也是八路军。”

三爸惊喜地说：“这是啊？是在鲁北当的八路吗？鲁北的八路我认得不少，你爸爸叫啥名啊？”

杜镇强说：“我爸爸以前是在鲁北当的八路，现在还在部队，也在济南，叫杜凤山。”

“回家问问你爸爸认识俺爸爸不。”梦儿抢口说。

三爸的面部一下变得僵硬起来，沉吟着没有说话。

三娘的表情也不自然了，勉强说：“喝水吧……”

杜镇强不知缘故：“大叔认识我父亲吗？”

三爸赶忙说：“不认得，我早就离开鲁北了。你回家也不用和你爸爸说，他一准不认得我。”

三娘附和说：“鲁北的八路多了，谁认识谁啊，不认得呀。”

杜镇强也察觉出梦儿父母的变化，就书归正传：“二位老人对梦儿去剧团工作是什么态度啊？同意她去剧团工作吗？”

三爸说：“同意啊，咋不同意啊。”

三娘说：“俺梦儿的前途就全靠你了。”

杜镇强说：“二老都同意，家访就通过了。大叔是八路军，政审也不会有问题。大叔大婶就放心吧。”

三娘说：“那敢情好了。”想了想又说：“回家就别和你爸爸打听了，谁也不认识谁。万一打听了有什么误会，也不能记恨一辈子啊。俺梦儿可全靠你了。”

一直坐在一边不说话的白丰站起身说了一句：“命中注定。”说完就出去了。

杜镇强也起身告辞，临行前盯着梦儿看，眼睛里是深深的爱意。

送走了客人，三娘叹口气看着三爸，三爸紧锁眉头点上支烟。

过了些日子，梦儿接到通知：她不能进京剧团了——政审没通过。三爸三娘好像早就想到了这个结局，显得很平静。梦儿也没感到悲伤，又回学校上学了。

又过了些天，杜镇强来到梦儿家，一脸的愧疚。说：他问他妈妈知不知道白三强这个人，没想到他妈和他爸说了。更没想到他爸从中作梗，让梦儿的政审没有通过。

三爸气愤地说："你爸爸这个人挺呲毛，当年是他爹……就是你爷爷上部队叫的我和你爹，你爷爷还活着吗？你去问你爷爷……"

三娘打断说："过去的事了，说这个还有啥用呀？"

杜镇强说："我爷爷还活着呢大叔。这事我听我妈妈说了以后，我又专门回老家去问的我爷爷，我爷爷详细和我说了当时的情况，是我父亲恩将仇报，大叔没有错处。大叔，我父亲是我父亲我是我，大叔大婶放心，我一定再帮着梦儿想想别的办法，以后肯定还有机会。"

白丰瞪起眼冲着比自己大几岁的杜镇强喊道："出去出去！"说完就推着杜镇强把他轰出了家门。

三娘嘟囔着："怪不得叫杜镇强，可真能记仇，没完没了了这是。"

梦儿怒视着白丰没有说话。

梦儿没能进剧团，三娘也没感到多么遗憾。因为三娘觉着闺女家唱戏，成天抛头露面的，也不好。起先三娘支持梦儿进剧团，也是因为三爸极力促成，三娘只好配合罢了。在三娘的心里，女孩子首先应该学女红，针线活要出色，缝衣服纳鞋底做被子样样都应拾得起来，白面要是做不出十种以上的面食来，那就没个闺女样。梦儿没进剧团，有了空闲，于是三娘成天价把各种技艺向闺女传授，行儿也兴趣盎然地跟着学。这样下来，梦儿和行儿姐弟俩发现生活中还真是有些小技巧。例如用双线缝东西，线头上一般要系个扣，如果线挺长，又把两根线系在一起，没缝几针，过线就不顺畅，会乱糟糟拧在一起。这是因为两根线头儿系在一起，线的拧劲无法破解，所以容易打滚结疙瘩。如果只在一根线头上系个疙瘩，那么双线在穿过布料的时候会各自旋转着"破劲"，线就不会结疙瘩。但是一定要把系了扣的线留得比另一根稍短一点，这样才既能起到不让线头脱落的作用，也避免了没系扣的另一根线漏到布那边去。再比如，缝衣服和做被子的时候，里面的"扒距"可以大一些，这样做活快，外面的"扒距"必须要小，这样做出的活才好看。诸如此类的小技巧很多很多。一次行儿中指上戴着顶针儿给自己缝扣子，还学着电影上做针线活的老太太不时将针在头皮上划一下。三娘笑说："过去那人捞不着洗澡，头上不干净全是油，针不快了，就在头上划两下加点油好穿针，你在头上划两下是为啥呀？别再把头皮划破！"

以前，白丰的威信和权威在弟弟妹妹面前是至高无上的，但是现在情况发生了变化。梦儿在京剧团训练，见了世面，觉着二哥和剧团的师兄们相比也没什么了不起的，于是在一次事件中对二哥进行了反叛。

家里通常是两天蒸一次干粮，多数时候是蒸窝头，隔一段时间也会蒸一次馒头。这些活一般都是梦儿来做。蒸馒头要比蒸窝头麻烦得多。要先把老面头从面缸里拿出来掰开弄碎，用水泡上，等充分溶解了，就和上面，揉成面团，放到盆里用浸湿的笼布捂上，要不然面团会皴皮，盆上再压上面板，一是保湿，二是避免家里没人时被老鼠偷吃。完成这些工序后就等着面醒，往往需要大半天的工夫。等面醒开，把面团从盆里清出放到面板上往里揣面粉，使劲揉，揉的时间越长蒸出来的馒头越筋道。面揉好了，搓成胳膊粗的长条，再一块块分成拳头大小，然后双手配合边揉边搓，一个个窝心朝下表面光滑的馒头就成形了。这一过程要做到“三光”：盆光、手光、面光。干完这些事，就可以在灶台上坐锅烧水，把笼屉用水浇湿，铺上笼布，放到锅上。水快开的时候就把馒头放进笼屉，盖好笼头，四周用浸湿的布条围住，避免漏气。梦儿往往是一边忙活着这些一边烧着柴火，手脚麻利，互不耽误。有的时候行儿也会帮着姐姐拉风箱烧火。大约二十分钟馒头蒸好后，端着笼屉到屋里往面板上一扣，趁热揭下笼布，要是笼布和馒头粘在了一起，就抓紧拿扫面的笤帚往上甩点水再揭。家里人多饭量大，每次一蒸就是两锅。

每次蒸馒头，白丰不但不帮忙，还会叫几个要好的同学到家里来等着吃上几个。一次二哥叫来的同学多，等梦儿和行儿忙忙活活蒸出第二锅，进屋一看，第一锅已经被二哥的同学们吃没了。梦儿又气又急又心疼，大喊一句：“疯子！”又冲二哥的同学们吼道：“都滚！别在俺家里！”说完就哭了起来。白丰觉着丢了人，就冲梦儿说：“愿意哭到外面哭去，别在这里给我丢人！”

通常情况下只要三爸三娘不在跟前，二哥一说话，梦儿和行儿没有敢不听的，没想到这次梦儿边哭边接声顶撞道：“愿意在这里哭！管得着吗？就在家里充光棍！有本事上人家家里吃馒头去！”

白丰感到在同学们面前下不来台，就要动手打梦儿。白丰的同学赶紧拉住，都说白丰不能动手。没想到梦儿又冲着白丰的同学们吼道：“用不着你们充好人！都滚！再上俺家来吃馒头我拿开水烫死你们！”行儿见姐姐这样说，就拿起一个暖瓶拔下瓶塞做出要往外泼水的样子，白丰的同学们就纷纷离开了。白丰阴沉着脸瞪着弟弟妹妹，犹豫了一下没有动手，也随着同学们一起出去玩了。

梦儿和行儿欣喜地相互看着，这胜利的结局出乎他们的意料。

这以后，白丰威严的形象在梦儿的心里更加动摇了，梦儿经常和二哥吵架，对着干，不再怕他。虽然行儿帮着姐姐吵架，但他针对的是二哥的同学，二哥在他的心里依然是神圣的。

然而白丰就是白丰，做出的事情常常令弟弟妹妹目瞪口呆。

在那个年代，好像还没有退学这一说。但是在高中自己要求留级再读一年的白丰要退学了。他一再要求留级的真相也一并揭晓。

新学期开学以来，白丰一直想办法找机会主动接近那个残疾女孩，无论白丰怎样努力，她都对白丰不理不睬甚至故意回避。这让白丰很是失望，时间一长白丰对这个残疾学妹的特别关注也就淡了。更何况还有很多女孩子主动贴乎他，所以他不再理那个女孩了。

又过了一段时间，白丰偶尔又看到了那个女孩，想起自己是为了她才留级的，总不能就这样算了，于是就决定做一个抉择。他跑到百货大楼用自己全部的积蓄买了一条红色的纯毛毛线长围巾，附上一封自认为精彩绝伦的情书，到邮局打成包裹寄回了学校。他觉得自己干了一件谁也想不到的了不起的事情——自己对爱情的选择绝对是出乎所有人意料的，谁能想到他白丰会和一个残疾女孩谈恋爱？他为自己的另类决定而得意，他要让同学们看看他有多么与众不同。他天天偷偷观察那个残疾女孩的表情变化，盼望着得到她的回音。

这天早晨白丰刚到学校，老师就让同学们都到操场上去开大会。同学们都觉着惊奇：刚到学校就开大会，以前从来没有过。同学们乱哄哄地来到操场，按照平时做课间操的顺序排着队。白丰往残疾女孩的班级搜寻着，看女孩来了没有——平时课间操这女孩是不参加的，因为她只有一条腿。白丰没有看到女孩，估计还是因为腿的事。

同学们刚站好队，校主任大层次就急匆匆走上了土台子。看到大层次手里拿着的东西，白丰的头嗡的一下大了，脸涨得无法更红——大层次一只手拿着的是白丰买给残疾女孩的红得耀眼的毛线围巾，另一只手拿着的纸片肯定就是白丰写给女孩的情书了。是赶紧跑还是不跑？白丰进行着激烈的思想斗争，最终他站在原地没动——首先，跑不是白丰的性格。其次，白丰还盼着大层次不要点出自己的名字，因为大层次并没有看白丰。

大层次站在台子上说：“今天集合全体老师和同学开个紧急大会，是因为我们学校出了个从来没有过的丢人的大事，有老师劝我说等到课间操的时候再说这个事，我没同意，我一分钟也等不了。”大层次举起手中的红围巾说：“我们学校的一个男学生偷偷摸摸地要和一个女学生搞对象！这个红围巾就是这个男学生给女学生买的！他没想到人家女学生把它交给老师了！这就是证据！这个男学生我们都知道这个人，很出名！这个男学生欺骗老师、欺骗我，而且欺骗好多次！这个男学生就是我们学校最出名的！我们学校第一个降班猴子、现在又第一个偷偷摸摸搞对象的——白丰！”大层次冲着站在后排的白丰瞪了一眼，抬起拿着纸片的手，摇着纸片接着说：“我现在就念念这个白丰写给那个女学生的信，你们都听听，都听听！”大层次抬高嗓门念道：“可爱的你，他们都叫你金鸡独立……”大层次念了这句，一抬头就见白丰从身后墙边上拾起一块砖冲自己跑过来，大层次边往后退边喊：“你想干什么？快截住他！”同学们都躲开给白丰让了个道，几个老师围上去要拉住白丰，白丰挣脱羁绊继续前冲，大层次手指着白丰转身跑开，嘴里嘟囔什么谁也没听清，但是肯定没有层次。几个老师再次拉住白丰，白丰冲大层次喊：“你妈你别走！”

白丰再也不去学校了。无论学校老师怎样一次次到家里来做工作，白丰就是不去。老师说上次白丰主动要求留级就等于没毕业，现在又退学就不是毕业生了。白丰说无所谓，什么毕业不毕业，根本不在乎。

三娘又开始在半夜里打白丰，三娘边打边哭：“干了丢人的事就不上学了？发昏躲不了死！上学去！”每次挨打白丰就挣脱后跑出去，第二天也不去上学。打过几次，白丰干脆白天夜里都不回家了。于是行儿就偷偷地给哥哥往外拿吃的。三爸对三娘说：你没完没了地打他，他就不拿这个家当家了，也不拿你这个娘当娘了。一次，行儿刚爬上水池子从上面吊着的干粮篮子里拿出一个馒头藏在怀里，三娘说：“叫你哥哥回来吧，我不打他了。”三娘低头了。学校的老师又来劝说过几次，最后也低头了。

白丰退学了，所有人的努力都没能让他重新走进课堂。而且，他再也没回过那个学校。

虽然白丰没拿到毕业证，虽然梦儿和行儿有着这样那样的特长，但在三爸眼里，几个孩子中，二儿子白丰依然是最出色的。先前是因为白丰相貌俊美、举止飘逸，心狠手辣、敢作敢当，如今是因为他吃苦耐劳，开始给家里挣钱贴补家用了。

白丰退学不久，就四处打听，终于找到了一个施工队在人家那里干起了临时工。每天下班回到家里，白丰都要炫耀一番他在工地上的突出表现。例如他推起装砂灰的独轮小车又稳又快，能在腾空的窄木板上健步如飞。例如他用铁锨往楼上“甩”砖，能甩三层楼那么高。例如瓦匠师傅们都夸他干活好，都抢着让他跟着干小工打下手。例如他已经干上了大师傅才能干的活，开始垒砖砌墙了……几个月下来，白丰的收入超过了三娘。

白丰挣的钱他自己说了算，赶上高兴他会把拿到的工资一分不留全部交给家里，赶上不高兴他一分钱也不交。他不交钱的时候三爸三娘也不问，夫妻俩都知道自己儿子的脾气——越问越不给。

一天晚上，白丰回家说：“以后你们晚上吃饭别等我了，晚上加班四个小时算一天。”于是从第二天开始，三娘就给白丰包好够两顿饭吃的干粮和咸菜。每天夜里白丰回到家中，已经睡下的三娘都要从里屋出来问：累不累？吃饭不？白丰有时哼一声，有时腔也不搭就倒头大睡。白行记得，家里陆续添置点家当，就是从那时开始的。三爸高兴地说：“以后日子过好了，咱家盛菜就不用碗了——全都改成盘子！”三娘说：“少吃点地瓜干子，干粮里不掺菜，我就知足了。”

日子虽然宽松了些，但伙食并没有多大改善。“宁买不值，不买吃食。”这是三娘的道理。勤俭持家，精打细算，这是三娘对自己和孩子们的要求。

一天晚上，白丰回家说：“我不想在这里干了，到南山去开石头能挣两倍的钱，我这两天就去。”

“这么远？不能去，没处吃没处住的。”三娘说。

“我都联系好了，带着棒子面去，人家负责给蒸干粮。以后我一个月回来一次——拿粮食，送工资。”

三娘说：“说啥也不行，咱家里缺钱也不能开山去，听人家说每年都有炸死人的。”

白丰说：“实话和你们说吧，最近我认了个练武术的师傅，师傅要去当工头，我必须跟着，要不我怎么长本事？”

三爸说：“这拜师可不是小事，你把你师傅请到家里来，要摆香案磕头敬酒。”

白丰说：“也不是什么正儿八经的拜师，别人给介绍的，他教我习武，我给他钱。”

三娘知道儿子定下的事是不容易被改变的，于是开始给他准备粮食、铺盖。没几天，白丰就到山里开石头去了。

白丰走后不久，隔三岔五会有女孩子来打听白丰的去向，这里面有行儿认识的，也有不认识的。有的会直接到家里问白丰到哪里去了，有的会悄悄躲在楼前向行儿和梦儿打听白丰的下落。问到梦儿，她会白对方一眼："管得着吗？"问到行儿，他会老实地告诉人家："干活去了，我哥哥不让说地方。"行儿感到那些姐姐们都很好看，都挺可怜。等到白丰回来，行儿就向二哥汇报情况。白丰会详细问清过程，然后得意地笑笑："我厉害吧？都巴结我，可惜我一个也看不上。以后别搭理她们。"白丰回来的次数越来越少了，好像要故意躲着这些女孩子似的。

但是一个家住顺河街的叫花麒麟的姑娘打听到了白丰的下落。这个花麒麟既没前去探个究竟，也没事先和白丰打招呼，直接带着铺盖行李到南山找到白丰，要和白丰在一起。

第五章

在山里干活，除了每月领工资时能够带来些许欢乐，其他的日子都是极度凄苦乏味的。花麒麟姑娘的到来，对远离城市、寂寞孤单的白丰来说自然是一件好事。他对花麒麟欣然接受："你要是不怕苦就在这里吧。"还很炫耀地当着众工友的面在花麒麟脸上亲了一口，引起大家一阵哄笑。

这个工地原本只有当工头的白丰的师傅他老婆一个女人，负责给大家做饭。工头老婆高兴地说："正想找个帮手呢，你就帮我做饭吧，就是工钱不如男人多。"

花麒麟满口答应。她根本就没考虑工资的事——她是来和白丰在一起的，与钱没关系。但是当她把大家住的地方观察一遍后，问题出现了。她问白丰："咱住哪儿啊？"

白丰说："我和师傅说说，你和他老婆住一块儿吧。"

花麒麟惊奇地说："他两口子不住一块儿吗？你想把人家分开？再说咱俩也不能分开呀。"

白丰更是惊奇："我可没说要和你住在一起。"

花麒麟说："你这人奇怪吧，不住在一起我来找你干什么？"

白丰说："那你还是回去吧。我可没想和你住在一起，再说也没地方住。"

花麒麟凤眼一瞪："你说话算不算数？谁说的让我在这里的？住的地方你别操心，我找工头去。"

也不知花麒麟用什么办法说服了工头，把工地上的工具房腾出来让他们住，工具堆到临时搭起的棚子里——反正在这荒无人烟的地方也不会有人来偷。

工头老婆也来劝说白丰："你对象老远来就是和你团圆的，可不能分开住。"

白丰说："她可不是我对象，我也不敢娶她。她敢杀人你信不信？"

工头老婆说："别胡说了，这么俊的闺女敢杀人啊？"

白丰说："她劳教过——就是被公安局抓起来。"

工头老婆问："为啥事？"

白丰说："打架，打群架，她是个头儿。听说过震天桥吗？就是她。"

工头老婆说："啥叫震天桥啊？能打过你师傅吗？别败坏人家闺女了，嫩得掐出水来，和谁打架啊？她就打不过我。"

白丰说："和师傅那是没法比。不过你是不知道她的厉害。唉，也不知她怎么知道的我在这里。"

这天夜里，白丰和花麒麟住在了一起。

花麒麟脱好衣服躺在铺板上等着白丰。白丰站在跟前不知自己该怎样做，两人就这样僵持着，最后还是花麒麟伸出手把他拉了过去……

身边美女如云的白丰对于实战其实是个外行，入港后他只是凭过去与女孩在一起的经验不停地揉搓和亲吻，满身的激情释放不出去。过了一会儿花麒麟在下面问："你怎么不动？"

白丰欠起身怔怔地看着她，不知道什么意思。花麒麟欲言又止。白丰也不好意思直视她的眼睛，再次俯下身子把她抱紧。

片刻，花麒麟又问："你是第一次吗？"

白丰很没面子地嗯了一声。

花麒麟推起白丰的上身，给他示范：她一只手把拇指和食指拢成一个圈，另一只手的食指放进圈里抽动了几下，然后因为害羞狠狠地在白丰身上拧了一把。

白丰心有所悟，如法炮制，果然妙不可言……花麒麟的呻吟声跟着他的节拍传了出来……

二人好一番缠斗，白丰突然感到冲天激情无法控制，双臂死命将花麒麟箍住，身子失控般地激烈运动，随着花麒麟放声欢叫，白丰跟着浑身一紧，身心尽情释放——"啊！啊呀！"——白丰高呼连声。门外突然有人高喊："好小子！有能耐！"随着就是众人的哈哈大笑。

白丰一个激灵就要下床，花麒麟拉住他胳膊冲外喊："你妈捣什么乱啊？躲在外面干什么，有本事进来！"众人一阵起哄，闹哄哄地离开了。

白丰想给自己刚才无知的表现找个理由："你刚才教给我的，虽然管用，可是这样做好像单纯是为了干那个，没有爱，亲吻和拥抱才是爱。"

花麒麟冲白丰伸一下舌头做了个鬼脸。

白丰轻轻下床，从门缝和窗口往外观瞧。确认人都走了，将窗帘拉开，夜朗星明，一泻月光注满全屋。白丰回身躺在床板上，神情安适地看着窗外——人生真好——他想。

白丰正在整理心绪回想适才的美好，花麒麟又将手握住了他的下体，只攥了几下，就已蓬勃起来。花麒麟笑说：“这玩意儿就像给车胎打气一样。”白丰正要起身去拉窗帘，花麒麟身子一腾跨了上来……月光下玉体起伏旋摇，白兔奔突跳跃……又是一次销魂……

次日清晨，花麒麟还在熟睡，白丰听到外面叫起的吆喝声，就穿衣干活去了。中午众人从采石场回来吃饭，花麒麟看着白丰狼吞虎咽地吃着干粮，飘着媚眼说：“忙活一夜，还去干什么活啊，累不累？”

白丰说：“别挨这么近，都看着呢。”

花麒麟斜眼扫一下四周坏笑的眼神：“看呗，长得好看都爱看。男的全是流氓。”

白丰说：“人家那是笑话你。”

“为什么？”

“你夜里的叫声太大了。”

花麒麟说：“他们是急的。愿意听是不是？听吧，今天晚上声音更大。”说完自己笑开了。

白丰有些得意地说：“他们说你叫声大是因为我本事大。”

花麒麟一撇嘴说：“你本事大吗？有多大？”

白丰说：“晚上你就知道了。”

花麒麟说：“等晚上干什么，有本事现在使。”

白丰说：“可不行，现在回屋里，人家不用猜就知道干什么去。”

花麒麟说：“谁说回屋了？走，咱俩转转去。”说完拉起白丰就走。

白丰本不想去，又害怕与花麒麟争执起来让人笑话，就跟着花麒麟向远处走去。两人绕过一个山角，一丛蒿草现在眼前。花麒麟拉着白丰迈进草丛中坐下，身子一软，靠在白丰身上。

白丰说：“一会儿就干活了，跑这里坐着干什么？”

花麒麟风骚无限地说：“你不是有本事吗，怎么不使啊？”

白丰诧异说：“哪有白天干的，不都是晚上吗？”

花麒麟笑道："你傻不傻啊，有本事什么时候不能使？工人还有白班夜班呢。"

白丰正在犹豫，花麒麟像只讨食的小猫喵喵叫着吭吭唧唧地在白丰身上蹭来蹭去。

白丰本就是烈火烧身的年龄，哪经得起这种挑弄，也顾不得许多，就要把花麒麟推倒。花麒麟赶紧制止："你把我衣服弄脏我怎么穿啊？"

"那怎么办？"白丰问。

花麒麟欠起身，眼神迷离地看着白丰，慢慢地宽衣解带，继而摆出一个女妖的姿势，色色地唤一声："哥哥。"

白丰侧身探看：那要命的乖乖，最最是人间第一勾魂夺魄的妖魔。

白丰急促又迟疑地问："这样也行？"

花麒麟埋在双臂间的头点了点，嗯了一声。

白丰像衣服着了火似的手忙脚乱地扯下自己身上碍事的营生，急急如飞蛾扑火……怎奈花麒麟这姿势太过刺激，视觉冲击太过强烈，火烧鹅毛的工夫白丰就心有不甘地偃旗收兵。

这以后，每天早晨四点半钟，工头老婆就来敲窗子叫花麒麟起床去做饭。到五点钟饭快好了，工头老婆就会高声喊道："饭好了！吃饭了！"人们就纷纷起床来吃饭，也有不等着叫就自己起床来吃的。工地上的饭好做，特别是早晨，就是熥熥干粮，熬一锅清汤寡水的玉米粥，粥里切上点菜叶子，咸菜切一切就行了，没有香油也没有酱油。这些人吃饭很快，一般五点半就拿着工具去干活了。干活的人走后，花麒麟马上跟着工头老婆准备中午的饭食，就是蒸干粮。一般是以蒸玉米面窝头为主，有时也会掺上点小米面、菜叶子，还是玉米粥、切咸菜。吃完了中午饭接着准备晚上吃的，晚饭依然是这一套：蒸干粮、熬粥、切咸菜，毫无变化。几天后两个人和面的和面，烧火的烧火，已经配合得很默契了。

后来开采场离做饭的地方远了，干活的吃完了早饭就带着中午吃的去干活，这样中午就不回来吃饭了，省时又省力，还能多出活。花麒麟每天从早忙到晚，天麻麻亮时目送白丰去干活，天黑后期盼白丰快回来。整个白天要么是跟着工头老婆忙活，要么被工头老婆赶着去拾柴火，要么望着空旷的群山发呆……

好多天以后，来时白里透红的花麒麟已是蓬头垢面满脸风霜，白皙的双手因反复地倒腾水、吹山风，也变得黑黢黢粗糙皴裂，与庄稼地里的妇女无异了。

这样的生活难免让花麒麟感到劳累和乏味，一天她对白丰说："咱俩回去不行吗？回去也能找到临时工干。"白丰说："你愿意走你走，我不想回去。"

又过了些天，工头气恼地找到白丰说：“赶紧让你媳妇走，你俩他娘的成宿成宿嗨呀呼哟的，谁受得了？我都受不了。”

白丰说：“师傅你不是有媳妇吗？”

工头说：“我媳妇是在跟前，可是别说长相和你媳妇比那就不算个女人，就是算个人也弄不出你那小骚妮子的动静来——那就是个狐狸精。这两天已经有好几个找我告假回家的了。我和你说，要是哪天有个忍不住的把你媳妇霸喽，我可不负责。赶紧走！要不你也别干了！”

白丰说：“我不让她叫还不行吗？”

工头说：“你小子我和你说，你近来武艺长进不小，正是出活的时候，弄这么个女人在这里，非掏空了你身子不可。武术你还练不练？不练赶紧滚蛋！”

就在白丰琢磨哪天让花麒麟走时，一个工友吸烟引着了工棚下的干草，进而引爆了插着导火索的几捆雷管，好几个工友受伤被送进了医院，花麒麟的腿上也开了一个口子。一向洒脱干练的花麒麟吓得花容失色，说什么也不想再待下去了。

这天傍晚，宿舍里停电，到处黑洞洞的。行儿回到家问：“妈，今天好像过节，外面这么黑了还有好几个同学在那里吃点心。”

“真笨，今天是八月十五中秋节，吃月饼。”梦儿答道。

“那东西可贵了，咱不吃那个。洗手吃饭了。”三娘说。

行儿坐到窗前，闷闷地向外看着。

“俺小儿子这是馋了，等会儿，妈给你们烙饼吃，多放油。”三娘走过来抚着行儿的头说。

三娘开始和面，梦儿帮着搬面板拿擀面杖。

外面吃月饼的两个孩子手中举着吃了一半的月饼来到行儿家玩。梦儿一下冲到两个孩子面前说：“你们到俺家来干什么，不就是一个破月饼吗？有什么可显摆的？从一放学就拿着这块月饼吃，都好几个小时了，还没吃完啊？”

两个小孩赶紧退了出去。家里的气氛也变得沉闷起来，没有人说话。三爸从里屋出来说：“饭都做好了，又烙什么饼啊？吃不吃有啥要紧的？别烙了，吃饭吧。”

三娘一边忙活着一边说：“烙几个饼给孩子解解馋，今天八月节，一会儿就好。梦儿，摆桌子吧。”

“你闲得慌？又没有电，黑灯瞎火的烙啥饼？”三爸的语气变得不好听了。

三娘停下手愣在那里，然后说：“好，不烙了，先吃饭，吃完饭再烙，明天吃。”

行儿心里烦得要命，但他不敢使性子，因为爸爸在家，而且是爸爸不让烙饼的。

一家四口坐在小木桌前准备吃饭，小桌上的烛光摇摇晃晃，忽暗忽明。

这时，白丰推开家门走了进来，风尘仆仆，喘着粗气：“妈。”

“你怎么回来了？不到回来的日子啊。”三娘惊奇地问。

“今天是八月十五，我回来送月饼。转了半个济南市才买着，都下班了。”白丰从包里拿出一包月饼放到饭桌上。

“一百多里地，咋回来的？”三爸问。

“我借了个自行车，中午吃完饭就开始往回走了，山路走得慢。星期天就回去。”

“什么值当的啊，跑这么远就为了买包月饼。快吃饭吧。”三娘说。梦儿、行儿赶紧盛碗搬凳子。

五个月饼，摞在一起，用草纸卷成筒状，泛着晶莹的油光。打开来，红润金黄，沁着浓香。咬一口，红丝绿丝金银丝，果仁杏仁核桃仁，甜香入腹，幸福入骨。这是一家人从没吃过的最好的美食。

在那个贫困的年代，二哥奔波一百多里地就为在中秋节给家里送一斤月饼，这对行儿是一个震撼。那段时间行儿对二哥的敬服达到了极点，二哥的话，在行儿的眼里就如同诗说子曰一般。

星期天早晨，白丰悄悄对行儿说：“吃完饭我先出去，在宿舍门口等着，你叫着你姐姐出去找我，咱们一起看电影去。别和咱妈说。”

吃了早饭，白丰说回山里干活去了，三娘把准备的棒子面给白丰带上，白丰说：“什么也不带了，下次一块儿吧。”说完就下楼骑上车子走了。

行儿和梦儿来到宿舍外面，远远地看见白丰和一个女的各自跨坐在自己的自行车后座上在等他们。看见他们出来，白丰向这边指了指，那个女的就向这边招手。

梦儿和行儿走到近前，白丰说：“这是你们麒麟姐姐。”

“麒麟姐姐。”行儿赶紧叫道。梦儿没说话。

“梦儿，我听你哥哥说，你可勤快呢，洗衣服、做饭、收拾屋子，都是你干的。梦儿，你长得真漂亮啊，比你哥哥还好看。”花麒麟主动搭讪。

梦儿的表情变得生动了些，叫了一声“麒麟姐”。

花麒麟又对行儿说：“行儿，听说你差点牺牲，多亏一个和尚道士救了你一条命。哈哈，哟，梦儿生气了？真像你哥哥说的，梦儿专门护着弟弟。”

梦儿白了白丰一眼，嫌他把家里的事情告诉别人。问道：“你怎么不去山里干活？”

“看个电影就回去。”白丰说。

花麒麟说：“梦儿，你想把你哥哥累死啊？反正是干活，在哪儿不行呀？我可是知道，那个地方累死人不偿命，而且，我们差点死在那儿，你们信不信？”

“你也在南山干活？”梦儿表示怀疑。

“是啊，还不都是为了你哥哥。”

“你和俺哥哥拉对象吗？”行儿问。

“对啊。你看我好看不好看？”花麒麟叉起腰说。接着又眨眨眼问：“你看我好看还是你班里的那个女同学好看？谁第一好看？”

行儿知道是哥哥向她说了自己的笑话。他端详了一下这个麒麟姐姐：“你像个女特务。”

“哈哈，你胡说，我有这么吓人吗？”花麒麟笑道。

“走，上中国电影院看电影去。”白丰推起自行车说。

“走，行儿，我去给你买个冰糕煮煮吃！哈哈哈……”花麒麟大笑着。

中国电影院在市中心的共青团路上，四个人分乘两辆自行车奔市里而去。白丰带着行儿在前面，花麒麟带着梦儿在后面跟着。来到一个十字路口，白丰对行儿说：“先下来，有警察。我在前面等你。”行儿赶紧跳下自行车。

花麒麟带着梦儿赶上来问：“怎么下来了？”

“快下来，有警察。”行儿说。

梦儿正要跳下，花麒麟说：“别下别下，怕什么。行儿，上来！”说着，花麒麟右手握着车把，向后闪着身子，左手指着前面的自行车横梁让行儿跳上去。行儿跟着自行车跑着，花麒麟一伸手把行儿提坐在自行车的横梁上，前面坐着行儿，后面带着梦儿，冲着警察骑了过去。

“骑车子带人的，下来！”警察喊道。

花麒麟故意回头看了看，越骑越快。

“往哪儿看？说的就是你，骑车不能带人！”

“真的吗？多咱定的呀？马上下。”花麒麟答应着，车子从警察的身边一闪而过。

“下来！”警察又喊了一句，并没有追上来。

“警察的话你也敢不听啊？”行儿说。

“厉害吧？我不是女特务，我是游击队长。”花麒麟说。

看完电影，行儿听出来，哥哥还要进山，但是不想让花麒麟去了，花麒麟就劝哥哥也不要去。两个人都不太高兴。

“我也够可以的了——跟你在那个破地方待了这么多天。你非要到山里去吗？那里吃饭、睡觉、上厕所都不方便，还不能洗澡。你回来找个活干，我和你一起，行不行？”花麒麟说。

“我得回去练武，我这次回来就是想把你送回来。”白丰说。

“要不然我在家歇几天再回去找你？”花麒麟说。

“你别去。这个石场快开完了，我回去就转场子，你去了也找不着我。”白丰说。

“那咱俩还好不好？”

“随便。”

“你是不是压根儿就没在乎我？”

“你要这样说，那就是。”

两个人谁也不再说话。行儿和梦儿在一边等着。

白丰从口袋里掏出几毛钱递到梦儿手里说：“你们自己坐公交回家吧，我走了。”说完，白丰头也不回地骑上自行车奔向城外。

花麒麟表情冷峻地望着白丰远去的身影，眼睛里放着冷厉的光。

“走，弟弟，咱坐车去。”梦儿拉起行儿的手说。

“我送你们回家。”花麒麟说。

“不用。”梦儿说着拉着弟弟向车站走，白行挣脱开姐姐的手不想让她拉着。无论花麒麟怎样要送他们回家，梦儿都不再理她。

就在行儿和姐姐等车的时候，花麒麟用衣服兜着一大堆冰糕跑了过来：“行儿，吃冰糕，吃完了再走。梦儿，吃冰糕。”

“我们不吃。弟弟，不吃。”梦儿说着，并不去看花麒麟和她的冰糕。

“吃吧，我转了好几条街才找到个卖冰糕的——秋天卖冰糕的少了。吃吧，不吃都化了，这么多。”花麒麟着急地说。

行儿看着花麒麟，一双高挑的凤眼，长得有些开的嘴。他感到麒麟姐姐真好看。

白行悄悄对梦儿说：“姐姐，咱给她钱买她两个吧，买一个也行，我不吃。”

梦儿白一眼白行说：“就你好心。不买。”

那些冰糕在花麒麟怀里兜着，直到行儿和梦儿上了汽车，也没有人吃它们……

过了一段时间，花麒麟来找白丰，白丰不在家。花麒麟找到行儿把他叫到一边说她找白丰有急事，去山里找也没找到。问白行知不知道白丰去哪儿了，白行说不知道。花麒麟就走了。过几天花麒麟又来找到行儿，问白行是不是在鲁北老家有个大哥，说她要去鲁北看看白丰在不在，白行就告诉她老家的地址和大哥的姓名。花麒麟就急匆匆走了。这以后花麒麟再也没来，也不知道找到白丰没有。

几个月后，白丰回到家里，白行把花麒麟要回老家找他的事告诉了二哥。白丰说：“别听她胡说，她要是回老家找我，老大早就来信说了。”

一天，梦儿悄悄地问行儿：“弟弟，那个杜镇强想让我和他去看电影，你说我去不去？”

行儿马上回答：“不去。”

梦儿问：“为什么呀？可是他想让我去。”

行儿说：“他是不是想和你拉对象？”

梦儿说：“我也不知道。他想拉我也不和他拉，我才多大？”

行儿说：“他要是再找你就让二哥揍他。”

梦儿说：“揍人家干什么，人家又没干坏事。”

行儿说：“他要是再找你我就拿石头砸他！”

梦儿不高兴地说：“弟弟我和你商量事，你怎么这样啊？”

行儿说：“他爸爸欺负咱爸爸，我就砸他头。”

梦儿说：“我知道咱家的人都烦他爸爸。所以他后来还想上咱家来玩，我没同意。你说等咱爸咱妈不在家的时候让他上咱家里玩行不行？”

白行说：“不行。要是让咱爸咱妈知道他上咱家来玩，肯定生气。”

梦儿说：“他让我上他家玩。我以前去过他家，不想再去了。”

行儿吃惊地说：“你敢上他家去？咱爸咱妈知道了非打死你不可！”

梦儿平静地说：“以前在剧团训练的时候，大家一起去的。那时候还不知道他爸爸是杜凤山。”

行儿说：“咱哥哥以前说他那个姓水的同事家里很阔气，杜镇强家里是不是也很阔气？”

梦儿不屑地说：“阔气有什么了不起？不稀罕。”

行儿问：“你稀罕什么？”

梦儿说：“亲情最重要。”

行儿盯着梦儿看，他突然觉着上中学的姐姐像个大人似的。

梦儿嘱咐说：“我和杜镇强，不是拉对象。你可千万别和咱爸咱妈说啊。”

行儿答应给她保密。

平静的生活枯燥乏味但也有喜讯。这天，鲁北的一个亲戚到济南来办事，顺便来白家坐坐。来人恭喜说：“白芒那儿子长得可真是精神，和年画上下来的一样。”

全家人吃一惊。三娘说：“多咱的事呀？多咱有的孩子啊？”

来人也吃一惊：“这么大的事你们不可能不知道吧？济南这边可是白芒的亲爹娘。”

三爸说：“你快说说咋回事，是不是搞错了？”

来人说：“这个上哪里错去，几个月前孩子百日我们还喝的酒呢。”

三娘说：“不怕你笑话，俺都不知道媳妇怀孕，怎么就先百日了呢？”

三爸说：“这可怪了，他大娘得病死了的时候我还回去了，算日子也不到一年的时间，那时候也没听说怀着孩子，咋先百日都过去好几个月了？前阵子也通过信，信上也没提。”

三娘问：“是不是领养的？”

来人说：“不是领养的，是大满生的。听说大满快生的那个月，白芒就没让媳妇出家门，也不让别人去串门。说是生的时候大满也没上医院，是从河北请的一个接生婆在家里生的。孩子过十二、过满月他都没撒信儿，亲戚众人也都不知道。等让我们去喝酒的时候，说是孩子百日的酒，我们还都埋怨他不早打招呼。”

一家人你看我我看你，越想越稀奇。最后三娘气愤地说：“这是不想认爹娘了！也不知道咋得罪大儿了，媳妇有喜、生孩子全不和爹娘说，这是这一辈子也不打算上门了！”

三爸说：“我这就给他写信问问咋回事。”说着就找纸和笔。

三娘说：“他不想给咱说，咱也问不出啥来。”

来人说：“我坐下午的长途车回家，要不然咱一块儿走，你回去看看？”

三爸起身说：“走。”

天下大雨，乡路泥泞，三爸赶到村里时已经是半夜了。白芒吃一惊：“你咋来了？”

三爸劈头就问：“大满生小孩了吗？听说大满生小孩子了，真的假的？”

白芒低下头思量一会儿：“这不正准备给济南写信说这个事呢。”

三爸气恼地说：“你胡扯！什么时候生的孩子啊这才准备写信？你妈让我问问你，咋得罪你了？”

白芒说：“这个早会儿晚会儿有啥要紧的？这不正想写信告诉俺娘呢。”

三爸烦躁地一挥手：“你算了吧！你就是没拿着爹娘当回事。孩子在哪儿呢？我看看。”

大满说：“在这屋睡着呢。”

三爸一看见熟睡的孙子就感到稀罕得不得了，笨手笨脚地把孩子抱起来端详了再端详，满心喜欢。

白芒问：“你这辈子是不是第一次抱孩子？”

大满说：“看你说的，你在鲁北，咱爸没抱过你还没抱过他仨吗？”

白芒冲媳妇一瞪眼：“你知道个蛋！不信你问问，抱过没抱过？”

三爸把孩子放下说：“成天上班哪有空。”又对大满说：“你把小孩穿的用的收拾收拾，我带着小孩走。”

白芒问：“你带着孩子上哪儿去？说着玩的吧？”

三爸说：“你娘要看孩子。我也看着这个小孩挺好，我抱回去，让你娘在济南养着。”

白芒冷冷一笑：“看出这些年你从来不管孩子了，你当养个孩子这么容易？你知道咋喂吗？”

三爸说：“你娘会不就行了。”又说：“你娘想看看孩子。待些日子再送回来可行啊？再不就让大满跟着去。”

白芒摇头说：“不行。”

大满说："爸爸你就个人回济南吧，他不可能让孩子上济南。"

三爸说："不让带就不带。孩子叫啥名？"

白芒说："白德。"

大满问白芒："给咱爸做点吃的吗？"

白芒说："老远的来了，做点吧。"

大满问三爸："爸爸，给你擀面条行吗？"

三爸说："吃啥都行，吃了歇歇就走了，到县城车站还有老远的道。"

大满答应着就转身去做饭。白芒连忙喊住媳妇问："你说做啥饭？"

大满说："咱爸隔着好几百里地来了，给擀面条行不？"

白芒问："你用什么擀？"

大满说："那不是还有白面吗，给爸爸做点吃的不行啊？"

白芒问："孩子饿了吃啥？"

大满说："还能没的吃吗，又不是全给爸爸做上。"

白芒问："你知道大人吃一顿顶孩子多少顿吧？"

大满看一眼公公，问白芒："你说做啥饭？"

白芒对三爸说："她一点数都没有，孩子没奶吃，就指望着那点白面喂……大人吃啥不行？不是没有干粮。"

三爸起身摆着手说："我也不吃你的饭，你省下喂孩子吧。走了。"说完就提起自己的提兜转身去摘摆在相框玻璃外面的孩子的百日照片。白芒赶紧阻止说："相片不能拿，这里好多亲戚等着看呢，你拿走了……"

三爸低声骂了句："真你娘的。"快步走了出去。

白芒说："让大满上生产队去借车子送你吧？"

三爸气恼地说："不用，这个村里我不是只认识你一个人。"

三爸叫开生产队长的门，让他安排人用自行车送站。白芒目送着三爸冒雨离开村子，三爸看也没看他一眼。

回到济南三爸什么话也不愿意说，在三娘问一句他答一句的过程中，家里人知道了白芒确实有了个儿子，至于什么时候生的等具体情况就不清楚了。

这以后因为三爸生了白芒的气，家里人也就不再提白芒的话题，也不给白芒写信，白芒也没再来信。

在白行刚上初中的时候，三爸作为工宣队成员到省图书馆上班，他隔三差五地偷偷拿回这样那样的书来给孩子们看。“出去不能说。”三爸嘱咐道。白行有幸读到了一些中国的、日本的、俄国的、苏联的、欧洲的小说。虽然看不懂这些小说要表达什么主题，但白行看到了别样的天地，知道这世界上还有一些人是那样地活着，过着别样的生活。看着窗外同学们热情高涨地玩着闹哄哄的游戏，白行感到自己很孤独。他常常独坐在窗前默默地望着北面的华山，一坐就是几小时，一动不动。白行仅有的户外活动就是在外面看一些老头儿下象棋。一开始白行只是在一边看，从不插言，赶上别人不凑手的时候，他也有机会应邀下上几盘。日子久了，有些老汉已经不是他的对手。

渐渐地，孤独的白行养成了一个习惯，一有时间他就一个人骑上自行车跑到华山去，躺在华阳宫的那棵老柏树下，仰望着无尽的天空。只有这时候，他烦乱又迷失的心才会得到安慰。也只有这时候他才能与那些文学作品里的人物产生心灵上的沟通。

读到《钢铁是怎样炼成的》这本书，他长久地不能从书中回到现实生活中来，他知道了爱情，他为保尔没能当上大官抱不平，他在爱过冬妮娅后感到丽达更可爱，他在看到丽达拒绝保尔求婚，说自己已经组织家庭，“三位一体密不可分”时心里有酸楚、怨恨和说不出的滋味。读了《青春之歌》，林道静竟然委曲求全找理由把自己献给了余永泽，白行直想钻进书里告诉林道静：卢嘉川死了，你就应该终身不嫁！

每读完一部小说，白行都会产生一个强烈的愿望，就是也想过他们那样的生活。

每次读到有描写爱情的书，白行的心中就会出现一个人：林晓荫。白行记得和林晓荫的最后一次交流，是林晓荫最后一次给白行画书，白行没有要：“以后别给我了，我不看这个了。”林晓荫就默默地把画书放回自己的书包。有一段时间白行好像不怎么在意林晓荫了，但在白行有机会看到这些所谓的禁书后，他又开始悄悄关注起林晓荫来。虽然他俩早已不是同桌，但白行总能观察到林晓荫的任何举止变化，哪怕是一次欠身、一次抬头、一次浅笑……在白行心里，林晓荫就是像小说里一样的最美好的女性。

心中的爱意聚得多了就需要释放，白行的做法是夜深人静时一个人悄悄来到林晓荫楼下不远处的黑影里待着，还会拿出口琴轻轻地吹，一首一首缠绵入心……与其说是吹给林晓荫听，倒不如说是在慰藉自己的心灵。

白行越是读一些周围同学们读不到的书，就越发孤独。他不再和同学们一群一群地玩在一起，而是只和爱打扮的古立春和爱打架的章向东做朋友，原因是这两个同学愿意听他讲书中的故事。三个要进入青春期的少年，没有谈不到的话题。如果白行不想说话，古立春和章向东也不闲着，他俩会议论哪个女同学最好看，哪个女同学最难看，分析哪个男同学和哪个女同学好上了。白行有时也会参加对同学的评论，但是他从来不提林晓荫这个名字，这是他心中神圣的秘密。就是两个好同学提起林晓荫，白行也赶紧把话题岔开。白行参加讨论最多的是讲述自己的理想，白行的理想是将来要干一番事业，让所有人都会因他的贡献而过上幸福生活……

不过远大的理想也是会改变的。一天白行对两个好朋友说："无论人怎样努力、怎样生活，最后都要死。一个人如果这样活着，就无法那样活，可是各种活法我都想体验。所以，我想当演员，电影演员，演各种各样的角色。我要跑到地球每一个地方，把全世界都看完。这就是我的理想。"

古立春说："我的理想是像古代的皇上那样，让全国的女人都归我自己！我挑剩下的再赏给别人……不，最好是我用过以后再给别人……还有，包括外国的女的。"古立春经常说，他感到天下的任何一个女人无论和谁结婚对他来说都不能接受，都是他的损失。

章向东说："我的理想和古立春的差不多，就是不如他的远大。"

"什么理想？"古立春问。

"很简单，第一理想是和女的干那个事。"

古立春问："第二理想呢？"

章向东咬牙切齿："歇歇再干！"

古立春说："女人是这个世界上最美好的动物，她们身上的每一点我都万分喜欢！"古立春说完就从衣袋里拿出一个小镜子仔仔细细反反复复地照着自己，他看着镜子里自己的脸庞说："你们说我长得是不是还可以？"古立春一边说着，一边照着，一边摆弄着自己分向一边的头发。

章向东说："我承认，你长得还可以，比我强。"

古立春照着镜子对章向东说："你长得没法看，这辈子很可能找不着媳妇。"

章向东满脸的不服气，两个人争吵起来。

三个好同学还有一个共同的爱好，就是逛济南——因为白行说：世界那么大，别的地方我们现在没机会去看，我们就先看济南市，把济南市转遍。

没有哪个城市能像济南这样，南面有连绵的群山环抱，北面是滔滔黄河滋润，东西横亘百里永续无边。城区又是如此平整开阔，开阔的城区里又有大大小小郁郁葱葱的山包。满城全是碧绿的垂柳，大明湖里一望无尽的是火红的荷花，名泉七十二眼处处点缀，已喷涌了几千年的趵突泉泉声雷动，三尊一搂粗冲天的清泉跃起半米多高。南面的千佛山既有千佛崖又有一线天，高树灌木呵护山体，石阶曲径寻幽探险。北郊的华不注山平地里一峰独起，出奇的浑圆周正直上云天。还有小清河穿城而过，清幽幽流淌着寒冽泉水，慢悠悠过往着串串驳船。到夏天一船船全是碧绿的西瓜，引得城里的大人孩子沿河观景，有的孩童干脆跳入河中爬上行进中的小船砸开西瓜就啃，船家也不阻拦。碰上岸边的人高声讨要，押船的还会拾起一个西瓜抛过去，引起欢声一片，要到瓜的也不徇私，当场砸开众人尝鲜……

若肯跑得远一些，可寻觅蒲松龄摆茶问趣的乡间小路，可感受李清照惨惨戚戚的幽静庭院，可领略辛弃疾舞文弄戟的文情武志，可拜谒五岳独尊的巍峨泰山……扁鹊在这里悬壶，孔子在这里摆坛，秦叔宝策马扬鞭过，水泊里梁山好汉威名传……款款佳境皆是集人文与自然于一身的绝景大观。偕江南之风骚，显北域之彪悍，好一个泉城美济南！

第六章

十四五岁，情窦初开，情大于性，爱就是命——

懵懵懂懂，恍然大悟，不经意间看到悄悄隆起的小丘……我懂你不懂的窃喜与孤独，还有无法诉说的负罪与痛苦……

这年暑假学校里组织初中学生去学农，到北面六十多里外的村子里帮着农民收庄稼。白行问老师：“我能带口琴吗？”老师说：“我们是去接受贫下中农再教育，除了生活必需品，什么也不能带。”

学校向工厂借来一辆大卡车，老师们指挥着学生挤上车厢。可是一辆解放牌卡车的车厢好像根本装不下这几十个学生。老师把学生们的毯子褥子等垛上了车头，水壶、脸盆、缸子、书包等一应物品全都挂在车外，女同学先上，男同学后上，女同学在中间，男同学在四边，挤上一个，再挤上一个，全部站立，谁也不能蹲下。车盒子里的学生们挤得车厢板像盛开的荷花一样四张开来。

“里面的同学抓住外面的同学，外面的同学相互抓着手！”老师指挥着。

站在外层的白行看看身边的同学，竟然是林晓荫。“你刚才不是在里面吗？怎么在这里？”白行问。好几年了，这是白行第一次和林晓荫说话。“他们把我挤过来的。”林晓荫轻声说。

“抓起手来，要开车了！”老师喊道。白行和林晓荫犹豫着，两只手悄悄地抓在了一起。

汽车发动起来，缓慢地向前开去。同学们高叫着欢笑着。“我的两只脚可以抬起来！”古立春兴奋地说。白行和林晓荫的手悄悄地紧紧地抓在一起，他们的表情开始变得不自然，谁也不敢去看对方的脸。两人心里是别样的温暖紧张，但是还好，因为大家全都挤成一个疙瘩，倒不用担心被别的同学发现。

十几分钟后，汽车开始拐向土路。就在这一拐的过程中，用来固定车厢板的铁闩突然嘣的一下脱落开，一边的厢板随即跌落下去，车厢里的学生尖叫着，像下饺子似的呼呼啦啦地掉进路边的水沟里。

一男一女两个带队老师和司机师傅慌慌张张地从驾驶室里跳下车到水沟里拉学生。同学们也互相帮扶着从水沟里爬上来。检查一下情况，除了同学们弄了一脸一身的泥水，有几个学生有点擦伤，其余人一概安然无恙。欢笑吵闹声又从学生中漫延开来，紧张惊恐的气氛已到九霄云外。白行偷偷去看林晓荫，没想到林晓荫也在看白行。两人赶紧把目光移开。林晓荫拉着一个女同学走到一边去了。

老师和司机商量了一下，对同学们说："我们在这里等着，司机师傅开车回去再叫一个车来，两个车来拉我们去。受伤的同学回去包扎一下。"同学们鼓掌欢呼。擦伤的同学不愿意跟着回去也就作罢。

来到村子，同学们住进已经放假的小学校。他们在村里妇女队长的指挥下把学校的课桌集中到两间教室里排在一起，铺上自己带来的褥子，一个紧挨着一个，男同学一间，女同学一间，虽然挤了些，但比在汽车上宽松多了。

同学们的新鲜劲不到两天就被劳作的辛苦替代。每天天刚麻麻亮，妇女队长就来喊"上工了"，老师就喊着学生快快起床跟着到地里干活。到累得半死，肚子饿得咕咕叫，有的同学就喊："还不回去吃午饭？饿死了！"等同学们回到村子吃饭时，他们才知道现在吃的是早饭，到天黑还早着呢。开始的几天，天黑回到住处，同学们会打闹一番，要在老师的监督之下才会慢慢睡去。还有的同学会在半夜悄悄起来在其他同学的身上画小人儿。也有悄悄溜出去学抽烟的。一个星期下来，同学们回到住处躺下就睡，第二天清晨三番五次叫不醒。这期间有两个同学因为要跟着一辆到城里去的马车偷偷跑回家，被老师追回来狠狠训斥一顿。还有一个同学用脸盆端着自己的呕吐物来找老师请病假，后来被老师知道是他自己抠嗓子吐的，也被训斥一顿。

"刚开始发育的学生没多少劲，一累就垮。"老师说。

"你们城里的孩子没力气，看着个子不小，还没有俺村里的小学生干活多。"妇女队长说。

一天早晨，睡在白行身边的古立春把白行推醒，悄悄说："我尿床了，怎么办？”

“都多大了还尿床，怎么回事？”

“我也不知道。这回丢人了。”

“老师不是天天让咱们晒褥子吗，拿出去晒晒不就行了。”白行说。

“我从来没晒过，今天突然拿出去晒，让他们发现了怎么办？他们肯定怀疑。”

白行想了想：“一会儿我拿个缸子接点水过来，咱俩装作闹着玩，我不小心把水洒到你褥子上，然后你再晒。”

“行。”

白行起身拿来自己的裤头，偷偷塞给盖着毛巾被的古立春让他换上，然后两人依计而行，在大家都看见的时候，白行把水“不小心”洒在古立春的褥子上。古立春正要装作不高兴，就听老师说：“古立春，把褥子和毛巾被抱出去晒晒吧，褥子正面朝外。”白行和古立春一个抱着褥子一个抱着毛巾被来到外面院子里，院里新拴的几条绳子上已经晒了好几床被褥，都是正面朝外。白行过去掀开晒着的褥子一看，恍然大悟，对古立春说：“哈哈，原来这么多尿床的，怪不得老师天天喊‘晒毯子、晒褥子’，还正面朝外。”这时女带队老师走过来呵斥道：“白行，这是女同学的被褥，你乱掀什么？”

“啊？女同学还尿床啊？”古立春吃惊不小，不由得喊道。

“闭嘴！”女老师真生气了，“女同学怎么了？女同学不是人？同学们都很累，这是累的，你知道不知道？告诉你，如果你敢到处乱说，我就让你们两个写检查！”

白行赶紧解释说：“我又不知道是女同学的。”男老师走过来说：“白行，不知者不怪，以后注意点就行了。”

古立春从口袋里拿出小镜子快速照一下自己，对女老师说：“老师，白行不懂事，我就不掀女同学褥子。”女老师没搭理他，径自走了。男老师拍拍白行肩膀算是安慰，又拍了拍古立春的肩膀，冷笑了两声也走了。

白行帮古立春晒好褥子，说了句“行了”，就转身离开了。可古立春并没有跟过来，依旧站在原地，一会儿拉拉毛巾被的角，一会儿又拽拽褥子……白行不知道他搞什么名堂，喊道：“在那里站着干什么呢？傻不傻？”

古立春看着两个老师都走远了，挪步到女同学的褥子边上，一下掀起褥子把头钻了进去。

白行被吓愣在那里，许久缓不过神来。古立春整个上半身都在褥子里，许久不出来。白行想跑过去把古立春拉出来或者踢他两脚，但最终还是一转身跑开了——古立春的举动太出乎意料了，白行无力应对。

好久，古立春在一排大杨树下面找到了白行，得意又兴奋的神情，好像有很多话要向白行说。没等古立春走近，白行拾起一块坷垃冲他砸过去，嘴里骂道："滚！"

古立春不知道白行为什么这个样，惊奇道："怎么啦？我又没惹你。"

白行又拾起一个泥块扔过去，喊道："赶紧滚！要不我揍你！"

古立春依然不知道白行为什么生气，就去找章向东。章向东和古立春一起过来，问白行怎么了。

白行指着古立春说："这小子太坏了。"

古立春突然想到或许是刚才晒褥子的事，就辩解说："你是说我刚才掀女同学褥子的事？你也掀了！我就是钻进去闻了闻，你没闻……还不是差不多……都一样。"

章向东问："哪里有女同学褥子？在哪里闻的？怎么不叫着我呢？"

白行不想搭理这两个人，站起来往前走，章向东和古立春就在后面跟着……章向东继续追问古立春："你在哪里闻的？什么味的？"

章向东本来是不应该来学农的，他家是郊区农村的，学校规定郊区农村的学生不参加学农，都要回村帮生产队里干活。过去一到农忙时候，一些城区的学校会组织同学们到附近农村生产队里帮着干活，生在农村的章向东看着这些城市的孩子满心的羡慕和仰慕。这次学校组织学农，章向东铁了心要参加。老师不让他来，他向老师求情；家里不让他来，他和父母吵架。最后父母让步了，章向东他妈跑到学校帮着章向东向老师求情说："过去三夏三秋都是城市的学生到俺村帮着干活，这次章向东也上中学了，就让他跟着去帮帮别人吧。饭钱俺也准备好了，俺农村没有粮票，老师看着给解决吧。"于是章向东就和同学们一起来学农了。

同学们来到这里干起农活来谁也比不过章向东，大家有什么问题都去问他，就连老师也要向他请教。一向学习不好的章向东这回可算露脸了，一会儿男同学为了某件事争论不休要让章向东裁判到底谁正确，一会儿女同学拿着稀奇古怪的花草问章向东是不是野菜，能不能吃。

"行啊，没白来。"古立春羡慕地说。

"那是。看见了吗，林晓荫问我问题的时候我最耐心。"章向东看了白行一眼说。

“你看我干什么？”白行警觉道。

“别装没事人儿，我可是看你的面子。”章向东说。

白行去看古立春，白行因无法一人承受这突来的幸福，把自己和林晓荫牵手的事告诉过古立春。古立春赶紧说：“我就和他一个人说了，别人谁也没告诉，我发誓！”

白行不再追究：“你们看她好不好？”

“资产阶级小姐。”章向东说，“我怎么没见你俩说过话呢？”

“这你就不懂了，”古立春说，“这叫此时无声胜有声。”

“你们谁都不知道，我和她，小学的时候是最好的，后来就……不怎么说话了。”白行说。

“我一直观察你俩来着，怎么没发现你看她？”章向东问。

“她离我再远，中间隔着再多人，我也能看见她，她也能看见我。”

“要不我去替你问问她同意不同意？”章向东说。

“千万别问。我和她……与别的拉对象的同学不一样。我们关系神圣。”白行说。

“有没有这回事啊？可能人家还不知道呢。”章向东不以为然。

干农活虽然很辛苦，但并不强壮的白行每天还要给自己增加两个活：洗头、洗衣服。他每天回到住处，无论多累，都要洗头。在同学们开始睡觉的时候再跑出去悄悄把自己的衣服洗一遍。白行来学农准备了一身整齐点的衣服和一身有补丁的，计划是不干活时穿好点的，干活时穿带补丁的。可是经与林晓荫这一“牵手”，补丁衣服无法上身了，只想穿这身好点的。好点的衣服穿着干一天活，也会皱皱巴巴的不成样子，所以白行就每天在睡觉前把衣服洗一遍。然后抓着衣服使劲甩，使劲甩，直到把衣服甩得快干了也平整了为止。回到屋里把上衣用木棍撑起来挂在墙上，再努力地将裤腿捋出直线来，叠得整整齐齐压在枕头下面。第二天就可以光亮整齐地穿在身上了。如果前一天晚上衣服甩得不到位，或者赶上天不好，白行只能穿着潮湿的衣服站在上工的队伍中。被精心定型的衣服维持不了多久，穿在身上很快就会恢复原样。所以如果在早晨上工的时候由于某个原因没能让林晓荫看上一眼，白行就会感到前一晚的功夫白下了。

形同陌路的两个人不等于心里没有故事发生。又一个星期后，同学们基本适应了繁重的农活，有时能看到有学农的老师和学生收工后在村里溜达了。每天晚饭后，白行都会叫上两个好朋友到可能会遇见林晓荫的地方转悠，也总是能遇见林晓荫在那里出现。双方转来转去多次面对面地相遇，可是终究谁也没能主动说出一句话甚至不敢去看对方。但是又好像都不愿离开，直到老师招呼同学们回屋睡觉为止。

白行感到林晓荫越来越美好了：她的眼睛是微微向下看的，她的嘴角好像总是挂着一丝谦逊的笑意。她不像其他女同学那样成天叽叽喳喳胡打乱闹，她是默默的，走起路来如风吹杨柳，飘忽阴柔。她里面衣服的领子是翻在外面的，其他同学不是。头发垂到脸前时她会轻轻抚整齐，不像其他女同学那样将头一甩。当同学们打闹不小心撞到她时，她并不反击也不嗔怪，而是谦让地退到一旁……总之一切都是这么美好，白行每次远远看到她的身影，都会心尖一颤。

这晚，白行向两个好朋友发誓这次一定要主动说话！他们又走向可能会见到林晓荫的地方，果然见林晓荫和那个总是陪着她的女同学站在那一排大杨树下，三个人就走了过去。走到近前，白行注视着林晓荫，林晓荫面色羞红，抬头看看他，又把脸颊埋了下去。伴着林晓荫的女同学笑着说："你们站在这里干什么呀，真烦人。"说完就转身走开了，林晓荫并没有跟上。章向东给古立春使个眼色，两人也跟着走开了。树下只剩白行和林晓荫。过去看着林晓荫，白行满脑子都是丽达、冬妮娅、林道静、林黛玉……林晓荫是中国外国所有最美好女性的代表和化身。现在看着林晓荫，白行觉着她谁也不是，她就是林晓荫，是最美好的、任何女性都无法媲美的。白行不敢靠她太近，因为哪怕是自己的呼吸触及她或者自己的喘息声被她听到都是对她的亵渎！他甚至不敢专注地看她，因为专注地看眼睛就会放射激情，而这激情同样是对她圣洁身心的不尊与伤害！白行就这样近似痴呆地站着，林晓荫也站在那儿一言不发。也不知过了多久，林晓荫默默地静悄悄地走开了……白行神色恍惚地看着她离开，就像看着蓝天上飘着的白云……

章向东和古立春跑过来急切地问："快说快说，怎么样？"

白行不想自己的心绪被他俩干扰，走向一边。

"完了完了，行儿这家伙重色轻友！"章向东在后面说。

二十多天的学农时间就要过去，由于还有些活没干完，村子里和老师商量能不能再延长几天——"这些孩子干活越来越上路了。"他们赞扬说。男老师说："能不能给学生们做点菜吃啊？每天吃窝头就咸菜，喝那个蒸干粮的水，别说学生，我这个当老师的都受不了了。”“蒸干粮时笼屉上的汽水滴到铁锅里，黄乎乎的，带着味，刚开始我一喝就想吐。我们可都是交了钱和粮票的。”女老师补充说。商量的结果是，剩下这几天，三顿饭都有玉米粥，每天中午吃顿菜。村子里一再解释：“不是舍不得，农活实在太忙，没人做。”

有菜吃了，同学们心里特别高兴。或许是村人恍悟到这些天来过于怠慢这些城里来的学生了吧，抑或是这些学生干出的农活越来越让他们满意了吧，村子里一改过去在地上铺几张草席，让学生们围着咸菜碗“凑堆儿”吃窝头的方式，在院子里支起了五张大桌子，四周摆着长条凳。做饭的也不再只是两个老太太，妇女队长亲自上阵。

饭点一到，老师让学生分成五个组分别坐在五张桌子旁，白行、古立春、章向东“碰巧”和林晓荫等七八个同学在同一张桌子上。用脸盆盛着的热腾腾的炖菜一个桌上一盆，用更大的铝盆盛着的玉米粥随便喝。让白行、古立春们惊奇的是，在他们这张桌子的菜盆里竟然伏着一个小肉片！可能是用来炖菜的猪油里带的吧，这个不大的肉片对于多日没见荤腥的学生们来说，诱惑实在是太大。然而随着同学们的筷子一次次伸向菜盆，直到菜盆里只剩下一点菜汤，那片肉片仍然漂浮在那里泛着迷人的油光。同学们没有人说话，也没有人离开。这时章向东的筷子一下夹住了肉片，所有人的筷子全都停了下来，所有人的目光一起投向章向东。空气有些凝固了。

章向东夹着肉片冲大家伸了下舌头，举着筷子问白行：“你吃吧？”没等白行做出反应，又举到林晓荫脸前问：“你吃吧？”林晓荫摇摇头缩回身去。“你们不吃我吃。”章向东说着在众目睽睽下把肉片送进自己嘴里。

“我吃！”古立春赶紧说。

“说晚了，咽下去了，你上那头等着去吧。”章向东幸灾乐祸地说。同学们男的哈哈女的嘻嘻地笑了起来。

“你这个小子最不要脸了，自己想吃还来这一套。”古立春脸上有些挂不住。

可能是刚吃完饭加上一说笑过于放松吧，突然有人放了个响屁。“谁啊？谁啊？”古立春赶紧转移话题。同学们相互观察，就见常和林晓荫在一起的那个女同学脸色绯红目光向下。“女的还放屁啊？”古立春表情惊诧，话脱口而出。

在白行的心里，女性的一切都万分美好。在他读过的中外小说中那些鲜活美丽的女性形象，没有一个放屁的。所以，白行心里很生那个女同学的气——她作为林晓荫的好朋友，这不雅的响屁玷污了林晓荫。

学农结束了，同学们收拾行李准备回家。老师和村里做出了一个让同学们喜出望外的安排：先去水库洗澡或者叫游泳，然后干干净净地回去。

同学们大叫着，跳跃着，高兴得不行。有的同学就后悔没带游泳裤头。老师叮嘱说："都不能到深处去，男同学会游的就在浅处游游，女同学就在水边洗洗脸洗洗脚就行了。"

白行在鲁北老家时在村前的大湾里学会了"狗刨"，便在出发前换好了结实的裤头，打算在水库里游一游。

到了水库，会游泳的几个男同学就迫不及待地脱下长裤下到水中游了起来，女同学也小心翼翼地站在浅水里嬉戏。白行没有急于下水，他要看看林晓荫下不下。白行先是四下看看老师和同学们有没有注意自己，然后偷偷去看林晓荫，发现林晓荫正以从未有过的兴奋表情盯着水面看，流露着抑制不住的冲动。

就在白行想自己是不是应该走到林晓荫跟前再下水时，就见林晓荫穿着长褂长裤腾空一跃潜进水里，跟着身子在水下打了几个滚儿，嗖的一下蹿出十来米，接着凫到水面用仰泳姿势划了几下，又一个翻身潜入水底，再露出头来已经是几十米开外了。

同学们先是吃惊地看着，接着就欢呼鼓掌。谁也没想到成天羞羞答答的林晓荫还有这意想不到的本事。林晓荫忘情地在水中享受着，快乐着。她不像是在游泳，因为看不出她要游向哪个方向，她不断地变换着身姿，如蒲公英在空中飘浮飞舞，她像是回到了自己舒适温馨的家园……原先下水的几个男同学也都回到岸上看着，忘记了自己要回家的事情。

不知是林晓荫玩够了还是发现所有人都在看着自己，她快速游回岸边，上岸，任由头发和衣服上的水哗哗往下淋着，默默走向一边。

女老师说："林晓荫，你是陆地动物吗？我看不是。"

"她就是个美人鱼！"男老师说。

林晓荫微微抬起头悄悄地四下寻看，等看到白行注视着自己，脸颊一红，好像自己做了什么错事似的，头低得更低了……

学生们回到济南，好像一切又都回到了从前。但在白行的心里，这不到一个月的时间，他和林晓荫之间发生了无数的美好故事，比一本长篇小说还要丰富。但是他的好朋友就不这么看。一天章向东就不屑地说："你和她一句话都没说过，哪有什么事啊。”

白行仔细想想，确实是，不只是这段时间，包括这好几年来，他就只在坐车去学农时和林晓荫说过一句话，就再也没有别的了。回想那一句，和谁都可以说，没有任何特别之处。章向东的话把白行从梦境拉回到现实，他不能确定和林晓荫到底是怎么回事了。他自己心里能感受到这故事的存在，但是一句话也描述不出来。他日日蹀躞、消沉，情绪日渐低迷，常常一个人跑到华阳宫的老柏树下躺着，仰望天空。

新学期开学不久，社会形势变化巨大。根据形势需要学校里要编排独幕话剧，一个剧团的导演来到学校给学生讲剧情、挑演员。白行被挑中出演男主角，林晓荫演女主角。话剧排好后，先是在学校里演，很成功，于是就到各个学校去演，到工厂去演。导演评价说：“白行的表演虽然不出彩，但是也算到位。林晓荫是本色演员，不用演，骨子里带着。”而白行并不知道他出演的男主角到底是怎样一个人，也没弄明白剧情是怎么回事。有时准备演出时，导演会让林晓荫帮忙给白行化妆：抹凡士林，涂胭脂，画眉毛。林晓荫的身体离白行很近很近，两只手在白行的面颊上摩挲着，眼睛眨眨的，好像随时要和白行说话，呼出的带着幽香的气息扑在白行的脸上。但是除了众人一起对台词，两个人谁也没有做到先向对方开口。虽然两个人没有说过话，但白行感觉很亲切、很温馨、很好。这以后，白行更加感到自己深深地爱上了林晓荫，无论在何时何地，每分每秒都在爱着。无论在做课间操的时候还是放学的时候，白行总能在人群中找到她，关注着她的一举一动，一笑一颦，把她的一切都印到脑海里，自己一人独处的时候享受。这是非常美好的心灵经历，这就是恋爱，但他们之间仍然是什么故事也没有发生。白行不再蹀躞和消沉，他认为，他和林晓荫的故事在心里，他们是心灵的交融，他们不需要表白，一切尽在不言中。白行能做的，仍然是在傍晚或者夜深人静时，一个人躲在林晓荫家楼下的不远处，或轻轻吹口琴，或只是在那里待着……

新形势下衡量学生好坏的标准也发生了变化，白行因学习成绩好、遵守纪律、乐于助人、热爱劳动，再次成为班长。

白丰从山里回来了，他要参军。虽然他的年龄大了些，但这些好像都不是问题。参军是无上光荣的，所有年轻人都向往，需要托人才能成功。三爸并不认识武装部的领导，托了很多人拐了几道弯才联系上。跑了好多趟都不管用，就有人给出主意说：必须挨家给那些管事的送礼，缺一家都不行。三爸思前想后也没有别的办法，又觉着梦儿进剧团的事是自己给耽误的，白丰的前途不能再耽误了。再说白家的希望好像只能寄托在白丰当兵上了，于是白家百般无奈之下决定要去给人家送礼。三爸没给人送过礼，自己本就不想去，更怕让人看见不好。让白丰去，白丰不去，他嫌丢人，白丰说该由三爸亲自去。爷儿俩商量来商量去，最后同时把目光落在白行身上。然而白行却拒绝了爸爸和二哥同时向他下达的命令。这在以前是绝对不可能的，以前无论是三爸还是白丰，无论谁让他做什么事，他都是乖乖的、赶紧的，不但做，还力争做好。而这次无论三爸和白丰怎样威逼利诱，他都不答应。最后没有办法，还是由三爸亲自提着东西上门。每到一家，礼品基本也是一样的：两瓶橘子汁、两包点心、两瓶水果罐头。如果去送重要人家，就要再加一袋从老家捎来的小枣，再把水果罐头换成肉类。

白丰每日沉浸在兴奋之中。他憧憬着参军以后的美好前程，计划着自己到部队以后怎样怎样干。比如他要在每天睡觉前给所有的战友打好洗脚水。比如他会驾着战机在宿舍上空掠过或者开着军车在家门口驶过——当然这都会提前通知家里人，以便跑出去看他。比如他在战场上会像黄继光、董存瑞那样去堵枪眼、炸碉堡。比如他怎样运筹帷幄、决胜千里，甚至亲自指挥解放台湾。他还会穿着崭新的军装带着警卫员回到家里来光耀门庭……

征兵工作开始以后，三爸担心事情不牢靠，又去给几个主要管事的人送了一遍东西才放心。

在一家人的忙碌和企盼中，入伍名单下来了，没有白丰。随后被托的人说了一些这样那样的原因，主要意思就是白丰年龄偏大，但是本来有白丰，都说好了，后来被别人顶了。白丰大发脾气，怨三爸无能，耽误了自己的大事。三爸沉着脸不说话，显得有些无可奈何。三娘生气说：“你爸爸就这么大本事，你还想不认这个爹了？”白丰有气没处撒，一拳把屋门砸了个窟窿，吓得一家人没敢说话。

事情平息后，白丰又在市里找了个临时工干，不再去南部山区开石头了。

白丰这次回到家里长住对家里进行了重新布置，他把里间放衣物的架子扔掉，请以前干活认识的木匠给打了个长长的大木箱子，把三爸三娘和梦儿三人睡觉的长木板子重新摆了摆，腾出一个空来正好放上大长木箱子，一家人帮着他弄，但并不知道他为什么要折腾这个。直到他把大木箱子摆好以后，他才把用意说出来："以后行儿在里屋睡，梦儿睡大箱子上，行儿睡大箱子也行，你们看着办，我自己在外间睡。"

三娘说："两间屋一样大，你自己占一间，俺四个人挤一间？你自己觉着合适吗？"

三爸说："咋着都行啊，又不是挤不开。"

梦儿很少见地没有反驳白丰的决定——她早就盼着自己能单独睡了，白丰这安排正合她意。她已经开始把自己的铺盖放到大木箱子上，忙活着拿床单想把属于自己的空间围挡起来。

三娘看着梦儿忙活，也意识到确实是应该想办法让闺女单睡了，也就不再说什么。

白行帮着姐姐忙活、想办法，最后姐弟俩成功在木箱子边沿支起了一周布帘。梦儿在布帘里面满心欢喜，叫道："弟弟，过来，上我这里边玩玩。"白行就钻进布帘感受着这独立空间。梦儿说："就是木箱子太短了，伸不开腿。"行儿说："要不我在这里？伸不开腿我也愿意。"梦儿面露愠色瞪着白行，白行哈哈一笑："我说着玩的。等我在箱子那头接块板子就行了。"梦儿说："接板子会不会碍事呀？"白行说："做个活动的，装上折页，平时落下来，睡觉的时候支起来。你别管了，我会做。"几天后白行果然给姐姐做了个可活动的板子，梦儿躺下后顿时感觉比以前好百倍，姐弟俩又把大箱子往外挪了挪，梦儿总算能把腿伸开了。

白丰的身边少不了女人，自花麒麟以后，白丰又交往了几个女孩，但是他都没有往家领，碰上找到家里来的，白丰也不向父母做介绍，而是拉着女孩出去玩。这些女孩和白丰交往的时间都不长，按照白丰的说法就是被他蹬了。

但是在白丰换了几次干临时工的地方后不久，白丰郑重地把一个女孩子领回家来。

这是一个亭亭玉立长相俊美的姑娘，常抿着嘴，把眼睛睁大，穿着干干净净整整齐齐的衣服，喜欢以自己最美的形象示人。白丰介绍说，她叫雨菲，是独生女，自己和她都在她爸爸单位里干活，她爸爸是干部。这以后，雨菲就经常跟着白丰到家里来，有时候也自己来。

雨菲虽然不会像白丰以前交往的女孩那样向家里人示好、献殷勤，但是很有礼貌，用三爸的话说就是这个孩子很有教养，是个正派孩子。开始雨菲一到要吃饭的时候就坚持离开，后来她盘算着可能会在这里吃饭，就在来的时候买些东西。不久雨菲就受到了白丰全家人的喜欢，都把她看作家人一样。三娘说：“人家孩子是独生女，又是干部家庭，生得娇贵，可要好好待人家。”三娘说到做到，每次雨菲来，三娘都会想方设法给她做点好吃的。梦儿是最听妈妈话的，见三娘喜欢雨菲，就也喜欢这个姐姐，陪雨菲说话，还抢着给她洗衣服。白丰对待这个女孩没有像对待别的女孩那样总是摆出不屑一顾的派头，他好像很尊敬这个雨菲。过了一段时间两个人的关系好像就要确定下来了，雨菲再到家里来也会像回到自己家里一样往白丰床上的被子上一靠说：累死了。然后就让行儿给她倒水喝，她喝水的样子，也是优雅矜持有教养的。三娘说：“人家家里的条件好，也不知道能不能同意。”白丰说：“她父母不在家的时候我到她家里去过，条件是比咱家强多了，和人家比咱这就不算个家。不过她爸爸见过俺俩在一起，没说什么，谁知道以后同意不同意。”梦儿说：“先别到人家家去，省得惹人家老的生气。”白行说：“哥哥你好像有点怕她。”白丰说：“我不是怕她，是尊敬她。”

白丰把这样一位知书达理俊美阳光的女孩领进家门令邻居们纷纷夸赞，说这个姑娘给白家增色不少，是白家的脸面。

一天，白丰一个人正在家里睡午觉，雨菲来了，见家里只有白丰一个人，就悄悄坐到白丰的床上，伸手刮了一下白丰的鼻子。白丰仰面朝天躺着，知道是雨菲来了，睁开眼，两个人对视着。白丰试探着将雨菲拉向自己，雨菲身子往后挺着，不予响应。深谙男女之事的白丰面对雨菲，举止有些生涩。他犹豫了一下，终于手上一用力，将雨菲拉到自己的怀里紧紧抱住。雨菲呼吸急促，并没有挣脱……这是白丰遇到的第一个处女，他有些惊慌失措了。惊慌失措的事还在下面——这时弟弟白行一推门闯进屋来，愣在那里。雨菲又羞又臊手忙脚乱地穿着衣服，又总是穿不上。“滚！”白丰恼羞成怒。

等白行出去，白丰对雨菲说：“我和你好一辈子。”雨菲轻声说：“你也快穿吧。”

白行退出屋子，跑到楼下坐着，他不知自己应该就此离开还是等着二哥训斥。

过了一段时间，雨菲来到白行面前，红着脸站在那里不说话。白行抬头看她一眼把头低下也不说话。

“行儿，别和别人说行吗？”雨菲似在乞求。

“嗯。”

“和谁也不能说。”

“知道。”

“今天……不怨我……也不怨你哥哥……我们也不知道怎么就……就这样了。”

“别说了。”白行感到委屈：这两个人，一个是自己崇敬的亲人，一个是这个崇敬亲人的女神，自己会誓死捍卫，还用反复叮嘱吗？

这以后，雨菲对白行格外好，给他买东西，怕他说出去。有时雨菲来了，碰上章向东和古立春在这里玩，雨菲也会拿些吃的玩的送给他俩，古立春私下说：“丰哥就是丰哥，拉的对象也这么美丽，丰哥这辈子可值了。”

按照规定，知识青年要到农村去接受贫下中农再教育。知青办的人找到白家来说，你家姑娘早就高中毕业了，现在有两个孩子都不上学了，必须有一个下乡。白丰对父母说：“我不下乡，让我下乡我就回原籍。”三娘最怕白丰提回老家的事，于是让梦儿去知青办报了名。时间不久，梦儿就随着浩浩荡荡的知青队伍到济南以北几十公里外的广阔天地大有作为了。

梦儿下乡后，带队领导了解到她会做饭，就安排她在知青点上的食堂里干活。梦儿满心欢喜，她每天每顿都让自己吃得很饱——她再也不用在吃饭时考虑爸爸妈妈哥哥弟弟是不是够吃的问题了。时间不长，梦儿苗条的身材就变得丰满起来。

几个月后，知青点上按规定安排梦儿回城探亲。家里已经得到梦儿要回来的信儿了，三娘说：“梦儿在乡下受罪，本来就瘦，现在还不和干柴一样，回来要给她做好吃的。”

第一次与家人分离这么久的梦儿在回家的路上还欢天喜地的，一进家门看见亲人，就坐在床边嘤嘤地哭了起来。

白行看着眼前的这个胖子，简直不敢相信她就是姐姐，他好奇地说：“姐姐你怎么这么胖了？怎么弄得啊？”

梦儿哭了一阵儿也就算了。她到水池子那洗了洗脸，然后打开自己带回来的被子——里面裹着一堆花卷。又拉开带回的旅行包——满满的全是包子。梦儿把这些东西收拾到家里的干粮篮子里，篮子放不下，又拿出面板子把剩下的堆在上面。干完这些，她又四下一看，麻利地把家里人要换洗的衣服按到水盆里泡上，拿起笤帚就要扫地。

白行赶紧上前夺过笤帚说：“歇歇歇歇，我扫我扫。”

梦儿抓着笤帚冲正在擦自行车的二哥白丰抢白说：“这么爱干净，光知道干净你自己！”

白丰站起身，用手中擦过自行车仍然一尘不染的毛巾擦着自己的脸，冲梦儿一瞪眼：“滚一边去！刚回来就找事，以后别回来了！”

梦儿愤恨无语，转过脸换了和善的表情对白行说：“弟弟，我不在家你帮着咱爸咱妈干活了吗？”

“怎么不干呀，你走了都是行儿帮着干。有多少活可干啊？坐下歇歇吧。”三娘说。

梦儿走到白行跟前端详了弟弟一下，回身拿起一个包子递到弟弟手里。

白行说：“姐姐你怎么这么胖了？太难看了。”

梦儿又拿起抹布在水龙头上涮了涮，边擦桌子边说：“我不能再吃这么多了，我现在走路两个腿都磨得慌了。”

三娘说：“快别再吃了，还有个闺女样吗？”

没有下乡的白丰等来了好事情——各厂矿企业开始招工。这些企业有国营的，有大集体的，也有街道办的小工厂。如果能够进入国营单位，就等于有了铁饭碗，是所有人都企盼的。于是本来并不认识多少人的三爸又被推到了求人办事的前线，于是像求人让白丰参军一样，又是拐了无数个弯，求了无数个人，很多求人的路子就像公安局办案一样在中途就断了线。最后白丰进了一家铸造厂。这个厂子不大，环境也恶劣，但是有一个值得夸口的方面——国营的。

事情算是办成了。三爸可以一边喝着酒一边向三娘讲述办这件事多难多难，谁谁谁的孩子也是费了很大劲，还是没能进国营，很满意的样子。白丰看起来也算满意，开始准备上班的事情。不久雨菲也进了一家国营企业，两个人一起盘算着上班以后怎样上她家里去。

就在这家铸造厂，白丰做了一件让他后悔至极的事情。

第七章

白丰被安排到了最艰苦的“大炉”岗位，也就是化铁水。下班回家，白丰把发给他的像日本鬼子戴的那种带“屁帘儿”的帽子拿给家人看，讲述着厂里的光景。说师傅夸他能吃苦、有眼色。然而在这样的岗位往往是傻大黑粗的家伙，像白丰这种玉树临风举止飘逸的美男子在这样的环境中总让人感到别扭。

白丰上班不久，一天一个干部模样的姑娘由车间主任陪着到大炉前找白丰。车间主任介绍说这是新上任的厂团总支书记水中华，要找白丰谈工作。水中华很客气地和白丰打招呼，然后让车间主任忙去，自己和白丰谈谈。生活在社会底层的白丰对干部一直有一种抵触情绪，在他的记忆里只要是领导找他都不会有什么好事，无论是在学校还是到了社会上都是这样。他点上一支烟，表情冷漠地不想搭埋她。

水中华相貌平平，那些形容人长得好或者长得坏的词用在她身上都不合适。她是高干子弟，和白丰一个时间来到这个工厂。她是以猎奇的心理接近白丰的，想知道白丰这种长相、做派的男性，是一个什么样的人。

水中华问白丰工作有困难吗？白丰感到好笑，心说这么年轻就装模作样，装到多咱是个头？水中华说我们都是同龄人，交流一下、谈谈心不好吗？白丰说有事就赶紧说，没事就赶紧走，别耽误我干活。白丰的冷漠反而更调动起水中华的好奇心，她问白丰有没有兴趣到团总支帮忙，比如帮着出简报什么的。白丰说自己一不是团员，二不感兴趣，让水中华找别人吧。水中华说你越这样我越觉得你像保尔・柯察金。

这以后，水中华就经常到车间来找白丰或者在食堂里和白丰交谈。时间不长，若赶上白丰到点没到食堂吃饭，水中华就会买饭给白丰送到车间来。给别人的感觉就是他们在谈恋爱。两个人在一起交谈时，一般就是水中华滔滔不绝地说，说理想、说进步、说工作，说小说里的英雄人物，白丰则以听为主。水中华讲话喜欢引经据典，借用最多的就是鲁迅的，比如“横眉冷对千夫指，俯首甘为孺子牛”，比如“世上本没有路，走的人多了也就成了路……”白丰和她在一起没有多少共同语言，而且感到很压抑，水中华总是给人一种盛气凌人高高在上的感觉，好像在俯视他，这让白丰很不舒服。但他还是按照水中华要求的那样，写了申请书，入了团，成了车间里的团支部书记。两个人的关系好像真的很亲近了，因为白丰还把口琴拿到厂里吹给水中华听。

回到家，白丰常常郑重其事地说：“活着就要刻苦学习、努力工作，不能只想着自己，要为国家做贡献。”

家里人和雨菲都莫名其妙又高兴地看着白丰的变化，雨菲还拿着白丰的团证说要在适当的时候拿回家给妈妈看看，要让她父母知道，白丰是个好同志。说不清的原因，白丰没有向家里人和雨菲说明引起这些变化的缘由。

一天水中华对白丰说：“到你家里看看去吧？”

白丰说：“算了吧，没什么好看的。”

水中华说：“那就上我家，下班就去。”

“去你家干什么，不想去。”

“就是去坐坐，坐坐就走——同事之间，走访一下怕什么呀。”

于是白丰跟着水中华来到她家。这是机关大院里的一幢二层小楼，外面看着挺陈旧了，里面也不怎么新，一些厚重的家具陈列在大大小小的房间里，泛着幽暗的光，木质的楼梯走上去发出咚咚的声响。随着水中华的介绍，白丰得知她家四口人，她和爸爸妈妈住在家里，哥哥在部队不常回来。白丰无法相信在这样一幢楼里就住着她一家，在他的概念里这根本就不是家，没有家样，他所见过的家没有这样的，都是一两间屋子，大床小床塞得满满当当，一家人挤来挤去叽叽喳喳地过日子。而水中华的家空旷、幽静，甚至有些神秘。

两个人转了一圈刚坐下，白丰看到沙发边上有一块崭新的白毛巾掉在地上，就拾起来放在茶几上。水中华笑笑没说话。

一个大姨端着两杯茶水送了过来。白丰赶紧站起身叫了一声：“大姨。”大姨连忙答应着放下茶水，看到白毛巾在茶几上，急忙把白毛巾拿起来，顺手擦了下地上的水渍，然后把白毛巾放回原处后出去了。白丰一脸错愕地看着这一切，当他弄明白自己把水中华家里擦地板的毛巾当成擦手擦脸的了，窘迫的神情全写在了脸上。而这时大姨又走过来，手里拿着另一块毛巾把茶几上刚才放白毛巾的地方擦了擦。

白丰不好意思地再次站起身说："给大姨添麻烦了，刚才我……没想到是擦地的。"大姨连声应着退了出去。

水中华说："她是我们家阿姨，不必客气。"

白丰说："哦，你阿姨到你家走亲戚吗？我还以为是你妈呢。"

水中华笑道："走什么亲戚啊，她在我们家……就是阿姨，阿姨你不知道吗？就是……就是旧社会说的保姆、仆人。"

白丰很惊愕地看着水中华，他没想到新社会还有这种职业。

看到白丰这种神情，水中华又笑了笑解释说："也算我们家亲戚，不过我不知道是什么亲戚。"

"你哥哥在部队好吧？我也想参军，没去成。"白丰想说一个自己熟悉的话题。

"参军有什么好的啊，我就在部队待了一年，没意思，入了个党，就回来了。"

"你参过军？"白丰惊奇地说，"参军多好啊，回来干什么，参军总比在咱厂强百倍吧？"

水中华说："是我自己愿意到工厂去的，体验一下工人老大哥的生活，待不长。"

"那你想干什么？"

"干什么不行啊，记者、公检法，或者党政机关都可以啊，不过我还没想好。"

"你爸爸是什么官？"

"人民公仆。"水中华神秘地笑笑。

"你爸爸是……"白丰开始去想自己听说的各级领导人中有没有姓水的。

"好了，别瞎猜了，你不是喜欢吹口琴吗，我也给你露一手。"水中华说着走到房间一角橱柜模样的物件前坐了下来。白丰这才看出那是一架钢琴。白丰只在电影上看到过钢琴，就是在舞台上也没见到过，从来没见过真的，而水中华自己家里就有一台！

水中华一边弹着一边看着白丰笑:“刚买的，谈得不熟练，资产阶级情调。”几首曲子弹罢，水中华合上琴盖对白丰说:“我妈妈就要回来了，我就不留你吃饭了。再见，保尔·柯察金同志。”

从水中华家出来，白丰好长时间回不过神来。他没想到就在自以为非常熟悉的这个城市里会有这样的家庭，一个只有四口人的家庭竟住着一幢楼。他没想到如今竟然还有人家里雇保姆，他所受的教育告诉他这就是剥削，这就是压迫。他没想到自己一家子千方百计都没能实现的参军是可以想去就去想回就回的。

回到家里白丰沉默不语不断吸烟，他实在无法理顺自己的思路，他无法将自己二十多年的生活经历、经验和感受与今天的所见所闻统一在这个天底下。他感到这些年来整个社会都在欺骗他，甚至水中华在家里给他的感觉和她在厂里的形象也很不一样。他感到在今天，自尊心受到了伤害。他感到自己总想多挣点钱过上好日子是多么可笑。他想要愤恨这个社会的不公平，可是他又恨不上来，因为他隐约感到自己或许可以通过某种方式成为那个社会阶层的一员。

于是白丰存着这样的心思和水中华开始了艰难的“恋爱”征程。他做的第一件事是向雨菲提出分手，他不想欺骗这个他爱着的姑娘。这是雨菲没有想到的事情，她仍然不断地到白丰家里来。雨菲每次来，并不吵闹，总是坐在那里默默掉眼泪，盼着白丰家的人给自己撑腰做主。白家人全部站在雨菲一边，一致反对他们分手。雨菲一掉眼泪，三娘的眼泪就跟着掉;三娘掉眼泪，梦儿的眼泪也跟着掉，边掉泪边骂“疯子”不是人。然而白丰主意已定，他要丢掉包袱轻装上阵专心致志地和水中华打一场恋爱攻坚战。每次雨菲来，白丰就找理由急急火火地跑出去躲着不见，谁劝也白搭。

雨菲曾问白丰是不是有了新女朋友。白丰不予回答，而白家其他人均表示没有发现白丰有新的女朋友，再说白丰能找到雨菲这样的就已经是烧高香了，不可能找到更好的。

雨菲没来的时候三娘也几次问白丰为什么要和雨菲散了，是不是外面有人了?白丰说:“我不是白芒——婚姻要由老的做主。我自己的事不需要别人操心。”

梦儿气愤地说:“有你后悔的时候!不信就走着瞧。”

三娘说:“肯定是外面又有人了，啥样的呀，还能赶上雨菲好吗?雨菲论长相论人品论家庭条件都是咱高攀，你现在要和人家散，真散了可就再也找不到这样好的了。”

白行也为雨菲抱不平，极为罕见地反对二哥说:“你要是不想和雨菲姐姐一辈子，你就不该和人家干坏事。”

三娘问：“干啥坏事了？”

白丰立眉怒视白行，白行怕挨揍，不敢再说话。

其实白丰的心并没有冷酷到底，在与雨菲结束恋爱关系这段时间，白丰也暗自神伤。

雨菲坚持了几个月后，不再来了。

白行初中毕业了。学校把两个毕业班召集到操场上，学校领导讲了些祝贺和勉励的话，算是毕业典礼。

回到教室，同学们吵吵闹闹地收拾自己的东西准备回家。白行发现林晓荫用很着急的眼神盯着自己看。白行感到吃惊，因为林晓荫矜持静默，两人只是心灵契合，就是在大庭广众下也几乎没说过话，更从未有单独的交流，两人好像永远找不到向对方开口说话的理由，她怎么会主动暗示自己？

白行想了一下，对正等着自己的古立春和章向东说：“你俩先走，我还有事。”

章向东说：“什么事？咱一块儿去。”

白行说：“你俩快走，别啰嗦。”

古立春说：“奇怪吧，咱仨就是孟良和焦赞、桃园三结义，什么时候分开过？”

白行着急地说：“快走快走，我真有事。”

两个同学不知白行是怎么了。倒是古立春突然悟出原因，扭头寻看，果然见林晓荫在自己的座位那儿无所事事地站着。就对章向东说：“咱先走吧，走走走。”说完拉着莫名其妙的章向东走了。

林晓荫随着最后几个同学离开教室，教室里只剩下白行一个人低着头装着收拾东西。这拨同学离开教室，白行赶紧趴到窗前观察着。见同学们快走到学校门口的时候，林晓荫和要好的同学说了几句什么，那几个同学继续往前走，林晓荫转过身往回走来。白行心里一阵激动——自己的判断没有错——林晓荫在暗示自己。白行赶紧回到自己的座位上等着，仍在装着收拾东西。

林晓荫静悄悄地走进教室，走到自己的座位上坐下后没了动静。林晓荫的座位在白行的斜后方，中间隔着几排。白行偷偷地稍稍扭了下头，没能看到林晓荫的位置。

时间静悄悄地流逝。白行担心老师会来锁教室。他猜想林晓荫可能也会担心。可是他不知道自己该怎样做。

正在白行焦急万分又不知所措的时候，一个美好无比的嗓音传了过来——

“白行，我可能要转学了，就是不和你们上一个高中了。”

白行转过头问：“为什么转学？去哪儿啊？”

“我爷爷要到大学当教授了，我爷爷说要给我找一个离大学近的高中，还不知道是哪一个呢。我们家也要搬到大学去住。”

白行冒出一句没头没脑的话：“……我怎么办？”

林晓荫说：“……我也不知道。”

“那以后我还能见到你吗？”白行问。

“……我给你写信。”林晓荫说。

“别，别写，他们有乱拆信的，要是让老师看见就麻烦了。我哥哥就是因为给女的写信退学的。”白行赶紧说。

“……你会忘了我吗？”林晓荫问。

“永远不会。”

“……那你能去找我吗？”

“能。可是我还不知道你新家在哪儿。”白行说。

“我搬家以后就想办法告诉你。”

两个人就这样一边观察着教室外是否有人走过，一边有一句没一句地慢腾腾说着。

白行感到自己有很多话要和她说，又觉着哪一句都不重要。也不知林晓荫是不是也有这样的感觉。

片刻，林晓荫说：“我走了。”说完就默默地站起身往外走。

林晓荫走后，白行的心里空空荡荡。他懊悔刚才没有告诉她自己早就喜欢她了，自己从不旷课、不请假就是因为上学能见到她，自己好好学习就是为了引起她注意，自己每天夜里把头蒙在被子里就是幻想能和她有一个不被任何人干扰的二人世界，自己把借她的小画书临摹成画册一直盼望着有朝一日给她看，自己一直盼望着能当面吹口琴给她听……自己爱她。

白行噌地起身追了出去，在校门口叫住林晓荫：“林晓荫，你能跟我去一个地方吗？”

“去哪儿？”林晓荫问。

“华山，华阳宫。”

“这么远？怎么去呀？”

“骑自行车。”

“我家没有自行车。我也……不喜欢骑。”

“那我回家骑自行车，带着你去。

“让人看见怎么办？”

“……看不见，你往小清河那边走，我半路上接着你。”

“什么时候去？”

“现在。我回家骑自行车去。”

“为什么去那里啊？”

“我喜欢一个人去那里的一棵老柏树下面玩，要是……要是以后咱俩联系不上，就在那里见面。”

林晓荫害羞地低下头说：“谁说和你见面了……好吧，那你快点。”

“你先走着，我马上赶上你。”白行背着书包飞快地跑了……

华阳宫的老柏树下，林晓荫抱着书包靠树坐在白行捎来的小马扎上，白行在她对面席地而坐。

林晓荫用手帕擦着绯红的脸颊，四处看着：“这地方真好。”

白行得意地说：“好吧？我就知道你准喜欢。”

林晓荫说：“你怎么知道我喜欢？我说过吗？”

白行说：“我也不知道，我猜的。”

林晓荫微微一笑：“这里……凉快。”

白行说：“过去这里是军事重地，四周都拉着铁丝网，不让进。听说一个外国元首来济南的时候看着这里孤零零一座大山，想上来参观，就被拒绝了。我以前都是偷偷从那边铁丝网的一个窟窿里钻过来，现在没人管了。”

林晓荫说：“这里远离尘世，像世外桃源，可以净化心灵。”

白行惊奇地看着林晓荫。

林晓荫问：“怎么了？”

白行说：“我一到这里就觉着和别处不一样，就是说不出来是什么感觉。你刚才说的，就是我说不出来的那种感觉：净化心灵。”

林晓荫说：“这山历史上就很有名了。”

白行惊喜地说：“你也知道？你知道有一首诗是写华山的吗？”

林晓荫用期待的眼神等着白行继续说。

白行说："是唐朝李白的诗。"想了想背诵道："昔我游齐都，登华不注峰。兹山何峻秀，绿翠如芙蓉。萧飒古仙人，了知是赤松。借予一白鹿，自挟两青龙。含笑凌倒景，欣然愿相从。"

林晓荫也想了想后背诵道："泺水发源天下无，平地涌出白玉壶。谷虚久恐元气泄，岁旱不愁东海枯。云雾润蒸华不注，波涛声震大明湖。时来泉上濯尘土，冰雪满怀清兴孤。"

白行没读过这首诗，就请教林晓荫："谁写的？我还不知道有这首诗呢。"

林晓荫含着美好的笑意说："是元朝赵孟頫写趵突泉的，我跑题了。"

白行赶紧说："没跑题，这不也提到了华不注吗。"

林晓荫又说："我爷爷说，赵孟頫画过一幅《鹊华秋色图》，就是画的华山。"

白行哦了一声没有说话。

白行心里暗暗佩服林晓荫。因为自己根本就没听说过赵孟頫这个人。他问道："你是不是喜欢看书啊？"

林晓荫点点头。

白行说："我也喜欢看书。我觉着你看的书可能比我多。你都看什么书？怎么不借给我看看？"

林晓荫说："借给你你看吗？"

白行说："你以前借给我的都是小画书，我哪知道你还有别的书啊。"

林晓荫说："就你一个人长大了？"

白行懊悔得不行，自语说："我最喜欢看书了。"

林晓荫说："我知道。"

白行问："你怎么知道的？"

林晓荫说："有时候你把书带到课堂上偷偷看，我就知道了。"

白行惊喜地说："你真的也注意我？"

林晓荫把脸侧向一边说："谁注意你了。"

白行说："其实我也知道你爱看书。你写的那篇作文，我到教研室拿出你的作文本照着抄写过。现在我能背下来。"

林晓荫回过脸问："哪一篇呀？"

白行背诵道——

"为心中的梦想之烛搭间小屋：

“人活一生究竟为了什么？怎样活，才算不只做了历史长河中一位匆匆的过客？这都是些长谈不衰的有关生命意义的问题。没有人能给出一个人人都给满分的答案。怎么办？我觉得，只要你心中有梦想，从生到亡，一直有追求有希望，就不枉在这世上转这么一遭。

“人从小便有这样那样的理想，但随着年龄的增大，随着一次次失败的创伤，人们心中那本来耀眼的希望之烛光，渐渐黯淡，最终在他生命结束之前而先熄灭。人往往如此，因而，才会显出《老人与海》中男主人公的伟大。这样一位老人，甚至在睡梦中又梦见了非洲雄狮，这暗示了他的追求与渴望，他的人生还有梦想。他是一位多么可敬的老人哦！

“人们往往感叹卖火柴的小女孩生命的悲惨。但是，为什么人们读到最后，会稍微有一点点的欣慰呢？正是因为那瑟缩在墙角的小女孩是含着笑死去的啊。小手中的火柴，熄了，但她心中那希望之烛、那理想之烛、那梦想之烛，正愈燃愈烈啊。小女孩没有死，她满怀着希望，牵着奶奶的手，一起飞向了另一个世界，一个充满快乐的世界。

“你也曾同情过这个看似可怜的孩子吗？她不需要任何人的同情，她是幸福的。也许此时，她正充满怜悯地从天上望着你，因为你心中那点烛光已渐近熄灭——在你身强力壮的现在，在你还能呼吸的现在。她好想从天上飞下来，用她那曾被冻僵而仍有知觉的小手，为你那心中的梦想之烛挡一挡风雨，让它重新焕发出耀眼的金色的光！

“你已没有资格或者没有闲暇去怜悯那卖火柴的小女孩了，赶快用勇气和毅力为你那心中的烛火搭间小屋吧——趁着它还没有熄火。”

听白行背完，林晓荫说：“你真傻，背诵这个干什么呀？”

白行说：“我喜欢，就背了。”

林晓荫说：“写得好吗？我怎么不觉得呢？”

白行说：“好。主要是，我们都写学雷锋做好事，或者写爱学习、爱劳动，你写的这个，太与众不同了。谁也想不到你会这样写。所以说你肯定看了很多书。”

林晓荫说：“其实我想给你书看，你老和他俩在一块儿我也给不了。”

白行说：“他俩和我是哥们儿。我要是知道你想给我书看，就不让他俩跟着了。”

林晓荫说：“反正你就是不想让我借给你。人家也不是离不开你，你吹口琴的时候他俩在吗？”

白行惊奇地问："你听过我吹口琴？"

林晓荫调皮地说："若要人不知，除非己莫为。"

白行问："你在哪儿听的？听别人说的吧？"

林晓荫说："你说你在哪儿吹过？"

白行说："你在家里听见的？"

林晓荫得意地点点头。

白行说："那个地方离你家还挺远呢，你能听见？"

林晓荫又调皮地点点头。

白行问："你能看见我吗？那里挺黑的。"

林晓荫说："吹的时候只看见个人影，离开的时候就看出来是你了。"

白行说："那你怎么不拿书给我看？"

林晓荫说："晚上爷爷不让我出门，我不想惹他生气。"

白行问："你爷爷生气了打你吗？"

林晓荫摇头说："不打。就是这样。"说着，伸出手指在白行的额头上轻轻点了一下。

白行摸着自己的额头傻笑："我还以为你听不到我吹口琴呢。"

林晓荫问："你带口琴了吗？"

白行说："带了。"

林晓荫用期待的眼神看着白行，没有说话。

白行从书包里拿出口琴："你想听哪个？"

林晓荫说："都想听。你先吹一首《莫斯科郊外的晚上》吧。"

白行答应一声，吹了起来。曲子悠扬缠绵，与两人的心情、其时的气氛及周边的环境融合在一起……

曲子一支一支地吹，林晓荫一支一支地点……

两人本来就是多年的同学，又是心灵相通的人，几支曲子过后，原来隔在他们中间的用客套布下的云雾和用羞涩织成的面纱被一层层剥去，两人很快如天天独处二人世界一般随意和自然……

十几支曲子过后，林晓荫眼睛里充满了爱意。林晓荫说："白行，你说为什么是咱俩在这里？"

白行说："我以前就经常想，为什么我要在这个年代出生在这个地方？想了好长时间，后来我就知道为什么了。”

“为什么？”林晓荫问。

“为了来见你。”白行说。

林晓荫含情脉脉地看着白行说：“可能是吧。”又说：“我也知道我为什么和爷爷从青岛搬到济南来了。”

“为什么？”白行用期待的眼神看着林晓荫。

林晓荫说：“因为有一个人可烦人了，成天乱吹口琴。”

白行傻乎乎又欢喜地笑着。

林晓荫又说：“因为这里有华不注山，山前有个华阳宫，华阳宫里有棵老柏树。”

白行说：“青岛有崂山，山上有崂山道士。你去过崂山吗？”

林晓荫点点头：“听爷爷说，我小时候跟爸爸妈妈去过一次，后来爸爸妈妈不在了，我也没再去过。”

白行说：“以后，你能和我去崂山吗？”

林晓荫说：“其实我也不知道崂山什么样，那时候我太小了。本来，这次我爷爷想回青岛的，我说不想去，我爷爷就不去了——我爸爸妈妈就是在青岛没有的，我爷爷不想让我伤心。”

白行点头说：“我听他们说过你爸爸妈妈的事。那咱就不去崂山了。”

林晓荫神情坚定地说：“没事，以后……我们去。”

白行从书包里拿出一摞纸片递给林晓荫说：“这是我以前临摹的画书封面。”

林晓荫惊奇地一张一张看着：“真像啊，画得真好。你是想送给我吗？”

白行说：“你要喜欢就送给你。”

林晓荫对这些纸片爱不释手，反反复复看了好几遍后把纸片仔仔细细放进书包。

看着眼前完美无瑕、可心可意的林晓荫，白行又想起那句一直想对林晓荫说的“我喜欢你”。白行已理解男女间说这句“我喜欢你”所包含的意思，那么这算是对林晓荫好呢，还是算对她抱有不可告人的坏心思？当面告诉她“我喜欢你”，表达了爱意，但也同时把自己内心最见不得光的欲念暴露无遗，这欲念极可能是可耻的。

见白行愣神，林晓荫抬手在他眼前晃一下：“想什么呢？”

白行微微低下头喃喃地说：“有的话，当面没法说。”

林晓荫好像明白了白行想说什么，就鼓励他说：“说吧。”

白行的头低得更低，咧了咧嘴没说话。把自己内心卑鄙的欲念当面告诉林晓荫，他做不到，即便这心思不是卑鄙的，也实在太难为情。白行抬头看一眼林晓荫，又低下头说：“反正就是……那一句。”

林晓荫说：“为什么不说呢？要不然你写信告诉我想说什么。”

白行说：“有乱拆信的……”

林晓荫想了想：“你写好信以后，把信藏在这里。过一段时间我来拿。”

白行说：“行。你给我写信，也放到这里。”

“嗯。”林晓荫点头答应。

白行指着老柏树下的一块石头：“就压在这块石头下面。”

林晓荫说：“不如咱俩现在就一人写封信放到这里，过一段时间联系不上就来看信。”

白行正想要把那句话告诉林晓荫，就说：“好，现在就写。”

林晓荫又想了想：“要不然咱一人写两封信，一封一年以后看，另一封十年以后看。”

白行说：“你说的和信物一样。”

林晓荫说：“不好吗？多有意思呀。”

白行说：“嗯。听你的。”

林晓荫从书包里拿出两个本子，一个递给白行，又把一支笔递给白行：“一人写两封。”说完，转过身去写自己的。

白行思考一下，写下第一封信：“林晓荫，我喜欢你。我们永远在一起。”换一张纸，想了半天，又写下第二封信：“林晓荫，我是白行，我喜欢你。要是你看到这封信，就告诉我地址，我去找你。”白行把两封信从本子上撕下分别折起来。然后去看林晓荫。林晓荫已经把自己的两封信写好了，折叠着拿在手中。

林晓荫说：“要是信被别人发现怎么办？”

白行说：“没事，我们挖个坑，把石头往下埋埋。”

林晓荫又说：“要是我们这一辈子再也没有机会来看这封信了，也没有机会再见面了，怎么办？”

白行说：“不可能啊……你是说咱现在给下辈子写信吗？”

林晓荫说：“要是这一辈子咱俩不能再相见了，你想下辈子再见面吗？”

“想。”白行说。

林晓荫像是做好了英明决策似的神气地说：“所以，一年以后特别是十年以后那封信，要是这辈子咱俩没机会看，就下辈子看。不过要做个记号，要不然下辈子不知道是谁写给谁的。”

白行问：“怎么做记号？”

林晓荫得意地说：“你知道圣诞老人用什么送礼物吗？装在袜子里。咱俩一人脱下一只袜子，和信一起埋起来，另一只死的时候埋到棺材里，下辈子就对上暗号了。”

白行说：“有下辈子吗？”

林晓荫说：“万一要是有呢？”

白行说：“行。”说完就脱下两只鞋，接着又把鞋穿上了，因为他的两个破袜子前面露着脚指头后面露着脚后跟，而且都是很大很大的窟窿，只有袜筒还算完整。林晓荫已经看到了白行袜子的破败程度，喜笑颜开地说：“白行你真是活雷锋呀，新三年旧三年缝缝补补又三年。”

白行不好意思地说：“我的袜子太破了。”

林晓荫说：“破怕什么呀，破了下辈子更好认，没有重样的。”

白行说：“你说行就行吧。”说着又把鞋脱下来，然后脱下自己的一只袜子放在地上备着包信物，又脱下自己的另一只袜子装进书包里说：“万一掉了就麻烦了。”白行看到自己的两只脚的脚指头和脚后跟又黑又脏，就赶紧穿上鞋把双脚往后缩了缩。

林晓荫装作没看见白行的窘态，也脱下自己的袜子，把一只放进书包。林晓荫的袜子是花的，粉色的底上布满金黄的向阳花，特别整洁好看。林晓荫穿上鞋，拿出铅笔盒，把里面的东西都倒进书包里说：“十年以后看的信放到袜子里，再把袜子放到铅笔盒里，这样保存时间长。一年以后看的信直接压到石头底下就行了。”

白行把两个人写给十年以后看的信装进林晓荫的袜子里，再用自己的破袜子把林晓荫的袜子套上，然后装进铅笔盒里，使劲一拍，把铅笔盒合上。

白行找来一个树枝，用林晓荫的铅笔刀把树枝削了个尖，找了个松软的地方挖了个小坑，把铅笔盒放在最深处，用土埋上，又从作业本上撕下几张纸把一年后看的两封信包了包放进去，然后搬过选好的石头压在上面，用土埋上。白行正要上去踩，林晓荫说：“不能穿鞋，我们要留下自己真实的踪迹和气息，这样下辈子觅着这辈子的脚印就找来了。”说完自己觉着好玩，忍不住含情窃笑。白行答应着脱下鞋，林晓荫也脱下鞋，两个人光着脚丫围着石头转圈把地面踩实。

林晓荫说：“谁也不能提前看。一年后看的必须一年后看，十年后看的必须十年后看，这辈子没看成就下辈子看。”

两个人做完这些事，林晓荫坐在小马扎上要穿鞋，乖巧雪白的小脚丫上沾满了泥土。白行赶紧脱下自己的上衣蹲在林晓荫面前用衣服把林晓荫的一只脚擦干净，帮她穿上鞋，又擦干净她的另一只脚把鞋穿上。林晓荫静静地看着白行做这些事，纯净的眼睛里泛起少女羞涩的柔情。

白行说：“林晓荫，我能保存你的袜子吗？下辈子我拿着你的袜子来找你。”

林晓荫拿出自己的花袜子递给白行，白行开心地接过来装进自己的书包里，用力按一按书包，心满意足的样子。

林晓荫见白行并没把他自己的袜子拿出来，就说：“咱俩交换呀？”

白行为难地说：“我的袜子太破太脏了……”

林晓荫说：“有人嫌弃吗？”

白行迟疑着刚从书包里拿出自己的破袜子又放回去说：“太脏了，我回家洗洗再给你……还要补补，缝缝。”

林晓荫说：“我现在就要。”

白行为难地说：“真的太脏了。明天给你，我今天回家洗干净缝好以后明天就给你送去。”

林晓荫说：“洗干净可以，不能缝，我要留作纪念。”

白行答应说：“嗯，行。”

白行躺在老柏树下对林晓荫说：“我以前上这里来就这样躺着，看天。我就想，时间无限长，人生才这么短，宇宙无限大，地球才这么点，而且人来到世界就这么一次，要是心里没有你，我的一生就没有意义，也没有一点价值。”

林晓荫坐到白行身边的地上问：“只有在这里看着天的时候才想这些吗？”

白行说：“平时也想，可是不一样。我以前老想，要是林晓荫能和我一起躺在这里看天多好。”

林晓荫看看白行，又抬头看看天，然后挨着白行躺下注视着天空。

两个人就这样躺着望着苍穹，说着无数的话——“我这些年说的话加起来也没有今天这么多。”林晓荫说。

不知过了多久，林晓荫突然坐起身说：“呀，我该回家了，我爷爷肯定着急了。我把时间忘了。”她伸出手指在白行额头上轻轻点了一下，“你也忘了。”

白行这才注意到，天已经黑下来了。

白行帮着林晓荫拍打掉身上的土，骑上自行车带着林晓荫往家猛蹬。林晓荫坐在后座上，她总害怕自己会被颠下去，两只胳膊紧紧抱着白行的腰，脸靠在白行身上。白行特别开心快乐，一路上喊着叫着，林晓荫在后座上欢笑着……两人一路上没说几句话，很快就来到林晓荫家附近。林晓荫说：“我在这里下来吧，再往前就让人看见了。”白行把自行车停到路边，从车把上摘下书包递给林晓荫。林晓荫接过书包就快步往前走，走出很远以后回过身来冲白行摆摆手，又转过身去快步走了……

白行注视着林晓荫远去的身影，感觉这几个小时恍如梦境。他开始后悔没当面对她说“我喜欢你”，因为这也不能说是坏心思，毕竟那个事是将来结婚以后的事，而且如果林晓荫不喜欢那样，自己就不那样，一切随林晓荫心意。

白行回到自己家里，饭也不吃，六神无主的样子。家里人吃完晚饭出去凉快了，白行用心用力地洗干净自己那只破袜子，他再也按捺不住自己要去见林晓荫的迫切心情，骑上自行车揣着湿漉漉的袜子来到林晓荫家楼下。白行并不奢望能够见到林晓荫，但是哪怕只是守着她住的楼，心灵也能得到安抚和慰藉——近些年自己不就是用这种方法缓释对林晓荫的恋念吗?

林晓荫家住的是她爷爷下放后厂子里给安排的临时住所，是一栋靠马路的很破旧的三层楼的顶层最西头的两间房。白行来到楼前一看，林晓荫房间的灯亮着，想不到的是林晓荫就站在窗前!

白行不再像以前那样站在黑影里，而是走到正冲着林晓荫家窗户的路灯下站着，希望她能看到自己。林晓荫果然看到了白行，打开窗户，和他对视着。过了一会儿，林晓荫又关上窗户，人也不见了。白行想她可能是怕她爷爷看见吧。不过没关系，今晚能见到她已经是意想不到的喜悦了。白行很快乐，很满足。

白行正在遐想，一个身影飘到他近前，轻声唤：“白行。”竟是林晓荫。

白行心里突突跳，急迫地想说出“我喜欢你”。但是他“我……我……”的，“喜欢”两个字在嘴里含着就是出不来。

林晓荫好像明白他要说什么：“我知道。”

白行深情地看着林晓荫，只是看着——好像谈恋爱就是两个人在一起站着，看着。

林晓荫也看着白行，同样是深情的。

片刻，林晓荫说："你每次都在那里站着，要不咱还站在那里吧，这里太亮了。"林晓荫指了指不远的一棵树说。

白行和林晓荫往树那边走着："每次我来你房间里都黑着灯，今天灯亮着，你知道我今晚会来？"

林晓荫说："你……可能来。"又说："要是我一听见口琴声就亮着灯在窗前站着，我爷爷又要点我脑门了。所以我要想站在窗前，就要黑着灯。我爷爷还以为我睡觉了呢。"说完自己哧哧地笑。

白行说："我说呢，你怎么睡觉这么早！"

林晓荫说："我爷爷说这几天就要搬走了。"

白行说："怎么这就搬啊？刚放假，离开学还早呢！"

林晓荫说："爷爷说要早去熟悉工作。"

"我现在一分钟也不想离开你。"白行说。

"我知道。"林晓荫点点头。

忽然林晓荫指着夜空轻声呼喊："看，流星！"

白行抬头看去，夜空中有一道流星划过。白行说："快抓住自己的腰带！"

林晓荫把手放到自己腰间问："为什么？"

白行说："我在老家的时候，村里人说看到流星就抓住腰带许愿，梦想就能实现。"

两人正说着话，远处几个人影朝这边走来。林晓荫有些慌张地说："我要回去了，那几个坏人来了。"

白行问："谁啊？"

"就是那个从劳教所放回来的，叫……黑子。"

"怕他干什么，咱又不碍他事。"

林晓荫快步往家走："前几天我去商店被他看见了，就截着不让我走，这两天天天来这里捣乱，昨天都找到家里了。我爷爷着急搬家也是为了躲他。"

"他想和你拉对象？"白行推着自行车快步跟在林晓荫后面问。

"反正没安好心。"

"我经常在这里，没见他来啊？"

"就这几天被他看见了……你快回家吧。明天我等你，去华山。"林晓荫说完跑了起来。

林晓荫刚离开，黑子几个人就叼着香烟，吵吵闹闹地来到跟前。黑子指着林晓荫家的窗户说："你们几个听我口令，预备起！"另几个人就齐声大喊："林晓荫！出来！林晓荫！我爱你！"喊完就哈哈大笑起来。

林晓荫房间的灯一下灭了。估计是她回到家了。

没想到这一变化更激起黑子们的热情。看到自己的行动有了反应，他们更加起劲地喊："林晓荫！出来！林晓荫！我爱你！"一遍一遍没完没了……

白行按捺不住："别喊了。"

听到有人搭腔，黑子凑过来问："你妈谁啊？"见是白行，就拍拍白行肩膀说："行儿啊，在这里干吗呢？"

白行说："别喊了，人家不愿意，喊也白搭。"

黑子说："你怎么知道不愿意？是不是你俩拉着呢？林晓荫是你马子吗？"

白行说："不是，我们是好同学。"

和黑子一起来的几个小子围着白行转了一圈，其中一个往白行脸上吐了个烟圈："这小子是谁啊？"

黑子说："一个小兄弟。"又对白行说："这里没你什么事，你赶紧走。这几个是我的狱友，狱友你懂不懂？要是惹着他几个，能弄死你，信不信？"

白行说："咱一块儿走吧，一块儿走行不行？"

吐烟圈的小子抬手把烟蒂弹在白行脸上，跟着就是一拳，骂道："走你妈了个蛋啊！"

白行本就因林晓荫受委屈而满腔怒火，只是一直压着，这时再也控制不住，用力一拳打中那小子下巴。几个人没想到白行还敢还手，一拥而上把白行摁倒在地拳打脚踢一顿胖揍，自行车也被举起摔在一边。虽然白行已抱着头倒在地上，但黑子几个人并不收手。周围围了很多人，但也只是看着，没人敢管。这时就听一个人喊："哪儿来的小流氓在这里打群架？还想打砸抢？我已经报警了，派出所的人马上就到！"黑子几个听说，又冲白行踢了几脚，骂骂咧咧地走了。这时围着的人走过来观察白行的情况，看看他死了没有。白行忍着浑身的疼痛费劲地坐起来，他的眉骨、鼻子、嘴唇都被打破了，满脸是血。他第一想到的就是别让林晓荫看到自己的狼狈相，努力睁开肿得老高的眼睛抬头去看，林晓荫房间的灯又亮了，她就站在窗前。白行心想完了，但愿天黑她看不到自己的脸，可是自己这个样明天怎么见她？白行想起身赶紧离开，一个人过来帮着他站起来，白行看了一眼扶他的人，竟然是林晓荫的爷爷。他赶紧低下头，怕被认出来。

“幸亏这个老大爷赶过来喊了一嗓子，要不然这孩子非被那几个小子揍死不可。”一个人说。

白行也不搭话，一瘸一拐地过去搬起自行车就走。

林晓荫的爷爷说：“你是白行？”

白行低着头说“……不是。”

“还说不是？晓荫班里的同学我都认识。”

白行无地自容，只好承认：“是。你……别告诉林晓荫我这样。”

林晓荫爷爷说：“就是晓荫让我下来的。你说你一个人能打过他们好几个呀？你这个孩子脑子是不是有问题？以后要好好学习，不要打架。快走吧，去医院看看。”

“你甭管了……别和林晓荫说我这样。”

林晓荫爷爷说：“听着，你以后也不要来找林晓荫了。”

白行说：“俺俩是同学。”

林晓荫爷爷说：“男女有别，同学也不行。你才多大？不好好学习，脑子里装些什么乱七八糟的想法？你以后也不能来了，听到没有？”

白行说了句“爷爷再见”，扛起自行车走了。白行突然想起自己的破袜子还没给林晓荫，但他并不敢让林晓荫的爷爷帮忙捎给她。

第八章

白行回到家，把家里人吓了一跳。问是怎么回事，白行说摔的。幸好二哥上夜班不在家，白行任家里人怎么问，不再回答，把血渍大致洗了洗就睡觉了。

第二天早上，白行艰难地睁开眼，见二哥坐在凳子上吸烟，三娘和姐姐在床边坐着，就赶紧又把眼闭上。

白丰说："醒了就起来吧。谁打的？"

白行说："摔的。"

"你哥问你你就照实说。"三娘说。

"你们别管了。"

白丰的脸一下阴沉下来："我再问一遍，谁打的？"

"……黑子。"白行说。

"哪个黑子？怎么打得这么厉害？"

"就是刚从劳教所放出来的那个，比我高两级。"怕二哥责备自己，白行又补充说："他们好几个人——四个。"

"打你一个？"

"嗯。"

"为什么？"

"他们欺负别人，我劝了劝，他们就和我打起来了。"

"知道他们在什么地方玩吗？"

"知道。他们就住在黑子家的老房子里——黑子他爸他妈住新房子。"

"穿上衣服。找他去。"白丰站起身说。

“黑子练过武术……还有那几个，黑子说是他狱友。”白行赶紧说。

白丰顿了顿，脱下“一脚蹬”，换上系带的皮鞋：“走吧。”

梦儿从门后面拿起擀面杖，两手倒换着往上撸着袖子。

白丰问：“你干什么？”

梦儿眼里浸着泪说：“我砸烂他们的狗头！”

“滚一边去。”白丰说。

白行拿过擀面杖攥在手里。白丰说：“放下。别给我丢人。”

白行放下擀面杖，跟二哥出了家门。

来到黑子家门口，白行喊：“黑子，狗崽子出来！”

白行喊了几遍后，昨晚打白行的那几个人如数走了出来。有的手里拿着铁棍，有的拿着铁锨，黑子手里拿着一把长西瓜刀。白行后悔没拿擀面杖来。

白丰问：“谁是黑子？”

黑子说：“丰哥，我是黑子。”

白丰说：“你拿着把刀吓唬谁啊？给自己壮胆吗？”边说边走了过去。

黑子一边倒退一边说：“我以前怕你现在不怕你——我刚从局子里出来，谁也不怕！”

前一晚把烟蒂弹在白行脸上的小子说：“跟他废什么话！”话音未落铁棍就抡了过来。白丰侧身一让，弹起一脚踢在那小子裆部，那小子哎哟一声倒地。白丰一脚踏在那小子脸上，身子一跃，飞腿踢向黑子面部，黑子后闪躲过，白丰身子一扭腾空旋起，一个鞭拳击中黑子脖颈，黑子像木桩一样倒下，手中的西瓜刀甩出老远。另两个小子丢下家伙什撒腿就跑。白丰厉声喊道：“回来！谁跑弄死谁！”那俩小子站下转过身来哭叫：“丰哥饶了我吧……”

白丰说：“过来蹲下！”

那俩小子乖乖地跑过来蹲下了。

白丰走到黑子跟前蹲下，一只手托起他的头给他活动着后脑，一只手摁着他的人中：“就这两下子还耀武扬威的。”黑子缓过劲来，两眼无神，处于失忆状态。白丰见无大碍，把黑子拖到墙根靠墙坐着。扭头说：“你们几个都过来！”

那几个小子乖乖过来蹲在墙根，被白丰踢了一脚的小子捂着小腹。白行跟着走了过来，想想昨晚被打的情景，真想过去踢他们几脚，看着他们的可怜样，又觉着解气了。

白丰站在四个小子面前，掏出一支烟点上说："你们四个都比我弟弟大，四个打他一个，算什么玩意儿？"

几个小子低着头不敢吱声。

围观的人群中有人喊："丰哥太厉害了！""给咱宿舍区撑腰啦！"……

这时梦儿和两个民警走了过来，想是梦儿怕哥俩吃亏去叫的民警。民警把几个人叫到派出所做笔录。打架的双方，一边是多次进去拘留、劳教过的惯犯，一边是大名鼎鼎的白丰，民警总想在这些人身上弄出些新的东西。直到下午，民警从黑子几个人身上又审出了斗殴、盗窃的新案情，白丰这边没什么有用的线索，就让白丰、白行兄弟俩回家了。

这件事以后，常有年轻人请白丰帮忙摆平一些纠纷，白丰的名气也更大了。

从派出所出来，白行赶紧骑上自行车去华山。在那里没有见到林晓荫，也不知道林晓荫来过没有。

白行心神不安地照着镜子度过了两天，看看自己的眼睛和嘴唇肿得不是那么难看了，就去找林晓荫。在林晓荫楼下等了好长时间没见到人，就悄悄上楼到了林晓荫家。见门开着，里面空空荡荡的。白行心说坏了，搬走了。白行赶紧骑上自行车到华阳宫去看，林晓荫不在那里，扒开石头看，也没有新的信件。白行想去林晓荫他爷爷的学校找，忽然想到自己还不知道她爷爷在什么学校，也不知道她爷爷叫什么。过去同学们都私下叫林晓荫的爷爷为老特务，也有叫他林介石的，真名叫什么，大家都不知道。又过了几天，白行试探着找了几个学校，问认不认识林教授。大学都在放暑假，校园里本来就没几个人，被问的人说林教授多了，哪个系的？白行并不知是哪个系，就更没法找了。转了几个学校没有结果，白行只能寄希望于林晓荫主动找他或者托人告诉自己怎样和她联系。然而并没有人来找白行说林晓荫的事。白行硬着头皮问平日和林晓荫要好的女同学，她们也不知道林晓荫的下落。

如此一来，整个暑假白行隔三差五地往华山跑，搬开石头看有没有信。最初几次是搬开石头，后来担心这样弄会暴露秘密，就在石头边上做了记号，如果石头动过就能看出来。但是每次前往都是失望而归。

"林晓荫"——早晨的树林能有多少树荫？本来就是若有若无、缥缈的吧？然而这却不能怪她——树荫的有无不是自己能决定的。

上高中的时候，白行和同学们一起来到了另一所学校。白丰就是在这所学校退的学。章向东拿到了初中毕业证不再上学，到社会上干临时工去了。

上了高中以后，一些过去学习好的学生有的题开始不会做了，而白行却一直会做。这倒不是因为白行有多么聪明，而是缘于他从小就养成的总想把事情做好的秉性。由于白行总是能做对其他同学不会做的题，因而在老师的眼里他是一个聪明学生。经常是老师在课堂上讲题，同学们在下面困惑摇头，老师就会有些无可奈何地叫一声："白行！"白行就走上台来把老师在黑板上正在讲着的题做完。他还总能想出不同的方法把题做出来。因此他当上了数学课代表、化学课代表。

原本不爱学习的古立春，到了高中却喜欢起数学来了，经常向白行请教数学题，令白行甚是不解。问其缘由，古立春在确认白行能够保密后，神秘兮兮地告诉白行：因为自己喜欢刘摩登。

教数学课的女老师外号叫"刘摩登"，二十二三岁，是往届高中毕业生留校任教的，还没有男朋友，每天穿着整洁笔挺的衣服，她的绝活是能够很准确地把粉笔头扔在学生的脸上——谁上课交头接耳、做小动作或者精力不集中，都会挨上她一下。她在叫白行起来回答问题的时候，有时也会用这一手。通常一节课，前十分钟是讲新知识，后三十五分钟是对这新知识的反复讲解、说明。白行在上课时只要听明白了老师讲的内容，就会悄悄拿出小说来看，这是他的老习惯，老师们也从一开始的不断没收书本逐渐变为默许。但这时候如果碰到刘摩登让白行回答问题，她就会习惯性地掰下一块粉笔头砸在白行的脸上，惹来同学们一阵幸灾乐祸的大笑。区别是刘老师在砸别的同学时是瞪着眼的，砸白行的时候是面带微笑的。古立春就多次和白行说过：刘摩登的笑容太迷人了，刘摩登的衣服太可体了，天天做梦都是她。白行原以为他是说着玩，没想到古立春肯为了刘摩登而刻苦学习。

其实白行也有自己暗自喜欢的老师——小绵羊。

教化学课的老师姓杨，高挑的身材，白白净净，性格安静娴淑，外号"小绵羊"。小绵羊和刘摩登一样也是往届高中毕业留校任教的，比刘摩登还要小一两岁。她总是用关切的眼神看着你，让你觉得自己在她心里很重要。但是白行喜欢这个老师不是因为这些，而是因为她和林晓荫有神似的地方。在林晓荫杳无音信以后，他心里空落落的，正好可以把小绵羊想成林晓荫来慰藉自己。白行在走神时、在梦境中，脑海里出现的，有时是林晓荫，有时就是这个林晓荫的替身——化学老师小绵羊。白行把所有对林晓荫的美好思念和憧憬都附加在这个化学老师身上。他盼望着自己的化学课成绩越来越好，他感到杨老师看自己的眼神越来越关切，越来越像林晓荫。这种美好的感觉真好，这是白行的秘密，他谁也不告诉，包括他的两个好朋友。

除了这两门课，白行比较喜欢的还有语文。喜欢语文课是因为上语文课听不听没有什么区别，会不会也没有什么区别。学生尽可以在下面安静地做自己的事情，比如看小说、做作业什么的。而且语文不怎么学就会被表扬。比如一次上作文课，老师让借鉴《白杨礼赞》的写作方式写一篇“××赞”。老师布置完功课后就离开教室忙别的事情去了。两节作文课，同学们忙着写什么松树赞、柳树赞、菊花赞、荷花赞等，一般语文好的同学一写就是七八页。白行忙着看一本放学就要还的小说，直到第二节课快下课的时候，古立春过来提醒说：快写吧，下课就收作文本。白行急忙拿过作文本不假思索地写了一篇枣树赞。枣树在白行的老家鲁北遍地都是，白行小时候在老家成天在枣树林子里爬上爬下。如果问白行对什么树种的习性、用途最熟悉，那就是枣树；如果问他对什么树最有感情，那也是枣树。基于这些，白行的枣树赞文不加点一气呵成，只是因为时间紧张，写了不到两页纸。

一般上作文讲评课的时候，老师都会把写得好的和写得差的作文留在讲台上逐一讲评，其余的作文本发给学生。这次作文后的讲评课，老师把白行的作文本留在了讲台上。白行想：坏了，要被老师当反面教材数落一番了。他只记得当时急急忙忙字迹潦草地在作文本上写了几段话，写的什么已经忘记了。老师先是一篇一篇地指名道姓地连讽刺带挖苦地宣读写得差的作文，继而看了白行一眼拿起白行的作文本，白行赶紧低下头趴在桌子上。老师说：“这次白行的《枣树赞》写得——最好！”接着老师就逐句逐段地讲评起来，又是这么好，又是那么好，说得连白行都怀疑这篇作文可能不是自己写的。

一天，班主任对白行说：“白行我想让你当班长，你自己知道就行了，等我和校长说一下就宣布。”白行说：“我小学、初中都当过班长，看来高中也躲不过呀。”虽然白行话说得随意，但心里还是挺高兴的。这样他组织同学一起学习、劳动、搞活动就名正言顺了。

但是时间不长，班主任又对白行说：“白行你不能当班长了……你哥哥是白丰是不是？”见白行点头，班主任又说：“校长……校长不同意。你别着急，我再想办法和校长说说。”白行赌气说：“别和校长说了，我又没说想当班长。”

古立春心里喜欢刘摩登，总想着做点什么又不知道该怎么做。古立春对白行说：“大层次不让你当班长，干脆你数学课代表也别当了，我找刘摩登说去，就说你想让我当。”

白行说：“我早就不想当了，你说去吧。”

古立春瞅准刘摩登一个人在教研室的时候，先拿出小镜子照照，弄一下头发，然后进去走到刘摩登跟前叫道：“刘老师好。”

刘摩登正在批作业，抬头一看是古立春，赶紧把眼从古立春脸上移开：“有事吗？”

古立春说：“我想当数学课代表，白行他不想当了。”

刘摩登低下头改着作业说：“课代表起码学习成绩要前几名，你勉强算中游。”

古立春说：“我愿意学数学，我学习热情高……”古立春说着就凑上前，想从刘摩登的领口看进去，探究里面的风光。

刘摩登感觉到古立春凑过来就抬头看他，接着赶紧从椅子上站起来，本想呵斥古立春，但是她不敢看古立春的眼睛。刘摩登眼睛看向一边说：“古立春，你赶紧出去，你不可能当课代表。”

古立春不死心，转到刘摩登眼睛看着的方向：“我真喜欢学数学。”

刘摩登快速扫了古立春的眼睛一下，赶紧扭头看向另一边：“你赶紧走，快走快走。”

古立春有些不高兴了：“老师怎么还对学生这样？”

刘摩登看着别处，烦躁地说：“都说学生好给老师起外号，你知道老师给你起了个什么外号吗？”

古立春好奇地说：“我不知道啊，什么外号？刘老师是你起的吗？”

刘摩登依然扭头看着一边，抬手挡着古立春看过来的视线：“色眼！知道吗，老师都叫你色眼！”

古立春恍然大悟：“怪不得他们都叫我色眼，原来我的外号是老师起的！老师，色眼是什么意思？”

刘摩登摆着手：“快走快走，我不给你解释，外号也不是我起的。”

古立春问：“怎么他们都叫我色眼把狼给省略了呢？色眼是什么意思，和色眼狼有不同吗？”古立春说着拿出小镜子照着眨眨眼睛。

刘摩登乜斜了古立春一眼拿起课本快步走出教研室，撂下一句话：“流氓，流氓眼知道吧？哎哟，可恶心死了。”

古立春站在教研室愣了一会儿，他没想到老师还给自己起外号，他也没觉出这外号有什么不好。不过经过这事以后，古立春觉着自己不那么喜欢刘摩登了。

改革开放了，一些过去的老电影可以重新上映，一些新拍的电影也陆续登场，上映的外国的电影也越来越多。电影里也经常能够看到一些温馨的画面和爱情的情节了。电影里的正面人物已经不再只是铁血英雄的高大形象，而是一群有血有肉、有感情有追求的，让人无法忘怀、让人神往的，过着高尚生活的人生榜样。

白行与两个好友一起看了罗马尼亚电影《沸腾的生活》，这是他们看的第一部展现了男女情感的电影。古立春赞叹："在海水里，女人的裤头竟然比男人的还小！"章向东说："厂长太坏了，他故意把他小姨子绊倒，就是为了偷看她那里。"白行说："我印象最深的是电影主题曲，以前绝对不相信天底下还有这么好听的音乐，听着能让人变高尚。以后，我们也一定要过有意义的生活。"

三个人说着话，古立春突然就沉默不语了。章向东问："想什么呢？傻了吗？"

古立春说："我太吃亏了。"

章向东问："你吃什么亏？"

古立春说："我想了想，电影里这姐俩，无论我怎么想办法也得不到她们。她们让别的男的用了，我不是吃亏是什么？"

章向东说："你要是真能联系上这姐俩，咱俩一人一个，你先挑。"

古立春喊道："谁看上我了赶紧告诉我！我都愿意！"

白行说："别胡说八道了，做梦去吧。"

是夜，白行做了个梦，在梦中，他和林晓荫在海边踏浪奔跑，空中回荡着电影《沸腾的生活》的主题曲……

要当电影演员，去感受社会上各种人的生活，这本就是白行的理想。看的电影越多，白行想当电影演员的心情越迫切。他开始不断地给一些电影制片厂写信，介绍自己的情况，表达自己要当电影演员的迫切愿望。

少年的心是焦躁和异想天开的，白行给各个他所知道的北京、八一、上海等电影厂写信说自己想当演员，这本来是可笑的行为，没想到白行却真的收到了长春电影制片厂的回信。

回信是铅印的，只是在信的称谓处手写上白行的名字。回信的大致意思是：现在不招演员，希望好好学习，需要的时候会联系你。应该是统一的格式。这是白行有生以来收到的第一封信，而且是铅印的，通过邮局从几千公里以外寄来，落款处长春电影制片厂的大字赫然醒目，显得那样神奇。

这封信的到来令白行再也无法安心学习。几天后他对古立春和章向东说：“我要到长春电影制片厂去当演员。”

两个好朋友并不吃惊，因为白行经常提起要当电影演员的理想。他们觉着白行的决定很大胆，都很兴奋地支持他的决定。两个好朋友认为白行一人去电影制片厂就等于他们三人都去了。他们开始设想到了电影制片厂后的情景，憧憬白行当了演员以后的美好未来。白行说：“我去了以后，就扮演各种角色，把人生的各种生活都体验一下，这一直是我的理想。”

其实白行还有一个没说出来的目的：真要成了电影演员，到时候自己在银幕上一露面，林晓荫看到后就会想起自己，就会和自己联系。

第二天他们跑到火车站了解到东北的火车车次和票价。问题出现了：一张到东北的火车票需要二十几元钱，而他们三个人的所有存款加在一起，只够买去东北的单程车票——如果白行去了，就没钱买车票回来。但这好像没有动摇白行的决定，他说：“能去就行，我根本就没想回来。明天就去。”

晚上，三个好朋友聚在白行家的小厨房里。章向东说：“我今天下午去买了两个大锅饼，够你吃几天的。”古立春说：“我下午到粮店把家里的山东省粮票换成全国粮票了，你带着也能用几天。”准备工作很简单地安排妥当，临走之前没有什么事情好做了。三个人好像平静了许多，开始你一言我一语地想象、探讨着会遇到的坏情况。比如到了那里人家不理睬怎么办？去了没地方住怎么睡觉？当不成演员靠什么吃饭？父母会着急成什么程度？这辈子还能不能见面？讨论的话语越来越少，章向东和古立春开始后悔支持白行的英雄壮举，试探着劝说白行能不能放弃决定，但是直到深夜也没能说服白行。

第二天早上，三爸三娘早早上班去了，白丰上夜班还没有回来。白行拿出纸笔给父母写字条，章向东手里提着锅饼，古立春抱着用他爸爸的饭票买来的馒头等在一边。字条上写道：“爸、妈，我要追求自己的理想去了，成功了回来报答你们，不成功也没脸回来了，你们就当没有这个儿子。哥哥姐姐再见了。”字条并没有说要到哪里去、干什么去，也没说怎么个走法。字条写好后，摆在属于白行的那个抽屉里，没有上锁。

三人正要出门，白丰回到家来，白行招呼两个同学快走。两个同学毕恭毕敬地叫道：“丰哥。”站在原地没敢动弹。白丰问：“干什么去？”白行赶紧说：“学校里搞活动。”

白丰心情好像不错，脱下穿着的风衣说：“穿上我的风衣显摆显摆。”白行犹豫了一下，接过风衣穿在身上，招呼两个同学快走。白丰心情着实不错，又摘下花掉他大半积蓄刚刚买的心爱的英纳格手表说：“戴上。”这次白行坚决不肯，他知道这只手表很值钱，二哥珍爱无比，从不让人乱动。虽然平时白行对二哥的旨意从不敢违背，但这次他没有执行二哥的命令，招呼着两个同学出了家门。

买好了火车票，三个人坐在候车室里沉默无语。一个二十岁左右的小民警见之生疑，走过来查看车票，盘问一番。三个人有些慌张，白行说要去长春电影制片厂当演员，拿出制片厂的来信让小民警看。小民警看完来信遂生敬意：“人家不是说不招演员吗，去了能行吗？”“去了再说。”白行说。“不去更不行。”章向东提高嗓门，感到自己很荣耀。

广播里传来准备检票的提示声，旅客们收拾着东西走向检票口。白行对两个好朋友说：“也不知道以后还能不能再见，我走以后你们两个要继续一起玩。我要是当上演员了就给你俩写信。”

“你放心，等过一段时间没有你的消息俺俩就找你去。”章向东说。

白行又说：“要是以后见到……林晓荫，就告诉她我去东北了。”

“要不别去了。”古立春难过地说。

“都这时候了，不去不可能。走吧。”白行说。

三个人随着人群向检票口走去。快到检票口的时候，一只手从后面有力地拍在白行的肩膀上。三个人回头一看：是白丰。白行没有说话，心里知道去不成了。两个同学诚惶诚恐地叫了声“丰哥”，很高兴的样子。

白丰从弟弟手中扯过车票：“你俩的车票呢？”

古立春赶紧说：“俺俩没有车票，来送他的，是他一个人去东北。”

白丰看了看手中的车票问：“干什么去？”

章向东说：“上长春电影制片厂当演员。”

白丰用手套往白行的脸上摔了一下，又拍了拍白行两个同学的肩膀，没有说话，转身快步向外走去。

白行站在原地眼瞪着二哥的背影。两个同学催促说：快跟丰哥出去吧，去晚了丰哥揍俺俩。于是三个人跟着白丰出了候车室。远远看见白丰到退票口去退火车票了。两个同学赶紧把东西放在白行面前跟着跑了过去。

退了车票后白丰和章向东、古立春说着话来到白行面前。白丰说：你们都把身上的钱掏出来。章向东、古立春说我们都把钱给白行了。白行站在那没有反应。

白丰瞪起眼开始翻白行的口袋。古立春检举说：“都在他里面的衬衣口袋里。”

白丰伸手掏出钱来数了数说：“就这十来块钱就上东北吗？”古立春说：“就这些钱，他没打算回来。”

白丰拿出五块钱放到白行手上，把其余的钱装进自己口袋说：“早晨看着你三个小子就不大正常。你们三个找个地方吃饭去吧。其余的钱回家后给你们。”说完脱下白行身上的风衣自己穿上，戴上手套骑上自行车走了。

三个人望着白丰离开的背影，古立春说：“要是丰哥想去当演员，到那里人家就立刻把他留下了——多俊多有风度啊！”

白行说：“他怎么知道我在这里？”

章向东说：“刚才丰哥说了，丰哥看见你留的字条了。他先到长途汽车站转一圈，没找到人就来这儿找了。”

两个同学面带微笑看着白行。

章向东说：“行了，去不成了。咱们上哪儿玩去啊？”

白行的心情已经平和了许多，几天来那种焦躁不安、六神不定的感觉好像消失了。“已经努力了，走不成不怨自己了。”可能是这样想的吧。

“咱们去照个相吧，纪念纪念。”章向东说。

三个人来到泉城路上的一家照相馆，并排坐在长条凳上，白行在中间，合了一张影。三个稚气未消的中学生每人头上戴着一顶军帽表情冷峻地凝视着远方，这张具有时代特征的照片，竟然被照相馆在橱窗里摆了一段时间。

照一张相几毛钱，还有四块多钱可以安排。章向东说：“要不咱们找个饭馆喝酒吧？”

古立春有些吃惊地说：“你胆子这么大？敢喝酒？我可是从来没喝过酒。”

白行说：“我爸爸喝酒的时候，我偷着尝过，不好喝。”

“你们太外行了，我家里来亲戚都是我和我爸爸一块儿陪着。开始不好喝，越喝越愿意喝，喝到最后就和飘起来一样。而且喝酒以后胆子也特别大，我一喝酒就不害怕我爸爸了。”章向东有些自豪又得意地说。

古立春听后对白行说：“要不咱们喝去吧——你回家你爸爸要是打你，你喝了酒就不怕了。”

“走，喝去。”白行说。

三个人来到西门十字路口的汇泉楼饭店，买了两个菜、一瓶酒，有些胆怯地坐在了旮旯里。望着吃饭的人们时时飘来的眼光，白行说：“你看人家都是吃了饭就走，哪有喝酒的，咱赶紧喝了快走吧。”

章向东要来三个碗，用牙一咬把瓶盖打开：“匀开，一人三两酒。”

“一人三两三，能喝这么多吗？”古立春说。

章向东把酒倒在三个碗里，自己的碗里多一点：“我四两，你俩一人三两。”

“行。”白行同意。

章向东问：“喝快酒还是喝慢酒？”

“什么意思？”白行问。

“快酒就是几口喝下去就吃饭——俺村里农忙的时候就这样，慢酒就是边喝边聊。”

“快点吧，人家都看咱了。”古立春说。

“你俩没喝过酒，听我的，三口喝掉。”章向东比比划划地说。

“不行，要一口干，像梁山好汉那样。”看着章向东如此张狂，古立春赌气说。

“一口干太多了，也行……干！”章向东端起碗来说。

“我可是没喝过，也没见过我爸爸喝酒，喝了这些是多还是少？”古立春有些犹豫了。

“男子汉大丈夫，还怕这个？憋着气一口干下去！”白行说。

于是三个人都端起碗来，憋着气把酒倒进了肚子里。

刚放下酒碗，就见古立春满脸通红眼神迷离，马上要吐的样子。章向东催促：“赶紧吃菜压压！”

古立春已经吐字不清了：“……来不及了，压晚了。”话音未落身子就骨碌一下瘫倒在地上。

白行、章向东两个人赶紧架起古立春往外走。可是古立春已经两腿不听使唤，一步也挪不了。章向东干脆一猫腰把古立春扛在肩上，白行在一旁扶着，古立春经这一折腾，哇的一下吐了出来，弄得章向东后背上全是古立春早晨吃下的饭菜黏糊糨子。三个人在众人的数落声中离开了饭店，买的两个菜一动没动，好好地在桌上摆着……

出了饭店找了个僻静地方章向东把古立春放到地上，任由古立春躺在地上不停地呕吐。直到天要黑的时候，白行、章向东两人才把仍然迷迷糊糊的古立春送到家。古立春家里没人，三个人等了一会儿也不见人回来，古立春就突然哭了起来，说自己快死了，要上医院。白行和章向东连忙把古立春背到了宿舍里的医务室。一个年轻大夫问是怎么回事，又装模作样望闻问切地诊断：“谁让你们喝酒了？赶紧回家躺着去，三天不能吃饭，第四天就好了。”于是两人又把古立春背回家了。

白行回到家里，三爸三娘以及白丰、梦儿都没有说什么，好像什么事也没发生似的。白行知道，肯定是在他回家之前已经开完了家庭会议。

虽然没有走成，白行和古立春却因此旷了两天课。一个学习成绩突出的学生，接连两天旷课，对老师来说是个大事情。虽然白行和古立春都向老师解释了是怎么回事，班主任还是把白行领进了校长大层次的办公室。大层次阴沉着脸，眼盯着白行：“听说你要离家出走是不是？”白行没想到校长会用“离家出走”这个词评价自己的行为，认为是贬低自己，眼看着别处不想做任何解释。

大层次点上支烟又说：“离家出走重要还是学习重要？你办事有没有层次？你哥是白丰对不对？别以为我不知道。”

“我哥哥怎么了？我哥哥也没犯法。”白行顶撞说。

大层次一拍桌子：“你哥办事没层次，是个糊涂虫，我看你也不是好东西！你是不是想和你哥一样退学？有本事你就退，我看你敢不敢！”

班主任见势头不对，拉着白行出了校长办公室。班主任说：“校长脾气太大了。你回去好好学习吧，改了就是好学生。”白行觉着自己没有什么好改的，嘴里嘟囔着回到班里。

这件事以后，白行变得更加孤独与忧郁。校长的训斥也让他的学习受到了影响，他上课不再认真听讲，精力总是集中不起来。放学回到家他也不爱做作业，时常盯着北面的华山发愣，或者把自己捂在被窝里睡觉。每天晚上他还是和古立春、章向东待在一起，直到很晚也不分开。白行反复絮叨的话题就是：如果没有我，北面的华山还在吗？为什么我认识周围的这些人而不是别人？为什么我今天碰到这些事而不是别的事？在我们想这些事情的时候，全世界其他地方的人都在干什么？他们也想这些事情吗？或者他们原本就是因为我的存在而出现的？

——林晓荫离开了自己，生命还有什么意义？活着还有什么价值？自己为什么而来？又会到哪里去？白行百思不得其解。

白行想的这些事情对章向东和古立春来说根本不是问题，用章向东的话来说，白行是吃饱了撑的。因为章向东回家问过他妈，在章向东还没有出生的时候北面的华山就戳在那里了。

放暑假的时候，白行与林晓荫约定的第一封信开启的时间到了。白行一个人跑到华山华阳宫，搬开石头，打开林晓荫写的一年后可以看的信。只见上面写着："白行，我和你想的一样。林晓荫。"白行赶紧打开自己写的信，上面写着："林晓荫，我喜欢你。我们永远在一起。"

白行扒开土层拿起林晓荫的铅笔盒，里面放着两人约定十年后才能看的信，白行端详了许久，终没有打开。他拿出带来的塑料袋重新把信物一一包好埋好后，躺在老柏树下望着天空。这一年来他无数次找过林晓荫，就是找不到。所有的离高等院校近的高中白行都去找过，没有林晓荫。后来一所大学的一个老师说他们学校有一个姓林的教授到北京去任教了，也不知是不是林晓荫的爷爷。

暑假闲着没事，白行听三娘说她上班的厂收青草喂动物，七分钱一斤。白行就在三娘单位借来地排车，在章向东家借来镰刀，每天顶着烈日拉着地排车到野地里去割草，他要用挣来的钱给自己买一件毛衣，在上化学课的时候穿上——他需要那像林晓荫一样的眼神。长得老相壮实的章向东在建筑工地干活挣钱多，白行就想约着古立春一起割草挣钱，古立春跟着白行去看了看，就见烈日下白行挥汗如雨，腿上胳膊上被拉拉秧划得一道道血印子。古立春说："不值当的，想花钱向老的要就行了。"

高中二年级开学一段时间后，古立春总是神不守舍的样子，有些兴奋，还有些恐慌。问他怎么了，他总是欲言又止，不搭理他他又好像有事情要急于告诉你。古立春需要被逼迫，他要给自己找一个说出来的理由。白行家的小厨房里，在白行和章向东反复再三地发誓一定保密后，古立春说出了一个让白行无法相信也无法接受的秘密——古立春和化学老师小绵羊干了那个事。

"胡说！不可能！"白行说。

"吹牛！"章向东说。

为了证明自己不是胡说和吹牛，古立春不再吞吞吐吐，一五一十继而有些炫耀地说出了事情的真相，时间、人物、地点样样具体。古立春甚至把他如何主动引诱、小绵羊如何被动接受的细节以及他的感受也和盘托出。可以确定，古立春与小绵羊果然发生了师生恋。

听了古立春的讲述，白行心里产生一种从未有过的怨恨，但也说不上是怨恨古立春还是怨恨小绵羊，或者怨恨自己。

章向东羡慕不已："刘摩登怎么办？要不让给我吧？"

“走吧走吧，我要看书了。”白行说着起身离开了小厨房。两个好朋友不知道他为什么突然生气了。

两个同学见白行回屋里去了，也就离开白行家的小厨房往外走，章向东拿出烟卷递给古立春给他点上。古立春把点着的烟卷拢在手心里快步往前走，因为白行不让他俩在自己家里吸烟。章向东紧跟着古立春问：“你说说，什么滋味？快说！”

古立春说：“我不会说，那种感受……简直就是……你等白行有了这种事以后让他说吧，我说不出来。”章向东说：“说不出来也得说，不说不让你回家。”

逼得古立春只好对章向东把自己的经历再讲一遍、讲两遍、讲三遍……

青春期的少年把万万种生物只分为两种：公的、母的。

什么时候感到人生原来可以这么美好而又如此难熬？那就是青春期。

白行的学习成绩开始直线下降。他赌气似的不做化学作业，对其他几门课也不再认真学。老师对他的表扬越来越少，批评越来越多。他有时甚至没事找事故意顶撞老师。到了晚上三个朋友聚在一起，古立春就神气活现地反复描述他和小绵羊在一起的美妙光景，说现在有的时候小绵羊也会主动了。听得章向东抓耳挠腮躁动不安。章向东总是以不断点头和不断给古立春敬烟鼓励他不断地说下去，还总是若有所悟地不断地说：“明白了，明白了。”如果古立春说完了，章向东还会对古立春前面甚至几天前所说的情节提出疑问请求解答。章向东说：“过去我琢磨男的和女的在一起的时候，谁先开口提出来呢？多不好意思啊。现在我算弄明白了——谁也不用提，直接开始就行。”白行总是不太相信古立春说的，因为他认为即便古立春和小绵羊做了那个事，其过程也不会像古立春说的那样。白行的观点是，那种事女的肯定是被动的，是对男人的奉献，男的都害羞，女的肯定更害羞死了，怎么可能女的主动？就是女老师，也不可能。古立春就说：“女的也是人。其实小绵羊如果不是咱老师，她就是比咱大几岁的姐姐——我现在就这么认为。她以前也没有过，俺俩都不大会，也不知道对不对。”

一天傍晚，章向东把一个和他一起干临时工的女孩子领到了两个好朋友面前：“我的马子。”章向东炫耀说。

两个好朋友劝白行说：你也挂一个吧？

过去章向东和古立春对白行是很佩服的，因为白行懂的知识多、道理多，学习好，现在他俩总算在“挂马子”上超过了白行，很是得意。白行对两个好朋友的做法不以为然，在白行看来，他们两个一再炫耀的事，应该是当纯真的爱情达到极致才会发生的。两个人做了这样的事情，就等于把生命交给了对方，也愿意为对方去死，特别对于女性来说，如果没有纯真的爱情，宁愿付出生命也不能做这样的事。

——被白行视为最最美好神圣的男女情爱竟然被身边的朋友就这样世俗又轻而易举地获得，让白行感到困惑。

这天，白行因为拒绝参加市里组织的校际数理化竞赛再次被老师领进校长办公室。

校长大层次瞪起眼提高嗓门：“原来听说你学习还不错，懒得管你，但是学习好不是最重要的，觉悟高才是第一层次。现在不管不行了，你是不是非要跟白丰学啊？”

“我跟我哥哥学怎么了？”白行说。

大层次一拍桌子：“你想干什么？”

白行也提高嗓门：“我退学！我不因虚度年华而悔恨，也不因碌碌无为而羞愧，不上学我照样可以把自己献给世界上最壮丽的事业！”

大层次一下愣在那里，他没想到白行真的敢做出这种决定。

白行转脸对老师说：“我退学了，老师。”说完就风风火火地回到教室收拾书包回家。

老师跟过来劝阻说，还有不到一年就毕业了，无论学得好坏都能拿到毕业证，这时候退学太可惜了。古立春也跑过来追问缘由，一再劝阻。

白行也不答言，收拾停当后对同学们说：“我退学了，走了！”说完，在同学们惊愕的注视下，以胜利者的姿态大摇大摆地离开了学校。

晚上吃饭的时候，白行把退学的事说了出来，然后看着二哥。他知道二哥的态度是关键。

三娘叹气说：“你哥也退学，你也退学，好孩子哪有这样的啊，不让人家说闲话啊？”

三爸皱起眉头说：“我去找校长去——为什么总是欺负咱家的孩子？”

白丰说：“不愿意上就算了，逼着学也学不好。”

白行听二哥如此说，知道事情就这样了。

第九章

白行退学章向东高兴得要命，他张罗着在自己干活的工地上给白行找活干，这样他们就可以成天待在一起了。古立春则羡慕白行有这样一个好家庭——民主自由。

白行一个人来到华阳宫的老柏树下。他猜想林晓荫肯定不会赞成自己退学，他要告诉林晓荫：自己要像高尔基、保尔那样生活——过去是读万卷书，现在要行万里路。

章向东对工头说要介绍他的拜把子哥哥来工地干活。工头问是瓦工还是木工。章向东说他哥很聪明，什么都会干，来了和自己一样都按四级工就行。工头说那行，让你哥来吧。第二天白行跟着章向东去了他干活的工地，工头一看瘦弱白净、一脸稚气的白行，说这不是个孩子吗，怎么还成你哥了呢？章向东说他真是我哥，就是长得显年轻。工头问章向东你多大？是不是你瞒岁数了？章向东说不是和你说过吗，我二十二。工头端详着白行说这个孩子最多也就十六七岁，太小，干不了活，工地不要。章向东说要不然给他按三级工，一天一块九毛六。工头说几级工也不要，太小，也太瘦，干不了活。章向东说他个子比我高。工头说个子高没用。这时一个人对工头说熬沥青那里不是缺人吗？工头眼睛一亮说：对，熬沥青干不干？白行说：干。工头说：好，干去吧，一级工，一天一块二毛五。章向东说：熬沥青不行，我就在这工地上，糊弄别人糊弄不了我，一天一块四毛八都没人干，这玩意儿有毒。工头说：好，就按二级工，一天一块四毛八。白行说：干。于是工头就把白行领到熬沥青的大锅跟前，对那里的两个老头儿说给他们增加一个人，替换着干，都别再闹腾着撂挑子了。于是白行就干上了熬沥青的活。熬沥青就是把成块的沥青放进大铁锅里，用木头在锅下烧，把沥青熬化开以后去屋顶做防水。虽然白行戴着口罩、手套，但几天以后白行的脸上、脖子上、手上、胳膊上都开始脱皮，一大片一大片地掉，掉了皮的地方鲜红泛白，很吓人，像得了白癜风。

一天晚上，章向东他妈打听着来到白行家，自我介绍说是章向东的妈。三娘热情地请章向东他妈坐下，倒了杯水，说白行不在家，是找白行还是有什么事？章向东他妈说："白行在俺家玩呢，我来就是想和大哥和嫂子说，可别再让白行干那个熬沥青的活了，你看那脸和身上都成什么样了，俺说了他好几次了，他不听俺的，章向东说他他也不听。你看原来是多么好的孩子呀，细皮嫩肉的，又白净又干净，成天文质彬彬的，你和大哥怎么舍得让白行干这个呀？按说俺不该管这个事，俺就是不理解，想来问问大哥和嫂子，是不是有什么原因啊？"

三娘和三爸对视了一下，两口子还从来没想过可以不让白行再干这个活了。

夜里白行回家睡觉，三娘说："从明天开始不能再干熬沥青的活了，再干别人就要说我是后娘了。"

第二天白行去和工头说不想再干熬沥青的活了。工头说这些天看你抽空就帮着绑钢筋、干木工的，不偷懒，屋顶防水的活也基本干完了，你就留下干钢筋工吧。于是白行就改干钢筋工，随后又干了木工。不干熬沥青了，脸上身上破烂不堪的皮肤慢慢也就好了。

通常在校的学生害怕社会上的孩子，在白行退学不久，就出了这样一件事。这天白行和章向东正在工地上干活，古立春眼眶红肿着来到工地上找他们。说班里的"刘疤瘌"给那个新转学来的女同学写情书，古立春骂他是癞蛤蟆想吃天鹅肉，结果在上厕所的时候刘疤瘌踹了古立春两脚又给了他一拳。

"你还手了吗？"章向东问。

"他们好几个人，要是你们在那里我就敢还手。"古立春说。

章向东说："你太窝囊了，你看着吧，以后他还揍你。"

古立春说："这不来找你俩吗。"

"走，找他去。"白行说。

白行和章向东向工头请了个假，三个人直奔学校。

等到课间的时候，白行对章向东说："你没上高中老师不认识你，俺俩在外面等着，你去把他叫出来。"

章向东说："我和刘疤瘌是一个村的，出面不大好。"

白行就去学校里面把刘疤瘌叫出来。

白行对刘疤瘌说："咱都是同学，你向古立春道个歉，以后别再欺负他了，这件事就算了。"

刘疤瘌说："向你道歉我愿意，给他道歉我不同意。"

章向东说："那你俩就在这里切磋切磋武艺吧，甭管吃亏沾光，以后谁也别再找谁。"

古立春见章向东这样说，就脱下外衣让章向东给拿着，走到了刘疤瘌跟前。刘疤瘌倒不含糊，一把抓住古立春的衣领子晃了几晃。古立春有两个好朋友助阵，斗志陡增，连续几拳打在刘疤瘌的脸上、头上，接着又补上几脚，然后摆着架势等待还击。刘疤瘌以手遮面蹲了下来，鼻孔里流出的血滴在地上。

白行说："讲和多好，都是同学，打个什么劲？"

古立春要扩大战果，被白行制止。白行对刘疤瘌说："就这样了，以后你俩谁也别欺负谁。"见刘疤瘌不说话，白行又说："你俩算是平了，握握手，以后不打了。"刘疤瘌和古立春谁也不看谁，都伸出手来握了一下。看着刘疤瘌脸上青了一块，章向东对刘疤瘌说："要是家里人问，说碰的就行了。"

当天晚上刘疤瘌他爸他妈还有他七大姑八大姨让刘疤瘌躺在地排车上，盖上被子，拉着刘疤瘌找到了同村的章向东家。说是章向东勾结外面的社会青年把孩子打坏了，要住院治疗。章向东他妈就领着这一帮人找到了白行家。

来人先是大吵大闹地折腾一番，随后提出条件：要么给他家一千块钱，要么送刘疤瘌住院治病，要么把白行三个人送派出所关起来。古立春的爸爸也被请到了白行家，几个家长一商量，决定先送刘疤瘌去医院查查。于是白行、古立春和章向东三个人拉着刘疤瘌，双方家长陪着去了医院。拍片子、化验，没查出什么毛病，医院勉强给开了瓶紫药水让回家抹一抹。

虽然医院检查没什么病，但刘疤瘌家说孩子头晕，要么给一千块钱要么让派出所把三个孩子抓起来。一千块钱相当于三爸一年多的工资，家长们不同意，决定让派出所解决。

派出所调解后，刘疤瘌家同意三家一家拿一百块钱，合计三百。章向东家不同意，最后白行家和古立春家一家拿了一百五了事。

三娘叮嘱白行说："你这一打仗，三个月的工资没了。以后可别再和别人打仗了。”

白行很委屈地说：“我就是想给他俩劝和，没想到打起来了。”

几天以后，古立春说，刘疤瘌这小子又给那个住在西边宿舍、从浙江转学来的夏菁写信了，放学的时候刘疤瘌递给人家信，人家没接，信就掉到地上了，惹得同学们一阵哄笑。章向东建议白行和那个夏菁拉拉，这样就没刘疤瘌什么事了。白行不同意。于是章向东和古立春一起给白行做工作，一再要求白行出面，说不是真和夏菁拉对象，只要能让刘疤瘌看见白行和夏菁在一块儿就行。

古立春出主意说：“你先写好信，放学的时候我把她叫过来你再把信给她，让刘疤瘌他们都看见不就行了。”

“对。反正只要让他们看见你和那个女的说话，就没刘疤瘌什么事了。”章向东说。

两位好朋友一再怂恿、逼迫，最后白行无可奈何地写了个字条，内容只有几个字：“不能和刘疤瘌拉对象。”古立春和章向东一再要求再加几句，无奈白行坚决不从。

第二天中午学校放学的时候，白行和章向东站在路边显眼的地方等着，一会儿古立春领着两个女同学来到他们面前。

两个女同学一个身材高挑穿着入时，一个干干净净相貌安详。白行都不认识，不知道哪个是夏菁。两个女同学也不说话，还是章向东先开口，指了指白行问她们：“你们认识他吧？”

身材高挑的女同学说：“怎么不认识啊，他不是白行吗，学习这么好，干吗退学啊？”

白行感到自己没什么可说的，就拿出字条来说：“……一封信……”他犹豫着不知道该递给谁。

“什么信啊？”身材高挑的同学把信接了过去。古立春赶紧说：“给夏菁的。”高挑的同学见状，就把信交到了相貌安详的同伴手上。几个人站在那里谁也不再说话，两个女同学就挽着手默默地离开了。走出去不远，白行他们看见那个夏菁把字条掖进了自己的口袋。

“看见了吗？没扔！揣起来了！”章向东兴奋地说。

“你真笨啊，怎么把信给史大个子了？没看见我给你使眼色吗？史大个子又不是新来的，你也不认识？”古立春说。

章向东说：“你还不知道他吗，从来不看女同学。”

白行说：“又不是一个班的，我上哪儿认识去？”

古立春说：“都是让林晓荫害的。”

“事情办完了，回工地干活去。”白行说罢，骑上自行车就走。章向东问古立春：“那个高个子的叫什么？要不我和她拉拉？”古立春说：“你不认识？哦对，你没上高中。她叫史瑾，都叫她‘史大个子’。”章向东嘱咐古立春：“下午别忘了问问夏菁同不同意和白行拉对象，要是她同意，就彻底没刘疤瘌什么事了。再问问史大个子愿意和我拉不。”说完骑上自行车去追白行。

晚上古立春和章向东来找白行，白行就和两个同学进了小厨房。古立春和章向东各自拿出自己的香烟来，古立春的是“泉城”，两毛三一盒，章向东的是“大众”，八分钱一盒。白行诧异地看着两个人的举动。章向东说：“俺俩想好了，你以后也得抽烟。你已经不上学了，应该抽了。”古立春说：“我以前都是抽一毛四的‘生产’，今天换成‘泉城’了，抽一根吧。”古立春说着就把一支烟递给白行，章向东划着了火柴给白行点火。

白行对吸烟并不陌生，小时候在老家就抽过大伯大娘的旱烟袋，那个劲可比烟卷冲多了。面对两个同学期盼的眼神，白行稍一犹豫，在章向东划着第二根火柴后，他接过古立春手里的烟卷凑到章向东递过来的火柴上吸了一口，既没咳嗽也没流泪。这次轮到两个同学诧异了，章向东说：“你这不是会抽烟吗，什么时候学会的？”白行说：“十年前就会。”

章向东和古立春也点着烟后，古立春和章向东要求白行再给夏菁写封信，古立春负责传递。章向东说坚决不能让刘疤瘌拉上对象，这小子太气人了。白行说绝对不再干这个事了。然后就到屋里拿了本书回来坐下看，无论两个同学再怎么劝，他不再搭话。

几支烟过后，古立春说：“你看书吧，俺俩出去玩玩。”说完给章向东使个眼色，两个人就离开了。

两人离开白行家，古立春告诉章向东，让章向东对白行说自己要和夏菁拉对象，让白行帮着写信，然后古立春传信的时候对夏菁说是白行给她的信。然后就以白行的名义叫着夏菁一起玩，这样别人就都知道他俩拉对象了。目的就是绝对不能让刘疤瘌的阴谋得逞。

章向东说：“这能行吗？白行比咱俩聪明，骗不了他。”

古立春说：“白行想不到。你不用管，我想办法，你配合就行。”

章向东说：“好！听你的。”

第二天晚饭后，古立春和章向东又来到白行家，白行就和两个同学上小厨房去。

进了小厨房，古立春说：“白行你和夏菁拉拉不行吗？求求你了。”

白行起身就要回屋，古立春赶紧说：“你不拉拉倒，章向东想和夏菁拉。”

白行看章向东，章向东嗯了一声。

白行坐下，问章向东：“你不是有一个吗？”

章向东说：“散了。其实我也没想和夏菁拉，你不同意，我只好拉了。反正不能让她和刘疤瘌拉对象。”

白行说：“拉对象可不是随便拉的，必须要有爱情。”

古立春说：“章向东想给夏菁写信，他不会写，白行你给写写。”

白行说：“这怎么写，我又不知道他想说什么。”

古立春说：“就是想和她拉对象。你给写写。”

章向东说：“主要是我的字不行。”

白行问章向东：“你真喜欢她吗？你不能糊弄人家。”

章向东说：“喜欢，谁说不喜欢了？”

白行说：“真喜欢我就帮你写。”

白行不知道说什么，章向东更没词，因此信很简短，内容如下：“我想和你交朋友。你给我的回信，给古立春就行。星期天晚上我在你家宿舍院外面等你。你别搭理刘疤瘌，他很坏。”

白行说：“落款应该写上章向东，要不然她都不知道章向东叫什么名字。”

章向东说：“不能写不能写，写上就完蛋了。”

白行问：“为什么？”

古立春赶紧说：“他怕万一夏菁不同意，把信给别人看了，太丢人。我告诉夏菁他叫章向东就行了。”

第二天古立春把信递到夏菁手上：“白行给你的信。”

到了星期天晚上，古立春和章向东来叫着白行一起去和夏菁见面，白行说：“我不去。你俩去就行了。”

章向东说：“谁不去都行，你必须去。”

白行说：“碍着我什么事？”

古立春说：“章向东懂什么，真遇到事了你给出主意。”

白行只好答应。

白行三个人来到夏菁家宿舍门口附近等着。

等了一会儿不见人出来，却见有些人陆陆续续地向夏菁家的宿舍院里走。古立春突然想起来：“坏了，她肯定不来了——今天晚上她家宿舍区放电影。”

“走，进去找她去！”章向东说。

“正好看电影。”古立春说。

夏菁家住的宿舍区时常在一个带院子的球场里放露天电影，有的时候卖票，有的时候随便进，有海报通知说明。看电影的人们往往早早搬着凳子椅子来到球场占地方，也有的在地上摆上一圈砖头以示占有。来晚的人看有人摆了砖头，也会承认这种占有方式，在这个圈外选定自己的位置。通常电影开演后时间不长，即便是买票才能进的电影，也会撤掉门岗，外面的人就随便进了。不过这些等开放以后再进来的人就只能站在边边角角的位置了。

这天晚上的电影是随便进的。球场上已经摆满了板凳和砖头，一些人已经坐在那里等候。三个人转了一圈没看到夏菁，就走出来站在院子门口。一会儿就看见史大个子走了过来，古立春就冲她点点头。史瑾说：“你们是不是等夏菁啊？她占好了地方回家吃饭去了。你们别等了，一会儿她和她爸她妈一起过来。”

“我们没等她，在这里玩一会儿。”古立春说。史瑾不再说什么就进去了。

又过了一会儿，章向东说：“来了，从那边过来了，别回头。”

三个人故作随意地将身子慢慢转向夏菁来的方向。就见夏菁挽着她爸爸妈妈的手臂向这边走来。走到白行三人面前，夏菁冲他们看了一眼就过去了，好像不认识似的。

“咱们在这里等着，一会儿她肯定出来找咱。”章向东说。

古立春也认为会是这样。于是三个人在那里等。直到电影开演夏菁也没出来。三个人恋着看电影，就进去了。等电影散场的时候，三个人又赶紧先出来，站在外面。人群中，夏菁扛着一个长条凳跟在她爸爸妈妈后面走了出来。这次她没有往这边看，看来没注意或者没想到他们等在这里。眼看就要过去了，章向东用力咳了一声，但这声音在嘈杂的人群里太过羸弱，夏菁和她的父母转瞬就在人群中消失了。

“走，回去商量商量。”章向东说。

白行说：“有什么好商量的，看来人家不想和章向东拉。”

古立春说："我现在就过去问她去，就说向她借作业。"古立春说着就向夏菁走的方向跑去。

一会儿，古立春回来了。章向东问："问她了吗？"

古立春说："她说刚才看见咱了，又没什么事，就没和咱说话。"

章向东说："看见就行了，没白等。还说什么了？"

古立春说："她说再演电影她给咱占地方。"

章向东说："我看她也不像个马子，傻瓜一个，干脆算了。要不你让她明天晚上出来，不出来就散。"

古立春说："我说了，她说她晚上出不来。"

章向东说："那就让她再演电影的时候早出来拉拉，要不就拉倒。"

古立春说："你这么着急干什么。"说完使了个眼色。

章向东顿悟："对呀，我急得太没味了。"

夜色已晚，三个人坐在路边抽烟，古立春和章向东议论、回味着电影里热烈的爱情故事。两个人越聊越入戏，越聊越冲动。章向东说："这时候要是来个女的多好，我立马办她。"古立春说："我也这么想。"章向东说："快看，真的有一个女的过来了。"白行、古立春两人随之望去，就见一个少女走了过来。少女来到三人跟前，有些胆怯地指着通向科学院的小路说："你们能把我送过去吗？我害怕。"

古立春和章向东相互看了一下，古立春说："行儿，你在这里坐会儿，我和章向东送她过去。"

白行看看这两个人："一块儿吧。"

这是一条从工业路通向科学院的小路，没有路灯，两边全是柳树和农田，确实吓人。在这条路上就发生过这样一件事：某年冬天的早晨，一个歹徒把一个在这条路上晨跑的柔弱身躯抱进路边的机房里欲行不轨，待褪其衣裤后才发现是个男孩子，恼羞成怒踢了对方几脚后扬长而去。

三个人随着少女走在这条路上，少女曼妙的身躯如杨柳随风。章向东问："你怎么这么晚才回家？是不是拉对象去了？你对象怎么不送送你？"

少女说："我没对象。是赶最后一班公共汽车没赶上，走回来的。"

章向东说："你害怕坏人就不害怕我们仨吗？"

少女说："我不害怕人，我害怕鬼。"

古立春悄悄拉一下章向东的衣袖，两人落在后面，叽叽咕咕商量了几句，突然就快步走上来一左一右把少女夹在中间，一人抓着少女的一个胳膊就要往路边玉米地里拖。白行想也没想上前一步一拳打在古立春的后脑勺上，接着一脚把章向东踹倒在路边的小沟里。少女吓得愣在那里，白行对她说："没事，走，我送你。"

章向东从地上爬起来冲白行嚷："怎么着了？干什么你？"

白行指点着章向东和古立春："你俩想干什么？"

古立春说："干什么？这不送她嘛。"

白行不再理他俩，对少女说："没事，走吧。"

少女和白行并排走着，章向东和古立春在后面跟着。

几个人都不再说话，不到十分钟这条小路就走过去了。

来到有灯的地方，少女说："谢谢你们，你们回去吧。"

白行和章向东就站住了脚步。没想古立春说："这么晚了，我们再送送你吧。"

少女说："行，进宿舍院就不怕了。"

于是几个人又继续往前走，一直把少女送到她的宿舍院前。少女说了句"谢谢你们"就径自走进宿舍，没再回头。三个人就转身往回走。

古立春说："我觉得我太神圣了！伟大！"

章向东说："行儿，刚才你误会俺俩了。"

白行说："以后再出这种事，我绝对不再和你俩来往。而且我会找警察把你俩抓起来。"说完快步向前。

古立春与章向东互视一下没有说话，跟在白行后面。片刻，章向东说："你这小子太狠了，踹得我这里到现在还疼呢。"古立春说："对别人没他脾气好的，对自己人下手这么狠。"

过了些日子，夏菁家宿舍区又要放电影了。古立春说夏菁已经同意电影开演前和我们三个一起拉拉。

白行说："她不是和章向东拉对象吗，叫着我们干什么？"

古立春说："单独拉她不好意思的，她也叫着史大个子。"

白行说不想去，耽误看书。无奈章向东和古立春一再坚持，也只好答应。

从此以后，三男二女五个同学经常在一起玩，一起看电影，一起逛公园。几个人也经常聚在一起听白行讲书里看到的古今中外的故事和各种话题，白行讲的时候夏菁总是不声不吭地听着白行说这说那。她感到很新鲜，因为白行讲的故事和说的这样那样的话题都是她过去没听过的。比如理想和抱负，比如人生的意义，比如宇宙的起源，比如中国和外国小说中的那些人物、情节，等等。其实她并不明白白行说的这些都是什么意思，只是觉得白行挺有知识，懂得很多。她感到白行和那些平日里只知道打打闹闹的男同学不一样。

白行干了一段时间临时工后，学会了瓦工、木工和电焊工。每天下班后，白行开始用自己学会的技能为家里做贡献。他把家里长长短短的用砖头垫着睡觉的木板子拼接成长短一样的床板，找来合适的钢管和角铁做成床头和床板支架，两张大床就做好了，原来堆在床下支撑床板的砖头扔出去后，床下放进了很多原来摆在外面的东西，家里显得宽绰了许多。然后他又做木头扶手的简易沙发，但是框架做好后，三爸三娘不舍得买弹簧、海绵和包布，沙发成了木圈椅，三爸三娘说这就很好了，什么家庭啊还坐沙发？白行给家里打了小菜橱，碗筷瓢勺总算有地方收纳了。

平淡的生活总是过得飞快，这是因为路途上没有什么可以采撷。甚至半年前吃过的一顿平常的早饭，回想起来好像就在昨天。

三个好朋友各自有自己爱做的事情。章向东一心想的是挣钱，古立春一心追求的是这样那样的女性，白行只知道看书，他和夏菁无故事。

这一年社会各企业开始面向社会大批招工，可选择的余地很大，有很多各行各业的单位可以去。白行问父母报哪个企业才好，三娘三爸也不知道哪个好，认为都一样，只要是国营的就可以，如果是大集体或者社办性质就要慎重。白行又请教二哥白丰，白丰说这些乱七八糟的事别问我。白行也不知道哪个好，就去安装公司报了名——听说能到外国去干活。不久白行就到安装公司去上班了。

试用期还没过，白行就感到自己关节疼，越来越厉害，几乎不能走路。白行自己硬撑着到医院去做了检查。化验结果出来后，医生拿着化验单出来问谁是白行？白行答应着。医生问你家里有人得肺结核吗？白行说没有。医生问你哪里不舒服？白行说关节疼。医生问你长辈有关节炎吗？白行说有。医生在化验单上写上结论：风湿性关节炎。医生问谁和你一起来的？白行说自己一个人。医生说你现在已经很严重了，抓紧住院吧。白行说你先给我开药吃着，住院的事回家和父母商量后再说。

白行拿了吃的打的一大包药和休假两个月的病假条，先到单位把假条交上，然后回家了。

白行回到家把情况一说，三爸三娘不同意住院，一是没有人照顾，二是没有钱，三是在家一样治，无非就是打针吃药，宿舍区就有医务室。

安装公司的人到家里来看白行，看了白行的病历，问这问那问得很仔细，然后说出了他们的决定：白行不符合安装公司用工标准，予以辞退。

虽然按时打针吃药，但是白行的病却愈发加重了。开始还能自己拄着拐棍去医务室打针，后来就需要别人背着去，再后来医生到家里来给他打针了。他浑身一点力气都没有，每天斜躺在床上一动也不能动，致使他只能看一个方向，如果想看看别处，则需要别人把他的头搬过去，他自己扭不过去。如果有谁把房门关得响了点，白行的心就一阵哆嗦，慌得不行。白行的身体越来越瘦弱，身上的骨骼突出来清晰可见，由于使用激素的原因，脸上不仅煞白毫无血色，还浮肿起来，整个人看上去像是一副骨头架子上扣着一个大大的瓷娃娃头。医生对白行的家长说你这孩子要抓紧治了，转成风湿性心脏病就麻烦了。

章向东和古立春经常来陪伴着白行。

章向东说："白行你要完了，我看你活不长了。"

古立春说："也太早了吧，才十几岁。"

白行费劲地伸出两只手让他俩抓住，有气无力地说："我死以后，你俩还是好兄弟。"

章向东说："你死了俺俩活着也没意思了，俺俩找你去。"

古立春赶紧说："别乱说了，还没结婚呢。"

白行想笑，没有力气。

白行想了想，轻声说："我死了以后，你俩去帮我送封信，内容是：'对不起，我先到下辈子等你去。'你俩把信埋到……快死的时候我告诉你俩地方。"

章向东问："写给谁的？俺俩吗？"

古立春说："猜都不用猜，是林晓荫。"

白行回想着自己与林晓荫在老柏树下的那段美好时刻，没有说话。

这天，夏菁和史瑾在古立春的带领下来到白行家。两个女同学被白行的状况吓了一跳。白行说来看看就行了，以后不要来了，过几天就死了。从这以后夏菁就经常利用体育课英语课或者自习课的时间来看望白行，有时候和史瑾一起来，有时候自己来。三娘对儿子的这个女同学很是热情，因为他们感到夏菁一来白行的情绪就能好一点，有时候还能有力气多说几句话。已经结束下乡回城上班的梦儿对白行的这个女同学更加客气，唯恐这女孩不再来看望自己的弟弟。白行曾对夏菁说：“章向东白天干活，都是晚上来，你晚上来就行。”夏菁并不明白白行为什么这样说，就说：“我晚上出不来。”章向东和古立春一般是晚上到白行家里来玩，如果有几天夏菁没到白行家来，被两人知道了，章向东或者古立春就会去对夏菁说：白行想你了，快去他家看看他吧，是他让我来叫你的。于是夏菁就又会去看望白行。

病急乱投医。三爸三娘见白行的病没有好转，开始投亲问友四处打听怎样才能治好儿子的病。如此就寻来一些这样那样的方子，有中医大夫开的，也有野郎中出的偏方，还有些各种各样的针剂、膏药、药酒。白行就这样成日里被这些药物包围着，吃药、喝药、打针、贴敷轮番来、一起来……病情不见好转，也不再加重。

水中华多次表示要到白丰家看看，理由是既然和白丰在一个工作单位，就应该到他家里走访一下。白丰总是用这样那样的理由或拒绝或拖延。但是在得知白丰的弟弟得了重病后，水中华要到白丰家的理由显得更加充分了：“作为厂里的党组织副书记，我应该去你家慰问一下，就是从阶级感情上讲，我也要去探望这个病重的小弟弟。”水中华斩钉截铁地说。水中华提拔得快，已经是厂领导班子成员了，在她的再三要求下，白丰同意在星期天早晨下夜班后请水中华到自己家看看。两人约好，白丰下夜班后在自己宿舍门口的公交车站牌前等她，水中华星期天不上班，从家里乘公交车过去。

星期天清晨，上夜班的白丰提前下班急急忙忙赶回家里。一家人还在床上睡觉，白丰进门就喊：“都快起来，收拾干净，一会儿我同事上家里来。”

三娘边坐起身穿着衣服边说：“大早晨的谁来啊？”

白丰有些不耐烦，提高嗓门喊道：“快点！全都起来！收拾屋子！”

病秧子白行忍着剧痛坐起身来就再无力气，僵在那里等着家人给他穿衣服。

在家休班的梦儿在大木箱子上撩开布帘说：“我再睡十分钟。”

白丰的火一下就上来了，一把扯下梦儿大木箱子上的布帘扔在地上，穿着鞋就上了三爸三娘和白行睡觉的床，二话不说，推开床里边的窗子，抓起床上的被子直接从窗口扔到楼下去了，把个只穿着裤衩还在迷迷糊糊睡着的三爸晾在床上。

梦儿只穿着内衣就一下从大木箱子上坐了起来，可着嗓子喊道："疯子！"

三爸惊恐地坐起身，不知道发生了什么事。

白丰探身去抓大木箱子上梦儿的被子，梦儿赶紧抱住自己的被子不松手。白丰一用力夺过梦儿的被子使劲扔到窗外，冲着梦儿喊："别以为我不敢揍你！"

梦儿使劲将一口唾沫冲白丰吐过去怒吼："疯子！害人精！"

白丰眼里冒着火，努力克制着已经攥紧的拳头，看架势随时要打出去。三爸赶紧挡在梦儿前面瞪起眼问白丰："想干啥？咋回事？"

三娘赶紧过来拉着白丰的胳膊说："啥了不起的人物啊至于这样？你把一家人都打死算了。"又说："梦儿穿上衣服把被子抱回来去！"

白丰说："敢！抱回来我给你烧喽！"说完看看这个看看那个，不知道该再对谁发火。

三娘过来给白行穿着衣服说："甭管谁要上家里来，家里的人也不能躲到外面死去。有啥收拾头？还不就是扫扫地？"

梦儿气得一边哭着一边急急忙忙穿上衣服到楼下拾起被子放到了邻居家。

一家人忙忙活活抹桌子擦地，把乱七八糟的东西塞到橱子里、床底下。总共两小间房子，也好收拾。白丰洗脸梳头，换了身衣服，到外面接水中华去了。

水中华器宇轩昂地进了白家，彬彬有礼又和蔼可亲地与白家人打了招呼。白丰没有必要向水中华介绍自己的家，水中华站在白家门口，一眼就能把白家看个通透：两个小房间紧挨着，像一个大房间被隔开的一样，每间房各有一张简易床。靠里一间，还有一个大木箱子，箱子挨着的墙上贴着干净的床围子，估计那是梦儿的"闺房"，另有一个带镜子的半新的立橱——这是白家新近置办的二手家当。靠外一间还有一个小木橱子，没有刷漆，想是白丰放衣物的，一张小矮桌四个腿朝里靠墙竖着。这些家什都紧紧挨在一起，没有丝毫空隙。白家可用一个老词描述：家徒四壁。

白丰把提前买好的两小包咖啡拿出来，又拿出来两个碗，一个碗里倒进去一包，拿过暖瓶来给碗里加满水，拿出吃饭的勺子在碗里搅和搅和，顿时香气溢满全屋。三爸禁不住问："这是啥东西？咋这么香？添的有香油吗？"

白丰冲三爸瞪一眼没说话。

水中华像大领导下乡一样拉着白行的手嘘寒问暖，鼓励他战胜病魔，又对梦儿说要好好工作，巾帼不让须眉。梦儿对水中华的勉励不屑一顾，白了她一眼。

白丰估摸着咖啡不烫嘴了，就端过一碗用饭勺子搅和着，递给水中华说：“喝吧，不热了。”

水中华面无表情地看了一下，扭过头去继续给白行和梦儿上课，没有接碗，也没有搭腔。

白丰把碗放在水中华跟前，端起另一碗自己用饭勺子舀着喝了一口，咂咂嘴：“确实香。”

白家人猜不出这人和白丰是啥关系，大领导吧，太年轻，女朋友吧，看派头也不像。白行虽然听二哥提过这个水中华，但对水中华的态度很是微妙，因为他心里还装着雨菲姐姐，认为雨菲姐姐才是自己的二嫂，再说这个趾高气扬的水中华也不像是能成为白家人的人，感觉和白家根本就不是一回事。

水中华把自己要说的话说完，就像在大舞台上出色地表演完节目一样，高高兴兴心满意足地离开白家。

临走时三娘客气地说：“光顾说话了，碗里这东西也没喝。在这里吃饭再走吧？”水中华好像并没听见。

白丰随着水中华离开家门，不知道到哪里去了。

三爸嘴凑到碗上，吸溜着喝了点：“咋这么苦？”

梦儿凑到碗跟前闻了闻：“这是咖啡，我喝过，很苦，放糖喝才行。”

三娘说：“别动他的，回来再不愿意。”

到吃中午饭的时候白丰回来了，看上去他不太高兴。“你们为什么对人家不冷不热的？”他问。

“你对得起人家雨菲吗？”梦儿毫不畏惧地瞪着白丰就是一嗓子。

“你们……看着这个人怎么样？”白丰问。

片刻，三娘搭腔说：“不如雨菲。”

见再无人搭腔，白丰悻悻然：“你们尝尝，这是咖啡。”

梦儿哼一声又白一眼：“自己喝吧，没人稀罕这个。”

几天后，梦儿说厂里给她安排了单身宿舍，她以后就住单身宿舍，歇班的时候回家看父母，也不在家里住。于是就把自己的日常衣物收拾了住到厂里去了。这以后梦儿平日下班也会回家里来，只是不住下。

姐姐搬走了，白行想睡到大木箱子上去，无奈大木箱子要比床高出很多，他身体有病爬不上去，三娘也说如果白行睡到大木箱子上，搬他抬他更不方便，只好作罢。

一天，天上下着小雨，三娘和白丰都去上班了，三爸去医院给白行拿药，就剩白行一个人在家浑身无力地斜靠在被子上。三爸出去不久，邻居的一个小孩跑到家里来大喊：“白行！你爸爸让汽车给撞了！就在宿舍区门口！”

白行竟然一下坐了起来。他艰难地将双腿挪下床，拄着拐杖在小孩的搀扶下出了家门。白行龇牙咧嘴地坚持着从楼梯一阶一挪地下到楼下，又一步一挪地来到宿舍区门口，就见一群人围在那里。白行走到近前，见三爸坐在地上，靠在一个人的身上紧锁着眉头，并没见到有血。白行急切地说：“爸爸，还不快上医院，等在这里干什么？”

扶着三爸的那个人说：“去打电话叫救护车了。”

三爸吃惊地看着儿子说：“你怎么出门了？咋过来的？”

小孩说：“我扶着他过来的。”

三爸有些兴奋地连声说道：“噢，好好好。”又说，“我没事，汽车撞在自行车上，我摔下来了，就是腰不敢动。”

“下雨天路太滑，刹车没刹住。”扶着三爸的那个人说。

三爸一脸轻松地挣扎着站起身来说：“谁也不愿意出这种事。”又对那个人说：“我这是给孩子拿药去，咱也别叫救护车了，你把我扶到你车上去，我就坐你的汽车咱上医院查查，正好我也给孩子拿药。检查完了有事再说有事的，没事你也把我送回来——我车子也撞坏了，不能骑了，也不要紧，以后我自己修修就行了。”那人见三爸这样说，赶紧把他扶上汽车去医院。三爸对白行说：“你快回家歇着吧，我没事。你只要好了就比啥都强。”

从那以后白行就能在地上走走了，吃药打针持续一段时间，身体也渐渐好转起来。章向东他妈就说白行这是让阴风缠身了，幸亏他爸爸遇上这个事把阴气化解了，要不白行的病好不了。

白行自己能动了以后不久就睡到大木箱子上去了，他总算有了属于自己的小天地，满心惬意。

夏菁依然经常来看望白行。夏菁的特点就是不说话，非常安静。有时候夏菁来了见白行在看书，就在一边静坐，以至于白行并不知道她到来。坐了一段时间她就走，碰到家里人和她打招呼，白行才知道，夏菁来过。

有时夏菁来，见古立春和章向东也在这里，她就回身离开，白行还以为夏菁和章向东闹意见了，就把章向东数落一番。如果大家执意让夏菁留下玩会儿，她就在一边坐着看着白行和两个好朋友玩，也是不说话。

白行多次对章向东说：夏菁很够意思了，我是你的朋友就经常来看我，将来对你父母肯定会更好。章向东曾问古立春骗到什么时候是个头？自己的马子想来看看白行都不敢让她来。古立春说：“刘疤瘌现在还不死心，快高中毕业了，等毕了业就行了。”

虽然白行和夏菁交流很少，更无肌肤之亲，但在所有人的眼里，白行和夏菁是在谈恋爱，夏菁也是这样认为的，不然她不会经常到白行家里来。只有白行不这样认为，他几次对章向东说以后别让夏菁来了，但是章向东不可能阻止。

第十章

白丰对水中华的“恋爱攻坚战”失败了，原因很简单。在千佛山上两人最后一次单独见面时，水中华对白丰说：“我们只能做朋友，做好朋友，很好的朋友，但不可能谈恋爱，更不可能结婚。如果愿意继续交往，就是朋友关系，不愿意也可以不来往了。”白丰说：“那你招惹我干什么？”水中华说：“我好奇，想了解你，现在不好奇了。”白丰问：“你一开始就是只想做一般朋友吗？”水中华说：“开始不确定，现在确定了——你认为我们可能吗？有共同语言吗？生活习惯能一样吗？”白丰知道水中华是嫌自己没文化、家境差，他感到自尊心受到极大伤害：过去都是他抛弃别人，现在他品尝到了被别人抛弃的感觉，特别是被水中华抛弃，他失去的是自己的尊严。白丰说出想挽回颜面和自尊的一句话：“我考虑考虑，然后给你答复。”没想到水中华这点面子也不给，她眼神冷漠地说：“你没有必要考虑，我也不需要你考虑。你可以继续追求我，但是这与我无关。你自己说，咱俩可能吗？可能吗？可能吗？”水中华说完转身离开，边走边抬起手臂摆一摆，像是与白丰作别，更像是驱赶围绕在自己身旁的蚊蝇。

在水中华说了这些话并舍白丰而去之后，白丰望着水中华的背影阴沉着脸站在原地一动不动。他想打，想骂，但他不知道是应该打骂别人还是打骂自己。“可能吗？可能吗？可能吗？”水中华的质问萦绕着白丰挥之不去。白丰的脑子很乱，他回想着自从认识水中华以来自己的想法和所作所为，一会儿觉着自己没什么好后悔的，总是要经历这么一段，一会儿又觉得这一段时间自己已经不是自己了，完全不是自己的样子了。水中华说可以继续追求她，自己爱她吗？应该不是爱，这一点白丰可以肯定。

白丰在山上待了很久，也想了很久，脸上是冷漠的表情。离开那里的时候，他把手中的烟蒂用力弹出，看着烟蒂在空中划出一道弧线，泛着暗红的光。白丰哼哼冷笑了两声，骂了一句“可怜虫”后下山去了。谁也不知道他是骂自己还是骂别人。

这以后，依然有一些女孩子向白丰示好，追求他，但他变得更加冷漠和孤傲。白丰开始到处搜寻书籍读书，家里没有什么书可读，白丰让三爸帮忙到省图书馆去办借书证，三爸曾在省图书馆上过班，有熟人。但是借书证需要一段时间才能办下来，而白丰已经等不及了，他找出家里唯一的藏书《毛泽东选集》开始研读。白丰读书很认真，他买来红蓝铅笔，边读边在书上画杠杠，有时画蓝杠有时画红杠。白行对二哥的做法很好奇，常常在白丰不在家的时候翻开二哥读的《毛泽东选集》看个究竟，总是弄不明白二哥画上杠杠的句子有什么特殊含义。

借书证办下来了，白丰到图书馆借来了《鲁迅全集》开始读。用白丰的话说：读就读最高水平的，毛主席说了，鲁迅是一面旗帜。自此白丰每天下班后做的唯一的事情就是读书，发的工资也多数用来买书，所买的多是鲁迅的文集。

读书让白丰的穿着也发生了变化。他不再着奇装异服留潮流发型，改成穿一身到裁缝铺重新裁剪过的整洁合体的故意洗得泛白的蓝色工作服，发型也改成了带书生气的那种，特别是肩膀上总挂着同样洗得泛白的黄书包，书包里装着外国名著或者鲁迅的文集。家里的环境不适合读书，而图书馆所在的大明湖的遐园，水榭楼台、花树掩映，最适合读书，白丰经常在图书馆借了书就在遐园读，有时也去千佛山。

白丰读书后的另一个变化就是他不大上班了，隔些天就上医院开病假条，一开就是十天半月。

白丰读书，白行跟着受益：白丰在家里放着的书，只要白丰不在家白行就偷着读。就在白行担心被二哥发现后会遭到斥责的时候，白丰却对白行说：这本书你抓紧看，看完了我给你讲讲，令白行大出意外。白丰刚参加工作时，曾买回家一把小提琴，小提琴体积大，没地方锁，白丰只能命令白行不能动。而白行并没听他的，只要白丰不在家就偷着学。按照白丰买琴时配售的学琴小册子上的教法，从持琴、握弓学起，很快掌握了运弓、音级、音调、揉弦、把位等技巧。一次白丰下班，在楼下听到了白行拉出的琴声，回想起当年白行偷学口琴的事情，第二天就把小提琴弄走了。然而白丰读书以后，一改过去不许弟弟动他东西的做法，允许白行读他拿回的书——他需要有个人和他交流，他要向弟弟讲心得谈体会，如果弟弟不看他看过的书，“讲座”就无法实现。白行也总能抓紧时间把二哥借来的书全部读完。有的时候二哥把借回来的书翻翻感到书不好，第二天就要还回去换新的，白行就夜以继日书不离手抓紧看。晚上家人要熄灯睡觉了，白行就藏在被窝里打着手电连夜读。

令白行记忆深刻的小说有托尔斯泰的《安娜·卡列尼娜》《复活》，高尔基的《童年》《我的大学》，陀思妥耶夫斯基的《罪与罚》，果戈理的《死魂灵》，狄更斯的《雾都孤儿》，契诃夫的系列短篇小说……读了《十日谈》让人感到偷情是一种时尚，读了屠格涅夫的《猎人笔记》感到鲁迅的《狂人日记》是完全借鉴了这种写法，读了欧·亨利的《麦琪的礼物》《最后一片藤叶》佩服作家的构思巧妙，读了塞万提斯的《堂吉诃德》知道了有的男人就是为了某个女人而活，读了海明威的《老人与海》知道了什么是硬汉，读了莫泊桑的《漂亮朋友》感到主人公像古立春，读了司汤达的《红与黑》思考这难道也是一条人生的路？读了《牛虻》把主人公和保尔·柯察金比较……下功夫最大的是《鲁迅全集》。读起来需要前后反复对照着看的是紫式部的《源氏物语》……听说毛主席说的《红楼梦》不看三遍没有发言权，于是就看了一遍又看一遍，只是感到自己仍然没有多少权利发言……

好的作品能让人脱离现世进入到作品之中，每当快读完一部小说，最后的几页总不敢再看。因为当你合上书本，就好像自己的亲人朋友离你而去，那是很悲伤、痛苦的感觉。

白丰读书爱做笔记，有时还有感而发写几句诗。白行也开始学着写东西，写了就给二哥看，每次都被白丰贬得一钱不值。但这并不影响白行的热情，他心里想的就是紧跟二哥步伐，二哥干什么，自己就干什么。

夏天，夏菁、古立春高中毕业了，身份由学生变为“待业青年”。按照规定，他们都去办了“待业青年证”，然后就可以到自己父母的单位去干活。夏菁去了她妈妈所在的材料厂，古立春去了他妈妈所在的食品厂。几个月后他们就按惯例转成了正式职工。

白行的身体基本痊愈，也随着这批毕业生办了“待业青年证”，但他不愿意到父母的工作单位去干活，他认为在父母的单位上班，就和没有走向社会一样。于是白行到街道办事处报名找活干，被安排去东面的“鲁铁”干临时工。

在白行家的小厨房，章向东叮嘱白行：“你现在能出去干活了，可是不能在外面找对象，人家夏菁和你拉着来。”

白行说：“你胡说什么？和谁拉着来？”

章向东说：“不信你问古立春。”

白行看向古立春。古立春说：“问我干什么，不用问，天底下人都知道。”

白行说：“你俩疯了吗？”

古立春说：“要不你问问三娘，问问梦儿姐也行。”章向东说：“对，你问问吧。”

白行就回到屋里问三娘：“妈，你说夏菁为什么上咱家里来？”

三娘说：“不是和你谈朋友吗？”

白行不死心，又问梦儿：“姐姐，你说呢？”

梦儿说：“你什么意思？是不是遇见漂亮的了？可不能和人家夏菁散了，前一阵你病得那么厉害人家夏菁照样来看你。”

白行说：“……我没和她拉对象。”

三娘说：“人要讲良心，不能干没良心的事。”

白行百口莫辩，回到小厨房问章向东和古立春怎么会弄成这样。章向东很得意地把他和古立春的计谋及措施向白行和盘托出。最后说：“反正夏菁一直认为是和你拉着来，你不承认也白搭。”

古立春说：“继续拉着就行了，长得又不难看。”

白行回想一直以来夏菁的表现，好像真是和自己拉对象，只是自己被两个最好的朋友蒙在鼓里。白行气愤地说：“我不骂人，但是今天我要骂，你俩做的这个事……你俩……你俩就是两个混蛋。”

章向东哈哈一笑：“不难听不难听，我还以为会骂多么难听呢。”

古立春说：“现在知道了，继续拉着就行了，该亲嘴亲嘴，该动手动手，该干什么干什么。”

白行说：“你以为都和你似的？”又说：“不可能继续拉着，要想办法断了，必须冷淡她。”

章向东说：“你已经够冷淡的了，夏菁长得不孬，要不是俺俩在后面撮合着，夏菁早就不搭理你了。”

古立春说：“你愿意和她断了是你的事，但是你不能说没和她拉过。你要是对夏菁说从来没和她拉过，你这不是窝囊人家吗？”

章向东说：“绝对不能说没拉过，你要是说没拉过，俺俩也不是人了。”

白行说：“你俩就不是人。你俩是两头糊弄、两头瞒，这个弄法不只是害了我，也害了人家夏菁。”

去鲁铁干临时工的白行，在那里见到了一位与他本没有什么关系但也不可能忘记的人。

白行到鲁铁干临时工的第一天中午去食堂买饭，排队到卖饭口，一个记忆深刻的熟悉面孔出现在里面：麒麟姐姐。正在卖饭的花麒麟一把夺过白行手中的饭盒，眼也不抬：“买什么？快说！”白行愣在那里没回过神来也没搭腔。花麒麟一下把白行的饭盒扔了回来，凤眼一抬：“不买就闪开！下一个！要什么快说！”她的目光突然停在白行的脸上不动了，惊奇地问：“你是……行儿？是不是？”

“麒麟姐姐。”白行叫道。花麒麟拿过白行的饭盒转身拣着好菜把饭盒装满，放上两个馒头：“你在外面等我。”

白行按标价放下饭票，端着饭盒退了出来。刚找到一个位置坐下，花麒麟就跟过来了：“你怎么在这里啊？”白行就把干临时工的事说给她听。花麒麟没等他说完就止住他问：“你哥哥怎么样？白丰，干什么呢？”白行刚要回答，花麒麟接着又问：“白德怎么样了？在济南还是在老家？”

白行一愣：“你怎么知道白德？”

花麒麟也跟着一愣，转而说：“这有什么稀奇的，听别人说的。白德在济南了吗？你明天领他来玩玩。白德多高了？”

白行说：“没在济南，在老家呢。”

花麒麟有些失望，自己嘟囔着：“真要当一辈子农哥们儿算怎么回事呀。”

白行问：“你见过白德？”

花麒麟笑笑，没有回答白行的问题，问道：“白丰干什么呢？”

白行就把二哥的工作情况特别是成天读书的事说了。花麒麟不再打断他，听得很认真。等白行说完，花麒麟有些不相信：“真的假的？你说的是白丰吗？”“真的。”白行说。“还有呢？”“没了。”“对象呢？”“没对象。”“别骗人了，白丰能没对象吗？”“真没有。”不知出于什么考虑，白行没把二哥与雨菲及水中华的事说出来。花麒麟神情黯然，沉默片刻叹了口气：“我前一阵子刚结婚。”白行不知道该说什么，就没吱声。花麒麟说：“你说我倒霉不倒霉，我找的那个对象，和我结婚那天，一些闹婚的闹得太厉害了，我对象急眼了，拿起把剪子就扎到一个人脖子上，那个人送医院也没救过来，死了。我对象直接被判了无期徒刑。”白行说：“又不是故意杀人还判这么狠吗？”花麒麟说：“主要是因为这个色孩子是二进宫，判过一次了，这是第二次，没枪毙他就不错了。”白行说：“你为什么要找个进过监狱的呢？”花麒麟说：“我还能找什么样的，我认识的人基本都进去过。就是白丰看来还没进去，反而还看上书、学上习了，我真不大敢相信。哈哈哈。”花麒麟说着自己笑起来。白行问：“你对象无期徒刑，你怎么办？”花麒麟说：“我现在正和他办离婚呢，他也不让我等他，无期徒刑，我怎么等？他也算明白人。”白行问：“那你和你对象还没有小孩吧？”花麒麟说：“没有。你猜怎么着，我和他结婚的时候其实我已经怀上了，要不然我也不和他结婚——本来就没怎么看中他。他一进监狱，我赶紧把孩子引产了——已经生了一个没爹的了，不能再生一个还是没爹。”

白行问：“你以前生过小孩了吗？”

花麒麟沉吟半晌：“有些事，早晚要说出来，不可能瞒一辈子，你说是不是？”

白行不知道她什么意思，没有搭腔。

“你爸你妈都挺好吧？梦儿好吧？”花麒麟问。

两个人扯东扯西地聊着，食堂大厅里吃饭的人基本都吃完走了，食堂卖饭的窗口里有人喊花麒麟叫她去吃饭。花麒麟说：“以后来买饭，看见我在哪个窗口你就到哪个窗口去买。在这里有什么事就和我说，谁欺负你我弄死他。听见了吗？下午我去你干活那里看看。”说完就去吃饭了。

下午花麒麟来到白行干活的地方，手里提着一布兜包子。先是找到工段长和班长说了些照顾一下白行的话，然后走到白行跟前说：“我和他们说了，以后不给你安排重活。”

白行停下手里的活陪着花麒麟说话。临走，花麒麟把包子递到白行手里说：“你回去和你哥哥说，我想见见他。”白行本欲拒绝包子，脑海里却浮现出当年花麒麟怀抱冰糕孤零零站在瑟瑟秋风中的情景，就把包子接了下来。

回到家白行把见到花麒麟的事情连同花麒麟刚结婚又要离婚的情况向二哥说了一遍。最后告诉二哥说花麒麟想见他。

白丰说：“她是谁？我是谁？我不可能见她。谁让你收她包子的？明天给她送回去。你以后别在那里干了，省得给我找麻烦。”

第二天上班后，白行找到花麒麟，把包子还给她，说二哥不让要。又告诉花麒麟二哥不想见她。

花麒麟问：“他原话怎么说的？原话？”

白行犹豫了下：“她是谁？我是谁？”

花麒麟撇了下嘴：“我想见白丰，主要是有一个事想告诉他。不见正好。我还不想告诉了呢。”

白行说：“你要是想说和他结婚的事，他现在可能觉着你俩不合适。”

花麒麟屈指在白行头上使劲弹一下：“我说想和他结婚了吗？”轻叹口气又说：“别说现在不合适，以前白丰也没真喜欢我。”

白行说：“我以后不在这里干了，干到月底，下个月就不来了。”

花麒麟问：“为什么？”

白行沉吟了一下：“我哥哥不让我在这里干了。”

花麒麟点点头，欲言又止。然后默默地转身走了，不再是意气风发的样子。

快下班的时候，花麒麟手里提着个保温桶找到白行。

花麒麟叫着白行在厂区内一个幽静的假山旁坐下，郑重其事地对白行说：“行儿，我要告诉你一个秘密，这个秘密我答应过保密一辈子，可是如果一辈子不说，对白德不公平。所以今天我就想，反正我就告诉你一个人，让你别告诉别人，你告诉不告诉我就不管了。”

白行一头雾水。

花麒麟像是下了最后的决心，神情坚定一字一句地说：“白德，就是你大哥养的孩子，是白丰的。就是，白德是我生的，是我和你哥哥的孩子。”

白行更是诧异，不明白是怎么回事。

接着，花麒麟向白行讲述了她的痛苦遭遇。

花麒麟与白丰分手后不久，发现自己怀孕了。她到处都找不到白丰。在济南做流产需要单位出介绍信。花麒麟没有正式工作，又不想让父母知道，开不出介绍信，就想到白丰的老家去做流产。于是花麒麟向白行要了鲁北白芒的地址去找白芒想办法。花麒麟见到白芒，白芒说做流产他办不了，生下来他有办法接生。白芒说等花麒麟快生的时候就住在他家里，孩子生下来就说是他媳妇大满生的。并说他能找到接生婆到家里来接生，不用上医院。花麒麟不懂生孩子的事，也没别的办法，同意了白芒的安排。

花麒麟回到济南，等肚子藏不住的时候就去鲁北白芒家住着。那段时间白芒不让花麒麟出门，也不让乡邻到家里来。大满就装个怀孕的，成天往裤腰里塞东西。花麒麟临盆时白芒真就找了个人在家里接生，好在顺产，没出什么意外。生孩子当天，白芒拿出了保密协议让花麒麟签字，内容是一辈子不能把白德是花麒麟生的真相说出去。否则白芒就把孩子弄死——扔到井里、喂农药、扔到湾里都行。白芒告诉花麒麟在农村死个人不叫事，埋了拉倒。

白德出生后的前几年，花麒麟隔一段时间就去看看白德，白德三岁以后白芒就不让花麒麟去探视了。花麒麟总担心如果白芒有了自己的孩子后会虐待白德，大满告诉花麒麟白芒没有生育能力不会有孩子了，花麒麟也就放心了。大满也嘱咐花麒麟不要把白德不是白芒亲儿子的事说出去，避免白德受伤害。

花麒麟最后说："我结婚以前还去了趟鲁北，想偷偷看看白德，结果被你大哥轰出来了，还骂了我一顿，说如果我再去，就把白德砸死。吓得我赶紧走了，孩子也没见成。真他妈了个蛋的！"花麒麟意识到自己失言，哈哈一笑对白行说："没骂你哈，看把我气得。"白行勉强跟着咧嘴一笑："知道。"

白行说："难怪我大哥不来济南了，我和姐姐给他写信他也不回信，是怕暴露了。"

花麒麟说："嗯，肯定是。你不要把这个事说出去——对白德不利。"

白行点头说："我不说。"

花麒麟说："其实我经常想，万一我突然死了，白德就一辈子都不知道谁是他亲爹了。现在告诉你了我就放心了。不过你要是想告诉白丰这个事也行，要等白德长大以后，现在不行。懂不懂？"

白行点头说："懂。"

花麒麟像是完成了一件大事，长长舒了口气："甭管怎么说，总得让白德知道他亲爹是谁。"

白行不知该说什么，就没有说话。

片刻，花麒麟神情坚定地说："今天我做了个决定：不在鲁铁上班了，我要辞职。"

白行的吃惊程度不亚于当年听二哥说退学："鲁铁可是国营企业。你辞职干什么？"

花麒麟说："我和我食堂的姐妹都打招呼了，她们都记住你了，你再去买饭，她们都会多给你盛。"

白行问："你今天刚决定辞职的？为什么？"

花麒麟神情坚毅地说："我打算自己开饭店去。白丰瞧不起我，我还瞧不起他呢。'她是谁？我是谁？'看看到底谁是谁。"

白行看了花麒麟一眼没出声。

花麒麟拿过保温桶，打开来，里面装着满满一桶冰糕。花麒麟把保温桶往白行的怀里一塞，充满情意又有些幸灾乐祸地笑着："你小时候想买个冰糕煮煮吃对不对？今天没空给你煮了，凑合着吃吧，吃不完不能走。哈哈哈哈……"

到了秋天，各企业招工，从鲁铁辞了临时工的白行又去鲁铁报了名。家里人说鲁铁这么远为什么要上鲁铁，附近这么多国营企业怎么不去？白行也说不清为什么，总觉着离家远一点，天地更广阔。招工通过考试录取，根据成绩高低分别安排的工种是电工、钳工、车工、铆焊工、天车工、熟练工等。白行顺利地被录取，分数排在前几名，安排到一分厂，工种是电工。

电工是个很有脸面的工种，腰上像挎着盒子枪一样挎着电工工具，走到哪儿都被别的工种高看一眼。新进厂的工人多是十八岁的应届高中毕业生，他们的师傅比他们早两年进厂，二十岁。因为是新建的分厂，除了厂长、车间主任、技术人员，没有几个老职工。

俗话说紧车工慢钳工吊儿郎当干电工。白行所在的这个电工班，四个二十岁的师傅带着四个十八岁的徒弟，自称八大金刚。白行的师傅是班长，人送外号朱老大，会干活。

由于白行在中学物理课中所学的电学知识比较扎实，加上把厂里发的《电力拖动》等教材好好学了几遍，在电工班，比起看图纸讲原理，白行是第一名。常常在设备出现故障找不到原因时，班长朱老大就会喊：白，过来看看图纸！白行就凑过去帮着分析分析，找找原因，总能查出问题。没活的时候，白行就抱着书看，过去多是看文学类的，现在也看《电工学》之类的书籍和图纸。

一天，和白行一起进厂、外号叫"小驴子"的吕红军叫白行和他一起玩扑克，朱老大冲吕红军一瞪眼："驴子，成天除了玩扑克你还会干什么？闲着没事也看看书。"说着把一本《电工学》扔给他。

一个同事嘲笑吕红军说："他初中都没上，认几个字？二十个字他十个查字典十个念偏旁，还看《电工学》？要不是他爹在镇上当领导，他可能就进不了厂，更干不上电工。"

吕红军有些着急："我比不了别人起码比你认字多，不行咱俩比比？打赌，输了请客。"

同事说："要不然这样，下班后咱们到舜井街，街口上有'舜井街'三个字，允许你盯着字看一分钟，你要是能背过脸把‘舜井街’三个字写下来，我请客，写不下来你请客。”

大家都认为这个办法好。纷纷说：“就这么定了，下班后都去，谁输了谁请客。”

“他要是能把‘舜’字写下来我就算输，剩下两个字不用写了。”同事说。

“好，你说的。”吕红军信心满满。

下班后，电工班的八大金刚一起坐公交车来到舜井街。大家掐着表，让吕红军盯着“舜井街”三个字看了一分钟，然后吕红军转过身来，拾起一个小树枝在地上写。开始几个笔画写得挺顺利，“舜”字写到一半停了下来。大家开始起哄。吕红军心里着急，越急越写不对，结果在地上写出好几个版本，自己也不知道哪个对。扔下树枝站起身说：“这几个里头肯定有个对的。”然后自己反复对照着街口上的三个字看了几遍说：“你们瞎捣乱，谁能写对啊！”

大家吵吵闹闹，要求吕红军请客，不能耍赖。

“小驴子请客。”朱老大下定论说。

电工班一人一个工具箱。工具箱不只放工具，也是工人的更衣柜，衣物、饭盒等一应私人用品都在里面放着。白行不经意间看到吕红军经常往自己工具箱的角落里藏东西，每次在工具箱前偷偷摸摸地鼓捣着什么，见来人就赶紧停下。这天下班的时候白行见吕红军趁班组里没人又在工具箱前偷偷忙活，见白行来了就关上工具箱锁好，随手把手里的纸团丢进垃圾桶后下班走了。第二天早晨有几只老鼠死在电工班，大家不知道怎么回事，议论纷纷，吕红军的神情不太自然。白行等大家都去干活了，就拎着垃圾桶去倒垃圾，找个没人的地方把垃圾倒出来仔细翻看，果然见有几个被老鼠啃得烂乎乎的666农药的小纸袋子。这几个小纸袋子一定就是吕红军扔进垃圾桶的，老鼠吃了就毒死了。白行联想起吕红军没事就磨他的电工刀，甚至把螺丝刀也磨得像匕首一样锋利，特别是吕红军每日都是郁郁寡欢、心事重重的样子，难道吕红军想杀人吗？白行想，吕红军和自己关系不错，两个人挺愿意在一起，吕红军想杀的肯定不是自己，又想想他和班组里其他人的关系，也没什么仇恨，应该不是电工班的人。

不忙的时候，白行把吕红军叫到一边，开门见山地问：“你想弄死谁？”

吕红军一愣，半天憋出一句：“你胡说什么呢？”

白行说：“甭管你遇到什么问题，你告诉我，咱俩一起想办法解决——没有过不去的火焰山。你要是不告诉我，我就去揭发你——咱俩是哥们儿，我不能眼看着你往死路上走不管。”

吕红军说：“你要是揭发我我就弄死你。”

白行说：“不信你就试试，你今天不告诉我，我明天就揭发你。你想弄死我，我也没办法，但是我死前要告诉你：我是为你好，不能看着你走死路。”白行说完递给吕红军一支烟给他点上。

吕红军连吸几口烟：“我告诉你你能保密吗？”

白行很干脆地说：“能。”

吕红军说：“你不是要揭发我吗，怎么还保密呢？”

白行说：“你告诉我我就给你保密。我的意思是咱俩一起商量，我相信不杀人也能解决问题。”

吕红军把吸完的烟蒂往地上用力摁：“我要杀我爹。”

该着白行一愣了：“为什么？你亲爹吗？”

吕红军说：“亲爹。”

白行问：“为什么？百善孝为先，你不琢磨怎么尽孝反而要杀亲爹？为什么？”

吕红军说：“这老色孩子经常揍我和我妈。”

白行说：“两口子打仗、老子打儿子，这都不是了不起的罪过，你就为这个杀他？他可是你亲爹。”

吕红军说：“从我记事，这老色孩子喝了酒就揍我和我妈，经常把我和我妈打破头，有一次他把我妈的胳膊都打断了。我现在成人了，我不能再让他打我妈了，必须弄死他。”

白行说：“所以你买666农药想毒死他？666一袋就能毒死人，你怎么还买这么多？工具箱里攒了不少了吧？”

吕红军说：“我赶集买的，一次只能买一小包，我怕买着假的。”

白行说：“还有磨刀霍霍。”

吕红军说：“毒不死就用刀，不能弄个半死给我妈添累赘。”

白行说：“你这不是挺孝顺的吗？别忘了你亲爹也是给你生命的人。”

吕红军说：“我从小看这老色孩子打我妈我就想弄死他，现在药也攒够了，就看他什么时候想死了。”

白行问：“我记着车间让填报的时候……你爸爸不是镇里的书记吗？领导还打老婆？”

吕红军说：“是书记，这老色孩子从来不管家里的事，更从来不管我。不大着家，碰上喝了酒，回家就打人。只要他回家吃饭，我妈和我都不敢上桌，得躲在厨房里吃。”

白行问：“你父母就你一个孩子吗？”

吕红军说：“听我妈说，我本来应该还有个妹妹，我妈怀孕五个月的时候，这老色孩子把我妈打得流产了，是个女孩。”

两个人在那里连着吸了几支烟，听吕红军的话里，白行觉着吕红军随时可能杀死他爸爸。白行起身说：“我回家有点事，你和老大说一声。”

吕红军问：“你不会是去揭发我吧？”

白行说：“你可真能胡说。别忘了咱俩是哥们儿。”说完工作服也没换，去车棚骑上自行车走了。

在镇政府接待室，白行见到了吕红军的爸爸吕书记。白行告诉吕书记自己是吕红军的同事，然后问吕书记：听说你应该还有个女儿，被你给弄死了，如果吕红军也死了你难过吗？吕书记惊恐万分问吕红军出什么事了，白行说吕红军想杀人，如果他把人杀了，他也要判死刑。吕书记催促白行快说是怎么回事，于是白行把吕红军为了他妈要杀死他爸，以及已经做好了准备的事和盘托出。白行最后说：“如果我爸这样对待我妈，我也杀了他。叔叔，要是有人经常打你母亲，你会不会也把他杀了？”

吕书记沉默不语。

白行说：“叔叔你从来不管吕红军的事对吧？能证明你是他爸爸的就一个事——你经常揍他。”

吕书记不知道该说什么。吕红军能进鲁铁，是吕红军他妈托人办的，为此他还揍了吕红军他妈一顿。

白行说：“俗话说儿大半个客，吕红军已经是成年人了，你如果还不拿他当人，换谁也受不了。”

吕书记从衣袋里拿出香烟递给白行，白行拿出火给吕书记点上，然后自己也点上烟：“叔叔，你是国家干部，我说句难听的：你已经弄死自己一个孩子了，要是再把吕红军弄死，你说你后悔不后悔？你是干部又是长辈，你比我们认识得深。”

吕书记思考着，不停地吸烟，不时地看看白行。

白行说：“叔叔，把吕红军送派出所你肯定不想这么做吧？我来的时候想了个办法，你听听行不行？”

吕书记着急地说："嗯嗯，好好。你说说，什么办法？"

白行说："第一再也不能打他妈了，第二以后要拿吕红军当人看，第三赶紧缓和你和吕红军的关系。"

吕书记点着头说："对，是，对。"又问："怎么缓和关系呢？"

白行说："叔叔经常喝酒，但是叔叔不知道，其实我们也经常喝酒。"

吕书记："是吗？吕红军也喝酒？"

白行说："我们也是大人了，叔叔！我们电工班的包括钳工班、车工班的都喝酒，你不能老拿吕红军当孩子看。"

吕书记哦了一声："那怎么着呢？你让我请他喝酒？不年不节的不合适吧？"

白行笑笑："我想了个办法你看行不行？"白行把自己的想法对吕书记说出来，吕书记满口答应："就这么办了，星期天中午，'牛上天'。"

白行回到电工班，对大家说："听说东边镇上新开了一家'牛上天'，牛肉特别好吃，咱们星期天中午去尝尝那里的牛肉行不行？"结果大家有的嫌远，有的没空，有的说大饭店肯定菜贵吃不起，没几个想去的。

白行无奈，就把朱老大叫到一边，把吕红军想杀他爹以及自己去找他爹商量的事说了说。

朱老大问："你是说他爸爸星期天中午上咱们桌上去和小驴子喝酒吗？"

白行说："具体没说太详细，他爸爸的意思是他肯定到场去和吕红军缓和关系，估计会过去说几句话、和大家喝杯酒什么的吧。"

朱老大说："太远了，有几个住市里的估计不愿意来。"

白行说："这可是大事，对吕红军来说可能是影响他一辈子的事。你看你招呼招呼吧，都听你的。"

于是朱老大在班组里说："星期天中午一起上'牛上天'喝酒，一个人拿五块。"

星期日中午，"牛上天"大酒店，电工班聚会来了六个人，两个家太远的没来。六个人每个人掏出五块钱放在桌子上，合计三十元。一个同事看了看墙上的价目表："这里真是贵，外面二曲一块四他这里两块五，外面大曲一块八毛五，他这里大曲三块五，外面小店里芹菜炒肉丝一块三，他这里两块六……"另一个同事说："牛肉十二块钱一盘，杜康六块钱一瓶，太贵了。"

朱老大把服务员叫过来问："牛肉有小份的吗？"服务员说："小份的八块。"

朱老大对大伙说："今天主要是来尝尝他这里的牛肉，别的菜吃不吃无所谓。白，一共三十块钱，你看看怎么弄？"

白行看着价目表心里盘算："一瓶大曲一瓶二曲，一盘牛肉小份儿的，一个拍黄瓜……"

白行正念叨着，身边的吕红军突然低下头轻声骂了一句："真你妈的，在这里碰上这个老色孩子了。"

白行扭头去看，就见吕书记和几个人穿过大堂走进单间里去了。白行故意问吕红军："谁啊？你说碰上谁了？"

吕红军抬起头说："我得走了。"说完起身就要离开。

白行给朱老大使个眼色，朱老大说："上哪儿去？谁也不能走。"

吕红军说："我真得走了，要不然一会儿都难看，你们不知道怎么回事……"这时三个服务员朝这边走来：一个手里端着两大盘牛肉，一个手里拎着两瓶杜康，还一个搬着一箱啤酒。走在前面的服务员说："两盘牛肉先吃着，四个凉菜六个热菜马上上。"另外两个服务员启白酒的启白酒，开啤酒的开啤酒。

一个同事说："欸欸欸，错了错了，不是这桌的。"

服务员问："这是吕红军的桌吧？"

白行说："是。"

服务员说："那就没错。"

朱老大故作吃惊："小驴子，怎么回事？"

吕红军错愕地说："真你妈……我真不知道怎么回事……不可能这样……"

白行问："你刚才说碰上谁了？是不是那个人安排的？"

一个同事说："小驴子，啥意思？这么场面儿？给弟兄们惊喜是不是？"

白行说："吕红军太场面儿了，一副英雄气，令在下刮目相看！"

这里正说着，几个服务员又都双手托着菜上来了，什么糖醋里脊、爆炒腰花、九转大肠、黄河鲤鱼……全是山东名菜！

朱老大说："驴子，你今天弄得比结婚宴席还丰盛！看来以后不能叫你小驴子了，必须叫吕红军！来，干一个！"

几个杯子全都凑到吕红军跟前等着他端杯。吕红军仍然一头雾水地说："你妈……今天……怎么回事？"

大家七嘴八舌地说："干干干！""快快快！""着急吃菜呢！"

大家一起干了一杯，吕红军说："我你妈，今天我成主角了！太你妈奇怪了！"

几个人兴高采烈喝酒吃菜地忙活着，吕红军不时扭头看看，做着随时要跑的准备。有几个中年人从单间里走过来敬酒，为首的人说：“欢迎鲁铁的同志们，欢迎吕红军的哥们儿，来，敬大家一杯。”

电工班的青年们受宠若惊，都站起来，只有吕红军坐着没动。为首的人拉着吕红军的胳膊把他拉起来说：“来，红军，给个面子。”吕红军就端起酒杯冲大家一笑：“不知道的还以为鲁铁的领导在这里呢。”

双方都把杯中酒干掉，为首的拍拍吕红军的肩膀，对大家说：“待会儿红军的父亲吕书记过来和大家喝一杯。”又对服务员说：“你们还有什么好菜？再上几个拿手的！”然后就带着几个人回去了。

一个同事向吕红军伸着大拇指说：“小驴……不是，红军，绝对厉害！太有排场了！今天是我活这么大喝的最好的酒吃的最好的菜！”另一个说：“没想到红军这么威风，佩服佩服！”还一个说：“红军妥妥的土地爷，以后有事真得找你。”吕红军也是满心的高兴，乐呵呵地说：“在这一片有事就说。”

这里正说得热闹，吕红军他爸吕书记过来了，身后还跟着两个人。白行他们赶紧站起来，吕红军也跟着慢悠悠站了起来。

吕书记招呼大家都坐下，他身后也早有人给搬过来一把椅子。

都落座以后，吕书记看了眼微低着头的吕红军，对大家说：“我以前总把红军当孩子，今天看到他和你们在这里，突然就意识到他已经长大成人了！我以前对家庭关心不够，对他妈妈也包括他，都关心不够，今天在这里表个态：今后，工作要搞好，生活也要搞好。今天这桌饭就算我祝贺红军长大成人，也是我对大家给予红军关心、帮助的谢意。来，我们喝一个。”说着就站起身一个一个地和大家碰杯，白行等也要站起来，被吕书记制止。杯到吕红军跟前，停在那里等着他。吕红军也就端起了酒杯，吕书记和他碰了一下，对大家说：“干了！”大家就都把酒喝了。吕书记放下酒杯落座后，回头看看随从，随从赶紧说：“待会儿大家离开的时候一个人拿两瓶酒，都安排好了。”吕书记就起身告辞，与大家一一握手，到了吕红军这里，他拍拍吕红军的肩膀：“别喝太多，我和你妈说了，晚上咱在家再喝点，你妈也参加。”

吕红军没有抬头，做出夸张的吃惊表情。

从这以后，吕红军像换了个人似的，每天高高兴兴的。

第十一章

这天，设备运转正常，电工班里朱老大在油槽里洗修油压机，其余六个弟兄在打扑克。白行嫌班组里吵闹，爬到厂房顶上看书去了。

突然，设备出了故障，调度主任慌里慌张地跑进电工班说：“快快快！电气故障，钳吊停在加热炉里了，时间长了就烧坏啦！”

打牌的见状，赶紧频频出牌，已经走了头客二客的两个人拿起工具准备出去。

这时一分厂厂长推门而进，见到这个光景，火一下就上来了，怒吼道：“外面设备坏着，你们还在这里打牌？全部算旷工！扣全月奖金！”

本已擦出手来拿着工具要跟着一起出去的朱老大见厂长这样说，把工具往工作台上一丢，坐回到座位上。

“怎么又坐下了？快去快去！”调度主任催促。

“都划旷工了还干什么去？”朱老大回应。

“好，今天你们啥也别干了，等着处分吧。”厂长说完，又扭头对跟来的工程师、技术员们说：“你们几个抓紧去修！”

一众人等来到现场。几个技术人员拿着图纸钻进被加热炉烘烤着的配电箱。电工班的弟兄们都知道，设备正常运转时配电箱的铁皮也能灼伤人，如果停在加热炉上，时间不长就无法站人——脚下的铁板隔着绝缘胶鞋都能把脚烫起泡来。而且进去之前要先深吸一口气，因为里面的氧气早已被下面上千度的加热炉消耗殆尽。这些技术人员哪知道这些，没戴手套的手一搭上铁扶梯，就哎呀一声躲到一旁，有的戴上手套刚钻进去就跑了出来。他们在配电箱那里钻进钻出，不停地捯着脚，弄弄这里让操作工试试，弄弄那里再让操作工试试，就是收拾不好。

厂长站在下面越看越气，手叉着腰来回踱步。这时站在厂长身后的吕洪军学着样板戏《龙江颂》里的台词轻声喊道：“喂！再加把劲，把火烧得越旺越好！”

厂长一下转过身来问：“谁啊？谁喊的？”没人搭腔。

在厂房顶上看书的白行听着设备不运转了，就顺着铁梯子下来看个究竟，正好被怒气冲冲的厂长看见，厂长问：“你爬到房顶上干什么？”

白行没理厂长，问朱老大：“钳吊在加热炉里不烧坏了吗？怎么不赶紧修呀？”

小驴子说：“都给算旷工了还修个屁呀！”

这时那几个技术人员跑了下来，满脸通红，头上像被浇了水一样往下淌着汗，全身的衣服都湿透了。

“怎么还没修好？”厂长气呼呼地问。

“全都查了，主回路操作回路都没问题，设备就是不动。”一个说。

“对着图纸查的，都正常。”另一个说。

“胡说八道！都正常怎么不动啊？”厂长火冒三丈。

这时调度主任掏出一支烟递到朱老大手里说：“别沉着啦，快上去看看，帮帮忙。”

“那还算不算旷工啊？”朱老大问。

“干什么？叫板是不是？”厂长沉了沉又说：“你要是给我修好了就饶了你。抓紧！”

朱老大点上烟扭头对白行说：“白……”

朱老大话刚出口，白行已快速跑了上去。

厂长冲朱老大说：“他一个小孩子上去有什么用，你上去！”

白行脚不沾地钻进配电箱，冲着配电盘上的中间继电器踢了一脚，钻出来冲着操作室喊：“试车！”喊完就往下跑。

话音未落，停在加热炉里的钳子提了上来。

厂长和干部们甚是诧异，脸上是说不出的表情。

工程师拉住白行问：“哪里的问题？你怎么弄的？”

“中间继电器。”白行说。

“你怎么知道是这里的毛病？”技术员问。

“正反转都不动，加速也不动，估计保险丝你们也检查了，那就肯定是中间继电器的问题了。”

“刚才检查中间继电器动作正常啊。”工程师说。

“动作正常只能说明操作系统线路没问题，但是主回路接点没接触上，设备照样不响应。”

“那你怎么弄的？这么快！”

“踹了一脚。”白行说。电工班的弟兄们哧哧笑了起来。

技术人员们七嘴八舌纷纷辩解，各自为自己寻找着没有查出故障的理由。

“行了！”厂长喊道。然后看了看电工班的小伙子们，又看了看技术人员们，几次想说什么又停了下来，一声叹气，转身离开。干部们跟在后面依然小声辩论着。

“他是我们电工班干活最笨的啦！哈哈哈哈。”小驴子在他们身后喊道。

这些年轻的工人老大哥，从内心里把自己视为社会和企业的主人翁。

这件事以后，厂里没扣电工班的工资和奖金。朱老大说：“不但不应该扣我们的奖金，还应该表扬我们才对。”又开玩笑说，“白，抽空写个表扬稿投到《一分厂简报》上去，表扬表扬自己。”

见师傅让自己写稿，白行想了想，悄悄写了一篇。估计投到《一分厂简报》厂长审稿的时候肯定不给登，于是干脆直接投到鲁铁的《鲁铁周报》去了。一周后朱老大从车间回来，手里拿着报纸一进电工班就喊：“白，让你表扬自己，你表扬我干什么！”说着，把《鲁铁周报》往案子上一拍：“都看看吧——是揍他一顿呢还是一起喝酒呢？”

大家围上来看，就见报纸上登着署名白行的文章，写的是一分厂电气车间电工班认真、刻苦学技术的事，特意提出朱老大对大家严要求、督促学习，让电工班的同志们的技术水平都有了提高，保障了生产设备正常运行。

这本是极普通的豆腐块，但大家看完都很兴奋，因为没有人见过自己熟悉的人写的东西变成铅字。“喝酒喝酒！”大家纷纷说。

这以后，白行像受到了鼓舞，又接连在《鲁铁周报》上发表稿件，有小小说，也有诗歌。

虽然白行的作品并不怎么样，但这在同事、同学和家里人眼中却是了不起的事情——在大家的生活圈子里，还没有谁能把自己写的东西变成印刷品。

在一分厂，白行成了小名人，他常做的一件事就是替别人写检查。最初只是电气车间的青工找他帮忙，再后来其他车间的人也来找他。一分厂全是年轻人，犯错的多，常常是找白行写检查的要排队等着，白行写完了这篇写那篇，忙得不亦乐乎。白行替人写检查通常是一次写两篇，一篇一页纸，一篇两页纸，叮嘱来人先把一页的交上去，领导肯定说认识不深刻让重写，第二天再把第二篇交上。朱老大说，电工班就像医院，白行就是看病的大夫。白行每天等着青工来向他汇报所犯的错误，每次等青工说完，白行就诊断说你这是思想上出现了什么问题，要如何纠正，然后提笔开方子。电工班里常常出现的景象是：白行在桌子后面坐着，小驴子在一旁站着，来人一进门，先拿出一盒没拆封的烟放到桌子上，另掏出一盒拿出两支，一支递给白行，一支递给小驴子。小驴子就给白行点上，冲来人说："说说吧。"来人就没头没尾地说。碰上小事情，比如打坏了玻璃，小驴子就会一摆手制止对方说："不用说了。"然后对白行说："开方子吧。"遇到犯了大错，比如顶撞领导或者与别人打仗，不仔细听就弄不清起因、过程和后果。小驴子就要求对方："拣主要的！"还会不时打断对方，纠偏拾遗，以利白行判断。日子久了，碰到小错儿，小驴子就对来人说："你这个事好办，我说你写。"检查写出来，也能顺理成章。白行、小驴子兄弟俩配合着，生意兴隆，收的香烟够电工班所有人抽的。这兄弟俩的行当，朱老大也不干涉——他感到这个事，是电工班的光荣。

白行写的字登在报纸上，白家人也感到光彩。三爸就说："报纸上、书上的文章都是党的方针、国家的精神，是大道理，行儿也能在报纸上登文章，是光宗耀祖的好事。"三娘也说："俺白家出了灵芝草了！"

文学作品的发表，让白行对自己的人生追求有了新的规划。一天他对章向东和古立春说："以前我想当电影演员没有当成，当电影演员的目的就是体验各种人生经历。人就一辈子，这样活就没法那样活，我体验不了各种人生，我可以观察，可以写，把对人生的感受写出来。"

一天，白丰的一个同学要结婚，上门请白丰去参加，白丰谢绝不去。三娘对白丰说："你好几个同学都结婚了，你还没对象呢。原来不该谈的时候三个五个地找上门来，现在到了岁数了，一个也不来了，怪不得不去，嫌丢人呀。成天看这么多书，越学习越倒抽了，以后别再看书了。"

白丰神情冷漠地收拾几本书装进他洗得泛白的黄书包里，一言不发出门找地方清修去了。

白行说："要想让我哥哥谈对象，就得给他买样东西。"

三娘问："啥东西啊？"

白行说："咱家有'大链盒'吗？现在女的都在乎有没有'大链盒'。"

三娘说："俺怎么没听说啊，上哪儿买'大链盒'呀？"

白行说："没有'大链盒'，找到了对象也是歪瓜裂枣。"

于是，自有了缝纫机以后，白家又想再添一件像样的家当——给白丰买一辆"大链盒"自行车。人们把自行车样式分成两种：半链盒和全链盒。如果有一辆把链条全部包起来的全链盒自行车，骑到人多的地方一倒链，发出喤喤的回声，能羡慕死人。这种全链盒自行车，人送雅号"大链盒"。正常情况下自行车根本买不到，因为搞不到"工业券"。即便托关系走门子搞到工业券，也买不到"大链盒"。因此那些有能耐的人，就托人给"插"大链盒，就是托关系买配件组装。

三爸拐了几个弯托到了天桥下面一个自行车修理店的经理。礼品送上了，钱也交上了，可是几个月过去了，这个经理今天推明天，明天推后天，最后"大链盒"没搞到，钱也要不回来了。

三爸既后悔又愤恨，但是无可奈何。在家说起这事，白丰说："让人家骗了。"

三爸对白丰说："你叫上几个人，把钱要回来去。"

白丰说："我叫不着人，也不干这种事。"

三爸感到无望，天天愁得不行。

一天，白行对三爸说："爸爸，你告诉我地址，我去给你要钱去。"

三爸说："你哥都要不回来，你一个小孩子能干什么？"

白行说："我哥哥不是要不回来，他是不愿意去要。我先去试试，要不回来再想办法。"

三爸把地址告诉白行，说那个经理挺坏，再三叮嘱白行不要打仗。

白行说："对待坏人就要用坏办法。"

临去之前，白行向古立春借穿当时只有坏孩子才喜欢穿的"大喇叭裤"和花格子上衣，戴上古立春的墨镜。还真是人在衣裳马在鞍，白行穿戴上古立春的行头，小流氓的劲头就出来了。白行又到钳工班借了三棱刮刀连同自己的电工刀一起放进平时背着的马桶包里。古立春问要不要叫着章向东一起去。白行说先去看看情况再说。

白行乘公交车到天桥下面，找到这家自行车修理店，店里就两个人。白行说要请他们帮忙插大链盒自行车，说因为着急用，可以用三辆自行车的价格买两辆——有结婚的，新娘子新郎各一辆。经理满口答应，说正有几辆自行车已经插好了，就缺链盒了，到晚上链盒送来，装上就成。白行说那好，先挑两辆，等链盒送来装上，一手交钱一手交货，今天就推走。经理让另一个人到旁边小仓库推出三辆自行车，说现在就这三辆，自己挑吧。白行选了两辆，说抓紧催催链盒，装上我就给你钱。经理就让另一个人去拿，说货不够可以先拿两个回来。那个人就答应着去取了。

见取链盒的人走了，白行问经理说你这里买卖这么好，要是有劫富济贫的向你要钱怎么办？白行说着从马桶包里掏出电工刀，拾起根木棒削起来。经理一看白行这个举动就害怕了，说这个店是承包的，挣的钱要上交，自己落不下多少钱。白行说这种平板的刀子捅人伤害不大，缝几针就行了。说着又从马桶包里拿出三棱刮刀说捅人要用这个，一刀下去都没法缝，干等着得破伤风死了拉倒。白行边说边用三棱刮刀不停地扎面前的一个小木凳子。经理恐慌地说老弟你不会是想白要我两辆自行车吧？见白行不搭腔，经理就想往外走。白行拉住经理问他认不认识白师傅，说我来替白师傅问问自行车还给不给，又说拿人钱财替人消灾，自己也是没办法。经理听白行这样说，如释重负，说这好办，一会儿拿回大链盒装上，白行骑走一辆就行。白行说我的呢？经理说给你一辆自行车做不到，这也算公家的买卖，都有账。说卖一辆自行车店里挣十块钱，把这十块钱给白行算作酬劳。白行勉强答应了。

白行心里窃喜，他来时想好的战术是漫天要价就地还钱，先来个狮子大张口，最后把钱拿回去算完。本以为会费很多周折，没想到几句话就能直接把自行车骑回家。

链盒取回来了，经理亲自帮着装上，又帮着给自行车打上气，给了白行十块钱，客客气气求白行给写了个收条。白行骑上自行车回家，经理在后面拱拳相送。

回家的路上白行心里甚是得意——自己干了一件二哥也表示干不成的事。

得意就容易忘形。白行骑着“大链盒”一路上撒了欢地往家蹬，快到家的时候天已经黑下来了，轻车熟路，白行越蹬越快，就在往宿舍大院里拐弯的刹那，白行突然看到宿舍门口新挖开一条水沟，他嘴里说声“坏了”，双手死命一攥车闸，车子戛然而止，白行的身子腾空翻起，往前一冲，摔进水沟里，自行车歪倒在一边。

白行躺在水沟里半天上不来气，要憋死似的，身子动弹不得，幸好水不深。好不容易捯出口气，慢慢爬上沟来，已是满脸的血水。

白行检查了一下车子，车链子在链盒里掉了下来，虽没摔坏，但没法骑了。白行心情沮丧地一手捂着头上的伤口，一手推着车子走回家去。

白行一进家门，把家里人吓了一跳，以为他被人打了。

白行赶紧说没事没事，自己在宿舍区门口掉沟里摔的。继而把要回自行车的过程简单说了一遍，掏出那十块钱放到三爸面前。三爸连说好好好，高兴之情溢于言表。三娘催促着快去医务室包扎。白丰起身看了看自行车，又坐回原处继续看他的书。梦儿忙着给找替换的衣服。白行最在意二哥对这件事的评价，但二哥沉着脸一言不发。三娘对白丰说："书什么时候看不了啊？快陪你弟弟到医务室包包头去。"

白丰冷漠地看着白行："自己去，眼又没摔瞎。不认识路吗？把自行车弄成这样。"

梦儿嗓门一提冲白丰嚷道："还不都是为了你啊！放心，就是你眼摔瞎了他眼也瞎不了！"

白丰阴沉着脸看了梦儿一眼，摇摇头没说话。三娘冲梦儿说："你陪你弟弟上医务室，快去！"

三爸说："车子要回来了是好事，吵吵啥！"

白丰起身去拿来螺丝刀，打开大链盒把链条装上，把脚蹬子往后一转，轮盘顺滑又快速地转起来，发出动听的声响。白丰拿起抹布认真地擦起自行车来。

没被二哥夸奖，白行心灰意冷，和姐姐一起去医务室包头去了。缝了三针，无大碍。

事后三娘安慰白行说："你哥要不回来自行车，你要回来了，我和你爸都赞成你。"

白行说："我哥哥不是要不回来，他是不想干这样的小事。他要是去了比我要得还快。"

梦儿说："别替他吹了，他要是能要回来他怎么不去？"

有了"大链盒"，仍不见白丰有谈对象的迹象，远远近近的街坊邻居同学同事都知道白丰不找对象，不但他不找，他妹妹梦儿也不找。三娘就托人张罗着给白丰介绍对象，白丰知道后有些恼怒："吃饱了撑的，你们怎么知道我想找对象？"又有人给梦儿介绍对象，梦儿也直接回绝："都吃饱了撑的。"后来人们就都议论说：白家的白丰非电影明星不娶，白家的白梦非电影明星不嫁。

大家对白丰、白梦不找对象也并不感到特别意外，因为白家人身上都有着那么一点与众不同——白家的孩子从小就不像别家的孩子那样成天满嘴脏话，白家孩子从不骂人，也没有口头语儿，这是极不寻常的。白家人除了三爸，个顶个的都有点孤傲高冷。有人就私下说：别看三娘待人和善可亲，成天客客气气的，其实骨子里也是瞧不起人。就有人接话说：他家几个孩子都随她。

正在白行不知该怎样处理与夏菁的关系时，他和夏菁平淡无味、模棱两可的关系发生变化了——缘于夏菁到她妈妈的单位去参加工作。这是个只有几百人的国营企业，厂长看上了夏菁这个相貌安详老老实实的女孩，想让她做自己的儿媳妇。厂长向夏菁的妈妈说明想法，夏菁的妈妈高兴得满口答应，兴高采烈地把厂长的意思告诉了夏菁。没想到夏菁不同意，也不说明原因。夏菁的妈妈就劝她说："我们一家都是工人，要是你成了厂长的儿媳妇，不光你自己生活好，我们一家人脸上都有光。"可是无论怎样说，夏菁就是不同意。

夏菁的妈妈很抱歉地对厂长说："女儿还小，不想拉对象。"

厂长说："是不是工作不顺心啊？换个岗位。"于是就把夏菁从检修车间的车工岗位调到厂医务室。

夏菁的妈妈感动万分，说："厂长你放心，我一定让我闺女嫁给你儿子。"

夏菁的妈妈反复给夏菁做工作，夏菁被逼无奈，只好说出真相："有对象。"

夏菁的爸爸妈妈将信将疑，一起审讯确认，夏菁的哥哥助阵，夏菁就承认了，说："是同学，在东面的鲁铁干电工。"

一家人吃惊不小。夏妈问："他家里是干什么的？兄弟姐妹几个？"

夏菁说："他爸他妈都是工人，两个哥哥一个姐姐，他大哥在农村。"

夏妈着急地说："工人的儿子怎么能和厂长的儿子比啊？厂长就一个独生子，家里条件好得不得了，你交往的这个家里条件差死了，还有一个大哥在农村。你千万千万不要再和他来往了。"

夏菁不说话。

夏妈叹气说："你为什么要和这样一个人搞在一起啊？他有啥子好啊？"

"他，爱看书、学习。"夏菁想了一下说。

"那他怎么不是大学生啊？大学生才爱学习。"夏妈说。

"说！为什么在一起？"夏菁爸爸追问。

"我也不知道为什么。"夏菁说。

夏菁的爸爸生气地呵斥："你这个毛丫头！要是再来往就打断你两条腿！"

夏菁爸爸妈妈训斥的结果是，从第二天开始夏菁住到了厂里的单身宿舍不回家了。

一天，夏菁的哥哥夏中带着一胖一瘦两个人找到白行，问你是白行吧？白行说是。问你认识我吗？白行说认识，你是夏菁的哥哥。夏中说那就不跟你废话了，不能和我妹妹拉对象了，不听就揍你。白行说你劝你妹妹就行，她不来找我不就行了？胖子揪着白行的衣领说再要贫嘴信不信现在就揍你。白行说我信，人多力量大。胖子正要动手，被瘦子制止。瘦子问白行你有哥哥吗？白行说有。问叫什么？白行说白丰。胖子松开手，三个人相互看了一下，瘦子说我看着就像，差点坏事。夏中转怒为喜，说夏菁把你俩拉对象的事告诉家里了，老的现在还不太同意，我给老的做做工作就行了，你先忙去吧。

白行走后，夏中对两个朋友说："想不到的事吧——和白丰成亲戚了。"

瘦子说："今天幸亏我反应快。"

胖子说："等有机会叫白丰一块儿坐坐。"

夏中说："这还不容易嘛！"

过了一段时间，一直住在单身宿舍不回家的夏菁在和白行见面的时候哭了起来。原来夏菁的妈妈到单身宿舍告诉她，她爸爸查出病来了：胃癌。让她赶紧回家。

白行说："那就赶紧回家看看吧。"

夏菁说："我爸爸脾气可大了，我害怕他。"

白行说："你哥哥说他和老的说说，你直接回家就行了。"

夏菁说："说什么说，他也害怕我爸爸，肯定不敢说。"

几天以后，夏中又来找白行，说他爸爸得胃癌了，夏菁不回家，怎么办？

白行说："真得胃癌了，我还以为是骗夏菁回家呢。"

夏中告诉白行，他也给父母做工作了，可是他父母一打听，原来白行是退学的，退学的哪有好孩子。夏菁的爸爸干脆就说白行是个小瘪三。白行说既然是小瘪三，别让夏菁到我这里来就行了。夏中说别别别，你俩挺般配的。夏中说现在要紧的是老的生气和夏菁不敢回家这两个事，说老的得了癌症，不定哪天就没了，这可怎么办？夏中问白行有办法让老的不生气、让夏菁敢回家吗？白行答应想一想。

夏中走了以后，白行想夏菁他爸爸得了癌症，夏菁不回家肯定不行，于是换了件衣服直奔夏菁家。

夏菁家住的是他爸爸单位新盖宿舍楼后分的三间一过厅的大房子。白行来到夏菁家，叫开了门。

夏妈问："你是谁啊？"

白行说："阿姨，我是夏菁的同学白行。"

夏妈一下子紧张起来："你就是追我女儿的白行啊？你还敢到家里来？想干什么？快走快走！她爹生病怕生气。"

"我来就是想劝叔叔别生气了。"

"你说不生气就不生气？你和我女儿断绝关系，我们马上不生气。"夏妈边往外推白行边说。

夏菁爸爸走过来问："哪个？"

夏妈赶紧说："没有事情，走错门了。"又对白行说："快走吧，快走快走！"

白行赶紧对夏菁爸爸说："叔叔，我是白行，是夏菁的同学，夏菁听说您病了，怕您生气不敢回家，让我来看望您。"

夏菁爸爸说："好好好，你进来你进来……你既然来了，我就告诉你，国有国法，家有家规，你们的事情，我们家不同意。"

白行说："叔叔，我理解，您不同意说明您疼爱自己的闺女。要是夏菁无论和谁谈恋爱您都没意见，说明您不关心不爱护她，现在您不同意，说明您想让夏菁找个好对象，说明您关心爱护她。"

夏菁爸爸没想到白行会这样说，于是语气放缓了说："你们年龄还小，还不到二十岁，不应该谈恋爱，要好好工作，好好学习。"

白行说："叔叔，这要看怎么做了，要看态度是不是端正。要是双方都要求进步，谈恋爱的时候互相鼓励，工作和学习就会搞得更好。"

夏妈说："说得老好听呢，你爱学习啊？你爱学习你怎么不去考大学啊？现在好学习的都去考电大，你怎么不去考啊？"

白行说："阿姨，我真的爱学习。"说着从书包里掏出几份报纸，"叔叔、阿姨，你们看看，这是我在报纸上发表的作品，这上面印着我的名字呢，每份报纸上都有。您看这份报纸上有两篇，这是诗歌，这是小说，这是散文……"

夏菁爸爸在白行的解说下很认真地一份报纸一份报纸地反复看，夏妈也在一旁很好奇地跟着看。最后夏菁爸爸把手中的报纸全部放下，摆放整齐，抬头对白行说："要保存好。"

这时夏中回家了，见白行在家里，很是吃惊，正要询问，夏菁爸爸对他说：“你看人家这个小伙子，爱学习，报纸上都发表文章了。你看你，成天混日子，不求上进。”

夏中拿起报纸看了看：“还真是你写的？”

白行起身说：“叔叔、阿姨，我该走了，你们要是不生气了，我就和夏菁说，让她回家来。”

夏菁爸爸说：“这个毛丫头，我不生气，叫她回来吧。”

白行说：“叔叔，这些报纸您要是愿意看就留在这里，不爱看我就拿着了。”

夏菁爸爸犹豫了一下：“放在这里吧。你要好好努力。”

白行答应着，突然又想起来说：“我和夏菁……就是好同学，也没说拉对象……”

“别不敢承认，文章都登报纸了还怕什么？”夏中说。

夏菁爸爸说夏中：“你要好好向人家学习。”

“叔叔、阿姨，我先走了。”白行说。夏菁父母都站起身来，白行再次一一告别，离开了夏菁家。

几天后，夏菁回家住了。

又过了几天，夏菁对白行说：“我妈问你呢，可能想让你上我家玩。”

白行说：“我不去了。你父母不生气了，你也回家住了，不就行了。”

夏菁说：“有什么好怕的？”

白行说：“我怕什么？就是没必要去。你们厂里的厂长他儿子不是想和你拉对象吗？你和他拉就行，真的。”

夏菁认为白行是生这个事的气，不再说什么。

这以后，白行和夏菁两个人依然不常在一起，只是夏菁偶尔来白行家里坐坐。

一天，夏中带着胖瘦两个朋友在马路边上等到了白丰，夏中喊道：“白丰！丰哥！”

白丰并不认识这几个比自己小几岁的人，就骑跨在自行车上等着这几个人过来。

三个人凑了上去，夏中说：“我是夏菁的哥哥，夏菁——和你弟弟拉对象的夏菁，我是她哥哥。”

白丰神情冷漠：“有什么事吗？”

夏中说："没事，就是……认识认识。"

白丰转过身去，脚下一蹬，直接走了。

夏中三个人互相看看，夏中说："架子太大了，对亲戚还这个样。"

瘦子说："等两家老的见了面才算是正儿八经的亲戚，现在还不算。"

夏中说："等我妹妹和他弟弟结婚的时候，他要是给我敬酒，我就装看不见。"

"对，我也算是娘家人，到时候他也得给我敬酒。"胖子说。

快过春节的时候，夏中找到白行说他父母让白行到家里玩去。白行这样那样地说了一大堆不该去、没必要去的理由。夏中不气馁，反反复复给白行做工作，最后说父母都在家里等着白行呢，让他抓紧。

白行确实不想去夏菁家。上次去，是因为她爸爸病了让她回家她又不敢回，是因为夏菁哭了。白行从来没有想过他和夏菁的关系怎样发展，他从不愿意用"恋爱"这个词来描述他俩的关系，因为从未有过谈恋爱的感觉，不见面也不会想。现在夏菁家要求他去，他想退缩，因为去了就印证着他可能真要和夏菁拉对象了，而这是他从未想过也不想去想的事情。这辈子是不是要结婚，他自己也不清楚。

但是不去夏菁家好像不行了——因为几天后夏菁对白行说，医生说她爸爸只能活几个月了，她爸爸要见白行。于是白行答应了。

白行对三娘说："妈，夏菁她老的让我上她家去。"

三娘高兴地说："好呀！快去。"三娘让三爸给了白行三十块钱。

白行说："这么大方！我一个月才二十多块钱工资，一下给了我三十。"

三娘说："头一趟去，多买些东西。"

于是夏家再次叫白行去玩的时候，白行到商店买了丰厚的礼品：两瓶白酒、两罐肉罐头、两罐水果罐头、两瓶橘子汁、二斤桃酥、二斤长寿糕。中午饭后，古立春和章向东帮忙拎着东西，三人一起到了夏菁家，然后古立春和章向东退出门外在附近玩着听候招呼。夏家没想到白行会买这么多东西，出乎意料。寒暄以后，白行坐在夏菁爸爸的病榻前聊天，夏妈在一旁插话。无非是说些白行的工作学习和夏菁爸爸病情的事。

夏妈问白行工资多少，是自己存着还是交给父母。夏菁爸爸制止不让问。批评夏妈说："不要打听。没有水平。"夏菁爸爸参加过抗美援朝，是文艺兵。只是他的两个孩子没有像他的，也没有传承他的技艺，都是简单的人。

谈起病情，夏菁爸爸说：“从查出这个病，就听说核桃树树皮煮水喝能管用，可是上哪儿弄得到？好几个月了，也没弄到核桃树树皮。”

夏妈说：“核桃树到哪儿去找？找到了人家也不会让你扒树皮的。”说着，叹了口气。

白行寻机溜出夏家找到两个好朋友说：“你两个去章向东村里那几棵核桃树上弄点树皮来，这里等着用，熬药治病。”

古立春问：“什么样的是核桃树？”

章向东说：“我知道，走。”

古立春和章向东赶紧去了，白行又悄悄回到夏家，没事人一样。

一个小时后，古立春和章向东气喘吁吁地提着口袋进了夏家，说：核桃树树皮来了，干的鲜的都有。

夏家甚是惊异，问怎么知道需要这个东西。

两人说：白行刚才让我们去弄的。

夏菁爸爸妈妈高兴得不得了。待二人走后，夏妈赶紧拿起树皮到厨房冲洗一番放到锅里煮了起来，好像用上马上就能见效似的。

喝着苦涩清爽的树皮水，夏菁爸爸神情安详。连喝两碗后，夏菁爸爸对白行说：“听说还有一样东西效果更好——牛蹄子炖汤，最好是牛大梁骨炖汤。”又说：“我只是说说，这些东西没处弄去，找不来的。”

夏妈说：“猪蹄子也弄不到，还牛蹄子，到哪里去弄？还牛大梁骨，更是不可能，想也不要想。”

这些东西，白行也不知道哪里有，没有搭腔。

在夏菁爸爸妈妈暂停问询的间隙，白行起身告辞。夏妈说：“我给你下碗面条吃了再走吧。”白行说：“不用不用，这才几点，一会儿就到家了。”夏菁爸爸说：“没有准备，吃碗面条再走。”夏妈见夏菁爸爸应允，就硬拉白行坐下，然后去厨房下了炝锅面条，放了鸡蛋。白行勉强吃了一碗，连忙告辞。白行感觉在夏菁家像在寻常亲戚朋友家一样，并没注意夏菁在哪儿，离开时夏菁也没出来送别。

第二天上班，白行向小驴子吕红军说了去夏菁家的事，问在哪里能弄到牛蹄子、牛梁骨。小驴子说：“我们镇上就有屠宰场，经常宰牛，牛蹄子都扔了，就是大梁骨得和他们要才行。”

白行说：“这么巧？能要到大梁骨吗？”

小驴子说："没问题，这点小破事，我爹不是书记我也能办。我现在就去看看。"说完推上自行车就走。

朱老大问："干什么去？"

"让白行给你说吧。"小驴子骑上自行车头也不回地说。

白行把事情和朱老大说了一遍。朱老大说："这是大事，这小子要是真能弄来请他喝酒。"

快到中午的时候小驴子回来了，自行车后座一边挂着一个化肥袋子。小驴子得意扬扬地说："拿回家上你老丈人那里立功去吧，这边是牛蹄子，那边是大梁骨。"

朱老大说："你小子还能办点事，明天喝酒。"又对白行说："别愣着了，送回去吧，下午不用来了。"

白行骑着自行车驮着两个袋子来到夏菁家。夏菁正在吃饭，见白行来，不知何故，愣在那里。白行将两个袋子提进屋里说："叔叔、阿姨，这一袋子是牛蹄子，这一袋子是牛大梁骨，你们自己收拾收拾吧。我还上班呢，我走了。"说完就赶紧往外走，他担心夏家留下他吃饭。

夏妈先回过神来，神情夸张地高声道："哎哟，你是从哪里弄的？还有大梁骨！本事大呢！快快快，一起吃午饭！"

"我吃过饭了，我还上着班呢，我走了，再见。"白行边说边跑出夏家。

晚上，白行斜躺在床上倚着被子看书，夏菁来了。三娘说："夏菁来了，吃饭了吗？"夏菁笑笑算是回应，不声不响地坐在白行的床边。白行只管看自己的书，也不和夏菁打招呼。他们两个在一起就是这样，没有多少话说。三娘倒了一杯水端过来递给夏菁，对白行说："成天就知道看书，夏菁来了，一起说说话。"夏菁接过水杯放到桌上，又是笑笑。白行问夏菁："有什么事吗？我今天必须要把这本书看完——借的，明天就还。"

夏菁摇摇头。

白行说："没事我可看书了，要不然你回家吧。"

夏菁不说话。

白行见状，不再理她，继续看自己的书。

过了一会儿，夏菁不断地将手中的手绢搭在白行看着的书上。几次以后，白行坐起身说："你有事吗？有事你就说，别捣乱。"

夏菁说："有人想见你。"

"谁？"白行问。

夏菁不说话。

白行又问："是不是你家里的人？"

"去了就知道了。"

白行穿上鞋推上自行车和夏菁出了家门。到了宿舍门口，白行问："往哪儿拐？是不是上你家？"

夏菁说："就在这里。"夏菁表情温和，好像心情不错。她想和白行单独待一会儿。

"在这里干什么？"

"随便。"

白行看着夏菁，有些莫名其妙："站在这里干什么呢？这不是浪费时间吗？我今天必须要把那本书看完。"

夏菁又不说话了。

站了一会儿，白行说："要不然我把今天看的书里的故事给你讲讲吧？"

夏菁不说话，看表情像是同意。于是白行开始给她讲书里的故事。但是夏菁心不在焉，并不怎么听。白行讲了一会儿，觉着无趣，就停下问："你听不听？不听我就不讲了。"

夏菁没有搭腔，白行就说："要不还是回家吧，你回你家我回我家，我今天真的要把那本书看完，明天就还。"

见夏菁不说话，白行推起车子就往自己家走，夏菁在后面拉住车后座。白行说："我们站在这里干什么呢？这不是浪费时间吗？"

夏菁说："刚才在你家告诉你了。"

白行想了想："是不是你爸爸想见我？"

夏菁说："你这么聪明的人自己想。"

白行说："那就走，上你家。"又问："中午送去的牛蹄子和大梁骨炖上了吗？"

夏菁说："可能是吧。"

白行问："你爸爸找我干什么？"

夏菁说："不知道。"

白行说："走，上你家。"说完掉转车头往前推，见夏菁没再拉住车后座就骑了上去。夏菁也骑上自己的车子在后面跟着。

——两人这样的交流互动，在别人看来根本就不是拉对象，连关系好都谈不上。可是即便是这样，也是以前没有过、以后也未必再出现的高频次交流方式。上天把这两个无罪的人放在一起，用这种温水煮青蛙的方式惩罚他们，消磨他们的青春，为什么？

到了夏菁家，并没有什么事。夏菁爸爸对白行说："过去对你不了解，造成误会，以后你们两个人要好好的。现在年轻人都考电大，夏菁不爱学习，考也白搭，你聪明，应该去考，考上电大就是干部，有前途。"又说："过几天我要回浙江老家看看，再到上海看几个亲戚——这辈子也是最后一次了。"

白行说："不是牛蹄子和大梁骨能治病吗？"

夏菁爸爸苦笑一下说："也就是心理安慰，我自己的病自己清楚。"

第十二章

几天以后，夏菁的爸爸妈妈乘火车回老家，夏菁爸爸是探亲，只能买硬座，夏妈陪同算出差，可以买卧铺，能报销，夫妻俩上车后换座就可以了。白行又买了一些礼品让带上。走的时候吕红军帮忙找了一辆小轿车，古立春从食品厂借了一辆东风三轮，夏菁爸爸妈妈坐小轿车，东风三轮拉着送行的人和行李，送到了火车站。从浙江回来时也是这两辆车把夫妻俩从火车站接回家，夏菁爸爸妈妈很是高兴，车接车送，从未有过，感到很有面子。

从南方回来，夏菁爸爸的病情急转直下，人更加憔悴，不久就只能躺着，继而住进了医院。住院时间不长，夏菁爸爸说话的力气都没有了，大小便只能在床上解决。

一天白行到医院去探望，看到夏菁爸爸正发脾气，喘着粗气，絮絮叨叨地骂。白行问怎么回事？夏中说一个楼层只有一个躺着用的便盆，谁要用得到护士室登记，排队等着。刚才他爸爸等不及，拉床上了。白行说去别的楼层借一个不行吗？夏中说医院不让岔换着用，都有编号的。白行说自己买一个呗。夏中说医生说这属于医疗专用品，市面上没有卖的。

白行到医院门口的公话亭给电气车间打电话找朱老大，朱老大家里住在东郊医院宿舍区，可能有办法。朱老大接听电话后说："你过来吧，在医院门口见面，我认识人。"

白行骑车到了医院门口，朱老大从怀里拽出便盆递给白行，说是新的。白行问是买的还是借的，多少钱。朱老大说啰嗦什么，拿走就行了。白行就接过便盆急急忙忙骑上自行车走了。

到了夏菁爸爸住着的医院门口，白行拿着便盆对传达室的人说：这是自己在外面买的，拿到病房里用。传达室给登记上，让他进去了。进了病房，夏妈说：“哎哟，你怎么啥子事体都能办到啊？”边说边笑，还摸一摸白行的脸。夏菁爸爸指指床前的凳子让白行坐下，又抓住白行的手看着白行，片刻，吃力地说：“我的毛丫头和你在一起，我放心。”

白行问：“叔叔，您想吃什么？我去给您买。”

夏菁爸爸摇摇头。

白行说：“好好想想。”

夏菁爸爸认真想了下说：“过去我最想吃的就是金丝饼……”

夏妈说：“金丝饼以前才有，小白你不要去弄，弄不来的，现在没有。”

“是点心吗？”白行问。

“不是不是，是以前南方的老饭店里才有的，早就没有了。”夏妈说。

白行暗暗记下。

星期天早上，白行特意跑到西市场找到见多识广的胡金堂，问胡伯伯济南市有没有卖金丝饼的，继而把夏菁爸爸要吃金丝饼的事说了一遍。

胡伯伯胡娘娘对白行有对象感到惊奇，好像才意识到孩子们已经长大了。胡娘娘说俺大国还没对象呢你先有对象了？又问梦儿有对象了吗？白行说可能没有吧。胡伯伯告诉白行说，金丝饼，济南叫盘丝饼，也叫一窝丝，以前数汇泉楼做得最好，那丝儿盘的，成缕成絮，油酥金黄。说现在不做了，十多年没见着了。

从胡家出来，白行直奔汇泉楼饭店。因时间尚早，没有客人，饭店里冷冷清清，工作人员们正在开会。白行赔着笑脸说明来意。

“金丝饼……”一个大师傅一拍大腿说，“对啊！金丝饼不就是咱们的招牌吗？过去咱做金丝饼的时候，买金丝饼的人比买油条的人可多多了。”

另一个说：“对啊，那时候日子穷还有那么多吃的，现在改革开放日子宽裕了，吃的人还不排出二里地去！”

“干！饭店承包了，有效益就有奖金，不干是傻子。”

大家议论纷纷，越说越高兴。

一个干部模样的人对白行说：“爷们儿，你这一来，解决问题了——我们正琢磨怎么创收呢。你等着，我们今天就做金丝饼，你要多少？我白送给你。”

夏菁爸爸被转到重症观察室了，同室的还有一位肺病晚期的垂危病人。

到了医院重症观察室，白行见夏菁和她家的人都戴着口罩在门口站着。一见白行来，夏妈就喊：“哎哟，小白你可算来了，他爸爸迷迷糊糊的，醒来就骂人，谁也不见，见谁骂谁，就说要见小白！呶，谁也不敢进去了。你怎么才来啊？”

白行拎高手中的包说：“我去买金丝饼了。”

“从哪儿买的啊？哎哟你这个孩子怎么啥子事体都能办成啊？快进去吧，他爸爸等你呢。戴上口罩。”夏妈说。

夏中拿一个口罩递给白行：“里面有一个肺病病危的，可能传染，大夫让戴上口罩再进去。”

白行接过口罩，犹豫了一下，把口罩装进裤兜里进了重症观察室。

夏菁爸爸躺在病床上，瞪着双眼，口中絮絮叨叨有气无力地骂着，见白行进来，神情缓和下来。

白行坐到床前说：“叔叔好点了吗？生什么气呢？”

夏菁爸爸看看坐在床前的白行，又看看在白行后面站着的家人们，吃力地问：“他们都戴口罩，你怎么不戴？”

“说话不方便。”白行说。

“让他戴他不戴。”夏中说。

夏菁爸爸费劲地抬起手指着夏中说：“出去。”

夏中喏喏答应着，退了出去。

“戴上口罩。”夏菁爸爸虚弱地对白行说。

“怕您心里不舒服。”白行笑笑，又补充道：“是大夫让他们戴口罩的。”

夏菁爸爸很费劲地伸出手抓住白行的手，不再说话，眼里浮着泪水。

白行身后，夏妈悄悄把戴着的口罩摘了下来。

白行打开包拿出用毛巾裹着的金丝饼说：“叔叔，我给您买来金丝饼了，还热着呢，您吃点吧。”

夏菁爸爸说：“吃不下了。”

“吃点吧，只吃一点。”白行把金丝饼递到他跟前说。

“看过了，看过了……”夏菁爸爸气若游丝，眼泪流了出来。

“老头子，你干什么啊，千万不要哭啊，伤身体呀。”夏妈也跟着掉下泪来。

夏菁爸爸拉着白行的手，好像用尽最后的力气对夏菁说：“今后，你生是白家的人，死是白家的鬼……”

几天以后，夏菁的爸爸去世了。

夏菁爸爸去世，材料厂来帮忙的人见到了白行。不久，夏菁又被从医务室调回车间干车工去了。同厂的姐妹们都说夏菁傻——嫁给厂长的儿子多好。

白行帮着夏菁家料理完丧事，他和夏菁的恋爱关系好像也确定下来了。虽然叫谈恋爱，但两个人并不怎么谈，夏菁天生不爱说话，就是遇到事情了要和白行说，也要等着白行猜和问。白行也总感到没有什么话说。常常是夏菁到白行家里来，白行只管看自己的书，并不理会她。夏菁也习惯了，要么静静地坐在一旁看白行看书，要么就买点瓜子什么的坐在一旁吃着玩，不声不响，很是安静。赶上白行突然想起个事情要穿衣服出门，夏菁也就赶紧跟着穿衣服收拾提包，到了外面白行只管骑上车子就走，夏菁就赶紧跑几步坐在后座上，也不问去哪儿，一路上根据白行要去的方向和经走的路途不断猜测目的地。有一次白行竟忘了后座上还坐着人，到了地方抬腿下车，把后面的夏菁扫下车来摔在地上，白行嫌夏菁不知道随机跳下，两人相互埋怨。两个人只有在争吵的时候话才多一点，但是他们好像也不怎么争吵。

和白行在一起，夏菁不操任何心，也从不主动说话。夏菁主动说话只有一种情况：碰上白行和别的年轻女性有互动她都要马上制止。她想操心的，就是杜绝白行与任何女性接触。一次白行和夏菁在马路上走，迎面碰到古立春正在挂着的一个女孩，白行与那个女孩相互笑了一下就过去了，并没有说话。结果女孩刚一过去，夏菁就和白行吵起来，说男的见了女的就笑就是不要脸。白行说我也不能装不认识吧？夏菁说点点头就行，不能笑，笑就是不要脸。

如果说这次的争吵是怪白行见到认识的女性笑得太明显，那么有的争吵则是无法预防和意想不到的——

白行的邻居中有一对新搬来的年轻夫妇，带着一个小孩，搬过来不久，女主人就请来初中毕业还没参加工作的妹妹来帮着看小孩。白家人谁也没注意邻居家这个孩子的小姨长什么样，估计是因为其长相实在太普通了。

这个孩子的小姨来了还不到一个星期，孩子的妈妈就找到了三娘说：“大姨，我妹妹来帮着我看小孩，她要是有什么不懂事的地方您告诉我我管她。”

三娘不知道哪里的事：“这才搬来多长时间啊，你妹妹我就看见过两回，你这话是怎么说啊？”

小孩的妈妈吞吞吐吐地说：“……我也不知道怎么回事，我妹妹可能和你小儿子的对象闹意见了，这不我妹妹非要闹着回去，她要不在这里，谁给我看孩子啊？”

三娘惊奇地说：“她俩闹的哪门子意见啊？俺小儿的对象可老实了，三天五天的不说一句话，不可能啊！”

小孩的妈妈说：“我也看着她老实，可安稳了。我问我妹妹是怎么回事，我妹妹说她也不知道为什么，说你小儿子的对象光拿眼瞪她。”

三娘说：“你先回去，别着急，等俺儿子下了班我问问。怎么回事啊这是，你放心，一准儿是误会，没事。”

等白行下班，三娘就和白行说了这个事，说咱家几十年没和邻居吵过架，可别闹成意见。白行也莫名其妙，没等夏菁来，就去找夏菁，见了夏菁就问是怎么回事。可是无论白行怎样问，夏菁就是不吱声。白行突然想起夏菁不愿意自己和任何女性有接触的个性，就问：“你是不是担心我和她有接触啊？”

夏菁终于说话了。说：“知道还问？”

白行感到可笑：“我可是从来没和她说过话！”

夏菁说：“说了就晚了。”

白行说：“我和你说，别的地方的女的你爱怎么瞪眼怎么瞪眼，这个不行，这是邻居，别闹出意见来惹我妈生气。听见了吗？”

夏菁又不说话了。白行再三叮嘱，问她听见没听见。

夏菁说：“离我这么近，谁能听不见？啰嗦。”

虽然夏菁答应了，白行还是又讲了一些道理，还表决心说自己绝对不和那个女孩说话，又叮嘱一番，然后才算放心。

回到家白行就对三娘说：“放心吧，什么事也没有，估计是那个女孩戴着眼镜看走了眼。我和夏菁说好了，以后看都不会看她一眼。”三娘就去邻居家解释一番。

结果没过多久，女孩就走了，年轻夫妇也把孩子送到了姥姥家。估计是因为夏菁没有管住自己的眼睛。三娘好像也猜到了原因，拿着几个苹果去邻居家道歉。

虽然夏菁有这个秉性，但是白行并不在乎，因为他并没有打算和任何女性交往。他的心里，只有林晓荫。白行一方面认为自己应该尽快和夏菁断绝关系，一方面又认为自己不应该干这个事，这有点对不住夏菁。他盼望着能有一个意想不到的事情发生，从而使他与夏菁的关系自然终止。

改革开放几年以后，中国老百姓吃惊地发现，世界上还有这么多各种各样的思想和活法。

有的说，人就是为自己活着，不是为人民为国家，即便是放射着万道光芒、让地球能够公转自转、给地球带来生命的太阳，也只是自己的存在形式。所以说宇宙万物全都是主观为自己，客观为他人。万物莫不如此，何况小小的人类。

有的说，既然人类左右不了自然，不如及时享乐，宿命论是有道理的，美国有嬉皮士，中国为什么不能有？

有的人说，中国就应该全盘西化，要尊重人性自由，要性解放。

一时议论纷纷，展开全民大讨论。

三娘工作的单位在原本都是一排排平房的宿舍院里盖了一栋宿舍楼，三娘提出申请，就给分了一套一层两间的房子，带厨房、厕所。家里人特别高兴。三娘说："两处房子了，等白丰有了对象就有地方结婚了，也不知道这辈子还能有对象不，都是看书看坏了。"

白丰自己搬进了三娘新分的那套房子里去住了，三娘让白行也搬过去，兄弟俩一人一间，梦儿就可以回家住、睡床上了，可惜白丰不允许。白行就挪到老房子外间的床上睡觉。白丰拿走了自己的东西，衣柜和大箱子里腾出了不少空间，白行把原来靠墙摞在大箱子上自己的衣物挪进大箱子里，三爸三娘摞在床头的衣物也可以放进衣柜里了。三娘说梦儿再回家来，晚了就不用回厂里的单身宿舍了，还在大箱子上睡觉就行。白丰搬到新房子去了，梦儿、白行和三爸三娘都感到宽绰了很多，这不只是因为白丰把自己的衣物带走了，更主要的是都感到放松了、不受拘束了，是心里宽敞了。

白丰每天也不去上班，搞到病假条不去，搞不到病假条也不去，每天不是看书就是睡觉，也不出门。因为新房子是在一层，又是三娘单位的宿舍院，窗外人来人往乱得很，还不时有人隔着窗玻璃往里张望，白丰干脆用床单子把南北两个窗子完全封了起来，房内昏暗寂静，与世隔绝了一样。因为不上班，基本也拿不到工资，更别说奖金了，实在揭不开锅了，他就会到老房子这边吃饭，还会带些吃的回去。通常但凡有点吃的，他都不会离开住所。三娘常对三爸说："白丰看书看傻了，你就不该给他办借书证。"

三爸说："谁知道他能这个样啊？"

白行说："常言道'女的愁了哭，男的愁了唱'，我哥哥怎么不唱呢？"

三娘说："唱出来就好了，就怕憋在心里唱不出来。"

一天夜里，白行做了一个梦：在荒无人烟、悬崖峭壁、怪石林立的海边，狂风肆虐，惊涛拍岸。林晓荫穿着连衣裙，站在海水中，冻得瑟瑟发抖，用无助的眼神看着白行说："这里很快就要被淹没了。"白行意识到这或许是海神要娶妻，需要活人祭祀，就像课文《西门豹治邺》里面的河伯娶妇一样。白行拾起一块石头奋力扔进海里，冲着海水大喊："她是我的爱人！你别想抢去！"然而海水继续上涨，并没有停。白行又大喊："你放过她！我愿意替她死！"林晓荫拉起白行的手说："白行，不管怎样，咱俩在一起。"两个人将要面临死亡，白行愤恨自己的无能为力。林晓荫深情地注视着白行说："白行，我们就要死了，你亲我一下吧。"白行捧起林晓荫的手，在上面亲了一下。林晓荫说："你胆子真小。"白行明白了林晓荫的意思，去吻林晓荫的嘴唇……结果还没等吻到，白行就醒了。白行赶紧闭着双眼努力让梦继续下去，他要吻到那纯美的唇，可是无论怎样调动思绪，梦境都无法继续下去……

这些年来，白行经常会梦见和林晓荫在一起，各样的场合，各样的境遇。有时候梦中的林晓荫是极不真实的，她会变成一张会说话的课桌，会变成一条鱼，变成天上的云汇聚又散开，会变成一只小鸟飞落在自己的肩头，有时候她就是那棵老柏树，默默地伫立在那里听自己不停地诉说……梦中真实的林晓荫也是孩童、少女的模样，白行总盼望着能梦见成年后的林晓荫，但终没有梦到。梦中白行和林晓荫也有欢聚的时候，然而无论是怎样的梦境，每到关键时刻白行就会从梦中醒来，于是他赶紧集中精力想回到梦中去，但每次都是不但没有把梦接上，仅存的梦境也逐渐淡化、消失，让他懊丧不已……

白行忽然就意识到，自己能想着林晓荫，二哥就不能想着雨菲吗？这很可能就是二哥不找对象和自我封闭的原因。

一天，白行悄悄和姐姐商量："我能不能去找找雨菲姐姐，看她有对象了没。要是还没有，就说咱哥哥想她，看她来不来。我知道她家住哪儿。"

梦儿说："伤人家心了，人家肯定不搭理他了，疯子。"

白行说："试试啊，你没见咱哥哥快得精神病了吗？"

梦儿说："要是疯子不让找怎么办？他早就是个精神病，谁知道他怎么想的。"

白行说："悄悄地去，要是雨菲姐姐不来，咱也不和咱哥哥说。"

梦儿说："你随便，我不管。"

白行找到雨菲家的宿舍区，向邻居打听确认她还住在这里以后，就在她家附近的路口守候。傍黑天的时候，白行还真把雨菲等来了。她骑着自行车，像是刚下班。

白行如见到久别的亲人，迎上前去，叫了声雨菲姐姐。雨菲甚是惊奇，抓着白行的胳膊问行儿怎么在这里。很亲切的样子。白行就告诉雨菲说白丰如何思念雨菲，如何茶不思饭不想，问雨菲能不能去家里看看白丰。雨菲听白行说着，抓着白行胳膊的手慢慢松开，欣喜的表情也慢慢变得冷峻。等白行说完，雨菲告诉白行说自己快结婚了。白行说现在白丰像得了精神病似的，问雨菲能不能去劝劝白丰，说若雨菲能亲自去告诉白丰自己快结婚了，白丰也就死心了。雨菲说不想去，自己快结婚了，再去见白丰不合适。白行就把白丰平日里半死不活的状态说给雨菲听。最后雨菲同意第二天去劝劝，说自己已经不认识路了，让白行来接她。

白行回到家，三娘对白行说："快去看看你哥去吧，叫他回来吃饭，一个人待在新房子里不吃不喝又好几天了。你姐姐去叫他他不回来。"

白行说："他不是经常这样吗，怕什么？"

梦儿说："我都担心他突然爬上楼顶跳下去摔死。我看他快傻了。"

三娘说："快去叫吧。"白行答应着去了。

到了新房子里，新买的桌椅光秃秃孤零零地摆在那里，屋子显得空荡荡的。白丰头发凌乱目光呆滞地坐在地上，满地的烟头。白行真担心哥哥突然如姐姐说的爬到楼顶跳下去。

白丰神情恍惚，抬头见是白行："出去。"

白行说："哥哥你应该出去走走，光憋在家里看书不行。走，回家吃饭去。"

白丰的嗓音像从地狱里传出："滚出去。"

白行不敢再劝他，站在那里想办法。

白丰抬起阴沉的眼看一下白行，好像随时会做出让白行意想不到的举动来。

白行急忙说："我今天看见雨菲姐姐了。"

白丰眼睛微微一亮又灰暗下去："你要胡说八道，小心挨揍。"

白行说："真的。还说话了。"

白丰阴沉着脸盯着白行等着他往下说。

白行说："她快结婚了。"

白丰皱起眉头瞪着白行，眼神越来越阴：“你和我说这个干什么？”

白行往后闪着身子，他担心二哥会突然起身一拳放倒自己，赶紧说：“她答应来看看你。”

白丰先是一愣，慢慢回过神来，眼神变得温存深情，问：“什么时候来？”

白行说：“可能是明天。”

白丰站起身，开始拢自己的头发。

白行说：“回家吃饭吧，都等着呢。”

“走吧。”白丰答应道。

白行和白丰回到老房子这边，白行向家里人公布雨菲快结婚了和第二天下班后到家里来看看的消息。

三娘说：“难为人家孩子了，快结婚了，还来看看。”

三爸说：“来吧，见见说说，事就撂下了，以后也别想了，想也没用。”

白丰自言自语：“雨菲是天上的云，她不应该结婚。”

梦儿说：“不该和别人结婚，该和你结是不是？早干吗来？你现在就是给人家买座金山人家也不可能回心转意。”

白丰阴沉着脸瞪着梦儿说：“我说我要结婚了吗？”

梦儿说：“你爱结不结，反正人家雨菲要结了，你急也没用。”

白丰缓缓地说：“雨菲是我心里下着的细雨，永远是，只能是。”

梦儿锁眉闭眼带摆手：“快别装了，装什么装，和多大学问似的，自己都不知道自己说的什么。”

三娘说：“明天行儿去买东西把新房子收拾收拾，雨菲来了在新房子接待。”说完看白丰的反应。

白丰说：“只能这样。”

三爸把存折拿出来……

第二天上午，白行和三爸分头买了些家什把新房子收拾了，下午三娘和梦儿也早早回到家里帮着布置、做饭。

白丰看着一家人忙活也不插手帮忙：“你们真没必要。”

梦儿说：“我看也是。”说归说，不耽误干活。

看看时间差不多了，白行说：“你们忙活着，我去接。”说完出门骑上自行车飞奔而去。

白行在约定的地点没有见到雨菲，左等右等不见人影，正心烦意乱不知所措，就见雨菲提着一兜子水果快步向这边走来。白行一阵欣喜：“雨菲姐姐你可来了，走，我带着你。”

雨菲赶紧摆手制止：“别喊！”雨菲来到近前帮白行整了整衣服，急急忙忙地说：“行儿，我去不了了。”她偷偷指了指自己家的方向，“他来了。再说我也真的不想去，你说这算怎么回事啊是不是？你快回家吧，我也回去了，让他看见不好。”她把水果挂在白行的自行车把上，“买了点吃的，拿回家吧。快走吧。”

白行说：“不去可不行，家里人盼了你一天了。为了接待你，我和我爸都没上班，买东西重新布置的家，从早晨就忙活，饭菜也做了老多，都在家里恭候着你呢……”

无论白行怎么说，雨菲一再解释，说自己确实去不了。

白行赌气似的把水果从车把上摘下来塞到雨菲手里：“不去拉倒。”说完骑上自行车头也不回地走了。

白行半路上停下自行车吸烟，琢磨怎样才能躲过这一劫，想来想去没有什么办法，真不知道二哥见雨菲没来会是什么反应。白行抽了几支烟后依然想不出对策，无可奈何回到家里。

白行把情况一说，一家人一起看白丰的反应。白丰沉默半晌，冷冷一笑：“看我干什么？不来就不来，她有难处，要理解。本来就不该叫她来。”

一家人心里的石头落了地。三娘赶紧说：“就是，快吃饭吧。”

梦儿说：“早就该吃饭，不看看表，都几点了？”

“正好借着这个事把房子收拾出来了，也是好事。”白行说。

“好个屁，就你会说。”梦儿边往上端着饭菜边说。

“到这就算完了，以后就没这个事了，个人过个人的日子。”三爸说。

白丰说：“什么是日子？如果真有日子，也只是自己的心路，与任何人无关。”

梦儿撇了下嘴说：“幸亏没来，来了一看这里都神经病了，还不够丢人的呢。”

看着一桌子菜，白行说：“不过年不过节的，这么多好菜咱自己吃真是有点奢侈了。”

三娘说：“别都祸祸了，留着你哥多吃几顿。”

一家人刚坐下吃饭，有人敲门。开门一看，令一家人大吃一惊：雨菲来了。

除白丰以外一家人都兴奋异常，表现得特别热情。三娘问：“你咋找到这边来的？”白行说：“在老房子那边一问不就知道了，离得又不远。”梦儿倒水端给雨菲，嘱咐一句：“可能有点热。”三爸说：“孩子来了，把放起来的菜再端上来吧。”

雨菲对一家人的热情并不回应，而是用又怨恨又赌气的眼神直勾勾瞪着白丰一言不发。白丰看一眼雨菲，将眼光移向别处。一家人窘在那儿，三娘试探着问：“雨菲你是要结婚了吗？”雨菲点点头算是回答，眼泪跟着就下来了，眼睛依然没有离开白丰，就这么瞪着他。三娘说：“梦儿，快去端菜。”雨菲伸手拉住梦儿，也不说话，眼睛依然盯着白丰，眼眶里、脸颊上满是泪水。看雨菲哭，三娘眼睛也跟着湿润了：“都是白丰的错。”

白丰被雨菲这么热泪盈盈地盯着，有些无可奈何地将眼光移向雨菲，缓慢又认真地说出三个字：“对不起。”

雨菲像是拿到了这次来白家的结果，擦擦眼泪站起身向三娘、三爸等人告别。

三娘拉着雨菲坐下，从箱底拿出预备给白丰结婚用的缎子被面放到雨菲手上说：“你是好闺女，俺家没这个福气让你进门。成不了亲也不是外人，这床被面你拿着，一是给你道喜，二也算俺家给你赔个不是。”

雨菲再三推辞，无奈三娘等态度坚决，只好收下后匆匆又决然地走了。

雨菲走后，一家人吃着饭说长道短，无非是为雨菲没能成为白家的人感到惋惜。

吃完饭，白丰说：“既然你们都过来了，以后你们就在这边住吧，我上老房子住去。”

三娘说：“这是为啥？这边是新屋，等找了对象把媳妇娶在新屋里多好呀，省得人家说我这当婆婆的不知道疼媳妇。”

白丰说：“就这么定了，明天正好星期天，你们把自己的东西都搬过来，后天我就拾掇那边的房子了。”

三娘说：“你说说为啥？说说还难吗？”

白丰说：“这边太乱，那边清静。”又说：“把那边的旧家具搬过来，这边的几样新的搬过去。”

梦儿说：“凭什么？新的你用？让老的用旧的？”

三爸说：“啥新旧啊，都一样用，旧的更好。明天行儿找人帮着倒腾倒腾。”

白丰说：“你们认为有用的明天都弄过来，后天我上那边去，没用的东西我就都扔了。”又对白行说：“我这边的东西明天也弄那边去，别碰坏了，小心点。”

梦儿说：“你说嘛就是嘛？你的东西你自己搬！”

三爸说梦儿："吵吵啥，那边的搬过来这边的搬过去，来回不空车，这不正好吗，又不绕道。"

第二天，白行找了好几个同学、同事，又在三娘单位借了多辆地排车，人多力量大，再者白家的家当也不多，大半天的工夫就把两边的东西倒腾完了。当晚白丰就回到老房子去住了。新房子这边，三爸三娘和梦儿睡在里间，白行睡在外间。里间支起了一单一双两张床，摆上了衣橱。外间一张单人床，支起了餐桌，摆上了简易沙发。阳台上放着大木箱子等杂物，床下都塞得满满的，厨房和卫生间的墙上也都利用起来……几天后梦儿就又搬回家来住了。

从白丰远离尘世、接受雨菲离他而去来看，白丰已经是心如止水念如死灰，而白行却因这一折腾又把林晓荫堵在了自己心口上。白行满脑子都是林晓荫的音容笑貌和与她在华山时的无限美好，日夜无法忘怀。白行接连梦见林晓荫，场景不同，悲欢离合，有时梦见林晓荫埋怨白行把她忘了，有时梦见自己和林晓荫在华山上互相追逐，甚至梦见林晓荫要和别人结婚了，致使他在梦中惊醒、流泪。白行常常一个人到华山华阳宫老柏树下去躺着，从来不让夏菁跟着。

改革开放几年后，百姓的日子确实富裕了很多。比如白家，就实现了三爸早年的愿望：吃饭时盛菜的家什改成了盘子。更想不到的是，白家还买了电风扇、电视机、录音机，这在过去是想也不敢想的事情。三爸买回电风扇后，插上电，摆着头吹，梦儿下班回家，跟着风扇摆着的头来回走："别把风浪费喽。"白行演示给姐姐看："能定住，这样就定住了。"梦儿赞道："这么好呀！"

电视机刚买回家时，每当新闻播完开始播电影的时候，梦儿就招呼家里人都过来看，因为不看就等于瞎了电影票，浪费了。后来电视里不止一个台，有多个频道同时演节目，这让梦儿很纠结——看这个就不能看那个，没看的也演着，实在是浪费！

录音机就更神奇，三百多块钱一个，梦儿买回家的。梦儿和白行姐弟二人轮流冲着录音机胡喊乱唱，然后放出来听，引得三爸三娘哈哈大笑。三爸在孩子的再三请求、鼓动下，终于冲着录音机唱道："小白菜儿哎，满地黄，两三岁上，死了娘。跟着爹爹去讨饭，就怕爹爹娶后娘……"梦儿和白行惊喜无比，没想到平时沉默寡言一副冷面孔的爸爸竟然会唱歌，而且真的唱了，当着孩子们的面唱的！两人屏住内心的欢喜装出"就应该这样"的自然表情，唯恐爸爸感到不妥中途放弃。等三爸唱完，姐弟俩热烈鼓掌。白行说："爸爸，现在日子这么好，你唱这么悲伤的歌？这一首不算，再唱一首！”一家人都说对，要求再唱一首。三爸嘟嘟囔囔地想了一遍，唱道：“尤小红，细细的柳身，大大的两个眼啊，弯弯的两道眉，不笑不说话，一笑俩酒窝。看年纪儿，满不过，十七八，二十啷当岁……”没等三爸唱完，姐弟俩再也忍不住哈哈大笑。梦儿说：“黄色歌曲。”三娘说：“守着孩子不该唱这个。”三爸乐呵呵地说：“你妈也会唱。”于是姐弟俩又开始鼓动三娘唱，本以为三娘肯定不会答应，没想到三娘红着脸唱道：“毛主席的书，我最爱读，千遍那个万遍，下了功夫……”等三娘唱完，姐弟俩热烈鼓掌。梦儿说：“咱妈唱得真好，词都记住了。”白行说：“妈你也唱一首老歌吧，俺爸都唱老歌。”于是姐弟俩一起鼓动。三娘又唱道：“……一枝哎，白花哎，你不采哎，老来无儿你别怨俺，上坟你自掌钱哎。”鼓掌以后，白行说：“这个更黄。”梦儿说：“黄什么黄，一点也不黄，唱得多好啊。”三爸笑眯眯看着三娘说：“我咋不知道你会唱这个？从来没听过。”

衣食无忧的日子过上了，还能享受到过去想都不敢想的高级生活，一家人都感到幸福并快乐着。然而欢声笑语的时候都是白丰不在家的时候，只要白丰来这边吃饭，家里就归以寂静。

这天，胡伯伯和胡娘娘两口子买着丰厚的礼物来到白家，一家人殷勤又欢乐地接待。坐下不久，胡娘娘看着在厨房里忙活的梦儿，按捺不住悄悄说出了来意：想让梦儿和他家大国谈对象。三爸高兴地说：“好事啊这是。”三娘说：“只要两个孩子愿意，俺没意见。”胡娘娘眼盯着厨房里的梦儿说：“俺那娘哎，你家里就是重男轻女，欺负俺梦儿。等俺梦儿到了俺家俺啥也不让她干，光让她享福。你看看你看看，你一家人都坐在这里，就让俺梦儿一个人忙活。梦儿，快过来歇歇！”说着就要去帮忙。白行赶紧起身说：“我去我去。”

在厨房，白行把胡伯伯、胡娘娘的来意告诉了姐姐，梦儿脸色一下就沉了下来。

吃饭了，宾主刚坐下，胡娘娘就紧着给梦儿夹菜，眼盯着梦儿，越看越喜欢。胡娘娘说：“梦儿，大国也想来看你，这孩子老实，不好意思的。”

梦儿直截了当地说：“我有对象。”

在座的人一下愣在那里，相视无语。

三娘说：“这种事哪有瞎说的，你有对象我咋不知道？”

梦儿也不搭腔，只管吃饭。

胡娘娘说:“俺大国就是老实，可是俺家的条件……俺就大国这一个孩子，俺这个家将来就是大国的……”

胡伯伯打断说:“还啥将来啊，现在就是……”

梦儿没等胡伯伯说完，一撂饭碗起身出了家门。

胡伯伯、胡娘娘走后，梦儿回到家中，面无表情地干这干那。三爸三娘老两口轮番给梦儿做工作。三娘说大国老实是老实了点，模样不难看，老实了好啊，他老实，你将来伸开腰喽。三爸说人家家里条件也好啊。三娘说先接触接触好呀，说不定再发现优点呢。梦儿被逼无奈，再次表示有对象。三娘问干啥的呀？怎么不领家来呀？梦儿说你们认识。白行一下就想到了杜镇强，就说知道这个人。三娘追问是谁。白行说让姐姐自己说吧。三娘问梦儿，梦儿说让弟弟说。三娘逼着白行快说，白行一字一句地说:“杜镇强，那个团委书记——杜凤山他儿子。”

三爸三娘赶紧去看梦儿，看出梦儿默认，两口子愣在那里。片刻，三娘回过神来说:“杜凤山和咱家的这些事你也不是不知道，和谁拉对象也不能和杜凤山的孩子拉。”

梦儿是最孝顺的，从来就是父母说什么就是什么，从未向老人顶过半句嘴，一直以来，在梦儿的心里父母是最重要的，这谁都看得出来。然而这次梦儿的话却令父母万万没想到:“恋爱自由。”

三爸脱口而出:“你胡扯！”

三娘跟着说:“你和谁自由都行，这个人不行。咱不恋着他家条件好，他家就是金山银山咱也不稀罕。”

梦儿心里憋屈，眼泪就流下来了:“谁稀罕他家条件好了？他说了，要是咱家因为他爸爸不同意俺俩的事，他可以和他爸爸断绝关系。我也不上他家去，我们在外面租房子。”三爸三娘看得出，梦儿的态度是坚决的。

一连几天，家里很少有人说话。三爸每日里紧锁着眉头一句话不说，神情是极度的愤怒、怨恨、消沉和沮丧——自己养大的亲闺女要去给杜凤山当儿媳妇，他无论如何都无法接受。几天后，三娘时常故意叹气，看看三爸的反应，三爸总是把眉头锁得更紧。三娘也想试探着和三爸谈论这件事，刚一张嘴:“你说梦儿这事……”三爸直接翻脸:“你问这个啥意思？”

白行悄悄问姐姐："你真的喜欢杜镇强？特别喜欢的那种，就是……爱。"

梦儿心烦地说："他爸爸不是玩意儿碍着他什么事，断绝关系还不行吗！"

日子就这么往下熬着，最后还是三娘对闺女说："你去和人家说吧，这门亲不行啊。没见你爸爸这些天是啥样啊？你要是不怕把你爸爸气死你就跟了人家，你也别进这个门了，俺和你爸爸当没有你这个闺女。"

梦儿忙活着家务，眼泪就流下来了。

三娘接着说："你别在俺眼跟前晃荡了，俺和你爸爸看着碍眼，愿意哪儿去哪儿去吧。"

梦儿的眼泪就更多了……

过了一段时间，就在一家人认为梦儿已经和那个杜镇强断了关系的时候，杜镇强跟着梦儿进了家门。

虽然只是在十年前见过这个小伙子两次，但是白家人还是一眼就认出了他。杜镇强很有派头又很精明强干的样子。他没有买大包小包的东西，只提着两瓶白家人没见过的茅台酒。

梦儿领着杜镇强进了门后就坐在一边不说话了，她很紧张，她害怕三娘三爸生气，害怕父母不认她这个闺女。

杜镇强刚一坐下就主动开口说："叔、婶，我早就想来看你们，梦儿一直不让我来，怕您二老生气。我知道，我爸和叔早年前有误会，我爸还耽误了梦儿的前程。叔和我爸的事我也早就明白了，都是我爸的不对。前些日子我也和我爸说了我和梦儿的事，不怕叔和婶生气，开始我爸也是不同意，不过我和我爸也表明了我的态度：他同意也好不同意也好，我都要和梦儿在一起，他要是不认我这个儿子了，我也没办法。后来我妈同意了，我妈就和我一起做我爸的工作。现在，我爸也同意了，所以我才到家里来的。叔、婶，我和梦儿谈了十年了，我们要不是真心的，不可能到现在。我比梦儿大几岁，年龄也不小了，这两年我多次让梦儿向二老说出我们俩的事，梦儿不同意，她说要等二哥有了对象以后再说，我想也行。这几天梦儿和我说，二老不同意我们的事情，我就赶紧来看望二老，现在我父母的态度明确了，同意我和梦儿在一起，叔和婶也重新考虑考虑。"

杜镇强说到这里，看白家人仍没有人说话，就说："从新中国成立，国家就倡导恋爱自由、婚姻自由，我和梦儿的婚姻，要说我们自己就有决定权。"说完自己笑笑。

三爸终于忍不住了："啥自由？老的不同意，就不能自由。"

三娘看三爸阴沉的脸，叹口气没有说话。

杜镇强观察了一下白家人的表情，又说："我现在在政府工作，副局级，我爸爸还在部队。梦儿现在的工作挺辛苦的，我打算给梦儿换个单位，也好有时间照顾二老。白行喜欢看书，安排去文联、作协、出版社都行。"

白行摆摆手笑笑："今天轮不到说我的事。"

杜镇强也笑笑："这也是繁荣文化事业的需要。"

三娘看了三爸一眼，对杜镇强说："你先回去，容俺和她爸爸想想。"

三爸紧锁眉头冷眼看了一遍在座的人："想啥想？不用想。你们的事，我不管。你们愿意自由就自由。你们在一块儿呢，就别进这个门了，梦儿她妈要是也愿意呢，我就不进这个门了。"

一家人从未见过三爸这样的神情，冷峻沉重的表面下压抑着怒火和悲伤。一家人感到吃惊，他们从没听三爸说过这么绝情的话。

三娘起身说："俺不用想了。这个事不行啊。梦儿，你是我和你爸爸生的，你就是愿意，也不行，就是不进这个家门，也不行。你就死了这个心。"梦儿听三娘这样说，眼泪就下来了，没有说话。

三娘又对杜镇强说："你回去吧，这门亲俺不同意。梦儿也不同意，我养的闺女我知道，她不能忘恩负义。什么感情能赶上爹娘的恩情大啊？"梦儿抑制不住，哭出声来。

杜镇强看这种状况也无法再待下去，就起身说："叔、婶，那我先回去了。"

"先回去吧。"白行起身说。

"拿着你那酒。"三娘随后说。

白行拿起茅台酒硬塞到杜镇强手里，把他送出家门。

梦儿是孝女，她服从了父母之命。心中的痛苦无人知晓。

第十三章

这天，胡金堂的儿子大国来了，说是求白丰帮忙。

三娘对白行说："快去老屋把你哥叫来，你大国哥找他。也好几天没过来了，叫他来吃饭，就着捎点回去，省了给他送。"

白行就去白丰那边叫他，白丰就跟着来了。

大国拿出一张姑娘的照片给白丰看，说是自己的对象。

白丰接过照片看了一下就还给大国没有说话。大国又把照片递给白行。

白行接过来看着："这个女的还行啊大国哥，黑黝黝胖乎乎的。"

大国拿回照片："她是我同学。"然后大国就把有求于白丰的事说了出来。原来被梦儿回绝以后，大国就想重新找一个对象，想来想去，想起了外号叫"木疙瘩"的穆姓中学同学，就是照片上的这个姑娘，照片是大国从他们的中学毕业照上翻拍的。大国找女同学木疙瘩，说想和她拉对象，木疙瘩白他一眼扭头就走，算是回绝了他。大国究其原因，发现还有一个很赖的男同学也想和木疙瘩拉对象，木疙瘩也没答应。大国分析是木疙瘩正在他和另一个追求者中做选择，还没拿定主意。大国正琢磨想个办法让竞争者退出，没想到对方先叫着几个帮手找到大国让他放弃，还亮出怀里的菜刀吓唬大国。所以大国就来求援，求白丰出面去找那个竞争者把他摆平。

三娘说："让你丰哥给你帮帮忙，这么好的闺女可不能跑到别人家去。"

白丰微锁眉头冷眼看着大国："你几岁了？还想和别人打架？自己不觉得可笑吗？什么年代了？"

大国没想到心目中威震一方的白丰会这样说，看看三娘又看看白行，不知作何回答。

三娘原本就因梦儿不同意与大国的亲事觉着对不住胡家，现在大国找上门来求帮忙，正好是个弥补的机会，就对白丰说："你大国兄弟遇到事了，你就帮帮吧，去和人家说，好闺女谁都能追，谁追上是谁的，不能拿菜刀吓唬人。"

大国赶紧跟着说："丰哥你只要出面就行。我和他和平竞争。"

白丰有些蔑视地摇摇头，好像这样的事不应该和他说。

三娘再次表态："帮帮你大国兄弟。"

大国说："她上班的地方离丰哥的厂不远，要不到丰哥下班的时候，丰哥和我一块儿等着她问问，她要是说喜欢那个人不喜欢我，我也不求丰哥了。"

三娘替白丰答应说："行啊，问问行，你丰哥能给你办这个事。"

白丰勉强答应："明天下午我正好去厂里交病假条，你在那里等着我吧。"

第二天下午下班的时间，白丰和大国在木疙瘩的单位门口不远处等着，见黑黢黢敦敦壮壮的木疙瘩出来，大国就跑过去拦住她说让她当着自己丰哥的面回答他一句话。说完冲白丰这边指了指。木疙瘩往白丰这边看了一会儿，跟着大国一步一个脚印地来到白丰面前。

大国对木疙瘩说："这是我丰哥，你说你是不是因为害怕那小子才不敢和我拉对象的？你只要说是，我丰哥出面摆平他，他就再也不敢找你麻烦了。"

木疙瘩只顾看着白丰，没搭大国的腔。

白丰沉着脸对木疙瘩说："他问你什么，你就回答他，看着我干什么。"

木疙瘩就扭头问大国："你说什么？"

大国就又把话说了一遍。

木疙瘩看着白丰摇摇头："不是。"

白丰见状，骑上自行车头也不回地走了。

大国看着木疙瘩，不知道自己下面该怎么办。

木疙瘩看着白丰走远，扭过头问大国："他是谁？"

大国赶紧说："我丰哥。"

木疙瘩问："叫什么？干吗的？"

大国说："叫白丰，就在那边铸造厂上班。只要丰哥出面，我保证那小子再也不敢惹你了。"

木疙瘩问："他结婚了？"

大国说：“还没对象呢结什么婚？咱别说他了，咱俩的事就这么定了吧？”

木疙瘩问：“咱俩什么事？”

大国说：“咱俩好。”

木疙瘩骂他：“你放屁。熊样的吧！”骂完扭头走了。剩下个大国在风中凌乱。

这天，白丰坐在大明湖遐园的石桌旁看书，一个女的走过来叫了声“丰哥”。

白丰抬头一看，认出是大国那个姓穆的女同学木疙瘩。白丰四下看看，没有看到大国。

木疙瘩说：“就我自己。”

白丰哦了一声，低下头继续看他的书。

白丰专注地看了会儿书，一抬头吓了一跳——就见木疙瘩不声不响地在自己身边坐着。白丰觉得很奇怪：“你有什么事吗？”

木疙瘩说：“丰哥，你饿了就吃个馒头喝点凉水，这样不行。”说着从布兜里拿出一包火腿肠递给白丰。

白丰诧异地看着木疙瘩，搞不懂她要干什么。

木疙瘩见白丰不接火腿肠，就把火腿肠放到石桌上，坐在石凳上没再说话。

白丰盯着这个不太正常的木疙瘩看了一会儿，收拾起自己的东西匆匆走了。木疙瘩看白丰走远了，也收拾起东西离开了。

这天，白丰正在千佛山的树下读书，木疙瘩又找到了这里，叫了一声“丰哥”，从布兜里拿出火腿肠、面包和一个保温杯，从保温杯里倒出一杯热水递到白丰面前。

白丰想先解除疑惑：“我问你，你是怎么找到我的？你怎么知道我在这里？”

木疙瘩说：“就是，到你单位去问的，就知道你住哪里了……你出门就跟着你。”

白丰不再说什么，收拾东西落荒而逃……

白丰又把读书的地方换成了趵突泉。这一天，当白丰再次来到趵突泉的时候，看到木疙瘩已经等在那里了。白丰骑上车子就走，木疙瘩在他后面喊了一句“丰哥”。和前几次一样，木疙瘩并没有追过来，只是站在原地叫他一声。

这次白丰突然就恼怒了，径直来到木疙瘩面前质问：“你是不是脑子有病？”木疙瘩低下头说了句：“对不起。”白丰认为这个黑胖愚蠢的女人太不可思议了：

“既然你说对不起，说明你也知道这样不对，你以后别跟着我了，听到了吗？”说完就骑上自行车赶紧走了。

白丰好多天不再出去读书了，他怕再见到那个木疙瘩。这天傍晚白丰走出屋门要到父母那边去吃饭，见家门口的地上放着一个塑料袋子，左右看看没见人影，打开一看，里面是火腿肠、面包，还有一个肉罐头。白丰一猜就是那个可恶的木疙瘩放在这里的，怒火一下冲上心头，飞起一脚把塑料袋子踢了出去，里面的东西四散开来。白丰气冲冲走出去不远又折回来，拾起那些东西扔到垃圾箱里去了。

过了几天，傍晚白丰出门的时候又看到堵着门口放着一兜子东西，也没见人影，白丰拎起东西顺路又给扔到了垃圾箱里。又过了几天，白丰出门又看到一兜东西堵在门口，白丰愤恨至极，抬起脚用力跺下去，又用力一踢，当啷啷，哗啦！里面的马口铁包装的肉罐头滚出老远，玻璃瓶的水果罐头摔坏了，撒了一地。白丰愤恨地骂了一句，站在那里气呼呼看着这光景愣了半天，回屋拿笤帚簸箕收拾了一下，再也没心思去父母那边吃饭，回到屋里生气去了。白丰知道他不能再把木疙瘩送来的东西一扔了之，因为木疙瘩会认为白丰把她送来的东西吃掉了。

这以后的几天里，白丰守在门口听着外面的动静，几次误判后，终于等来了木疙瘩——白丰听到门外又有动静，再次开门一看，木疙瘩放下拿来的东西正转身离开。白丰赶紧喊住她：“你站住！”

木疙瘩转过身看一眼白丰，叫了声“丰哥”就把头低下了，一副孩子做错了事任凭处置的劲头。

白丰用脚往外踢了下那堆东西说：“你什么意思？”

木疙瘩低头不语。

白丰又问：“你是不是想让我给你办什么事？有什么事你说。”

木疙瘩的头更低了，依然不说话。

白丰想发火，忍着怒气说：“你说，你把这乱七八糟的东西放到我门口想干什么？说啊，你就是来上坟也得叨叨几句话吧？”

木疙瘩嘟囔着：“没……没事。”

白丰指着她郑重地说：“以后不能到我这里来，在外面也不能跟着我，否则对你不客气，听到了吗？”

木疙瘩还是不说话。

白丰也不再想对她多费口舌：“把你的东西拿走，省得我成天给你扔，赶紧走。”

木疙瘩转身下楼，并没有拿她的东西。白丰心里的火气再也无法控制，拎起地上的塑料袋子紧走几步冲着木疙瘩砸了过去。塑料袋子越过木疙瘩头顶，哗啦啦摔在她面前。木疙瘩没有停脚，快速地挪动着粗短的双腿离开了。白丰回到屋里，心里是极度的恼怒、烦躁，生自己的气胜过木疙瘩。因为他一直以为自己经过这么长时间的修行，已经成为了一个高尚的人、一个纯粹的人、一个脱离了低级趣味的人、一个儒雅避世专注清修的人。总之，自己已经是一个哲人，这样的人应该看淡一切，虚怀若谷，度己度人，这样的人是永远不会急躁更不会发火的。而最近这些天特别是今天，自己完全失态了，木疙瘩把他打回了原形，一切努力重新归零。白丰在平复了心情以后，拿着笤帚簸箕到外面，发现楼梯已经被人打扫过了。

没几天，白丰一出门，心里的怒火又一下攻上心头——又一兜子东西摆在了家门口。白丰一边拍着胸口一边长长地喘着气，他知道必须要和这个木疙瘩好好谈谈了，而且他认为如果是以前，他可能会把她打个半死。在木疙瘩再一次送来东西的时候，白丰再次叫住了她。白丰耐着性子说：“你告诉我，为什么给我送吃的？”木疙瘩还是像上次一样低着头不说话。白丰说：“凡事都有个因果，我和你非亲非故，你又没事求我，你给我送东西干什么？”见木疙瘩还是不说话，白丰语速加快：“要不你就说话要不你就赶紧走，你不要再来害我。”木疙瘩赶紧说：“我没害你，就是想让你吃好点。”

看着眼前这个黢黑矮胖的女人，白丰脑子里突然掠过一个想法，他吃惊又怀疑地问：“你不会是想和我拉对象吧？”

木疙瘩赶紧辩解：“不，不是，没想。”

白丰说：“那你为什么？什么目的？”

木疙瘩小声说：“就是想对你好，不为别的。”

白丰盯着她问：“你为什么想对我好？你认为你和我可能吗？可能吗？可能吗？”说完这句话，白丰脑海中一下出现了在千佛山上水中华对自己三连问的情景——三个“可能吗”，这是水中华对自己的质问，这三连问或许自己从来没有忘过，所以此时才会不假思索地发出同样的质问。

片刻，白丰心平气和地说：“无论你想什么、出于什么目的，我请求你以后别这样了，行吗？”白丰心里不得不掠过两个字：爱情。谁也不能规定这种黑粗矮胖长着宽宽露天猩猩鼻的女人不能有爱情。

木疙瘩屈身拿起地上的兜子递给白丰："丰哥，你该吃饭了，你快吃吧。"

"你可以继续追求我，但是与我无关。"白丰想起水中华说的这句话。白丰问："你告诉我实话，你到底为什么这样做？"

木疙瘩说："我就是，我就是想对你好，什么也不图，就是想让你很好、很舒服。"

白丰说："我明确告诉你，我这辈子没想过结婚，万一想结婚了，那个人也肯定不是你。"

木疙瘩说："丰哥要是想结婚了，我帮你接新娘子。"

白丰无奈地说："我实在搞不懂你，你爱怎样怎样吧。"

木疙瘩像得到了鼓励："丰哥你快吃点东西吧，你屋里有水吗我给你倒点热水。"

白丰挡住房门看着木疙瘩，最后无可奈何地说："随便你吧。我看你能坚持多久。"说完转身回到屋里，用力一关房门，把木疙瘩关在外面。

木疙瘩嗓音和缓地说："丰哥你吃东西吧？"白丰没有搭腔也没有开门。木疙瘩俯身整理一下带来的东西，拎起兜子往门口靠了靠，然后自己坐在一旁的地上，回味、享受着刚刚与白丰的对话过程……

过了些天，胡金堂来到白家。怒气冲冲的，进门就问："白丰呢？"

白家人赶紧接着胡金堂坐下。三爸递上水杯说："不年不节的，胡大哥怎么想起来老远地跑来了？"

胡金堂气呼呼拿起杯子往桌子上一磕："咱两家这些年的关系，你两口子干出这个事来，我没想到！"

白家人惊诧无比，问是出了什么事。

胡金堂拍打着桌面："白丰和俺大国的女朋友两个人成天在你那边的房子见面，我就不信你们不知道！"

三爸惊愕说："不可能啊！"

三娘作证说："前些日子大国拿着个女孩子的照片来让俺看过，说是让白丰帮着平事，这个女孩子可是从来没上俺家来过。"

胡金堂说："你两口子是真糊涂还是合伙骗我呢？俺大国偷偷跟着那女的来过好几次了，那女的一有空就到这里来找白丰，两个人就在你那边屋里约会！"

白家人目瞪口呆。

三爸脸上冒火，起身拿过擀面杖说："胡大哥，咱现在就过去看看，真要是你说的那样，我砸断他腿！"

梦儿赶紧上前夺过爸爸手中的擀面杖说："砸什么砸，还不知道怎么回事呢就砸。"

三娘着急上火羞愧难当："行儿，拿着棍子帮着你爸爸打你哥去！"

胡金堂挨个看着白家人说："你们真不知道他俩在一起？"

白行说："不知道，我都不知道。我觉着不可能。"

梦儿说："就是在一起怎么了？人家那个女的没看上大国就不能和别人拉对象了？谁让他找俺哥帮忙呢？"

三娘呵斥梦儿："闭嘴！"

三爸说："胡大哥你放心，我不能让他成。"

胡金堂说："他要是不听呢？"

"不听也不能砸死他啊。"梦儿嘟囔了一句。

三娘训斥："闭嘴！干了现眼的事砸死也不多。"

梦儿说："光听大国一面之词吗？"

三爸冲梦儿一瞪眼："大人说话你吵吵啥！"

梦儿横眉立眼地赌气坐到一边，不再说话。

三爸重新倒了一杯水端给胡金堂说："胡大哥，我保证不让他成。你说咋治？我听你的。"

胡金堂接过水杯喝了一口，平和了一下心情："我估摸着你两口子有可能不知道这个事。你说他们这个事要是成了，咱以后还咋见面？丢人啊。"

三爸说："那准了，不光你丢人，我也丢人啊。"

胡金堂说："咱这么着，要是你处理好了这个事呢，你上我那里去，咱兄弟俩喝酒，孩子做了错事，过去就过去了。要是你依着孩子呢，咱也不好见面了，这个道也就断了。"

三爸说："就按胡大哥的。你放心，我保准处理好了。他再不听话，也不能不要脸啊。"

"唉……"三娘紧锁着眉头叹了口气。

白行说："我保证，肯定是误会，那女的照片我见过，我哥哥绝对不可能答应。"

胡金堂说："行儿，你也别这样说，萝卜白菜各有所爱。"

胡金堂走后，白行遵父母之命到那边房子去叫白丰回家受训。

白行平时没事很少到老房子这边来，因为白丰不允许。来到这边家门口，白行吃惊地看见那个照片上的矮胖女人坐着个马扎，靠着门框在哼哼唧唧地唱歌。

白行轻手轻脚走到她面前，木疙瘩吓了一跳，口中一句“哎呀妈呀”，跌坐在地上。白行边笑边上前搀扶：“你还真在这儿呀！”木疙瘩抬头看着白行：“你是丰哥的弟弟？”白行问：“你怎么知道？”木疙瘩说：“一看长相就是。”白行问：“我哥哥呢？你没有钥匙吗？”木疙瘩语音变轻：“丰哥在屋里。”白行觉得奇怪：“那你在这里干什么？怎么不进屋啊？”说完就要敲门。木疙瘩赶紧阻止：“别，别敲门，丰哥在里面吃饭呢。”白行有些糊涂了：“为什么不能敲门？他在里面吃饭你怎么不进去？”木疙瘩说：“一会儿丰哥吃完饭你就可以敲门了。”白行问：“你怎么知道他在里面吃饭？”木疙瘩说：“刚才丰哥把我拿来的吃的拿进去了。”白行越听越糊涂，伸手拍拍门叫道：“哥哥。”木疙瘩看阻拦无效，就赶紧退到一边。白行又拍拍门：“哥哥！”见没人答应，白行抓着门把手一摇晃，门竟然没插，轻轻开了。白行转身对木疙瘩说：“进来吧。”木疙瘩赶紧往后退两步，摇着头说：“不，不，不进。”白行径自进去，房间里依然是一尘不染，整洁得吓人。身后的木疙瘩前倾着身子往里张望。白丰坐在简易沙发上看书，头也不抬说了句：“有尾巴吗？”白行赶紧回身冲木疙瘩笑笑，把房门关上。白丰颐指桌上的布兜子：“拿出去。”白行过去一看，里面是两个用过没刷的空饭盒、塑料袋子，还有苹果核。白行不知道什么意思，诧异地看着白丰。白丰一皱眉头：“拿出去给那个女的。”白行提起布兜子：“你怎么不让她进来？你俩没吵架呀——她刚才还在外面唱歌呢。”白丰一下站起来，白行赶紧说：“我给我给，我刷刷就给她。”白丰夺过布兜子走到门前开开门扔到地上，随即把门关上，饭盒落地的叮当声传进屋来。

白行实在搞不懂这是怎么回事，愣愣地看着这一切。

白丰坐回沙发上说：“有事你就说，没事赶紧走。”

白行说：“胡伯伯来了，说你抢大国的女朋友，不愿意了。”

白丰说：“笑话！你认为她是我女朋友吗？”

白行说：“我不相信。可是来了一看，她真在这里。”

白丰说：“她在不在这里与我无关。”

白行说：“那我问问你，你俩是不是拉对象？如果是，为什么不让她进来？如果不是，她为什么在这里？还给你送吃的，而且你也吃了。”

白丰说：“这个事与你们无关，与任何人无关，甚至与我也无关，这是她自己的事。”

白行说：“你到底什么意思呢？我回家怎么说？”

白丰说：“那是你的事。”

白行第一次质疑哥哥的做法：“你这算怎么回事？你要是不想和她拉对象你别吃人家东西。难怪这些天不大回家了，原来有人给送吃的。”

白丰向白行发出一连串问话：“一个人为了达到自己不切实际的目标去庙里上香，神仙是应该答应他的想法还是赔他香火钱？一个人为了自己开心上山喂猴子，他会要求猴子怎样回报他吗？还不是猴子吃了他的东西他就很开心，猴子给他扔掉他就不开心。”

白行不知道该怎样再和白丰交流，说了一句：“走了。”开门就走，门外已经不见那个矮胖女人。

白行回到家把自己看到的一说，三娘问三爸：“这算怎么回事？”三爸说：“我哪知道。”梦儿说：“他就是个疯子，死也好活也好咱们都别管。”三爸说：“胡大哥那里可咋说呢？”三娘说：“怎么说，要不就别去说，说就照实说。”三爸说：“人家信吗？”三娘说：“那有啥法啊，别说人家不信，咱自己家里的人都不信。”白行说：“现在没法跟胡伯伯说，等等看看再说呗。”

随着年龄越来越大，给梦儿介绍对象的人越来越多，梦儿总是推托不见。后来三娘单位的一个同事又给梦儿介绍了个对象，说是人才好、工作好、家庭条件好，总之处处都好。当三娘的同事在白家如数家珍似的说完这些以后，梦儿不耐烦地说：“都吃饱了撑的吗？天底下又不是只有我一个女的，上别人家说去。”

三娘的同事一愣，起身要走。三娘赶紧劝客人坐下，沉下脸对梦儿说：“长这么大，不知道屎臭果子香啊？人事不懂了？到了岁数该嫁人嫁人，不愿意嫁人就当姑子去。想老在家里啊？俺不缺这块料。”

白行打圆场说：“有照片吗？”

介绍人就拿出照片给三娘看。三娘一眼就看中了照片上的小伙子，满意的话脱口而出：“俺看着行，这么面善。”介绍人再次嘟嘟囔囔地说小伙子这也好那也好，叨叨个没完。

梦儿就气恼地躲到一边去了。

这样的光景下，三娘的同事毕竟是坐不住，起身执意走了。

客人走后，三娘沉着脸坐在那里气呼呼的不说话，任凭梦儿眼里含着泪手脚麻利地干这干那，看也不看梦儿一眼。

白行劝三娘说："我姐姐拉了十年的对象让家里愣是给拆散了，她现在心里难过，不想找。"三娘说："那可怎么办呀，一辈子不嫁人了？"白行说："以前我哥哥说过，这对象就像衣服，新的不来旧的不去，只有新的对象来了，才能把原来的忘了。要不永远忘不了。"

三娘说："你哥啥意思？他是要和那个胖闺女成啊？"白行说："不是不是，我这几天去看过，他还是没让那个女的进门，这些话是他以前说的。"

三娘叹口气说："唉，操不完的心啊。"

三娘走到正在洗衣服的闺女跟前，叹口气说："俺也不是那不明事理的人，知道你为了爹娘和原先那个散了心里不好受。现在人家好心给介绍对象，还是俺托的人家，你给人家个下不来台，俺以后怎么见人家啊？传出去厂里那些同事怎么看俺啊？你就当还是为了老的、为了你妈，糊弄着见见可行啊？"

白行附和着："见见没事，又没说同意拉。见了还不会说不同意吗？"

梦儿的眼泪又流了下来，没有说话。

白行说："行了，同意了，叫那个人来见见吧。"

三娘观察着闺女的表情问："我明天可就和人家说了？"

梦儿擦了下眼泪依然没有说话。

白行说："说吧，我姐姐同意见了。"

三娘转身拿过一块毛巾递给闺女擦眼泪，梦儿接过毛巾放到一边，继续洗她的衣服……

第二天，三娘就去单位先给同事赔了不是，又千恩万谢地请人家接着操心。

约好了时间，三娘让白行留在家里候着当参谋，三爸躲出去了，三娘的同事把小伙子领进了家门。小伙子仪表堂堂，一脸正气又不乏和善。介绍人说："人家也是挑三拣四的，一般人看不中，非要找个山口百惠那样的。"又把梦儿介绍给小伙子："看梦儿多好看啊，比山口百惠还漂亮呢。"

梦儿冷眼看了小伙子一眼，神情冷漠地说："找山口百惠上日本去，找错地方了。"

小伙子笑笑："没有没有，山口百惠是谁？没听说过呢。"又说："日本女的都不行，腿短。还是中国的好。"

梦儿说："东亚魔女多好啊，贤惠，中国女的可比不了，我脾气就不好。"

小伙子说："脾气不好没事，我脾气好。"白行忍不住一笑，小伙子也冲白行笑笑："我真的脾气好。"说完就满脸微笑地看着梦儿。

梦儿又看了小伙子一眼，不再说话。

介绍人观察了一下梦儿的表情，试探着说："你俩到那屋里谈谈呗？"

小伙子连声答应着站起身等着。

梦儿坐在原处不动，也没说话。小伙子就又坐下："在这里说说就行。"

白行看都不说话，就问小伙子："你在哪里上班啊？"

小伙子说："银行。在银行上班。"

梦儿白一眼小伙子："还以为什么好单位呢，银行还不如菜店呢——买菜不排队还能多给点，银行有什么用，谁成天存钱去？"

小伙子赶紧说："买菜没事。我喜欢排队。"

三娘看着小伙子满心喜欢，拿一个苹果递给他："吃个苹果。"

小伙子赶紧起身接过来回身递给梦儿："吃个苹果吧。买菜好办，我喜欢买菜。"

梦儿也不接苹果，站起身走到另一个房间去，小伙子赶紧跟着，没承想梦儿随手把门在身后关上了。小伙子并没感到尴尬，转过身冲大家笑笑。白行赶紧端起水杯递过去："喝水喝水。"

介绍人见状对三娘说："那我们先回去，随后听听他俩的意见再说。"然后又对小伙子说："咱先回去。"说完示意小伙子一起走。

小伙子对介绍人说："你先回去吧，我待会儿再走。"他举着手里的水杯解释，"刚倒的水还没喝呢。"

介绍人说："那你赶紧喝，我等着你。"

小伙子说："等等，这会儿不渴。"

三娘接过话说："就是，不忙着走，再说会儿话。你叫什么名字啊？"

小伙子说："大姨，我叫文道，文化的文，道路的道。"

三娘说："这名好，文绉绉的。快坐下。"

介绍人见文道又坐下了，笑说："你知道人家女方愿意不愿意啊就又坐下了。"

文道说："这不都摆在这儿吗？都看见了，没说不同意。"

白行忍不住哈哈一笑："我过去看看。"说完就去看看姐姐是什么情况。白行轻手轻脚推开房门走到姐姐跟前，梦儿坐在自己床上什么也没干。白行歪着头观察着姐姐的表情，梦儿并不生气地白了弟弟一眼。白行明白了：有戏。他伸出手指轻轻点着姐姐的额头悄声说："就你这个火爆脾气，我以为你一辈子也嫁不出去了，没想到还真遇到一个性子这么好的。真是什么人什么命，还真有愿意吃气的。"梦儿又白了弟弟一眼，轻声问："你看着怎么样？是不是次点？"白行说："不次不次，长相、身材都很好，也懂礼貌。关键是他很在意你，能看出来他一下子就看中你了，你就是他这辈子想要的人。而且第一次见面你就把他镇住了，以后也不用打仗较量了，你已经赢了。"梦儿说："他在银行干什么的？你看银行那些男的，成天戴着个套袖，娘娘们们儿的有什么意思，不如在工厂里干点技术活。"白行说："银行干净，累不着。上班的时候不累，回到家肯定愿意多干家务活。"梦儿说："说得这么好，你和他拉算了。"白行说："我要是女的我就嫁给他。"梦儿问："你看着行？"白行郑重地点点头："行。而且这样的很难得，不好找。"梦儿盯着弟弟不说话。白行说："先拉拉看，又不是一拉就必须结婚，不行就散呀，这还不简单。"梦儿嗓子里极轻地嗯了一声。

白行问梦儿和杜镇强散利索没，梦儿说这种事不能扯扯拉拉的，早就散利索了，不光散利索了，还翻脸了。白行问怎么回事，梦儿说杜镇强见梦儿想和他散，就想用强，梦儿和杜镇强拉着的时候就不允许，要散了就更不可能。两人最后一次见面是在百花洲，杜镇强图谋不轨，被梦儿拿起块石头把杜镇强的头打破了，杜镇强慌忙去医院包扎，从那以后二人再无联系。

听完梦儿的讲述，白行笑着抱着梦儿说："你可真是个性情刚烈的好姐姐呀。"

白行问梦儿，还出去坐坐吗？梦儿说："出去干吗，这么多人。"又说："先别让他到家里来了，还不知道成不成的。"白行嘴里说着"行行行"从房间里出来。

这边一众人见白行出来了，都用探询的眼神看着白行。白行笑笑："确实像这个文道哥说的：没说不同意。"众人释然。白行又说："我姐姐就不出来了，她不大好意思的。"文道赶紧站起身说："就是，这么多人，肯定不好意思的，我们先走了，她一个人在屋里也不舒服，我们赶紧走。"走到门口又对三娘和白行说："大姨、兄弟，我先走了。我明天再来。"三娘说："你明天就早过来吃饭。"白行赶紧说："你们约好时间先在外面单独拉拉相互了解了解，人多了不好。"文道说："对对对……你姐姐几点下班？我明天去接她……"

过了一段，有天梦儿下班时买了些菜回来："那个人一会儿上家里来。"

三娘说："行儿，快帮着你姐姐做饭。"

文道随后就来了，大包袱小提溜地买了些东西，特别扎眼的是礼品中有两瓶茅台酒。

三爸高兴地说："怎么也想不到这辈子还能喝上茅台酒。喝一瓶尝尝，那一瓶过年的时候喝。"

吃饭的时候，三爸把几样陈菜先端出来摆在了桌子上。白行说："这剩菜今天就别端出来了。"说着就把陈菜又端回厨房。三爸说："不都是这样——先吃陈的再吃新的。"白行说："今天文道哥第一次上家里来吃饭，陈的就不上桌了。"梦儿说："没事，端上来就行。"说着就要去端，再次被白行阻止。

席间多是三娘问什么文道答什么，都是些工作生活的家常话，吃饭后梦儿就和文道出去了。正好章向东和古立春来找白行玩，白行悄悄说，家里有一瓶茅台酒，我姐姐对象买的，我偷偷拿出来咱三个出去喝。于是白行趁父母不注意，把另一瓶茅台拿到外面三个人喝光了。

几个月后，文道的父母登门拜访，言谈举止大度得当，看得出，这是个有身份的家庭。交流中文道父母说很满意梦儿这姑娘，懂道理、勤快、不求富贵、不慕虚名，必定是持家好手。说家里就文道这一个孩子，问什么时候能让他们两个结婚。

三娘三爸支支吾吾吞吞吐吐，最后不得不说：她二哥还没结婚，要是梦儿在她哥前面先结婚是不是不太好？

文道父母听明白了白家并不是不满意自己的儿子，就放下心来，说那就梦儿的二哥先结，计划在什么时候啊，需要帮忙吗？

三娘三爸又支支吾吾的了。白行见状说："我二哥这边到底怎么办这几天就能定下来，然后就给文道哥个信儿。"文道父母连连说好。

文道父母道别的时候，文道留下来没走。三娘叹了口气："咋治？"白行说："我去问问我哥哥。"三娘说："能有准信儿吗？"白行说："我哥哥要是有结婚的可能，就让他赶紧定下来，要是根本就没想结婚的事，就问问他还等他吗？让他自己说。"三爸说："不能全依着他。"

文道了解白丰的情况，见白行要帮忙，拱起双手冲白行拜道："兄弟，拜托拜托。"白行对文道说："要不咱俩一起去问问？"没等文道说话，梦儿就抢先说："不去。我结婚碍着他什么事？他爱结不结。"文道说："我就不去了吧，上次我叫着你姐姐一起去拜望他，我觉着他看都没看我一眼，弄得挺……我就别惹二哥生气了。"

三娘说："甭管你二哥怎么说，他是哥，要先听听他的意见。"

文道赶紧说："是，是，其实我挺想去看看二哥的。"说着看看梦儿，又说：

“要不我也去吧？”梦儿凤眼一立：“谁也别去。”三娘接话：“谁也别去，你问去?！”三爸说：“还是问问好啊，要是不愿意去，等他来了问问也行啊。”白行说：“自从那个穆姐给我哥哥送吃的，他也不大过来了，咱也别等他来了，我去找他问问。”

“你哥和那个穆，到啥情况了？”三娘问。

“这个我还真不知道。”白行说。

白行来到白丰这边，敲敲门，一拧把手，门开了，白丰和那个穆姐都在。白丰在躺椅上脸朝里侧躺着，挺别扭的卧姿。穆姐在白丰身后不远不近的距离就地坐在一个小马扎上，面前是几个洗脸盆，里面是白丰的几件衣裳，正在洗。见白行进来，穆姐赶紧站起来，轻声说：“丰哥睡觉了。”白行点点头，走到白丰跟前转到躺椅那边一看，见白丰眨巴着双眼挺精神的并无睡意。白行就叫一声：“哥哥，干什么呢？”白丰看了弟弟一眼没有搭腔。白行说：“睡不着就起来说说话呗？”白丰依然没有搭腔，也没换姿势。白行拿出香烟，恭恭敬敬地给二哥点上烟，又把烟灰缸拿过来放在白丰跟前：“咱爸咱妈让我来跟你说件事。”白行说完，偷偷指指白丰身后的穆姐，意思是有穆姐在，说话不方便。白丰吸了口烟：“说就是。”白行凑过去压低嗓音：“是你还有我姐姐结婚的事。”白丰说：“说吧。”白行就压低嗓音把来龙去脉说了一遍，问白丰什么打算。

白丰微皱眉头，坐起身说：“她结婚问我干什么？”

白行言简意赅地说：“怨我没说清楚。老的的意思是如果你有结婚的计划就让你先结，我姐姐等你结婚以后再结，要是你没有这个计划就不等你了。”

白丰说：“我没想结婚。和谁结？”

白行又凑近了：“这个……穆姐。”

白丰扭头看了一眼木疙瘩，声音不大不小：“你认为我会和她结婚吗？第一我没想过结婚的事，第二我就是想结婚了那么心里肯定应该先有个人啊，但是我心里并没有人，如果有人了，那个人也不会是她。”

木疙瘩洗衣服的动作加快起来。

白行说：“那你俩这算怎么回事？总不能一辈子这样吧？”

白丰看着木疙瘩：“我对她的态度她知道，你也知道。我为什么要这样对待她？就是让她死了这个心，别再来了。可是她不听，她坚持她的。我总不能杀死她吧？”

白行看着快速洗着衣服、装作什么也没听见的穆姐："那你就不该让人家进门。"

白丰使劲叹口气："唉，我说我开门的时候她挤进来的你信不信？"

白行提高嗓门："你俩这样下去肯定不行，要早做决断。"

白丰说："这还用你说？前些日子我都担心她会不会往吃的里面放毒药药死我。现在我不担心了，因为我自己都想放毒药。"白丰越说越来气，站起来围着低头洗衣服的木疙瘩转了一圈，对弟弟说："刚才你问我躺在那里干什么呢，我告诉你我在等着她离开。她在这里我就是受罪，只有等她离开了我才能做自己想做的事。她在这里我烟都不想抽，尿也不想尿，我只能装死猪，只能等，等她离开。"

白行观察着穆姐，她毫无表情，好像说的不是她。白行很替这个穆姐下不来台，就说："穆姐，也是好心……"白丰接过话说："坏就坏在这里，她要不是好心我会受这个罪？"

白行对木疙瘩说："穆姐你也要好好想想，这样下去肯定不行。"白丰打住弟弟的话："你别和她说这些，一点用都没有，我和她说过多少次，好话赖话、恐吓、恩威并施……就差给她跪下了。"

白行苦笑一下："那怎么办？"

白丰说："什么怎么办，我也不知道怎么办。我去找过她家里，她父母一句话：管不了。"

白行说："那我姐姐结婚的事，还等你不等你？"

白丰说："她爱等不等，等不等与我无关，那是她的事。"

白行说："我明白了，理解你的意思了——就是，不等了。"

白丰说："这是你的意思，不是我的意思。"

白行说："嗯，我知道了。不等了。"

梦儿的婚礼举行得像模像样，一切顺利。白行用自己全月的工资奖金给姐姐买了一幅贝雕画，用毛笔在画的背面诚心诚意地写上七个篆字：祝姐姐永远幸福。

结婚那天，梦儿抽泣着哭，放声地哭，真心地哭。她总感到自己结婚离开家，对不起父母。婆家把梦儿从原来的工厂安排到了一个事业单位上班。梦儿的日子过得殷实，事业单位福利又好，于是她常常把单位发的东西拿回娘家。一次梦儿又把单位发的东西拿到娘家来，三娘对梦儿说："以后单位分了东西拿到你婆家去，别往娘家拿。再拿到家里来，怎么拿来的怎么拿回去。"梦儿说："他家里有的是，根本不稀罕这个。”三爸说：“啥叫有的是？俺就不信。”梦儿着急说：“真有的是！我公公婆婆单位发的东西有一些根本就不往家里拿，好点的给文道打电话让文道拿去，不怎么样的直接就给他家的亲戚打电话让亲戚领走了。”三爸将信将疑：“不可能吧？”梦儿说：“真是这样，我以前也没想到。不信等文道来了你们问文道。”过些天文道来了，三娘问起这事，文道一五一十地具体说了说，还真如梦儿说的那样，三娘也就不再阻拦梦儿往家拿东西了。

三爸工作单位后勤科的人找到三爸说：“了解到你对象的单位给分了套房子，你搬到你对象单位的房子去住了，厂里要把你的这套老房子收回来。”三爸说：“你咋了解的？我儿子白丰在老房子住着呢。我对象单位一共给了两间屋，根本住不开。”后勤科的人说：“按照规定一家不能有两套房子。我给你出个主意，你托人上派出所把你一家人的户口迁到你对象单位的房子里去，把你儿子白丰的户口留下，这样老房子在你儿子名下就行了。分户以后，咱单位的房子就是租给你儿子了，你给你儿子说好了，他不是咱厂的职工，每个月要交房钱。或者你们户口都别动，把你儿子的户口迁到你对象单位的房子里去，让他在那边交房钱，这样你两套房子就都能保住。”三爸问了白丰，白丰说你们都把户口迁走吧。三爸就托人去派出所说了说，把三爸三娘和白行的户口迁到了新房子，梦儿也把户口迁走了，老房子对应的户口就剩了白丰一个人。

第十四章

随着改革开放不断推进，百姓生活越来越好。物质生活提高的同时，精神上却匮乏了，思想上晕头转向影响到行动，导致社会治安状况越来越差。于是全国开始“大逮捕”。

古立春本是干部子弟，也没做过什么过火的事情，但是因为他一直和自己父亲关系不和，他爸爸恨铁不成钢，从来懒得管他的事，致使他爱穿奇装异服，发型怪异，举止放浪。派出所并不知道古立春是谁的孩子，也不知道他的爸爸是领导，况且干部子弟通常也不是这种打扮，以为像穿这种衣服的青年，总能审出些违法或与违法沾边的事情。

古立春是早晨一上班被叫到派出所的。刚到派出所古立春并不害怕，自恃没做过什么违法的事，豪气冲天，要做当代李玉和。

警察先问：“你爸爸是谁？干什么的？”

“管不着。”

“你没爹吗？你妈怎么生的你？”

“我是成年人，自己的事情自己做主，牵扯不到别人。我倒想问问，凭什么抓我？”古立春掏出一支烟点上火说。

警察从桌子后面走到古立春面前，古立春嘴里叼着烟冷眼乜斜着警察。警察围着他转了一圈，突然从古立春嘴上拽下烟卷戳到他眼上，接着就是一拳把古立春放倒在地，骂道：“妈了个蛋的，充什么大尾巴狼？关起来！”

“凭什么打人？有本事揍死我！上老虎凳！”古立春仍然不服。

警察不再和他啰嗦，给他戴上手铐，掐着他的脖子扭到派出所后院的小黑屋前，一脚把他踹了进去。

这间小屋子没有窗户，屋子里除了墙角有一个用来拉尿的铁桶和地上铺着的草苫子，其他什么东西都没有。警察在外面把门一锁，古立春在里面伸手不见五指，也听不见外面的声音，死一般寂静。古立春的手表、打火机等一应随身携带物品都被警察收走了，古立春感到自己像与世隔绝一样。刚开始他还能沉住气，但是到了他认为该吃中午饭的时候并没有人来给他窝头吃。他想可能是故意饿他一顿，于是告诉自己要坚持。他想出一个用大小便次数计算时间的好办法，心中暗自得意。他感到要小便，之后又感到要大便，只是戴着手铐脱裤子提裤子都费劲，几次以后找到窍门也能完成。计算着到了吃晚饭的时候，肚子饿得咕噜咕噜响，还是没人给他窝头吃。

按照自己计算的时间，古立春认为已经过去三十多个小时了。他感到浑身无力，屋子里的氧气好像也被自己吸没了，胸闷气短，要被憋死一样。他开始砸门，高喊："有人吗？这里还关着人呢！"门很厚，好像砸门的声音传不到门外，喊声好像也被墙壁快速吸收了。无论古立春怎样砸门、高喊，就是没有人搭理他。古立春心想坏了，警察把我忘了，自己要死在这里了。一种从未有过的恐惧感向古立春袭来，他开始哭了起来。

就这样，古立春不停地小便、大便，砸门、高喊，呜呜地哭。

白行是下班的时候知道古立春被关进派出所的。他骑着自行车刚到宿舍门口，见古立春的一个同事在路边等他。那人告诉白行古立春早晨一上班就被派出所叫去了，现在还没出来。白行赶紧跑到派出所，转了一圈没见到古立春，也没看见警察。听到一间办公室有声音，就敲门进去，见几个警察正打麻将。白行问："请问有一个叫古立春的是不是关在这里了？"警察们继续打麻将，没有人搭理他。白行又往前凑了凑问："请问……"白行话刚出口，可能是他离警察太近警察嫌他碍事吧，挨着他的警察用胳膊肘子往后一捣，正捣在白行肚子上，疼得白行一下蹲在地上喘不上气来。

白行和古立春犯了同样的错误——以为自己是工人阶级，起码在明面上工人阶级是领导阶级，那么自己应该是国家的主人，而警察则是为人民服务的。白行深吸了几口气从地上站起来，冲着警察嗷的一嗓子喊出来，把警察们吓了一跳："干什么！你们是人民警察吗？人民警察为人民，全心全意为人民服务，你们就这样对待人民吗？问个事情就挨打，我哪里错了？妨碍你们工作了吗？"

捣了白行一下子的警察推开椅子站起身，一把抓住白行的衣领子："哟呵，来了会讲理的了。"说完就要动手。坐在里面正中间好像是领导的警察出声制止，问白行："你是谁？"

白行说："我是古立春的同学，古立春同事说他早晨就被关到派出所了。我想问问他犯什么事了？在哪里关着呢？"

领导问："你问这个干什么？想串供吗？"又问属下："有这么个人吗？"

早晨审古立春的警察说："有，不老实，在后面关着呢。"又指着白行说："我看你也不像老实孩子，是不是也想进去？"

领导问："你是哪个宿舍区的？你爸爸是谁？"

白行说："我爸爸是谁不重要，重要的是你们抓的古立春的爸爸是局长，你们知道吧？"

"哪个局长？什么局长？"警察问。

"我也不太清楚是什么局长，但肯定是局长，古局长。"

领导说："听你说话一套一套的，你爸爸也是局长？"

白行说："我爸爸不是局长。但是这不影响我作为古立春的同学问询他是不是关在这里。这是我作为一个公民……"白行正说得带劲，见一个警察从墙上挂衣服的钩子上摘下一副手铐，说："这小子这嘴怎么这么贫？"白行赶紧说："我只能说我爸爸是老八路，以前在省军区，别的不想说。"

几个警察相互看了一下。领导说："你同学是不是关在这里不关你的事，也不能随便说，你该干什么干什么去。"另一个警察往外推着白行："没听见吗？赶紧走——擤鼻涕凉快去！"

白行不敢再问，赶紧走了。

白行跑到古立春家，古立春爸爸正要出门，白行就把古立春被关的事告诉他了。古立春家有电话，古立春爸爸听白行说完，就打电话联系，听着好像是给公安局打的。打完电话，古立春爸爸对白行说："我们等一会儿，一会儿来了电话你就去派出所接古立春就行了，估计没什么大事。"

白行赶紧说："叔叔最好是你亲自去，警察太厉害了，我去问了问就给了我一胳膊肘子，现在还疼呢。"

古立春爸爸说："那你先到派出所门口等着吧，我有汽车，一会儿在派出所碰头。"

关在小黑屋里的古立春计算着时间应该是过去好多天了，就在他极度绝望、不停哭泣、感到自己就要死了的时候，听见门外有人说话：“咦？这里还关着人吗？”

古立春赶紧答应：“关着呢！警察叔叔快放我出去，我要死了！”

门打开了，还是那个警察。警察问：“还狂不狂？收拾你这种傻蛋小菜一碟。”

古立春虚弱地说：“我要喝水。”

警察说：“你喝尿！”警察给古立春摘了手铐，指着屋角的铁桶说：“去把你自己拉的尿的倒到那边厕所里去！刷干净喽，刷不干净还关你。”

古立春说：“我一点劲都没有了。”

警察说：“看你这熊样！不是还想坐老虎凳吗？抓紧去！”

等古立春干完这些活，警察把他带到前面警室：“说说吧，都干什么违法的事了？不说就继续小屋里待着。”

“我说，我都说。”古立春已经彻底败了。

古立春老实交代，可是说来说去，并没有什么太出格的事，更谈不上违法。按照古立春后来的说法，当时他连小时候砸学校的玻璃和曾经和别人撞过自行车都说了。警察发现他确实没什么事，就把他的东西还给他说：“滚吧，以后老实点。”

古立春拿起自己的手表，还嘀嘀嗒嗒地走，很是惊奇，试探着问：“叔叔今天几号啊？”

警察神情得意地嘲笑他：“你说几号啊？回家问问你妈今天几号，早晨是几号现在就是几号。滚吧！”

古立春更是惊奇，应该好几天了啊，怎么一天还没过完？心中诧异着正要走，就见爸爸、白行和一个警察走进警室。

审古立春的警察起身问：“领导有事啊？”

古立春心中害怕，心说坏了，派出所领导亲自来了，要是再把自己关起来非死了不可。他冲着爸爸喊道：“爸爸，快救我！”古立春已经有好几年没叫爸爸了，但是这次一叫，他爸爸并没有搭腔。

领导问：“这孩子怎么个情况？”

警察说：“没大事，调皮孩子。”

领导介绍说：“这是古局长，粮油系统的，逢年过节古局长老想着我们，我们的衣食父母啊。刚才分局来电话问这个孩子的情况，没什么事就放人吧。”

警察赶紧上前与古立春爸爸握手：“古局长，不好意思，昨天抓了个小子，让他交代同伙，他把你儿子的名字说出来了，今天问了问你儿子，没什么事，挺好。看我怎么收拾那小子！”

“他揍我呢！还把我关起来！”古立春抽泣着。见古立春如是说，审他的警察一下把脸沉了下来。古立春吓得也一下止住了抽泣。

领导说：“他方法不对我批评他。古局长实在不好意思，今天晚上给您爷儿俩压惊，走，上饭店。”

古立春爸爸对儿子说：“你不穿成这样，谁会提你的名字？”又对领导说：“今晚就免了，改天我请你们。多谢了。我们走了。”说完转身就走。古立春急忙跟上。

“古局长！”领导叫住他们，指着白行问，“这个孩子家里怎么个情况你了解吧？”

“了解，他父母都是老实人。”古立春爸爸说。

领导哦了一声，伸手用力在白行后脑勺上拍了几下：“没事，你们走吧。”

古立春爸爸转身就走，白行也赶紧跟着走，身后的领导一脚把他踹在地上，嘴上说：“这个孩子有毛病吗？站都站不住。”白行站起来踉跄着往前走，他知道，自己只能忍了。

出了派出所，古立春爸爸对儿子说：“今天这件事你有什么感想？你已经不小了，应该能考虑清楚——要想被人尊重，首先要自重，没有不被尊重的言行。特别是在社会上要有你的位置，否则谁也不会拿你当人。好好想想吧，但愿这件事对你能有触动，坏事变好事。我还有事，你自己回家吧。”说完，坐上门口等着的吉普车走了。

这件事对古立春和白行确实有很大的触动。过去他们认为，自己生在新中国，长在红旗下，有政府撑腰，有警察保护，有好朋友帮忙，自己什么都不怕。其实呢？根本不是这么回事！

白行和古立春在附近一家小饭店吃饭，白行对古立春说：“你还记得几年前从工业路到科学院小路上的事吗？如果你俩干了坏事，当时没把你俩抓起来，这次‘严打’也会把你俩抓进去，无期徒刑、枪毙都有可能。”

古立春点头说：“你说得对，你救了俺俩一命。”

白行说：“天堂与地狱就在一念之差。”

古立春说：“再也不敢了。这次差点把我折磨死，我彻底服了。”

白行说："你爸爸说得对。要想被尊重，自己先自重。"

"那怎么办？"古立春问。

"学本事，长学问。本事大了，就会被尊重。"白行说。

"本事大有什么用？没听我爸爸说，关键要有地位。但是我不想当干部，傻瓜似的。"古立春说。

白行说："前几天我妈厂里也抓起几个坏孩子来，我妈的同事对我妈说：再抓几个就轮到你儿子啦。我妈回家都气哭了，嫌我不争气。其实我什么坏事都没干过，就是拉对象太早，就成坏孩子了。而且我这个所谓的对象还是你俩设陷阱把我骗进去的。"

古立春说："你已经够好的了。"

白行说："我最近一直想考大学的事。近来我看书，书上说的一些道理我不理解，有时写的东西编辑也说缺乏深度。咱俩一块儿复习，等考上大学，我好好学习，提高高度看人生，你呢，就可以按你爸爸说的在社会上有自己的位置。"

古立春说："我不考，不可能考上。"

"你要是愿意考，咱俩一块儿学，你要是不考，我自己考。"白行坚定地说。

白行要复习功课参加高考了，目标是电大，汉语言文学专业。白行到厂教育办报上名，借来上年高考的辅导材料翻一翻，有很多弄不明白，于是决定上补习班。大学对于白家的人来说，因为陌生而感到神秘和高不可攀。当白行向父母提出要五十元钱交学费上补习班时，三爸坚决不允，他认为白行不可能考上，白浪费钱。白行开始做三娘的工作，表示自己一定要试试，要是考上了就再也不会有人说自己会被抓起来了，考不上也死心了，以后好好上班。三娘被说动了，对三爸说："行儿每个月发了工资留下饭钱后都交到家里，现在要交学费学习为啥不给？俺也挣工资，这个钱你不拿俺拿。"三爸无可奈何，没好气地拿出五十元钱扔到白行面前："我就不信你能上大学，这个钱一准白费了。"

白行去黑虎泉边上的一所夜校报了高考补习班，从此满脑子只有一件事：复习功课。距高考还有几个月的时间，白行计算了一下辅导材料的页数和距高考日期的天数，给自己规定了每天必须复习、弄懂多少页。白天上班躲到一边学习，没有人叫不出来，下班直接骑二十公里自行车去补习班上课，下课后再回家。但是总感到时间不够用——辅导班进度慢，有的老师并不系统地讲，只是解惑，而自己需要系统学习，特别是去补习班来回路上就要浪费两个多小时。于是白行决定不再天天到补习班了，在家里学，把遇到的问题记下来，隔几天去辅导班一次，集中问老师。但是在家里学习也遇到了困难——自己家里太热闹，根本没有学习的地方。三爸三娘都爱看电视，左邻右舍的人总是到家里来玩，章向东和古立春几乎也天天来，没有人拿他的高考当回事，都认为这是个玩笑，还都嘲笑似的劝他：别学了，学也白搭。每次夏菁来，三娘也会说："别学了，和夏菁拉拉呱。"

白行感叹："完了完了，时间不够了。"没有别的办法，只能争分夺秒加倍努力。

电大开考，白行把自己学到的都填到了答卷上。五门功课考完，虽然参考往年的录取分数线，白行认为应该能考上，但心里依然空落落的——自一年级上学以来，还从未考过这么差的成绩。

剩下的日子就是等考试成绩和录取分数线。

没过几天，有个同事告诉白行师范学院在鲁铁招生，全脱产校园面授上课。白行赶紧到厂教育办打听。教育办的干部说你不是电大考得还不错吗？怎么又要上师范学院？说考师范学院可不像考电大这么容易，师范学院往年也在鲁铁招过生，就是定向为鲁铁培养老师，能考上的不多。白行说我想上师范学院，因为师范学院是在大学校园里面授，能真正体验校园生活，我还听说只有听大学老师当面授课才能学到真东西，电大是半脱产看电视学习，和自己看书差不多，不像真大学生。教育办干部说那你就交钱报名吧，要是电大录取你了，师范学院的报名费辅导材料费可是不退。白行问要是我两个都考上了，可以选一个吗？教育办干部说不行，因为电大录取早，去电大报到了就不能再考师范。如果电大没报名，师范也没考上，电大也不会再要了。教育办干部让白行想清楚。白行表示自己要义无反顾上师范，并交了报名费。

白行又开始了刻苦学习的历程。他不想让自己再经历考完电大后的那种不踏实，他要全力以赴。除了利用工作间隙学习，每天回家后他要么躲在厕所里、厨房里，要么跑到外面路灯下学，总之是要避开家里的热闹场面。家里人对他的做法甚是不解，一致的观点是：考上电大就去上电大，考不上电大师范学院就更考不上。再说电大也肯定考不上！

这天，白行下班回家，把电视大学的录取通知书交到三娘的手上："妈，你儿子考上电大了。""这是什么啊？"三娘神情狐疑地把通知书递给三爸。三爸接过通知书读着上面的字，有些喜出望外了："这是真考上电大了，还真行，真是没想到。”“白家可真是出了灵芝草啦！”三娘满心欢喜地接过通知书端详着。白行说：“我不想去电大，我要上师范学院，成为真正的大学生。”

三娘三爸赶紧阻止，说能上电大就很好了，千万不要想三想四的，落个鸡飞蛋打就麻烦了。

白行说：“我要背水一战，不给自己留后路，考不上师范学院誓不罢休。”

三爸三娘没有能力裁决白行做出的决定是否正确，只好由着白行按照自己的意志行事。

离考试越来越近，白行总感到时间不够用。

一天，夏菁对白行说：“你到我家里学习去吧，我家里不像你家这么热闹。”

白行一想，也是啊——夏中两口子最近单位分了房子搬走了，夏菁家就夏菁和她妈妈两个人，而且她家很少有人去串门。于是问：“你妈愿意吗？”

“我和我妈说了，她愿意。”夏菁说。

“那我天天学到半夜不影响你妈休息啊？”

“不影响。三间大房子还不够用的？你直接住在那里就行，我和俺妈一间屋，你自己一间屋，另一间屋我哥哥搬走的时候放了点东西。你每天下班直接去俺家就行。”

“真的？那我跟家里说一声，明天就开始在你家住了？还有半个月就考试，要是真能这样，半个月时间够了！”

“你要是同意你就去，反正我和我妈说了。”夏菁说。

“去。明天开始！”

夏菁家的学习条件实在是太好了。夏菁和她妈妈为了不影响白行学习，一切举止言行都是静悄悄的，母女间说话也凑着耳朵说，打开电视也是只看图像不听声音。每天下班白行进了夏菁家就直奔自己的房间，吃饭的时候夏菁就过去叫，吃完饭夏妈什么也不让白行收拾，直接把他推进房间学习。

几天后，吃晚饭的时候夏妈问：“小白，我夜里上厕所的时候看见你还在学习，你不睡觉吗？”

“特殊时期，一天睡三个小时足够了。”白行说。

“三个小时可是不够，起码八个小时。”夏妈说。

“你别管他。”夏菁说。

“哎哟，身体要搞坏的。”夏妈担心。

一天快天亮的时候夏妈去上厕所，一开厕所门就见白行站在厕所里，嘟嘟囔囔地在背题。夏妈吓了一跳："小白你怎么啦？脑子出问题了？不要学了不要学了，千万千万不要学了！"

白行冲夏妈笑笑，什么话也没说就进自己房间学习去了。

夏菁听见妈妈喊，也从房间出来探个究竟，听妈妈一番描述后说："我和你说了，别管他。"

师范学院考试如期进行。最后一门考完后白行回到自己家，见家里人和夏菁都在，白行说："考上了。"

"成绩还没出来你怎么知道的？"三娘问。

"不用等成绩，我心里有数。"白行说。

果然，没过多久白行把师范学院的录取通知书拿回家来。白行得意地说："通知书来了，师范学院中文系。我去学校招生办查了一下成绩，全系统第二名！要是知道这么好考我就不费这个劲了。"

一家人兴高采烈，家里出了大学生，好像就此脱离了社会最底层似的。三娘天天在宿舍院里转悠，逢人就说：俺儿子考上大学了，毕业以后当老师。三爸自此遇到问题也愿意听听小儿子的意见了。梦儿把弟弟的照片带到单位压在写字台玻璃下面，让同事们看看自己的弟弟是多么优秀。白行到二哥这边来告诉白丰自己考上了。白丰微微点点头什么话也没说。白丰没有讽刺挖苦，白行像又得到了二哥的指引，看到了前面的航灯。

白行独自来到华不注山上华阳宫老柏树下躺着，他想在这里睡一觉，在梦中把这件事告诉林晓荫。

就在白行准备到师范学院上学的时候，章向东要结婚了。

婚房是靠他妈用十多年时间拉着地排车到处拾砖头、攒砖头盖起来的，饱含着一个母亲的心血、辛劳和对儿子的爱。女孩是章向东干临时工认识的，身材苗条，个子和章向东一样高，长相要比章向东好很多。

章向东就得意地和两个好朋友说："史大个子不愿意嫁给我，我照样找了个个子高的。"

古立春说："史大个子你想也别想了，她准备嫁给孟头了。不嫁给孟头也没你什么事。"

章向东问："你的意思有你的事？"

古立春说：“这个不吹牛，腿是真长。缺点是那个地方有块胎记，有碍观瞻。”

白行说：“爱一个女人应该是感受她的整体美，感受到她是最美好的，否则没有理由去拥有。而你把她拆解开来看，像对待物品那样去看，是错误的。”

章向东说：“孟头还不如我，傻乎乎的，能娶到史大个子就很好了。”

古立春说：“孟头刚调到公安局工作，不比你强百倍？”

章向东惊奇地说：“他那么胆小能抓小偷吗？”

古立春说：“胆子小怕什么，帽檐大就行，是鼠就避猫。”

章向东的订婚酒也喝了，婚礼的日子也定下了，正要抽空去登记，婚事却出现了波折。缘由是，章向东的村子要比他媳妇的村子富，所以一开始的时候他媳妇的娘家很乐意这门亲事。及至要结婚的时候，媳妇的娘家越来越了解到章向东的家境是很贫寒的：本应是顶梁柱的章向东的爸爸常年有病干不了活，他妈瘦骨伶仃也做不了什么事，一家的经济来源基本是靠章向东在外面拼命干活和那几分地的收成。就连新房是靠章向东他妈十来年捡破砖头盖起来的事，女方也知道了。女方要悔这门婚事，提出要收章向东家根本无法承受的财礼：四铺四盖、缝纫机、自行车、录音机和高低橱，说是为了留着给章向东年龄尚小的小舅子娶媳妇用。章向东家哀求村里大队书记去女方家说和，也没起作用，女方态度坚决，没有这些彩礼不能结婚。章向东叫着媳妇一起去找白行，让白行去他老丈人家做工作。白行了解到章向东的媳妇是不赞成娘家要彩礼的，她妈也不想要，主要是她爸爸想借此悔婚。白行说去做工作可以，需要你们俩配合，章向东他媳妇说全听白哥的，于是白行和章向东一起到了章向东老丈人家。

白行的办法很简单，他告诉章向东的岳父母：你闺女怀孕了。然后说所要的彩礼一样也不能少，先把章向东家准备好的两铺两盖送过来，其余的让章向东写欠条，等他小舅子结婚时按欠条上写的置办新的。并解释说如果现在置办好了，到他小舅子结婚时东西也放旧了。

章向东他岳父听说自己的闺女已经怀孕，一下没了底气，问如果他小儿子结婚时章向东不给置办彩礼怎么办，白行表态自己愿意当保人。二老认为只能这样了，也就借坡下驴，答应了按期举行婚礼。

章向东的婚礼如期举行，章向东让白行当司仪，白行并不懂程序、规矩，幸亏有村里在行的人帮衬着还算顺利。酒席在章向东家及邻近的几个院子里摆开，现盘的炉灶，厨师都是当庄的，虽然不是多么上讲的菜，但是量大，人也多，很是热闹。

按照风俗，婚礼的第二天回门，就是新郎要到新娘家参加女方举办的喜宴。章向东对白行古立春说：“她家里对我有意见，我去了肯定死命地灌我，你俩跟我一块儿去，保护着点。”古立春说：“进村以后我得先吃个煮鸡蛋，这样能多喝。”

安全起见，第二天章向东又叫了他村里几个能喝酒的小伙子一起去。一行人乘车刚到章向东他老丈人的村口就被拦下了，说是要喝下马酒。古立春赶紧从口袋里掏出个煮鸡蛋就要扒皮往嘴里塞，被迎亲的一下夺过来说：“家里好菜伺候着，怕俺庄里的菜有毒吗？”另一个就说：“按照规矩，一人三碗酒，要不心不诚。”章向东们极力推托。章向东媳妇说：“干脆在这里喝醉了也不用进庄了，就着来的车回去算完了。”好说歹说，一人喝了半碗酒继续前行。到了胡同口，一张桌子横在那里，桌上摆着的酒碗已经斟满。迎亲的说：“刚才是俺村里的意思，现在是家族的心意，一人三碗不能少。”众人又是推托。最后村里一个长辈生气地端起酒碗说：“你们一个人喝一碗满的，不喝的，愿意回去就回去，这里不招你。我先干了。”说完，端起酒碗一饮而尽，翻过碗来给大家看。于是迎亲的纷纷说：长辈敬酒天大的面子，就是现在回去也得先把酒干了。章向东们没有办法，只好都把酒碗端了起来。古立春咬了半天牙，最后张开嘴几口把酒喝掉，接着他就像多年前一样身子一软就要瘫倒在地上，众人把他扶进屋里抬到床上。村里人一看酒席还没开始就已经倒下一个了，也就心满意足，邀来宾入席，喜宴正式开始……

开学了，白行如愿成为天之骄子——大学生。师范学院中文系和白行一起入学的三个成人班多数是省内各地中学没有高校文凭的语文老师，也有个别白行这样的企业职工。白行天天胸前佩戴着师范学院的校徽去上学。因学校离家也就半小时路程，虽然学校也给白行安排了宿舍，因离家不远，他就没去住校。本来白行得知同学们多数是语文老师后有些底气不足，从不多言多语。因他不住校，同学们和他也不熟悉，也没有人主动招呼他。但几周以后这种底气不足的感觉就消失了——

中文系有文学创作课，三个成人班一起上，教课的老师是已在文坛小有名气的青年作家。几次课下来，老师给学生布置作业：写一篇观察笔记，下周交。同学们摩拳擦掌，下课后相互招呼着一起去景点看风景，也有上商业街去“观察”的。

写作文对这些语文老师来说是轻车熟路，甚至是求之不得的——正好一展身手。作文收上来同学们相互传阅。有写大明湖游船如梭荷叶田田的，有写趵突泉天下第一名不虚传的，有写千佛山林深叶密情侣绵绵的，有写商场里琳琅满目欣欣向荣的，有写游人如织红旗招展的。还有个勤奋的同学转的地方多跑的地方远，把小清河、鹊山、英雄山等景点转了个遍，一篇文章写下来洋洋洒洒几十页，最后感慨：美丽泉城果然是四面荷花三面柳，一城山色半城湖！用这位同学的话说，济南可看的地方太多，一万页也写不完。

再上写作课，先是作文讲评。老师说同学们作文都写得挺好，看得出来，用心、下功夫了。由于时间关系，只想讲评一篇——白行同学的观察笔记。我先念一遍——

下课以后，就有同学把白行的作文要去阅读。白行感觉好笑——他们都是中学语文老师，竟然会传阅自己这个高中没毕业的人写的文章。白行并不清楚，自己这么多年持续不断地读书和写作，让自己的写作能力又有了提高。

再次作文讲评的时候，老师又把白行的作文当作范文进行了讲评，老师说这次要求同学们写回忆文章，白行写的是双回忆，就是回忆中还有回忆，对此大加赞扬。老师也解释说：其他同学写得也很好，就是太长了，不方便在课堂上讲评。

于是同学们又拿着白行的作文传阅。

几天过去，白行的作文也不知道传到哪里去了，自己也不好意思问——显得太在意不好。

高远的白云，收过来一看，不过是一捧水。

号称“性解放”的代表、人送雅号“黑牡丹”的中文系校花柳千婵，拿着白行的作文本迈着模特步来找白行。柳千婵在众目睽睽之下大大方方笑吟吟往白行身边的座位上一坐，问白行还写了什么作品，说她想看。白行说没像样的，拿不出手。白行的冷漠让柳千婵感到意外和无趣，甚至有些丢面子。她向来是被男性追捧的，没想到白行会是这样的反应。其实白行也不是故意冷落柳千婵，只是觉着这个平日里被班里同学苗冰等人议论、称赞的气质高冷的女性离自己很远，与自己不相干。柳千婵给白行出了个题目《炽热的吻》让白行写写。白行说没有经历，写不了。一直站在一旁观瞧的苗冰指责白行：校花的指令你也敢不听呀？黑牡丹能屈驾来我们成人班就已经是很大面子了，安排个事你还不赶紧的？柳千婵问苗冰什么是成人班，苗冰满脸堆笑地解释说我们是成人班，在职学习。你是高中毕业直接考来的，我们称这个叫普通班。柳千婵觉着再待下去无趣，就起身离开，苗冰紧随相送，嘴里不停地说着恭维的话。

放学的时候白行见一些同学吵吵闹闹地围着宣传栏看，就过去探个究竟。宣传栏上贴着柳千婵的启事："征文:《炽热的吻》。柳千婵。"苗冰把白行拉到一边问白行有没有追柳千婵的打算，白行说没有。苗冰就让白行帮忙写写这个征文。白行说你自己写呗。苗冰哀求说：成人之美，成人之美。白行就答应了。第二天白行把写好的作品给了苗冰，苗冰嘱咐要保密，白行应诺。

这天放学，柳千婵在校门口等白行，见白行过来，说请白行帮忙给她的自行车打打气。苗冰凑过来说他愿意帮忙，被柳千婵拒绝。苗冰走开后，柳千婵说：其实你也明白，我让你帮着打气就是想接近你。白行笑笑说：车胎气是挺足的。柳千婵说：其实男女在一起就该直接点，绕来绕去还是那点事，有必要绕吗？白行说：我劝你考虑考虑苗冰。柳千婵直截了当地对白行说想和白行交朋友。白行说苗冰在追你，你和苗冰多好。柳千婵说瞧不起苗冰，说他是走后门进来的，档次很低。柳千婵说她自己感觉和白行是互补型，又都是家在济南的走读生，在一起肯定合适。白行表示不考虑这个事。柳千婵还不死心，说我们做普通朋友可以吗？白行说可以，同学就包含着朋友的含义。柳千婵对白行很失望，推起自行车迈着模特步走了，走出很远后才飞身上车。

白行转身正待走，苗冰不知什么时候站在白行身后。

苗冰用下巴颏努了努柳千婵去的方向对白行说："怎么样，看这两步走，送胯送得多好！西式新女性，性解放，老兄你是不是也想闹她一气？"

白行说："你自己这样想的吧？你这是以小人之心度君子之腹。"

"算你说对了，我就是想干她。怎么，你老哥有意见吗？"苗冰说。

"你愿干你就干去，和我没有任何关系。"

这天课间，柳千婵跑到白行的教室问白行中午回家吗，白行说不一定，有时候回，有时候不回。柳千婵说那你中午别回家了，我找你有事。说完就一扭一送地款款离开。

不知道柳千婵有什么事，白行中午就没回家。白行在学校食堂吃完饭刚回到教室，柳千婵拿着一副跳棋找到白行要和白行下跳棋。白行说："你找我就这个事？"柳千婵说："对啊。"白行说："这是小孩玩的东西。"柳千婵说："我就是小孩，陪我玩玩不行吗？"说着就抓着白行的手让白行摆棋。周围的同学起哄说白行你就陪阿妹玩玩哎！白行很窘，连忙从柳千婵手中抽出手来说自己真不爱玩这个。苗冰赶过来说："来来来，三个人一起来，三个人玩有意思。"苗冰将嘴凑近白行耳朵说：“帮帮忙，别让她走喽。”

三人正下着跳棋，外面夏菁来了。

夏菁打听着来到白行的教室门口往里窥探。有学生问她找谁。夏菁也不搭腔，只是面无表情地站在门口往里看。学生们感到这个人挺奇怪，议论纷纷。议论声也引起了白行的注意，看过去，是夏菁，就赶紧快步出去，走到夏菁身边问出什么事了吗？夏菁怒视着白行不说话。白行甚是尴尬，就拉了她一下后往外走，夏菁就跟着出了教学楼。来到外面，白行问：“你来干什么？有事吗？”

夏菁说：“知道你不回家就不干好事。”

白行说：“我怎么不干好事了？”

夏菁说：“你自己知道。我眼也不瞎。”

白行说：“不就是下棋吗？这么多人在一起，下棋也不行？”

夏菁说：“这个学你别上了，不会有好结果。干工人就挺好，这么大野心干什么。”

白行生气说：“什么叫野心？有上进心不好吗？你爸你妈不是也希望我有上进心吗？”

夏菁说：“狗屁上进心，你就没安好心。”

白行说：“回家问问你妈咱俩谁对。”

夏菁说：“别提俺家老人，提俺家老人干什么！”

白行沉了沉说：“你先回家吧，有事回去说，我一会儿就上课了。”

夏菁瞪着白行看了一会儿说：“你小心点，我要是再看见你不干好事我就找你校长，我不光找你校长我还找你厂长，到时候看谁难看。”

两人虽然声音不大，但过往的同学从两人的神情上就能看出是在闹不愉快。认识白行的同学从他们身边经过时会冲他笑笑或者伸伸舌头。白行怕继续争执下去就不敢再搭话，只盼着夏菁赶紧离开。

这时，苗冰走过来问：“白行，这是谁呀？你对象吗？”

白行催促夏菁：“快走吧。”

夏菁看一眼苗冰，对白行说：“你上课去吧，我在这里等着。”

白行压住火气低声说：“你在这里算怎么回事？逼着我退学吗？你先回去，有事回家说。听见了吗？回去！”

夏菁怒视着白行，片刻，推起自行车边走边撂下一句：“别以为我好欺负，看着点。”

白行知道，平时默默无语的夏菁只要见到自己和别的女性接触就会大发脾气，现在看见自己和别的女孩下棋自然会有强烈的反应。没有别的办法，只能以后注意点。

夏菁普通的长相鼓励了柳千婵。放学的时候，柳千婵在校门口等着白行。等白行走到跟前，她问白行："你有对象了吗？中午那个人就是你对象？"

"算是吧。"白行说。

"上床了吗？"

"你怎么能问这种话？没有。"

"接吻了吗？"

"没有。"

"吻都没吻，还算女朋友啊？"

白行不知道该怎么回答她。

柳千婵说："这算什么对象，赶紧散了得了。"见白行没搭腔，柳千婵说："我也谈过恋爱，我和他什么事都发生了，后来是我和他吹的。"

白行说："既然……发生了，就该拴住他，你怎么还主动和他散呢？"

柳千婵说："男女在一起，只要有爱情，什么都可以做，爱情没了就分开。不对吗？"

白行心里不得不说这个柳千婵还真是"性解放"。她说的"互补"，可能就是指东方与西方的互补吧。

白行担心夏菁会突然冒出来，就告辞说："我该回家了，我觉着你和苗冰拉拉挺合适的，他思想挺开放。再见。"白行说完骑上车子就走。

柳千婵一把拉住他自行车说："你怎么这样啊？和你说着话呢。怕中午找你的那个女的看见是不是？"

白行说："该回家了。"

柳千婵撇嘴说："比我大好几岁，还是个男的，怕我吃了你啊？这么胆小。你要做生活的强者。"

白行说："你和苗冰拉拉多好，他是强者。"

柳千婵说："你这人真没意思。干吗总把我往他那里推啊？"

白行说："是苗冰想把你拉过去。在我这里，即便是推也是顺水推舟。"

柳千婵一撇嘴："我自己的事我做主，谁也别想左右我。包括你。"

柳千婵最后问苗冰给她的《炽热的吻》是白行写的吗？白行说不是。

星期六放学的时候，柳千婵找到白行说听说白行以前是电工，教室和学生宿舍里的灯就是白行修好的，让白行去她家帮着修一下灯。白行不想去，说要是灯都不亮了让你爸爸看看保险丝断了没，要是某个不亮就换一下灯泡。柳千婵说几个亮几个不亮，又说她父母离婚了，她家就她自己，没有人帮忙。白行说电工活挺麻烦的，要有工具，起码要有试电笔，你还是让邻居帮着看看吧。柳千婵说同学这点忙都不给帮吗？又说家里有些书，白行正好可以选选看看。白行答应第二天去给她修。

星期天一早，白行带着电工工具骑上自行车按照柳千婵给的地址去柳千婵家。

家里果然只有柳千婵一人，她穿着宽松的上衣和半长不长的裙子，很随意的样子。房间里弥漫着香气。

柳千婵拿过一个小笤帚笑吟吟地帮着白行扫去身上的尘土，又端过一杯冲好的蜜水让白行喝。白行可从来没受到过女孩的这种礼遇。夏菁就从来不这样，按照夏菁的说法，女孩子温柔就是自轻自贱，并告诉白行：这一辈子也别指望自己会温柔。而白行也从不去关注和感受夏菁是否会温柔，认为这与自己没啥关系。

进了柳千婵的房间，白行拉了一下灯绳："这不没坏吗，哪个灯不亮？"

柳千婵拉着白行让他坐在床边的椅子上："这么着急干什么呀，先坐下喝点水。"

柳千婵说完坐到床边往被子上一靠，两条腿一条横在床上，一条垂在床下，裙子不经意似的撩起在大腿上，性感的大腿间一条肉色的内裤显现出来，窄窄紧紧的内衣把她身体的形状勾勒得甚是清晰，以至于令人怀疑这内裤是透明的。白行心里一紧，不敢去看，眼睛又总是不听指挥地看向那里。柳千婵好像也发觉了白行的窘相，但并没有变换姿势。白行不敢再坐下去，站起身说："……哪个灯坏了？"

柳千婵好像挺无奈地也站起身，想了想在床下找出一个破台灯："你先给我修修这个吧。"

白行说："这个你拿学校去给你修就行，还让我跑一趟。"白行又坐下，把台灯放到桌子上开始拆卸。

柳千婵站在那里看了一会儿："你先修着，我去洗个澡。"

白行问："去哪儿洗？要是有人来我怎么说？"

柳千婵说："卫生间洗啊，接着就出来了。"说完冲白行眨眼一笑，走进卫生间，随后里面传出哗哗的水声。

白行修着台灯，脑子里不时浮现出柳千婵性感的大腿和她两腿间的肉色内衣。

时间不长，柳千婵从卫生间出来了，头发上绾着毛巾，并没怎么湿，身上换了一条超短的连衣裙。要命的一幕出现了：柳千婵还像先前一样，坐在床边，一条腿垂在床下，不同的是她原先横在床上的那条腿这次向外蜷了起来，致使两腿大开，她就这样身子往后面的被子上一仰——她竟没穿内衣！

……这是白行第一次见到。他所认知的柳千婵是新潮的、时尚的、文化的，可他看到的，是原始的、荒蛮的，没有丝毫文化与文明的气息。他无法把这荒蛮与文化统一起来，把这原始与时尚统一起来……致使他不得不抬头去看柳千婵的脸——他想印证自己看到的景象是不是一个统一的整体？她那含情脉脉又清澈明亮的眼睛与她的另一处没有丝毫的互动，是完全的两回事，这看似毫不相干的光鲜亮丽的脸庞与原始的纯动物的雌性器官，割裂着白行的认知……

白行一下站了起来，他没能像歌里唱的那样“潇洒走一回”，而是像逃兵一样收拾起工具要狼狈逃窜了……

“你干什么呀？”柳千婵边问边把蜷起的腿合拢。

白行极败兴地说：“我……对不起，我得走……”

柳千婵站起身：“怎么了啊？你什么意思啊？”

“……你可能是想……可是我……”白行语无伦次了。

“想什么呀？你可不要胡思乱想啊。”柳千婵的眼神已经变得和在大庭广众时一样了。

“我……我走了，再见。”白行有些愧疚地说。

柳千婵神情怪异，像大姐姐审视着做错事的小弟弟，又像赌气的小妹看着大哥。

……白行离开了柳千婵家。

柳千婵追求白行的最后努力，失败了……

这以后，白行再也不和柳千婵有任何接触，即便是众人之中他也想方设法回避着柳千婵的接近。

这么娇媚的姑娘，那处却如此粗野张狂。看到了不该看的，白行感到自己对不起林晓荫。甚至，对不起夏菁。

第十五章

在师范学院读书的白行学习起来如饥似渴。他庆幸自己选择了这里而没去电大。电大老师的讲课他在电视上看到过，面无表情，正襟危坐，老师说的话你可以拿着课本对照，几乎一字不差，完全照本宣科。在师范学院上课就不同了，老师会脱开书本讲很多书本里没有的东西，遇到不解的问题还可以随时和老师交流，真是受益匪浅。每门课的老师都会给学生推荐一些课外书，白行也总会想办法把那些书找到，读完。上大学以前这些年白行看了不少书，现在一上学，把以前看过的书、学过的知识全都串了起来，学习效果非同一般。

大学的老师鼓励学生质疑任何事。

在一位著名教授领着学完了“鲁郭茅巴老曹”后，教授让学生们去读茅盾的《子夜》，并要在课堂上发言讲读后感。于是在再上这门课的时候，教授随机点名让学生上讲台发言，学生自认为准备充分的也可以举手要求上台。学生们上台都是拿着写好的稿纸，讲的读后感全都是对作品的大加赞扬，这么夸了那么夸，那么好了这么好……什么文字华美、情节生动、人物突出、寓意深刻……不吝赞美之词。连上两节课全是这个，好像在比赛谁掌握的褒义词更多。

就在第二节课要下课的时候，教授点到了白行的名字。白行起立：“老师我能说点对这部小说的批评意见吗？如果只能赞美，我没的可说了——好词都让同学们说完了。”

教授惊喜地说：“这间教室里还有敢给茅盾挑毛病的，真是想不到。大家听听他有什么高论。”

白行也没有草稿，走上讲台说：“《子夜》，正面人物民族资本家吴荪甫开丝厂要实业救国，与买办资本家代表也是反面人物赵伯韬展开激烈的斗争。就在双方斗争到你死我活、胜败就要见分晓的节骨眼上，吴荪甫家乡双桥镇农民搞农运让他的产业蒙受巨大损失，同时工厂里工潮此起彼伏，工人的罢工让他损失更大。‘农运’和‘工潮’直接造成了吴荪甫在与赵伯韬的最后对决中败给了对手并导致破产。小说给读者的感觉就是：如果不是‘农运’和‘工潮’，吴荪甫就胜利了。那么作者是什么意思？‘农运’和‘工潮’是谁发动、谁领导的难道作者不知道吗？”

同学们议论纷纷，有的干脆直接叫好。

教授也笑呵呵地说：“你这也算一家之说。还有什么？”

白行说：“茅盾 1928 年与党组织失去联系，《子夜》就是他与党组织失去联系两三年以后写的。本来可以猜想他这样写小说的目的是什么，现在茅盾先生去世了，党龄从 1921 年算起，我就不怀疑他写这篇小说的动机了。”

有的同学笑起来，教授也笑着说：“好。先不论什么主观客观、或对或错，敢质疑，能有自己的判断，这才是做学问。”

白行受到鼓励，接着说：“可能他想告诉读者：民族资产阶级想在反对共产党和反对官僚买办阶级的夹缝中寻找道路，求得生存与发展，从而建立西方式的资产阶级政权是行不通的。但是小说不是理论文章，小说给予读者更多的是感性认识，是让读者通过感受得到指引。我只能说这部小说如果出发点是好的，那么效果并不好。”

教授高兴地问：“这都是你悟出来的？”

白行说：“也看了些资料。”

教授对同学们说：“这位同学的发言很好，有些问题我都没去想过。我们要鼓励这种学习态度。”

下课以后，教授专门和白行进行了交流，得知白行还喜欢写作，教授更加欣喜。教授找写作老师和其他各科老师了解白行的情况。老师们都说白行这个学生学习爱动脑子，善于思考，特别是看了很多书，古今中外的都有涉猎。整体说白行不是那些只为拿个文凭的学生所能比的。教授在搜集、审阅了白行所学各科的作业以后，决定把白行收入门下。

一次下课后，教授问白行愿意不愿意读自己的研究生，如果愿意，他找学校领导安排，研究生毕业以后就留校任教。白行喜出望外，忙说太好了、求之不得、我愿意。同学们也纷纷赞叹，羡慕不已，都说白行厉害了，命运从此改变！

教授向校长说了自己想留白行读研究生然后留校任教的事。校长说："您是著名教授，难得有看好的学生，没问题，学生原单位那边学校出面协调。"

教授把学校的决定告诉了白行。白行听说学校以这种方式招研究生每年也就几个名额，因此倍加珍惜这个机会，学习更加用功。教授对白行说，学习中遇到问题可以直接去找他，白行谨遵师训。教授的悉心教导让白行受益匪浅。

当然也不是所有老师都能让学生受益。有一个讲古典文学的老师，负责教授三国两晋南北朝文学史。这个老师是个粗壮的黑汉子，岁数也不小了，为了充斯文，他还弄了一副黑框眼镜戴上。这个老师照本宣科还好，反正学生自己也要看书，他在上面念念，省了大家读了。但是一脱开书本，就要麻烦。一次讲到曹操"抚掌大笑"，这个老师就讲解说："这古代人表示高兴和我们现在的人不一样，我们是鼓掌，古代人是'抚掌'，就是这样——"老师说着，把双手合在一起，两手转圈来回搓着，嘴里夸张地发出洪亮的哈哈哈的笑声。台下哄堂大笑。这老师以为学生的笑声是赞誉自己课讲得生动，就又说："你们这些学生，要向我学着点，要活泼，不要假正经，贾宝玉他爸爸贾政就是假正经，娶了好几个老婆还装正人君子，要是真正经为什么不一夫一妻制？我就一个老婆，我是真正经。"学生们又大笑。一个学生忍不住起立说："老师，抚同拊，拍的意思，抚掌就是拍掌。"满教室的学生都咧着嘴笑着，用嘲讽的眼神看着这个老师。结果这个学生考试的时候老师给了他个不及格。

平静的生活又有了新情况。

有人给夏菁的妈妈介绍了个新老伴，人不错，还不到五十岁的夏妈犹豫再三，最后还是结婚搬到男方家去住了。

夏中夫妇在夏妈搬走后，带着孩子搬回来住了。

这个变故让夏菁无所适从。继续住在家里和哥哥嫂子一家在一起，自己像个外人，虽然夏妈的新家也给她预备了房间，但她过去住了几天，也感到自己是个外人。

夏菁成天闷闷不乐六神无主，不到睡觉的时候去白行家和白行待在一起算是有个着落，到了该睡觉的时候就总是拿不定主意去哪里。常常夜里白行送夏菁回家，白行问她去哪儿，夏菁就说哪儿也不想去。白行再三追问，或者出主意让夏菁去哪儿，到了门口夏菁又不想进去。往往是两个人半夜里在马路边一坐就到两三点钟。开始的时候白行还能勉强陪着，几个月下来，天天如此，白行就受不了了，两个人经常为了夏菁半夜不回去睡觉吵架。

夏菁话更少了，人也变得面黄肌瘦，像个孤儿。夏妈看着夏菁的样子甚是心疼，又不知该怎么办。三娘也私下里常说：看着夏菁这个孩子怪可怜的。

夏菁的窘境让白行感同身受，他实在是不想让这种夜不归宿的日子继续下去了，他坚持不住了。最后，白行的想法是：和夏菁结婚。

在做出结婚的决定以后，白行总感到自己对不住一个人。这个人就是林晓荫。

白行把古立春和章向东叫到一起，说了自己想和夏菁结婚的事，又说自己总感到对不起林晓荫。

章向东说："夏菁现在是'爹死娘嫁人'，够惨的。你就该和夏菁结婚，还想林晓荫干什么，说不定她已经死了。"

白行生气地说："你这不是胡说吗！"

古立春摘下自己腕上的手表把玩着，连着抽了几支烟，最后说："我知道林晓荫的情况。"

白行心尖一颤，催促道："她什么情况？快说！"

古立春说听说林晓荫先去了北京又去了香港、台湾，甚至美国，林晓荫是她姥爷遗产的唯一继承人，继承了她姥爷的好几家大公司。林晓荫的姥爷在台湾、香港乃至美国和新加坡都有产业，所以不知道现在林晓荫在什么地方。古立春说因为白行和夏菁拉着，又不知道这些消息是真的假的，就没给白行说。古立春说白行和林晓荫差距太大，已经完全不可能在一起了，让白行死了心和夏菁结婚就行了。

白行问古立春从哪儿得到的消息，还能联系上林晓荫吗？古立春说是一个客户说的，现在客户都联系不上了。谁知道她在哪里，没准儿还结婚了呢。

章向东说白行你就和夏菁结婚就行了，还管林晓荫干什么，你在中国，她在外头，这一辈子你也见不着她了，人家也早就忘了你了，要不早就来找你了，你就死了这个心吧。

白行陷入沉思。是啊，如果今生无法再与林晓荫相遇，不能和林晓荫结婚，那又何必在乎和谁结婚呢？注定不是林晓荫，那就换谁都一样。

在最终做出了和夏菁结婚的决定后，白行一人带着个小铁锹来到华山的老柏树下。他注视着那个他和林晓荫埋下信物的地方，那块压在信物上面的石块依然半掩在土中。白行用铁锹掘出石头，然后改用手往外扒土，很快，塑料袋包裹着的两个人的信物原封不动地露了出来。白行打开铅笔盒，拿起自己和林晓荫套在一起的袜子在心口捂了一会儿，把一张刚写好的信纸放到里面。信纸上写着："林晓荫，我对不起你，我要和别人结婚了。要是真有下辈子，我们真能相见，就永远不分离。这辈子你可能把我忘了，忘了就忘了吧。我一生想着你。衷心祝你一生幸福快乐。咱下辈子见。白行。"白行合上铅笔盒，又用带来的塑料布把信物包好，再套上塑料袋，埋到坑里，重新压上那块石头，用锹柄把周边捣实后撒上干土。做完了这些事，白行的心里感到轻松了些，仰身躺在老柏树下。

望着无尽的天空，白行突然想看看林晓荫写的十年后才能看的信是什么内容。虽然距十年的期限还差点时间，但是自己一旦结了婚，那和林晓荫的关系就不是十年不十年的问题了。白行重新搬开石头拿出林晓荫的第二封信。慢慢打开，只见上面写着："白行，我和你想的一样。林晓荫。"竟然和第一封信完全一样，一字不差。白行打开自己写的第二封信："林晓荫，我是白行，我喜欢你。要是你看到这封信，就告诉我地址，我去找你。"那么林晓荫要是和自己想的一样，是和自己第二封信写的一样还是和自己现在想结婚的想法一样？应该是现在的，林晓荫说了，是和自己想的一样。白行这样自欺欺人地推测完了以后，就把信物重新埋起来。白行拿出口琴把曾经在此吹给林晓荫听的曲子吹了一遍，然后伸出手指在自己的额头上点了一下，拿起铁锹下山了。

几天后，白行告诉夏菁：两人已到结婚年龄，要利用学校假期——也就是还有一个月时间，和她结婚，让她到单位去开介绍信。夏菁将信将疑："你先开我就开。"于是白行回到鲁铁开了介绍信给夏菁看，并嘱咐说："先不要告诉双方老人，免得啰嗦。"

又过了几天，白行和夏菁各自在家里悄悄拿出户口本，拿着单位介绍信到结婚登记处登了记。

拿到结婚证，白行和夏菁先去白行家，正好碰见三娘出门，三娘问："今天星期几啊？怎么不上班不上学的？"

白行就从口袋里拿出结婚证递给三娘说："俺俩登记了，刚回来。"

三娘将信将疑，翻开结婚证一看，果然是儿子和夏菁的照片。说："怎么事先也不和大人说一声啊？夏菁你妈知道吗？"

"都不知道。"夏菁说。

白行说：“妈你先回家和我爸说一声吧，我们现在去和她妈说一声。”说完骑上自行车带着夏菁扭头去夏妈家了。

到了夏妈家，夏妈问：“怎么回事啊？”

白行就拿出结婚证说：“我和夏菁登记了，一个月以内结婚。”

夏妈吃惊不小：“啊？哎哟，你们两个小孩子也不和老人说就自己做主了？一个月结婚？在哪儿结啊？”

“到章向东村里租房子，打几件家具就行了。”白行说。

夏妈看着女儿，又是悲又是喜，心里说不出来的滋味，突然就哭了起来。

夏菁不耐烦地阻止道：“哭什么哭？省得挂着了。”

夏妈就哭得更厉害了。

下午，白行来找白丰——虽然白丰已经像一个不食人间烟火、近乎疯癫的人，但是白行认为像自己要结婚这样的大事是必须要向二哥汇报的。

来到白丰的住处，房间里还是那两个人，还是一样沉闷的气氛。白行和木疙瘩打招呼说：“穆姐下班这么早？”木疙瘩说：“我也刚进门。”听语气比以前熟络多了。

白行刚一落座没等说明来意，白丰先开口了：“正想和你说个事，正好你来了。”

“哦。你说。”白行答应着。

“水中华调走了。”白丰不紧不慢地说。白行说：“她调走了，以后你不能不上班了对吧？”白丰点点头说：“昨天我上单位领工资，一分钱也没给我，告诉我说，我已经被开除厂籍了。找一打听，水中华调走两个月了。”

白行说：“那怎么办？你以后怎么吃饭？”白丰问：“你现在挣多少钱？”白行说：“我现在上学只发基本工资，没有奖金，一个月四十多块。”白丰盯着白行看了一会儿，没有说话。白行说：“我每个月可以给你点，就是……给不多——我过来就是来告诉你，我要结婚了，刚登了记。一结婚就得搬出去——咱妈以前说过，结婚后不能住在家里。”白丰微微摇着头说：“大学没毕业就结婚，这可不算是一条路，只能说是找了个人做伴一起走，往哪儿走却不知道。”白行说：“要不你先结，我等你结了以后我再结——你在前面领路，我在后面跟着。”白丰说：“除了看看书想想这个世界，没有什么事值得我去做，包括结婚。”白行说：“甭管什么事，必须要有物质条件做支撑才行。你成天光看书，以后怎么吃饭？”白丰皱起眉头说：“我还用你教育？”白行说：“反正现在眼前的事要解决——工作没有了，吃饭成了问题。”说完站起身与二人告别：“我先走了，我就是来和你说一声我要结婚的事，你知道了就行了。”

白丰摆手让弟弟停下：“你身上带钱了吗？水电费好几个月没交了，前两天来人说再不交钱就掐水掐电了。”白行把身上带着的钱都掏出来放在桌子上：“你不能光想过世外高人的生活，就是世外高人也会把自己的日子料理好。”白丰看看桌上的几块钱讥讽：“你这会料理生活的就这么几块钱？够干什么用的。”白行笑笑：“都是跟你学的。我就这几块钱了。”

白行再次告辞：“走了，我想想办法，弄到钱就给你送来。”说完就开门离开了白丰的住处。

白行刚到楼下门洞前推起自行车，后面木疙瘩从楼梯上跑下来叫住他：“白行。”

白行停下脚步：“穆姐有事吗？”

木疙瘩走近了：“你说丰哥这样了……我怎么办？”

白行说：“你赶紧找别人去吧，我哥哥的态度你也知道。”

木疙瘩说：“我和他这么长时间了……别人都知道了，我家里都知道。”

白行说：“我哥哥现在确实需要有人供养，不过即便是这样，你俩也不可能。”

木疙瘩说：“我要是能和你哥哥……名正言顺的，我养着他就行，我有工资——吃不好还吃不孬吗？”

白行说：“正常情况下你俩不可能，除非……生米煮成熟饭试试。”

木疙瘩问：“怎么煮？”

白行想了想，把自己的想法说出来，并强调说只能试试，不保证成功，说如果生米煮成熟饭后你俩还是不能在一起，你不能埋怨。木疙瘩的脸黑里透红：“我也是没办法。就按你说的吧。”

白行说：“好。你就到市场口那里买一小瓶白酒和一瓶啤酒，我在这里等着你，咱俩一块儿回去。”木疙瘩问：“不买下酒菜吗？”白行说：“我哥哥不喝酒，他半杯啤酒就醉了，不用菜。”木疙瘩说：“那丰哥更得吃点下酒菜垫垫了。”白行说：“垫什么垫，我们为了什么你忘了？要不然你在卖小凉菜的那里买两样小凉菜也行，快去快回，我在这里等着你。”木疙瘩答应着去了。

白行和木疙瘩又回到白丰住处。白丰看看两个人，没搭理木疙瘩，问白行：“你怎么又回来了？”

白行说：“我琢磨到我结婚摆酒席那天你也不一定参加，今天我结婚登记，干脆就今天庆贺一下算了，摆酒席的时候你万一不去我也不留遗憾了。”

白丰说："有这个必要吗？你不知道我不喝酒吗？"

白行说："知道，所以今天意思一下就算了。就喝一点，意思意思。我喝白的，你喝啤的，就给你倒半杯。"

白丰说："喝什么酒对我来说都是一个味，一样难喝一样受罪，只不过啤酒毒性小点。不喝。"

白行把木疙瘩买的小菜摆在桌子上，打开啤酒和白酒，拿起个茶杯说："就这个小杯子，给你倒半杯啤酒总可以吧？有小菜压压，肯定没问题。"说完，在茶杯里倒了半杯啤酒，拿给白丰看。

白丰看了一眼茶杯里的啤酒，起身去洗手，讥讽道："还摆酒席，没听说吗，婚礼是性交的广告。"

白行看白丰走去洗手，快速拿起白酒瓶往啤酒杯里加了些。木疙瘩看白行如此就想告发，白行赶紧冲她一瞪眼。木疙瘩这才想起白行的用意，赶紧点点头。

白行说："白衣送酒，心想事成。"

白丰摇着头说："我只求虚室生白，不善饮酒。不知道人类为什么要发明酒，和喝毒药有什么区别？"

白行对木疙瘩说："穆姐，拿三双筷子，过来我们一起。"木疙瘩观察着白丰的脸色，慢转身去拿筷子。估计是白丰不想与木疙瘩坐在一个桌子上吃喝吧，他端起那个装着啤酒白酒的杯子一饮而尽。白行阻止道："先吃菜先吃菜……"但是已经晚了，白丰把嘴里的苦辣浑涩的混合物深深咽下去了。白丰的脸、脖子、全身泛起潮红，这红色迅速变成深红。白丰眼睛直勾勾看着白行，边剧烈咳嗽边说："太……难……喝了……"他伸手扶住了桌子，想坐在椅子上，但是已经没有能力坐稳，瘫倒在地上。白行看着白丰这状态，叹气说："唉，你真是一滴酒都不能喝。来，我拉你起来上床上歇着去。"说完就示意木疙瘩过来帮忙。

二人刚把迷迷糊糊的白丰抬到床上让他躺下，白丰就已经昏睡过去。白行开始给白丰脱衣服，木疙瘩有点难为情地站在一边看着。到脱得还剩一个裤衩的时候，白行犹豫了一下停下手来，一边把给白丰脱下的衣服大致规整一下放到椅子上，一边对木疙瘩说："剩下的事就看你的了。"木疙瘩深低着头一句话也没说。白行扯过被子给白丰搭了一下，对木疙瘩说："我走了，你关好门。"木疙瘩还是没说话。白行突然想起："你不回家没事吧？你家里人会不会到处找你？"木疙瘩说："我要在这里待一宿吗？"白行说："你说呢？生米煮成熟饭得让他知道才行啊，要不然这饭不白煮了？"木疙瘩点点头："知道了。我家里没事。"白行看看躺在床上的二哥，心里突然有种对不住他的感觉。白行想了想再没什么事了，就离开了……

木疙瘩看着躺在床上脸色紫红不省人事的白丰，心里忐忑不安。她脱了鞋，轻手轻脚到床上去，倒下身子龟缩在白丰身旁，大气不敢出，好像害怕把白丰吵醒。身体僵在那儿一动不动，好长时间过后，她感觉很累，就轻轻动一动胳膊腿，然后继续僵下去……到了半夜，白丰依然没有醒，除了深沉缓慢的喘息声没有任何动静。木疙瘩觉着自己这样躺在白丰身边没有意义——他又不知道，躺这有什么用？再说她肚子也饿了，于是她起来到桌前吃了些依然摆在那里的吃食，然后到窗前去坐着，慢慢就依偎在窗前睡着了。

天麻麻亮的时候，木疙瘩醒了，她活动着压麻了的胳膊腿，走到床边看着白丰，随后心里怦怦跳着，伸手摸了一下白丰的手。白丰突然长舒一口气，像雄狮般吼了一声，翻了个身，原来搭在他身上的被子被压在身下。木疙瘩惊恐过后，犹豫了会儿就上床，又龟缩着躺在白丰身边。天已经大亮了，白丰也翻过好几次身了，随时可能醒来。木疙瘩突然想：自己这样躺在白丰身边算不算生米煮成熟饭呢？她想起白行想脱下白丰的内裤又没脱的情景，自己是不是应该把白丰的内裤脱掉？而且自己的衣服也穿得好好的，生米煮成熟饭肯定不是这样的。那怎么办？白行说剩下的事就看她的了……想到这些木疙瘩的脸泛起潮红，心扑通扑通地狂跳。她坐起身脱下自己的上衣，犹豫着解开自己文胸的扣子，终因害羞又系上了，然后又犹犹豫豫地脱下自己穿在外面的裤子。她看着白丰的内裤，她想自己应该把它脱下去。但是这实在是太让人害臊了，她实在做不了，闭着眼也不行。她最后想了个办法，于是又半裸着躺在白丰的身旁，龟缩着身子，伸出脚丫子摸索着去蹬掉白丰的内裤……她闭着眼捂着脸，脚丫子不停地探索不停地蹬，心里突突跳，唯恐碰到不该碰的地方……终于她觉着应该可以了，她想睁眼去确认一下。于是她把一只手从脸上拿开去看——或许是因为木疙瘩做这些事做得太投入吧，动作过大，她把白丰吵醒了——也就在木疙瘩睁开眼偷看的时候，和她面对面近乎脸贴脸的白丰也睁开了眼。白丰无神黯淡的眼神猛然变得锐利与吃惊，他猛地坐起，同时看到了木疙瘩和自己光着的身子。木疙瘩也跟着坐了起来，眼睛不自觉地看向了不该看的地方。白丰知道这不是梦，一边快速拉起被子遮挡自己一边厉声呵斥：“怎么回事？”说着就裹着被子下床，刚一迈步，褪在脚踝处的内裤把他绊了个趔趄。木疙瘩也羞愧难当，手忙脚乱地穿着衣服，深深低着头。白丰的眼睛像两个燃烧的火球，迸发着火焰怒视木疙瘩，木疙瘩穿好衣服刚要下床，白丰掴起饭桌砸了过去，饭桌连同桌上的盘子、碗等东西全都砸在了木疙瘩的头上脸上身上，她满脸满身的残羹剩饭，一缕鲜血从嘴角流了下来。白丰并没有止怒，额头上暴着青筋，他感到自己绝不只是被侮辱，自己的感受也绝不只是耻辱，他嗓音压得很低语速也很慢："滚出去。"木疙瘩感到恐惧，她不敢再去看白丰要把人吞噬的眼神，也不想再听到白丰这像从地狱传来的嗓音，她没有哭，脑子里近乎空白，拿着自己的东西慌忙离开了。

木疙瘩走后，白丰才感到自己的头疼得要炸裂了似的，身上一点劲也没有。床上的饭桌还在滴滴答答往下流着汤汁，破碎的餐具到处都是，望着满床满地的狼藉，爱干净的白丰也无力收拾。他想平息自己的怒火，捏一捏额头，拂一下前胸，但随后他猛然拾起一个没摔破的盘子冲着窗子砸过去……

白行并不知道这些，过了一天，他到二哥这边查看情况。进到屋里，见白丰一人在家里看书，白行也不打听，静等二哥发话。然而白丰也不说话，两人就这么熬着。白行熬不过白丰，就给二哥递支烟点上，装作不经意地问了句："穆姐没来吗？"白丰审视着白行问："是不是你出的主意？"白行听二哥这样问，说明已经有事情发生了，于是笑笑："穆姐呢？"白丰说："回答问题。"白行说："是我出的主意。"又补充说："你现在这个情况，需要生米煮成熟饭，这肯定也是穆姐期盼的事，两全其美。"白丰一瞪眼："要不是考虑你可能是好心，我可能要揍死你。你这是好心办坏事，吃饱了撑的。"白行又笑笑："穆姐呢？怎么没来？"白丰说："让我轰走了。不过你小子也算办了件好事，从那以后她没再来。"白行说："你以后吃饭怎么办？天天回家吃你又不肯。"白丰说："我也在想这个问题。一起想办法吧。"白行掏出二十块钱放在桌子上离开了。

离开白丰住处，白行去了梦儿家。梦儿不与公婆住在一起，有自己单独的一套房子，家里布置得整洁、富有，很殷实的样子。弟弟来了，梦儿很高兴，拿起家里的电话给文道打过去说弟弟来了，快回来吧，买好吃的，喝酒！白行说道哥现在当行长了工作忙就别叫他了。梦儿说一个电话就回来。白行说家里有个电话真方便。梦儿说等我给咱爸咱妈也装一个，每天给咱妈打个电话问候问候多好。白行就把自己已经登记了要结婚的事和姐姐说了说，梦儿很是高兴，说结婚钱不够我给你。白行说我不会要你的钱，但是二哥已经到了山穷水尽的地步了。白行就把二哥白丰的情况说了说。

梦儿说："他活该，自作自受。"白行说："话虽这么说，但也不能看着不管。"梦儿问："怎么管？你是不是想好了？"白行说："我也没有好办法，就是觉着应该每个月给他点钱，咱俩都给点。"梦儿问："给多少？"白行说："每个月给他个三十二十的，够他吃饭的就行。"梦儿说："我不给。"白行说："反正他没钱吃饭就会上咱爸咱妈那里去，他不可能等着饿死。"梦儿说："他怎么这么烦人呀！三十多岁的人了还指望老的吃饭！"白行说："也是临时的，他也不可能长期这样。"梦儿想了想："我给他吧，你就别给了——你本来工资就少，还要结婚过日子。"白行高兴地说："太好了。一会儿道哥来了和道哥说一声，钱的事不能偷偷摸摸的。"梦儿说："放心，这点钱不叫事。我把钱给你你再给他，我不愿意和他打交道。等会儿你道哥回来了，你要是有什么事需要他帮忙直接跟他说就行，肯定尽全力。"白行说："我什么事也不会找道哥帮忙，只要你过得幸福开心，就是道哥给我帮的最大的忙。"梦儿瞪起眼说："你这是干什么呢，不拿你道哥当哥哥看？"白行说："绝对拿道哥当亲哥哥看，但我还是这句话：只要道哥能让你过得幸福开心就是道哥给我帮的最大的忙。"门外传来文道乐呵呵的声音："来啦弟弟！你姐姐最喜欢的人来了，喝酒！"白行赶紧起身去开门："一开始叫文哥，我姐姐说像叫别人家的人，不亲，让叫道哥，现在感觉还是叫道哥好。"

文道在厨房忙活了一阵，把几样菜端上来，然后把半小碗陈醋放到梦儿面前，白行看看并没有蘸醋的菜肴，却见姐姐端起醋碗一口就喝了个干干净净。文道笑嘻嘻地问："够吗？再来点？"梦儿说："刚才就想喝了，倒去吧。"文道就又去厨房端了半碗醋来，梦儿又一下喝干了。

白行好奇地问："这是什么吃法？像几辈子没吃过醋似的。"

文道问梦儿："现在能说了吧？"

白行顿悟说："是不是……有喜了？"

文道哈哈一笑："让舅舅看出来了。"

梦儿说："我弟弟多聪明，什么都知道。吃饭吃饭。"

白行在学校问了问高年级同学学校往年放假的时间，然后选了个双日子把婚期定下，就着手筹备结婚的事了。三娘说，没想到你结婚这么快，啥也没准备好，现在一共凑了八百块钱，怎么算也不够结婚的。

白行自己没有钱，现在只能合算怎样使用这八百块钱了。经过调查研究、精心计算后，八百块钱用途如下：买木料、油漆、五金件等三百元；请木匠打家具一百五十元；在饭店摆三桌酒席，双方家人一桌，父母亲朋一桌，电工班的弟兄们一桌，一桌七十元，三桌二百一十元；买烟买糖买酒四十元；给夏菁做衣服一百元。合计八百元。

白行把账和家里人一说，三娘说："锅碗瓢盆也没计划上，拿什么做饭盛饭啊？铺盖也得有呀，穿着睡啊？咋想咋不行，过些日子再结婚行不行呀，家里也好再准备准备。"

夏菁说："我妈做被子了。别的东西慢慢就有了。"

三娘说："别的事能慢，吃饭的事能慢啊？锅碗瓢盆进了屋就得使唤。"

夏菁说："我有钱。"

白行一听就说："对，她工资一直自己攒着，买这些东西正好。齐了，就剩租房子了，我也快发工资了，正好交房租。"

梦儿知道白行缺钱，想给他点。白行说你就好好过你自己的日子，我不可能要你的钱，一分钱都不可能要。

过了几天，古立春来到白行家，把白行拉到一边，从怀里掏出一个很精致的小盒子，打开来，里面是一块手表。古立春悄悄说："送给你一块手表作结婚礼物。"

白行说："这不就是你平时戴的那块表吗？"

古立春说："快别乱了，这是块新表，我就戴过几次，新鲜新鲜就放起来了。"

白行说："我有表，你自己留着戴吧。"

古立春说："给你的结婚礼物，你放着就行了。这块表太贵，你最好也别戴。"

白行说："能多贵？还能赶上我二哥的英纳格贵吗？"

古立春说："你不懂，这是劳力士，要比英纳格贵好多倍。要不不让你戴，放着吧，千万别戴，戴出去人家会说你是偷的。"

白行说："那我不能要，和做贼的似的，不戴还有什么意思？哪儿弄来的？不会是偷你爸爸的吧？你拿回去吧，我也不稀罕这个。"

古立春说："你听我的，什么也别问，放着就行了。这是新表，还有个很精致的包装盒，我没拿过来，太扎眼，你也没什么用。"

白行说："那我把它卖了换钱行不行？"

古立春说："绝对不行。你就当替我放着还不行吗？赶紧放起来，什么也别问。"

白行说："弄得神神秘秘的。行，我给你放着吧。只要不是偷的就行。"

白行和夏菁来到章向东村里，也没和章向东打招呼，就四处打听租房子，最后选了一处好久没人住的破旧的房子租了下来，每月十五元。

夏菁说："这房子能住吗？我觉着挺害怕。"

白行说："有我在你怕什么？好房子咱租不起你不知道吗？收拾收拾就好了。"

第二天白行和夏菁来收拾房子，却发现门上加了把新锁。两个人找到房东问缘由，房东说："你同学把房子给退了。""哪个同学？""就是狗日的章向东。好不容易把房子租出去了，这个狗日的给退了，他奶奶的……"

白行和夏菁赶到章向东家，章向东正在等着他俩，挺得意地推开院子里自己的婚房说："房子给你俩腾出来了，在这里结吧。"

白行往房子里一看，房子已腾空。白行说："可不行！你怎么办？"

章向东媳妇跟在后面说："俺俩上大屋里住去。白哥你就住在这里吧，房子都收拾出来了。"

白行说："上大屋里和老的住一块儿方便吗？"

章向东说："怎么不方便，大屋是三间房。"

白行说："好。不过房租一定要交。"

章向东说："房租不房租的不要紧，吃饭的时候别忘了叫我就行。反正一墙之隔，你们要是吃好吃的，不叫我我也能闻着味过来。"

章向东媳妇说："你看这个没出息的，怪不得愿意白哥来住呢，惦记着人家饭食呢。"一众人等哈哈笑起来。

夏菁说："房租一定要交，要不说什么也不能住。"

白行说："新房子，多了我也没有，一个月二十块就行了。"

一切好像都还算顺利，但是想不到的事情出现了：这个假期比以往放得晚，结婚那天是最后一门课期末考试的日子，缺考是绝对不行的。再就是请的木匠师傅干活仔细，家具还没有打完。结婚仪式也没有着落。不过这都不是事，只要两个要结婚的人还想结婚，别的都是可有可无的。

于是结婚那天的黎明白行和夏菁、章向东等人还在婚房里往刚打好的家具上刷油漆，直到天大亮了夏菁才回自己家去准备。白行等人回到爸妈家，在单元门口的一边靠墙摆上一张桌子，上面盖上花床单，两边摆上椅子凳子的，再把夏菁剪的红囍字贴在桌后的墙上。布置停当后，古立春在单位找了一辆车亲自送白行去学校考试，然后在学校教学楼下等着再把白行接回去。

白行在卷子上签了名，急急忙忙答题，看看表够了半小时，交上卷子就往楼下跑，来到楼外就见古立春和柳千婵站在车前说话。白行惊奇道："你俩怎么说上话了？认识吗？"

古立春说："一说不就认识了嘛，这个学校还有外人吗？都是咱同学。我问她认识白行不。她说认识，这不就认识了吗？你同学就是我同学，她叫柳千婵，对不对？"

柳千婵说："白行你今天结婚啊？真的假的？"

白行说："真的。"又对古立春说："快走吧，别耽误了。"

古立春说："我和柳千婵太对眼了，拉一会儿怕啥，耽误不了。"

白行说："拉什么拉，快走吧。"说完拉着古立春上了车……

白行到了家还没来得及换上新郎的衣服，花车接着新娘已经到了，鞭炮声噼噼啪啪响起来。

外面喊："白行快出来开车门！"白行紧着穿："她自己出来不就行了。"做伴娘的史瑾进屋说："新郎不开车门新娘不能下车。"白行就边系扣子边跑出来，看见电工班的朱老大、吕红军等站在一旁看着他笑，就跑过去打招呼，朱老大说："兄弟快去开车门，别在这里啰嗦。"白行就慢悠悠走向汽车，边走边说自己下来不就行了。打开车门，夏菁就出来了。白行眼前一亮：夏菁穿着红缎子上衣，脸上红扑扑的，嘴唇也是红的，眉毛也黑了，头发上还别着大花的发卡。夏菁向来是最朴素的，从不打扮。白行说："怎么这么好看？什么时候买的缎子衣服啊？"梦儿说："弟弟你傻不傻？这是咱妈给夏菁做的。"

一众人来到盖着床单的桌子跟前，双方家人坐在两旁。章向东手举着两人的结婚证："结婚仪式开始。向父母一鞠躬、二鞠躬、三鞠躬，夫妻对拜。好，上酒店喝酒去吧！"看热闹的人喊："怎么不拜天地啊？"白行说："拜父母就代表了。"看热闹的又喊："喜糖呢？"古立春就跑进屋里捧出一把喜糖撒出去。夏中说："是不是还要去看看新房？"白行说："别看了，今天早晨才刷上油漆，还没干呢……"

洞房花烛夜。

来玩的人都走了，屋里剩下白行和夏菁两个人。夏菁有了自己的家，心情很好，弄弄这里，摆摆那里。白行坐在沙发里，抽着烟，想着心事。

过了好长时间，夏菁坐在床边对白行说："我要睡觉了。"白行说："睡吧。"夏菁说："我得脱衣裳了。"白行说："你脱你的，我不看。"夏菁说："你在外面站一会儿。"

白行就起身走到房外站着。白行抬头望望天：夜空是混浊的，就像明净的桌面落上了一层灰尘，月亮就像那桌面上扔着的一块又脏又破的擦桌布——虽没起到多少作用却极力显示着自己的重要，而星星就像收了翅膀的萤火虫，让人看不到它的存在。

估摸着夏菁睡下了，白行又回到屋里，看见夏菁在双人床靠里的一边盖着被子脸朝里躺着，自己这一边的被子叠得好好的，并没有展开。白行说："这个天儿盖这么厚的被子不热吗？"说着在橱子里拿出毛巾被想给夏菁换一下，夏菁抓着被角不松手。白行就又坐在沙发里，点上一支烟，脑海里又出现了林晓荫圣洁美好的形象……

慢慢地，偎在沙发里冥想的白行睡着了。他做了一个神奇的梦——

列车把有着各种各样想法的人拢在自己身上，然后在自己确定的路线上飞奔。

天快亮的时候，列车渐渐慢下来，车顶上的小喇叭告诉人们：青岛站到了。

一下火车，白行便一头撞进白蒙蒙的雾里。一切都被雾笼罩着，什么也看不清。

白行朝大海走去。不知是海升到天上还是天落在海里，在这雾的早晨没有人看得明白。

随着一阵潮涌，海水里忽然站起一个人来，是一个穿着泳衣的姑娘。她由于劳累微微张着红唇喘息着，晨雾里闪动着明亮的眼睛。白行感觉自己看到了龙王的女儿，看到了大海的魂。姑娘慢慢地向这边走来。她走过来了，脚踩在海滩上发出沙沙的声音——她是林晓荫！白行伸手去抓她，可是够不着，张嘴喊，发不出声音。林晓荫像没有看见他，慢慢往前走去，很快消失在白雾里……

雨淅淅沥沥地下着，白行站在八大关的悬铃木下，他在等林晓荫，他要娶林晓荫做新娘，他眼里含着泪。

头上的雨水突然消失了，他转过一双泪眼——竟然是林晓荫！

"白行你怎么在这里？"林晓荫给白行打着伞问。

白行两眼深情地望着林晓荫说："我等你。"

"等我？"林晓荫好像不相信他说的话。

“我喜欢你。”白行说。

林晓荫说：“你快走，你有夏菁。”一双美丽的眼睛含着晶莹的泪珠，原来她哭了。

“不走。咱俩说好了一起去崂山。”白行说。

林晓荫点头应允。

苍茫青翠的崂山上，白行和林晓荫享受着人世间最美好的幸福时光。

他们避开众人在山林里穿梭，在树身上飞转，在山地上打闹……他们尽情地笑，尽情地唱，好像要把近十年来压抑着的热情在今天全部发泄个精光……

他们在山石间牵手、草丛中亲吻、绿地上拥抱，山石划破了白行的手臂，青草染绿了林晓荫的红裙……月儿羞涩，花儿紧张，他们深情对视，款款相拥……

世间繁杂皆退去，心中明月挂当空。

“看，我从来没见过这么大的月亮！”林晓荫欢喜地大喊。白行抬头看去，明亮的圆月占满整个夜空，人间被照射得华美绚烂。

白行举起林晓荫去够月亮……

突然白行感到林晓荫要脱离他飞到天上去……

白行想抱住林晓荫不让她飞走，可是双臂无力抓不住她……

白行想对林晓荫说：你别离开，我喜欢你！可是他张着嘴喊不出声音……

白行用尽全力大喊一声：“你别走！”这喊声把自己从梦中惊醒了。

白行四下里看看，才意识到是在自己的新房。他看看床上，夏菁还在睡着。白行闭上眼开始回想梦中的景象，他想把这梦接下去，可惜不能。他又回想崂山是什么样，没有一点印象。他开始极力搜刮脑中林晓荫的形象，他要抓紧把这印象刻在脑子里，然而，这形象已经模糊不清了……

白行看了下表，已经快天亮了。

——这个新婚之夜算不算自己和林晓荫一起度过的呢？白行心里偷偷地想。

清晨，白行还在沙发上睡着，夏菁推醒他说：“今天不是上我妈家里去吗？”

白行看着夏菁，他认为自己出轨了——对夏菁来说自己是精神出轨，对林晓荫来说自己是身体出轨——虽然还没有上夏菁的床。

白行起来收拾一番，两个人去了夏妈家，去完成结婚程序的最后一个环节——回门。

第十六章

几个月后的一天，古立春带着酒菜到白行这里来，在门口喊了一嗓子，章向东就过来了，弟兄三人一起喝酒，夏菁就去她妈家了。

几杯酒下肚，古立春把想请白行帮忙的事说了出来。原来古立春在白行结婚那天认识了柳千婵以后，两人很快就搞到了一起。两个人都是抱着玩玩的心理，谁也没太在意这段所谓的感情。但交往一段时间以后，柳千婵发现古立春比自己更拿他俩的关系不当回事，这让她心理很不平衡。于是两个人再在一起就经常吵架，不分输赢。古立春厌烦了这段尘缘，柳千婵偶尔联系古立春的时候，古立春干脆不搭理她了。没承想柳千婵找到古立春，告诉他自己怀孕了。古立春在医院联系好了人让柳千婵去流产，柳千婵拿不定主意，今天说要抓紧流产，明天又说想生下来。有一次古立春都陪着柳千婵进了医院，柳千婵又说怕疼，偷偷跑了。古立春正在与厂长的女儿谈恋爱，担心柳千婵肚子一大，把这个事闹大了，自己就麻烦了。所以古立春只好来找白行，让白行劝劝柳千婵赶紧做流产。

白行听古立春说完，心里实在厌恶他这种做派，酒也不想喝了，起身到床上躺着去了。

章向东说古立春："你可真行，行儿结婚那天你才认识那个女的，夏菁这里还没动静呢，那边先让你弄大肚子了！"

古立春好像要给自己找理由："那个女孩不大在乎这个……挺主动。"

白行告诉古立春说这件事他爱莫能助。古立春说还不都是为了你结婚的事才认识的柳千婵，又表态说以后不弄这些乱七八糟的事了。白行答应劝劝试试。

白行硬着头皮找到柳千婵。没等白行说话，柳千婵就说：“知道你就会来找我。”

白行说：“古立春是坏蛋，你还是赶紧去医院吧，古立春有对象。”

柳千婵说：“他有没有对象碍我什么事。”

白行说：“我和古立春说好了，你做手术，他愿意补偿你，以后你们就别来往了。”

柳千婵问：“古立春害怕了吧？他心里没灯，老想欺骗我，像自己多聪明似的。”

白行说：“他是对不起你，你提条件，他愿意补偿。”

柳千婵说：“条件就是：让他对象来给我道歉。”

白行说：“这个肯定不行。他也知道错了，也害怕了，你就说个别的条件，他能做到的。他和我说了，真心愿意补偿你。”

柳千婵说：“补偿补偿，好像我成天为了补偿似的。白行你说，你是为他好还是为我好？”

白行说：“我说实话，我为你俩都好。”

柳千婵说：“你要是为我好，我告诉你的事你不能告诉他。”

白行说：“行。”

柳千婵说：“告诉你吧，我没怀孕。”说完就用得意的眼神看着白行。

原来是这样。白行一下放下心来。说：“你放心，我肯定不告诉他——吓唬吓唬他，让他改改这个毛病……你也不能这样了，这样对你也不好。”

柳千婵没说话。

白行找到古立春：“柳千婵同意自己去医院做流产了。至于怎么补偿，她说先欠着，如果你再欺骗她、骚扰她，那就新账老账一起算。你俩可别再来往了，你以后也要接受教训，别再弄这种事了。”

古立春说：“放心吧，我都快结婚了，不可能让柳千婵耽误我的前程。”

古立春的爸爸从局长岗位升到副厅级岗位了，古立春如愿把厂长的女儿也是厂里最漂亮的姑娘收入怀中。

一天古立春带着自己的未婚妻那和美来到白行家。古立春告诉白行三件事：第一，他和那和美结婚的日子定了；第二，古立春要当科长了；第三，古立春现在上了个函授大学，“企业管理”专业，课本、作业、考试题都给寄来，做完了寄回去就行，让白行负责帮他写作业、做考试题。白行说函授大学的事没问题，正好自己也想学学。白行问古立春工人身份能当科长吗？古立春说先干代理科长，等拿到大专文凭就聘干，转成正式的。

古立春对那和美说自己要在这里多玩玩，让那和美先回家。那和美说还想等夏菁回来和她说说话呢。白行说你别等了，夏菁一般在她妈那里不回来。

那和美走后，古立春对白行说我结婚你也别随份子了，太俗，再说你也没钱，送个东西纪念纪念就行了。白行说东西还不是钱买的？白行突然想起来："你是说那块手表？"

古立春说："我可是没提表的事，是你说的。"

白行明白古立春的意思，就拿出那块手表递给古立春说："拿着吧，本来就是你送的。"

古立春说："别管是谁送的，现在是你的。"

白行说："那好，现在我送给你。"

古立春说："表是你的，可是挺贵，你可想好了。"

白行说："这个还想什么，在我这里也是放着，你拿着吧。"

古立春说："咱说好了，是你送给我的。"

白行说："我送的。"

没多长时间，古立春和那和美就举行了婚礼。古立春和那和美的婚礼很隆重，摆了几十桌酒席，场面很大。洞房花烛夜，古立春要行房，那和美依然是象征性地抓住了自己的腰带等着古立春用强，古立春说："已经结婚了，想不想做？不想做就改天？"那和美恍悟，松开了手。古立春说："自己脱。"那和美一下就羞红了脸，稍一迟疑，宽衣解带……

梦儿快要进产房的时候，文道和白行守在旁边。病床上梦儿忍着一阵阵腹痛说："疼得很厉害了，护士怎么还不过来让我进产房？"文道说："我再过去催催。"白行说："别催了，催好几遍了，再催就烦了。刚才不是说了：不着急，马上过来。"为分散姐姐注意力，白行问："姐姐想要男孩还是女孩？"梦儿问："你说男孩好还是女孩好？"白行笑笑："我哪知道你怎么想的。"文道说："男孩女孩都好。唉，就是让梦儿受罪了。"说着就握住梦儿的手摩挲着。梦儿说："女孩吧，贴心，还能帮助干点家务活，洗洗涮涮的。男孩呢，场面儿。还是男孩吧——你道哥他爸他妈盼个男孩。"文道说："别想这么多，顺顺利利的就行了。"护士来叫进产房了，梦儿对白行说：“我要是出不来了，你要孝顺好咱爸咱妈。”又对文道说：“替我孝顺我父母，帮着我弟弟点。”文道和白行赶紧劝说她不要胡思乱想，不会有意外。

梦儿进产房不久，文道的妈妈也来到产房门口，对文道说：“你爸爸在外面等着呢，我让他进来等，他不好意思。”白行说：“叔叔和大姨回去听信儿就行，有道哥和我在这里就行了。”文道妈妈说：“那可不行，这是人生大事，文道他爸爸这么忙也让我逼着来了，必须在这里等。”过了些时间，护士从里面推开产房门说：“白梦家属在不在？”三个人同时答应：在在在。护士说：“母子安康顺利，男孩，三千八百克。家属在这里等着，一会儿就出来。”

文道妈妈高兴得几乎跳起来，双手一拍，情不自禁地笑出声来，对文道说：“太好了！我们一心盼男孩，就是没有明说，担心要是个女孩我们又说喜欢男孩就不好了。”文道说：“我们早就知道你俩想要男孩了。”文道妈妈吃惊道：“是吗？我们没说过呀。”文道说：“平时话里就听出来了，还用明说吗？”文道妈妈说：“是吗？你看你看。主要是你爸爸一心盼男孩，成天提心吊胆地跟我背后叨叨，又是几世单传呀，续写家谱呀，家势旁落呀……这下放心了……对对对，我要赶紧给你爸爸报喜去。”说着就快步跑出去了，欢快的笑声传遍四方。

梦儿喜得贵子，起名叫文白。

在老家鲁北的白芒，吃不饱穿不暖，身体越来越差。像弟弟白行一样，他也有风湿性关节炎。

鲁北这片贫瘠的土地除了玉米、小麦、高粱这些基本的农作物和几棵枣树，再也长不出别的东西。但是白芒却无力耕种、打理村里分给自己家的那几亩地和枣树。风湿性关节炎折磨着他，别说下地干活，就是一个人走路也困难。家里、地里的活自己不但帮不上忙，还拖累媳妇，大满经常用独轮车推着他求医问药，而乡下的诊所根本就无力医治他的病。加上儿子白德年龄还小，还不能当壮劳力使唤，全家一年见不着十块钱，日子过得十分艰难。

一向不与父母联系的白芒，万般无奈之下，不得不写信向济南的亲人求助。白行几番思考后，决定给大哥做个马车，既有用又风光。白行在附近建筑工地买了几根搭脚手架的钢管，又从单位弄回来几张铁皮、几根三角铁和槽钢，从单位借来了电焊机，怕自己焊不好，请了焊工班的师傅，章向东、古立春他们也拿来了钢锯、铰铁皮的钢剪等工具，搬的搬抬的抬，把这些东西集中到章向东家门口。章向东家门口有三百八的高压线经过，白行举着竹竿把电焊机的电源线挂到高压线上，大家开始动手忙活了。一天的工夫，马车架子做起来了，天黑以后，开始往上刷防锈漆、刷油漆。最后把古立春搞来的车轱辘往车下一架，马车做好了。大家甚是兴奋，拉着马车来回跑，一致认为这辆马车一辈子也用不坏。白行说："这种马车在我老家叫'大胶皮'，'大胶皮'也不如咱这个好，那是木头的，咱这是钢的。走，进屋喝酒去！"

几天后，三爸打听到有一辆回老家的卡车，就塞给人家五块钱，求人家把马车拉回老家了。再过几天，白芒来信说，马车收到了，全村的人都来看，都说好。看来兄弟能办些事，我现在日子穷，缺钱花，家里放着有不少小枣，你能不能帮着卖卖？

白行回信说可以试试。

没过几天，白芒安排自己的舅子兄弟带着两袋小枣搭车来到济南，一百二十斤。白芒附信一封，让卖一块三一斤。第二天白行带着章向东家的秤，分两次把小枣带到学校去，按一块五一斤卖给了同学们。然后又推销、统计了一下，估计还能卖八九袋子。下午放学回家，白行把卖枣的钱交给舅子兄弟说一共一百二十三斤，乘以一块五，共计一百八十四块五毛钱。舅子兄弟高兴地数着钱，说来的时候我给咱哥说怕枣风干折秤，每个袋子起码装六十二斤才行，咱哥不同意，卡着每袋六十斤来的，按说能卖出一百二十斤就算很好了，你咋还多卖了三斤？白行说你们在老家过日子艰难，我可不能在这里装场面儿，主要是我担心卖不出一百二十斤来，过秤的时候稍平略低，这不就多出了三斤。舅子兄弟说按一块三一斤收钱，白行坚决不肯，帮着舅子兄弟把钱收好。

白行让舅子兄弟再回老家带十袋子来，说使使劲还能卖掉。第二天舅子兄弟欢天喜地地回鲁北了。

几天以后，打听到了有来济南的货车，舅子兄弟带着十五袋子小枣再次来到济南。舅子兄弟一见白行就拿出了白芒的附信："小枣卖一块五一斤也算还行，现在老家这边的价格也上来了，要是还能卖得再贵点就更好了。"白行说这都和同学说好的一块五一斤，涨价人家就不买了，只能按一块五卖。舅子兄弟说一块五就老好老好了。白行问怎么多弄来五袋子？舅子兄弟说是他家的，让白行帮着卖卖。

白行再次让夏菁去她妈家里住，夏菁愤恨有加，边收拾东西离开边小声嘟嘟囔囔地说些上次走后刚洗了床单拆洗了被子这又来了之类的话。舅子兄弟并没有完全听懂夏菁说些什么，但也看出夏菁不高兴了，就说有个席子我在地上就和一宿就行。白行说："没事，你住你的。"

白行在三娘工作单位借了地排车，和舅子兄弟一起把十五袋子小枣拉到学校，按照统计的数量，白行收钱做记录，舅子兄弟过秤，把小枣卖给同学们。

很多同学议论纷纷，提出质疑，说这次的质量不如上次的质量好，甚至有的女同学提出不想买了。白行也发现这次的小枣远不如上次的质量好，但是没有办法，只能苦口婆心求爷爷告奶奶地劝人家按照统计的数量交钱拿枣。看着白行一脸的歉意，同学们也不好太认真，好在分到每个人手里的数量并不多，大家勉强收下了。

分完了统计好的，白行正要继续推销剩下的六袋子小枣，平时不怎么露面的校长由苗冰等人领着找到白行。校长生气地问："是你卖的枣？"

白行说是。

校长说："拿着学校当集市了？你看现在全学校到处都是枣核了！成什么体统？"

白行失笑："对不起对不起，我也没想到会这样。不卖了不卖了。"

校长问："你叫白行吗？"

白行说是。

校长说："哦，你就是白行？你是来学习的还是来做生意的？太胡闹了！赶紧都拉走！"说完怒气冲冲地走了。

白行被校长一顿训斥，有点愣神，舅子兄弟叫了他两声，他才和舅子兄弟拉着剩下的六袋子小枣离开学校。舅子兄弟犯愁说这六袋子可咋办，就是弄回家也找不着车啊，想利让那利咬着。白行说咱拉着车上我以前上班的地方去，让那些弟兄们给帮帮忙，就是路远了点，得二十多里地。舅子兄弟高兴地说二十多里地不远，我脚底下走得快着点。

白行和舅子兄弟把剩下的六袋子枣拉到十多公里外的鲁铁一分厂，请弟兄们帮着到各班组推销，还是白行收钱做记录，舅子兄弟过秤，大家想买的不想买的都给面子多少买点，总算把六袋子小枣都卖掉了。最后剩下几斤枣的时候，白行对朱老大说："剩下这点就不卖了，弟兄们吃着玩吧。"朱老大也不客气："放在那里吧。"有个兄弟就拿过来一个自己打的白铁皮盆，把枣倒出来，装枣的袋子舅子兄弟要带回去。

回到家已经天黑了，白行一遍遍地算着账，怎么也算不出十五袋子枣九百斤的数量来，舅子兄弟坐在一旁用纸条卷着烟叶吸着烟，一句话也不说，也不往白行这边看。白行对舅子兄弟说差了二十多斤。九百斤枣一块五一斤总计应该是一千三百五十块，现在差着三十多块钱，我给你补上，你明天还是带着一千三百五十块钱走。

一直在一旁冷眼观瞧的章向东问舅子兄弟，每袋枣够六十斤吗？是不是上次白行每袋子多卖了一斤半你这次就少装了一斤半？舅子兄弟闭着嘴不说话。白行诧异地问舅子兄弟是这样吗？舅子兄弟还是不说话。白行感到好笑，说为什么要这样弄呢？害得我半天算不出账来。章向东说就按一块三一斤结账，多出的一百多块钱是白行的辛苦钱。舅子兄弟赶紧说还有个事忘了说了：来的时候掉了两袋子枣。章向东暴怒，大骂舅子兄弟不是人。白行问章向东发什么疯。章向东说这个色孩子太缺德了，你一斤多卖了两毛钱，十五袋子九百斤枣就是一百八十块，他为了不分这个钱，撒谎说掉了两袋子，一袋子六十斤九十块，两袋子正好一百八十块钱。意思就是一分钱也不分给你。白行问舅子兄弟是这么想的吗？我不是说了一分钱不要吗？舅子兄弟还是闭着嘴不说话。章向东越想越气，拿起铁锨把舅子兄弟赶出了家门。

过了一会儿，舅子兄弟买点吃的和一瓶酒回来了，白行嘱咐章向东不要再发火。三个人刚坐下吃饭，舅子兄弟心里憋着气，几杯酒下肚后就大倒苦水，说都是大哥让这么弄的，和他一点关系也没有。说咱哥说的，要是你这里按照一块五算账就啥也别说，要是按照一块三算账就说掉了两袋子。又说这些枣一个枣核也没有我的，咱哥怕你这边硬按一块三算钱，说有我的枣，好说话，你就不好意思了。章向东问是不是每袋子都少装了？舅子兄弟说估计是。因为上次我回去跟他说每袋子多卖出一斤半，他就说下次少装点。

章向东气愤地说："等有机会看看大哥是什么鸟样！"

白行说："别胡说八道的。"

过了几天，要把白行收为门徒的著名教授问白行是不是在学校里做生意，白行解释说就是帮着老家的大哥卖了点枣。教授看着白行缓缓地摇着头，叹了口气，没说话。白行从教授的眼神里看到了失望。

夏天的时候，白芒来信说，庄稼地都分到户家了，今年的小麦长得好，估计一亩地能收六百斤，行儿上学放暑假，要是有时间，能回老家帮帮忙就好了。一家人都感到奇怪，因为这些年白芒从不让济南的家人回老家，这次是咋回事呢？三娘就说：“这是到了难处了，好不容易盼了个好收成，芒儿身体又不行，光靠媳妇一个人，这个麦收肯定过不去，行儿放暑假回家帮着你哥收麦子去。”三爸说：“他哪会干这个，再说他身体也不行，我请假回去吧。”白行说：“我会干，以前在老家的时候干过，学农的时候也干过。至于身体，带着药，注意点就行了。”于是白行就坐着长途车回了老家。

舅子兄弟到城里长途汽车站接的白行。估摸着白行该到了，白芒和媳妇大满在村头等着。见到大哥大嫂，寒暄后白行就问白德。白芒说在地里干活呢。白行说中午头里这么热，让他回来歇歇吧，晒也把人晒坏了。白芒说正是农忙的时候，哪有空歇。白行说白德在哪块地里呢？我去看看。白芒说有啥好看的，天黑就回来了。白行指了指在村里树荫下乘凉的孩子们，说这不人家的孩子都回来歇着了吗？白芒说这过日子，一家一个样。白行执意要去找白德，白芒无奈，让舅子兄弟叫去了。

白行还从未见过白德。这些年来，虽然济南有几次写信让白芒带白德到济南去，但白芒总是回避，以各种各样的理由拒绝让济南的家人见到白德，三爸三娘为此一遍遍生气，因为生气也从未主动回老家来看孩子。三爸和三娘曾打算让梦儿和白行回老家看看，也都被白芒以吃住不方便、老家跳蚤多为由拒绝了。只有白行知道白芒为什么这样，而白芒并不知道白行已经知道了白德是白丰和花麒麟的儿子，这个秘密白行对谁都没有说过。

白行一眼就从一群孩子中认出了白德，因为他身材高挑，走路的姿态和白丰一样，带着潇洒优雅劲，这和其他农村孩子走路就为挪地方的匆忙劲头截然不同。

白德看出站在爸爸身边的人应该就是小叔，上前喊道：“小叔。”

白芒上去冲白德踢了一脚，骂道：“你看你刚才那两步走，看见小叔还不赶紧跑过来？小叔你也见着了，赶紧回地里干活去！”

白德转身就往回走，白行赶紧一把拉住，对白芒说：“大哥你怎么这么厉害？刚从地里回来就撵回去，好歹说句话能耽误多少时间？”

大满在一旁说：“你不是说等兄弟回来了不能打孩子吗？”

白芒冲大满一瞪眼：“兄弟回来了，你那张嘴不能胡咧咧。”

白行说：“这三秋三夏的，马车派上用场了吧？”

白芒轻描淡写地说：“让我卖了。”

白行说:“自己留着用多好，卖了干什么。”

大满在一旁埋怨说:“俺说不能卖，这是兄弟的心意。他不听，看人家出的价高，就卖了。这会儿兄弟来了，你把卖的钱给兄弟吧。”

干瘦的白芒冲着高大魁伟的媳妇头上就是一巴掌，瞪着眼骂道:“闭嘴，这点钱在兄弟眼里还叫钱吗？”

白行大声说:“干什么呢大哥，发这么大火干什么。”说着看一眼舅子兄弟，生怕白芒打他姐他会翻脸。舅子兄弟反倒劝说白行:“男人打媳妇，两口子的事，咱不掺和。”

白芒说:“净他娘的瞎说，原本也没卖多少钱，放在家里也没用，给点钱就卖了。”

白行说:“这着什么急，反正马车给你了，你愿意怎么安排是你的事了。”

大满说:“这几天天气好，他那腿是不疼了，踢那个打这个的。打吧，一阴天你就动弹不了喽。”

吃饭的时候，上好几碗菜，有咸面酱、腌萝卜条、腌白菜，还有一碗虾酱豆腐，前三样是现成的，虾酱豆腐算是为迎接白行特意做的。还有酒，装在一个五斤的白塑料桶里有小半桶，这应该也是平时舍不得享用的。白芒热情地劝着白行一次次端杯、吃豆腐。白行说:“正是农忙的时候，还有空喝酒呀？赶紧吃饱了干活去呗。”

白芒说:“这地里的活，没有完，就是累死，到头来啥也剩不下，一点意思也没有。”

白行笑笑:“那还叫我回来干什么。”

白芒说:“叫你回来不是干活的，是因为想你了，让你回来玩玩。”

白行知道大哥是极节俭的，不可能因为想念自己让自己回来玩，再说正是农忙的时候，更是不可能，就说:“大哥有什么事就说。”

白芒说:“没啥事。”然后就劝酒劝菜。白行说正是忙三夏的时候哪有空喝闲酒，意思一下就行了，吃饭吧。白芒再三让白行多喝酒多吃豆腐。白行说叫白德一块过来吃点菜呗，都是自己家的人，又不是待客。白芒说正忙的时候，小孩子不用正经坐下吃饭，捎着干粮饿了啃两口就行。白行说那不行，你不让孩子过来我也不吃了。白芒无奈，四下一看，问媳妇白德呢，大满说你不是让他上房顶翻晒粮食吗。白芒说让他下来吃饭吧，别在那里装那勤快的了。等白德下房洗手坐下后，白行拿过馒头给侄子白德吃，白德刚接过，被白芒一把夺下，说这馒头是专门做给白行一个人吃的。白行很是光火，生气说你以为我还是什么了不起的人物吗？在济南我还不是吃地瓜干子长大的？这些年我还不如你吃得好呢，孩子都不让吃馒头，我能吃下去啊？白行说完拿起馒头塞到白德手里，白芒瞪着白德欲言又止。白行说你瞪他干什么，孩子吃馒头就对了。白德冷着脸，谁也不看，也不说话，冲着手里的馒头一口咬下去。白芒气愤地说我就烦他这个死样子，干啥啥不行，饭量老大，还倔脾气。

接下来的几天，白芒对白行是顿顿用酒招呼，每顿饭除了咸菜，还要现做一样菜，以示重视。白芒、大满、白德起五更睡半夜地忙活着收庄稼的事，就是不让白行动手，白行愣是跟着到了地里，下手没干几下就被再三劝着，让上地头歇着。这让白行感到甚是奇怪：当年自己六七岁的时候大哥就支使自己干这干那不让歇着，现在是被叫回来干活的，怎么反倒不让干呢？还天天好吃好喝的，这也绝对不是白芒的行事风格。其中必有蹊跷。

又到了吃饭的时候，白芒拿出塑料桶，把桶里的白酒倒进酒壶里，再把酒壶放到饭桌上。白行说："大哥，当年施恩为了让武松打蒋门神给自己报仇，好吃好喝伺候着，就是不说事，那是担心上来就求武松，武松不一定帮忙，咱是亲兄弟用得着这样吗？"

大满说："兄弟就是有文化，看出来了。"

白行说："就是傻子也能看出来。你们把我叫回来，好吃好喝不让干活。不让我干活叫我回来干什么，是不是有什么事啊？有事就快说，没事我明天就回济南了，反正在这里也没什么用处。"

白行说要回济南，加上白芒感觉火候也差不多了，于是白芒就把想去济南顶替父亲上班的想法说了出来。原来就在不久前，白芒听人说国家刚出台了新政策，户口在农村的孩子，可以到城市顶替有非农业户口的父母去工作，如果办成了，这农村孩子的户口也就成了城市的了。白芒一下看到了生活的希望，他想来想去，济南的家人中他和白行最熟悉，毕竟白行在老家待过一段时间。于是顾不得正值三夏，以农忙缺人手为由把白行叫回来谋划此事。

听大哥说出了想顶替爸爸上班的想法，白行说："确实有农村孩子顶替家长上班的事，可是有年龄限制，大哥你年龄早就超了，再说结了婚的也不行，何况你还有孩子，不符合条件。"

白芒说：“年龄的事好说，托个人到镇上说说，想写多大就给写多大。结婚的事也好办，在咱这农村，结婚也不登记，咱不说结婚了，济南谁知道？”

白行说：“济南谁不知道你结婚啊？咱爸咱妈的单位都知道你结婚有孩子了。再说咱妈已经退休，要想顶替，只能顶替咱爸，但是咱爸工作单位的人只要是认识的，都知道你已经结婚有孩子了。”

白芒给白行满上酒：“这个事我也想过，比较难办。这不叫你回来商量，看有什么办法吗？”

兄弟俩喝着酒，你一言我一语地琢磨着，白行猛然想到了一个办法：“有了，让咱爸调到一个新单位，谁也不了解谁，然后你再顶替他。只是如果咱爸提前退休让你顶替，收入会减少很多，不知道咱爸同意不同意。就是咱爸同意，顶替也有名额限制，得托人才行。”

白芒眼睛变得明亮，高兴地说：“太好了，我就觉着你有办法，你还真想出办法来了。”

大满在一旁说：“托人办事，让兄弟捎着钱。卖枣卖马车的钱呢，让兄弟捎着。”

白芒对白行说：“托人的钱先让咱爸垫上。庄东头还有一处园子，五间大北屋，院子老大，等到了济南我就卖了它。卖了东边的园子不就有钱了？那个可比马车值钱。”

大满在一旁嘟囔着：“东园子那是济南咱爸的，你是过继给大伯的，大伯这个园子是你的，东园子那是人家济南的弟弟妹妹的。”

白芒拿起一个小凳子砸在媳妇身上，骂道：“就你娘的长了个嘴！你还不如是个哑巴，你要真是个哑巴我也不至于这么烦你。”

大满也不躲闪也不走开，继续嘟囔着：“成天说白德像个哑巴，也没见你稀罕他。”

白芒气恼地指点着媳妇说：“等我到了济南享福，我不带着你！”

大满说：“你去济南过你的好日子，俺也不眼热，你带着白德就行。你能上济南，白德就能上济南，你觉着你爹娘在济南你该去，人家白德也该去。”

白芒见大满说话没个把门的，一下子就急了，起身到厨子边上去拿擀面杖。白行赶紧拦住说：“不行不行这可不行，好好说好好说……”

白芒说：“这养孩子一点用也没有，孩子就是个累赘。”

大满说：“有白德在你就有儿，脸上就光彩，没有白德你就是干净绝户，你就在村里抬不起头来。这现在要上济南了又说白德是累赘……兄弟你听明白了吗，你哥就是不想让白德上济南，白德、白德，这白得的东西没有拿着当事的……”

白芒噌一下站起身去拿擀面杖，白行赶紧拦着：“一上火就拿擀面杖，这会儿腿不疼了是吧？”

拿不着擀面杖，白芒回到桌前坐下，没说几句话，白芒又起身进了套里间屋，白行不知道他要干什么，就端起酒来喝。刚把酒送进嘴里，白芒手里拿着根很粗的藤条冲大满劈头盖脸地抽打起来。大满的脸上很快起来一道道红丘，眼眶被打破，鲜血一滴滴滴下来。大满面无表情，不喊不闹，不哭不跑。白行赶紧去阻拦，大满说：“兄弟，你别拦着，让他打，还不知道攒了多长时间的火气了，趁着腿不疼能动弹，打吧。”大满说完，一下就呕吐起来，哗哗地吐……

忙完了麦收，白行要回济南了。白芒握着白行的手说：“我这一辈子的幸福就全指望你了。你回去和咱爸咱妈说，只要我能在济南上班，挣的工资全都交给咱爸咱妈，我留下几块钱能有口饭吃就行。”

白行回到济南趁家里人都在，把大哥白芒想顶替爸爸上班的事情说了一遍，没想到被三爸一口否决。三爸的考虑是：一是如果白芒一家子都到了济南，等于他这一支在老家断根了，况且老家两套宅子也需要人看护；二是提前办退休收入会大幅减少，包括以后几十年的退休金都要受很大影响；三是白芒超龄、已婚且有孩子，不符合顶替接班条件要求，就是调个新单位让他顶替，也未必能办成。三娘愿意白芒来济南顶替三爸上班。三娘说：白芒在农村，这些年想起来就觉着对不起孩子，哭了多少回，我要是没退休我就让大儿子顶上，谁也不求。白行问白丰的意见。白丰说你怎么这么闲得慌，真是吃饱了撑的，有工夫干点正事。梦儿说：我同意，大哥、侄儿、嫂子都应该办上来，都是咱自己家的人，咱不管谁管？

接下来的日子里，白行总是提起大哥顶替三爸上班的事。见三爸总不表态，着急说：“反正我已经答应了，要不然我和他换，我回农村把大哥换回来。”

三爸说：“以后遇到事要先商量商量。”

白行见三爸这么客气，不好意思地说：“我这不和您老人家商量着嘛。”

三爸说：“你答应你大哥到济南来，你和谁商量了？”

白行说：“我真没想到你会不同意。”

三爸说：“人家顶替是等着长辈退休的时候再让孩子顶，我要是现在让你大哥顶替，我得提前退休，办病退，少挣好些年工资，退休以后也少拿退休金，不少的钱啊。”

“你的意思是等你退休的时候再让俺大哥顶？”白行问。

三娘说：“你大哥现在年龄就超了，再等几年还能办吗？再说过几年还有没有顶替的政策谁知道啊？”

白行说：“这不说吗，得赶紧办。”又抱歉地对三爸说：“爸爸，你这些年勤俭持家，眼见着要少挣很多钱，确实是挺让人心疼的，我也没想这么多，就跟大哥说你肯定同意，我琢磨大哥是你亲儿子，你还能不愿意他到城市来吗？”

三爸叹口气不再说话。

对调工作也不是这么好办的，国营只能调国营，集体只能调集体，社办只能调社办，企业性质必须相同，体制不能变。总算联系上一个，不是三爸这边的单位嫌来者不行就是对方单位嫌三爸不行。如果不是对调而是单独调动，没有充分的理由和过硬的关系更是不容易办成。

这样过了一段时间，一天三爸下班回家，神情淡然又有些伤感地说：“我调到机械厂去了，和别人对调的。唉，在这里干了一辈子，快退休了，又调走了。行儿给你大哥写信吧，让他抓紧改户口——趁着新单位不了解情况，抓紧办吧。”

白行看着三爸的神情，不知道是该高兴还是难过。三娘观察了三爸一会儿，悄悄对白行说：“出去买个烧鸡去，让你爸爸喝点酒。”

三爸和机械厂的领导说了想让在老家的儿子顶替自己上班的事，晚上又登门去送了礼，领导就答应了。三爸这边弄好了，却迟迟得不到白芒改好户口的消息。三爸亲自书信一封，说要抓紧办，迟了新单位的人也会了解到白芒的实际情况。又特意在信中强调：办事要花钱，别不舍得。但是又半个月过去了，白芒依然没有把改户口的事情办好。三爸着急又恼火，亲自回老家去办理，白行陪同，爷儿俩坐上长途车回了鲁北。

见到白芒三爸劈头就问咋还没办好。白芒气恼地说镇上这些领导今天推明天明天推后天，也不说行也不说不行。三爸说让你花点钱你花了吗？白芒说我买了一盒烟放到他桌子上了，他也没说不要啊。三爸说一盒烟改户口吗？一条烟也不行啊。白芒说人家旁人也有改户口的，一盒烟没拿就办了。三爸说你知道人家是啥关系？再说人家花没花钱让你知道啊？白芒强辩说这是他们该办的事。

三爸不想和白芒多啰嗦：“现在镇上管这个事的是谁啊？亲戚里有说上话的吗？”

白芒说：“有说上话的。”

三爸问：“镇上有好点的饭店吗？”

白芒说：“好饭店就是十字街上有，可是贵啊，要是请客在家里还不行吗？”

三爸说：“谁上你家里来啊？你去叫着亲戚找镇上管事的，请人家在十字街上吃个饭。就说我从济南回来了，想和亲戚们坐在一起说说话，改户口的事别提。”

白芒说：“说不上哪个人最起作用啊，要是一来好几个不就麻烦了？”

白行说：“不麻烦，问问饭店的桌子能坐几个人，能来的都叫来，不行就两桌。”

白芒说：“不起作用的人叫他来干啥？不是白吃咱的吗？”

白行说：“大哥你也是太心疼钱，关系你一辈子的大事还计较这点小钱干什么。”白行指了指随身带来的两个大纸箱子，“看见了吗？这里面除了烟就是酒，是咱爸给这里管事的准备的礼物，吃完了饭就让人家捎着。”

白芒说：“咱家里还有点小枣，到时候一个人给他几斤枣还不行吗？带来的东西留着咱自家过年用。”

三爸不耐烦地说：“谁家稀罕你那点枣啊？人家家里没有啊？让你咋着你就咋着就行了。”

白芒答应着去找亲戚了……

白芒离开后，白行问三爸：“爸爸你不想看看白德吗——你大孙子。”

三爸说：“在哪儿呢？你不说我还忘了这个孩子了。”

白行对大满说：“嫂子赶紧把白德叫回来拜见爷爷。”

大满说：“就在家后枣树行子里，我这就叫他去。”说着就赶紧去了。

白德回来了，三爸看到白德眼睛都亮了，起身迎过去，抓起白德的手上下打量：“这孩子咋这么好呀！你知道我是谁不？”

白德叫道：“爷爷。”

三爸哈哈笑起来：“我那第一次见你你还让人抱着，现在都找媳妇了。哈哈哈……”白德从爷爷的眼睛里看出了他对自己的真心喜爱，脸上也洋溢出开心的笑。

三爸从钱包里拿出几张十块的钱塞到白德手里：“你个人拿着，愿意买啥买啥，别跟你爸爸说，他知道了一准要你的。”大满说：“不行不行，给这么多钱，他一年也花不了呀，给他个三毛两毛的，给这么多可不行。”

三爸皱起眉头对儿媳妇说：“我给孩子钱碍着你啥了？你不能跟白芒说，听到了吗？”

大满赶紧答应着："听到了。我是说你给得太多了，他一个小孩子，哪用得着这么多钱呀。"

白行说："嫂子你别管这个事，爷爷给孙子钱，愿意给多少给多少，谁也管不着。记着别跟大哥说。"

大满说："记着了，不说。哎哟，给这么多钱……"

白德把钱装进三爸的衣兜里："爷爷，我用不着钱，你挣钱不容易的，自己留着花吧。"

白德的举动让三爸更加欣慰，哈哈笑着说："你这个孩子咋这么好呀！你放心吧，我能让你爸爸上济南就一准能把你也办到济南。"

第十七章

两个月以后，白芒如愿来到济南，顶替了三爸到机械厂上班了。手续全部办好，白芒到单位报了到，在单身宿舍安顿好铺盖，一切都很顺利。三爸对白行说：都叫回来一家人吃顿饭吧。白行先给姐姐梦儿打电话说好了时间，就来到白丰住处，说明来意。白丰说："老大为什么要到济南来？得不偿失。我倒想和他换换。"白行说："这个没有换的。再说老家不比过去，现在日子不好过，一年到头见不到个钱儿，大哥又有病，再不来济南就麻烦了。"白丰说："你这几个月拿来的钱比以前多了，涨工资了吗？我这里花不了这么多，就是吃饭，书都是图书馆借的也不用花钱，你可以少给我点。"白行拿支烟给白丰点上："我也一直想给你说这个事。其实给你的这些钱不是我的，我也就是来看你的时候买点东西带过来，没给过你钱。"白丰坐直身子看着白行等他说下去。白行说："我结婚以后，日子也是相当窘迫，真拿不出钱给你。钱都是我姐姐给你的，她不让我告诉你。这几次是我姐姐说现在东西贵了，就多给你点。"白丰表情冷漠盯着白行看。白行解释："我不是舍不得，我现在结婚了，这个那个的，每个月钱也是不够花，和我姐姐一商量，她就负责了。"片刻，白丰缓缓说了句："知道了。家里吃饭的事我就不去了。"白行也知道白丰不参加，只是给他打个招呼说一下，又坐了一会儿就离开了。

晚上，喜迎白芒来到济南落户的家宴如期进行，桌子上摆着的各种吃食都是梦儿和白行买的。梦儿说："弟弟就是孝顺，你和夏菁工资都不高，还买这么多东西，我买就行了。桌子上都摆不开了。"白芒说："我是没钱，我要是有钱了我也买。"梦儿赶紧说："你看大哥，我可不是说给你听的，我就是夸夸弟弟。"白芒说："你夸不夸我都是这样说，我不是不买，我还没发工资，没钱。"三爸不耐烦地说："说这些乱七八糟的干啥，谁愿意买谁买，不愿意买就不买。"梦儿赶紧接话说："不说啦不说啦，吃饭吃饭。"白芒说："这城市的人，没有实在的，浑身上下全是心眼。"梦儿不高兴地说："大哥你说我吗？我可没给你动心眼。再说你们都比我聪明我敢给谁动心眼啊？"白行赶紧说："姐姐想多了，大哥不可能说你，肯定不是说你。对吧大哥？"白芒稍一停顿："我说我单位上的人。这才来了几天，我看着我那班组的人和单身宿舍的人都不行，没有一个有好心眼的。"白行问："先闹意见了吗？"白芒说："全都说三道四的，我不搭理他们。"白行问："都说什么？"白芒说："我班组里几个小子就问我：白芒你说你是二十五岁，我看你起码得有三十五了吧？"白行问："你怎么说？"白芒说："我不搭理他们。"白行说："你就说农村人风吹日晒的老相，不能不说话。"白芒说："还有的问有对象了吗，想给我介绍一个，这个我咋回答他？"白行说："你就说家里定亲了，马上就结婚。"白芒高兴了，笑着说："这么简单，我都是装听不见，不搭理他们，这回行了。"白行端酒祝贺："来，祝贺大哥落户济南，重新回到爹娘身边。"

刚喝没几杯，梦儿就说："行了行了，意思意思就行，别迁磨起来没完，老的还要休息呢。"白芒心生不快："你还啥都管呢？在咱老家这女的都不能上桌，让你坐下了老老实实吃你的饭就行了，还多说少道的。"梦儿马上说："大哥你少弄这个，这里不是老家，你那老封建思想早就行不通了。"三娘冲梦儿说："你大哥才来，你少说两句。"梦儿看三娘不高兴了，赶紧对白芒说："大哥，我不是怕你们喝酒，以后咱们在父母这里，意思意思就行，你们愿意喝可以上我家喝，想喝多少喝多少，喝到几点都行，在老的这里我主要是怕耽误他们休息。"三娘说："没事，只管在这里喝，玩到几点都行。"梦儿见三娘这样说，就对文道说："你什么时候喝完，喝完了咱走，还得上奶奶家接孩子呢。多咱来了都是抢着先吃剩菜，每回的剩菜都让俺两口子吃了。"说着就起身坐到一边去了。文道说："马上马上。新的陈的还不都一样吗。"文道紧吃了几口新菜，对白芒、白行兄弟俩说："你俩慢用，我吃完了。"说完就站起身离开饭桌。白芒摇头说："唉，让个女人管着，老话说，女人当家房倒屋塌。"梦儿说："放心吧，你那房子塌了我的也塌不了。"文道说："新社会，谁说得对听谁的。"白行对白芒说："咱也散了吧，还想喝上我家里喝去。"三爸说："买了这么多菜都还没大吃，你们捎着吧，我和你妈吃不了多少，留在这里都放坏了。"梦儿说："光吃剩的了，哪还有肚子吃新的，让弟弟捎着，夏菁，看看愿意吃什么，带回去。"说着就走过来拣着好吃的价钱贵的给夏菁装袋子。白芒冲梦儿说：“谁带谁不带你说了算吗？”梦儿说：“当然我说了算了，我买的我就说了算。不是我买的就是夏菁带来的，俺俩说了算。”白芒说：“甭管谁买的，拿到爹娘这里来就是爹娘的，就得爹娘说了算。”梦儿说：“就你心眼子多，坐在这里一口剩菜也不吃，临走还要带着新的。”三娘说：“让你大哥捎着，省得上食堂买菜了。”白芒说：“我也不一定捎，我是说这个道理。”梦儿也不管谁说什么，把装好的食物塞到夏菁手里。夏菁说：“大哥带回去吧。”说完就把袋子放在白芒跟前。白芒对梦儿说：“你还不如兄弟媳妇懂事。”梦儿正要反驳，三娘冲梦儿挥手：“快走吧，快走吧。”

白芒拿到第一个月的工资以后，就到白行住处叫着白行一块儿到爹娘家里去。白行刚从梦儿那里拿了钱正要给白丰送去，就对白芒说还要去二哥那里送钱，就不跟着他上父母家里去了，说估计你去了说交工资，然后父母说不要，就完事了。白芒说白行必须跟着去做个见证。白行说那你和我一起到二哥那里坐坐，然后一起上父母家。白芒正好也想让白丰知道自己向爹娘交工资的事，就跟着白行一起到白丰这边来了。

白芒和白行到了白丰家里，白丰挺客气地说：“大哥怎么来了，快请坐。”白芒说：“你不去看我我得来看你啊，总得有个懂事的呀，谁让我是哥呢。”

白丰微微一笑，就拿起茶壶去冲茶，白行赶紧起身说：“我来我来。”白丰就把茶壶递给了白行。

白丰问：“大哥到我这里来有什么事？”

白芒说：“我领工资了。以前说过让我来济南，工资交父母，我今天给父母送过去，叫着你俩去做个见证。”

白丰问：“你是真想交给父母还是只想做做样子？”

白芒说：“你这话是什么意思？”

白丰说：“如果你真想交给父母，把钱给他们就是了，钱都到了父母手里了，本身就是证据，还需要别人见证吗？如果是不想给，只是做做样子，还要我俩去见证，去赞赏你言而有信，你是不是拿着我们俩当傻子呢？”

白芒哈哈干笑两声说：“我说这城里人心眼子多吧，亲兄弟还玩心眼呢，我可没想这么多，这都是你想的。”

白丰也哼哼笑了两声：“喝茶吧。”说着把白行倒好的茶往白芒面前推了推。

白芒端起茶杯喝了两口：“你要是不去俺俩就走了。”

白丰说："我和行儿说两句话你们就走。"

白行赶紧从衣兜里拿出一个印着银行标志的信封放在桌子上，什么话也没说。以前白行每次从梦儿那里拿回钱来，因为怕白丰察觉钱是梦儿给的，都要把钱从信封里拿出后再送过来，自从告诉白丰钱是梦儿给的，信封也没有必要换了。

白丰问白行："你还在章向东家住着呢？"

白行说："是啊，要不然住哪儿。"

白丰问："住得惯吗？"

白行说："别的都好说，就是上厕所这个事太尴尬了。章向东家院子很小，院子里紧挨着我那个屋是一个猪圈，猪圈上搭两个板子就算是厕所了，拉屎就是踩着木板拉在猪圈里，他家好几口子人加上我和夏菁，每天早晨排着队你拉完了我拉，噗噗噜噜，太清晰悦耳了，谁头一天吃的什么一目了然。特别是猪圈的坑上搭的两块木板，又长又窄，高高地悬在坑上总觉着不安全，人一站上去，还没等颤巍巍的木板平稳，两头黑猪就已经哼哼唧唧急急忙忙地跑到下面等着享受吃食了。夏菁去解决问题都要我陪着，夏菁蹲在木板上，得紧紧抓住我的手，担心自己掉下去，又害怕猪会拱上来。每次她还要让我先拿纸团塞住我自己耳朵，还要转过身去不能看她，我猜每次上厕所她都没能尽情排泄。每天这个上厕所，说实在的，我都不好意思，夏菁更是难为情。她经常为了上个厕所跑到她妈家里去。"

白丰问："结婚了没在单位申请房子吗？"

白行说："申请是交上了，一点用都没有，要房子的排号都排到十年以后了。"

白丰点着一支烟："以后你住在这里吧。"

白行一愣："你呢？"

白丰说："我说以后，没说现在。"

白行不明白白丰什么意思，也没再问。

白丰看一眼白芒说："我说完了。"

白芒说："说完了？咱走。"说着冲白行摆摆手。

出了白丰家门，白芒问白行："你二哥让你住在他这里是啥意思？"

白行说："不知道。说着玩的吧。"

白行无奈，跟着白芒到了父母这边。

等父母都坐好，白芒手从领口伸进去，手在里面摸索着，像是在解开衣服口袋的扣子，从穿在最里面的那件衣服的口袋里掏出一个皱巴巴的小包裹，小包裹用皮筋十字花地箍着。白芒撸下皮筋，慢慢展开小包裹，里面裹着的是有整有零的三十几块钱。白芒说：“发工资了，就这些。”

三娘说：“发工资好呀，发了工资这铁饭碗就端稳了。”

白芒说：“我以前说过发了工资交给爹娘，这不拿回来给爹娘看看。”

三爸半玩笑半认真地问：“‘看看’是啥意思？这工资你是交啊还是不交啊？”

白芒稍一停顿：“听爹娘的，我这个情况爹娘知道。”

三爸半真半假地说：“放桌子上吧。”

白芒没想到三爸这样说，没有搭腔也没把钱往桌子上放。

三娘说：“快装起来吧，你爸爸和你闹着玩，我和你爸爸不能要你的。”

白芒看三爸，三爸脸上隐隐带笑没有反应。

白行打圆场：“咱妈让你装起来你就装起来。第一次发工资，你要是想表达一下心意呢，你就出去花几块钱买点菜，和咱爸咱妈一块儿吃个饭，这个事就算过去了，以后再发工资自己装起来就行了，也不用和老的打招呼了。”

白芒顺梯子下房：“好，那我就装起来。”说着就把钱重新包好用皮筋箍上，重新塞回到最里层的上衣口袋里，手继续在里面摸摸索索的，像是在系扣子。安排妥当后坐在那里不再说话。白行笑笑：“不是说花几块钱上外面买点小菜吗？”白芒冲白行一立愣眼说：“那是你说的，不是爹娘说的，爹娘让我买我就买。”三娘说：“用你的钱干啥，你爸爸有钱。”扭头对三爸说：“你拿钱，拿钱买点菜你爷仨喝点酒。”三爸冷笑一声，起身从挂着的衣兜里拿出十块钱放到桌子上：“谁愿意买谁买，我不去买。”白行说：“我去。”三娘看看三爸的脸色，对白芒说：“你去，拿着桌子上的钱，买你爸爸爱吃的。”白芒痛快地答应一声：“好哩！”拿起桌上的钱出去了。

等白芒出了门，三爸哈哈冷笑几声：“哎哟，丢人不？我知道他爱算计，想不到这么算计。”三娘说：“和孩子计较这个干什么，这都是穷逼的。”

白丰怎么突然就对白行说让他以后到自己这里来住呢？他正在面临着抉择。一是当他知道自己的生活费是梦儿给的以后，就想对这个状况进行改变，而一个突然出现的姑娘，加大了他要做出改变的决心。

自木疙瘩不再来打扰白丰以后，白丰就又可以去大明湖畔读书了。因白丰太过俊美，又总是流露出翩翩风度，每次他来大明湖畔看书，就有大姑娘小媳妇的上前搭讪，白丰只能表现得极度冷漠，常常头也不抬理都不理。但是他实在是太喜欢大明湖这个地方，舍不得不来，因此每次来了以后都去不同的地方，这次在历下亭，下次到北极阁，再一次到铁公祠，遐园、稼轩祠、秋柳园、月下亭等他都去过，但是总能被人找到、纠缠，也不知道是不是同一群人。

前几天，白丰坐在大明湖畔连廊旁的石凳上看书，微风乍起，白丰抬头看看阴沉的天空，起身拿起搭在身边自行车车把上的毛巾在脸上擦了擦，又端详了下自行车，用毛巾在自行车上这里那里的擦擦，然后又用毛巾擦一下自己的脖颈，走到一边的水龙头上把毛巾涮一涮，走回来重新把毛巾搭在车把上。

白丰仍然是潇洒飘逸的风姿，与青少年时期相比，收敛了些风流倜傥的举止，增添了些诗书神韵。

白丰刚坐回到石凳上，就见一个无比精致妩媚的姑娘款款走过来，在她身后的不远处还站着两个女孩，像是这个姑娘的同伴。白丰一下就被这姑娘的美吸引住了，他目不转睛地看着。姑娘穿着连衣裙，秀发高绾，面柔颊秀，单眉细眼，鼻巧嘴收，项挺香肩坠，乳耸蜂腰摇，玉腿高挑膝儿粉，纤身更显美臀翘。

白丰以为这姑娘只是路过，没想到姑娘直接走到白丰面前与他搭讪。

姑娘嗲嗲地说："你好。"

白丰点点头，算是回应。姑娘欣喜地回头看一下不远处的两个女孩，向她们展示自己获得的成功——因为她的同学们都说这个怪人可能是聋哑人，谁和他说话他都没反应。

姑娘又对白丰说："她们说大明湖有个怪人，我就想过来看看你。"

白丰又点点头没有说话。

姑娘又说："我能看看你的毛巾吗？她们说你擦脸擦自行车用一块毛巾，我不相信，刚才在那边偷偷看着，还真是这样。我想看看毛巾干净吗？"

白丰又点点头。

姑娘拿起毛巾展开两面看一看，洁白无瑕，又看看自行车，锃光瓦亮一尘不染。姑娘两手拎着毛巾转身给两个伙伴看一看，然后重新把毛巾叠好搭在车把上，问白丰："你……为什么不说话？你是聋哑人吗？"

白丰觉着好笑，就笑了笑还是没有出声。他不想说话，只想尽情地欣赏这个姑娘的美，唯恐一张嘴就冲淡了这无尽的美感。

姑娘又嗲嗲地说："我们同学有的说你很深，有的说你是世外仙人，有的说你是电影明星，还有的说你其实就是装，有的说你是聋哑人……还有的猜你可能是钟表店或者眼镜店的，因为谁也比不上你干净。"姑娘说完眨着双眼等白丰回话，眼角眉梢全是风情。

白丰一直盯着姑娘看，这会儿忽然就低下头拿起笔在纸片上文不加点地写起来，写完以后就递给姑娘。

姑娘接过本子见上面写着：“我遇到了一位可爱的女孩，她的家乡漫山遍野盛开着丁香花的芬芳，清澈的小溪蜿蜒成晶莹的雪莲花在月光下静静地流淌，当小星星在夜空眨巴起窥视的眼睛——小夜莺在她的窗前歌唱……

她轻盈地来了，舞动着天使的翅膀，她来自天堂，来自紫丁香花开的故乡，带着她含苞欲放的梦想……她是善与美的化身！她圣洁的羽毛拂去我的遍体鳞伤，她把圣母的爱带临人间，她让每一个崇爱她的孤魂吸吮着阳光的琼浆……他们蛰伏的心获得再生！他们匍匐在你的脚下：圣母啊，你的降临，人间将永世成为天堂！——从此我渴望的心不再孤独，不再像没有归宿的弃儿四处流浪……”

姑娘更加奶声奶气：“你……写的我？”

白丰专注地看着她：“是。”

姑娘惊喜地发现白丰会说话，她没有再回头去看两个伙伴，而是对白丰说：“我们刚认识你就给我写诗呀？原来你不是聋哑人，而且嗓音超有磁性。”

白丰站起身，一下把姑娘揽在怀里，轻声说：“爱与认识的时间长短没关系。有的人相处一辈子也不会激发你写一个字，有的人只需见一次就会咏诵一生，无法忘怀。你要是喜欢这种嗓音，我可以天天说给你听。”

不远处站着的两个女孩被所看到的这一幕吓了一跳，喊道：“要下雨了，我们快走吧！”

而在白丰怀里的姑娘并没有被吓到，喃喃地说：“心理学老师说爱上一个人只需要零点八秒。”

白丰说：“你老师说得对，我就爱上你了。”说完就一口吻下去。姑娘抬起双臂环抱着白丰的腰迎合着白丰的热吻……

不远处的两个女孩相互看了一眼，怀疑热吻的这两个人早就认识甚至早就好上了！她俩边往这边走边喊：“下雨了！快走吧！”

白丰直起身子双手捧着姑娘的脸颊问：“你叫什么？”

姑娘含情说：“你想叫我什么我就叫什么……我明天告诉你。明天我来这里找你，我自己，一个人。”

白丰松开手：“我也来找你。”

姑娘就转身朝同伴跑去……两个女孩围着姑娘边走边叽叽喳喳地问个不停……

望着姑娘婀娜的背影，白丰知道，自己沉寂许久的心被唤醒了。这唤醒是自然而然的，没有被欲望驱使，也不会被理性克制。

然而白丰很快就违背了自己“不会被理性克制”的诺言。

当天晚上白丰回到家里，还在想象着以后两人一起去公园玩，去郊外玩，很自然地牵着手，或者姑娘挽着自己的胳膊，或者自己揽着姑娘的肩。白丰从心里爱怜着这个姑娘，整晚上脑子里想的、心里装的都是她。他还在稿纸上写道：“采一缕阳光，拧一根金索，一头系着你，一头系着我。掬一江春水，流万年爱河，河边有个你，河中有个我。妹是织女妹，哥是牛郎哥。剪云做千帆，呼风唱船歌。摘日挂红灯，暖我洞房夜。百年不太久，蟠桃香正色。谁抛红线来，敢问星和月。”

然而在第二天凌晨，白丰做了个梦：和这个女孩在一起欲行云雨之欢，才要入港，一下醒来。白丰起身点支烟，开始反思这个事情，认真思考自己未来的人生轨迹。

他最终的结论是：这个姑娘不应该是一个真实的存在，自己也不应该和这个冰雪美人有肌肤之亲，她只能是一个虚幻的光影，只能是一个在自己空虚的内心树起的信仰。这样自己才能在内心永远保存这个姑娘唯美的、高尚的、神圣的形象。

白丰清楚地认识到，读书、孤独能够让他感受到自我，一旦选择、接纳了这个姑娘，他将归于平庸，又与俗人何异？自己只能离开她、忘掉她——趁着还不知道她叫什么名字。

第二天，白丰没有去赴约。

白丰在稿纸上写下了这样一段文字——

我是风，在流浪

你是谁家的孩子？赤裸着胴体，流动的血液被紧紧包裹。你挣扎着，困苦着欲撕破这束缚的外衣！你在荒野上奔跑着，呐喊着！

没有人知道你要到何处去，也没有人知道你的家究竟在哪里，你执着地向前、向前……好像没有目的。没有人听到你的叹息，没有人看到你眼角含着的泪。——你嘴角是否也闪过一瞬的笑意呢，根本没有人去注意你。哦，你是没有脸的，也没有身子，你是莹透的风，你把自己裸露无遗！

你去吧，不要留下牵挂，没有人喜欢你狂傲不羁的性格。并蒂莲已绽放美丽的鲜花，有人采摘她——锃亮的弯刀正在空中悬挂！

你去吧，大海刚刚睡醒，正等你去卷起白色的浪花，也许她湿湿的吻会把你干涸的心抚慰，也许她会牵住你的手让你留下——从此你再也不会浪迹天涯……

你去吧，你去吧！山正在等你，森林也在等你，等你去说说悄悄话……

星期天早晨刚起床，夏菁对白行说："我一会儿上医院，你去不去？"白行问："去医院干什么？谁病了？"夏菁说："别问。"白行问："你哪儿不舒服？"夏菁说："去了就知道了。"白行也不想多问了，陪着夏菁到了中心医院，夏菁挂了个号，直奔妇产科，白行依照惯例：男家属在外面等着。

夏菁出来，也不说话，直接就往外走。白行问："什么病？要紧吗？"夏菁表情怪异，看了白行一眼没有说话。白行拉住夏菁胳膊从她兜里拿出病历一看：妊娠三个月。白行一下愣在那里，他还从没想过自己和夏菁会有一个共同的孩子。怎么回事？是喝醉的那次，或者是在梦里哭醒后的那次？哪次？反正没几次。

白行说："一块儿到我妈那里说一声吧，正好在家里吃中午饭。"夏菁说："随便。"白行说："然后再上你妈家里说一声。"夏菁说："不上俺妈家说，早晚还不知道吗。"

两个人进了父母家门，一家人都在，这是惯例，周日中午都到父母家吃饭。梦儿说："怎么来这么晚，你道哥都想上你家叫你了。"文道说："正准备动身呢。"白芒说："叫我说就不能等，到点就吃，爱来不来，越等毛病越多。"

白行说："刚从医院回来。"说完，把病历递给了姐姐。梦儿嘴里念叨着："怎么着了，谁病了？"接过病历一看，惊喜道："太好了！快快快，夏菁快上床上来坐下！"说着就接过夏菁的包拉着她到床上坐。

三娘问："咋着了？"

梦儿兴高采烈地说："太好了！夏菁有喜啦！太好啦！"

三娘高兴得情不自禁，哈哈笑着说："我一直想问问什么情况啊，咋没动静啊？我这不是闲的吗。哈哈哈……好好好！"

三爸满脸欢笑地看着白行："快坐下吧。"

白行笑着说："我又没怀孕，坐不坐的不要紧。"

白芒轻蔑地撇撇嘴又摇摇头。

白行问："大哥有什么要说的吗？"

白芒说："用得着这样吗，没必要，谁家的娘儿们不生孩子？"

文道抱起儿子说："大喜大喜，文白要当哥哥喽！"

三爸掏出钱来递给白行："再去买两个菜吧，拣着夏菁爱吃的。"

文道连忙说："我去我去。行儿刚进门，让他歇歇。"

三爸说："行儿去吧，就着看看你二哥在家吗，叫来一块儿吃吧。"

白行答应着："我有钱。"出门骑上自行车去了。

白芒又是摇头又是叹气："这要等到多咱吃饭？还不等到天黑？"

文道说："这才几步路，很快就回来。"

白行来到白丰住处，敲敲门后拧不开，就从门框上的缝隙里摸出钥匙开了门。进屋四下一看，见桌子上放着一张稿纸，上面洋洋洒洒地写着几个大字："行儿：我去看世界了。你搬过来住吧。和他们说一声。"白行坐下来，思考着"看世界"的含义。然后起身在屋里这里那里地翻一翻，除了白丰平时随手写的一些读书笔记、几首诗歌，没有什么意外发现。"看世界"？白丰干什么去了呢？

白行也没买菜，回到父母家说："我哥哥走了，不知道上哪里去了。"说完把白丰留下的那张稿纸递给了三爸。三爸看完把稿纸放到桌子上，梦儿拿过稿纸看了看递给了白芒。三娘问："写的啥？"白芒把稿纸递给白行说："你念念吧。"白行接过来念道："行儿：我去看世界了。你搬过来住吧。和爸妈说一声。"三娘问："啥叫看世界？"梦儿说："他就是神经病。"白行说："我琢磨，这看世界，有很多种可能，比如说：去周游世界了，到一个什么地方去求发展了，回老家了，躲到一个地方读书去了，甚至可能出家当和尚了……都有可能。这看世界，可以用眼看，也可以用心看，可以看现世，也可能看未来。"三娘说："你说这一大套是啥意思？说明白喽。"白行说："我还真说不明白。自从他不上班以后，我每个月都会去看他几次，没发觉他有什么规划、打算。就是前些天说过让我以后搬到他那里去住，别的没有了。"三爸说："能回老家吗？以前可是说过要回老家。"白行说："估计不可能，大哥你给老家写封信问问也行。"梦儿说："写信多慢，打电话。"白芒说："老家没有电话。"

一家人不说话。片刻，白芒突然冒出一句："他不会去死吧？看世界，极乐世界也是世界。"白行赶紧摆手说："不会不会，没有理由去死。我从他写的手稿里看到一首诗，很可能去周游世界了。"白行说着，拿出一张稿纸递给了白芒。白芒大致一看放在桌子上。三娘问："写的啥，行儿念念。"白行就拿起稿纸念道——

我不是你的太阳
走进你蓝色的天空——
奉送我无限的辉煌
不是你的太阳鸟
舒展我金色的翅膀
盘旋在你甜美的梦

我不是你的夏季风
火红的性格——
温暖了你萧索的心肠
请允我起航吧
我是一只苦行的木舟
怎敢品尝你酥胸的芳香
你不要学清风送我
不要学流云绕我的帆
不要学浪花随我漂流四方
你的爱是我生命的锚
——请不要抛给我吧
我的爱
在远方

白行念完了后说："上远方了。"梦儿问："听说他远方有女朋友吗？"白行摇摇头："没听说。"

最后一家人商定：这不是什么意外事件，不能报警，白芒给老家写信问问是不是回老家了。别的也没有什么好办法，只能等等看看再说。一家人闷闷地吃饭，白丰的消失冲淡了夏菁怀孕的喜庆气氛。

吃着饭，梦儿忽然冒出一句："他走了也好，正好行儿和夏菁住进去——他俩现在住的是什么呀，连个厕所都没有，原来就没法住，现在夏菁怀孕了更没法住了。正好疯子把房子空出来了，夏菁和行儿住进去。”

白行叹口气说：“二哥前些天说让我以后住在那里就行了，我还没明白什么意思，现在看来，他早就计划好要去看世界了。”

梦儿说：“他怎么这么自觉呀，夏菁一怀孕他就把房子空出来了——他活了这三十年总算办对了一件好事。”

三娘对白行说：“你二哥早就说让你住，这又写在纸上，那就是一准不回来住了。夏菁这里也需要静养保胎，你就趁早搬到那房子里住去吧。”

白行说：“过几天再说吧，心烦意乱的，哪有心思搬家。”

几天以后，正在一家人又聚在一起分析白丰的行踪、商量寻找办法的时候，舅子兄弟领着大满和白德来到三爸三娘这里。一家人好奇地问这娘儿俩怎么就突然来济南了，要是让白芒的工作单位知道白芒结婚而且有孩子了，这不就暴露了吗？

白芒说：“你们不是让我写信问问白丰回没回老家吗？我直接把他们叫来了，当面问不是更明白吗？”

大满说：“给俺拍电报让俺接到电报带着白德马上来，旁的啥也没说。俺不知道出了啥要紧的事，就让俺兄弟领着俺娘儿俩来了。到现在俺也不知道咋回事。”大满说着拿出电报给了三爸，白芒想要阻止，已经来不及了。三爸接过一看，就见上面写着：“速带白德到济南咱爹家，让他舅送你。快！快！快！”三爸看完后沉着脸思考着没有说话。梦儿也凑过去看，见三爸看完了，就拿过来递给白行看，白芒赶紧抢过去装进衣袋里说：“人都来了还看这个干啥。”梦儿问白芒：“你着急忙慌地让他俩赶紧来干什么？”

白芒也不搭腔，直接问大满：“我问问你，你在老家见到白丰兄弟了吗？”

大满说：“没有啊。”

白芒说：“行了。问明白了。从这往后你就闸住嘴，啥也别说了。你俩看看找个地方住下去吧。”

大满更是不解：“让俺娘儿俩找地方住下？你叫俺来的，俺上哪里找地方住下？俺知道哪儿是哪儿啊？”

白芒说：“你没法我也没法，我住单身宿舍。让咱爹咱娘给想法吧。”

一家人全都明白了白芒急急忙忙让大满白德赶紧到济南来的用意：要抢占白丰空出来的那套房子。

三爸紧锁着眉头怒视着白芒忍着不让自己发作，梦儿已经火冒三丈：“大哥，都是一家人你弄这一套有意思吗？疯子说了让弟弟和夏菁搬进去住你不是不知道。还特意把白德叫来施加压力，让孩子也跟着你丢人现眼。”

白芒冲梦儿一拍桌子呵斥道：“嫁出去的闺女泼出去的水，娘家的事你管不着数！”

梦儿并不怕他，也一拍桌子大声喊道：“告诉你你就死了这个心！”梦儿越想越气，哭喊道：“咱爸咱妈还没冲我拍过桌子呢，你算老几？才来几天啊！还拍电报让老婆孩子快快快，你就是怕弟弟搬进去了你就捞不着了！”

三娘拉着白德的手冲梦儿瞪眼说：“你嫂子带着孩子刚进门你这是干什么，让邻居听着好听啊？”三娘看看白行说：“甭管你大哥咋想的，你嫂子带着孩子来了，你是啥意思？”

白行笑笑：“二哥让我搬进去住那是他的意思，现在大嫂和白德来了就让大哥一家子住呗。”

梦儿冲白行喊道：“不行！你同意我还不同意呢！夏菁也不会同意！我是嫁出去的闺女，夏菁可是这个家里的儿媳妇！这两天夏菁一直忙活着搬家的事，都不是不知道！”说着拿眼扫了父母一下，接着说：“当老的也不能有偏有向，怎么和人家夏菁说的让人家准备搬家？怎么说的让夏菁静养保胎？先忘了吗？欺负人没有这个欺负法的。”接着又白了白芒一眼：“自己霸占着老家的两套四合院子，不说就是了，别以为不知道，这又上这里抢开了，还讲理吗？”

大满好像听出点道道来，对梦儿说：“妹妹你别说了，俺谁家也不住，俺这就带着孩子回去。”说完就要拿兜子走人。白行赶紧阻止说：“停停停，都别说了，谁也别提住哪儿的事。”白行想岔开话题，拉过白德问他：“白德，我在老家的时候跟你说你姑姑长得老俊，比唱戏的还好看，你说姑姑俊不俊？”

白德已经出挑成英俊少年，看着梦儿说：“姑姑俊，老厉害了！”

白芒冲白德瞪着眼说：“你娘的在老家的时候那嘴笨得像个棉裤腰，来到济南嘴也会说了？还真是跟着谁像谁，这才见到你姑这嘴就赶趟了？”

梦儿冲白芒嚷一句：“你玩去！少弄这一套！”梦儿到厨房转了转拿过两块炸鱼递给白德，和声细语地说：“先吃着，等会儿我给你做好吃的。”

白芒见状，干笑两声说：“狗一阵猫一阵的，真是没法说。”

梦儿提高嗓门冲白芒说：“我不稀罕搭理你！知道你最能算计，放平时也就算了，现在夏菁怀孕了，必须要搬进去住。”

三娘看着夏菁，面露难色："这可真让俺作难了……夏菁，你说呢？"

夏菁张了张嘴犹豫了一下，最后说："白行不是说了吗，大哥住就行了。"说完起身拿起包出门走了。三娘起身想拉住她，终是缩回手，叹口气坐了回去。

梦儿有气出不来，也站起身说了句："俺也走。"抱起孩子就走。文道赶紧边和大家道别边收拾好东西跟着走了。

三娘看着三爸说："你说说这都是怎么着呀，多咱才能省心啊。"

三爸并没给三娘留情面，瞪着眼说："你觉得你做得对吗？"说完也起身出去了。

三娘无助地看着白行，六神无主又极度憋屈的神情。

白行面带微笑起身拉着三娘说："你过来我和你说个事。"又对白芒说："我和咱妈单独说几句话。"然后拉着三娘到另一个房间关上了房门。身后白芒说："你还有好话吗？好话不背人，除了冒阴使坏还能有啥？"

白行拉着三娘让她坐在床上，站在三娘对面拉着三娘的手："妈，我理解你。从道理上说你也认为这房子该让我和夏菁搬进去住，但是我大哥从小就被我爸爸送人了，享福也好受罪也好，终归是没能在你身边长大，所以这些年你对我大哥有愧疚，老觉着欠他的。这才让我把房子让给我大哥。你别为难，房子让大哥住就是了，我这里没有任何问题。"

三娘抬眼看着白行的眼睛，眼泪就流出来了，带着哭腔说："还是俺老生儿子知道娘的心呀……"

白行赶紧抱住三娘，笑着说："好了好了好了……"

白芒推门进来："干啥呢？咋把咱娘气成这样？"

白行说："没有没有。"说着从衣袋里拿出钥匙递给白芒，"这是那边的钥匙，带着嫂子过去住吧。"

白芒抓过钥匙："早拿出来不就没这些事了。"

当晚，白芒一家三口住进了白丰留下的房子里。三娘嘱咐：可别让单位的人知道他娘儿俩的事。白芒说：谁认识谁啊，不让他们上单位去就行了。

白芒搬进白丰的住处，白行帮着去收拾收拾，同时也是为了看看有没有白丰留下的需要保留的东西。白丰过得清贫，本来就没有多少私人物品，虽然看书多，也都是图书馆借的，看完就还回去了。白行仔细查看，觉得只有一些白丰写的文字需要保留一下，于是就把一摞摞散放的稿纸规整一下准备带走。白芒说："这些信纸留下我要卷烟叶用。"白行说："没写过字的都给你留下了，写过字的我带走，这都是二哥写的东西，我保存着，万一将来有什么用呢。”白芒不屑地说：“有什么用呀，人都不见影了。”

星期天早上，三娘领着白德到了白行住处，三娘说：“你大哥让白德叫你上他那里去。”又对白德说：“以后你爸爸让你叫小叔你自己来就行了。”白行问白德什么事。白德说不知道，白行就推上自行车带着白德到白芒那边去。三娘说：“你俩去吧，中午别忘了回家吃饭，我和夏菁说说话俺俩就回家了。”夏菁说：“快坐下，妈。”

白行到了白芒住处，白芒告诉白行：现在政策放宽了，他单位就有从农村顶替来上班的，把老婆孩子都接来了。白行说这不正好吗，嫂子和孩子已经在这里了。白芒说你想办法把你嫂子户口办到济南来，还有白德的户口也办来，要不白德没法在济南上学。

白行说从现在咱家认识的人来看，只有道哥能办这个事。白芒说正好今天星期天，中午你姐姐两口子上咱娘这里的时候你和他俩说说这事。白行答应说没问题，又出主意说让咱爸咱妈也帮着说说，涉及孩子着急上学的事，父母肯定帮忙。

几个人又说了会儿话，就早早地一起溜达着到父母这边来了。进了屋一看，三爸三娘和夏菁在，梦儿一家还没来。大满拉起夏菁的手看看夏菁的肚子说：“妹妹，这几天俺心里老过意不去呀，住着你的房子，你说这叫啥事呀……”

白芒骂道：“叫着你来找他姑说办户口的事呢，扯你娘的哪里去了？”

二娘说梦儿给宿舍大门口公话亭打电话了，让人家给送了个信儿，说是今天在家里收拾收拾，不来了。白芒说想找她说事呢，她倒不来了。三娘问什么事。白行就把想让文道帮忙办户口的事说给父母听。三爸三娘都说可以问问文道。白芒说他要真心给办就能办，不真心就不能办。三娘对白芒说你妹妹不来，你去找她去，牵扯到需要文道给帮忙，你买点东西。

白芒不以为然：“我凭啥给他买东西？他娶了我妹妹，他就该给我办，他要是不给我办我就掀他家桌子。”

白行笑笑：“那你就去掀。人家不说不办，人家说本事小办不成还不行吗？”

大满说：“你还不就是怕花钱？这么大的事你想一分钱不花俺看不行。”

白芒气愤地说：“净你娘的胡扯淡。”

三爸哈哈一笑：“你媳妇算是把你看明白了。”

三娘对白芒说：“买点东西上你妹妹家去吧，去了把情况好好和文道说说。”

白芒对白行说：“咱几个一块儿上你姐姐家去，咱俩，还有你嫂子、白德，都去。”

大满说：“俺不去。你能买多少东西？还一家人都去吃人家的。”

白芒说：“这怕啥？当哥的走妹妹家，她得高接远迎的。”

白行看看三爸：“这个事如果爸爸你能出面上我姐姐家和我道哥亲自说说，就十有八九了。”

三娘说：“去，你爸爸也去。”

三爸说：“我不去。他俩叫了我好多回，我都没去。”

白行说：“这不是为了给白德办户口吗，你不是也想弄这个事来吗？”

三爸看看三娘。三娘说：“去。行儿去给你姐姐打电话，你爸爸也去。”

白行就去宿舍门口打电话，夏菁也向大家告辞去她妈家了。

第十八章

白行陪着三爸和白芒一家三口，一行五人到梦儿家去。下了公交车不远就是梦儿家住的宿舍大院。三爸问白芒：“你不是说到了这边再买东西吗，你去买吧。”白芒就让大家在宿舍门口等着。大满说：“俺说在咱家那边买好了再来，你非要到了再买，这里就一准有你想买的东西吗？”白芒说：“你知道我想买啥？好拿不好拿？别多说少道的，在这里等着就行了。”大满看看白行手里的烧鸡、苦肠等菜肴说：“人家兄弟咋能从那边买啊？”白芒冲媳妇喊了句：“闭嘴吧！”就去买礼物去了。三爸说：“他爱买啥买啥吧，咱看他到底想买啥稀罕东西。”白行想先送三爸去姐姐家再回来接白芒三口，三爸说一块儿吧，买东西还不很快就回来了。

几个人等了好长时间，才见白芒远远地走来了，手里小心翼翼地拿着两根长长的膨化棒，一根黄色的，一根粉色的，像支蚊帐的竹竿，很长很长。白行哈哈大笑起来，白行见过卖这东西的，一毛五分钱一根。三爸转身就想回家，被白行拉住，白行悄声劝道：“你啥也别管，你是为了你大孙子，你不是挺喜欢白德嘛。”三爸轻声说了句“丢人”，就先往前走了。等白芒来到跟前，大满问：“你这是买的啥东西？求妹妹、妹夫办大事，不是说买点好东西吗？”白芒得意地说：“一会儿你尝尝就知道了，老好吃了。这边卖这个的少，我跑了老远才找到的。”大满说：“看着老轻，这么长不好拿，你掰断不就行了。”白芒说：“你知道个蛋，掰断就没意思了，我特意挑的长的。”白行哈哈笑着说：“对对对，要的就是这个劲。”大满说：“我看着不用掰也快要让风刮断了。”白芒说：“你拿着那头。”大满一接手：“咋这么轻？”白芒赶紧嘱咐道：“你随和着劲，别死命地扯！”大满说：“俺看这个东西不值钱。”又问白行：“兄弟你大哥买的这个东西多少钱一根？”白芒接话说：“你管多少钱干啥？梦儿家大马金刀的，还在乎咱花多少钱吗？多少是个心意，千里送鹅毛礼轻情意重。”白行哈哈笑着说：“对对对。”白芒冲白德喊道：“去拿那根的那头！小心着！”又说：“到了你姑家别跟个傻子似的，这个东西待会儿你个人拿着一根吃就行！”

白行止不住地一阵阵哈哈笑着快步向前去追赶三爸，让他走慢点。白芒三口小心翼翼地在后面跟着，小心翼翼地拐弯，小心翼翼地上楼……

几个月后，文道帮着把大满和白德的户口办进了济南，白行给联系了学校安排白德去上学了。办成这些事情，白芒没有花钱也没说感谢。白芒说梦儿、白行办这些事是为了老的，是尽孝，又说梦儿和白行办这些事该办：当姑姑当叔叔的给侄子办事是天经地义。

白芒对白德十几年的管教约束，让白德成了一个表情木讷、不爱说话的孩子。白德是按年龄大小在济南上的初中，因在老家根本就没机会好好学习，来到济南第一次考试就是全班倒数第几。这样的农村孩子一到学校自然要受城里同学欺负，时间不长白德变得更加沉默寡言，任人欺凌从不反抗。白芒本来就觉着养这个孩子吃亏，在老家的时候见了白德就生气，非打即骂，现在来到济南，看白德学习学习不行，还老被人欺负，更是打心眼里讨厌白德，嫌他给自己丢人，经常平白无故地冲着白德就是一脚两巴掌。大满就说：“打吧，越打孩子越傻。”

一天，白行对白芒说想了个办法能让白德变样——让白德去学拳击。白行说学了拳击就有自信，有自信了就不被欺负了，对学习也有帮助。白芒问花钱不，花钱不学，不花钱行。白行说打听好了，学费五十，还要买四只拳击手套要六十，一共一百一十块。白芒问白行是傻了还是疯了，拿这么多钱学打仗？白行说咱俩拿钱，一人一半。白芒说你出一半，再让你姐姐出一半，我反正一分钱也不出。白行也早预见白芒不会出钱，就把这事和梦儿说了说，姐弟俩凑钱给白德交了学费，又买了两副拳击手套。

白行把白德送进了体工学院拳击训练班。

白德并不清楚大人为什么要让自己学这个，只知道花了钱了，必须好好学。

自此白德每到周六周日就到体工学院去训练，后来又说师哥让他晚上也去练，每天放学吃了饭就匆匆地去。

几个月下来，并没发现白德的精神状态有什么变化。

这天，白行在大哥家等白德训练完回来后，对白德说：“来，咱爷儿俩练练，我看你学得怎样了。”

白德说："我可不敢。"

白芒瞪起眼说："跟你小叔学学。"

白德没办法，跟着长辈来到屋外面。

白行并不会拳击武术什么的，只是以前偷偷跟着二哥白丰学了点，既没有经过专门的训练也没有在谱的招数。爷儿俩戴上拳击手套，白行试探着出了几拳，都被侄子防住了。白行非常高兴，对侄子说："你怎么不出拳啊？"

白德说："我不敢，打着你怎么办？"

白行说："打着我好啊，快，怎么练的就怎么来，让你爸爸看看！"

于是白德就对着小叔把学到的东西施展出来。很快白行就连挨几拳败下阵来。白行兴高采烈："好好好，没白学。明天就找你班里爱打仗的同学练练，我保证他们不是你的对手。"

白芒也高兴地说："我看着他这个架势有电视上那个意思。"

白行说："绝对的。不只是架势好，力气还大，出拳有力。白德明天把你同学叫到家里来，和他们练练，我给你坐镇。"

白芒说："怪不得买四只手套，原来是这个意思。"

白行给白德鼓劲说："你学校里没有几个同学受过专门训练，都是乱打。我都不是你的对手，你同学更不行。听我的没错。"又问："你班里谁最厉害？"

白德说："赵鹏。"

白行说："明天就叫赵鹏来。"

第二天上学，白德就对赵鹏和几个爱打仗的同学说：俺家里有拳击手套，是俺小叔的，你们要是愿意就到俺家练着玩。

于是晚上几个同学就来到白德家。白行先让白德的几个同学互相练，让白德看着。等几个同学玩了一遍，白行心里有数了："白德和同学试试。"

同学们并不知道白德也会这个，都感到很吃惊。

白行问："你们这些同学谁最厉害？"

同学们纷纷说："赵鹏最厉害！"

白行说："好，赵鹏你和白德练练。"

叫赵鹏的同学一看就是个调皮孩子，让他和班里最窝囊的白德练，他感到很没面子："叔叔我和你练练行不行？你教我几招，和白德练没意思。"

白行说："你先和白德练，赢了他我就教你。"

白德看了同学们的水平以后，心里早有数了，戴上拳击手套在那里等着。赵鹏无奈也戴上手套走到白德面前，白德赶紧抱起双拳护住脸部。

赵鹏垂着双手浑身松松垮垮地站在白德面前，眼睛都懒得睁开，勉强看了白德一眼，不屑地说：“来来来。”

白德双手没有动作。白行在一旁喊：“白德！干什么呢？”

白德还是没动。

一个同学在一旁嘲讽：“白德这是使的绝招——呆若木鸡！”一帮同学跟着哈哈大笑。

赵鹏说：“既然你使绝招那我就不客气了。”说完抬手打出一拳，白德身子稍一后仰躲过。赵鹏以为一拳就能把白德打个乌眼青，没想到被白德躲开了，于是紧接着又是几拳打过去，白德或躲或挡，没被打着但仍未还击。白芒在一旁看着来气，弯腰从地下捡起块砖头就要冲着白德扔过去。白德看见白芒这个举动，赶紧试探性地打出一个直拳，没想到这一试探就正中赵鹏面门，打得赵鹏身子往后一仰，白德滑步向前跟着一个摆拳，又把赵鹏打了个趔趄。赵鹏赶紧抱起双拳防护……

两人开打以后，赵鹏根本就不是白德的对手。白德力气很大，又经过专业训练，出拳迅疾，拳拳到肉，那赵鹏别说还手之功，就是招架之力也不具备。赵鹏几次被放倒在地之后，举手投降。同学们万万没想到白德这么厉害，围在白德周围问这问那，佩服至极。

白行说：“白德就是我教的，你们以后谁欺负他我可要生气的，都小心点吧。”

同学们纷纷说：“白德这么厉害谁敢欺负他啊？绝对是大侠郭靖！”

这以后天天晚上都有同学来找白德玩，多数就是戴上拳击手套训练，拜白德为师。再后来还有干干净净的女同学来找白德玩。

不久后的一天，白行到大哥家来，问白芒：“白德现在怎么样？”

白芒说：“有好有坏。”

白行问：“好在哪儿？”

白芒说：“好呢，就是不像原来那么憨了。学习也算跟上趟了。”

白行问：“坏在哪儿呢？”

白芒看一眼白德：“他妈的这个熊孩子弄得家里成天一屋子人，特别是那个赵鹏，天天长在这里。”

白德看一眼白芒，从白芒的烟盒里拿出一支烟点上说：“你要是烦他我就不让他来了，他现在还算听话。”

白行惊奇地看着白德的这个举动，高兴得不得了：“真是没想到啊，哈哈哈，白德敢从你爸爸的烟盒里拿烟抽，胆子不小啊。”白德的举动让白行想起二哥白丰在三爸面前的劲头，心里不由得感叹：白德真的变了。

白芒叹气说：“唉，不是老实得像根木头，就是现在这个劲头，不是不熟就是煳了，弄不正好。”

白德说：“这就够正好的了，你还想要多正好？”

白行问：“白德下一步有什么计划啊？打算怎么着？”

白德说：“我要像我爷爷那样，当兵。听说我大叔想当没当成，我要超过我大叔。到时候开着飞机坦克从咱家门口过，让一家人都看看。”

白芒一撇嘴说：“别你娘的吹牛了，比你大叔吹得还厉害。”

白德信心满满：“不信你们就看着。”

白德并未食言，几年后，他如愿成为中国人民解放军的一员。

虽然白德有了好的改变，但是白芒家里的日子却没有变化，依然是十分困难，整个家庭的花销全靠白芒一个人微薄的工资。白芒其实也有点积蓄，以前卖枣、卖马车的钱都还没花。但他向来的做法是攒够一个整数就存起来再也不动了。这就造成无论他有钱没钱都是没钱花。白芒来济南就是要来挣钱过好日子的，钱没挣到还要把从老家带来的钱搭进去，这是他无论如何也无法接受的。

白芒成天唉声叹气，又没有任何的办法。正当白芒万般无奈，白行来到白芒家说：“大哥我想了个办法，现在都弄小商亭，你也弄个小商亭卖东西吧？”

白芒说：“不是没想过啊。我打听过几次，要想办个小商亭太难了，批地皮、办执照、卫生证，特别是批地皮最难了，没有过硬的关系根本办不下来。我一个同事自己在宿舍门口弄了个小商亭，也就是两平方米大，结果第二天就来了一帮穿制服的给砸了，卖的东西全砸在里头了。还有一个同事也想办，送了好多礼都没办下来，现在我想都不敢想。”

白行说：“你不是说要找道哥问问？”

白芒说：“那天我给你姐姐说了，你姐姐不给管这个事。”

白行说：“我给你办一个商亭怎么样？”

白芒说：“逗你大哥玩呢？”

白行说：“我单位小驴子，他表哥在区政府给领导干秘书，我和小驴子说了这个事，他说找他表哥能办。”

白芒喜出望外，说太好了，赶紧办。大满在一旁千恩万谢。

几天后，白行跟着小驴子去区政府找他表哥。

小驴子表哥接过白行递过的香烟点上，问了问情况，就拿起电话打了一通，放下电话说这个事多办的牛队长说了算，就是多种经营办公室的牛队长，咱这就过去找他——说好了。

白行和小驴子跟着他表哥穿过一条马路来到多种经营办公室找到牛队长。牛队长与小驴子表哥寒暄几句后，拿起一张审批表递给白行，让白行把这个表填填，说明天你在那里等着，我过去看看。然后对小驴子表哥说是走走形式。

两人又嘻嘻哈哈唠了几句，至握手道别，小驴子表哥很随意地问了句：还在南边院里住着呢？牛队长说还在那里，家里玩去。

出了多种经营办公室，小驴子表哥对白行说：晚上你买点东西送到他家里去。然后把牛队长的住址说了说。他指了指小驴子说让红军出出主意。

与小驴子分手后，白行兴高采烈地来到大哥家，把情况一说，一家人兴奋无比。白行按照小驴子指点的，说出了该买的东西：一个猪后腿、两只活鸡、两条黄河大鲤鱼、两箱二十四瓶装的啤酒。白芒仔仔细细地算了一遍，心疼地说不少钱呀。白行提醒白芒说，小驴子说了，别看白天答应了，晚上不去送，照样办不成。白芒心烦意乱地走过来走过去。大满问：得花多少钱啊心疼成这个样？白行说商亭开张后几天就赚回来了。大满说那还磨蹭啥？商亭办起来，我也算有工作了，旁的不行，加法减法我还行啊。白芒说弄到这一步了，办吧。

白行把牛队长的地址给白芒，让白芒拿着申请表去送礼，答应明天和白芒一起在建商亭的那里等着牛队长。白芒让白行一起去送礼，白行死活不肯。白芒没办法，叫着白德买好东西，晚上趁着天黑给牛队长送过去了。

第二天一早，白行、白芒兄弟俩就在建商亭的地方等着。直到快中午的时候，牛队长骑着挎斗三轮摩托来了。兄弟俩赶紧上前。牛队长也不下车：“在什么地方？”

白行就指着路口：“就在这个角上。”

牛队长说：“不能动砖，铁皮的行，离开马路至少五米。听见了吗？”

白芒赶紧拿出香烟递上去，牛队长手上一加油门，摩托车呼的一下就开走了。

白芒说：“他娘的，他一句话的事，要了咱这么多东西。还是当官好呀。”

几天的工夫，弟兄们帮忙，敲敲打打，用汽油桶铁皮搭建的商亭就建好了。

本以为万事大吉了，没想到想把商亭开起来，并不是这么容易的事。先是办营业执照，不是这不符合要求就是那不对劲，就是不给办。这次白芒不想再麻烦白行了，因为白行办事要花钱。白芒就自己四处打听，拐弯抹角找了个熟人，但白芒不舍得花钱，也是白搭，没办法只好花钱办，结果白花了冤枉钱，还是没办成。白芒又心疼白花的钱又核算晚开张每天少挣多少钱，着急上火的，直接病倒了。白德叫来小叔白行，白行说：我还是去找小驴子吧。

白行找到小驴子和他一说，小驴子一脸的不高兴：“没你这么办事的。”

白行问：“怎么了？”

小驴子说：“上次光给牛队长送礼了，我表哥那里你就不打点一下？”

白行顿悟，赶紧说：“错了错了，我给你钱，你看着买点给你表哥送去吧。”

小驴子说：“送个屁啊。我和我表哥说了，说你送的东西我留下了。我要不这么说，他一个电话，牛队长就能把你商亭封喽。”

白行说：“够哥们儿意思。那这次怎么办？我大哥现在日子很难，就指望这个商亭呢。”

“买两条好烟去。”小驴子说。

白行答应着，赶紧去买了两条香烟交给小驴子。白行一个月的工资就这样搭进去了。

营业执照办成了，再就是办卫生许可证，古立春有熟人，没花钱。

白芒的商亭开张了，以大满为主卖货，白芒下班也帮衬着。虽没发大财，但为白芒一家子度过刚进城那几年的艰难岁月，帮了大忙。白行全心全意、跑前跑后地忙活，一心要让大哥一家过上好日子，其实他自己的日子还不如白芒过得好。因为他的工资并不比白芒多多少，白芒有存款，白行一分钱存款也没有。白芒的钱只花在自己家里，白行的钱基本都花在了外面。

夏菁的肚子已经很大了，章向东她妈说：“我看夏菁成天清汤寡水的，这可不行，饭食比俺儿媳妇怀孕的时候可是差远了，俺这都生完了，吃得也比夏菁强。我去找白行他妈说说去。”白行阻止说：“千万别去。我妈是饿着肚子生的我们几个，她不认为怀孩子还需要补充营养。”

白行和夏菁的日子确实清贫。两个人工资加起来一百来块钱，每个月要给章向东房租二十元，虽然他开始时不要，但这是必须要给的。白行每个月还坚持给父母十五元，算是尽孝心。结婚后总是缺这少那，要花钱添置，白行喜欢买书要花钱，上学也要买课本和学习用品，还要买米买面买油盐酱醋……哪还有钱买肉食、鸡蛋之类的奢侈品。白行还嘱咐夏菁说她妈是二婚，尽量不要接受她妈送来的东西，免得给她妈惹麻烦。这样一来，致使怀孕的夏菁营养不良，面黄肌瘦，显得肚子越发大了。两人结婚后，户口本、粮本、煤票等都在各自的家里。夏菁就提议说："现在都用煤票换鸡蛋，咱也回家拿咱那一份去换鸡蛋吧？"白行说："可不行。老的养我这么大不容易，我刚结婚就把账算这么清楚老的不伤心吗？你的和你哥哥一个户口本，可以拿，我的和老的在一起，不能拿。什么煤票、粮票、油票、鸡蛋票、肥皂票之类的就留给老的，就算我们尽孝心吧。"

夏菁就去原来的家里向夏中要了属于自己的那份煤票换回二斤鸡蛋，说鸡蛋炒着吃吃不起，还不会腌着吃吗。夏菁为自己这难得的聪明而得意，高高兴兴地把盐化成盐水，把鸡蛋放进去。鸡蛋放进去以后，又觉得盐水化多了，过了几天夏菁又去买了一斤鸡蛋放进盐水里。怕弄混了，有的咸有的不咸，分别在鸡蛋上写上日子。在鸡蛋皮上一一标注完日期，夏菁再次为自己的聪明感到高兴。一个月以后，夏菁小心翼翼地拿出两个腌好的鸡蛋放进锅里开煮。问白行要煮多长时间，白行说开锅五分钟就行。鸡蛋煮好后夏菁怡然自得地扒开一个品尝。没想到的情况出现了——一点也不咸。问白行怎么回事。白行问了她腌制的过程，说你忘了一个环节：鸡蛋皮有一层保护膜，要洗掉或者用湿布擦掉保护膜，盐味才能进去。夏菁问那怎么办。白行本想说现在擦擦再腌一段时间就好了，话到嘴边改成了玩笑话：你把鸡蛋都敲裂了盐水就进去了。白行说完就忙自己的事情了，没想到夏菁真的把鸡蛋都敲裂了。多天以后夏菁再次把鸡蛋放进锅里煮，一会儿的工夫鸡蛋清鸡蛋黄就全跑出来，沸满了锅。夏菁大呼小叫地问白行该怎么办，白行问清原因哈哈大笑，再次开玩笑说："现在没有好办法，赶紧往锅里放菠菜，改做菠菜鸡蛋汤！"

就在夏菁快要生产的时候，因夏中和他媳妇在老房子住着上班路途远，实在不方便，加上单位的房子如果不去住，不把户口迁过去，单位就要收回，两口子一商量，就又搬回去住了，户口也按照要求迁到了所在工作单位的宿舍。夏菁、白行就离开章向东家搬到夏菁家的老房子住。夏中对夏菁说："这个家的户口本上就你一个人了，但是这所房子要给我留一间屋，我不定什么时候还要来住。"夏菁说："公家的房子谁愿意住谁住，你愿意什么时候回来就什么时候回来。"

回到自己家，夏菁心情很好，好像日子从这时才算真的开始了。夏菁成天收拾收拾这里，拾掇拾掇那里，热情很高，还老想着给白行安排点家务活干干。白行每天还是看他的书，学他的习。在白行看来，无论干什么样的家务活都是浪费时间，毫无意义。白行在按照伟人、先贤的标准要求自己的言行，无论做什么事他都会先想一想：伟人会做这个事吗？先贤会这样做吗？估摸着伟人和先贤不做的事他也不做。所以往往是白行看书看累了以后，什么事也不干，只是睡觉——因为即便是伟人和先贤也不会不睡觉吧。

夏菁要生了。

这天晚上白行、夏菁在夏妈家吃饭。夏妈说，再有二十来天就生了，赶紧去洗个澡吧，等生了孩子一个月捞不着洗澡，难受死了。于是夏菁和她妈妈趁宿舍里的洗澡堂还没关门，急急忙忙去洗了个澡。然后白行和夏菁两个人又在夏妈家玩了会儿才回自己家。

可能是洗澡累着了的缘故吧，到了夜里三点多，夏菁被疼痛闹醒。夏菁叫醒白行说："可能要生了，肚子很疼。"

白行说："忍忍，应该生不了，离预产期还有二十天呢。"说完就接着睡。

夏菁就忍着。

过了一个来小时，夏菁又叫醒白行说："真要生了，破羊水了。"

白行赶紧撩开被子看，果然湿了一片。问："什么时候破的？"

夏菁说："有一会儿了，开始不算多，你让我忍着我就没叫你，现在多了。"

白行赶紧起床，边穿衣服边想办法。对夏菁说："你也快穿衣服，我去找汽车。"说完，跑出家门。

白行骑着自行车找到离家最近的三娘工作单位的汽车队，值班的司机认识白行，让白行回家准备，说自己热热车就到。

白行回到家见夏菁还在被窝里没穿衣服，肚子疼得她龇牙咧嘴。白行问怎么还不赶紧穿衣服，夏菁说已经开始生了。白行让夏菁一定坚持住，帮夏菁穿好衣服，汽车也到了，白行把被子铺在车里，避免弄脏汽车。司机看出情况紧急，催促白行赶紧上车，一溜烟把他们送到中心医院。夏菁一下汽车就蹲下说孩子要出来了。白行托住她不让她蹲下，连拖带架把夏菁弄进产房。

产房外有很多等着生孩子的家属，见夏菁这个状态进产房，一个老太太说："这个肯定快，可能是个男孩。"

一个小伙子对白行说："哥们儿形势不妙啊——这一拨是闺女，刚才连着生了几个女孩了。"

另一个老太太问：“是提前了还是拖后了？要是提前了可能还有希望。”

白行说：“你们就放心吧，我这个提前二十多天呢，肯定是男孩——从我这里开始，往后就都是男孩了。”

小伙子高兴地说：“好好好，借你的吉言，要是你媳妇生男孩我给你送鸡蛋。”又补充说：“我媳妇再等等，等你媳妇生了我媳妇再生。”

又一个小伙子说：“再等等也白搭，是什么已经定了。我一个同事送媳妇去医院生孩子，到医院一看正赶上那一拨生闺女，这小子扭头把媳妇送到另一家医院，结果还是生了个闺女。”

众人哈哈大笑。笑声刚落，一个护士从产房里走到门口问：“谁是夏菁的家属？”白行连忙答应。护士说：“夏菁生了，三千三百克，女孩。”

夏菁生下个女孩，白行给起名叫白思茵，夏菁不知含义，古立春和章向东也不说破。

月子里，望着怀抱孩子的夏菁，白行感到了自己的责任，同时也感到一种孤独和被束缚的感觉——这就是自己今生的家庭生活了？夏菁就是伴随自己一生的女人？这种感觉折磨了他很多天……

古立春的媳妇那和美也要生了。古立春说再一再二不再三，章向东和白行都生的女孩，他的孩子是个男孩是必然的了。

一天白行正在家里看书，古立春推门进来，沉着脸，也不说话。白行观察了一会儿他的表情：“生了？闺女？”

古立春转身往外走：“知道就行了。我还要给这个败家娘儿们送饭去——你别给我送鸡蛋，送了我也不给她吃……”

白行在象牙塔里潜心学习，同时，外面的世界很精彩，可谓是八仙过海各显神通。

一心想多挣钱过好日子的章向东，不停地更换着干临时工种，后来用积攒的钱在黄河北的公路旁开了一间汽车配件店。这是个前不着村后不着店的地方，但是房租便宜，章向东每天盼着的就是有汽车在他的店附近抛锚，这样他就可以漫天要价狠捞一笔。

古立春还没拿到函授大专毕业证，代理科长就转成了正式的，接着就以科长身份调到局里工作去了——这样的事，根本不用当副厅长的爸爸亲自操心。

与古立春相比，小驴子吕红军的升迁之路则颇费了一些周折。

鲁铁因有废水排出，每年都要给废水沟流经的村庄一些钱，算是对农田占用、污染的补助。但是这一年附近村子把鲁铁的废水排出口给堵上了，即便鲁铁给村子开出了高于往年很多的价钱，村子还是不让废水往外排。鲁铁的有关部门几次到村里交涉，村里就是不松口，请村里的头头吃饭，头头们也不去。废水排不出去，时间一长，影响了生产。鲁铁去村里交涉的领导级别越来越高，带去的礼物也越来越重。当鲁铁领导再一次来到村里，村里的头头说："和你们说实在的吧，你们鲁铁的废水流经好几个村子，就是我们村里同意你们放水，别的村里也会再去给你们堵上。俺镇上的领导也知道这个事，打算抽个时间约你们鲁铁的主要领导在俺镇上的饭店坐坐，俺们镇上请客。双方商量商量，一次性把牵扯到的各村问题都解决了。"

鲁铁的领导说："还抽什么空啊？今天晚上行不行？你和你们镇领导说说看有时间吗，我们鲁铁主要领导肯定参加，鲁铁请客。"

晚上，在镇上"牛上天"饭店里，鲁铁的主要领导和镇上的主要领导吕书记见了面。

为表诚意，鲁铁再次把给各村的废水补助额度往上提了提，期望赶紧解决问题。然而吕书记只是招呼着喝酒，并不表态。

镇领导的招待足够热情，鲁铁的领导却无心喝酒，勉强应承着。这样喝了几圈后，吕书记说："按照俺们镇的风俗，贵宾到家里来，晚辈要敬酒。鲁铁的领导到了镇上，俺镇里的晚辈都来敬酒也不现实。我是镇里的主要领导，就让我儿子代表晚辈们来敬个酒吧。"

鲁铁的领导们纷纷说不要麻烦大公子了。领导们正说着，吕红军就端着酒杯进来了，穿着鲁铁的工作服。吕书记批评儿子说："来敬酒也不换换衣裳。"

吕红军说："刚下班没来得及。"

鲁铁的领导们恍然大悟。

吕红军也不怯场，端着酒杯一一给领导们敬酒，杯杯干。

鲁铁的主要领导对吕红军说："你这个孩子，在鲁铁上班怎么不去我那里报个到？一会儿就罚你酒！"

吕红军说："做得不对，我现在就自罚。"说完，倒满一杯一饮而尽。

双方领导们哈哈笑着说好。

鲁铁的一个领导问："你在哪里上班？"

吕红军说："在一分厂干电工。"

另一个领导问："什么学历？"

镇上的一个领导说："这不刚中专毕业——电视中专。"

鲁铁的主要领导说："我看这个小伙子挺机灵，调到厂办接待科合适。"

另一个领导就说："是是是，就是文凭差点，不大符合要求。"

鲁铁的主要领导就说："你这个人思想有问题。中专怎么不行？能上中专就能上大专，我就是从小学开始上的。"

众人哈哈大笑。

第二天，吕红军就到鲁铁办公室接待科报到去了，副科级岗位。鲁铁的废水排放口也四敞大开了。

在白行快毕业的一天，柳千婵悄悄来找白行。柳千婵说苗冰还在追求她，她对苗冰说自己虽然思想解放但身体保守，如果想谈恋爱就奔着结婚去，否则免谈。白行说太好了，如果真这样，苗冰会很尊重你。柳千婵说苗冰也可能是真爱，说男的在没有得到以前，什么事都会迁就你，所以只要我自己把持住就会有好结果。柳千婵告诉白行他们这批学生留下读研的是苗冰，不过不是跟着著名教授，这次著名教授一个学生也没要。白行挺无奈地笑笑，心里觉着很对不住教授。白行问柳千婵找自己什么事，柳千婵说苗冰见过古立春，如果苗冰找白行了解，让白行想好怎么说。白行应诺。没过几天，苗冰果然来问白行。白行说我同学想和柳千婵交朋友，没追上呗，早就不来往了。然后白行又嘱咐古立春不能胡说八道的。算是把柳千婵交办的任务了结了。

白行毕业回到鲁铁，被安排到技工学校担任语文老师。白行很高兴厂里给他安排的这个工作——看了十几年的书，加上几年的专业学习，他感到自己已经满腹经纶，急于把自己所学传授出去。

白行拿着鲁铁组织干部处开的调令，找到鲁铁技校。传达老头告诉白行，教学楼正在扩建、装修，领导和老师正在一层临时会议室开会，让白行去那里报到。

白行道声谢，去楼里找到那个四周堆着杂物的临时会议室。临时会议室就是个仓库，仓库中间有一个挺大的空地，空地中央摆了张桌子和一把椅子，椅子上坐着个五短身材四十多岁的黑脸男人在讲话，其他开会的人就在这桌子周围或蹲或站着。白行想轻轻推门进去，结果门扇下垂拖着地皮发出很响的动静。开会的人就都往这边看。坐在椅子上的人问：“干什么的？”

白行说：“新来报到的，叫白行。”说完举起手中的调令示意一下。靠门站着的一个三十来岁的男老师对白行说：“那是曹校长，你把调令给校长。”白行就走过去把调令交给曹校长。曹校长接过调令看了看问：“你是什么专业？”

“中文。”

曹校长把手中的调令往桌子上一丢：“我缺专业老师，给我个教语文的。”

众人偷偷笑起来。白行不知该说什么。

曹校长也没再搭理白行，冲大家说：“我还是那句话，我们管学生就是管校内，只要不在学校里打架搞对象就行了，出了校门爱他妈死活。新生马上就要到了，这些小孩很捣蛋。一个学生管理科，一个学生宿舍，一定要给我管严，出了事我们负不起责任。”曹校长向四周环视了一下又说：“新生一到，班主任要给他个下马威，管不了交学生科，学生科管不了交我！这些孩子处在这个……青春期，什么事都能搞出来，老师们一定要把功夫做到家，谁的班出事我就找谁，到时候给你讲，我可不客气。”曹校长说着说着上了火，众人也跟着严肃起来。曹校长点了支烟，接着说：“我们这个楼正在加层、改造，我们是边施工边上课，一定要注意安全，看好学生不能乱窜。还有你这个新来的老师，白行，我不管你学什么的，对学生不能客气。钱有祜，给他领张桌子吧。”

散会后，先前站在门边上和白行说话的男老师走到白行跟前笑笑：“我就是钱有祜，一个教研室的，我是组长。”

开会的时候白行的心里别别扭扭的，这会儿便说：“曹校长真是有意思，他应该早和干部处打招呼：不要语文老师。”

“别当回事，他就这么个人，心里没什么。”钱有祜将手搭在白行肩上边走边说，“咱是语文教研室，咱俩还有肖老师。原来就我和肖老师两个人，现在你来了，三个人还热闹点。走，回屋，和肖老师认识认识。”钱有祜说着和白行上了二楼。

进了办公室，没有看见人，钱有祜就对白行说：“技校缺专业老师，教文化课的呢，甭管是教数学、物理、化学的，特别是教语文、政治、英语的，曹校长都认为可有可无，曹校长的话：这些学生毕业了当工人，学这么多文化干什么，会干活就行。所以呢，专业课老师都给配发的写字台，文化课老师多数是给三抽桌。一会儿咱去仓库抬张桌子，你别在意这个。”

白行说："没事，能有个地方看作业就行。"

两人正说着话，听到门外有人说："好了好了，放下放下，我们自己往里抬就行了。谢谢谢谢，谢谢你们。"

钱有祜说："可能是肖老师把桌子抬来了。"

这时，一个姑娘走了进来。稍高、匀称的身材，穿一身乳白色的衣裤，一双乳白色的高跟鞋，一头乌黑的短发在项间往里扣着，面颊两旁向前翘着的发角随着姑娘健美的脚步优美地甩动着。姑娘冲白行一笑："欢迎白老师。"

白行惊奇道："你就是……肖老师？"

钱有祜说："这就是美女老师肖芳欣。"又介绍说："这是白老师。"

肖芳欣上前拉着白行的手："快坐下休息休息，老远来了，开会又站了这半天，可也真是抱歉，快坐……"说着就去搬椅子。

钱有祜附和着："坐，没外人，坐就是。"

"我叫白行。"白行说着，挺不好意思地坐在了肖芳欣搬过的椅子上。

肖芳欣说："我刚才找校长说，人家白老师是新来的，就给个写字台呗。新老师刚来，人生地不熟的，学校里应该关心人家啊。也是正好赶上曹校长心情好，就答应了。我怕他变卦，就找人帮着抬上来了。"

钱有祜说："那就抬进来吧。"于是白行和钱有祜两人把写字台抬进办公室。肖芳欣收拾着腾出地方。

写字台摆好后，肖芳欣说："刚开学，你看这屋子里乱的。你坐好，我打水给你喝。"肖芳欣像哄小孩一样说着，提起暖瓶就去打水。

"我去。"钱有祜说着伸手去接暖瓶。

"我去吧，你在这儿和白老师谈。"肖芳欣说着出了办公室。白行心里暖烘烘的，还挺激动。白行知道肖芳欣几次说的"白老师"不是济南人习惯称呼别人为"老师"的那种老师，而是以教学为职业的真正的老师，这意味着他从此开始了教师生涯。

白行说："肖老师这么热情，弄得我挺不好意思的。"

钱有祜说："她对谁都这样，小小年纪就是活菩萨，观世音转世，全校的师生，她没有不关心的。她谈了个对象是边防军军官，在海岛上，成年的也见不上一次面。唉，难得的秀外慧中的神仙姐姐，她要不是和军官拉对象，我豁上命也要追求她，和军官就不行了，我可不敢破坏军婚。"

白行说："她不是还没结婚吗？"

钱有祜说："我是开玩笑，我哪能追上她啊，要不然你试试？"

白行说："我孩子都有了。"

肖芳欣打水回来说："两位老师谈得这么高兴呀，心情真好。"

钱有祜开玩笑说："我建议让白老师追求你，结果他先有孩子了。"

肖芳欣咯咯一笑："白老师这么年轻就有孩子了？你有我大吗？我二十四岁。"

白行说："我比你大点。"

钱有祜说："我说说上课的事吧。学校规定暑假期间每位老师要备出两周的课，学校里要检查。白老师刚来，一会儿去教务拿教材、备课本，抓紧备课——学生明天报到，后天就上课了。"

肖芳欣说："刚才我对曹校长说：这学期又扩招了三个班，白老师要是不来根本就不行，幸亏白老师及时赶到。"

白行知道肖芳欣是好心宽慰自己，就笑笑："谢谢。"

语文课是两节连上，还有几分钟就要进教室了，白行像临进考场的差等生，坐立不安地一遍遍翻着备课本。肖芳欣走过来接过备课本翻了翻说："挺详细的，不要怕，你一定能讲好。关键是抬起头来，一低头，可就抬不起来了。"

"没这么紧张。"钱有祜拍了拍白行的肩膀，"什么姿势无所谓，主要是放开，都是新生，他们也不知道你没教过课。"

"到点了吧？是不是现在就该去了？"白行问。

"去吧，早去一会儿稳稳神。"肖芳欣说。

白行答应着，拿起书本出了办公室。

也是万事开头难，白行一上三楼的楼梯，心就突突地跳起来，而且手上还出汗，脚心里也痒痒。磨磨蹭蹭地好不容易站到了教室门口，又听到教室里嘀嘀咕咕的，总觉得是学生在议论自己，这就更增加了他浑身的不自在。他偷着往里瞧了瞧，教室的屋顶是刚封上的，有几处还在不停地往下滴水，黑板也是新的，四周的木框还没有涂漆。

噹——震颤人心的上课铃响了。白行沉了沉——实际上是犹豫了一会儿，最后还是不得不走上了讲台。教室里顿时静了下来，白行感到自己的脸腾的一下红了。

他果真抬不起头来，两手不停地搬弄着讲桌上的粉笔和黑板擦，从这边挪到那边，再从那边拿过来……过了一会儿，台下发出嗡嗡的声音，他猛然想起还没说“上课”两个字。于是就强命令自己抬起头来，眼睛平视着教室后面的黑板说：“上课。”学生们欻的一下子全都站了起来，几十双眼睛眨也不眨地瞪着他这张涨红的脸。他赶紧把双手垂下，给他们鞠了一躬。下面一时闹不清这老师是怎么回事，一个个神色诧异地呆愣在那里，没什么反应。白行忙又补了句：“请坐。”

坐倒是都坐下了，可那几十双眼睛却更加专注地盯着他。“这个班的课堂纪律为什么这么好呢？难道他们就不能看一下别的地方，或者干点别的什么？”白行心里想。

他又低下了头，两手来回翻着备课本。按教学计划，今天是讲“学前谈话”，为了上好这第一堂课，他像写剧本一样在备课本上记了七页半纸，可以说该在什么地方咳嗽一下都记下并模拟过了，可现在却一句话也说不出来。他偷着看一下表，时间才过去三分钟，还有四十二分钟等着呢。这一下他心里更慌了，从来没有这样慌过，汗水像无数条小虫在他的额头上、鼻子上、嘴唇上爬了起来，痒得他心里难受。可他又不敢去擦，生怕让学生看见笑话。他产生了跑的念头，很强烈的念头。他真想夹起书本蹿出教室冲着曹校长说：我干不了。好歹理智强行控制着他，没让他演出这或许名扬鲁铁的一幕。正当万般无奈，他忽然想起在师范学院读书时一位老师考查他们这些大学生是不是写字倒插笔画的事，于是他又一次抬起了头，学着那位老师的样子，让学生拿一张纸条写他们自己的名字，他板书示范自己名字的笔顺写法……这回好了，学生有了事干，他也缓过神来，等学生把纸条交上，他就给他们讲某某同学的名字应该怎样插笔，讲着讲着就讲上了学习语文的重要性，继而又讲“语文”一词的内涵，讲中国语文的发展过程……这时他才发现，讲这些东西他根本就用不着备课本……

“丁……”动听的下课铃声传进教室，白行舒了口气，就像刚刚做完了一件多么了不起的大事似的宣布道：“这节课就讲到这里，下课！”

令人好笑的是他在走下讲台以后，两只手竟不知不觉地背到身后去了！

一进办公室，肖芳欣关切地问：“感觉如何？”

“行。”白行兴奋地说。

肖芳欣笑笑：“胆子大的两节课下来就差不多了，胆小的最多两星期也就适应了。”

白行说：“不瞒你说，我刚走上讲台时很紧张，心说完了完了，好像自己是冒充的一样。”

“嗨，给这些三流学生上课，没啥适应不适应，讲得好孬他们也听不出来，也没啥用。”钱有祜说。

“三流学生？”白行不解。

“一流学生上高中考大学，二流学生上中专，三流学生才到技校来。这还不清楚？”钱有祜挺带劲地说，“你下的功夫再大，讲得再好，他给你个不听也是白搭。我一看见这些学生就心烦。”

“钱老师这样说不好，学生交给我们，咱就要尽到责任，我看他们挺可爱的。可不能这样。”肖芳欣说。

上课铃又响了……

两节课下来，白行心里的兴奋劲就甭提了，他感到学校是这么好，处处都这么亲切，学生是这么好，个个都这么可爱。

第十九章

九月十日是教师节。鲁铁属下的几所中小学和技校在这天上午合开教师节庆祝大会。

快到开会时，各校的老师三三两两地来到会场门口。

鼓乐声响起来了。就见通向会场一百多米长的道路两旁，少先队员们穿着漂亮的校服，排得整整齐齐，在夹道欢迎老师们的到来。他们有的双手挥舞着鲜花、彩绸，有的打着乐鼓，最引人注目的是站在最前面的一排小学生，他们一个个神情严肃，一手叉腰，一手将小号举到嘴上，两腮鼓鼓的，不停地嘀嘀嗒嗒吹。小号上的红绸子随风飘舞着煞是好看。在他们的后面，有好多小学生的家长们围着看热闹。

白行下意识地整了整衣服，挺直了腰板，他还是头一次受到这样隆重的礼遇，想想自己要从这长长的夹道中走过去，心里不免有些激动。“我们……是不是也排排队？”他向同校的几个老师提议道。

“这有啥用？多发点钱比啥都强。”钱有祜说。

肖芳欣说：“看这些孩子多可爱啊。为了他们，我们排一下队吧，好吗？排一下？”肖芳欣征求老师们的意见。

于是，技校的老师们两人一排走上了这条少先队员们用虔诚的心灵织出的圣洁的小路。手持鲜花的小姑娘们见他们走过来，亮出她们动听的童音非常整齐而嘹亮地喊：“老师好！”肖芳欣亲和地笑着，爱怜地摇晃着手臂。白行默默咬着牙，抑制着自己激动的心情，一个神圣的词组在脑海里浮现：人民教师。看看肖芳欣，她脸颊绯红，抿着双唇，极认真的样子。

二十多年的人生经历，让生活在社会最底层的白行一直感到自己在这个社会是卑微贫贱的，是被驱使、被呵斥的角色，是生活在社会管理者对立面的反派，今天竟受到了这样的礼遇，变成了被尊重甚至被颂扬的人。他真切地认为：他也是这个社会的一员。他甚至因此产生了自己对这个社会负有责任的想法。

教师节下午放假，老师们都回家了，白行一人回到学校认真备课……

教学的经历让白行受益匪浅——教学让他得以把自己学到的东西巩固下来。过去看书学知识或者做学生，对自己不太感兴趣的东西可以一知半解甚至忽略，反正即便是要考试也没有必要全都拿满分。然而做教师就不同了，你对要讲的知识必须弄清楚，不但要知其然，还要知其所以然，不但要弄清要讲的知识，还要弄清与其相关的知识，知识越多越好，最好是什么都会，因为你还要回答学生提出的问题。一个老师面对的是几十个上百个学生，很多学生把从父母、亲戚、邻居、同学等那里听来的知识到自己尊重的老师这里来确认，老师越是被学生尊重、信赖，被问询的时候就越多。教育学强调老师与学生是一桶水与一碗水的关系，老师只有具备了一桶水的知识储备，才能有传授给学生一碗水知识的能耐。有的老师一下课就赶紧回教研室，自习课也不愿意在教室里巡视，不得不和学生在一起时也是不苟言笑，就是怕学生问问题。白行是受学生喜欢的，他也愿意和学生交流，结果就常被问些稀奇古怪的问题，甚至有的学生故意回家在《十万个为什么》上找些问题，回到学校问白行，看他知道不知道。

白行教学与别的老师不太一样，他喜欢借鉴、尝试一些新的教学方法。诸如启发式教学、茶馆式教学，等等，他不摆老师架子，愿意和学生交朋友，教学中注重学生的感受，善于调动学生的学习能力。

技校的老师过着与世隔绝的生活。在学校关上教室门老子天下第一，出了学校门两眼一抹黑，没有与外界衔接的渠道。但是白行却因为一次偶然的机遇差点改变了人生轨迹。

一天中午刚下课，有老师告诉白行，有一个农村模样二十岁左右的小伙子找到教研室要见白行。白行到教研室一看，并不认识。小伙子见白行迟疑，就从书包里拿出一本杂志说：“俺读了你写的小说，这上边有你的联系地址。”

白行接过来看看说：“这是一篇散文啊。”

小伙子又拿出一本杂志说：“这里面是小说。”

钱有祜打哈哈说："白老师行啊，有崇拜者了。"

白行赶紧请小伙子坐下，给他倒上水。翻着杂志问："你发表的呢？是哪一篇？"

"俺还没发表。"小伙子说着，拿出一篇手稿，"这是俺写的，想让你看看。"

白行接过手稿边翻看边问："你找我就是为这个？"

"是。俺想和你以文会友。"

"你家在什么地方？听口音你不像济南附近的。"

"莘县的。俺是第一次到济南。"

白行一下回想起自己当年要去长春电影制片厂当演员的事情。

白行请小伙子一起到食堂吃了午饭。白行对小伙子说："我看了你写的东西，怎么说呢……和我学校的一些学生写的水平差不多，有很多错别字，句子也不通顺，有些说法全凭想象，比如城市的生活就不是你写的那样……"

小伙子并没怎么听白行说，接过话去："你肯定和编辑熟，你给俺说说给俺发表了吧。"

白行笑笑："我和编辑还真不认识。再说你写的这个作品，就是认识编辑也不能发表，主要是你写的这个……不知你想表达什么。"

"你给俺改改，改成啥样都行，只要用俺的名就行。"

白行说："我真帮不上忙。你要是在济南没有别的事就回去吧。回去多看书，多写，慢慢水平就提高了。"

"那俺白来了？"

白行想了想："要不这样，下午我和你到大明湖、趵突泉看看，也算没白来，然后你就回去？"

小伙子无奈地说"那也行。"

白行赶紧回教研室请了假，又向同事借了钱，领着小伙子乘公交车到公园转了转，小伙子游兴也不大，没多长时间就逛完了。白行又把小伙子送到长途车站，总算在最后一班车开出前给他买上了车票，看着小伙子乘上车，目送他离开。

白行送走了小伙子，已是傍晚。走到出站口，就见一个六七十岁的老太太坐在地上，一个十来岁的小女孩站在老太太旁边掉着眼泪着急地东张西望，周围围着几个人在观看。白行走过去问怎么回事。一个人说老太太在车上就不舒服，这不刚下车没走几步就坐在这儿了。白行说赶紧送医院啊。站在一旁的小女孩说一会儿我舅舅来接我们。白行蹲下来问老太太哪里不舒服，老太太两眼无神地看着白行，已经说不出话来。白行又问小女孩：你奶奶还是姥姥有什么病吗？小女孩掉着眼泪，想想说：我姥姥好像有心脏病。白行对小女孩说：别等你舅舅了，来不及了。说完就拦了一辆黄面的，众人帮着把老太太抬上车，白行叫小女孩一起上了车，把老太太送到了附近的医院。出租车司机帮着白行把老太太抬进急诊室。

一进急诊室，医生就忙活上了，好一番抢救。白行对司机说今天多亏你帮忙，车费多少钱？司机说你也是学雷锋做好事，不收钱了。白行坚持要给，掏掏口袋还有五块五毛钱，就按起步价给了司机五块钱。

大夫问白行有办法通知病人家属吗？白行就向小女孩要了她舅舅家的电话号码，叫着医生一起到医院门口公话亭花五毛钱打通电话，白行先向对方讲述了送老太太来医院的经过，又让大夫介绍了老太太的病情。大夫说多亏了这个人好心把老太太送来，要是再晚几分钟可能就救不过来了。电话那边千恩万谢，问白行的姓名、单位，白行说免了免了，遇见了就送来了，不值得酬谢。说完就把电话挂了。

大约半个月后的一天，白行正在学校门口买饭，一辆车在不远处停下，车门一开，那个小女孩从车上跳下来，边往白行这边跑边叔叔叔叔地喊着。几个大人在后面也跟着下了车走过来。

白行问小女孩："你怎么到这里来了？你姥姥好了吗？"

小女孩拉着白行就往汽车那边走："我姥姥就在汽车上，今天刚出院。"

白行说："这么巧？走，看看你姥姥。"

冲白行走过来的众人中一个中年人紧走几步上前握住白行的手使劲摇。白行心里一愣，也没说什么。中年人说："多亏你啊，多亏你啊。"

白行问："大娘好了吗？"

中年人说："好了好了。哎呀，天天念叨你。"

几个人刚走到车跟前，老太太在别人的搀扶下走下车来，一见白行就要跪下。白行赶紧上前搀住。老太太热泪盈眶："救命恩人哪！"

白行很不好意思，也不知该说什么。

中年人突然问："你是鲁铁的吗？"

白行说："是。"

中年人又问："你认识我吗？"

白行说："总厂的谭副厂长。"

谭副厂长哈哈大笑起来："好好。你在哪个分厂？"

白行说："在技校。"

"是老师吗？"

"是。"

"好好好，走，跟我回家吃饭，正好和老太太唠唠。"

白行说："不去了，我刚买好饭。你们快陪大娘回家歇着吧。"

"也好。你叫什么名字？"

白行犹豫一下："白行。"

见白行不到家里去，老太太又千恩万谢一番，叮嘱一定抽空去。然后几个人上车走了。

几天后，曹校长很客气地把白行叫到校长办公室，说白行你要把长头发剃掉，衣服也要穿整齐，你现在这个样子可不行。白行问出什么事了，曹校长说组织部通知我了，你要走了也不和我说一声，以后到了领导身边，技校的事要多操心呀。白行说上哪儿去？我怎么不知道？曹校长说组织部都和我谈话了，你还保什么密，还非要我说出来？——去厂办当秘书，是不是？白行一口回绝说我不干秘书。曹校长一愣，问白行真不知道？白行说我不会伺候人。曹校长说谁说秘书就是伺候人？去了就是科级你知不知道？白行说我不管什么级，反正我不去，态度坚决。曹校长说组织决定让你去，你不去也不行。总归你明天就去报到，不要来这里上班了。

白行找到组织部干部科。干部科的人说这是组织定的，具体情况我们也不清楚，我们只是负责了解你的情况，办手续，明天下调令。从组织部出来，白行突然意识到这可能是谭副厂长的缘故。于是就找到谭副厂长。

谭副厂长很亲切地接待了他："谁告诉你是我调你来的？"

白行说："我来找你是想说我干不了这个。"

谭副厂长说："老师都能当，秘书干不了？当然我也不是不讲原则，你的情况我了解了一下，喜欢写作，干秘书离不了这个——笔头子硬，是干好秘书的起码一条。"

白行说："我的意思是说我不想干这个工作。"

"为什么？你了解这个岗位吗？"

“我知道，科级。但是我真的不想干，我有别的……追求。”

“当作家是不是？”

“有这个想法。”

谭副厂长想了想：“你给我出了个小难题啊，刚调整好，给你腾出这个岗位……好吧，在教师岗位上干好了一样。在学校好好干，只要认真工作照样有机会，我和他们说说，前提是你要工作好。”

白行说：“谭厂长你千万别说，我从来没想过要当科长，你要是真提拔我我又没干好也给你丢人是不是？说实在话——我不想被约束。”

谭副厂长笑笑：“那好，不说了。人各有志，祝你早日成为大作家。”

教师这个工作，做得久了，就会感到单调和乏味。正在白行百无聊赖的时候，厂里给技校安排了一个别的老师不想接而白行却愿意干的差事：厂里要招一批家在农村的职工子弟进厂，安排技校为新进厂工人编课本，一个月内编好并排版印刷。课本共两门：语文和数学。任务下来，老师们都说：写篇论文评职称的时候还能加分，编课本费劲不少却没有任何好处，编这个有什么用啊？老师们不想接这个工作的更主要原因是都不知道新工人应该学什么，不知道该怎么编。特别是钱有祜，牢骚满腹一百个不情愿。校长就召集全体语文老师和数学老师开会，要求每个老师都要编，一个老师负责一部分。教务主任持不同意见：编课本可不是简单事，出个考试卷子还要系统考虑，编课本更要如此，数学还好说，小学和初中的内容浓缩一下就能合成一本，语文就没有这么简单了，要实用，还要系统，老师们各编各的，就要乱套，编出来不伦不类，工人也不爱学。校长正在着急，白行自告奋勇说自己一个人负责，说：我干过几年工人，知道应该学什么。校长当即拍板：数学由教务主任牵头组织，每个数学老师负责一部分，语文白行一人负责，一个月内拿出清样，两个月内印刷成书。

白行开始加班加点地忙活，最后干脆夜里就住在教研室里。刚进厂时电工班和小驴子吕红军打赌的情景始终在他的脑海。“编一本生动易学又实用的课本为工人弟兄们做点事”——这是他的动力。

白行把生活常用字词收入课本，找专业课老师借来车钳铆电焊和烧结、球团、焦化、炼铁、炼钢课本，把这些工种的常用词语编入课本并辅以岗位基本技能知识，又找负责培训的老师借来安全知识读本，把安全常识编成小故事。课本里还有应用写作课，包括怎样写家信、怎样写总结、怎样写申请、怎样写报告。

他把中国的历史年代编成顺口溜，把中国历代名人及主要事迹收进课本，一些生活常识如二十四节气、济南的公交线路、古迹名胜……应有尽有。课本还特意把大禹治水和舜井街的来历编成一课，课后作业生词读写部分，“舜”字，写十遍！

课本如期交稿。清样出来后，校长拿给厂领导看。厂里在一次厂长办公会上把白行编的语文课本也拿到会上讨论。厂领导和各分厂厂长纷纷说好，一字未改交付印刷。

这个课本成了此后多年鲁铁新工人进厂培训的必学课本……

一心要体验人生写感悟的白行，虽然各类体裁的文学作品发表了几篇，但生活并没有出现任何改变，作品发表了，没有人关注，没有人评论，甚至周围的人也不知道，更没有人议论。这和白行原来想象的发表了作品会引起如何如何大的轰动大相径庭。

钱有祐对白行说：“文坛的事你不如我清楚，我有亲戚在编辑部，要想让自己的作品引起注意，你要托人评，没有人评，谁注意你？你要是认为有必要，我给你找人写几篇评论，不过要给点润笔费。”

白行认为这种做法是对文学的亵渎，谢绝了他的好意。

白行的生活好像失去了方向，创作的激情也大不如前。他琢磨是江郎才尽了还是缺少生活经验呢？几经思考，他决定辞去老师的工作到车间继续当工人——或许回到车间能激发自己的创作欲。

白行把自己想回车间干工人的事向校长提出来。校长丈二和尚摸不着头脑，问怎么回事，白行说：“在生产一线工作生活更丰富，我喜欢。”

校长说：“你这个白行脑子是不是有问题？让你干科级秘书你不干，去当工人？你的事情我不管，你自己去联系，有要你的我就放。”

白行回到一分厂电工班，很多人都换了，已经不认识了。说找师傅朱老大，别人说朱老大干活去了，一会儿能回来。白行说我一会儿再过来。就转到屋后找个树荫坐下吸烟。估摸着朱老大回来了，就又回到电工班。朱老大正在门口等着，见是白行，就有些失望地说：“他们说有个穿干部服的来找我，我还以为是哪个领导找我有什么好事呢。”

“这叫管理服。”白行笑笑。

“甭管什么服，反正是干部才能穿，工人捞不着。”

扯了几句，白行就把想回来干工人的事说了。

朱老大说：“兄弟你脑袋让门挤了吗？怎么说疯话呢？现在有一万个人就有一万个想当干部——你打听打听现在的工人还是人吗？还有拿工人当人的吗？你问好了再说。”

白行说：“咱自己拿自己当人就行了。我只要在你班组里和你在一起，别的无所谓。”

朱老大说：“兄弟，我现在不是班长了。也怪不了别人，现在新上的设备都是些整流柜、可控硅什么的，咱玩不转。现在都是技术员当头儿。”

白行说：“学学不就会了。”又说：“老弟兄们不多了，都上哪儿去了？”

朱老大说：“原来那些人文化都不行，打杂的打杂转行的转行，我没命地学，勉强留在了电工班，也是打打下手。”

白行又把自己想感受生活搞创作的想法说了说。

朱老大说：“你要真想来，就找吕红军说说试试。他现在是主任。”

“他不是上厂办接待科了吗，怎么又成主任了？”

朱老大说：“谁知道他怎么弄的，出去转了一圈，回来就成主任了。你别说这小子挺会来事，和厂长弄得关系像哥们儿似的。你到车间办公室找他吧。你要是真来了，你哥们儿我也有个伴儿。”

吕红军见白行来找他，很高兴，哈哈笑着招呼他坐下：“什么风把大秀才吹来了？”车间万能员见是主任的客人，赶紧给倒了杯水。

白行说：“来给你干工人要不要？”

吕红军说：“要啊。什么时候来报到？”

白行说：“我是说真的。”

吕红军观察了一下白行的表情好像没开玩笑，就说：“你妈你有病啊？故意来窝囊我是不是？我要是做了什么对不住弟兄们的事直接说出来，不用来这一套。”

白行说：“别误会。”就把自己激发生活和创作热情的想法又说了一遍。

吕红军说：“你是不是犯错误了？老师能犯什么错误，鼓捣女学生了是不是？被开除了还是在学校待不下去了？”

白行说：“你别胡说八道了。我说的是真的。人要活得有激情，人生总不能就这么碌碌无为地虚度，总应该追求点价值。”

吕红军说：“你真没味啊。现在谁还看小说，电影电视看什么不行？你就是写了也没人看——你写的那些破玩意儿我就不看——都快三十了还成天琢磨这些没用的。什么激情？什么人生价值？上床就是激情！生孩子就是价值！”

白行说：“看你这嘴，真不知道你这个主任是怎么当的。”

吕红军说：“怎么当的？这些工人你越骂骂咧咧的他越觉着你亲，这就是学问。”

白行说：“别人不知道我还不知道？你会干活吗？字都不认识几个。”

吕红军说：“我为什么要会干活？养着他们干什么用的？我只要管好了人就行。谁家有个事咱多照应照应，把关系搞得好好的，比什么都强。你上车间里看看去，设备转得轰轰的，这就是成绩。”

白行说：“行了，不和你说了。我就是当工人也不上你这里来——看见你这块料就生气。”

吕红军说：“有本事你就来，看我怎么弄死你。”

回到家，白行又把想回去当工人的事和夏菁说，没想到夏菁满心赞成：“当吧，当工人好，当了工人咱就一样了，省得让你瞧不起。”

白行嘟囔着：“我可从来没有瞧不起你。”

得到夏菁的支持，白行就去找劳资处要求回分厂当工人。劳资处说你现在是干部身份，想调动工作找组织部。白行又找组织部，组织部说，就是到分厂也当不了工人，你的干部身份已经在社保办备案了，不是想换就能换的。白行说我保留干部身份干工人的活不就行了？组织部说，那待遇怎么办？工资按什么岗计酬？这会带来一系列问题，厂里还没弄过这种事，也不知道该怎么办。工人聘干不容易，解聘更难，你白行还是老老实实当你的老师吧，别添乱了……

白行的生活失去了方向，他感到做任何事都已经没有意义，如果呼吸也需要主动去做，估计他也会放弃。时间不长，白行感到不只是做事情没有意义，吃饭喝水也没有意义，就是再活下去好像也已毫无意义。他变得极为消沉，每天放学也懒得回家，反正夏菁对他是否回家也从无要求。他一夜一夜地就在办公室待着，胡乱翻几本书，任何一本都没有读下去的兴趣。每天早晨肖芳欣和钱有祐看到的白行睡不像睡，醒不像醒，天天半死不活的样子。肖芳欣常常关切地问白行怎么了，有什么心事吗？家里有困难吗？有什么需要帮助的吗？等等等等。白行爱理不理的，没心思和她说什么，有时候甚至装作没听见。

熬夜与失眠是性格迥异的孪生兄弟还是根本就是同一个事物的不同形态？

这一夜，白行又待在学校里。夜深人静，学校里黑漆漆的，破破烂烂的教学楼里只有他一个人。他想，自己是不是应该爬上楼顶，然后跳下去？又想，跳下去也没有意义。他拿出纸笔，写下这样一些乱糟糟的文字——

“现在对任何事都不抱希望了，人活着没意思，真是到了该死的时候了。”

“总是不想睡觉，总是傻愣愣地在桌前坐上几个小时，什么事也不想做，哪怕是想上厕所也好，可恨没有这种需求。”

“想一想小时候，想一想心中唯一的美丽的女性……现在都过去了，结束了。”

“一切一切都没用！人，人类，太可笑了！任何物质包括时间都能够无休止地等分下去，那么人类世界——地球，是经过多少次等分才这样的呢？如果把所有的等分组合起来将是多么大？时间是多么长？又或者根本就没有时间，所谓时间不过是人类按照自己的思维方式计算事物变化周期的手段罢了。再想想人类的一年，一个小地球，不感到可笑吗？想想细菌生命的短暂，就知道人类的命运了。”

“天啊，多么可怕，站在这球状的尘物上，我到底算个什么？狂呼吧！昂着头伸着双臂狂呼吧！望着茫茫的天际，望着遥远的硕大无比的太阳狂呼吧！这太阳不过是外星巨人捅炉子时迸出的火星儿！”

“不应该来到这个世界上，去死吗？死就像活着——半点用都不会有。死是什么？你不感到同样不值一提吗？”

“我该去死！是时候了！”

第二天早晨，肖芳欣轻轻推开办公室的门，看到白行躺在三个排在一起的椅子上还在睡着——这已经是她习以为常的景象。她看到白行的写字台上有几张稿纸，就拿起来看。字迹潦草，但肖芳欣看得认真。她感到吃惊和担心——白行是不是得了抑郁症？竟然有厌世的苗头。她赶紧把那几张稿纸收起来放进自己的抽屉里，然后坐在自己的座位上思考着。

白行醒来的时候，肖芳欣正坐在桌前批作业，钱有祜上课去了。

肖芳欣见白行醒了，就打招呼说：“白老师您醒了？休息得好吗？”

白行也没搭腔，就去盥洗室洗漱。等白行回到办公室，肖芳欣已经把一饭盒水饺摆在他的写字台上。肖芳欣说：“吃点东西吧，我带得太多了，您帮着吃点。您不是喜欢吃水饺吗，快吃，还热着呢。”她没有照实说，这水饺其实是她刚出去买的。

白行说：“那就谢谢你了。”说完就坐下吃起来。

等白行吃完，肖芳欣马上站起来争着去把饭盒刷了。然后对白行说：“白老师，您信佛吗？我听说信佛挺好的，能看淡一切。”

白行想起说：“我昨晚写了几张纸，好像就扔在写字台上，怎么不见了？”

肖芳欣说：“哎呀，我早晨打扫卫生，可能当废纸给您扔了，看着画得挺乱的，我还以为没用呢，真是对不起啊。”

白行说：“没事，我都忘了写的什么了。”

肖芳欣说：“忘了好，忘了说明不重要。您愿意信佛吗白老师？”

白行说：“若有佛，信与不信，佛都在。”

肖芳欣说：“我妈妈就信佛，心态可好了。”

白行说：“若只为度己，既已看淡生死，又有何好度的呢？若为度人，又有何德为之？”

肖芳欣叹口气没说话。

肖芳欣跑到传达室，去打外线电话，问一位熟识的医生像白行这种情况是不是抑郁症，能带来什么后果，怎样治疗。医生说：给他找点事干。

白行刚从教室回到教研室，肖芳欣就对白行说她是围棋业余五段，可以教白行下围棋，交换条件是白行教她下象棋。白行表示以前真想学学围棋，现在什么也不想干了。肖芳欣从抽屉里拿出围棋说是自己刚去商店买的棋，教会了白行下围棋，就有理由让白行教她下象棋了。白行不想学，肖芳欣说你不是嫌打够级太闹吗，咱俩在这里下围棋，别的教研室打够级缺人的时候就不来叫咱去凑数了。白行听着有理，就同意了。

钱有祜下班走后，肖芳欣对白行说：“白老师，您看我都教您下围棋了，您能给我帮帮忙吗？”

“什么事？”白行问。

“有人给我介绍了个太极拳练习班，让我跟着一起练，可是练习班都是在晚上，我一个人去练不太方便，您能和我一起去吗？就是……保护我的安全，正好您也一起练练。”肖芳欣说。

白行说：“我不太感兴趣，你找别人和你去吧。”

肖芳欣说：“他们下班就回家，肯定去不了。您就帮帮忙吧，正好您也不常回家，晚上有时间。”

白行说：“练这个有意思吗？你也别去了。”

肖芳欣说：“挺有意思呀，您不是说过愿意体验生活吗，正好体验体验。这个不只是健身，据说还能治病呢。”肖芳欣又神秘地说：“这个太极拳老师是我熟人，不收费，要是不认识，学费可贵了。一起去吧，不去白不去。”

白行犹豫着没说话。

肖芳欣又说：“人家说打太极拳的时候，边打边收心，还能帮着思考问题呢。”

白行勉强答应：“要不我先陪你去几次，要是没意思咱就都不去了？”

肖芳欣高兴地说：“好好，咱先去练练试试。”

这以后，白天只要白行和肖芳欣都没课，白行就跟着肖芳欣学围棋。白行也想教肖芳欣下象棋，肖芳欣说等教会了白行下围棋再学象棋。每天晚上，白行和肖芳欣就去太极拳练习班跟着练太极拳。教太极拳的师傅直言不讳说：社会上这样那样的气功班、武术班种类挺多，杂七杂八的什么都有，那些自称能练出特异功能来的，都是骗人的，我们这个太极拳训练班就是传统的太极拳，为的是疏通经络、强身健体，除了练套路，也要练调息，若能打通任督二脉，自然是百病不侵。

在训练班，太极拳师傅边讲边演示着动作，并教些吐纳调息的技巧。吐纳调息无外是排除杂念，气沉丹田，调整呼吸，然后是闭目冥想，尝试着调动气息在身体内游走。如果在冥想中感觉皮肤像有虫子在爬，不要去抓挠——那是气在脉中行走的感觉。白行虽然不完全相信太极拳师傅讲的，但平时没事也照着太极拳师傅说的练习。白行认为这个太极拳训练班还是挺靠谱的，有些办气功班的气功师把气功说得神乎其神，目的就是吸引受众。说得神奇，就等于把一个无比美好的目标摆在那里，虽然遥不可及，但却更能吸引那些生活失去目标的人，吸引那些患有这病那病久治不愈的人，吸引那些像崂山道上那样盼望着不劳而获和天上掉馅饼的人。而太极拳在中国有悠久的历史，这可不是刚编的，借此机会学习学习，应该也没有坏处。

这以后的一段时间，白行开始调整自己的生活方式：每天早晨和夜里都要打一遍太极拳。平时只要一有空闲，无论站还是坐，双手总是抚在丹田的位置，闭上双眼调动真气在任督二脉游走，就连平时喘气也是吸气多，呼气少……

这样过了些日子，一天白行又在慢悠悠地闭着双眼打太极，感到从后脑皮层有气泡上涌的感觉，他就调动气感向眉心游走，还真牵引过来了，于是又引领气感自眉心下行，气感又消失了……不一会儿气感又在头上盘旋，久久不去……忽然又感到腿上有气感游走……白行也不去管它，只是练着套路，清空杂念，调息理气……就感到腰间有气感绕体横行……白行听太极拳师傅说过，腰间的气感横绕最难实现，没想到自己这么快就感到了，心中自喜。

也可能是没有潜心练习或者练习的时间还短吧，白行打太极拳的套路已经很熟悉了，但对气息的感觉始终就是这些，没有新的进展。有个学员说：听说练气功比练太极拳好，能练出特异功能来。白行说："别信那个，不可能的事，即便人类真有特异功能，那这功能也不是人类自己所能掌控的，否则就不叫特异。练得走火入魔，精神被人控制，等于搭上了性命。"

和白行相比，肖芳欣的练习效果就差远了，太极拳的套路都不熟练，调息效果就更甭提了。每次白行和肖芳欣交流练习感受，肖芳欣都会惊奇地说："真的呀？我怎么一点气感也没有呢？我看您套路也很熟了，一招一式和师傅一样了。"白行就说："你肯定很难有效果，我注意过你，每次别人在闭目练太极拳套路的时候您在那里睁着眼东瞅西看的，有时候干脆坐到一边看起书来了，这个肯定不行。你要先把套路练熟，然后打拳的时候静心，排除杂念，什么也不想，边练拳边调息。"可是无论白行怎样说，肖芳欣还是我行我素，终究没有把太极拳的套路练熟，更没有练出气感来……

一次白行又去太极拳班练习，太极拳师傅问白行："你对象没来吗？"

白行估计他指的是肖芳欣，也懒得解释："她今晚要给学生补课，来不了。"

太极拳师傅欲言又止的样子，站在白行跟前不离开。

白行问："有什么事您说。"

太极拳师傅有点不好意思："按说我应该和你对象说，可是情况有点变化……"

白行说："怎么还吞吞吐吐的，说就是。"

太极拳师傅说："咱这训练班的学费以前都是月初收当月的，现在学员不如以前多了，就想把两个训练点合成一个，想现在就收下个月的，看看哪边交费的学员多就以哪边为主设练习点……"

白行问："一直收着学费呢？不是说认识太极拳师傅不用交学费吗？"

太极拳师傅有些惭愧地说："你对象一直不让说。她说你有腿疼的毛病，想让你练练，她其实就是陪着你。她又担心你心疼钱，就让我们别和你说收费的事，其实她一直交着学费呢。要说学费贵点是贵点，可是练练对身体好是吧？你对象对你真好，现在上哪儿找这么好的女孩去？还这么漂亮……"

白行止住他说："对了，我想起来了，她让我告诉你：以后不练了。"

第二天白行借了钱要把学费还给肖芳欣，肖芳欣坚决不要。说："我真是让你陪我去练的，后来没效果才不爱练的。”

白行说：“我知道你都是为我好。那天我写的那几张纸肯定也是你收起来了。”

肖芳欣说：“哪有什么纸啊，反正这钱我不能要，哪有请人帮忙还让人家出学费的。”

白行说：“您这不正是说我吗？”

肖芳欣的表情少有的严肃：“白行老师，我真的不高兴了，哪有这样曲解别人讲话的。您要是再提钱的事，我就不理您了。”

白行说：“那好，我想知道您是怎么想起要教我下围棋和让我练太极拳的？”

肖芳欣有点惭愧：“白老师，我说了您可不能生气。我担心您……是一个心理医生告诉我的，说是要给您找事做，让您分心……您别生气……”

白行站在那儿不知说什么，最后把钱装进自己口袋，真诚地说：“肖老师，谢谢。”

这以后，白行收敛起寻死觅活的想法，为了肖芳欣这个小菩萨也不能再任由思想忘乎所以地狂奔了。

白行不练太极拳了。但是折磨自己多年的关节痛，竟然真的就不知不觉地好了。

在练太极拳以前，白行是学校里老师们最信赖的天气预报员。比如气象台预报这天有雨，只要白行说没雨，老师们就不用拿伞，要是白行说要下雨，即便气象台说是大晴天，老师们也要带伞——因为白行总能说得准确，老师们屡试不爽。白行感觉要下雨的依据是，每当要下雨，自己就会腿疼，腰间冰凉潮湿甚至出冷汗，没有这些症状就不会下雨。白行练太极拳以后，一天气象台预报有暴雨，临放学时黑云密布，闷雷滚滚，老师们就问白行：“白老师，快摸摸腰上湿不湿。”白行踢踢腿摸摸腰说：“下不了——一点感觉都没有。”老师们就放心走出校门。刚出校门不久，暴雨哗的一下就下来了，瓢泼瞬间变倾盆，老师们慌不择路，紧接着淡定从容——已经淋透了，还躲什么呢……

小教师的生活就像时钟上的摆，无论他们把发条上得多紧，也仍是按部就班，不能快也不能慢，毫无生气和变化，这是他们的工作性质所决定的。

然而无论怎样有规律的生活，也总是有节外生枝的时候。

技校的厕所是蹲坑式的，蹲坑由外侧的一排小木门遮挡着，小木门的下沿与地面有十厘米左右的空隙。在学校快要放假的一天，肖芳欣去上厕所，刚进到小木门里，一个叫裴军的男学生尾随进来趴在地上从小木门下面往里看，被一个刚上完厕所从另一个小木门里出来的女老师撞见了。女老师尖叫一声，拉住裴军不让走，裴军就挣脱着要跑。肖芳欣赶紧从小木门里出来，着急地说：“别喊，快让他走。”

女老师惊奇道：“他偷看女老师上厕所，为什么让他走？”

肖芳欣说：“快让他走，您这样喊，传出去他还怎么做人？”

女老师生气地说：“奇怪了这事，你愿意让他看啊？”

肖芳欣说：“看您说的，快松开让他走，他才十几岁，不能就这样毁了，我以后单独找他谈话。”

女老师气愤地说：“他这是要流氓，凭什么让他走？”

肖芳欣说：“好好好，不让他走。你别喊，让他跟我走，我好好教育他。您千万别声张这个事。”肖芳欣说着就拉着裴军往外走，女老师就犹豫着松开了手。刚出女厕所门，裴军猛地把肖芳欣一推，撒腿就跑。肖芳欣身子往后一仰，头撞在门把手上，鲜血一下涌了出来。

女老师大呼小叫，老师和学生们就跑了过来。

女老师几句话众人就听明白了怎么回事。老师们忙活着把肖芳欣送到医院，曹校长闻讯在走廊上喊：“开除！他妈的要流氓，马上开除！”钱有祜跑到裴军的教室，冲过去冲着正在收拾东西要回家的裴军举起了拳头，但终究是理性约束着他没有把拳头落下，只是用力推了裴军一把。

肖芳欣轻微脑震荡，头顶上缝了六针，需住院治疗。

第二天一上班，曹校长来到语文教研室，一进门就冲钱有祜问道：“你打人了？”没等钱有祜说什么，曹校长又说：“胡闹，你怎么能打人？太胡闹了！你知道裴军是谁？区里裴主任的儿子！简直是胡闹！”说完，气呼呼地摔门走了。

“什么意思？”白行不解地问。

“我是倒霉了。”钱有祜叹口气，无精打采地说。

“怎么会这样呢？裴军平时就是个差等生，你不过就是推了他一下。”

钱有祜说：“差等生更得保护呀，不信你看着吧。”

白行说：“当差生的情绪和自尊一再被关照的时候，优生的动力和荣誉感也在被扼杀。”

第二十章

学校为这一事件召开了全体教职工大会。会上曹校长宣布了学校的处理决定：钱有祜身为教师，殴打学生，调离教师岗位。肖芳欣经历这次事件，不再适合当老师，调离教师岗位。裴军同学要做深刻检查。并再三强调说这件事已经过去了，谁也不要再提了，闹起来对学校对老师都没有好处。台下教师们闹哄哄地议论着，但谁也没公开表明自己的看法。快要散会的时候，白行沉不住气了，站起来说道："曹校长，我认为这个决定不合适。裴军把肖老师打伤，是写一份检查就能了了的吗？裴军偷看女厕所是什么行为？学校就是不把他扭送派出所，不开除，起码也要给个处分吧？可你却一个劲强调今后谁也不能再提了。还有，裴军把肖老师打住院做个检查了事，钱有祜老师推了裴军一下就调离教师岗位？这是给谁出气呢？再就是肖老师为什么也不能再当老师了？她有什么错？一再暗示说裴军是区领导的孩子，我真不敢相信领导在大会上说出这样的话。我请求学校撤销这个决定，否则我就向上级反映，直到修正这个决定为止。"白行说完，站在那里横眉立眼怒视着台上的那几位领导。会场静得出奇，连个咳嗽的也没有。

曹校长的锅底脸变成了紫色，半晌才恼怒地瞪着眼嚷道："谁还有话说？哪一个还想说？好，同志们还是有觉悟的。大家不要听这个白行扯淡，谁要让学校为难，我就处理他！散会！"

回到教研室，钱有祜神情沮丧地坐到椅子上一句话也不说。白行余怒未消，胸脯一起一伏的。

"白老师，算了吧，没用，一点用也没有，只能给自己找麻烦。"钱有祜沉着脸摇摇头说。

“我就不信邪能压正。”白行说。

“信不信由你，我说个事你考虑考虑。你知道传达室的王老头吧？曹校长没来的时候他是办公室主任，这人对老师不错，无论谁找他谈工作，就是他叫你去想批评你，都是先给你递烟倒水，而且老师的事他什么都替你想着。结果怎么样呢？曹校长来了没几个月，整得他自己提出到传达室看大门去了，咱学校到现在一个说话的也没有。”

“为什么？”白行问。

钱有祜说：“为什么，就因为王老头看不惯曹校长的工作作风，给他提过几次意见。”又说：“这件事，仔细想一想，闹起来对咱学校真没什么好处，对你我更没好处，王主任都去看大门了，何况咱俩？”

白行气呼呼地说：“哀其不幸，怒其不争。”

这时一个老师静悄悄地从外面走进来说道：“白老师，你要是给上级写反映材料，我也签名算一个。”

“好，我这就写。”白行说着拿出纸笔写起来……

这天上午，技工学校有好几个教师来到语文教研室，悄悄地向白行表明自己愿在“状子”上签字。

下午，白行将诉状写好，刚签上自己的名字，曹校长闯了进来，指着白行吼道：“白行，你愿意告你自己告，别拉上别人跟着你倒霉！我告诉你，你这门课是个人就教得了，你不愿意在这里快滚蛋！”

白行也不示弱：“你让我走我就走？我是分配到这里来的，不是求着谁死皮赖脸跑来的。我这门课别人我不敢说，恐怕你就教不了。”

“什么？好，今天我就听你的课，教得不好马上滚蛋！”曹校长恼羞成怒地说。

上课铃响后，曹校长带着几个老师搬着凳子跟着白行走进教室，在后面坐了下来。

白行沉着地走上讲台，朝班长微微点了下头，班长嗓音洪亮地喊道：“起立！”同学们欻的一下站了起来，白行又点头示意了一下，班长便喊：“坐下！”同学们又齐刷刷地坐了下去。白行正要讲课，就见曹校长从衣袋里掏出支香烟点上了。刚吸了没两口，白行已走到他面前不卑不亢地说：“曹校长，您不是说教室里不许吸烟吗？”

曹校长的脸一下又变成了暗紫色，嘴张了几张没说出话来，脸上的肌肉哆嗦着，死命瞪了白行一眼，又扫了一下周围注视着他的学生和老师，噌地站起来，快步走了出去。几个被安排来听课的老师有的冲白行笑笑，有的冲他点点头，竟也都走了。

下课后白行回到办公室，钱有祜对他说："刚才曹校长把我叫去了，问我知不知道你和谭厂长是什么关系，我说不知道。你还认识谭厂长？你俩什么关系？"

白行说："没什么特殊关系。"

钱有祜说："学校没处理裴军这个事，你就别告了。我也在里面，弄大了，你有谭厂长罩着，我怎么办？还不干等着倒霉？"

白行说："学校不处理裴军我可以不说什么，把你和肖芳欣调离教师岗位太不合理了，开弓没有回头箭，你又没签名，不会给你惹麻烦的。"

白行拿着自己写好的诉状找那几个打招呼的老师在上面签名，结果老师们看了白行写的东西以后都说太直白、太犀利，要求白行笔锋要软，要委婉，只能对学校的这个处理决定的正确性表示保留意见。

白行说："你们不签名就算了，我肯定是要申诉这个事，太不合理了。"

就在白行写好了信封要把"诉状"交到厂纪委的时候，钱有祜拿着一台录音机对白行说："曹校长说让你听听。"说完就按下播放键。录音机里传出肖芳欣的声音："……不行，裴军才十几岁，事情闹大了不好。告诉白老师，千万不要告。……我这不是好好的吗，谁也不能签名……""肖老师，我错了，我改。"这是裴军的声音。"好，回去好好学习，再不要做错事了。你去把白老师叫来，就说我有急事要和他谈……"白行咬着牙，心里有一种发不出的火。钱有祜关了录音机，对白行说："曹校长说了，也不下新文件了，我和肖老师继续教学就是了。谢谢你了——你这一闹，我和肖老师的教师岗位保住了。"

白行没有递交"诉状"。

事情或许就应该这样过去了，然而并没有。

白行夹着备课本到三楼上课，曹校长从后面紧赶了几步凑上来说："白行，课讲完了吗？"

"完了。已经开始复习了。"白行答道。

"好，不瞒你说，学校里做了个调查，你教的四个班的学生都说你知识丰富，讲得好，都愿意听你讲课，说明你工作很出色。特别是裴军这个事，你处理还算得当，没给学校惹麻烦，说明你有觉悟。白行，我打算让你当组长——钱有祜现在暂时在总务科帮忙，学校要扩大规模，几个新的语文老师很快就来了，语文教研室也不能没有组长。”

白行说：“不是您说的钱老师和肖老师继续教学吗，怎么变卦了呢？您赶紧让他回来继续上课、继续当组长。再说我也不想干这个，真的不想。”

“你也知道，钱有祜这学期打学生，不管什么原因，打学生不行，不处理一下，上面交不了差。”

“您找别人吧，我是不干。”

“你不干谁干？肖老师太年轻，再说这件事弄得她形象……干组长肯定不行，你说还有谁？”曹校长郑重其事地说。

“我比肖老师也大不了多少。甭管怎么说，反正我不干。我看钱老师干得很出色。”白行只管快步往前走。

曹校长拉住白行：“还有一个事。裴军这个事也不知道是他妈的谁在外面乱说话，有关部门可能最近就要来调查，你可要注意些。”

白行说：“放心吧，我尊重肖老师的意见。”

“好好好。只要你不主动找他们，他们也不会找你。”曹校长放心地说。

随后，厂纪委和教育处的人就来了，因肖芳欣还没有上班，就向别人了解了情况。接着学校就放假了，也不知道会得出什么结论。

开学以后，肖芳欣到学校上班，老师们都围着她嘘寒问暖。肖芳欣的伤口在头顶上，头发遮着，看不出来。然而肖芳欣没有了以前和美灿烂的笑脸，成天心事重重的。不久人们就知道了原因：她的事情以讹传讹，传到本要准备和她结婚的当军官的未婚夫家人的耳朵里，演绎成她被一个男学生性侵，她未婚夫无法接受被性侵过的女人做自己的妻子，要和她断绝恋爱关系。她试图解释，但她未婚夫及其家人更愿意相信别人说的。

白行听说后问肖芳欣，是她的未婚夫要和她散吗？肖芳欣低着头眼里含着委屈的泪点点头。白行问：你爱他吗？肖芳欣又点点头。白行又问：他想和你散你也爱他？肖芳欣抬起头看着白行，依然是点点头。白行问：你认为他爱你吗？肖芳欣很肯定地点点头。白行不再说什么了。

白行找到在厕所里抓住裴军的女老师，仔细问了问情况，心里有了底。白行说：“你正想从小木门里出来的时候听见肖老师在关另一个小木门，你出来看见裴军趴在地上就抓住他喊，肖老师接着就过来不让你喊对不对？这说明肖老师还没等脱衣服你就把裴军抓着了——要不然肖老师不可能出来这么快。这样看来，这个裴军什么也没看到对不对？”

女老师点头说：“可能是这样的吧。”

白行说：“不是可能，肯定是这样。”

“嗯。”女老师回想着点点头。

白行问：“这些细节你和纪委、教育处的人说过吗？”

女老师摇摇头说：“没有。他们没问这个。”

白行把随手提着的一个布口袋递给女老师说：“这是我老家带来的小枣，特别甜，送给你吃着玩。”

女老师说：“你这是干什么呀，我知道你想给肖老师帮忙，我又不是撒谎，有人问我我照实说就是了。”

白行说：“我也没别的意思，就是想请您和我一起去纪委和教育处说清楚这个事。您就是不愿意去，这些小枣也送给您，那天多亏了您发现裴军干坏事，要不然肖老师不就受伤害了对不对？”

女老师说：“最近我也听着这件事传得没谱了，行，我和你去说清楚。”

白行和女老师叫着教育处的人一起到了纪委，女老师把那天的事情经过详细说了一遍，纪委的做了笔录。纪委的领导说都清楚了，你们回去吧。白行说既然都清楚了，纪委能不能给出个调查结果？纪委领导说出什么结果？不是没怎么着那个学生吗，还要给他写封表扬信吗？白行说肖芳欣是老师，要是一些谣言不澄清，她以后还怎么上课。纪委的领导说要是学校要求我们出个结论，我们可以考虑。

白行回到学校向曹校长汇报了和女老师去纪委做笔录的事：“现在传得技校成了流氓窝了，您不是早就要求谁也不能再提了吗，可是没有个结论就难免会有人议论。纪委的调查结果出来后谁要是再胡说八道您就可以处理他。”

曹校长说：“你就负责这个事，写个函，盖上学校的章给纪委送过去。这个事情现在传得是他妈不像话，再这样传下去，我这个校长都难当。”

几天以后，白行向学校递交了请事假一周的假条。肖芳欣问：“白老师家里出什么事了吗？请事假超过三天就没奖金了。”

白行说是自己老家有事，要回去处理一下。

白行是要去找肖芳欣的未婚夫。地址是在信封上看见的。

火车走走停停，悠闲地前行。白行观赏着沿途的风景，也感到挺轻松。因为他相信，和大海打交道的人，胸怀一定是宽广的，何况那个军官的顾忌是根本不存在的。

到了码头白行才知道，去岛上的船一天一趟，当天的船已经错过，于是就找个旅馆住下，第二天一早乘船去了海岛。

白行很快在岛上找到了肖芳欣的未婚夫，是个英俊正直的钢铁汉。白行也不多说，直接拿出盖着纪委公章的调查结果和女老师的笔录给他看。军官一连看了好几遍，起先紧锁着的眉头越看越舒展，最后竟然咧开嘴笑了。军官双手紧握着白行的手说："谢谢谢谢！纪委的同志这么远跑来，真是太负责任了。您不知道我这些日子是怎么过的，真是痛苦啊！这下好了，哈哈哈，什么事也没有，全是胡扯淡！我和您说实话，我还真不能没有芳欣。我现在就给她写信，给她道歉！必须道歉！……就怕她不原谅我。"

白行说："您听我说。第一，我不是纪委的，我也是技校的老师，我是看到肖老师这么好的一个人蒙受这么大的冤屈心里不平才来的。第二，我上这里来学校不知道，肖老师也不知道，您要给我保密，和任何人包括肖老师都不要提我来过，您就装作不知道纪委有调查结果这个事，这对你们俩和好有好处。第三，我看到你们这里有快艇，您能不能找个快艇让我坐着在海上兜一圈？"

军官问："您是叫？"

"白行。"

"噢，哈哈哈，听说过听说过，和芳欣一个教研室的对不对？您先等我给芳欣写封信，然后咱再去坐快艇行不行？"

白行说："可以。您可千万不要提我来过，否则她不会原谅您。"

军官哈哈笑："明白明白，哈哈哈，您可真是大好人，想得周到。您喝酒怎么样？这里海鲜很好，坐完了快艇咱好好喝喝？"

白行说："就是来喝酒吃海鲜的。"

军官哈哈笑："您等着，我先去写封信！"

肖芳欣和军官闹别扭的事情解决了。然而这个厕所事件在其他方面还在发酵。

白行回到学校当天，曹校长找到白行："上次和你说的事你考虑得怎么样？"

白行问："什么事？"

曹校长说："钱有祜又回来教课了，但是这个教研组组长不能干了。现在裴军的事说清楚了，可是钱有祜打学生这个事有人抓着不放，我现在很被动，必须处理一下。你当组长怎么样？”

白行说：“我不当。您忘了厂里让我去干秘书我都没去？我不想当任何官儿。您要是真想换，肖老师不行吗？”

曹校长说：“肖老师不行，出了这档子事，想当好老师都难。”

白行说：“不是都弄清楚了嘛，现在听不见议论了。”

曹校长说：“你弄清楚了不等于别人也弄清楚了，表面不议论不等于背后不议论。肯定不行。”

白行说：“那您再想办法吧，我肯定不干。”

曹校长叹气说：“实在不行就调个政治老师过来，反正这语文课也没他妈的什么用，政治老师过来教一样。”

这天钱有祜挺神秘地问白行：“听说曹校长要搬家了是不是？”

白行说：“不知道。”

钱有祜笑笑：“我都听说了你还能不知道？你俩走得这么近。”

白行禁不住一笑：“我和他走得近？你这是怎么判断出来的？再说他搬不搬家和咱有关系吗？”

钱有祜说：“你真不知道？我想去帮他搬家缓和缓和关系，你去不去？”

白行说：“不去。”

钱有祜说：“那我自己去了？你别跟别人说校长搬家的事。”

“为什么？”

“要是都去了就没意思了。”钱有祜说。

白行说：“这个您放心。您求我说我也不说。”

肖芳欣与她的未婚夫和好如初，两个人很快登了记，确定了举行婚礼的日子。她丈夫提出结婚后就让肖芳欣调到那边去工作，肖芳欣恋着技校的学生，没有答应。但是肖芳欣的丈夫及双方的家人坚持肖芳欣婚后要和丈夫在一起。肖芳欣很是纠结，她爱着自己的丈夫，愿意和他在一起，又舍不得自己的学生们，唯恨自己没有分身术。每当想到自己要离开学校，她就会想起第一次听到学生喊她“肖老师”时的心情，想起和学生春游时的野餐、捉迷藏，想起当问到学生最爱听谁的课，学生震耳欲聋地齐声大喊“肖老师”时的情景，想起女生和她说知心话时的絮絮细语，想起男生做检讨时调皮而又诚恳的神态，想起上完晚自习后校园的夜空、明月……每次想起这些，都会一直想到自己流泪为止。她也清楚，或许自己早晚注定要离开，她能做的，或许只有现在对学生更好一些吧。

这天肖芳欣手里提着一袋子水果去上课，刚走到教室门口就听到教室里一个女生说："一会儿肖破鞋来上课，肯定又会给我们带一些吃的。"另一个女生说："真不要脸，还不是为了堵我们的嘴。"一个男生说："败了，让裴军看了，不值钱了。"

用什么语言来描述这时的肖芳欣呢？从她的表情看说她惊愕吗？从她的精神和心情讲，说她伤心、痛苦、悲哀，或者痛不欲生、彻底崩溃吗？不，她是脑际一片空白……

肖芳欣瘫坐在地上，袋子里的水果散落一地，滚出老远。几个准备上课的老师不知是怎么回事，纷纷说快送医院吧……

在技工学校的校门外，白行搀着肖芳欣踏着泥泞的雪地向医院走去，没有课的老师都去帮曹校长搬家了，目送他们的只有传达室王老头那双疑惑而又鄙夷的眼睛。

肖芳欣调离了技校，和她丈夫在一起了。

尽管钱有祜想方设法地要与曹校长缓和关系，但是他的教研组组长职务还是正式被撤了。

尽管曹校长想方设法化解厕所事件带来的负面影响，他还是接到了调离学校的调令，估计是嫌他对钱有祜处理得不够狠吧。

这天白行正在批作业，钱有祜过来说："白老师你知道新来的校长是谁吗？"

白行说："不知道。"

钱有祜怀疑地说："这次不可能不知道吧？我都知道了。"

白行说："确实不知道。我才认识几个人？"

钱有祜说："那你可是太不应该了——新来的校长是你的同学。"

白行问："谁？"

"苗冰。"

——看来自己也该离开技校了。白行想。

又是一年中秋时。

白丰消失的这些年，白家的节日总是在沉闷、阴郁的气氛中度过。每逢中秋、春节这两个阖家团圆的节日，梦儿都是在婆家那边早早结束家宴，和文道一起赶到娘家来参加下半场，白行每次也是拖着时间等着姐姐回来。但是无论姐弟俩怎么营造团圆的场景，也无法弥补白丰留下的缺口。虽然以前白丰在家时，有时也不到这边来参加家宴，来了也是沉默不语吃了就走，但这已经让家里人感受到了他的存在，再说不在这边就在那边，没什么好担心的。白丰消失以后，家人团聚时都刻意不提白丰的事，因为提了也没用，只会让悲伤的氛围再浓一些。

这次的中秋家宴，三爸三娘、白芒家三口、白行家三口在桌前已经吃得差不多了，白芒催促大满去商亭，没准还能再卖点东西，大满就走了。三娘对白行说："你姐姐还不知道来不来，你和夏菁先回去吧——孩子还要睡觉，在这里乱哄哄的睡不好。"夏菁听说就起身收拾东西。白行说："再等等，不着急。"白芒说："她为啥晚来呀，她不想吃剩菜，再不来剩的也没了。"正说着，就听门外梦儿的声音："来啦来啦！"白德就赶紧去开门。梦儿抱着孩子，文道跟在后面提着一大堆东西走进屋来。以前节假日晚宴梦儿和文道到这边赶场，都是把孩子放在家里奶奶看着，这次抱着孩子三口一起来，让人感到热闹了很多。

三娘高兴地迎过去要抱孩子："这么晚了就别带孩子了，不耽误睡觉吗。哎哟文白来了，快让姥姥抱抱。"

梦儿拦着："等等。你听文白说什么。"然后看着文白说："妈妈怎么给你说的来？"文白在梦儿的怀里前倾着身子冲三爸喊："爷爷！爷爷中秋节快乐！"三爸高兴地答应着。文白往三娘怀里一扑，喊道："姥姥我想你！"三娘抱过文白冲着文白的脸蛋子连亲好几口。

白芒问三爸："听说梦儿担心孩子叫你姥爷你不高兴，就让文白叫你爷爷，是这么个事吧？文白这外孙叫你爷爷，白德该叫你啥？这爷爷也不是谁都能叫的。"

梦儿说："大哥你什么意思？叫爷爷也没沾你的光，你吃什么亏了？"

三娘说："叫啥都行，就是个称呼。都是为了让你爸爸高兴。"

大家重新坐好，白芒说："我是老大，我说两句。今天外甥狗子也来了，今年人到得齐，行儿去拿双筷子摆在这里，算是你二哥的，摆上双筷子，就算是都到全了。"

三爸马上瞪起眼："你是啥意思？"

白行知道按照老家的风俗，逢年过节吃饭的时候会给刚死去的人摆上双筷子表示祭奠，就说："这不合适吧？"

三娘也说："不能摆，人还不知道咋着，不能摆筷子。"

梦儿说："大哥你什么意思？他就再不是个东西你也不能咒他死！"

白芒见梦儿顶撞自己，有点下不来台："白家吃团圆饭，你就不该来！"又对文道说："这女人，该打就打，不能惯着她。"

梦儿说："有个不该来的，我在这里几十年了，你才来几天？"

三娘说："怎么一见面就吵吵？"

梦儿说："有他在就没好事，除了挑拨离间别的不会。"

白芒说："你还是有错处，你要是没错处，我想挑也挑不起来。"

白行说："来来来，吃饭吃饭。"

梦儿站起身："吃什么吃，不吃了，走。"说着就去三娘怀里抱孩子，白德赶紧起身去扶他姑姑。文道起身说："那我们就先走了。"跟一家人打了招呼跟着出去了。三娘说："老远地跑来一口水也没喝这就走。"白行见留不住，跟出去送送。夏菁也赶紧收拾东西抱着孩子跟出门来。

送走了梦儿三口，三娘对白行说："你二哥咋着了谁也不知道，你不再找找啊？"

白行说："这些年哪停了，不是一直找着吗？寻人启事也登了，也报警了，一点消息都没有。"

三娘说："今天你大哥也不知咋想的就要给你二哥摆筷子，这不是好兆头。你二哥……不会死了吧？"说着眼泪就流下来了。

白行说："别往坏处想，没有用。"

三娘说："光往好处想，还不是自己骗自己？"

白行说："妈，我和你说实话，这些年哪里出现无名尸我都要和人家联系联系确认一下。现在是，没有好消息，但也没有坏消息。你就往好处想，我继续打听着。"

告别了三娘，夏菁说："我怎么听着这么吓人呢……"

中学毕业的白德要报名参军。

白芒对白德说："你大叔当年想当兵，你爷爷费了那么大劲也没办成，你想当兵就当兵啊？"白德说："那个年代都没饭吃，当兵管饭，谁不想当兵？现在都琢磨着发财，还有不愿意去的呢。"白芒说："我看甭管哪个年代，你这样的都够呛——摇头和挲脑，一步三晃荡，谁要啊？没人要。一面试就刷下来。"白德瞪起眼说："我从小你就看不惯我，先是把我打傻了，我小叔想办法让我恢复过来了，现在又嫌弃我走路不好看。”白芒说：“我不是嫌弃你。你看你这个道走的，晃过来晃过去，一个人占着三个人的空。也不是光走路没正形，还成天瞅瞅这个瞪瞪那个。谁欠你钱啊？让全宿舍区的孩子都害怕你就这么好吗？”白德说：“我刚来济南的时候，我小叔对我说我大叔年轻的时候多么多么厉害，多么多么光彩，让我跟他学，你更是嫌弃我老实窝囊，现在我刚翻过身来，你又这里那里地挑毛病。”白芒说：“别听你小叔胡咧咧，你大叔啥也不行。是我说你窝囊废不假，可我也没说让你变成现在这个样。”白德说：“我哪样了？没杀人没放火。你就光把我往坏处想，前些日子你和同事喝酒吵吵起来了，是谁叫我去给你撑腰的？”白芒不屑地说：“那是我喝多了，按说不该叫你去吓唬人家。”白德说：“要是我还是以前那个样你还让我去吗？多想想我的好处。”白芒说：“你哪有好处？一点好处都没有。”白德说：“我在青少年业余拳击比赛拿了个第三名这不是好处吗？奖状你不是看见了吗？”白芒说：“嗨，就是一张纸儿，也没钱，连个镜框都没有。这是你个人的事，你对家里有什么贡献啊？”白德说：“冬天的时候俺爷爷和那个鸡羔子比下井，谁给俺爷爷出的气啊？”

白德一说，白芒想起一桩事——

正月里，三爸一些人在宿舍北面的小广场上晒太阳。三爸说这天气和春天一样了。一个住在附近二十多岁叫鸡羔子的地赖就说：爷们儿你说和春天一样，那边麦田里有口井，你敢下去吗？三爸说我不这么闲得慌。鸡羔子说：爷们儿咱俩打赌，谁不下谁死全家。三爸见鸡羔子发这么狠毒的誓，觉着不下会对家人不好，就说：别看我六十多岁了，你敢下我就敢下。鸡羔子说：爷们儿你身体好，你先下我再下。众人鼓动、喝彩、看热闹。三爸就在众人的簇拥下到了麦田的井口，扒了衣服顺着梯子下到井水里。没想到地面上阳光照着挺暖和，井水确是冰碴凉，冻得受不了，费了好大劲才爬上来，小风一吹胳膊腿都不大听使唤了，是众人帮着穿上的衣服。没承想鸡羔子看着三爸冻得脸色蜡黄牙打战，说自己认输不下去了。任由众人讽刺挖苦，鸡羔子就是不下。鸡羔子被大家说急了，耍赖皮说：他是老半青，他自己愿意下去活该，又不是我把他踢下去的。大家说你不怕死全家吗？鸡羔子说我家里人早都死了，就我一个了。三爸经这一冻，又憋了一肚子窝囊气，回到家里就开始发烧。儿孙们听说从不生病的老爷子突然发烧了，就都来看护，一再问是怎么闹的，可他就是不说。直到有个在现场看到这一切的邻居来看他，才把这个事说出来。白德听说后，当晚叫着几个人找到鸡羔子，用绳子绑着鸡羔子来到麦田的井口前，也没扒鸡羔子的衣服，直接就一次次把鸡羔子沉到井水里又提上来，鸡羔子哭爹喊娘地告饶……反复多次后，鸡羔子已冻得说不出话来。白德几个人把鸡羔子搭在自行车的后座上推着鸡羔子到了爷爷家，说就是这个人欺负俺爷爷，想亲自来道歉，自己不小心掉到沟里了。三娘看鸡羔子快冻坏了，给他倒了杯热水让他喝了，又给他披上个棉大衣。鸡羔子冻得浑身筛糠，给三爸跪下，哆嗦着嘴说："对不起，我错了。"白德给三爸出了气，三爸的病就好了。

现在白德说起给爷爷出气的事，白芒说："你就是欺负人、打人行，别的没啥本事。我看你也别想好事了，你胳膊上有文身，你刺的那个女孩子名字就让你当不上兵。"

白德一愣——这是他忽略的一个问题。上学时，白德爱上一个名字叫"鸽"的女同学，白德直接对这个女同学说自己喜欢她，想交朋友。女同学断然回绝，说自己十年以内不会考虑恋爱问题。白德想忘掉她，但就是爱上了，白天黑夜地忘不了，用白德的话说就是：每次看见她，就觉着她比娘还亲，天底下她最好。白德被回绝后，没有再向女同学表达爱意，而是在自己的胳膊上刺了一个扣子大小的"鸽"字。白芒曾骂白德把女孩子名字刺在身上没出息，白德不承认，说这是和平鸽，刺这个字是为了世界和平。

白德一个电话打到鲁铁技校，问家里最有学问的小叔该怎么办，白行说身上有文身肯定无法参军，该怎么办要问问医生才知道，让白德等自己电话。随后白行四处打听，然后给白德打回电话去，把了解的情况对白德说："去除文身传统做法有皮肤磨削法、切除缝合法和切除植皮法，现在还有化学腐蚀法、烧灼法。但是如果文身刺得太深，无论哪种方法都难以将之彻底去除。还有，在去除时，如果治疗太浅，则无法去掉色素，如想达到理想的治疗深度，则一定会留下瘢痕。所以具体用什么方法去除，效果怎么样，要到医院让医生看了以后才知道。"又说："医生已经联系好了，你要是想去除，这两天咱就可以去让大夫给看看。"

白德听白行说完后说："这么麻烦？行了小叔，我想好了以后联系你。"

白德把几个小兄弟召集到宿舍区的小亭子里，点上一支烟抽了两口说："当年关二爷刮骨疗毒，今天我给你们演一把现代版的。你们几个负责给我点烟。"说完，挽起袖子露出那个曾被自己偷偷亲吻无数次的"鸽"字，用手中燃着的香烟一下戳了上去。众兄弟龇牙咧嘴地看着，白德催促："快快快，点烟点烟。"弟兄们纷纷掏出香烟点燃，白德依次从兄弟手中拿过香烟反复摁到"鸽"字上……

那块刺着“鸽”字的皮肤已经烂乎乎的了，温馨的“鸽”字不见了。这时一个小兄弟说：“对了，我听说身上有香烟烙的疤痕也不让参军。”

白德先是一愣，接着气愤地说：“你这个狗小子刚才怎么不说？害得我受这个罪！来来来我给你戳一下你试试疼不疼？”白德说着就拿着香烟往小兄弟身上比划，小兄弟赶紧起身躲开。白德冲他喊：“别腚沉了，快上我家床底下拿那个熨衣服的烙铁，放到炉子里烧红了拿过来。快跑！”小兄弟赶紧去了。

另一个兄弟对白德说：“哥，你这是要给自己动刑啊。”

白德说：“别啰嗦，你也过去帮着找找，一定要烧红了，要不到了这里就不热了，快去快回，趁着我这疼劲没过去，弄完了算了。”这个兄弟答应着也赶紧去了。

烧好的烙铁拿来了。白德接过烙铁往上吐了一口唾沫，唾液瞬间消失，发出嗞嗞的声音。白德用烙铁的尖部比量着位置，一下烙上去，刺啦一声，疼得白德扔掉烙铁站起身跳来跳去……

白德如愿加入了中国人民解放军，伞兵。服役地点：湖北省。按照白德的说法，要不是因为胳膊上有个疤，他就成飞行员了。

苗冰校长来技校上任的时候，教务主任让没课的老师都到刚装修好的大教室去集体恭候，白行也在其中。苗冰校长进了教室，教务主任带头，教师们一起鼓掌。苗冰校长就走过来和老师们一一握手，握到白行这里的时候，苗冰校长的眼神、表情、握手的速度……一切都没有变，给人的感觉就是他以前并不认识白行。白行也和其他老师完全一样的神情，没有任何不同。苗冰校长在讲台上说了几句开场白以后，说：“今后几天，将会有三十多个老师到我们技校来报到，壮大我们的教师队伍。学校规模扩大了，学校级别也提高了。过去技校是个副处级单位，现在是正处级。以前技校的编制就给了三个科级职数：教务科、总务科、学生科。各教研室都归教务科，负责人只能是组长。现在不一样了，以后每个教研室都是一个科，负责人就是科长，学校还要设副校长，也就是副处长级别。这是上级对我们学校的信任，也是老师们的机遇，也算是我给学校带来的见面礼……”最后苗冰校长说：“……我们的使命，无上光荣；我们的工作，任重道远；我们的前途，一片光明。”苗冰校长讲话结束后，教务主任总结发言，对校长的讲话大加赞扬，表现得又兴奋又激动又充满对新校长的崇拜和敬仰。

散会后，老师们议论纷纷，又是这个老师有机会了，那个老师应该提了……

大家公认一个事：都认为新来的苗冰校长比原来的曹校长水平高。有老师就说：这当然了，曹校长是副处级，苗冰校长是正处级，能一样吗？

苗冰来技校后没有召见过白行，白行也没主动去拜见新校长。

这天白行刚下课从教室出来，有个老师说："白老师，有个大款在教研室等你呢。"

白行说："别开玩笑了，我哪认识什么大款。"

老师说："真的，是个女的，拿着大哥大，楼下的奔驰就是她的。"

白行从走廊的窗子往楼下看，楼前果然停着一辆奔驰车。白行心想没听说哪个学生家里有奔驰呢，有汽车就是大款了，还是奔驰，这是大款中的大款。白行回到教研室进门一看：花麒麟，麒麟姐姐。

花麒麟在鲁铁辞职以后，先是在济南大观园开了个小饭店。饭店开张后，原来认识的那些乱七八糟的人，成天来饭店吃喝不给钱，也有人家给钱花麒麟不好意思收的。结果是换了好几个门脸都不怎么挣钱。后来花麒麟的一个朋友说广州、深圳那边现在鲁菜很受欢迎，花麒麟就去深圳开了个饭店。饭店开张不久，有一对小情侣在花麒麟店里吃饭，女的直接就把一个女婴生在了花麒麟的店里，孩子才七个月，早产。花麒麟赶紧帮着把产妇和女婴送到医院。这对小情侣是学生，还没结婚，意外怀孕，害怕流产不敢上医院，一拖再拖，高低把孩子生在了花麒麟的饭店里，也不敢让家里人知道。花麒麟想起自己当年生白德时的艰难，热情照顾、呵护产妇渡过难关。而后，这对小情侣问花麒麟能不能收养这个孩子，说他们要去国外留学，就是不去留学也没法养育这个孩子。花麒麟一直单身，收养个孩子正好可以做伴，于是她就把这孩子留下了，托人上了户口，取名白鸽。收养这个孩子以后，花麒麟做出了不再结婚的决定。花麒麟有在济南经营饭店的经验，又秉持以诚待客的经营之道，生意非常好，连着开了好几个店都很成功，规模越开越大。后来又进军房地产，企业规模迅速壮大，成立了集团公司。白鸽长大后，常问起自己的爸爸在哪儿，花麒麟想白鸽她爸爸妈妈都出国留学了，将来也会让她和她爸爸妈妈相认，就告诉她说她爸爸在国外，又告诉白鸽她还有个哥哥叫白德，寄养在山东的亲戚家里。花麒麟这次来找白行，是想了解白德的情况，争取与白德相认，如果一切顺利，就把白德带到深圳去。

花麒麟见到白行非常亲切，就像见到自己的亲弟弟："一眼就看出来了，还是那个样。鲁铁食堂的老姐妹给我打电话说你当老师了，我还不大相信，这不还真是老师了。”

白行也很高兴，招呼花麒麟快坐，要给她沏茶。花麒麟说咱到楼下去吧，说话方便，别影响老师们工作。白行和花麒麟来到楼下，花麒麟问白丰和白德相认了吗？白行说没有。花麒麟说你嘴真严。

花麒麟把自己的情况向白行介绍完以后，就向白行表明她这次来是来与白德认亲的。花麒麟说她来以前就做好了打算，甭管白德是在鲁北种地、在外面干临时工，还是在哪里，她都要去和白德认亲，说现在白德长大成人了，可以自己做主了，白芒或者白丰不同意也没用。花麒麟说反正早晚要和白德相认，自己领养的女孩取名叫白鸽，就是为了一看就和白德是一家人。花麒麟拿出白鸽的照片给白行看，就见照片上白鸽羞答答美目盼兮，很是乖巧。

白行开玩笑说，算着现在白德超过十八岁了，你就来了。你这是下山摘桃子，窃取别人胜利果实。花麒麟说要是白芒或者白丰同意她认领白德，她愿意重金补偿。花麒麟说白德愿意认白芒或者白丰为他爸爸，她都不干涉，两个都认了她也不管。而且白德不叫花麒麟妈她也没意见，花麒麟只想帮助、补偿白德，不求别的。

白行说你现在暂时还不能与白德认亲，花麒麟问为什么。

白行就把大哥一家三口户口迁回济南、白丰消失、白德参军的事都和花麒麟说了。花麒麟喜出望外，欢乐开怀。她没想到白德已经转为城市户口，更没想到白德这么有出息参了军。或许她以为她和白丰生的孩子天生就应该是坏种，亲爹亲妈又不在身边，疏于管教，就算白德已经被关进监狱里也不意外。

白行对花麒麟说参军政审很严，如果白德突然冒出来亲爹亲娘，会给他带来麻烦。特别是白德在部队积极要求进步，我们更要处处注意，不能给白德添乱。

花麒麟喜极而泣，边擦着眼泪边说：“真是没想到，这么好呀，真是没想到，这么好呀……”再说不出别的话来。

花麒麟心情平复后，问白行要白德的照片，白行答应随后给她邮寄。

说完了白德，花麒麟腾出心来问白丰怎么回事。白行说杳无音信。

两个人互留了电话号码，又聊了些闲话，然后道别。

花麒麟上了车，白行再次叮嘱：“麒麟姐，白德已经在部队递交入党申请书了，你千万不要给他惹麻烦。”

白行送走花麒麟刚回到教研室，一位老师进来说：“白老师，苗校长叫你去一下。”

白行答应了一声坐下喝水。见那位老师在门口站着不走，白行说：“知道了，我一会儿就去。”那位老师说：“您赶紧去吧，您看您要是不去，校长还以为我没及时通知您呢。”白行又慢悠悠喝了几口水，就站起身要去校长室。教研室的一个老师看着窗户外面说：“白老师，那辆奔驰车在校门口停着还没走呢。”白行凑到窗前一看，然后赶紧跑下楼去。

白行来到奔驰车前从汽车的前挡玻璃往里看，就见花麒麟在里面流着泪忘情又无声地哭泣。白行敲敲玻璃喊：“麒麟姐！麒麟姐姐！”花麒麟在车里赶紧拿起手绢擦眼泪。白行退到车门前，拉开车门问：“没事吧？”花麒麟无法抑制自己的情绪，哇的一声哭出来。白行急切地喊：“麒麟姐！麒麟姐！怎么了？你没事吧？”花麒麟稳定了情绪，含泪笑笑：“没事，能有什么事呀，没事。我就是太激动了，是太高兴了。”白行说：“你放心，你和白德早晚会相认的。”花麒麟说：“肯定放心啊，今天和你一拉就全放心了。我就是一听白德现在这么好，太高兴了。行儿，你的恩情我永远记着。”白行说：“说什么呢麒麟姐，我什么也没做。快走吧，保持联系。”花麒麟说：“行儿，刚才我打电话和白鸽都说了，告诉她她哥哥当解放军了，她说盼着她白德哥哥去保护她。”白行说：“好好好，明白明白……”

目送花麒麟走远，白行来到校长室敲了敲门进去了。苗冰坐在写字台后面，看白行进来，就后仰着身子说：“来到你的地盘了，装不认识的？这么多天了也不来看看我？”白行笑笑没说话。苗冰用下巴往前一努说：“坐。”白行也没坐。苗冰看了白行一会儿，起身走过来拉着白行到沙发前坐下：“这么大架子啊？”白行笑起来，说：“你自己摆谱反说我架子大，你这谱摆得有多大你应该比我清楚。”苗冰哈哈一笑：“还是那个样，一点没变啊。”白行说：“你变了，比以前像样了。”苗冰说：“永远年轻不可能呀，也耽误事。”白行自己掏出支烟点上，静等苗冰发话。苗冰说：“他们都不在我这里抽烟，还是你有面子呀。”白行说：“有什么事你就直接说吧。”苗冰说：“着什么急，有课？”白行说：“没课。”

苗冰走到窗前开开窗子：“刚才找你的那个人是谁？开奔驰的那个。”

白行直接把话说到了底：“她在广东开饭店的，在济南没关系，我没后台。”

苗冰提高嗓门：“你这家伙！有你这样拉呱的？”

白行说：“我直接给你说清楚，省得你绕来绕去的。”

苗冰说：“好。那我也给你来个痛快的，我问问你：教研室主任你没有考虑考虑？”

白行说：“没有考虑，不想干。”

苗冰说：“怪不得不上我这里来，无欲则刚呀，你想怎么着，采菊东篱下？悠然见南山？”

白行说：“什么都没想。”

苗冰说：“明白了。该和你说的也说了，柳千婵也不能说我没有老同学滋味了。你忙你的吧。”

白行起身离开了校长室。

第二十一章

正当白行设法离开学校的时候，有个机会悄然来临。

北京一所高校面向全国钢铁企业招生，招研究生，社会科学系，哲学专业，去北京脱产学习。这所高校给了鲁铁两个名额，考上就去，考不上名额作废，白行就琢磨着想去。同事告诉他：分管教育的谭副厂长的外甥想去，还有一个名额肯定也有了安排，这样的好机会不可能轮到你白行。白行说总要试试啊，于是找到谭副厂长提出去学习的申请。

谭副厂长说："厂里几万人，一共两个名额，你安心工作，这件事就别想了，还是回去当作家吧。"

白行说："谭厂长，他们说您的外甥想去，要是真这样我就不争了。"

谭副厂长说："听谁说的？甭管谁去都是工作需要，这件事还没定，不要听别人瞎说。"

从谭副厂长办公室出来，白行想想也是不可能，只好死心了。

没想到事情有了转机——厂里在外地的一座农场新扩建了农场中学，原有教师不够用，厂里决定从鲁铁子弟中学和技校抽老师去支教，一人一学期，轮流。结果老师们嫌那里生活条件太差，一个月才能回济南一次，都说家里有困难去不了。恰巧白行又听说谭副厂长为避嫌不让自己的外甥去北京深造了，白行就找到谭副厂长说："我愿意带头去农场教学一学期。"

谭副厂长一听很是高兴："好啊，做了很多工作，没人愿意去，你这个头带得好，只要有愿意去的，其他人的工作就好做了。"

白行说："我去农场教学有个条件——我算了算，在农场教一学期课，学期结束正好可以参加北京高校的考试，不耽误。”

谭副厂长说：“还想着这个事？干工作哪能讲条件呢，你以为到北京学习这么容易？要考试，考不上名额就浪费了。”

白行说：“我要是考不上就继续在农场教学，不用轮流，我永远不回来。”

谭副厂长说：“这可是你说的。”

白行说：“愿立军令状！”

谭副厂长想了想：“研究研究吧。”

不久，白行接到通知：到农场中学教学，同意参加北京高校的考试，考上就去深造，考不上继续在农场教学。又过几天，考研的辅导材料寄到了白行手中。于是白行高高兴兴地带着中学教材和考研辅导材料去了农场中学。在白行的带动下，加上厂里增加了去农场中学教书的补助，很多老师也都接受了去农场教学的安排。

在农场子弟中学，白行的出现令当地的老师、学生和农场职工眼前一亮：白行修长消瘦的身材，蓬松垂肩的长发，戴麦克变色镜，穿白色的T恤衫、白色的直筒裤、白色的皮鞋，迈着舒缓的步伐，与人打招呼和上课时会摘下眼镜，露出一双深沉又忧郁的眼睛。老师还可以这样？在当地人的眼里，老师应该是朴实淳厚憨直的，白行这样的老师他们第一次见，也超乎他们想象。特别是白行新颖的教学方式让当地的学生们甚是惊奇，他们想不到老师还可以这样讲课。白行上课喜欢与学生互动，生涩的文言文他也能讲得像说书一样。他组织学生开辩论会，他让学生轮流登上讲台讲课。他以学生常说的口语为例讲解语法。他与同学们一起把语文的“听说读写”四大技能折腾得妙趣横生……时间不长，不仅学校里的老师们常来他的教室听他讲课，就连农场的职工也跑来了。

爱情，总是会找到青年人的门前，就看你要不要。

在农场教学的老师中，有一个当地的漂亮姑娘，叫梅宝儿，高中毕业没考上大学，就到学校来帮忙教初中。她身材健美，充满活力。因姑娘没多少学问，学校就安排她教政治课，也就是念念课本，照本宣科。白行第一次接触这个姑娘，还是学校组织几个新来的助教老师听原有老师的课。因有新来的老师听课，姑娘在讲台上照着课本读到过去中国人民生活在半封建半殖民地的旧社会时，想发挥一下，就说：“过去的中国一半是封建社会，一半是殖民地社会。”

下课以后白行就私下对姑娘说：“你这样讲不确切，这两句话一个是说中国的国家制度状态，一个是说国家主权状态。说中国半封建，是说另一半已经被外来资本主义占领，说半殖民地，是说另一半是独立自主的。”

姑娘很不好意思，但也虚心接受，就说：“白老师您以后多给我讲讲行吗？”

白行说：“我不是学政治的，‘讲讲’不敢当，一起交流交流应该问题不大。”

这以后，梅宝儿就经常到白行在的教研室找白行。开始很拘谨客气，问了课本上的问题就走。后来就放开些了，不再只是请教问题，还要给白行出难题。比如一次梅宝儿到白行的教研室，说：“白老师，您是教语文的，问您个问题您能回答吗？”

白行说：“要看什么问题了。”

梅宝儿说：“我上学的时候我们老师说有人出了个很有名的上联求下联，没人对上。您能对上吗？”

白行说：“那我肯定对不上。不过我倒想知道是什么上联。”

梅宝儿说：“上联是：上海自来水来自海上。来回念都是这一句，求下联。”

白行不假思索，张嘴就说出几个下联：“山东落花生花落东山、下山铺路石路铺山下、山西悬空寺空悬西山……”梅宝儿拿出个字条照着念：“此木为柴山山出。”白行说：“因火成烟夕夕多。”梅宝儿说：“江河湖海水当家。”白行说：“松柏杨柳木做主。”梅宝儿说：“雷霆霜露雨为主。”白行说：“銀銅鋁錫金先行。”梅宝儿把这些对子写下来，高高兴兴地走了。

农场给来支教的老师们安排的宿舍是一个独立的小院，小院里一排平房，大房间是几个老师一间，白行为了方便学习，申请了一个小房间自己住。梅宝儿的家离小院不远，和老师们熟悉后，梅宝儿晚上没事就到小院里来玩。这些支教的老师因无家可回，又没地方可去，天天晚上在小院里打牌、下棋，隔三差五到集市买来酒菜畅饮。白行因要复习功课准备考研，晚上独自在自己的寝室学习，学得累了，就拿出口琴吹会儿。时间不长，这琴声把梅宝儿招进了房间——听口琴，就成了梅宝儿待在白行房间的一个很好的理由。最初白行还招呼梅宝儿，陪她说说话，天数多了，白行也习惯了梅宝儿的到来，只顾自己学习，吹口琴，就像房间里没有梅宝儿这个人似的，也有时吹口琴吹得得意，就含笑对梅宝儿眨眨眼，与她分享快乐。最初的时候白行每吹完一支曲子，梅宝儿就会鼓掌，很兴奋的样子，后来只是坐在那里静静听，白行对她一笑，她反倒把头低下了。

有天晚上白行躺在床上吹了会儿口琴，然后又拿过书来看，看着看着就睡着了。也不知过了多久，白行在睡梦中醒来，睁眼一看，梅宝儿正坐在床边静静地注视着自己。白行看一下手表，已经半夜了，院子里静悄悄的，老师们也都回房间休息了，就赶紧坐起身说：“这么晚了你怎么还不回家休息？”

梅宝儿好像从冥想中回过神来，脸颊变得绯红。片刻，她从衣袋里拿出一只口琴说：“我想让你教我吹口琴。”

白行说：“这么晚了可不能吹了，把老师们吵醒多不好。”

梅宝儿犹豫了一下：“其实这口琴是送给你的。”

白行说：“我有口琴呀。”

梅宝儿说：“你不是说你的口琴有个音有点卡吗，我就……给你买了一个。”

“嗨，吹着玩的，卡点有什么关系啊。也行，也该换换了。多少钱？我给你钱。”白行说。

梅宝儿好像不高兴了：“你给我吹口琴听，我给你个口琴还不应该吗？”

白行说：“我是吹着玩的，没说特意吹给谁听。”

梅宝儿说：“那你怎么光吹那些情歌？那些歌……就好像给我们写的。”

听梅宝儿这样说，白行愣了一下：“你快回家吧。”

梅宝儿犹豫了一下，放下口琴默默地走了。白行走到房门口，看着梅宝儿低着头快速离开了小院，让人爱怜的样子。

这以后梅宝儿白天没课就到白行的教研室来，白行上课了她就坐在那里等，见了白行就问这问那说长道短，说不完的话。甭管白行出去干什么她都如影随形地在后面跟着，好像跟着白行就是她要做的事。到了晚上梅宝儿就到老师们住的小院里来玩，看似是和这个老师说两句和那个老师也说两句，时间不长就会来到白行身边再不离开，白行在院里坐着她也在院里坐，白行进屋里她也进屋里，自然而然。

一个周末的晌午，白行找了一副鱼竿，戴着草帽到不远处的一个小水塘钓鱼，四处都是芦苇，静悄悄的。

等钓到一条，白行转身将鱼放到身后的小桶里，一抬头，见梅宝儿站在那里。白行吓了一跳：“你什么时候来的？一点动静没有。”

梅宝儿笑眯眯地说：“我来好长时间了。”

白行放下鱼竿，走过去找到树荫坐下，点上一支烟。梅宝儿就跟过去坐在他身边。

白行说："我结婚了，你知道吗？"

梅宝儿说："知道。"

"那你是什么想法？"

"我也不知道，就是想和你待在一起。"

"你喜欢我？"

"……你不喜欢我吗？"

白行想了想："你挺招人喜欢的，但是不是你想的那种，而且我结婚了。"

"……我喜欢听你吹口琴……特别喜欢。"

"那我以后不吹了。"

"是因为我吗？"

"是。"

梅宝儿说："你吹的曲子里面，有的我会唱。我现在唱给你听行不行？"

白行点点头。

梅宝儿低声轻唱起来……

虽然梅宝儿是轻轻地唱，但是唱得很动情、很好听。白行本想夸几句，想了想，忍住了。

两个人沉默不语。白行又点了一支烟狠吸了几口，把烟蒂一弹，飞出很远落到水里。说："我快走了你知道吗？"

"知道。"

又过了一会儿，梅宝儿像是下定了最后的决心，低着头说："我知道男的想什么。"

白行说："不要乱说，你就不知道我想什么。"

梅宝儿依然低着头说："其实我一直都想，我只会把我自己献给我心里想的人，就是……爱。"

白行说："很多少女都这么想。再过几年你就可能会有别的想法。"

梅宝儿抬起头看着白行说："你是我心里想的人。"

白行看着梅宝儿火热的眼神说："在我心里，有一个谁也无法替代的女性，这么多年了，只要我心里想女人，想的都是她，想到男女关系，想的也是她。没人能够替代她，她无法替代，我也不想她被替代。"

梅宝儿问："她是你妻子吗？"

白行摇摇头。

梅宝儿盯着白行说：“我懂，这是爱。”又说：“我要是她就好了。”

白行说：“你是好女孩，别害了自己。”

片刻，梅宝儿抬头注视着白行说：“你走了我会想你。”

白行说：“少女往往把所有美好的想象附加在某个人身上，然后去疯狂地爱他，其实她爱的那个人已经不真实了。”

“不是这样的。”梅宝儿低下头说。忽又抬起头伸出一只手：“今天是我的生日……我就到处找你，想告诉你。你能……亲我吗？”美丽的眼睛闪着期盼的眼神。

白行看着她，犹豫了好长时间，最后拿起她的手在手背上亲了一下。白行笑笑：“好，祝福你。快回家吧。别接近我了，否则只能伤害你自己，不会有好结果的。你还不了解我，等了解了就不想搭理我了——我对象就这样，她现在就不爱和我说话。”

梅宝儿沉默了一会儿：“她不懂你。”

白行说：“你今天生日，快回家吧，你妈等你吃饭呢。”

梅宝儿走出几步，回过头来问：“你能告诉我你心里的那个女性她叫什么吗？”

白行摇摇头没说话。听着梅宝儿脚步轻轻地走远了，白行轻声嘟囔了一句：“她叫林晓荫。”

一学期转眼就要结束了，课已经讲完，学生已经进入复习阶段。时值月底，来支教的老师都坐着鲁铁派来接老师的大客车回济南休假了，白行没有回去，一个人留在了农场，快要考试了，他要利用这个时间抓紧复习功课。这也是白行在农场的最后几天。

老师们居住的小院里就剩下白行一个人。天气炎热，白行坐在院子里的小桌前学习了一下午，晚上正准备泡方便面充饥，梅宝儿推着自行车来了，车把上挂着两大袋子扎啤，车后座上用绳子绑着一个大盆，盆上盖着锅盖，用塑料布包着。梅宝儿支好自行车，脸上红扑扑地冒着汗，满脸欢喜地看着白行。

白行问：“弄的什么呀？真香。”

梅宝儿说：“炖大鹅。”

白行问：“这么一大盆，往哪儿送？”

梅宝儿说：“往你这里送，咱俩吃。”

白行诧异道：“嗯？怎么回事这是？”

梅宝儿说：“那天你不是说不知道大鹅是什么滋味，想尝尝吗？”

白行说：“我是和他们说着玩的。你这是从哪儿弄的鹅？”

梅宝儿说：“我家的鹅，我自己炖的，你尝尝好吃吗？”

白行帮着解着绳子说：“你把家里的鹅宰了？你父母愿意吗？”

梅宝儿说：“他们都去亲戚家了，家里就我自己。”

白行说：“你可真行。扎啤也是刚买的，这么凉。”白行把大盆放到桌子上，掀开锅盖一看，满满的一大盆鹅肉。白行说：“真香。这么多咱俩也吃不完，叫几个学生一起来吃怎么样？”

梅宝儿说：“别叫，给你做的，你使劲吃。”

白行拿出碗筷，倒酒盛肉，两个人坐在小院里的小桌前喝起酒来，几杯酒下肚后气氛活跃了很多，碰上感兴趣的话题开始抢着说了……

梅宝儿脸颊潮红，以酒遮羞，含情脉脉地始终盯着白行看，眼神变得越来越火辣……

白行不得不一再对梅宝儿说：“外面的世界很精彩，你在农场长大没怎么出过门，像我这样的男的外面有的是，你多走走多看看，我相信你肯定会惊喜地发现有很多出色的小伙子追求你、迷恋你。”

梅宝儿坦率地说：“我就喜欢你，别人不喜欢。”

白行说：“我已经结婚了，我不能害了你，何况我也和你说过，我心里有人了。”

梅宝儿说：“我也想了，你那天说你心里有个女的了，可你还不是和另一个女的结婚了？一切都会改变。”

白行无言以对。

啤酒喝多了要跑厕所，白行喝得多，坚持不住了，抱歉说：“今天就到这儿吧，我要去上厕所。”

梅宝儿说：“去呀，我等着你。”

白行说：“这喝啤酒上厕所，只要一开起头来，后面频次很快，也不能老让你在这儿等着。而且你也喝了不少，再喝下去你也要跑厕所，两人都跑厕所多不雅观是不是？今天已经很尽兴了，快回家吧。”

梅宝儿说：“这怕什么，正好做伴一块儿去。”

白行说：“不行不行，这绝对不行。”

梅宝儿指着那边的墙角说：“你在那里方便就行，我们农场的男的都这样。”

白行哈哈一笑：“这肯定不行，我要上那边的公厕。好，你快回家吧，带着盆里没动的大鹅，回去放冰箱里。”白行说着就向公厕快步走去——他已经憋了好长时间了。

白行上完厕所溜达着回到小院，意想不到的一幕映入眼帘：梅宝儿只穿着文胸坐在小桌前，身材偾张爆裂。

白行故作泰然：“喝多了还是太热了？快穿上衣服回家吧。”

梅宝儿抬眼撩了白行一下，端起扎啤喝了几口，没有说话。

白行说：“快穿上衣服回家，回家洗一下就凉快了。农场巡逻队的人有时会来，要是被他们看见，你可就解释不清了，这一辈子在农场也抬不起头来了。”

梅宝儿犹豫了一会儿，穿上衣服推起自行车就走了，小桌上的大盆也没拿。白行站起身没再说话，目送她离开。梅宝儿走后，白行又坐下，端起碗把冰碴凉的扎啤一气干掉……

爱，只能是自然契合，绝不能观赏把玩，更不能有享用的心。

白行看看四周，又抬头仰望夜空，他感觉自己刚刚做了错事，担心林晓荫正在某个地方看着自己。

周一上午，鲁铁的大客车会把支教的老师送到农场，白行将要搭这班车回济南，然后到北京去集中复习参加考试。

白行收拾好自己的行李，在农场中学转了转，他这一去就再也不回来了。正上着课的梅宝儿走出教室，面带愠色瞪着白行不说话。白行笑笑：“对不起。你看你把大盆拿回去吧，鹅肉我都吃完了。”

梅宝儿说：“那天我喝多了。”

白行说：“是吗？我才是真喝多了，什么事都不记得了。”

梅宝儿面露悦色，撇一下嘴说：“谁信？”

白行笑笑：“咱俩都信。”

梅宝儿说：“我问你，你讨厌我吗？”

白行说：“这怎么会？挺喜欢你的。”

梅宝儿又说一句：“谁信？”

白行说：“我不能害你。”

梅宝儿说：“以后我们还会见面吗？”

白行说："谁知道，可能不会了。"

梅宝儿轻叹一口气："你有话对我说吗？我会一直记着。"

白行说："我愿每个人过得都美好，做自己喜欢的事，爱自己喜欢的人，千姿百态，开怀大笑。特别是你。"

梅宝儿用期盼、渴望又依依不舍的眼神看着白行，眼前这个人一会儿就要离开自己再也不能相见，这让她忧伤、痛苦。她说："一会儿下了课我去小院找你，我想抱抱你。"

白行摇摇头说："留着，留着这份美好给那个你很快就要遇见的人。"

梅宝儿又叹口气盯着白行不说话。

白行说："回去上课吧，学生都在教室看着你呢。"

梅宝儿看一眼教室，学生们都趴在窗口往这边看着。

梅宝儿说："再见。"

白行点点头说："再见。"

梅宝儿说："这是咱俩今生说给对方听的最后一句话吗？"

白行说："别这么伤感，我祝你永远幸福快乐！"

梅宝儿说："我永远记着你。"说完转身去上课了。

校长找到白行说中午多做几个菜给他送行，让和司机师傅说说，和老师们一起吃个饭再走。白行婉言谢绝，说司机都是放下老师就往回开，咱别给人家添麻烦。

估摸着车快到了，白行在老师们下车的地方等着。这时有两个女学生来到白行这边，眼睛红肿，踟蹰不前。白行问："你俩在这里干什么呢？"两个学生就手拉手来到白行跟前，其中一个把一张字条塞到白行手里，两人就转身跑开了。

白行赶紧叫住她俩："你俩站住！"

两个学生就站在原地转过身来。

白行走过去，一边打开字条一边问："有什么话当面说多好，写的什么？"

一个学生就说："白老师，我们两个都哭了。"

白行问："为什么哭？"

另一个学生说："我们不想让你走。"

白行打开字条，见上面写着："白老师，我们两个都喜欢你，我们两个都不舍得让你走。我们两个都爱你。"

两个女孩见白行打开字条，害羞地跑了。

白行在她俩身后说："搞什么名堂！"

白行考上了北京高校。

夏菁对白行到北京上学一直是反对的，她直接向白行表达了自己的顾虑："你现在就已经是大学生了，咱俩已经不是一个档次了，成天和我一句话也没有。等你到北京成了研究生见了大世面，咱俩就更不是一家人了。你不是喜欢写小说吗？我也准备写一篇，叫《无言的夫妻》。"

一次，三爸对夏菁说："他去北京是好事，要求进步不好啊？你咋还不高兴呢？"

夏菁说："我才不想管他呢，光俺娘儿俩在家更好，反正他在家也和不在家一样，什么也不管。"

秋天，白行如愿来到北京上学，社会科学系，哲学专业。

这是一所在清朝就已存在的大学堂，白行带着行李，在北京站下火车，乘地铁到西直门，换乘公交车就到了。办完入学手续，找到自己的寝室，他很兴奋。虽然在济南也在高校读过书，但那是走读，每晚回家睡觉，加上学校所在的位置又是自己熟悉的环境，因此总是没找到校园生活的感觉。这次完全不同，这是在北京，著名的大学，而且必须、只能住在校园。

校园是幽静而美丽的。整洁的石台，弯曲的小路，高楼矮舍掩映在绿草碧树之中……

早晨的校园幽静而美丽。姑娘在树下读书，小伙在操场飞奔，紧挨着的篮球场上七八个你争我抢的学子与相邻棒球场上慢悠悠打太极拳的老教授相映成趣……

白天校园幽静而美丽。教室里教授讲师或慷慨激昂或慢条斯理，讲台下学子们或学或思或小憩，无课的学生在图书馆用功，实验室里学长学弟打着接力……

夜晚的校园幽静而美丽。所有的教室灯火通明，学生们在这里读书学习；礼堂里总有某个系在举办舞会；树荫下有情侣在窃窃私语；寝室里或读书或打牌或下棋或小酌，五花八门热闹不已……

白行所住的寝室一共四个人，一个与白行一起从鲁铁来的小刁，二十冒头，据说背景很深。一个叫艾国，北京本地人，原是本校本科体育生，扔铅球的，身材高大粗壮。还有一个是四川来的宫顺明，宫顺明四十多岁，说话细声细语，矮小微胖身材，挺细的两条腿支着个挺大的肚子，白净的面孔，两腮还残留着婴儿肥，没有鼻梁的肉鼻子下面是奇小的总是在不停嚅动的嘴，嘴上不长胡须，早早地谢了顶，光亮的头顶四周尚有稀疏的细发，一缕纤纤的发丝像搭桥一样从光头的右耳搭向左耳，偶尔落上个苍蝇就像在走钢丝，遇到刮风天，如果风向不对，会把这缕发丝撩起在头上扶摇。

几个人相聚不久，大家就开始拿宫顺明开玩笑。比如艾国就说："老宫你那小嘴儿别老动，又没有奶瓶子，你嘬啾啥？我一看见你嘴动就心慌。"宫顺明就赶紧抿住嘴，不一会儿又不自觉地嚅动起来。

比如小刁说："老宫你吐痰利索点行不行？一口吐出去就结了，非要含在嘴里用舌头分拣，听着上来一大口，分拣完了吐出去一点点，带点唾沫怕啥啊？你实在是太恶心了。""唾沫不能吐，帮助消化。"宫顺明小声辩解说。

比如白行说："宫兄，你吃饭用个大点的调羹不行吗？你这个小调羹比挖耳勺大不了多少。"宫顺明就说："习惯了……这个很好……"

再比如艾国说："老宫你走路步子迈大点行不行？你真不愧姓宫，和他妈后宫里跑出来的太监似的。"小刁就说："老宫害怕步子大了扯了蛋。"艾国就说："太监哪有蛋？太监没蛋吧？""你可别以为他是真太监。我和白兄一见你女朋友来了都给你腾地方，他赖着不走，这是有想法呀。"小刁煽风点火。

十五斋是女生宿舍楼。这天艾国趴在窗前看着十五斋前走来走去的女生，他像电影《巴黎圣母院》的敲钟人赞美艾丝美拉达一样，一遍遍低吼着："美——美——美——"小刁就凑过来一起看，两人争论着哪个女生更美更性感……

过了一段时间，艾国的女朋友提出分手。艾国不知为何，一再追问，他女朋友说："你算什么人？成天趴在窗户上吆喝'美美美！'，你自己说你算什么人？看人家美去追呀，还缠着我干什么。"艾国不用猜就知道是宫顺明告的密，回到寝室直接把宫顺明从床上提溜起来摁在地上，骂骂咧咧地挥拳就要打。白行赶紧拉住劝说："有话好好说，没准儿是误会。"艾国就掐着宫顺明的脖子把他告密的事说出来。小刁拱火说："老宫你可太不地道了，这不是成心要拆散人家嘛，安的什么心啊。"宫顺明被掐得直翻白眼，白行说："艾国赶紧松手，学校对打架的事处理很严厉，快松手。"艾国气呼呼地松开手，站起身冲宫顺明踢了一脚："要是我女朋友真和我散了，看我不弄死你！"

白行说："艾国，你和你女朋友说是我说的美美美，是老宫看错人了。"艾国说："她又不是没见过你，跟她说她也不信呀。"

白行说："小刁你就说那天是你在窗前说的'美美美'，老宫看错人了。反正你还没女朋友，我们也不会对别人说。就是对艾国他女朋友解释一下。"小刁看看艾国："有用吗？"白行说："你就帮一下呗。再说看女生也不是什么大错，你到楼下去看看，我们这个楼很多窗口都有人在看女生楼。"白行见小刁不搭腔，就说："艾国你还是和你对象说是我爱看十五斋，喊的'美美美'。老宫配合一下，也说是我不就行了嘛。"艾国说："和她说是白兄她肯定不相信。"说完就看着小刁等着他表态。小刁无奈地说："那就这样呗。不过咱可说好，只能对艾国女朋友一个人这样说。"白行说："大家都知道实情，让你帮这个忙也就是为了别让艾国女朋友和他散了。"白行又嘱咐宫顺明："宫兄要配合一下。"艾国瞪着宫顺明说："老宫！说话！"宫顺明已经被艾国的阵势吓坏了，慌慌张张地说："没看清是谁。"

几天后，艾国把女朋友叫来让大家给他作证，都说肯定不是艾国，没见艾国趴在窗口看过。宫顺明低声下气地说是自己看错人了胡猜的。艾国的女朋友也没追问是谁，估计她也更愿意相信不是艾国。解释完以后，白行就叫着宫顺明和小刁出去了。寝室里艾国和他的女朋友和好如初，激情四射。

这以后，小刁就不怎么爱和白行说话了。白行问其究竟，小刁说："把我也扯进去了，碍着我什么事？你倒是结下人了，让我背黑锅。"

白行说："最后不也没提是你吗？我想咱俩是鲁铁一起来的，算是一家人，就让你担一下，没想到你在乎这个事。对不起了老弟。"

小刁也不搭腔，好像并不接受白行的道歉。

几周后的课间，同学们正在闲聊，系学生会主席到研究生班来问有没有喜欢画画的，说学生会宣传部的部长毕业了，办板报临时找不到人。研究生班的李班长给他推荐白行，说我们这些人听课的劲头儿都被他画过，东倒西歪的，可像了。两人一起和白行说了帮忙办板报的事。白行说行呀，反正下了课也没啥事。

学生会主席高兴地说："谢谢白兄。这是学生会的钥匙，你下课直接过去就行，里面黑板、白纸、水彩、粉笔啥都有，你要是嫌麻烦，用粉笔直接在黑板上随便画一个就行。对了，还有个大彩电——你看着电视画，解闷儿。"学生会主席把一把钥匙递给白行。

就这样，白行稀里糊涂成了学生会宣传部部长。

晚饭后白行去了学生会——就在白行寝室楼层的西头。学生会就是一间房，里面有一个上下铺、一张写字台、一个彩电、两个沙发，再就是一些搞文体活动用的东西。

白行想了想学校里要求的和社会上倡导的一些事情，构思了一下，把白纸钉在黑板上，画了一幅水彩画，版头版尾写上相应的字，另一块黑板直接用彩色粉笔在上面作画题字。一直弄到天亮，两块板报算是完成了。白行叫艾国、小刁帮着将两块黑板抬到规定的校内十字路口上，然后就上课去了。

午饭后白行正睡午觉，学生会主席叫醒白行说，白兄，你太厉害了，两块板报都是一等奖，香槟姐特别高兴，让我叫你到系里去。白行问谁是香槟姐。学生会主席说香槟姐就是系副书记茹湘斌，分管学生会的事。

白行跟着学生会主席到系办公室见了茹湘斌。茹湘斌说过去社科系参加板报比赛，要么二等奖要么三等奖，很少一等奖，这次两块板报都是一等奖，很难得。茹湘斌说学生会主席就要毕业了，以后学生会的工作白行主要负责。白行说研究生在学生会合适吗？茹湘斌说社科系学生会和研究生会是一回事，不分家。学生会主席说得了两个一等奖香槟姐应该请客吃饺子喝酒。茹湘斌拿出家里的钥匙和三十块钱交给学生会主席，让他去操办。茹湘斌还让把学生会几个负责的学生都叫上，和白行认识认识。

白行和学生会主席等同学去买饺子皮，结果卖没了，大家为吃不成饺子而着急。白行说这都不是事，他和同学们分了下工，大家分头行动。

白行去五道口买了个小擀面杖、面粉和调馅儿的作料，考虑要喝酒，又买了几样小菜，然后去茹湘斌家与同学们会合。

茹湘斌三十多岁，是博士、副教授，研究方向是西方古典哲学，丈夫在加拿大多伦多一所大学任教。白行还以为她家里会是怎样的雍容华贵，到她家一看，与想象的截然不同。她家在校园内教师宿舍楼里，两室一过厅，很小的厨房和厕所。两间房各有一张大床和一个写字台，过厅里一张可折叠的铁腿简易小桌靠在墙边，写字台上、床上、四周墙下凡是有空的地方堆的全是书，除了这些，再无家什。家里有些乱，应该是不怎么收拾。

白行到茹湘斌家时，学生会主席和几个同学已经在那里了，都是二十岁左右的本科生。

白行说：“咱们先弄着吧。”

“谁会啊？”一个同学问。大家都摇头。学生会主席说：“我们只会择韭菜，已经择好了。”

白行对这些小学弟说："我会。一会儿包的时候你们帮忙。"

于是大家看着白行麻利地把肉馅放进盆里，然后加上酱油、五香面、花生油搅匀，接着洗韭菜、晾韭菜，又找个盆刷了刷开始和面。白行边和面边教给他们说："和面讲究三光——手光、盆光、面光。包饺子面要软一些，擀面条面要硬，软面饺子硬面汤，做出来好吃。"和好了面醒着，白行就切韭菜、调馅儿，边干边教给同学们说："调馅儿要先喂肉馅，酱油、五香面、味精都要放点，肉馅里放油加盐调匀，还要加点水，切好韭菜直接放进去后什么调料也不再放了，这样出水少，下出来的饺子味道鲜美还灌汤。"

大家的热情被白行调动起来，跃跃欲试要帮忙。学生会主席拿出个板子说："饺子放在这上面。"白行说："这个当面板，铺几张白纸放饺子。"白行把醒好的面揉了几把，切成几块放在盆里，拿出一块搓成长条，切好剂子，擀成皮，示范着包了几个给他们看。说："我擀皮，你们几个包。慢慢来，包得好看难看不重要，要紧是要捏紧，别弄破喽。"

大家七手八脚大呼小叫地忙活起来，工夫不长就快包完了。看着要剩几个面皮，白行就做了几个花边面盒子。白行让学弟们先去洗手，自己刷刷洗洗把一应家什收拾停当，就等茹书记回来下饺子了。同学们对自己的战果非常期待，盼着赶紧吃上，一个就说："香槟姐怎么还不回来，我叫她去。"说完就跑出去了。

一会儿工夫茹湘斌书记就和那个同学回来了。茹书记在门口就说："听说都包好了，真的假的？"

白行说："水快开了，我去下。"说着就进了厨房。

一锅锅饺子下出来，同学们和茹书记一锅锅地吃。下完最后一锅，白行端着饺子汤出来说："喝饺子汤，原汤化原食，好吃吗？我也尝尝……"白行和大家都愣在那里——桌上一个饺子也没了。

茹书记说："哎呀，真是对不起，你还没吃呢，这怎么办啊……都怨饺子太好吃了。"

大家都很不好意思，正不知该怎么办，学生会主席突然想起说："还有酒菜呢，白兄咱喝酒，我们敬你。"同学们这才想起白行买的小菜还在方便袋里没往外拿，买来的二锅头也在墙角放着没动。大家赶紧拉白行坐下，拿酒的拿酒，摆菜的摆菜。然后茹书记拿起酒杯说："为了欢迎白行同学，为了我们今天的两个一等奖，为了这顿好吃的饺子，为了你们都有一个好前程，干杯！"

初学哲学，一定是枯燥乏味的。但是当你在学习了一些古今中外的哲学著作，了解了他们的哲学思想以后，就会感到很有意思。各家学派、各种主义，百家争鸣，精彩纷呈。

唯物主义者说：物质是第一性的，世界是唯物的，因为在没有人类的时候就有了宇宙。

唯心主义者就辩驳说：你怎么知道的？包括“唯物主义”这个词你是怎么知道的？认识世界靠的是大脑——所以说意识才是第一位的。

有人就劝和：两样同等重要。这就是两唯理论。

有的说：瞎想的事情都是胡说，只有现实的事物才会被认知，才有意义。这就是存在主义。

有的说：看来推动社会前进的未必是人民群众——尼采的权力意志论就是佐证。

有的说：对异性想入非非才是人类进步的根源，一切源于性——弗洛伊德说的。

白行越学越入迷，总想找到真理。看完一个学派的哲学著作，又接着去读另一个与其对立学派的书，寻找推翻上一个理论的世界观与方法论。白行看的哲学书越多，学得越投入，就越苦恼，甚至癫狂。他利用各种机会与各门课的老师交流，即便茹书记不担任白行所学课程的老师，白行也找过她好多次。每当白行提出一个问题后茹书记要向他讲解，白行就会找到恰当的理论讲解自己提出的问题。茹书记说：“你这不是知道吗？”于是白行又用另一种理论驳倒自己刚刚滔滔不绝讲出的理论。茹书记说：“你到底相信哪个啊？”白行说：“我相信真理，可是找不到。”茹书记说：“你想当大哲学家吗？除非你疯了，否则你当不成。我建议你别看这些哲学著作了，马克思主义就是普遍真理，你还是老老实实地学马列吧。”

苦恼了好长一段时间以后，白行把各种哲学理论进行比较。得到了这样一些认识：古今中外，各哲学思想、流派比较，马克思主义哲学是大众哲学，所讲的是普遍真理。就好像有的哲学流派主张要多吃梨，有的哲学流派主张应多吃苹果，而马克思主义哲学说的是：你甭管梨好吃还是苹果好吃，这都不重要，重要的是，是人就得吃饭。马克思主义能够在中国扎根，被中国人民所接受，是因为它能够与中国已有哲学思想和中国文化相融合。马克思主义是唯物主义，但它是辩证唯物主义，马克思主义认知世界强调唯物辩证法，承认意识的重要性，但也告诉我们那是物质的特殊表现形式。马克思主义符合和引领了中国人民认知世界的方法。马克思主义最适合中国的社会实际和发展需要。

结论是：学习哲学的目的，应该是指导民众的行为，既然已经清楚马克思主义最适用于中国，那就应该在中国弘扬马克思主义，成为马克思主义的信徒。马克思主义的信徒是谁？——中国共产党党员。

于是白行做出了一个重大决定——加入中国共产党。

第二十二章

白行写了一份几十页长的入党申请书，主要讲了对马克思主义的认识和自己所确立的世界观、人生观、价值观，表明自己加入中国共产党就是要弘扬马克思主义，为人民服务。

白行把申请书交给茹书记。茹书记说：“申请书要交给党支部。你们研究生班党支部书记是李班长，你交给他吧。”

白行就找到李班长，郑重地将申请书交给他。李班长对白行说：“人家都是写一两张纸，你写这么长干什么，没必要。申请书交给组织委员，别放我这儿。只要这两年积极努力，别犯错误，毕业时入党没问题。”

“谁是组织委员？”白行问。

“宫顺明。”李班长说。

入党申请书在白行的抽屉里放了几天以后，最后还是交到了宫顺明手上。

在收下白行递交的入党申请书后，宫顺明像变了个人一样，随着看申请书，脸上的神情越来越精神，底气越来越足，恍然大悟似的摇着头说：“哎呀，我说你怎么成天又是打水又是收拾卫生，原来是想入党啊。哎呀……”

白行觉得挺奇怪：“宫兄，可不是这样，我从上学到参加工作这些年，一直都是抢着打水、打扫卫生……这和加入共产党有关系吗？”

宫顺明打断他：“宫兄？其实我很不喜欢这个称呼，俗气。”

白行笑笑：“那我叫你……宫老师？”

“你可别叫我老师，我不是老师。”

白行说：“老师是尊称，我们济南都这么叫。你要是不习惯，我就叫你宫大哥吧？”

宫顺明说：“怎么还称兄道弟？这是大学，不是黑社会。”

艾国说：“老宫你啥意思？你不能因为人家想入党就这么欺负人吧？可算落到你手里了是不是？”

宫顺明低声说：“又不是我让他入党，有本事别入啊。”又说：“你晚上喜欢看书影响别人休息，这一条就不符合党员标准。”

白行说：“你早说啊，我还特意安了个小床头灯用罩子罩上。”

“那也受影响。”宫顺明说。

白行忍了忍，不再说话。

艾国说：“老宫你妈的每天晚上八点就躺下，谁能睡这么早？就是白兄不看书，灯也关不了。”又说：“入这个干吗呀？你看憋屈的。”

认可了马列主义不等于马上学到手。学习哲学的苦恼、入党的窘遇，让白行的生活再次迷失了方向。本以为学习了哲学以后，少年时期就已产生了的那些对世界的迷惘、对人生的困惑等都能够得到解答，没想到越学越糊涂了——所有的哲学家都没能告诉他一个明确、唯一的结论。难道真的如茹书记说的，只有疯了才能找到答案吗？他开始自我封闭，不与别人互动，甚至回避别人，成天只是看书，对学生会的活动也不上心了。

这天，茹书记把白行叫到办公室谈心。茹书记问：“你读伟大领袖的书吗？”

“肯定读呀，只是不系统。”白行说。

茹书记说：“你看伟大领袖早期的文章，也是之乎者也的，到后来成了大白话，是他水平下降了吗？肯定不是，这是他老人家理论与实践相结合的结果。你要到群众中寻找答案。”

白行说：“伟大领袖之所以文风发生变化，是因为受众不一样，他是想说给战士们和老百姓听，之乎者也的这些人听不懂。这个变化与是否弄懂了哲学问题没关系。”

“人的正确思想从社会实践中来，这一点你不否认吧？”茹书记问。

“这个观点所说的是解决社会实践和社会发展问题，没有解答宇宙和人生价值的根本问题。”

“对于宇宙、世界，人类还在认知过程之中，有些问题现在还找不到答案，但是我们应该相信，世界是可知的。”茹书记说。

“我也希望是这样，可惜我可能看不到了。我愿意用我的所有，换取将我的大脑留在这个世界上，我想知道到底是怎么回事。”白行说。

“白行啊，你别再看哲学书了。我建议你走出房间，多和同学们在一起，多参加些活动，放松放松。”

“我实在是没兴趣。”白行说。

“那你去学点别的，听听别的课，先把困扰自己的问题放下，或许你从别的学科中找到了哲学问题的答案也未可知。咱们学校有很多公开课，一些知名教授、专家也来做讲座，军事的、历史的、经济的、音乐的、社会学、天文学，什么都有，你去听听，换换脑子。”

白行说：“世界无限大无限小。我们可以想象，我们所认知的宇宙，其实就是一个外星的孩子在自家灶台口扒出的木灰，这扒出的过程中木灰飞舞升腾，还在燃烧的是恒星，周边环绕的有一粒微尘就是地球。这微尘上有更微小的微生物，在大谈哲学，还说什么其他学科。是不是很可笑？”

茹书记说：“你这是典型的宿命论啊。成天这样想，那一切都没意义了。可是我们还活着，要是执意去钻死牛角尖，只能去死。”

“我不是没想过。”白行说。

茹书记叹了口气：“哲学问题不是一天两天能想明白的，有些问题哲学家想一辈子也想不明白，交给信徒接着想，还是不明白。尼采想到最后把自己想成了太阳，结果他疯了——鲁迅说的。跳出来吧——不识庐山真面目，只缘身在此山中。我劝你先别想这些了，去干点别的，要是过一段时间还走不出来，咱再一起想办法如何？”

白行听从了茹书记的劝告，经常去听一些讲座。有的讲座生动有趣，信息量大，能学到很多东西，有的就枯燥乏味，听半天不知所云。教授专家们讲课风格各异，有的善于与学生互动，得意于学生答不上来的时候他再把问题解开，有的也不管下面听不听，只管自己在上面滔滔不绝地说，嘴角泛着白沫，也顾不得擦一下，下课铃一响，哪怕一句话刚说到一半，扭头就走。好的老师讲课不看讲义，但又不脱离讲义，所讲张合自如，语速缓急有度，头脑清晰，层次分明。听的课多了，白行不仅学到了知识，讲课水平也有了提高。例如白行在参加一些座谈、在座谈中讲自己的观点和佐证时，通常是把大小标题说一下，相互的关系讲一下，再逐一讲解，不看资料，绝不跑题，风格既像大学者，又如中学老教师，雅俗共赏，老少皆宜，受到一致好评。

这段时间白行参加了学校很多的协会、社团，社科系学生会的活动也搞得风生水起：组织舞会、辩论会，与别的系搞联谊活动，组织学生勤工俭学……

至于哲学问题，白行也曾再次找到茹湘斌书记请教。白行问："茹老师您读过黑格尔的《小逻辑》吗？有什么感悟？"

茹书记说："不是建议你先把哲学问题放放吗？"

白行说："这本书太著名了，我就从图书馆借了来，费了很大劲才看完的。这本书对每一个逻辑范畴都进行极为缜密的一步一步推演，读黑格尔的小逻辑，一环一环跟上去，不能有一毫分神，稍一分神就掉队。"

茹书记说："如果你不失眠就不要读《小逻辑》，因为无论你跟上跟不上，都会很快昏昏欲睡。"

白行哈哈一笑："还真是。"

茹书记说："白行，我挺爱和你聊天的，也欢迎你没事找我聊聊天，只是不能谈哲学问题。"

因为不让谈哲学问题，这以后白行就不再去找茹书记请教，反而是茹书记时而会找白行谈谈学生会的事情。

原来的学生会主席提前找到了工作，不再回学校了。社科系让同学们重新推选主席，各班一致举荐白行，这正好也是系里的想法，白行就成了新的学生会主席。白行收拾自己的东西搬到了学生会去住，这样自己就是成宿地看书也不会影响别人了。

不再影响别人的白行变成了夜夜被人影响。先是本班的同学们天天晚上跑来看电视，也有跑来借地方喝酒的。这也无妨，一般夜里十二点左右他们就回去睡觉了。到后来很多本科班的学生也跑来看电视，碰上转播欧洲足球联赛，满满一屋子人，山呼海叫直到黎明，比白天还热闹。白行本就是夜猫子，从来不烦，实在困了，就戴上耳机放起音乐倒下睡会儿，但从不要求别人离开。日子一久，认识白行的人就多了，白行每天上下课走在校园里，常有认识或不认识的同学亲切地和他打招呼："白主席！"

这天白行在学校阅览室随意地翻着各种书刊杂志，在一本全国闻名的诗刊上看到一则寻人启事：《寻找诗人白丰》。白行心里一震，赶紧仔细看："诗人白丰：本刊多次收到你邮寄的作品并均已发表，因你均未留通信地址，无法与你取得联系给你寄发稿费。请见到本启事速联系本刊。"这则寻人启事是登在一首诗的下面，诗的作者署名白丰。白行读这首诗——《失败者的自白》：

我不知继续向前——
还是回转身向后走去
落叶写满一片片规劝
让我的双脚默读……

我不知我的微笑
抑或我的脚步
更像我的塑像
我的影子竟跑到了我的前面
路灯在一旁笑我
——有时人竟输给了自己

当我回转身来
我知道我会是一个胜利者
嘲笑我者最终会成为被嘲笑的角色

我不想苦于这互相嘲笑的悲剧
一粒萤火就是黑暗的见证
为了我的影子我把背挺得更直
而不会为捡拾一片落叶
让影子弯成他人的弓……

这作者是不是二哥白丰？还是仅仅是重名？但白行感到这诗像二哥写的。白行赶紧找来诗刊的其他各期翻看，又找到了几首署名白丰的诗歌——《祝福——给女友》：

请饮下这最后的一杯
清澈的酒花
洋溢我甜甜的祝福

——不要说心儿已醉

玫瑰的路很长
泥泞会把你的足迹点缀
你双眸不要眨动深深的谢意
我的爱是为你设下的一块路碑

快不要在梦里暖成一尾小鱼
趁四月把你的双翼吹绿
学山鹰去寻找生活的蔚蓝吧
——我愿做春风送你

当白行翻看到下面这首《在远方》时，激动得要叫出来——

我不是你的太阳
走进你蓝色的天空——
奉送我无限的辉煌
不是你的太阳鸟
舒展我金色的翅膀
盘旋在你甜美的梦

我不是你的夏季风
火红的性格——
温暖了你萧索的心肠
请允我起航吧
我是一只苦行的木舟
怎敢品尝你酥胸的芳香
你不要学清风送我
不要学流云绕我的帆
不要学浪花随我漂流四方
你的爱是我生命的锚

——请不要抛给我吧

我的爱

在远方

这不就是二哥离开时留在家里手稿上的诗吗？白行激动得满含热泪，是二哥，这个白丰就是二哥，他活得好好的！哈哈，在远方，在什么远方？在哪儿我也能找到你！

这家诗刊的编辑部就在北京，白行跑到系办公室，按照诗刊上的通信信息拨通了编辑部的电话，告诉对方自己是诗人白丰的弟弟，在北京上学。对方说我们找这个白丰好几年了，以前也登过寻人启事，白丰一直没有露面，怎么证明你是白丰的弟弟？白行说我二哥离开家有七八年了，我们也找不到他，看到他的诗才知道他还活着，家里有他的手稿，编辑部一看笔迹就知道了，户口本也能证明。对方说你人在北京就来编辑部详细谈吧，你能证明是他弟弟就把稿费领一下。白行说我不想领稿费，我想知道这些年他都是在哪些城市投寄的诗稿，我要想办法找到他。对方说：云南、新疆、西藏……很多地方，你抽空过来谈吧。

白行与编辑部通完话，又跑到学校外面的邮局去给姐姐打长途。白行兴奋地把看到白丰诗歌的事告诉梦儿，说这证明二哥还活着。梦儿听了也很高兴，说马上回家去告诉二老。虽然不知道白丰在哪儿，但知道他还活着就是一大喜讯。三爸三娘多年来悬着的心终于可以放下了。用白行的话说就是：如果当时出走不是去寻死，那以后就更不会。三娘长叹一口气，埋怨说："俺那疯子儿哎，你知道这些年你娘偷着哭了多少回啊。"三爸拿出了过年都舍不得喝的好酒……

生活好像又回到了正常的旋律，但也有因误会带来的小插曲。一天晚上，白行在学生会兼寝室看书，有几个本科班同学在这里看电视，一个来自著名特大钢企、不怎么来上课、身材很胖、名叫齐虎的研究生班同学来找白行。齐虎比白行小两岁，称白行白哥。两人没话找话地寒暄来寒暄去，齐虎总不说找白行有什么事，只是问了白行最近手头是否宽裕。白行想了想："你是不是想借钱？"

齐虎笑笑："我家里条件你可能不知道，咱同学中我可能还不算穷的吧。"

白行说："我还真听说过你是高干子弟，父亲是副部级，你自己也是处级干部，听说你每次来学校往返都是坐飞机，肯定穷不了。那你找我有什么事？直说呗。"

齐虎看了看几个看电视的同学，笑笑："那我直说了？"

白行说："说啊。咱都是钢铁行业的，算是硬汉，就别绕了。"

齐虎说："要说也是不值当开口的小事，就是那天你借我的三百块钱，要是现在手头宽裕就还我呗。"又笑笑，"不还也行，算我没说，无所谓的事，不要了。"

白行惊诧地问："什么时候借的？我没……我还真忘了。"

齐虎说："上个月李班长组织一帮子人一起喝酒的时候，喝完酒你说第二天要回家，想去买点东西，我就借给你三百块……算了算了不要了不要了，算我没说。"

白行仔细想了想，没记得和齐虎喝过酒，自己也从没向他人借过钱，但觉着分辩起来既伤感情又丢身份，再说还有几个小师弟在这里。于是说："对不起，我真把这事忘了。现在有钱了，马上还。"白行说完，又是掏口袋又是翻箱子，凑出一百五十块钱给齐虎。说："先还一半，那一百五明天银行一开门我马上取出来还你。"

齐虎有些不好意思地说："我真没劲，三百块钱算啥啊，真不该张这个嘴，可是不说吧心里又搁个事似的。主要也是咱不太熟……算了算了不要了，说开就行了。"

白行把钱塞给齐虎说："拿着拿着，早该给你了。就是还了你一把零钱别怪罪啊！我保证，明天那一百五十块是整的。哈哈哈。"

齐虎说："要不这么着，我就要这些，那一百五不要了。不好意思啊，其实我也不缺这个钱，就是你看咱俩也不熟……干脆这一百五我也不要了。"齐虎说着就把钱塞给白行。

白行说："欠债还钱天经地义，没能一次把钱还清实在抱歉。我要是现在去别的同学那里借了还你也不合适，那一百五明天上午一定还。快装起来。"白行把钱塞进了齐虎的衣袋里。

齐虎有些不好意思地说："我今天真不该和你提这个事，你看你明天还要去银行……"

白行说："快别再提这个事了，咱说点别的说点别的……"

两人又聊了会儿，齐虎就走了。

第二天上午，白行去银行取出了全部的存款：二百元。白行把一百五给了齐虎，还剩下五十块钱，他开始盘算：怎样才能用五十块钱过到学期结束呢？

过了几天，齐虎又来找白行了。这次是拿着两瓶酒和烧鸡、猪蹄儿、猪头肉和牛肉来的。白行平时和齐虎不怎么交往，加上齐虎平时也不常来学校，不知为什么他来找自己喝酒。就问：“怎么个意思啊？有喜事吗？”

齐虎也不说话，打开酒瓶子，又从白行屋里找出两个酒杯把酒倒上，自己站着连干了三杯：“我今天是来和你交朋友的。”

白行笑着问：“什么事啊？”

齐虎说：“刚才三杯是我罚自己的。来，我先敬你一杯，然后咱坐下慢慢说。”

白行说：“你先坐下说说，说完了再喝。”

两人坐下后齐虎道出了原委——真正借齐虎三百块钱的人把钱还给他了。齐虎说：“白哥你也是，那天喝酒根本就没有你，你说你一解释不就结了？要说也不能全怨我——你和那小子长得还真有点像。”

白行说：“其实那天问问你一起喝酒的都是谁，叫来一问也就清楚了，不过太伤同学感情。再说当时还有几个本科班的同学在场，当着大家的面说你弄错了，你的面子往哪儿搁？”

齐虎拿出三百元钱递给白行：“白哥，那天我的面子保住了，你可是背黑锅了。实在对不起，这钱是你的，你收好。”

白行说：“还还什么还啊，就当这钱今天买了酒菜了，算我请客不就行了吗。”

齐虎说：“哪能你请啊，今天是我向你道歉来了。再说我买的都是我爱吃的，我爱吃肉，也不知你爱吃不爱吃。”

白行笑笑：“我好多天没吃肉了，正想吃呢。”

齐虎很愧疚地说：“白哥你那天晚上给我那一百五，我就看出你……可能不大富裕，钱我就不想要了，你看你非要还，弄得你捞不着吃肉……”

白行说：“我实话告诉你，就是不给你那三百块，我也没钱吃肉。”

齐虎说：“唉，白哥你可真是，自己没钱还硬撑着还，又不是你借的。”

白行岔开话题说：“我不吃肉最多就是馋，又不影响健康。不过齐虎你这么胖最好还是少吃肉。”

齐虎满不在乎地说：“不瞒白哥说，大夫早就警告我要少吃肉了，我回家我爸我妈我老婆都限制我吃肉，我就是控制不住，唉，没办法，过好了今天再说吧。”

白行说：“你看我这么瘦，咱俩匀一下就好了。”

齐虎说：“白哥，我今天就是来和你搞互补的——小弟不才，愿意交你这个朋友，你要是不嫌弃小弟，愿意认这个兄弟，咱就干一杯。”

白行端起酒杯说："干！"

这以后，齐虎就经常来找白行喝酒聊天，两个人天南海北地扯，越拉越投机。再后来齐虎嫌学生会太乱，就经常叫着白行去校外玩，咖啡厅、小酒馆频繁光顾，有的时候两个人吃完晚饭后就坐在校外的草地上，也能谈到天明。

两个人在一起聊天，主要是白行讲，齐虎听。多数是历史的、哲学的问题，也针对一些政策方针、社会现象提出自己的看法。通常齐虎提出一个问题，白行就旁征博引地讲一通，然后齐虎以"还真是"来结尾。

当白行知道齐虎是党员，就把自己对党的认识，把自己对马克思主义能够在中国得以生存和发展的土壤基础、普遍真理、相互作用、吸收发展等说给齐虎听。齐虎惭愧地说虽然自己是党员，但对党的理论一概不知。

作为高干子弟，齐虎是慵懒随性的，一切都由家里安排，自己不做什么努力。用他自己的话说就是除了爱看武侠小说，崇尚武侠精神，别的什么也不爱干。白行就和他讲自己看了《三侠五义》后的感受。白行说，白玉堂惩恶扬善，杀一个恶人，又杀一个恶人，但是恶人那么多，他根本杀不完，甚至可能他越杀恶人越多，而青年书生包拯为官以后，施政有方，使大批贪官污吏失去了生存土壤。读了《三侠五义》感觉包拯才是为社会发展起到更大作用的侠义者。白行劝齐虎，如果有机会为官，就去发挥大作用，当大侠行大义。齐虎问白行想做什么。白行说，《金刚经》里，佛说法布施比财布施更重要，即散尽万千家财去布施，其功德不如讲经诵经，所以自己做个老师，把有用的知识传播给别人，也是个有意义的事。

齐虎以前不常到学校来，来了也是待个一两天就走。和白行交好以后，在校读研的几年里，齐虎均保持着到校学习的高频次，每次在校待的时间也比最初长很多。按齐虎的说法，来学校就是为了找白行玩的，两个人谈得来。齐虎告诉白行，他周围的人都说，齐虎每次从学校回到家，都比上一次更精神、更上进。白行也认为齐虎越来越帅气，每次来学校，昂首阔步，器宇轩昂，除了太胖，没有缺点。到后来齐虎与白行不再去小酒馆，两个人开始爬长城，登香山，看卢沟桥，逛颐和园。齐虎的豪情越来越盛，还拉着白行去内蒙古，二人打马过草原。

放寒假了，白行赶回了济南。他想象妻女见到他后或许会很高兴，然而现实并不是他想象的那样。白行进家门时已是傍晚。夏菁正在做饭，见白行回来，说："估计也快回来了——人家都放假回家了，你不回来也没人和你玩了。"

白行说："我是去学习，怎么成玩了？"

夏菁说："学个屁，花花世界，越学越花花。"

正在房间里画画的女儿思荫听见动静，跑过来怯怯地叫："爸爸。"

白行抚着思荫的头对夏菁说："别忙活了，一起去老的家里吃吧。"

"要去你去，我反正不去——都做好了。"

白行说："那就今天在家吃，明天再去老的家。"

夏菁说："随便。反正不知道你回来，没菜。"

白行说："要不然我出去买点菜？有钱吗？"

夏菁说："有钱没钱你还不知道吗？"

回家过年，这是中国人多少年的风俗。又要到春节了，白芒在三爸、三娘的催促下给白德去信，问今年能回家过年吗？几天后，白德回信说作训任务忙，回不来。白芒接到信就和大满去爹娘家里吃饭，说："回信了，今年还是回不来。这个熊孩子在济南的时候就成天不着家，这回蹿出几千里地去，更不想回来了。"

白行也在父母家，听大哥这样说，就说："哪有不想家的，肯定是部队有规定不让回来。估计除非家里有大事，否则不允许请假。"

从小一直待在大满身边的白德参军后两年没回家，大满想孩子想得成宿睡不着，这会儿就出主意让给白德拍电报，说他娘快死了。白芒说拍电报太贵，不值得，他爱回来不回来吧。三娘让三爸拿出十块钱递给白芒，让他拍电报去。

白芒来到邮局很快就把电报发出去了："母病危，速回。"字越少越省钱。

白德收到电报后给姑姑家打电话询问情况。梦儿知道给白德拍电报让他回家过年的事，就对白德说："快回来吧，医院都不让你妈在那里待着了，这不从医院回来就住到你奶奶家里了——人多好照顾啊！人行不行你回来一看就知道了……你哪天到啊？"

白德回来的那天，天上下着雪，一大家子老老少少都在三娘家等着。大满要上宿舍大门口迎着，被白芒阻止。白芒说："这小子浑，要是他一看你没病，一生气扭头回去了怎么办？"

估摸着白德快到了，一家人趴在窗口往外看。

白德如期出现在大家视野中，他步态铿锵稳健，腰杆傲雪挺拔！一颗红星头上戴，革命的红旗挂两边，军容整齐，英姿飒爽，剑眉虎眼，威武雄壮！

大满嘴上冒出一句："俺那娘哎！"转过身子就想哭。

白芒瞪着大眼说:“这是白德吗?”

白行从猫眼里往外看着,见白德来到门前,一下把房门打开。白德目不斜视,几步走到屋中央,欻地一抬手给满屋人行了一个标准的军礼。然后依次给长辈们行军礼:“爷爷好!”“奶奶好!”“爸爸好!”“姑姑好!”……手臂一次次欻欻地抬起又迅疾放下……

三娘眼里含着泪高兴地拉住白德的手说:“这是去了啥部队啊,把俺大孙子训得这么好!”

白德问:“我妈呢?”

姑姑说:“在里间屋趴在床上哭呢。”

白德刚走到里间屋喊了一声“妈”,大满就起身抱住白德哭起来:“可想煞你娘啦!”

白德抚着大满的头发:“这不是没病吗?行了行了别哭了,把我诓回来了,目的实现了就别哭了。”一家人哈哈大笑。

一家老少坐在一起,好酒好菜地享受着。说起在部队的情况,白德说处处都好,就是手榴弹扔不远,影响了考评成绩。干车工的夏菁自告奋勇说:“我在厂里给你车一个铁的手榴弹你带回去练,用不了多长时间,再扔木头把的手榴弹肯定能扔远。”大家都说这个主意好。

按照计划安排,一大家子人第二天一起去大明湖游玩。节日期间打不上出租车,一家人决定坐公交车去。公交车来了,白家老老少少分别从三个车门往上挤,从车上往下看,没挤上车的只有三个人,其中一个人竟然是白德!梦儿大喊着让他快挤上来,白德含着谦逊的笑让家人们先走,他坐下一辆。梦儿着急地挤到车门口左推右搡地愣是给腾出一个人的空来,招呼白德快上车,没想到白德礼让身边的一个人。那个人也没客气,就一步挤上车来。气得梦儿往下推那人:“给你腾的地方吗你上来?”那人说:“是那位解放军同志让给我的。”梦儿说:“他让你你就上啊?有这么不要脸的吗?”那人好不容易上来了自然不愿意下去,任由梦儿推他,他只管死抓着扶手,也不说话。梦儿没办法,又挤来挤去地给白德腾空,却见白德又要让另一个人先上,气得梦儿愣在那里。这时公交车车门一关,驶离了站台。

一家人在大明湖玩了好一阵子,白德才赶到,被姑姑一顿数落。到大家坐渡船去历下亭玩,又是白德落在后面没能上船。

白芒叹气:“又成了刚从农村来济南时的那个傻瓜样。”

白行说：“可不是这么回事，看似回到原点，实际是升华好几轮了。”

梦儿说：“忘了不让他穿军装了。”

三爸万分理解又神气活现地说：“解放军同志哪能和老百姓一样啊！”他感到在孙子的身上再现着自己当年的崇高精神。

白德算上来回路上时间，只有一周假期，等不到春节就要归队。白德说，部队请假是要销假的，晚一秒钟也不行。来回路上就要用去近四天的时间，在家也就三天。梦儿说：“多玩一天，不坐火车了，我给买飞机票，坐飞机回去！”

大满说：“快着谢谢你姑吧！你这辈子也捞着坐飞机了。”

白芒说：“你以为他稀罕坐飞机啊？早坐够了——这是伞兵！”

白德说：“让姑姑破费了，我喜欢坐飞机。”

白德如愿坐飞机归队。只是在机场安检的时候，安检人员说铁手榴弹属于危险品，不能带上飞机。大家甚是遗憾。

春节前白芒就腰疼得厉害，也拍了片子，大夫说是腰椎间盘滑脱，应该做手术，手术的方式是从胯骨上剔下一块骨头固定在滑脱的地方。白行不赞成大哥做这么大的手术，说腰椎不好的人多了，多数都是保守疗法。白芒说：“手术、住院都能报销，不用自己花钱，为啥不做？”手术安排在白德回部队的第二天，白芒说再晚白行就开学回学校没人照顾他了。

白芒做了这个大手术。据大夫说，手术是成功的。

白芒术后一直高烧，几次昏迷，吃了退烧药也不行。

晚上，白行让大满回去休息，说自己守着就行了。到夜里白芒再次昏迷，大夫拿来酒精让白行往白芒的身上擦，说是物理降温。白行就拿着酒精不停地给白芒擦手心、擦脚心、擦前胸后背，用温水给他擦脖颈、擦大腿根……天亮时白芒的体温终于降下来了，而且再也没烧起来。

白芒躺在病床上，白行在床前伺候。大夫对白芒说这些天多亏了你这个弟弟，不分昼夜地悉心照顾你。白芒说他是我兄弟正该照顾我，他不照顾我还是人吗？大夫摇头离开。

大满要来和白行轮流值班，被白芒拒绝。白芒对大满说：“你来了，商亭谁照看？兄弟放寒假没事，在这里就行了。”大满说：“兄弟一个人在这里，黑天白夜地连轴转，他不累得慌？”白芒说：“兄弟这大小伙子哪知道累，这还客气啥，不能拿兄弟当外人。”大满说：“你机械厂安排人来照顾你，你也让人家回去了，留下那个人帮帮兄弟也行啊。”白芒说：“你懂个蛋，那个人来了能干啥？能有兄弟细心不？那个人不来咱自己找人照顾，车间里按那个人的工资额给咱补助。”大满说：“你落下钱了，可把兄弟累坏了。”白行说：“嫂子放心，我累不着。”白芒问：“你上学的那里还这么严吗？晚去几天不行吗？”白行说：“已经请假了，晚报到一周。我问大夫了，我回北京之前你就能出院回家调养了。”白芒高兴地说：“那好，不用找别人了。我还想让文道请假来照顾照顾，你这就算替了他了。”

白芒住院做手术，让他产生了一番感慨。白行快要回学校的时候，白芒对他说：“我在这里住院，单位上的人他妈的也没有来看我的，就是班长一个人来了看了看说了几句话，也没买东西。车间主任住院的时候，去看他的人一批一批不断趟，全拿着东西。”

白行说：“这不很正常嘛，那是领导。”

白芒说：“所以说啊。我看这商亭也发不了财，我琢磨弄个官儿当当。”

白行告诉白芒管理岗位的最低学历要求是大专，要想到领导岗位还得要有突出的工作能力和工作业绩。白芒说你这都是扯淡，要紧的是要有关系。白芒说：“你给我报个函授大专，就学市场营销，然后帮我写作业和考试。就像帮古立春那样。托关系的事我自己办。”白行说：“你能托谁？估计道哥也办不了让你当官的事。”

思忖片刻，白芒说：“前些日子和咱娘拉家常，说起咱爸那个战友杜凤山来了。他那个儿子叫什么名来？就是在剧团当书记、想和你姐姐拉对象的那个？”

白行说：“杜镇强。”

寒假这一个多月包括请假的一周，白行都在医院陪护白芒，白行和夏菁两人几乎见不到面，即便见面，两人的话也比以前更少。

白行准备回学校的前一天，夏菁对白行说：“你要是想离婚就说出来，离就离，无所谓。”

白行说：“我什么时候说离婚了？”

夏菁说：“说不说你心里都是这么想的。”

白行并没有想离婚，但白思荫却把她爸爸妈妈要离婚的事告诉了爷爷奶奶。三娘就到白行家来，拿着笤帚打了白行几下，又替白行对夏菁说了些道歉的话。三娘见夏菁不表态，心里不放心，就去找夏妈说了这事。夏妈大呼小叫地来找夏菁，哭诉了单身和二婚的烦恼。夏妈又问白行到底发生了什么事，白行说我也不清楚，是她说的要离婚。夏菁说谁也没你清楚，现在和离婚有什么两样？白行说我没想过离婚的事，我为什么要离婚？夏菁说你封建，农村思想，从我生了这个闺女你就不高兴。

夏妈说：“哎哟小白你可不能这样想，你没看那个小品《超生游击队》里宋丹丹说的啊——你种的是茄子能长出辣椒来啊？生男生女老爷们儿是关键。”

白行嘟囔着：“这可不一定，一把种子撒出去，既有茄子种又有辣椒种，在这块地里茄子发芽，在那块地里就辣椒发芽。”

夏菁说：“别不要脸。”

夏妈没听清白行说的什么意思，继续说教两人。白行表态说自己从没想过离婚，也不会同意离婚，让夏妈放心。夏妈看两个人也没有大闹的迹象，又说教一番后才离开。

夏妈走后，夏菁开始铺床，脱衣服，又给孩子脱衣服，准备睡觉。

白行突然注意到夏菁穿着相当破旧、前后都有大大小小几个洞的背心，内裤也磨损得半透明、秃噜边了，竟也有几个小洞。白行以前没注意过夏菁穿什么，突然看到这样，心里有些不是滋味，意识到自己好像从来没有关心过她母女俩的生活。这又让他想起前几日姐姐叫去她家玩的情景。去的时候挺顺畅，倒一次车再走两站就到了，白行和夏菁两人车费七角钱。回来的时候大公交车不来，小公共车倒是一趟接一趟。白行和夏菁是领着孩子走了两站地才到公交车站的，等车又站了很长时间，都有些累了。白行说：“大车老不来，要不咱也坐小公共吧，还不用倒车，咱俩三块钱。”夏菁很坚决地说：“不坐。有三块钱还不如给孩子买点肉吃呢。去你姐姐家已经花了九块多了，你还有几个子儿？”白行想想，三块钱坐小公共确实有些浪费，不再说话。夏菁说：“走，走到下一路车站牌。”说完就领着孩子往前走，白行在后面跟着。走了一段路，孩子走不动了，白行与夏菁轮流背着她，一家三口走了十几站地，又花三毛钱乘大公交回的家。现在白行看着她娘儿俩睡下，脑子里想着这些事情，又想起夏菁说人家的小孩都上什么舞蹈班、美术班之类的，条件好的还给孩子买电子琴学音乐，自己的孩子什么班也没上——没钱。

白行正愣神，夏菁说：“关灯了，你不睡孩子还睡呢。”白行就拿着烟到另一个房间坐着去，刚站起身，夏菁就把灯关了。

白行点上烟，脑子里也不知该想些什么。从出生到现在，他好像第一次认真考虑关于钱的问题。家里的日常消费都是夏菁操办，白行从不过问。白行也知道家里始终都没钱，去北京前，白行上班若是没坐上单位通勤车，就要到孩子的存钱罐里搜寻，凑些几分的硬币才有钱去坐公交。

囊中羞涩到这个程度，白行也从没感到有什么不对和不适，因为他从来就不去想这些事情——或许是因为钱的事情实在是太小的事情了，也或许是认为想钱的事太俗，为文人所不齿，也或许是潜意识里总认为只要所追求的事业成功，生活上的改变会随之而来吧，总归是从不去想这些事。现在好像不能不去想，因为孩子应该受到培养。夏菁和自己闹意见或许也与生活拮据有关。

要说各家的收入是基本一样的，怎么自己的日子好像更困难一些呢？现在在北京上学花销是略多些，但去北京以前家境也是这样。白行想了想同事、同学家的支出情况，与自己家的区别在于，人家把攒下的钱买了家具、电器和衣服，用在了孩子教育上，自家的钱全被自己买成了书，人家大多是老人资助孩子，白行是给老人交钱。想想结婚以后家里除了夏菁用自己的私房钱买了台电视，好像再没有添置什么东西，连孩子身上穿的也是别人孩子穿小了剩下的，而自己和夏菁基本没买过衣服。白行穿的几件衣服，是文道发福后穿着瘦，送给他的。夏菁穿的衣服也多是别人不穿了送给她的。

前些日子古立春和那和美闹离婚，白行还振振有词地开导古立春说："女人嫁给男人就是为了让他给自己遮风挡雨，而如果嫁错了人她就会发现风和雨都是这个男人带来的。"现在白行想，自己给这个家带来了什么呢？白行意识到是自己造成了家里经济困难的窘境，感到对夏菁和孩子有些愧疚。但他无力改变。这一晚，他握住了夏菁的手……这是自从有了孩子以后的第一次。

白行到父母这边，吃饭的时候主动说："在北京上学期间暂时不交养老钱了，等毕业以后补上。"三爸说："早就说不要你的，他们都不交，就你非要给。"

白行要回学校了。夏菁把六百多块钱放到白行面前："你去北京后你同事每个月送来的你的工资都在这里，我一分也没动，你都拿着吧。"

白行说："不拿这么多了。以前我按每个月一百五带的钱，以后我按一个月一百四带吧。北京东西贵，我一天三顿饭、抽烟，买学习用品、学习材料，买书、生活用品都要花钱，再少了实在不够用了。"

夏菁说："拿着吧，反正是你自己的工资。"

白行说："留下五十块，幼儿园不是有舞蹈班吗，让孩子学学舞蹈吧，她愿意学。"

夏菁说："学什么学，别瞎操心了。"

白行说："不学跳舞学点别的也行啊。"又问女儿："你想学什么呀？"

思荫想了想："我会奶奶教我的儿歌。"

白行说："我怎么不知道奶奶会儿歌呢？你说说我听听。"

思荫就张嘴背诵："拉，拉，拉大锯，姥娘家里唱大戏，人家的闺女都来了，俺的闺女还没来。说着说着来了——骑着驴，打着伞，两个妈妈伸老远。"

白行哑然失笑："还是上个学习班吧，会教儿歌的。"

白行返京的时候，夏菁上班不在家，孩子也去了幼儿园。白行按一月一百二十元带的钱，并写了个字条："我每月一百二就够了。给孩子报个学习班吧。你自己也买件衣服穿。"

第二十三章

在北京，一月一百二十块钱就是只吃饭也是不富裕的，但白行有办法。回到北京，白行在学习之余开始倒腾另一个事：做买卖。校园里每到周末同学们就拿着自己不用的东西到操场上去卖，或者换自己用得着的东西，也有些小商贩在外面进些生活和学习用品在那里销售。学校也不干涉，这叫“跳蚤市场”。开始的时候白行把看着物超所值的东西买下，再加价卖出去，后来有了点本钱，就到外面进货，进项也就能更多些。感到钱够用了，白行就不再自己做了，他确实对挣钱不感兴趣。他把这个做生意的门路以学生会的名义交给了几个经济条件困难的学生，这几个学生可以在竖起的学生会招牌下卖东西。他自己拿出本钱供几个学生做本儿，挣了钱再把本钱还给自己。赚取的利润百分之八十归几个学生，百分之二十归学生会做活动经费，他自己分文不取。

白行的这个办法很成功：几个困难学生得到了帮助，学生会也有了经费。很快其他系的学生会都来取经，也跟着做了起来……

这一学期，白行的班里来了一位不一般的插班生——一位武警大校。

这天下午在小平房上课。快上课的时候，一辆挂武警车牌的黑色轿车停到教室门口，一个战士麻利地从前车门下来快速把后车门打开，一个四十来岁的军官从车里下来，接着茹书记从另一边车后门下来了。茹书记往教室看了一下，对白行招招手，白行就走出教室。茹书记问：“李班长呢？”

“还没到。”白行说。

茹书记对军官说：“这是白行，系学生会主席，你们一个班。”又对白行说：

“陆良大校是你们班的新同学，李班长来了你和他说一下。”

陆良就和白行握手，乐呵呵地说：“主席？官不小啊，什么军衔儿？”

白行说：“你是山东人？”

陆良说：“你听出来了？你是什么地方人？”

白行用济南话说：“济南的。”

陆良不无揶揄地说：“北京话学得挺快啊。”

白行说：“我是语文老师，在济南上课时也这样说——是普通话。”

陆良拍拍白行肩膀说：“和你闹着玩。老乡见老乡——下了课上我那里喝酒去。”说完就和茹书记摆摆手拉着白行往教室走。随行的战士赶紧拿着书包紧跑几步，观察着陆良要往哪儿坐，好把课本给他摆好。

白行给陆良推荐了一个后排的座位，陆良让白行过来一起坐，白行就把自己的课本拿过来和他坐在一起。上课后白行轻声问：“你都大校了怎么还到这里来上课？”

陆良一皱眉头无奈地说：“学历不够不能升将衔儿。”

白行说：“你再升就是将军了？”

陆良微微点了点头没说话。

陆良问了白行在济南什么单位工作、家庭情况等。

下课后，陆良对白行说：“走，上我那里去聊聊。”

白行说：“还有一节课呢。”

陆良眉头一皱说：“这么啰嗦，马上收拾东西，动作快点。”说完起身就往外走。白行说：“你东西还在这里呢。”正要帮他收拾，就见等在外面的小战士早就跑到课桌前快速地拿起书本又转身快速地跑出去打开了车门。小战士往返步姿迅疾、摆臂规范，就像在出操一样，教室里的同学们一阵喝彩，竟鼓起掌来。陆良就停下脚步对大家说：“我是陆良，今天叫这个白行到我那里认认地方，以后你们都去玩。”“管饭吗？”一个女同学问。陆良手臂往前一挥说：“全部管饭。”大家再次鼓掌……

这以后白行就经常到陆良单位去。有时候是自己去，有时候是陆良派车接。一是两个人挺谈得来，白行愿意去；二是陆良是个很在意老乡情结的人，把白行当个小兄弟看待；再就是有时候有的老师对考试要求得严，陆良也要到场应付一下，白行就帮着他做作业、准备复习材料。

两人越来越熟，白行说话也无忌讳。一次他问陆良：“陆大哥，都说武警战士有功夫，和我们学校最威猛的体育生打一仗谁厉害？”

陆良说：“这能比吗？你这是挑拨军民关系。”

白行说：“我就是想知道武警战士的战斗力怎么样？拿武器不算。”

陆良说：“等有行动的时候让你见识见识。包括徒手。”

陆良果不食言，没多久就派战士来学校接着白行和他一起去了怀柔，活动内容是观看坦克训练。路上白行很是兴奋：“陆大哥，你单位还有坦克车吗？”

陆良说：“兄弟部队的。”

白行又问“坦克车能让我开两圈吗？”

陆良说：“开半圈也不行，你也不会。坐两圈应该可以——去了看情况。”又嘱咐说：“我去那边有工作，到地方我安排个战士陪着你，你一定要服从指挥。”

多种型号的几十辆坦克车一起出动，真是威武雄壮地动山摇。荒野上，坦克集群喷出的漆黑的浓烟与卷起的尘土遮天蔽日，那种横冲直撞勇往直前舍我其谁的气势震撼了白行。最初几天白行只是跟着看，陆良忙自己的事情也不管他。直到快要离开的时候，白行总算等到了钻进坦克车的机会。

战士帮着白行穿上作训服，沉甸甸的头盔戴得牢牢的，勒得白行难受，他偷偷地把卡在嘴巴下的系带松了松，战士又给他系紧。战士给他介绍说，他们这辆坦克车是新型的，载乘三人：车长、驾驶员、炮手。老式的坦克是载乘四人，还有一个副炮手负责装弹，新型坦克自动装弹，没有副炮手，这样就可以腾出空间多装弹药。战士又自我介绍说自己就是车长，驾驶员在车里等着呢，炮手没来，腾出位置让白行坐在那里。

走到营地外面，只有一辆坦克停在前面。白行问：“怎么就这一辆？那些都跑哪儿去了？”

车长说：“训练结束了，都在车库呢。这辆车有点小毛病，修好了，出来试试车。”

白行说：“幸亏出了点小毛病要试车，要不然我就没机会了。”

坦克车内空间非常狭小，所谓空间就是按照人体的形状预留的，如果哪个人多长出一条腿来就坐不进去。其余的地方全被钢铁所占领。白行被安排在炮手的位置，固定好。白行说：“要是我不小心把炮弹发出去怎么办？”车长说：“没有炮弹。”

车长一声令下，坦克车轰的一声发动起来，接着又熄火了。

白行问：“怎么又熄火了？修好了吗？”

车长说：“驾驶员是个新兵，太紧张，训练的时候都不敢让他开。”

车长冲驾驶员叮嘱了几句，再次下达命令。坦克再次发动起来，持续的轰轰轰，除了这个声音，白行什么也听不见了。

车长的声音从白行所戴头盔的耳机中传来：“目标机枪靶场，出动！”

坦克徐徐前行。白行想从瞄准镜中向外看看，也不知是因为车身摇晃还是自己不得要领或者别的什么原因，什么也看不见。这样过了一段时间，白行感到沉闷而单调。就说：“能不能开快点？”也不知他们能不能听到。

耳机中传来车长的声音：“他是新手不敢开快。再说开快了颠得厉害，怕你受不了。”

白行说：“没事，我就是要感受一下。”

车长再次下令：“全速前进！加速！”

白行感到身子一仰，坦克呼地冲了出去。接下来就是难以描述的颠簸，脑袋一次次冲撞着头上的钢板，要不是身体固定在座位上头上戴着有加厚橡胶的帽子，估计早已头破血流遍体鳞伤。白行想让他们减速，又舍不得失去难得的体验机会，就这样坚持着。

到达目的地，坦克停了下来。车长打开顶盖钻出坦克，又帮着白行钻出来。白行摘下帽子大喘着粗气说：“我的天，太受罪了。这战争真不是好打的，还是和平好。”

车长帮新兵摘下头盔：“加油要和缓，不能一冲一冲的。”

长着娃娃脸的新兵满脸通红，头上冒着汗，热气腾腾的，他望着车长兴奋地说：“报告车长，我太激动了！我终于开上坦克了！我要给我妈妈写信！”

车长说：“不要激动。要沉着冷静。”

白行问新兵：“你以前没开过？”

车长说：“模拟过。”

三个人休息了一会儿，白行说：“咱回去吧？”

车长说：“不行，还有任务。”

“什么任务？”

“不知道。就是让待命。”

两个战士躺在地上休息，白行围着坦克转悠，得到许可后又钻进坦克里在各个位置上坐了坐，这看看那摸摸。过了好长时间，白行的新鲜劲也过去了。说：“咱回去吧，在这里待什么命啊，哪有人给下命令，没准早就把咱忘了。”

“不会。”车长说。

白行无奈，也躺在地上等着。

又过了好长时间，远处有两辆军用吉普车朝这边开来。两位战士迅速站起整理军容后小跑到坦克侧前方并排着立正站好。车快到跟前了，白行也站起身在一旁看着。

两辆吉普开到坦克跟前，陆良穿着作训服威风八面地从车上下来，大校肩章闪闪发光。在他后面跟着几位军官和随行的战士。

陆良大声说：“白老弟怎么躺到地上了？什么情况？”

白行立正说：“报告大校同志，坦克兵白行正在待命！”

陆良说：“嗯，状态还不错。打几枪怎么样？”

白行说：“太好了！我初中的时候学军，三发子弹打了二十九环，全班第一！”

陆良说：“吹牛消灭不了敌人。靶场上见。”

战士把子弹箱搬到射击位，陆良和几个军官拎着枪走过去，装上弹夹哒哒哒哒好一通狂射。回到这边陆良对白行说：“你过去试试吧。”

白行要接枪，一个战士抢先把枪接过去，与另一个战士一起陪着白行走过去。战士让白行先趴下，然后把枪摆在他面前，一个战士向白行讲了射击要领，另一个战士把弹夹装上，告诉他里面有十发子弹。两个战士就一左一右守在白行身边，一个战士还把手扶在白行的后背上。白行说：“你们担心我兵变吗？咱是一伙的。”战士说：“这是规定。”白行屏气瞄准不再说话，但总是瞄不好，又改成均匀呼吸，还是等不到射击时机，半天没有开枪。后面陆良喊：“干什么呢？敌人早跑了！”

白行先是点射了三发，报靶：射击成绩二十七环。

陆良喊道：“打得不错，你消灭了三个敌人。”

白行一高兴，后面的七发一梭子打了出去，成绩就差得远了。

等白行站起身，陆良说：“知识分子就是容易翘尾巴，禁不住表扬。”

回到坦克跟前，白行说：“陆大哥，您不是说要展示徒手本领吗，让战士给亮亮本事呗？”

陆良说：“不用战士，我给你亮一手就行。”说完冲警卫员示意，警卫员跑去从车里拿来一块木板。

陆良问白行："你能一拳把这块木板打烂吗？"

白行说："一拳打烂？不可能吧？怎么打？"

警卫员见问，就两手端起木板冲着白行弓箭步站好。

陆良对白行说："现在我命令你：过去一拳把木板打烂！"

白行走过去看了看木板的厚度，问端着木板的战士："一拳能打烂吗？我看用大锤差不多。"

战士点头说："能。"

白行也点了点头，心说不能让战士们小看了自己。他活动活动胳膊，用尽全力挥拳冲木板死命打去。一声闷响后，木板还是那样，战士纹丝未动，白行拳峰处的肉皮被戗起了三块，鲜血淋漓。白行咧着嘴看着自己的手说："看来得包扎一下了。"

陆良看了下白行的手，对警卫员说："再去拿两块木板！"

警卫员就又跑去拿来两块木板，三块木板摞在一起冲陆良端起，脚下弓字步。

陆良摘下手腕上的手表，放在坦克车的车尾上，冲白行说："老弟看着。"说完，眼神已经变得冷峻犀利。陆良慢步走到木板跟前，突然迅疾打出一拳，嘴里跟着喊道："杀！"三块木板应声断开。白行兴奋地大喊："好！"

陆良转过身对白行说："现在不行了，年轻时五块没问题。"

白行说："厉害！佩服！您这一拳能把敌人的脖子打断。"

陆良说："你也不错，执行命令不含糊，算个好兵。就是本领太差。"

白行偷偷去看陆良的手，完好无损。

陆良环顾一下四周，目光落在坦克车驾驶员脸上："新兵？"

新兵立正站好，双手抖动，紧张得说不出话来，他第一次离大校军衔的大首长这么近。

车长替新兵回答道："报告首长，是新兵。"

陆良不再说什么，冲白行一挥手："回去！坐我的车。"

一个军官对与白行同来的两位战士说："你们也回去吧。"两位战士答了一声"是"，就快速钻进了坦克车，发动机随之轰隆隆地响起来。随行军官和战士们都去收拾东西、发动汽车。陆良想起自己的手表还在坦克车上，就走到车尾拿起手表转过身把手表往手腕上戴。就在此时，坦克车突然猛一下往后倒起来，眼看就要碾轧到陆良，白行冲过去，拼尽全力一下把陆良推开，自己也跟着翻滚着躲到一边。坦克车轧着陆良的裤腿和白行的鞋帮开了过去。

其他人呼喊着蜂拥而至。陆良坐起身，看看白行被轧坏了的鞋帮和自己被撕破的裤腿，他脱下白行的鞋看了看，又撸起裤腿看看自己有没有受伤——两个人都无大碍。

坦克车已经在不远处停下，两个战士钻出坦克跑过来，驾驶员已经吓得面如死灰，车长也一脸惊恐。

大家把陆良和白行从地上扶起来。陆良问两位战士："谁开的车？"

两个人都没说话。

陆良明白了，他走过去用力拍了拍驾驶员的肩膀："革命战士，只能往前冲，不能往后退，你是怎么搞的？"驾驶员紧张害怕得要死，眼泪哗哗往外涌着，一句话也说不出来。

陆良又用力拍了拍车长的肩膀没有说话。

随行军官说："再派人来把坦克开回去吧。"

陆良后退两步，表情严肃地对两个战士喊口令："立正！"

两个战士立正站好。

陆良大声说道："我命令你们，安全地把车开回车库。有没有信心？"

两个战士没说话。

随行军官喊道："回答！"

陆良再次大声问道："有没有信心？"

两位战士声音洪亮地喊道："有！"

陆良又上前用力拍了拍两位战士的肩膀问："知不知道我是什么军衔？"

车长大声回答："报告首长，是大校。"

陆良又问驾驶员："知道吗？"

驾驶员破锣着嗓子大声回答："知道！"

陆良说："好。你俩还应该知道，以前，我，也是新兵。知道吗？"

两个战士稍顿即懂，一起回答："知道！"

陆良看了下白行，又看看大家："今天我要给我的救命恩人白行兄弟压惊。大家一起参加。"又对两个战士说："你们两个也参加。"

随行军官试探着问："他俩……也参加吗？"

陆良说："也给他俩压压惊。"说完再次用力拍拍两个战士的肩膀后转身上车。

陆良身后，两位战士情不自禁，满怀壮志豪情地给陆良行着军礼。

车上，白行开玩笑地对陆良说："陆大哥，这两个战士的肩膀快被您拍肿了。我估计您不会轻轻拍。"说完就笑起来。

陆良紧紧握着白行的手说："兄弟，你是恩人。大恩不言谢，容我后报。"

快放暑假的时候，白行听说大栅栏正在热销羊皮夹克羊皮大衣什么的，很便宜。白行就和几个同学一起去买。白行给夏菁买了一件蓝色的羊皮大衣和一身蓝色的羊皮套裙，又给女儿买了几件童装。

回到济南白行把买回的衣物拿出来给夏菁。夏菁问哪儿来的钱，白行就把跳蚤市场的事说了说。又说再回北京不用带钱了，校门口银行里存的还有，两个人的工资她娘儿俩花就行了。夏菁也把孩子学跳舞的事说了说，说老师都夸孩子身子软，跳舞的时候让她在前面领着跳呢。

家庭条件略有改善，夏菁的脸也不成天沉着了。白行想起鲁迅的小说《伤逝》，一个家庭，仅有爱情是不够的，没有爱情就更需要经济的呵护……

两年的校园生活就要结束了。想想这两年的收获，白行觉得一是学到了很多过去不了解不掌握的知识，二是真正体验了一把校园生活，三是接触了一些新观念。特别是这第三条，白行感触颇深——很多同学放弃例如在电视台、报社和大企业工作的机会，几个人合伙开公司，有的同学已经是处级领导也不回原单位了，留在北京谋求新发展，连系里的茹湘斌书记也要辞掉工作到加拿大去和丈夫团聚。除了这三条，再一个收获就是白行也结交了一些新朋友，特别是与齐虎、陆良和茹湘斌，已经成为知己。

一天陆良把白行叫了去。问他毕业后有什么想法。

白行说："没什么想法，回鲁铁上班。"

陆良说："你留在北京跟着我干怎么样？单位办了个物资公司，我是总经理，你留下跟着我做生意。户口的事我给你办。"

白行说："你不是升少将吗？"

陆良说："不升了，改做生意了。"

白行想了想："算了吧，我还有老婆孩子呢，父母也在济南，估计他们都不同意。"

陆良说："要是国家需要你当兵上战场怎么办？当逃兵啊？好男儿志在四方，你再想想。你说你回去当那个老师有什么劲？我做的可都是大生意。"

"多大的生意？"白行问。

"大到你想象不到，一笔就几个亿。"陆良说。

白行说："陆大哥，我还真想跟着你干，起码能体验一下大生意是怎么干的。你容我回济南和家里说说行不行？只要家里不坚决反对，我就跟着你干！"

陆良说："快去快回，一周内到我那里报到。学校也不用去了，到时候拿毕业证就行了。我只给兄弟说一句话：跟着我干，前程必然似锦。"

白行当晚赶回济南。和白行想的一样，夏菁和双方父母对白行去北京工作的事坚决反对。夏菁也不哭闹，只是说："要去也行，办完离婚手续再走——离了婚谁也管不着谁，你愿意去哪儿去哪儿。"双方父母的顾虑是白行这一走，家庭的结局难料，很可能就是离婚。白行一再表态说不离婚，等条件具备就接夏菁娘儿俩去北京生活。结果没有人相信。白行没有办法，只好返回北京去向陆良辞谢。没承想夏菁不让走："离了婚再走。"

无论白行怎样解释、保证，夏菁就是不让白行回北京。最后还是三娘看出夏菁的意思，让白行带着夏菁去北京玩几天。白行问夏菁是想跟自己一起上北京吗，夏菁说随便，去不去都行。

第二天白行买了两张火车票，夏菁去单位请了假，一家三口去了北京。白行去找陆良大哥解释，夏菁领着孩子跟着。陆良听后，有些惋惜，说本想用这种方式报答白行的救命之恩，可惜不给机会呀。此事也就罢了。

白行带着妻女在北京游玩多日，一家三口少有的高兴。十多天后，夏菁要带着思荫回济南了，在北京火车站，夏菁望着送行的白行，也有些许恋恋不舍。

白行回到学校准备论文答辩的事。茹湘斌副书记主动向系里提出担任白行的导师，白行感到一身轻松：论文和答辩肯定都没问题了。

其间，又有同学邀白行留在北京合伙开公司，白行婉言谢绝。

快毕业离校的一天傍晚，有同学告诉白行茹书记让他去她家一趟，白行就到了茹湘斌家。茹湘斌家的桌子上摆了酒菜，白行也不客气，直接坐在了桌前。白行说："叫我来不就是想告诉我我没能入党的事？李班长和我说了，说是组织委员宫顺明不同意。宫顺明说我助长歪风邪气，不能主张正义。他说的就是他和艾国吵架的事——我还以为他会感谢我。"茹湘斌说："我也问李班长了，基本就是这么回事。吸收积极分子入党是党支部的事，党支部不提交，党总支也没办法。"白行表示理解，强调自己没有思想负担。茹湘斌又有点不好意思地说："你可能还不知道，和你一起来的鲁铁的小刁入党了——支部报上来系里就批了。你看你表现这么出色，反而小刁入党了……”白行说：“这还真是没想到。小刁对待宫顺明很恶劣呀，他怎么会不同意我入党同意小刁呢？”茹湘斌说：“据说从你搬进学生会以后，特别是最近，用李班长的话说就是‘小刁对宫顺明肯定比对他自己亲爹好’。”白行说：“这么神圣的事，搞得这么庸俗。”茹湘斌勉强笑笑，没说什么。

随后，两个人喝酒夹菜，谈天说地辩哲学，谈古论今悟人生。茹湘斌几次感叹世事无常，人生苦短。酒至微醺，茹湘斌问白行：“我们今日别过，从此天涯孤旅，看你无所谓似的。”

白行说：“那还能怎么样，我就是想留下来继续做您的学生，您不是也要去加拿大吗？”

茹湘斌说：“别老学生学生的，我比你大不了几岁。你女儿都这么大了，我还没生小孩呢。”

白行说：“去了加拿大就抓紧呗。”

茹湘斌说：“我们俩基本不在一起，要了孩子也不好安顿，可能就不要了。”

白行问：“去了加拿大还不在一起吗？”

茹湘斌点点头说：“是。这些年就这样。我丈夫这个人，他只专注于他自己的事，几乎视我为不存在。其实我也挺喜欢这样，如胶似漆的不好。每个人的想法是不一样的，每对夫妻的相处方式也不一样。”

白行说：“神仙夫妻呀，金风玉露一相逢，便胜却人间无数。一年见一次足矣。”

茹湘斌注视着白行：“我需要一个精神伴侣。我……太孤独。”

白行说：“和您丈夫团聚后就好了。”

茹湘斌说：“可能会更孤独——我是说精神上。”

白行说：“都说读懂了谁的书，谁就是自己的精神伴侣。”

茹湘斌说：“我说的是情感上的，心灵契合的男女朋友，可以交神、交心，不考虑见面不见面的。”

白行问：“那你找到了吗？”

茹湘斌微微一笑，没说话。

白行突然意识到茹湘斌要找的这个“心灵伴侣”可能就是自己，就半开玩笑地指着自己说：“您说的那个心灵伴侣不会是我吧？”

茹湘斌以酒遮羞，莞尔一笑：“我觉得我们俩挺谈得来的，不知道你怎么想？”

白行表情严肃，认真思考。

茹湘斌说：“你不要误会，我说的不是像你们班里一对儿一对儿的那种。不是……野鸳鸯。”

白行点头说：“我明白您的意思。”

茹湘斌的神情变得轻松：“我觉得每次和你交流，在一起是……很舒服的感觉，你不觉得吗？我怕你毕业以后，我们再也无法联系了……你就不理我了。”

白行说：“香槟姐，在我心里，您一直是良师益友，是我的知己、好朋友。但是如果您把性别突出出来，我就……我不得不告诉您：我内心已经有一个精神伴侣了。”

茹湘斌盯着白行看了一会儿：“也是在一起无话不谈的吗？”

白行摇头说：“已经失联很多年了，但是她一直在我心里。我在任何情况下都不用去想她在不在，她始终占据着我的心。”

茹湘斌说：“怪不得他们说有女同学接近你你都敬而远之，就是因为她吗？”

白行笑笑：“半缘修道半缘君。”

茹湘斌说：“我明白你的感受，我想要的就是这种。”

白行说：“谢谢您能理解。”

茹湘斌说：“我曾怀疑自己想找心灵伴侣是为了借此逃避现实的情感，其实不是，我认为这种感觉才是最好的。”

白行微微摇摇头，端起酒杯慢慢品了一口：“不是这样，我从未有过享受的感觉，我的心里，只有苦……”

柳千婵、梅宝儿、茹湘斌，这是三个美丽又风姿迥异的女性，她们亲近白行的目的、方式各不相同，而白行则始终是那个不解风情的孬种。

白行每次都把林晓荫拉出来挡在前面，虚幻的林晓荫有这么大能量吗？这能量来自白行的内心——谁也无法替代林晓荫，精神伴侣也不行。

离开北京前，白行抽时间又去了一趟那家诗刊的编辑部，打听有没有白丰的消息。编辑部的人说白丰没有再投过稿，也没有与编辑部联系过。白行问：会不会他换了个笔名投稿呢？编辑部的人说：我们有多年的审稿经验，如果他换了名字，我们也能根据他的创作风格和习惯发现他，但是并没有。

白行毕业后回鲁铁报到。在组干部干部科，科长指了下小刁，对白行说：“小刁现在是干部科副科长，昨天刚宣布的。你有几个岗位可选择，我去开会，让刁科长和你说说吧。”说完就走了。

小刁坐在桌前抖着二郎腿等着白行恭维，见白行不说话，就丢给白行一张表：“自己看吧，一个党校，一个服务处。”

白行说：“学了两年半马列，我上党校教学吧。”

小刁说：“你这不是党员的去给党员讲课，你觉着行不行？”

和小刁坐对桌的小伙子说：“可以，党校老师也有不是党员的。”

小刁说：“可以是可以，但是合适不合适？自己的脸红不红？”

白行说：“我去别的学校教学也行，中学、技校，语文、政治都可以教。”

小刁说：“都不缺人呀。”

白行说：“你的意思是让我上服务处？”

小刁说：“这不是征求你意见吗？”

白行问：“服务处是干什么的？”

小刁对桌的小伙子说：“现在市场低迷，钢材不好卖，厂里成立了个用户服务处，负责开拓市场、售后服务、催要欠款。现在服务处正招人。”

白行想想：“我去服务处吧，工作面向社会，有挑战性。我专业不是营销，也不知道服务处会不会同意？”

小伙子说：“他们肯定同意，很多人都不太爱去。”

“为什么？”白行问。

小伙子说：“厂里有一个销售处，负责销售钢材。现在又设一个服务处，无论是开拓市场还是售后服务，与现在销售处的职能有交叉。虽然说一个是坐商一个是行商，但肯定有冲突，工作可能不好开展，所以有的同志不爱去。”

“我爱去。”白行说。

小伙子问小刁：“学哲学的研究生，去服务处合适吗？”

小刁说：“别啰嗦了，开调令。”

白行拿着调令去服务处报到。自己替古立春学的企业管理和替白芒学的市场营销或许要派上用场了。

服务处的工作果然不好开展。

去开拓市场，客户说：你们是鲁铁的吗？怎么你们报出的钢材价格比销售处报出的价格每吨高出二百块？而且你们要求先付款，销售处可以赊账，起码也是货到付款。

去处理异议，据理力争说不该赔。销售处的说：这是重要客户，一定要按对方要求解决。服务处不同意，销售处就告到厂领导那里，说服务处破坏客户关系。服务处就也告销售处的状，说销售处给我们的价格比他们自己的价格高出二百块。销售处说，一样价格还要你们干什么？

厂领导偏向销售处，因为毕竟绝大部分钢材还要依靠他们的老渠道卖出去。

举个例子可见服务处的工作开展有多难。服务处的处长是一个快要退休的正处级老领导，老领导本可以享受原待遇提前回家休养的，被厂里临时安排筹建服务处。一天，处里的办公室接到一个电话，对方说是广东一家公司的总经理，去北京路过济南，现住在济南西郊一家宾馆，问鲁铁有没有做一单生意的兴趣，要是感兴趣就到鲁铁来。满头白发的老处长听完汇报说，人家是总经理，咱就别让人家跑来了，咱过去。然后带着三个科的科长，在小车班要了汽车，又到厂办接待科要了礼品带着，几十里地从东郊赶到西郊，找到那家宾馆，先在餐厅订好饭局，几个人提着礼物敲开了广东总经理的客房。

开门的是个矮小干瘦、二十多岁的小伙子，见来了这么多五六十岁的又高又胖的中老年人有些意外。坐下交流了几句，小伙子说你们钢材价格不合适，运到广东赚不到钱，表示放弃。老处长说这次不行没关系，下次找机会再合作，请你们总经理来我们见个面，吃个饭，先交朋友后做生意。说完把几份礼物递上。小伙子说我就是总经理。老处长和几个科长很是吃惊，有些怀疑对方的身份。小伙子也看出他们迟疑，就拿出名片，又拿出身份证。老处长唏嘘说，早知道你这么年轻我就在鲁铁等着你，就看这一头白发也不该我来看你。小伙子连忙道歉说，自己也没想到来这么多人，更没想到处长这么大岁数。小伙子说要不然我多少要点，别让我赔多了，赔个几十万没关系。又问老处长，能有多大权限给出多大优惠？老处长说我一点权力也没有，就是价格表上的政策。小伙子说要不然我要一车皮，六十吨。老处长说：算了吧，这不是可怜我老头子吗。

为谈一笔生意，鲁铁的人如此郑重其事，广东的客商却如同做游戏。事后老处长感慨说，论年龄我是他爷爷，论做生意讲权限我是孙子。

在这样的内外环境下，白行谈成了一桩大买卖。

厂里为节约经费，规定出差只能一个人，否则不给报销。白行只身一人跑到省内最大的一家机械制造企业推销钢材。鲁铁已派人来过这家企业多次，没有成功。白行是自己在企业名录上看到这家企业的，认为它肯定钢材用量大，就跑来了。出发前，有老业务员告诉白行，到了这个单位就找供应处。首先找钢材采购科的计划员，因为没有采购计划什么也白搭，计划员这一关过了以后就找科长，因为买谁的钢材科长拿意见。科长这一关就比较难公关，因为他手里有多个钢厂供应商，要谁的不要谁的都要考虑到照顾到，如果需求不大，一些钢厂很难分到订单。假如科长也同意买你的钢材，你就有机会见到供应处处长。能见到供应处处长就不简单了，无论是否采购，都是成功——起码能把对方的权威意见带回来向领导交差。至于能否向其销售钢材，那想也别想，那是领导的事。假如真能带个百八十吨的订单回来，那就牛了。如果连计划员这一关也过不了，就干脆直接回来。白行想既然从计划员到科长、处长这条路走到头也是卖不掉钢材，自己何必再走一遍呢？于是他到了这家企业后直接就去找了厂领导。

白行在这家企业的办公楼门口对负责来客登记的人说自己是鲁铁的营销人员，受企业委托，来找分管采购的副厂长谈谈合作的事。负责登记的见说找厂领导，也不敢怠慢，就给一个副厂长的秘书打电话言明此事。一会儿一个年轻人走下楼来，是副厂长的秘书。秘书说已经请示了程厂长，程厂长让把白行领上去。

进了程厂长的办公室，程厂长很客气地请白行坐下。秘书给倒了杯水。

白行也不做自我介绍，上来就说："程厂长您好。我知道您时间宝贵，现向您简要汇报以下几条：一、鲁铁愿意和贵厂建立长期、直接的战略合作关系。二、合作后贵厂享受如下待遇：一是市场低迷时可享受优惠价格，二是资源紧张时保障资源供应——程厂长肯定不会忘记钢材紧张时到钢厂求援时的艰难——合作后贵厂只需每月给我们下需求计划就行了。享受这两条销售政策只是直接看得到的，建立长期合作关系后还有多个让程厂长放心、乐见的方面：避免了经销商供货可能出现的以次充好现象，避免了市场旺盛时拿不到钢材或者虽拿到了钢材但是不得不接受经销商拼命加价情况的出现，避免了通过经销商采购可能出现的腐败现象——也就是能够很好地保护自己的干部队伍。不过要想合作成功也需要贵厂配合：既然我们已经做好了在市场紧俏时保证您资源的准备，就也会要求贵厂在市场低迷时采购我们的钢材，还有就是先付款——这一是担心再出现欠款形成三角债，也是贵厂诚意的体现。最后我想和程厂长说，我来得不是时候，因为在钢材难卖的时候来讲合作，有可能是一厢情愿，假如是在钢材紧俏的时候来谈，那就一拍即合了。"白行说完这一大串，又补充说："因害怕程厂长随时可能打断我，我急急忙忙地赶紧说。如果程厂长同意合作，就给我们一张订单，体现一下你们的诚意和实力。如果合作成功，我们鲁铁一定会邀请您莅临鲁铁指导工作，或者鲁铁领导亲自登门拜访。”

白行没想到程厂长也正想弄这事。程厂长说：“不瞒你说，我和你们想到一块儿了，我最近正考虑这个问题——想利用近来钢材市场低迷的时候和钢厂建立长期牢固的合作关系，只是还没有想好先和哪家企业合作。”又说：“钢材不好买的时候我可是领教过你们钢铁企业的门槛有多高。知道为啥近期没要你们的钢材吗？钢材紧俏的时候你们鲁铁太牛，去了个处长，你们的科长都见不到。现在你们也来求我们了，哈哈哈，风水轮流转啊。”

程厂长打电话叫供应处处长来谈与鲁铁建立战略合作关系的事，供应处处长就带着钢材科科长来了。程厂长把想法一说，处长和科长都说有订单，本来是想几个钢厂分一下的，直接都给鲁铁就行了。

会谈后，程厂长让供应处处长陪白行吃了顿饭，白行拿着三千吨的订单回到了鲁铁。

白行向服务处处长汇报后，处长觉得事情重大，就去和销售处处长商量，两个处长又叫着白行去向厂长汇报。

第二天，两个处长和白行一起带着厂长亲笔签名的邀请函返了回去……

第二十四章

用户服务处毕竟几十口子人，能卖出钢材的没有几个，加上用户服务处和销售处在工作职能上存在交叉老是打架，厂里研究后规定以后服务处不再卖钢材，改为专职催要欠款，清理三角债，简称：清欠。

服务处安排人到财务处打印了应收款账单，领导按照账单上的欠款户名单本着先近后远，先易后难进行安排部署，每个人都领到了任务，有的负责几家，有的负责十几家。大家跃跃欲试，热情很高，都说清欠比卖钢材强——清欠知道找谁，有的放矢；卖钢材像无头苍蝇，有劲使不上。而且都自以为是地以为是他欠咱钱，就欠咱情，咱去了，就是不管饭，起码也客客气气的，总比觍着脸求人家买钢材强。

大家浩浩荡荡出发，奔向东西南北。领导嘱咐：一定要先拣好要的要，实现开门红！

清欠人员到了对方单位，牛烘烘把账单一递，对方就把电话打到鲁铁销售处，说：你们鲁铁怎么回事？说好的货到两月内付款，昨天刚把钢材送来，今天就来催款，还讲不讲信誉？以后还怎么合作？几日内这样的电话纷纷打到销售处，销售处领导赶紧亲自一一道歉，讲明是个误会。并气恼地说：以后鲁铁服务处的傻蛋去了你们就把他打出去！

销售处到厂领导那里告状：服务处破坏销售渠道损害客户关系。

厂领导和服务处领导都没想到是这个结果。于是厂里又对服务处工作职能再次进行调整：只负责追讨三年以上且销售处明确表示已经很难清回的欠款。

服务处的清欠队伍再次出发，结果是全部空手而归。问其原因，有的是经办人换了，新负责的不了解情况，有的是不认账，说不欠钱，有的是虽然认账但是没钱还，有的是厂子已倒闭，有的是干脆没找到这么个单位，还有的是直接被对方轰出来，还差点被打。

马上要退休的老处长感到工作实在难干，递了个申请回家休养去了。

新来的处长主持召开全体会议研究对策。会上大家说得千难万难，唉声叹气。白行却不以为然。白行发言说："我虽然还没机会出去亲自尝试一下，但听了大家的介绍，情况也了解了。自己有这么几点认识：一是我们一定要坚信有理走遍天下，他欠咱钱就应该还，不能气馁。二是感到大家准备工作做得不充分，只拿个财务账单过去，人家说不欠钱，我们也没办法了，应该在出发前就把单位地址、销售合同、财务往来账、经办人、电话号码等查清楚。去找单位，谁也不爱管，找当时的经办人，就更有针对性，起码能说上话。三是催款也要有技巧，不能去了就说要钱，如果去了只说对账，不提要钱的事，可能就好办，对账后双方账目对不上，就与对方商量解决办法，慢慢进入正题。四是要弄清对方欠款的原因，如果确实是账弄错了，就好办，如果对方确实也有难处，没钱还，那就要共同研究解决办法，以物顶账也可以商量。五是多途径解决问题，如果有关联方，三家甚至四家五家互相代还代偿，能够平账，也是一个办法。"

大家听完白行的发言，都说有道理，要是早这么弄可能就能要回一些来。也有的说，说起来容易做起来难。

处长问白行："前面的清欠你为什么没去？"

白行说："老处长安排我在家总协调。"

处长对白行说："你说得这么好，以后你也去要，要回来奖，要不回来扣。"

白行说："工作肯定认真干，何必弄得这么紧张？"

处长说："那不行，必须要有奖惩。厂里刚定了考核办法，要回来有提成，要不回来的要扣奖金。你们所有人一样。"随后处长又把厂里制定的激励政策宣读了一遍：要回三年以上欠款提成百分之五，要回五年以上欠款提成百分之十，要回十年以上欠款提成百分之二十。

大家一阵唏嘘。

这以后白行开始天南海北地奔波。先是在本省要账，因成绩突出，就被派到周边省市催款，继而到西北、东北。欠账的时间从负责三年以上到五年以上再到十年以上……欠款的年月越来越久，路途也越来越远。

为了查到当年的合同和经办人，白行经常在堆放档案的满是灰尘的破屋子里一待就是一天，一本本一页页翻看尘封多年的资料，别人找不到的他总能找到，不但查自己负责的，还帮着别人查，人送雅号“小神仙”。其实这里面并没有多少技巧，只是别人不愿意费这个劲就是了。

一年下来，白行催回欠款近千万元。能取得这样的工作成绩是厂里没想到的，厂里要求服务处写报告，总结先进经验在各分厂和业务处室加以推广。处长就对白行说：你是学文的，这个报告不用别人帮忙。一定要写好，把我们处的功劳写出来，写充分，要突出重点，突出重要岗位关键人物的重要作用。

白行想，既然是要推广经验，就应着重写催款技巧，写遇到什么样的问题应该怎样解决。于是把自己从事催款以来的工作经验、所采用的战略战术、解决难题的策略、所掌握的关键诀窍和心得，毫无保留地连篇累牍地写了十几页。

报告交给处长，处长高兴地说：“一看这个厚度就够分量。”说完就看报告，脸色却变得越来越难看。先是逐行看，后是逐段看，再后来是一页一页地翻。处长看完报告说：“你这个报告写得太差。不是一般差，是非常非常差。你别写了，我安排别人写吧。”

白行觉得报告写得挺好，对别人催款工作会有帮助，没想到处长会做出这种评价。心里不服，嘴上也没说什么。

负责改写总结的是一个刚调来的叫胡山的同志。胡山把白行写的总结作为参考资料，很快新的总结就写好了，领导看后很满意，说有了高度，让白行学着点。白行就要来总结拜读，发现新总结与自己所写总结的突出不同点是：凸显了领导的作用。新总结强调：清欠工作所取得的成绩是厂领导英明决策的结果，是服务处领导班子特别是处长亲自指挥、亲自抓、带头干的结果，是整个服务处风正、气顺、劲足，心往一处想、劲往一处使共同努力的结果……

按照厂里制定的激励政策一算，白行可以得到提成六十八万多元，一枝独秀，第二名应得提成三万元，其他同志应得提成最多的还不足一万元，多数能得提成几千元、几百元。陈年欠款催回，厂领导高兴之余却没想到要对一个人奖励这么多钱，认为不妥。领导们开会研究，先是说白行的六十八万不能他一人全得，其他同志也帮着做了工作。比如领导做了指导工作，财务给打印账单，就是档案室的同志起码在白行查资料的时候还要拿钥匙开门吧？都要有份儿。特别是厂领导亲切关怀，服务处领导及相关处室领导亲自督导协同配合，都很重要。等按比例把这六十八万做好分配方案以后，又出现问题了：其他催款的同志也按这个比例计算的话，几乎拿不到提成了，只是将白行应得的提成进行肢解分配又不合适。一个厂领导说：“能不能把白行的奖金分了，提拔他当科长补偿一下？再说也不叫补偿——既然这个人能催款，有能力，为什么不利用起来？”服务处处长赶紧说：“服务处只有一个科级职数，正准备任命刚调来的胡山同志任科长，已经谈话了。”有的领导知道胡山是某领导亲戚，就说提拔干部要综合评价，不能一个方面成绩突出就提拔。会议最后决定：因厂里资金困难，按政策提成发奖金的事先放一放。但一定要做好思想工作，不要影响到催款人员的工作积极性。要和大家讲清楚，放一放不是不发，是到时机成熟时再发。要防止白行等人闹事，党员同志这个时候要带好头，要明确表明态度。

服务处里，大家都等着发钱，纷纷要求白行拿到钱以后请客，服务处几十口子一个不落，吃济南市最好的饭店，喝最好的酒！六十八万元，对于一个月工资几百元的群体来说实在是个巨大的天文数字。等处长回到处里把厂里的决定一宣布，一片哗然。有的破口大骂，有的干脆拍了桌子。最后大家都看白行的态度，表示只要白行想怎么做，一起响应。白行却不在乎，放下正看着的书：“这些工作都是应该干的，上班不就是这样吗，总得干事情，不干这个干那个。奖金的事领导看着办。”大家看白行如是说，更是气愤，有骂他窝囊废的，有说他有野心想提拔的，最后大家一起怪罪说都是因为白行应得奖金太多，致使大家都没拿到钱。这以后大家的工作状态完全变了样，有的领了任务后直接回家睡觉去了，有的干脆连任务也不领，直接表态要不来，还有的干脆不来上班了，十天八天见不到人影。只有白行还是按照自己的步调，想方设法查资料，千方百计催欠款……

干工作的目的不同，实现的目标也自然不同。白行三次上东北一家矿山机械厂催要五十六万元欠款，历经百般周折，跑到厂长家里，甚至找到政府的有关领导。最后对方先给了二十六万，并答应另三十万一个月后还款。一个月后，白行与对方联系好可以去取支票了，处长让胡山与白行一起去。大家为白行抱不平，说联系好了该拿钱了叫胡山一起去，是给胡山挣功劳。白行却不在乎，说正好做个伴。

两个人乘上济南始发到东北的火车后，白行拿出酒精炉下面条两个人吃。胡山没想到白行还有这一手，觉得好笑。白行说，在外奔波，要做好过日子的准备。比如这次去东北，去程在火车上就要三天两夜，返程又要在火车上待两天三夜。

到了地方，白行和胡山在矿山机械厂附近的旅馆住下。胡山向服务员打听附近有什么景点可玩，想先转着玩玩。白行对胡山说明天一早就去找厂长，平时找不到人，拿到支票后还要抓紧回厂里交上，所以没时间玩。胡山说敢情你都玩过了。白行说我催款去了这么多城市，从来没去过景点。胡山不信，说你傻啊？不去景点玩，我们出来干什么？白行说重任在身，没心情玩。胡山说你是不是想被提拔啊？白行说和发不发奖金一样，提拔不提拔那是领导考虑的事，我只管干好工作。领导觉得该给你发奖金，自然就给你，领导觉得你适合干更重要的工作岗位，自然就提拔你。

不能出去玩，两人就在房间里喝酒聊天。

胡山酒后失控："白行我看你这个兄弟不错，今天就和你说个实话，无论你怎么干，都不会提拔你。你不想想，领导为什么提拔你？你总得给领导一个提拔你的理由吧？你以为自己工作能力强、业绩好就有机会，其实一点用都没有，领导不看这个。"

白行说："最起码任务完成了、效益好了领导也光荣吧？"

胡山说："民营企业老板要结果，国有企业领导要过程。干得好就当先进，但是不提拔。"

白行觉着聊不到一块儿，就说："累了，早点睡吧。"

胡山说："我再给你说个事：要完了这笔款就先别要了。"

白行问："为什么？还有几笔联系得差不多了，很有希望要回来。"

胡山说："你是光低头拉车不抬头看路啊，一点政治敏感性都没有。现在厂里要体制改革，机关处室要合并、裁员。要是你把欠款都催回来了，服务处就没事干了，就要被合并，服务处被合并了，咱处长还怎么当处长？明白了吗？这可是处长让我暗示你的。"

第二天，两人如期拿到了三十万欠款。

这次催款回到济南不久，胡山因清欠工作业绩突出，被提拔为科长。

正如胡山说的，处长不再安排清欠任务，白行主动请缨，也被处长以种种理由搁置起来。整个服务处的人只剩一件事：等着合并和裁员。

一天，白行对处长说成天在这里闲坐着，没有一点事可做，很多同志负责的欠款还没要回来，自己愿意和这些同志一起再去跑跑。处长也正觉着这几十口子人成天待在处里乱糟糟的没事干，影响也不好，就同意了白行的建议。待处长通知大家哪些有希望要回欠款就跑一趟时，大家都说没希望，等兑现了奖金再说吧。

结果是白行一人去了甘肃。

清欠工作确实不好干，但如果找对了切入点，方法得当，就能化难为易。

甘肃的一家国有企业，和鲁铁合同约定的是货到三日内付款。货到后拒付，理由只有一个：暂时没钱，造成欠款六十多万元。到后来有钱了，又因双方的账目对不上——鲁铁的应收款比这家企业的应付款多了两千多元。账对不上，没法清账，一拖就是三年。白行这次是有备而来，他到这家企业的物资供应处核对了收货单，又到财务处核对了账单，然后直接找到这家企业的领导。

白行向对方提出按对方账目还清欠款的建议。对方同意。没想到鲁铁不同意，说不能平白少收两千。白行说六十多万元，一年的利息就几万块，每年出差来清欠的费用也上万，何必计较这两千元呢？鲁铁说财务无法平账。白行建议双方签个还款协议，把双方商定的还款额及平账约定写清楚，双方领导签字批准或者鲁铁形成个会议纪要，财务可以据此平账。鲁铁说要不回来也是应收款，要回来反而账面上少两千，目的是什么？没必要折腾这个事。

白行只好又找到对方领导说明了汇报情况，并强调两家对不上账的原因就是鲁铁超发了半吨货。对方领导不相信造成账目不符的原因这么简单，白行就拿出鲁铁的出库单、对方的入库单、铁路大票及财务对账单。对方领导问为什么以前没人查清这个原因？白行说其实稍一用心就查清了。对方领导说多数人只想张嘴要，不爱费这个劲，反正人家不还钱也不是他的错。白行夸赞领导问题看得准，英明。领导把他们财务、物资的负责人叫来确认，两个负责人说这个鲁铁的同志已经和我们对账了，确实是因为超发了半吨货造成双方账目不符。白行就解释说大宗货物交易，特别是钢铁贸易，不是多点就是少点，都是据实结算。

领导就在财务对账单上签了“同意”。六十多万欠款就这么轻松拿回来了。

白行带着支票回到鲁铁，大家说白行你真是太牛了。白行说我对河南的欠款户研究了不是一天两天了，有不少很有希望要回来，有愿意去的吗？有几个平时和白行谈得来的同事说：白行想去，我们也一起去吧。于是有三个同事跟着白行去了河南。

在河南催款过程中，白行把时间安排得很紧凑，尽量多跑几家，在路线安排上也是反复考虑，减少路途占用时间，每到一个城市两人一组分头行动，晚上开会汇总情况研究对策。这样一来，同行的几个同事多天以后开始牢骚满腹，嫌白行干起工作来和拼命似的，又叨叨一些旅游景点没捞着逛逛，吃得不行喝得不行还累得要死……工作成绩越来越大，大家的怨气也越积越多。一天，一个同事实在忍不住冲白行嚷道：“你为了想当官玩命干，我们图什么？我哪里也不去了，回家！”

白行感到这是在侮辱自己的人格，就生气道：“你这不是胡说八道吗！谁想当官了？”

这个同事说：“告诉你，你想也是白想，前一阵子你要回的欠款上千万，还不是人家胡山当科长了？”

白行气愤地说：“你不愿意干可以回去，但是不能这样败坏我。”

另外两个同事赶紧劝架……

随后几人商量决定，有两个同事先回去，白行和另一个同事继续……

一次，在河南一家物资公司要到欠款后，白行乘胜追击，对这家物资公司的经理提议说你们资金充足，闲置着也是浪费，不如现在采购一批钢材，等市场价格反弹的时候卖出去，估计能大赚一笔。经理说我没有仓库，要是存放到别人的仓库里还要产生费用，再说谁知道什么时候价格反弹，钢材放久了一生锈就不好卖了。白行说您现在拿出资金采购鲁铁一批钢材，确定好品种、尺寸，按鲁铁现在的价格政策锁定钢材价格，双方据此签订合同，全额付款。但是鲁铁不给您生产，等您什么时候想要这批钢材了，鲁铁再给您组织生产和发货。这样既不占用双方仓库不存在仓储费用，也帮助您投资创收。经理赞成，说就是不知道买什么品种好。白行建议买共性强的产品，大路货，标准尺寸，什么时候都有人买的那种，比如螺纹钢。经理表示可以拿出两千多万买一万吨螺纹钢。一位副经理说我们这不是让你们鲁铁白用钱吗？白行说这是双赢的事，您别去想鲁铁得了什么好处，只想自己合算不合算就行了——您不是苦于没有仓库，担心钢材会生锈吗？鲁铁帮您解决了。白行电话打回鲁铁向服务处处长汇报。服务处处长说这是新模式，要和销售处处长商量，可能还要向厂长汇报。白行认为鲁铁肯定会同意，因为有客户买鲁铁钢材后要求鲁铁代存半年鲁铁都高高兴兴地答应了，白行提出的模式，鲁铁可以暂时不安排生产，省去了仓储成本费用。白行得到的答复是：同意按此操作。于是第二天白行就和这家经理带着款去了鲁铁。

白行回到鲁铁，没人表扬他，也没人批评他。但他自己挺高兴的——过得充实，这就行了。

一日白行正在厕所蹲坑，处长和胡山两人刚从厂里开会回来进了厕所小便。两人以为厕所里没人，胡山说："这个月白行要回三百多万，又卖了一万吨钢材，要说咱服务处这个月的工作还就指望这两件事拿奖金呢，发月度奖金的时候是不是多给他点？"

处长说："有成绩但是也有不足——没听先回来的那两个人说吗，白行我行我素，在外面和同事吵起来了，这不是给鲁铁丢人吗？"

胡山说："是是，这小子干工作还行，在做人上像个三岁孩子，用济南的话说叫不会来事。回来以后也没单独向您汇报汇报，按说这是最起码的事。"

处长说："差远了，考虑问题太简单，我看连三岁孩子都不如。"

一般每周日中午是白家团聚的时候。又到周日的午餐时刻，白行一家三口和梦儿一家三口已经到了，饭菜也都做好了，一大家子人说着话逗着孩子等着白芒。正等得不耐烦，就见大满一个人推门进来了。白行问："嫂子怎么有空来了，大哥呢？"大满说："在外面站着呢，让兄弟和妹妹出去搬葱去。俺说俺一个人就搬进来了，他非要妹妹和兄弟去。"梦儿问："大哥买的葱吗？这回怎么舍得出血了？买了多少啊，还让这么多人去搬？"大满说："不是买的，是单位上分葱，他负责这事，就拉回来几捆子。"梦儿惊奇地说："大哥负责分葱？他这么财迷还不把葱都分到自己家里去？哈哈哈，领导是怎么想的，让这么个人分葱。"大满说："人家现在当主任了，坐着车来的，就是想在家里人面前谝啦谝啦。这不让俺关上商亭跟着来了，你们快出去看看吧，俺还要回去卖东西。"一家人都好奇，连三娘三爸也要跟着出来看。

就见楼前停着一辆皮卡车，司机小伙子正往下搬葱，白芒站在车前四下张望着，一手叉着腰，另一只手高抬着，手里拿着烟卷，不时送到嘴边吸一口。梦儿高声说："哟！大哥当主任啦！祝贺祝贺！"

白芒趾高气扬地看看众人，然后对小伙子说："把你嫂子送回商亭去，过两个小时来接我。"小伙子答应说："好哩白主任。"然后扶住大满上车。白行说："嫂子来了就吃了饭走吧，着急回去干什么。"白芒说："她坐在商亭里还有点用，在这里啥用也没有。"梦儿说："那你让嫂子跑这一趟干什么呢，就是为了叫我们出来看你？值当的吗？"大满在车里和众人道别，三娘快步走上前来冲大满招着手说："下来下来，吃了饭走。"白行赶紧打开车门把大满接下来。白芒摇摇头冲小伙子摆摆手，小伙子就开着车走了。

一家人七手八脚把葱拿回家。白芒在屋里来回踱步，就是坐不下。

白行端详着白芒说："大哥胖了，哈哈哈，这才当官几天就先胖了。还是公家的饭养人呀。"

大满笑着说："他现在早晨不在家吃饭，饿着也不吃，中午晚上都是吃公家的。你还不知道你大哥的脾气，公家的饭还不猛吃！我也说他胖了。"

白芒得意扬扬地说："都是接待任务，没办法。"

梦儿说："说说吧，怎么当的官啊？"

一家人也都看着他，等着他慷慨陈词。白芒终于停下脚步指着地上的几捆葱说："什么是孝顺？这就是孝顺！啥叫当大哥的？这就是当大哥的！行儿和梦儿，待会儿走的时候一家拿着一捆子。"白行连口说："谢谢谢谢，沾光了沾光了。"梦儿说："我和弟弟每回回来都往老的这里拿老多东西，你得的也不少啊。你这头一回拿东西来，还不花钱，就别紧着扬说了。"白芒说："你懂啥？扬说的就是不花钱，花钱那还叫本事吗？不花钱才叫能耐。再说了，你光说你花钱往家买东西，我也没少花钱。"梦儿问："你花什么钱了？我没见过一次。"白芒说："花钱的方式不一样，你嫂子在这里吃饭，商亭关着门，这不是钱吗？都花钱了，方式不一样。"梦儿说："你的意思你媳妇在这里吃饭还应该感谢你？"白芒说："吃能吃多少？不一定能赶上在商亭卖货挣得多。"

三娘接话说："大满多吃，多吃不就行了。快说说当的啥大官儿啊？"

白芒说："办公室副主任。"

白行说："行啊大哥，刚拿到函授大专毕业证就当上副主任了，厉害。"

白芒说："全让你给我耽误了，要是早帮我拿下文凭来，我早就是副主任了。"

梦儿说："大哥你不能这样说，你那市场营销学你自己学过吗？人家弟弟费劲巴力地帮你拿下文凭来，你不感谢不说还埋怨人家吗？"

白芒说："一家人，感谢啥？有啥好感谢的？"

梦儿说："你这人就是这样，给你帮再大的忙，一句好话都换不回来。"

白芒说："这不给他捆子葱吗！"

梦儿说："一捆破葱，值几块钱？"

白芒说："不值钱你别拿！"

梦儿说："俺不稀罕，根本就没想要。"

白行一看苗头不对，赶紧说："吃饭吃饭，大哥当官了，多喝几杯祝贺祝贺。"

白芒对白行说："你也得考虑考虑前途，读了这么多书，有啥用？不能光傻干。”又说：“我让别人帮着算了算，我这个副主任，连工资带奖金，是我原来在班组收入的三倍！你说不当官能行吗？看到你嫂子穿的褂子了吗，刚买的。你再看看夏菁，几年没添新衣裳了？”

梦儿第一次没帮弟弟说话。

三娘说：“你大哥说得对。”

梦儿对白芒说：“你怎么当的官啊？教教弟弟呗。”

白芒说：“让文道教教吧，他不是早就提拔成分行副行长了吗。”

文道说：“弟弟志存高远，和我这俗人走的不是一条路。”

梦儿说：“副行长有什么意思呀，文道现在正琢磨着不想当这个副行长了呢。”

白芒惊奇地说：“不当行长当什么？还有比当官更好的事吗？是不是得便宜卖乖烧的？”

文道说：“现在只是在考虑，还没有想好。总归是要紧跟政策，符合政策，利用政策。”

一家人吃着饭，白芒悄悄给大满嘟囔了几句，然后几次拿眼示意大满，大满总是回避，最终白芒还是忍不住了，对大满说：“你不是有话说？”

大满说：“俺忘了咋说了，你自己说吧。”

白芒烦躁地几次欲言又止。三娘说：“有什么话就说呀，她不愿意说，你说。”

白芒说：“这葱在市场上卖三块五一捆，好点的得三块七。昨天我拉了几捆卖给邻居，按三块一捆，高兴得他们了不得……我今天拿来的这些葱，咱都是一家人，按两块八一捆就行了，谁让咱是一家人呢……”

梦儿没等白芒说完就打住他说：“你别在这里丢人了，俺不要，你拉走卖三块去吧！”

三爸紧锁眉头说：“我也不要。”

三娘说：“两块八不贵，省得出去买了，都留下。”

当晚，白芒在办公室的小仓库里把还没分出去的几十捆葱解开，精心挑选出够两捆的又粗又长的大葱，去掉腐叶，端来一盆水，挨个把葱根涮干净，又用干毛巾挨个把大葱擦干，重新用红绸带捆成两捆，每捆两道红绸带，葱叶那头也绑上红绸带，打上蝴蝶结，然后把葱绑到自行车上，骑上自行车直奔政府机关宿舍大院。到了一座小楼跟前，看看楼房里灯是亮着的，就支好自行车锁好，解下那两捆葱，抱着葱敲了敲这家领导的房门，房门一开，白芒恭恭敬敬地喊道：“杜书记，你在家呢？你这没黑没白地为老百姓做事，今天这么早到家老难呀。”

开门的是杜镇强，见是白芒，看看他怀里抱着的两捆葱说：“老白你怎么找到这里来了？你这是……弄什么呢？”

白芒说：“你这又不是保密单位，三打听两打听就打听到了。咱老家要是遇着丰年收麦子，就要捆上几捆子给上级大领导报喜，我这是来给你报喜呢。”

“哦？说说看，怎么回事？”杜镇强说。

白芒说：“你给俺机械厂打了招呼以后，厂里就提拔我当办公室副主任了。这是我当副主任以后干的第一个差事——管着分葱。吃水不忘打井人，以后我甭管干啥事，都不会忘了杜书记的大恩大德，我这不给杜书记送两捆子葱来报喜。”

杜镇强哼哼一笑：“哦，这么回事。老白你真行，还用红绸子捆着——两捆子葱，值当的吗。报喜，我还以为是有关梦儿的消息呢。”

白芒说：“可是值当的。杜书记，你给我的差事能管着分葱，我就给你挑好葱送来，今后甭管我能管啥事，我都不会忘了恩人杜书记，都要报杜书记的恩。”

杜镇强笑笑：“梦儿知道了吗？”

白芒说：“我稍微给她露了露，没说太详细。杜书记放心，我是他亲哥，你给我办这么大的事，梦儿一准感激你。”

杜镇强说：“感激是谈不上呀。老白你既然来找我，想必也是知道，梦儿是我初恋，我永远也忘不了她。所以你找到我让我帮帮忙，只要梦儿高兴，你这都是小事。”

白芒说：“梦儿是一准高兴。杜书记，你提拔我当办公室副主任这个官儿，在你这里是小事，对我来说是天大的事，我一定吃水不忘打井人，永远为杜书记效劳报恩。”

杜镇强有些轻蔑地笑笑：“一口一个当官，这觉悟还不够格，觉悟不提高，副主任也干不好。”

白芒说：“你就放心吧，我一定好好提高觉悟，不给杜书记丢人。我还盼着将来给你干大事呢。”

杜镇强有些不高兴：“老白你在外面可别胡说，什么报恩啊、不给杜书记丢人啊都不能说，也不能说认识我。你要是在外面胡说，我马上让你单位撤了你，直接把你弄回老家去。”

白芒说：“是是是，你放心就行了，只要是杜书记安排的事……”

杜镇强摆手止住白芒：“梦儿现在怎么样？那天你到我办公室，这么多人出出进进的，也没听仔细。”

白芒说：“梦儿上班，也不是啥好单位。”

杜镇强问：“他对象呢？干什么的？”

白芒说：“他对象也不行，下岗单位。”

杜镇强哦了一声，若有所思地说：“这都是命啊，梦儿当年要是跟了我，不至于像现在这个样。”

白芒说：“就是。杜书记，在我心里，你才是我亲妹夫。”

杜镇强说：“老白，这话可不能胡说。”

白芒说：“不说，我是心里这么想的，一准不能说出来。”

杜镇强说：“这些年，我一直没有忘了梦儿。特别是我爱人陪孩子到国外读书后的这几年，更是经常想起梦儿来。那天秘书说有个叫白芒的找我，说是梦儿的大哥，我就想，还能是上帝也知道我的心思了？哈哈哈……”

白芒说：“这不才提拔我到办公室当副主任，今天我就和梦儿说了。家里也是人多，我就稍微给她透露了透露。”

杜镇强说：“透露透露是什么意思？梦儿说什么了？”

白芒说：“我妹妹这脾气你还不知道吗，不能太着急了。杜书记你放心，这人心都是肉长的，她就是块冰，只要你用心尽力，也能把她焐热了。要我说，你俩当个朋友走着怎么不行呀，一准行。”

杜镇强点点头：“梦儿的弟弟，那个行儿，他现在怎么样？我记得梦儿特别喜欢她弟弟，行儿这里有需要我帮忙的事吗？你把行儿的单位和电话写下来，或者让他直接来找我也行。”

白芒说：“行儿不行，干电工，没文凭还不正干，你帮不上忙。”

杜镇强说：“那好，我这还有事，不和你多聊了，梦儿这里你要说清楚，老关系了，就是想走动走动，有需要我帮忙的，让她尽管开口。”

白芒赶紧说：“你放心就行了杜书记。那我就先走了。”

杜镇强点点头没有说话。

白芒说：“我一定尽心尽力为杜书记效劳报恩……”

杜镇强拍拍白芒的肩膀说：“先把该干的事干好。”

白芒频频点头说：“你就放心吧，我走了杜书记……”

白芒所在的办公室总共四个人。一个是办公室主任姓黑，快要退休了，头发稀疏，浑身胖乎乎的，见人就眯起笑脸，很和善的样子。一个女的三十多岁，叫沙毕慧，瘦骨伶仃，尖高的嗓音，说起话来大呼小叫，伴着夸张的笑声。再就是司机小江。

白芒到任几天后，黑主任说周末了，聚个餐，上黑子烧烤撸串，白主任请客。沙毕慧响应说白主任刚提拔，肯定他请客呀。白芒说又不是你们提拔的我，为什么请你们？黑主任不想把关系搞僵，就说AA制，欢迎白主任到办公室工作。白芒说你们欢迎我还让我拿钱？黑主任想了想说，我马上就退休了，干脆今天就我请客，等我办了退休手续，白主任就提成正主任了，到时候白主任请客。白芒说我不懂济南的风俗，你先请客我看看。黑主任同意。

黑子烧烤摆在一片露天空地上，十来张小木桌。老板是黑主任的儿子，外号黑子。

四个人下班后就来到黑子烧烤，沙毕慧说："每次聚餐都上这里来，真是肥水不流外人田呀。"黑主任的儿媳妇见公爹领着几个人过来了，就拿起别人退的一把肉串放在他们的小桌上。

小江悄悄对白芒说："黑主任他儿媳妇外号叫'木疙瘩'。"白芒并不知道黑子、木疙瘩两口子与白丰、白行的过节，没搭腔。

羊肉串上来以后，白芒只顾低头猛吃，并不多言。这也怨不得白芒没出息，济南的羊肉串确实好吃。

黑主任说："白主任，我请客你也不能这个吃法？像多少年没吃饱饭似的。"

白芒说："一人一个饭量，请客还不管够吗？"

沙毕慧说："肉串一上来你一把都抓过去了，俺吃啥？"

白芒说："这里就这一把肉串吗？你再让他烤啊！"

黑主任说："肉串就是个肴儿，主要是喝酒拉呱，彼此了解了解，你这一个劲地低着头吃，一句话不说，头都顾不得抬……你这个吃法，二百块钱也不够你吃的。"

白芒说："来是干啥的？光在这里坐着吗？还以为你多么大方，不管够早说啊。不来都行。"

黑主任赌气说："好。管够，敞开肚子吃吧……有你请客的时候。"

大家估计等黑主任退休的时候白芒才会提成正主任，没承想白芒刚提副主任一个月，任命他为正主任的文件就下来了。只有白芒清楚这是因为他到杜镇强那里对杜镇强说：梦儿说让我当正主任。厂领导特意到办公室来宣读文件，并解释说：本来想的是，你们这个办公室，一个黑主任，一个白主任，黑白分明，挺好。但是考虑到黑主任提前退下来，让白主任接手，有利于交接工作。黑主任退下来后待遇不变，上班时间可以自由点，要把白主任扶上马送一程。

领导离开后，黑主任说："没说的，白主任请客吧，说好了的。"

沙毕慧说："这次可真是白大主任了，光工资就七八百，奖金也高出一大块，请客也高兴啊！"

白芒想了想："我请客，吃啥我说了算。"

黑主任说："不能在家里，起码要和上次一样：吃肉串。"

白芒说："给你孩子捧场，还是上次那个地方。"

黑主任说："好，谢谢，上次你喝了不少扎啤，这回酒也要管够。"说完得意地冲沙毕慧和小江挤眼笑笑。

下班后，四个人又去了"黑子烧烤"。刚围着小桌子坐下，白芒从拎着的布兜子里拿出一瓶白酒放在小桌上。黑主任惊愕道："喝白酒吗？吃肉串喝扎啤这是固定搭配！哪有喝白酒的。"

沙毕慧说："俺没喝过白酒。"

白芒冲沙毕慧说："你啥酒都不该喝，俺村里的女人没有喝酒的，这是毛病。"

沙毕慧说："哎呀白大主任哎，啥年代了？这是济南，不是你村里……"

黑主任抬手止住沙毕慧，拿过白酒瓶子看："客随主便，白酒就白酒……这酒啥牌了？多少钱？我怎么没喝过？"

沙毕慧说："哎呀，一块四一瓶，俺妈脚丫子疼我就买这个给俺妈搓脚丫子。这酒能喝吗？"

白芒说："这是我花钱买的，你咧咧啥。"

黑主任把酒瓶子往沙毕慧跟前一蹾："买来了就咱说了算，拿回家给你妈搓脚去。今天的酒钱我负责，喝扎啤！"

木疙瘩过来问烤点啥。

黑主任说："肉串、心管、板筋、红腰都尽管上，烤三个白腰六个羊鞭，白腰烤得老一点，要不然臊气，再烤一把大虾、一把多春鱼，女同志爱吃。先烤这些，吃完了再点。"

木疙瘩推荐说："刚备的鱿鱼，烤上吧？"

黑主任说："烤上烤上。"

白芒问黑主任："今天你请客我请客？"

黑主任说："自然是你请了。"

白芒说："我请客我说了算，你这是干啥？"

黑主任说："好好好，你说你说。"

白芒对木疙瘩说："他刚才说的不算，都取消。先烤上八个烧饼，一人两个，吃完了再说。"

小江没忍住，哈哈笑了起来。

沙毕慧站起身说："走了走了，这是请的啥客？像吃不上饭的似的。"

白芒说："八个烧饼也是我拿钱，你咋呼啥？你拿过一分钱吗？"

沙毕慧转身就走，被黑主任叫住。黑主任对木疙瘩说："八个烧饼，烤上。"木疙瘩一撇嘴，烤去了。

黑主任问白芒："烧饼管够吧？"

白芒说："管。"

黑主任说："带钱了吗？拿出来看看。"

白芒底气十足地说："不带钱咋请客？咱不白吃人家的。"说完，松开裤腰带，露出裤头来。沙毕慧哎哟一声赶紧扭过头去，继而侧眼看白芒要干什么。就见白芒裤头正中间用花布缝着个小口袋，袋口用别针别着。白芒低下头看着把别针取下，从小口袋里拿出两张十块的钱，拿出一张放在桌子上，另一张又放回小口袋，往下按按，别上别针。

三个人相互看看，都笑了起来。黑主任说："二十块钱还往裤头里藏啊？都拿出来也不够啊。"

沙毕慧说："要是个一百的还不得别在肉上啊！也不怕扎着，哈哈哈……"

黑主任手指着桌上的十块钱说："这张钱潮乎乎的，让尿泡过。"

沙毕慧说："这么恶心，买的东西还有法吃啊？不走还在这里干啥？"

黑主任说："烧饼也得吃。"

小江不知道黑主任什么意思，好奇地问："主任你这是……饿了？"

沙毕慧说："赶紧走吧，自己买不起个烧饼吃？"

黑主任也不搭话，只等烧饼上来。一会儿八个烧饼端上来，热乎乎的。黑主任不等白芒招呼，拿起一个烧饼就咬，边咬边吐："怎么这么牙碜啊。"接着又拿起第二个，又是边咬边吐："烧饼肯定不够，再烤去。"

白芒看黑主任这样，火一下子就上来了，噌地站起说：“你娘的，你这是坑人！”说完抓起桌上的十块钱和白酒瓶子转身大步走了。

白芒走后，黑主任说：“这个狗小子走了，咱重新点，我请客。”说着招呼木疙瘩过来告诉她要烤的种类。

待木疙瘩离开，沙毕慧问：“你儿媳妇成天在这摊上，没工作吗？农村的？”

黑主任说：“单位关门，下岗了。”

第二天全机械厂的人都知道白芒请客吃烧饼和二十元钱藏在裤裆里的事了——沙毕慧说的。

第二十五章

大环境不好，鲁铁亏损严重，职工工资也不能按时发了。这样一来服务处的人更不去上班了，都在等着鲁铁机构改革、机关处室合并和员工分流。白行这天去服务部打听什么时候能发工资，一个小伙子在等着他。小伙子自我介绍是麒麟集团的员工，在这里等了他好几天了，然后从提包里拿出一个传呼机递给白行，说是花麒麟董事长给的。白行说我不要，我要这个没用。小伙子说花董事长几次联系你联系不上，电话打到服务处基本没人接电话，偶尔接通电话也找不到你。所以让你拿着这个传呼机，方便联系你。白行开玩笑说："我在公交车上经常看见腰上挎着传呼机的都是把褂子撩到一边叉着腰，好像没人看见就白买了。不过我不喜欢这个，也没什么用。你给花董事长说，她关心的事我定期向她通报就是了。"白行说着把传呼机还给小伙子。小伙子说："您快别为难我了。您不要，我无法交差。"白行只好收下。

这个传呼机给别人找白行带来了方便，也给他带来了麻烦。夏菁问他哪儿来的传呼机，白行说单位给配的。夏菁将信将疑，说你又不是当官的，给你配这个干什么。白行说工作需要，为了联系业务。

一天，白行正在华山华阳宫的老柏树下看书，父母家的座机给他的传呼机打了一个电话，白行赶紧下山到村头找个公用电话给家里打过去。电话那头，三娘说："你雨菲姐姐来了，说是来找你二哥，又说找你也行。你快回来吧。"白行就赶紧回去了。

一进父母家门，白行就开玩笑说："雨菲姐姐在哪儿呢？我看看老成啥样了。"

雨菲就从屋里迎出来，依然是干净整洁，俊俏别致。雨菲专注地看着白行说：“行儿，你这么有味道了。挺好的吧？”

白行笑笑：“雨菲姐姐突然来访，是有什么大事吗？”

雨菲说：“我本来是想找你二哥的……”

三娘接过话对白行说：“我让你雨菲姐姐等你来了你给她说说你二哥的事。”又对雨菲说：“就让行儿跟你说吧。”收完就起身做活去了。

白行直截了当地说：“我二哥离开家十来年了，谁也不知道他在哪儿，甚至不知道他是在国内还是在国外，更无从知道他在干什么。”白行把具体情况和雨菲说了说。雨菲听完了不说话。白行说有什么事你就说。

雨菲沉吟半晌，欲言又止。

白行说：“雨菲姐姐在我心里和亲人一样。只要你今天来找我哥哥不是想来和他结婚的，别的事，我哥哥能办的，估计我也能给你帮上忙。有什么事你尽管说。”

雨菲终于说出了她此行早晚会说出的话：“我现在做保险……”

雨菲说自己下岗了找不到工作就开始卖保险，为完成任务亲戚朋友全利用上了，动用全部储蓄给自己也买了很多份，现在还差九份就能完成计划升级，否则前面的努力都白费，就太亏了。实在是想不起还能找谁，才到这里来的。

白行说：“我劝你还是干点别的吧——你看把你逼得连我二哥都想起来了，等你把熟人都用完了，后面怎么办？”

雨菲说这九份必须要完成，以后不行就不做了。白行问了问价格，说自己只能买两份，多了承担不起。雨菲表示感激后问：“你不是还有两个同学以前成天跟着你玩，他们买不买？”

看着雨菲期盼的眼神，白行说：“章向东是不可能买，问问古立春吧。”说完拿起电话拨通了古立春的手机。

电话接通后古立春一听是白行，就问：“什么好事想起我来了？”

白行问：“你买保险吗？有个亲戚卖保险，差几份就完成任务了，你给帮帮忙。”

古立春说：“不买。没别的事就挂了。”

白行赶紧说：“别挂。你还记得雨菲吗？雨菲姐姐？”

古立春问：“是丰哥以前的那个女朋友吗？”

白行说：“是。”

古立春说：“这能忘了吗，女神啊那是。是她卖保险吗？”

听古立春说雨菲是女神，白行心里犹豫了——他知道古立春的品性。正要搪塞两句挂断电话，没想到雨菲在一旁冲着话筒说：“你好，古立春，我是雨菲。”

古立春热情地答应着：“你好你好，姐，你卖保险？过来找我就行，我告诉你地方。”两个人很快约好了时间地点，古立春就把电话扣了。雨菲高兴地说：“谢谢你行儿，我现在就去找他。”白行忍了又忍，最终还是提醒雨菲说：“我这个同学，从小就花心，我现在有点后悔把你介绍给他。”雨菲说：“他花心他的，我是做业务，我不可能为了做业务把自己搭进去。”白行说：“我听着你们约的见面的地方是他工作单位，应该没什么事。总归雨菲姐姐要提高警惕。”雨菲答应着：“放心吧行儿，你的传呼机号我记下了，这家里的电话我也记下了，有事我就和你联系。”雨菲跟三娘告别后匆匆走了。雨菲走后，白行再次拨通了古立春的电话：“你要有点数，这是我二哥的女朋友。”古立春说：“你别乱了，丰哥都跑没影了还想霸占人家一辈子？”白行说：“你这不正经的毛病这辈子还能改吧？我这就把雨菲姐姐叫回来，不能让她上你那儿去。”古立春说：“你要不放心就拉倒，是你让我给她帮忙，我正好不想帮呢。”听古立春这么说，白行有点放心了：“那就麻烦你帮帮她吧，她还有卖掉九份保险的任务，我已经答应她买两份，你帮忙动员动员同事把那七份买了吧。”古立春说：“放心吧。”说完就挂断了电话。

古立春扣了白行的电话，洗了把脸，梳梳头，换上了一身高档的商务装，扎上领带，又把写字台上和沙发上大致规整了一下。他的办公室每天有专人打扫，本来就很干净整洁。估摸着雨菲快到了，他拿起电话告诉传达室：有人找他就说不在。

雨菲到了古立春单位门口，说找古立春。传达室的人说古处长不在。雨菲说我和他约好的。传达室的人说那就不知道了，反正不在。雨菲说我是古立春的朋友，我用用你们的电话行吗？传达室的人说可以，外线先拨零。雨菲拨通三娘家的电话，白行还在那里，雨菲就说到了古立春单位门口了，不让进，说古立春不在。白行让她在那里等着，然后给古立春打电话说雨菲姐姐到了。古立春放下白行的电话，看了下表，一刻钟以后，给传达室打电话问是不是有个女同志找他，让她进来吧。传达室的人说古处长回来了，你可以进去了，在三楼副处长室。

雨菲来到三楼，对着楼梯的房间里走出来一个女同志问找谁。雨菲说古立春，约好了。女的指指说在副处长室。雨菲来到副处长室敲敲门，没有回应，又敲敲，依然没有动静，又敲了几下，然后把门轻轻开开，对坐在写字台后面高背椅上的古立春说："您好，请问您是古处长吗？"

古立春放下报纸抬起头仔细观察打量着雨菲的面庞和身材，显然完全符合他的要求，他好像恍然知道站在他面前的人是雨菲一样，一下站起身快步走过来说："雨菲姐姐是吧？快坐快坐，哎呀，还是那么俊美呀。"

雨菲刚在沙发上坐下，有人轻轻敲了下门并把门推开，是刚在楼梯口见到的女同志进来在茶几上拿起茶叶和盖杯给雨菲冲了一杯茶，双手轻轻把盖杯放在雨菲面前说："您请喝茶。"然后快步走出去把门带上。

雨菲满脑子都是白行的提醒，她正襟危坐，保持着警惕。面对着这个几经周折才见到的古处长，原来存在脑海里的古立春是小兄弟的认知已经荡然无存。

古立春回到写字台后面坐下说："还差九份保险？"

雨菲说："还差七份——行儿答应了买两份。"

古立春说："你知道行儿买你这两份保险有多难吗？他现在是吃了上顿没下顿，老婆孩子都养不起，如果是我，我是不好意思让他买。"见雨菲面露窘色，古立春接着说："就算行儿买了两份，我也捧场买两份，还差五份呢，有办法解决吗？"

雨菲说："很难很难。"

古立春说："没让你对象想想办法？"

雨菲叹气说："他要有本事还用得着我到处求爷爷告奶奶的？他也下岗了，想学开车后租个黄面的跑出租。"

古立春说："学开车也得三千多块，又是查体又是场地、上路的，有的学好几次都没拿到驾照，钱也白花了。"

雨菲说："就是，太贵了，要不然早就学了，等我卖完了这些保险拿到提成，他学车的钱就凑够了。你这一说学了也拿不到驾照还真有可能，他挺笨的，真不一定能考过。那不白搭上好几千？"

古立春说："愿意让我帮帮你吗？"

雨菲看一眼古立春又赶紧把眼光移开，她不敢直视古立春那已经喷射着欲火的眼睛。但她还是说："这不来找你吗——是行儿建议我来的。"

古立春抛出一个试探性手雷："我提个建议，咱俩互相帮助一下：我帮着你办成你的事，你帮忙抚慰一下我寂寞孤独的心灵。"

雨菲说："古处长，我只会卖保险，你要是不买我就先走了，你也挺忙的。"

雨菲的回答让古立春有点失望，但他还有手段。古立春说："雨菲姐姐大义凛然啊，我这里又不是日本鬼子的宪兵队，你这么严肃干什么。”

雨菲说：“我确实……有点紧张，我先走了。”说着就起身要离开。

古立春哈哈一笑，抛出一个震撼弹：“有什么好紧张的，我不就是你的小兄弟嘛！你这七份……九份，你这九份保险我都买了。”

雨菲快速看一下古立春的色眼：“那你……让我干什么？我除了做业务，别的什么也不可能做。”

古立春说：“你别误会，我还能让你做什么？你坐下，坐坐坐，听听我这个忙你能帮吗，不能帮也没关系，你这九份保险我照买不误。”

雨菲复又坐下，微低着头，眼睛看着面前的水杯，像是在听训话。

古立春说：“我现在调到这边工作，离家挺远，为了上班方便就在这边租了套房子，工作忙起来就住在这边了，也不经常住，一个月就那么几次。雨菲姐姐卖保险工作时间自由，我住在这边的时候你就过来给我收拾收拾房间做做饭行不行？就是做家政，不白干，按钟点工计费、按月付费都行。”

雨菲说：“这么多家政公司，让他们给找一个不就行了？”

古立春说：“第一，把钥匙给他们我不放心。第二，他们还经常换人，这次来这个人下次可能人就换了，挺乱。第三，我这边时间也不固定，家政公司也不好安排，不太愿意接这个活。雨菲姐姐就帮帮小弟这个忙呗？”

雨菲心里犹豫着，毕竟古立春答应九份保险都买下了，这是出乎她意料的大惊喜，这样的话自己的工作目标就实现了，不用再挖空心思去想还能找谁了。可是她害怕古立春那双眼睛，她担心事情没有这么简单。雨菲说：“我不爱干家政，以前也有给我介绍的，我都拒绝了。我在家里就不爱干家务，都是我对象干。”

古立春说：“我们是老熟人我才给你提这个事，这也是正经工作，你问问家政公司的工资水平，我按满勤给你发工资还不行吗？”

雨菲说：“每个月就去几次，按满勤发工资也不合适。”

古立春说：“这没关系，你到时候找个家政公司给开个发票，我这边能报销。”

雨菲说：“当领导就是好。”

古立春说：“这都是工作需要，我在这边租房子还不是为了工作？”

见雨菲还在犹豫，古立春说：“要不然你先过去看看，熟悉一下环境看看能不能做，要是行呢，你就准备好合同，然后在那里做好饭等着，我今天正好要住在这边，下班后过去就把合同签了，九份没问题。”古立春说着就拿张纸在上面写上地址和自己的手机号码，连同一把钥匙一起拿着走过来放到雨菲面前的茶几上。

雨菲说：“要不我先过去看看。”说着就拿起这几样东西要离开。

古立春说：“多做几个菜，钱在那边的抽屉里。”

雨菲问：“不是就你一个人吃吗？”

古立春说：“你在那里忙活不累吗，一块儿吃个饭还不是应该的嘛。”

雨菲又警惕起来：“我说真的，我就是干，也只能是做饭做家务什么的，洗衣服也行，就是……家务活都行，别的事肯定不行。”

古立春笑笑：“不就是这些事吗，还有什么事？”

雨菲说：“那我先去看看。”说完把字条和钥匙装进包里离开了。

古立春下班后来到他租住的房子，进门一看，雨菲在餐桌旁正襟危坐，桌上摆着她用心做的三菜一汤和一摞保单。古立春说：“真香，看来姐姐的厨艺一流呀。”

雨菲站起身拎着自己的包说：“古处长，也不知道你是几个人买这九份保单，我就带了九份，也可以一个人用一份保单买多份保险。你要是今天能都签字了我就带着走，要是先看看，我就等你签好字再过来拿也行，你要是不放心，抽时间到我们公司去签字也行。”雨菲一股脑把自己准备好的说辞说完，等着古立春答复。

古立春问：“你拎着包干什么，要走吗？”

雨菲说：“你要是现在签字，我就等会儿。”

古立春说：“坐下一起吃点，我这里什么酒都有。”

雨菲说：“我回家吃。”

古立春在酒柜里拿出一瓶红酒和一个高脚杯，给自己倒上一点红酒，端起杯子晃一晃闻一闻，又品了一小口：“你不吃我也不强求，你总得给我讲讲吧？你不讲清楚我怎么买？卖保险的不都是不住嘴地说吗——连蒙带骗的。”

雨菲赶紧说：“行，我给你讲讲这个险种……”雨菲开始认真介绍她推介的险种，但她看得出古立春只顾喝酒吃菜并不怎么听。最后雨菲说：“基本就是这些内容，你看你哪里不清楚我再给你讲讲。”

古立春说：“你做菜的手艺还真行，我喜欢这个口味。你不是不干家务吗？”

雨菲勉强笑笑：“你看保险的条款你还有不清楚的吗？”

古立春说：“卖保险这个事我知道，有的需要往人家家跑十趟人家才同意买，有的跑二十趟人家才买，还有的跑到最后人家也没买。我表个态，我肯定买，但是不知道姐姐打算跑多少趟以后让我买呢？”

雨菲又笑笑：“当然是跑一趟就成功最好了。”

古立春说：“姐姐，我说实在话，你刚才说的这些我没怎么听，我只想听你说话，不在乎说的内容，因为我不需要买保险，我同意买，就是纯粹想给你帮忙。我为什么想帮你？因为我从二十来年前就把你当作我心中的女神，那时候我才十来岁，我就记住你了，没想到今生还有机会见到你。所以，为了你我愿意尽全力。不瞒你说，这九份保险就我一个人买，我全包了。以后你再卖，我还买。”

古立春只说二十多年前就喜欢自己，并没说现在怎么样，这让雨菲依然有理由装糊涂，继续把保险卖给古立春。雨菲说：“这么多年了，那时候你们还都是小孩，我都忘了你是什么样了。”

古立春观察了雨菲一会儿，起身又拿来一个高脚杯，倒上一点红酒放在雨菲面前：“摆着好看，你喝不喝都行。”

雨菲说：“古处长给帮这么大忙，要不然我陪你喝点，喝一点我就走。”

古立春拿起自己的酒杯说：“我敬姐姐，为了姐姐还是这么俊美，也为了我这二十多年的痴心不改。”雨菲听古立春说“痴心不改”就又把端起的酒杯放下了，古立春凑上去碰了一下：“干。”古立春抿了一小口，雨菲没喝。

古立春拖过座椅坐在雨菲身边：“姐姐，我爱你。”

雨菲身子往后斜着：“不可能……绝对不行。”

古立春拿过那一摞保单又拿起笔，就要在上面签字，雨菲怕他签错了地方，赶紧说：“不是签那里，我告诉你签哪儿……”雨菲说着，身子也凑了过来。

古立春按照雨菲的指点，在合同书上这里那里地签着字，几份过后，他突然一下抱住雨菲，去亲雨菲的脸颊，雨菲极力阻挡着：“不行不行……古处长……古立春……别……再这样我喊人了！”

见目的无法实现，古立春一下松开紧抱着雨菲的双臂，起身去自己的公文包里拿出一份表格递给雨菲：“姐姐，我是真心爱你，二十多年了一直念着你，你看看这个，看看我是不是真心的。”

雨菲一看，古立春递过来的是《机动车驾驶员培训学员登记表》。

古立春说：“姐姐回家让大哥把这个表填填，就是走个手续，别的什么也不用姐姐管，一分钱也不用姐姐拿，一个月以内我把大哥的驾照给办下来。姐姐你说我是不是真心爱你？”

雨菲说：“我对象还说有卖驾照的，交上钱人家就给办个外地的，然后再过户到济南来，还真不用考试就能办？需要多少钱，我给你钱。”

古立春再次抱住雨菲，一边要去亲雨菲的嘴一边嘟囔：“我不要钱……姐姐我是真爱你……我什么事都愿意为姐姐办……”雨菲用力挣脱着，紧抿着嘴，头不停地扭来扭去……

古立春猛然抱起雨菲往卧室走，雨菲焦急地说：“古立春，快把我放下……古立春……”古立春抱住雨菲来到床前，嘴里不停地嘟囔着：“我爱你，我一直爱着你，姐姐……”他一下把雨菲丢在床上接着扑在了雨菲身上……九份保单和学员登记表让雨菲的反抗不够决绝，她刚刚整理好的床单变得褶皱……

当晚。雨菲是匆匆离开的，两个人连句道别的话也没说。

第二天早晨雨菲给古立春打电话，让他把保单带到单位去，说自己到古立春单位去拿。古立春让她晚上去他的住处去取，雨菲不同意。古立春说工作单位是办公的地方，不办私事……两个人几次电话交涉未果，古立春干脆不接雨菲的电话了。雨菲到古立春单位去找他，传达室说古处长不在。问什么时候回来，传达室说没有古处长的许可，什么时候都是不在。雨菲实在不想再到古立春的住处去，于是就给白行打传呼，白行找个电话给雨菲打过去，雨菲说古立春答应买保险了就是找不到人了——她只能这么说。白行就打电话给古立春问是怎么回事？古立春说我合同都签好了告诉她地方让她去拿她不去。白行说你别胡闹，你的心思我清楚，答应的事赶紧办。古立春说让她明天来办公室吧。第二天雨菲如约到了古立春办公室，古立春表情冷漠地指指桌上的一摞保单和一个信封说：“姐姐无情我不能无义，买四份吧，行儿两份我两份，钱在信封里。其余的你自己想办法吧。”办驾照的事古立春没提。

雨菲没想到古立春弄这一套：“你不是说九份你都买吗？”

古立春说：“让你去拿你不去，我有什么办法？”

雨菲说：“我不可能再到你那里去。”

古立春说：“那我就只买四份。”

雨菲怒视着古立春。

古立春尴尬地笑笑：“看着我干什么，你喝水吧？给你倒杯水喝？”

雨菲愤恨地问古立春：“既然你不爱我，为什么要对我那个样？”

古立春笑笑：“你真纯，不像这个年龄说出来的话。我是爱你，是你不让我继续爱。”

雨菲把压着保单的信封往一边一撩，拿起那九份保单一下下撕烂丢在地上转身走了。

古立春看着雨菲摔门而去，感叹道：“不愧是丰哥的女人。”

雨菲走后不久，白行给古立春打来电话问办好了吗？古立春说：“她又不想卖了，不卖拉倒，我也不能逼着她卖吧？”

白行基本就明白怎么回事了：“你是不是又想搞那些不正经的事，人家没答应你？”

古立春说：“别胡说了，绝对不可能，不信你问问她。”

白行就又给雨菲打电话，通了电话后白行问：“怎么又不办了呢？出了什么意外的事吗？”

雨菲说：“没事，就是不想卖给他了，挺烦他的。”

白行说：“我知道了，我还是买两份吧，其余的你再想办法。”

雨菲说：“算了吧，你也挺难的。”

白行说：“没事，钱我都准备好了。你们公司在什么地方？你说个时间，我把钱送过去。”

雨菲说：“行。谢谢你了行儿。”

一开始的时候按照与花麒麟的约定，白行会每个月给花麒麟打个电话通报一下白德的情况，因为白德在部队服役，白行也没多少可说的，就说一切照旧，然后就听花麒麟叨叨一些想孩子的感受。白德要在部队申请转为志愿兵的时候，花麒麟听白行说了后表示不同意，但苦于没有直接向白德表达想法的机会，白德如愿转成了志愿兵。自从花麒麟给白行配了传呼机以后，花麒麟往往等不到半个月就给白行打传呼让他回话。在花麒麟心里，白行是白德的小叔，是她唯一能够说上话的他儿子的亲人。

星期天早晨，白行正要出门到华山老柏树下去看书，夏菁冷着脸叫住他说：“你先别走，我问问你，你传呼机上成天和你联系的都是什么人？”

白行说：“没有人成天和我联系。”

夏菁拿出一张纸，上面写着一个电话号码，夏菁说：“我就问问你，这个电话号码是谁？”

白行接过来一看，是花麒麟的手机号。

白行问：“给我打传呼的号码也有几十个了，你挨个都去调查了？这是筛选出来的是不是？”

夏菁说：“我不这么闲得慌，打个一次两次的电话很正常，不需要了解，这个电话经常联系你，就不正常，她是干什么的？你们多长时间了？你要是不说，我就上你家里去，让你妈给她打电话亲自问！”

白行说：“她是我二哥以前的女朋友，你应该也听说过，叫花麒麟。”

夏菁问：“你二哥的女朋友找你干什么？”

白行说：“没事，就是随便聊聊。”

夏菁说：“你胡说！随便聊聊？谁信啊，你糊弄傻子呢？要不然上你家去说给你家老的听听，看看他们相信不。”

白行紧锁着眉头不知道该怎样向夏菁解释，即便他现在告诉夏菁白德是二哥和花麒麟的孩子，夏菁也不会相信，夏菁会认为白行是胡编的，而且她还会去证实，那就全乱了。白行说：“我只能告诉你，花麒麟确实经常联系我，主要是她关心一件事，我和她经常聊的就是这件事。但是这件事与你无关，我也不能告诉你是什么事。”

夏菁自嘲似的哈哈一笑：“什么事要瞒着自己对象三天两头和别的女的商量？你和谁是两口子？是不是商量着和我离婚和她结婚？离！不用商量了，马上离！”

白行说：“这件事，可能再过些年就能告诉你了，但是现在确实不行。现在告诉你你也不信，只要告诉你，我家里就全乱了。”

夏菁问：“过些年？过几年？你说！”

白行说：“现在我也不知道，要看情况再说。”

夏菁说：“看什么情况？看看能不能给你生儿子吗？你别拿这些人当傻子，离婚！”

白行说：“我说过多少次了，不要把离婚挂在嘴边上，不要以为我害怕。”

夏菁真正做好了与白行彻底决裂的打算：“没吓唬你，离婚！早就和你过够了！吃我的喝我的住我的还干这么不要脸的事，滚！别在我家里！”

白行没想到夏菁说出这么绝情的话：“我一直认为你说离婚都是说气话，看来这次是真的？”

夏菁说：“谁和你说气话？我不这么闲得慌！离婚！滚！别在我家里！”

白行说：“那好，明天早晨我回家里拿户口本，然后一起去办手续。咱俩结婚登记没惊动双方老人，我希望办离婚手续也不要惊动他们。”

夏菁说："谁惊动谁是狗！我的户口本就在这里，结婚证也在这里，你的户口一直在你自己家里，你现在就回家拿户口，今天就离！"

白行说："今天星期天不知道上班不上班，明天去。"说完就往外走。

夏菁在后面说："别回来了，俺家里没你的地方，明天早晨在宿舍大门口等着一起去办离婚手续！"

正在写作业的思荫见爸爸妈妈又在吵吵离婚的事，就收拾书包要出去。夏菁喊住她说："回来！又想告状去？不能出门！"

白行来到华阳宫的老柏树下躺着，拿出书来也无心看，想做个梦也睡不着……就这样烦躁地待了几个小时，看看表已经是中午了，摸摸口袋里还有几块钱，就下山到了父母宿舍门口买了两样小菜到父母家吃饭去了。

白行一进门，三娘问："就你一个人来的？夏菁和思荫呢？"

白行说："去她妈家了。"

三爸拿出酒来说："现在他们也都不回来了，咱俩喝点吧。"

白行接过酒瓶子给三爸和自己倒着酒说："他们都忙，大哥当主任忙，文道哥现在是制药厂厂长，更忙。现在就我闲着没事。"

三爸对文道托人把自己从行长岗位调动到药厂当厂长表示不解。白行说可能是为了改制，如果能按预想的运作成功，药厂就是自己家的了。

三娘说："你大哥现在当主任，日子比以前好得多多了，你姐姐家过得更好，你二哥现在不知道在哪里发财，估计也孬不了。他们都不如你文化高，你什么时候能过好啊？"

白行端起酒杯一饮而尽，没有说话。

三娘说："幸亏夏菁还能按时发工资，要不然你家饭都吃不上。大人怎么也能对付，思荫正长身体，饿着可不行呀。"

三娘一提夏菁，白行想起离婚的事，就说："把户口本拿出来我带着，单位里要统计一下。"

三娘从抽屉里拿出户口本装进白行的提包里："你大哥也没文化还是从农村刚来，这才几年就当主任了。你也好好想想怎样能把日子过好了，别让老婆孩子跟着你受罪。"

白行也不搭话，只是慢悠悠地喝酒。

三爸和三娘吃完饭就离开桌子忙自己的事去了，白行一个人在桌前消磨着时间。这时，章向东来找白行。白行说坐下喝点吧。章向东也不客气，自己到厨房拿双筷子又拿了个杯子，自己倒上酒，说出了来意——章向东和他内弟合伙开的商行准备关门了，章向东来找白行给查查原因、找找出路。

章向东与他内弟刚开始合伙做生意时，章向东说可以从南部山区往济南贩农产品赚钱，他内弟说太俗太辛苦，农产品都知道价格，赚不到钱，还是开咖啡屋有品位上档次。两个人商量不妥，就找白行帮着出主意。白行说做生意就怕不开张，只要天天开张，做什么都赚钱——拉锯就掉末。章向东兄弟俩问，那什么能保证天天开张呢？白行说，日常离不了的。兄弟俩觉得有道理，就决定开一个百货商行。买卖干了几个月，不但不赚钱还赔钱。章向东说辞退雇的几个人，还能省点，他内弟强调钱可以少挣，做老板的架子不能丢，雇的人不能辞，两个人协商不到一块儿，又想不出赚钱的新办法，干脆就关门大吉吧。兄弟俩商定钱平分、货物平分后自己处理自己的——无非就是降价再降价赔钱大甩卖。章向东心里烦躁，又无计可施，于是就来找白行想办法了。

白行与章向东边喝酒边聊。白行说：商品价格要根据是否紧俏和顾客购买愿望分别加价销售，都知道价格的比如香烟、食盐、打火机等要少加价甚至不加价，什么价进来的什么价出，让顾客感到你这个店确实价格低，大家不了解价格的商品就可以多加价，再把少赚的利润找回来。而且要多种经营，只要是挣钱的，什么都可以干，要立足于方便顾客、搞好服务。白行说：你俩的问题还出在不知道目标市场在哪里，你们该为什么人提供服务。你俩进的商品都是你俩喜欢的，没考虑这些商品的创利效能如何，比如卖一盒烟，就挣几分钱，成条卖，按批发价，挣两毛钱，而那些能挣钱的商品你俩又不了解，也没打算去了解。白行说：特别重要的是你那个店的位置不行，以前开店选址的时候我就建议你俩选路口那个门脸，你俩嫌房租贵。一寸买卖一寸金银，位置相当重要，其实买卖好了，房租不是事。白行说：现在已经赔钱了，又积压了一大堆不好卖的货物，要想处理还要再赔一大块，你俩的买卖确实是失败了。

章向东说：“咱俩干怎么样？我听你的，你说怎么干就怎么干。现在积压的这些货物，我都拉回家，咱重新进新货。”

白行说：“说什么呢？我会因为这个来考虑干不干吗？我是不想干这个，而且还要上班。”

章向东说：“咱俩干，我愿意和你在一起干。咱就一起干吧，反正我也没有发财的本事，以前干汽车配件店也是赔钱了，再不干这个商行也就是去找点临时工干，我不敢再自己做买卖了。”

白行有点犹豫了：“我不喜欢弄这些事。”

章向东说：“知道你是研究生，又不让你站柜台。知道你不稀罕钱，你不稀罕，老婆孩子稀罕，挣了钱老婆孩子都高兴。”

章向东这样一说，白行又想起夏菁要和自己离婚的事，要是干上这个生意，真离了婚自己被赶出家门，还能有个安身之处，于是说：“行，我现在上班也是三天打鱼两天晒网的，那就一起干吧。”

章向东见白行同意一起干，高兴地一下站起来，端起酒杯说：“太好了太好了！来，哥！老板！我连敬你三杯！”

白行问：“我以前看好的那个门头房租出去了吗？”

章向东说：“没有。房租太贵了，没人敢租，挣点钱都交房租了。”

白行说：“走，咱现在就去看看，把路口那个门头房租下来。”

章向东说：“行，我听你的。”

店面很顺利地租下来，白行正好没处睡觉，当晚就住在了店里。

第二天早晨，白行在宿舍门口没看见夏菁，就回家看看。门掩着，推门进去，屋里夏菁和她妈正在争吵，脸色都不好看。夏妈一见白行就问：“你到哪里去了？昨天晚上我来叫夏菁和思荫过去吃饭，思荫告诉我说你们两个又打架了。不要打架，更不要离婚，想都不要想。”

白行说：“是她要和我离婚。”

夏妈说：“她要离就离呀？你不会不同意呀？”

这时三娘推门进来了，看看几个人的神态：“思荫早晨上学的时候到家里说他爸爸又和她妈打仗了，看样子还真是这样啊。”三娘从一边拿起笤帚打着白行骂道：“几辈子烧高香才有了夏菁这么好的媳妇，你怎么这么烧包啊？一直拿你当个好孩子，是俺瞎眼了！”夏妈阻拦着：“不要打，说他两句好了。”三娘继续打着白行骂：“白上了这些年的学，人事不懂一点，今天我就狠打你给夏菁出气！”白行任由三娘打骂，不躲闪也不说话。三娘看白行没个态度，停下手中的笤帚冲白行喊：“快给夏菁说好的，道歉！夏菁不原谅你我还打你！”夏菁沉着脸说：“用不着。”三娘见白行还是不说话，又挥起笤帚打白行，继续骂道：“你想气死你娘啊？你还懂点人事不？读了这么些年的书，你不是想着多挣点钱让老婆孩子过好日子，光知道看书看书……别说夏菁生气，是个女人都得和你打仗！幸亏夏菁是个好孩子，换个人谁也不能原谅你！”夏妈夺过笤帚：“好了好了，以后不要吵架就行了。”

这时章向东推门进来：“三娘和大姨都在这呢？夏菁也没上班？是不是想一起去看看店去？”

夏妈问：“看什么店？”

章向东说：“大姨不知道吗？这不我和白行一起开个店，今天过去布置布置明天就开张了。”

三娘说：“昨天才听你俩叨叨这个事，这先定下了？”又对白行说：“开店可不是小事，和夏菁好好商量商量。”

章向东说：“您就放心吧，白行的本事您还不知道吗，只要他愿意干，绝对发财。对吧夏菁？”

夏菁说：“可是，发财发得都没饭吃了，你问问他口袋里还有几个子儿？”

夏妈面露喜色：“开店好，店在哪里？”

章向东说：“一起看看去呗。”

白行说：“先别去，过几天收拾好了你们再去看。”

夏妈对夏菁说：“夏菁一起去收拾。”

夏菁说：“我不这么闲得慌……我还得上班呢。”

商行里的存货和物品，盘点、折算了一下值三万元。白行对章向东的内弟说：积压的货物不用降价处理了，反正还要继续干，随后想办法慢慢卖，算成钱直接给你钱算了。白行让章向东给他内弟写了一万五的欠条，承诺半年还清。章向东的内弟千恩万谢。

章向东的媳妇长舒一口气——她总担心章向东和她弟弟会因为商行关门清算的事打起来，这下放心了。白行对章向东和她媳妇说：“我入股三万块钱现金，你们这些货、物折成现金也是三万元，咱各占股份百分之五十。”章向东媳妇说：“这太不公平了，俺这些货都是些乱七八糟不好卖的货底子，货架子什么的有的也不能用了，俺再加一万块钱。”章向东看着他媳妇说：“懂事！加一万不多。”白行说：“就按我说的。干好了，这点小钱不值一提，干不好，这时候再怎么算也是赔钱。”章向东说：“好。听你的。”

白行到大哥家向白芒说了开店的事，说向他借三万块钱，借期一年。白芒思忖再三：“不是不行，要有利息。就按年息百分之十五算利息。”

白行笑笑："你这利息定得比银行的商业贷款还高。"

白芒说："我这钱存到银行也是给我利息，那个没风险。借给你钱有风险，利息就高。我这是亲兄弟明算账。"

大满说："这些年兄弟前前后后给咱帮了这么多忙，向你借点钱你像那放印子钱的似的，叫我说就不能要利息。"

白芒冲大满一瞪眼："娘儿们家啥也不懂少插言。"

白行想了想："就按大哥说的。做买卖钱好挣，一年内连本带息还上没问题。"

白芒说："利钱一月一付，付不了就累计成本钱加算利息。"

白行说："你这是'驴打滚儿'，不是说好的年息吗？怎么又按月算了？"

大满说："兄弟你别在这里借了，你上你姐姐家借，别说三万，三十万你姐姐也拿出来喽，还不要你利息。"

白行笑笑："我不想麻烦她。"

白芒说："你要是同意呢，咱就立个字据。再就是我得每个月上你店里查你的货和账本，别到年底你货也没有了钱也没有了，真那样我咋办？砸死你也没用了。"

白行起身："不借了。走了。"

白行回父母家向父母说借三万块钱开店。三爸说："正好一个两万五的存单到期了，存折上还有几千活期的，正想去存成定期的，你去取出来就行了。"

白行说："我写个条吧。"

三爸说："写啥写，不用写。"

三娘说："平时想给你点钱你不要，这会儿用钱了，不够再来拿，家里还有。"

白行和章向东的新店铺开张以后，白行开始实施自己的思路——在店门口安装公用电话，联系报社批发报纸，联系高档酒店推销高档酒水，联系周边企业为其提供职工发放福利所需物品。所进相同价格产品，只要样式不同，就差别加价销售，并根据销售快慢做出价格调整……

章向东对白行是百依百顺，无论白行出什么主意他都想也不想就高高兴兴去落实。

这本也不是什么高招，但是却很见效果。一个季度下来，一盘点，刨去房租、员工工资以及水电费卫生费治安费工商管理费等一应费用，还盈利两万多元。这对上班工资只有几百块钱的白行和章向东来说是个大数目。章向东高兴地说:“咱也是万元户了！咱俩早怎么没想起来一起干？早干早发了！”

白行和章向东的买卖越干越顺，在保留原来百货零售等业务的同时，又搞起了酒水批发，每天有上万元的流水。时间不久又开了个快餐店，快餐店夏天卖扎啤煮花生煮毛豆酱油螺蛳及各种小凉菜，冬天大米干饭把子肉为主，与众不同的就是特别整齐干净。白行给快餐店写了副对联。上联:开门八方客。下联:进屋一家人。又立广告牌一块:价格低于地摊，服务高于雅间。快餐店投资小来钱快利润高，获利能力直追原来的店铺。

半年以后，白行把从父母那里借来的钱还给了父母。白芒看着白行和章向东的生意好，生气地说:“上我那里借钱，收点利息还不应该吗？看心疼的，不借了！说到底就是没拿我这大哥当兄弟！”

第二十六章

不久白行又看好一间正在转让的大酒店，与对方洽谈，转让费也不高。白行就对章向东说：“把这个饭店盘下来，应该能干好。我和他老板交流，他们没干好主要是没有自己的特色，别人有什么他们就跟着学，没有考虑自己面对的是什么样的顾客群，没有对市场进行细分，缺乏满足顾客个性化需求的能力，这样在菜系和菜品档次上就无法采取相应的措施……”

白行说得带劲，章向东打住他说：“你别和我说这个，说了我也不懂，没用。你想怎么弄就怎么弄，我听你的。”

白行说：“饭店要想干好，厨师、服务员都要找好的。大师傅和顺菜的厨师可以在人才市场招聘，服务员就没必要在济南招了，像样的早被挑走了不说，工资还高。我想回老家招服务员，能多选选，还好管理，我负责找人培训，应该能行。”

章向东说：“听你的。”

白行去父母家说要回老家招服务员，让三爸一起去，增加可信度。说用朱老大的黄面的，既能节省时间，三爸还不用多跑路。

三爸说：“我正和你妈商量把老家的东园子收拾收拾，我和你妈在济南也没啥事，把东园子收拾好了，我和你妈春秋天里就回老家住着。这次回去能办这个事吧？”

白行说：“好呀，这个主意好。老家空气好，也清静，又有些亲戚可以走动走动。光在济南也没啥意思。好主意。”

三爸挺得意地说：“我和你妈一说，你妈也老愿意。”

三娘说：“那年你爸费劲巴力地刚建好了东园子，我们就上济南来了，一天也没在个人的园子里住过。这以后就每年去住些日子，东园子的院子大，跟着你爸在那里养鸡弄狗的当玩呗。”

白行哈哈笑着说：“俺爸在外面奋斗几十年，总算带着媳妇住进自己的园子了，是不是让俺大哥给找个戏班子热闹热闹？大戏连唱三天！”

三爸说：“先别给你大哥说，我不愿意和他叨叨这些事。老家我又不是不认识人，找亲戚帮帮忙，再在县城买些家具就行了。每年春天就去住着，入冬前回来。种种菜呀，钓个鱼呀，都行。”

白行说：“估计东园子的房子需要翻新，这次回去别找亲戚帮忙，太麻烦。直接找个施工队连翻盖房屋、庭院改造等全承包给他们，我出钱。”

三爸说：“用你的钱干啥，我有钱。去了要是能马上施工，你们就先回来，我在那里看着。”

白行说：“去了看情况吧。”

三爸问：“车上能装下这个藤椅吧？我看着他们修房子的时候坐在藤椅上歇歇不是挺好的？”

白行说：“能装下。黄面的后门能打开，装上藤椅用绳子拴结实就行了。”

三爸想象着坐在自己东园子大天井中间的藤椅上喝着茶看着施工队给自己修房子，周围亲戚、乡邻的围在身边投来羡慕的目光，不由得哈哈大笑起来：“这回弄得太好了，等和你妈一起回老家住的时候，真可以请个戏班子唱几天。”

三娘跟着笑：“看把你爸爸高兴的，想再把俺娶一回啊？”

白行附和着：“娶一回娶一回……”

白行找到朱老大说用他的黄面的去鲁北的事，朱老大满口答应，说是个好活。第二天朱老大开着黄面的接着白行和三爸，装上藤椅就回老家了。

路上白行对三爸说：“到老家以后就不这村那村的托亲戚招人了，直接到我表哥家去，我表哥是镇初中的老师，让他给推荐毕业的学生，这样几个小时就把招人的事办好了。然后就回村弄房子的事。”

三爸说：“你说的这个办法好，招好了人你们回济南就行了。我在这里多待几天，村里这么多亲戚，住在谁家都行。”

白行笑着说：“你担心没有机会坐这个藤椅啊？这还愁没机会吗？等房子收拾好了你搬回来住，搬着藤椅村东头坐坐村西头再坐坐，然后再村前村后地坐坐，想怎么坐就怎么坐。”

三爸乐呵呵地说：“我和你妈说好了，在天井里摆个石桌子，再弄个鱼池养上几条金鱼，再种上果木……”

白行和三爸找到在镇中学教书的亲戚，让他帮忙把近年初中毕业的女学生召集到学校，白行把去济南干服务员和“管吃管住，月工资从优，效益好了另发奖金”的待遇一说，很多女孩愿意去。白行就在学校等着，让她们回家和父母说，愿意去的回学校报到。时间不长，就有一些女孩和家长一起来到学校。见是老师介绍的，又有同乡的孩子做伴，也就放心了。白行从中挑了十来个长相顺溜说话机灵的定了下来，说定让她们去济南的日子。

招人的事情办完了已是傍晚，白行和三爸坐着朱老大的车回到自己村里。车刚到村头三爸就说：“停下吧，下车。”

朱老大说：“咱上哪一家？直接开过去多好？”

三爸说：“不用不用，停下。”

白行说：“停停停，就在这里下。”

车在村头停下，三爸和白行下了车。三爸健步如飞走在前面直奔村长家，白行走着，朱老大开着车，两人并排着在后面跟着。朱老大说：“老爷子走得真快，步子这么大。直接开过去多好，非要走。”白行说：“我爸爸这次回来拾掇园子，有点衣锦还乡的味道。他愿意走走和村里人见见面、寒暄寒暄。”

果然村里认识三爸的人见到三爸就纷纷和他打招呼。三爸说：村长在家吗？我去和他说点事。就有孩子快步跑着去给村长送信儿，还有一些村民跟着一起上村长家来。

村长家门口，村长一见三爸就按着辈分叫道：“三爷爷你咋回来了？也不提前给个信儿，好上车站接你去。三叔也回来了，有事吗？”

三爸叉着腰没搭腔，等着村长给他上烟。白行拦住村长掏烟的手拿出自己的烟卷给三爸、村长、朱老大，自己也点上一支。

村长说：“三爷爷回来有嘛事？快屋里坐着说吧。”

三爸着急去看房子，就摆摆手不打算进屋，看一眼白行：“你说说吧。”

白行答应着，对村长说：“我爸这次回来是要翻新修缮一下他的东园子，以后每年我爸和我妈都要回来住一段时间。村长看看给找个施工队，乡里乡亲的费用好商量。我爸我妈回来住的时候，还望村长多多照顾。”白行说完看看三爸，三爸嗯了一声表示认可："给我找个好施工队，弄得好点，像模像样的。"

村长吃惊不小，赶紧说："三爷爷你可不能这样啊！这个没有反悔的，咱村里留的有买卖字据，村里当的保人，镇上也备案了。你要是当时反悔还好说，这都两年了，人家早就收拾好了娶了媳妇，孩子都一岁了，现在你再反悔也没用了。"

三爸没听明白是怎么回事："你这是说的啥意思？"

村长说："前年俺白芒叔就回来把东园子卖了，说是你让卖的，三爷爷不能不知道吧？"

三爸脑袋嗡的一声，眼前一黑就要摔倒，白行手疾眼快赶紧扶住了喊："爸爸，爸爸，哪里不舒服？快进屋坐下，喝点水。"三爸站在原地闭着眼一个劲地摆着手说不出话来。

村长说："三爷爷你真不知道这个事吗？不能吧？白芒叔可是说你和俺三奶奶都愿意卖，说是你说的这东园子留着也没用，也别管亲戚不亲戚，谁出价高就卖给谁。"村长指着周围的村民说："不信你问问他们，咱村里人都知道。"村民们就议论纷纷地说是这么个事……

三爸依然闭着眼，向前不停地挥着手，半天说出一句："回去……回济南。"

白行说："咱不是说好了明天回去吗？现在赶回去太晚了，咱找家亲戚住下，明天一早回去行不行？你要是不舒服咱先上县城医院看看。"

三爸紧锁着眉头，依然不停地挥着手，费劲地说："走，回家，回济南……"

当夜天下大雾，朱老大开着车摸索着前行。车开得很慢，雾越来越大，朱老大摇下车玻璃把头探出窗外，把路边的树作为判断路在什么地方的办法……

到了后半夜，四周白茫茫一片，路上已没有往来车辆。白行说停下休息吧？朱老大说在什么地方都不知道，停下更危险。就这样慢慢找着树往前开着，朱老大突然说："怎么看不见树了呢？……坏了！"话音未落，汽车突然悬空坠了下去。汽车落在了水里，慢慢下沉。白行想打开车门出去，没有成功。前面朱老大已从车窗钻出站上车顶。好在水还未没过车顶，汽车已着地。白行招呼朱老大帮着把车门打开，两人扶着三爸爬出汽车站在齐胸的水中。白行让他俩站在水中别动，自己蹚水去四周观察环境——他们是从一座桥上掉进河中的。

白行笑着说："没事，掉到河里了，过来从这边上岸。"

三爸生气地说："笑啥？掉到河里有啥好欢喜的？"

白行过来接三爸，走近才发现三爸的嘴磕破了，在流血。

三个人来到岸上，朱老大跑到路上好不容易拦下一辆路过的汽车，问清这里距济南还有百十里地。三个人搭车回到济南。

白行陪护着三爸回到家里时已经快天亮了，敲了几回门，三娘过来问清了是谁才把门打开。三娘望着头发凌乱、浑身泥水、嘴唇肿得老高、脸上还挂着血渍的三爸，吓得声音都变了，惊恐地问："这是怎么了？"

白行赶紧说："别怕别怕，什么事也没有。"白行一边把回来的路上车掉进河里的事向三娘说着，一边帮三爸脱下湿衣服，拿个脸盆兑了点热水，给三爸擦了擦，把干净衣服给三爸换上。然后自己也擦了擦，找出自己的衣服也换上。

三娘看着三爸阴沉的脸："真没事吗？俺不相信，看着不对劲呢？别人有事没事啊？你那个朱哥不要紧吧？"

白行说："真没事，都挺好的。朱哥回家了，一点事没有。"

三娘疑惑地盯着三爸："是没事吗？俺咋看着不对劲呢？"

三爸不耐烦地说："说了没事就是没事，别老问叨。"

三娘关切地上下打量着三爸："没事你哭丧着脸干什么，内里没伤着吧？"

三爸沉着脸斜了三娘一眼，没有搭理她。

白行拿支烟递给三爸，点着火，对三娘说："确实没事，放心吧。"

三娘顿了顿："不是说在老家待几天吗，怎么连夜赶回来了？翻盖房子的事定好了吗？"

三爸看一眼白行："你给你妈说说吧。"

白行说："我不想说这个事，等你有空慢慢和我妈说呗。"

三娘着急地冲白行嚷道："快说！"

白行无奈，就简单把白芒已经把房子卖了的事说了一下。

三娘看着三爸，叹口气："摊上了这种孩子能咋治？卖了卖了吧，俺也不是多想回老家。"

三爸没搭三娘的腔，对白行说："你回去歇着吧，我也睡会儿。"说完起身到床上躺着去了。

三娘观察着三爸阴沉的神情："这回不能惯着大儿，他把房子卖了，让行儿去把钱要回来。"

三爸说："你去要吧。"

三娘说："行儿要去，他不能不给，他要是不给，我就去要。"

白行说："好好好，我去。"

第二天朱老大找保险公司把车拖回来，按规定理赔无话。

白行到白芒家，把回老家的经过说了一遍。大满吃惊地说："把东园子卖了？俺咋不知道？"

白芒问白行："你给我说这个啥意思？"

白行说："咱妈让我来要卖房子的钱。"

白芒沉吟了一下："咱娘不可能这样做，是你个人瞎编的。"

白行说："咱妈说了，你要是不给，她就来要。"

大满赶紧说："快把钱送去吧，等着娘上了门，可丢死人了。"

白芒说："咱娘不可能要这个钱，是咱爸说的吧？"

白行说："咱妈说的。"

大满问："卖了多少钱啊？赶紧给咱娘送去！正好我这里有进货的钱，明天商亭也别进货了，把钱给咱娘。"

白芒一瞪眼说："净你娘的胡咧咧，你那几百块钱管蛋用？"

白行说："大哥和我说说房子卖了多少钱，这个钱我出，我给咱爸就行了，就说大哥给的。"

大满说："那算咋回事，可是不行，你有钱是你的，俺也有钱。"

白芒思量半晌："这个钱数我不能说。还不知道到底是个啥结果，说这个没用。"

白行说："我实在不知道连房子带院子能卖多少钱，要是给咱爸钱给得太离谱，怕他们不相信。"

白芒挥挥手："你要是愿意给是你的事，也别给我说。你要是想给还没法儿吗，还不会多分几次嘛，给一次咱爸说卖贱了你就再给一次。"

白行笑笑："我想想办法吧。"

第二天早晨，大满没去商亭，拿着付货款的五百块钱到了公婆家："昨晚兄弟到家里去了，这是交的卖房子的钱，先给五百，过些天再拿钱来，慢慢还。"三娘说："这个着啥急，多少的就这些吧，不用再拿钱来了。"说着把钱递给三爸。三爸问："东园子卖了多少钱？"大满说："也没给俺说卖了多少钱，只让俺先把这五百块钱送过来。"三娘说："甭管卖了多少，有这五百就算完事了。还没吃饭吧，正好刚做熟了，坐下一块儿吃吧。"大满说还要去商亭开门。三娘说："赶紧吃，吃了赶紧走。"三爸也说："还不吃饭吗，吃了走吧。"大满答应着去拿筷子端碗。

大满和公婆吃完饭，刚要起身离开，白芒怒气冲冲地一步跨进来。原来给商亭送货的人见一向按点开门的商亭没开门，就给白芒打电话问是怎么回事，说好的今天给货款不会故意躲了吧？白芒心里咯噔一下，猜出肯定是自己的傻媳妇去给爹娘送钱去了，于是急急忙忙赶了过来。

三娘见白芒进来，就问："你咋来了，这是怕媳妇把钱掉了不放心啊？"三娘指了指桌子上的五百块钱说："这不，钱在这里，送来了，放心吧。"

白芒看着桌子上的钱心疼到无法忍受，更无法控制自己的情绪，他狠命挥手一巴掌打在大满的脸上，跟着又狠命踢一脚，骂道："说好的今天结五百货款，人家送货的在商亭等着拿钱，你娘的你跑到这里来寻死吗？"

三娘和三爸都明白了是怎么回事，三爸怒不可遏地冲白芒呵斥："你干啥！守着我和你娘打媳妇，你眼里还有老的不？"

白芒一眼又一眼地看着桌子上的钱："和人家说好的今天人家过来拿货款，她跑到这里来，我就是不打她，人家送货的人也不愿意她！说好的给人家钱，为啥不给了？不能不讲信用，不讲信用人家以后就不给送货了……"白芒不住嘴地说着，又抬手冲大满招呼。大满猛然长叹一声，一下把刚吃下去的饭菜全吐了出来，一口接一口，哗哗不停……

白芒见状，骂道："净你娘的装样，在老家的时候也是这个熊态，把她打急了她就吐，糟践的粮食可不轻！"

三娘抓起桌子上的五百块钱塞到白芒手里说："快拿走吧，房钱不要了。快走吧，快走快走。"

白芒见三娘生气了，就说："房钱不是不给，要分个轻重缓急，自己家里着啥急，人家在那里等着……"

三娘摆手说："不要了不要了。快给人家送去吧。"

白芒把钱装进衣袋里，冲大满训斥道："别你娘的装样了，赶紧上商亭开门去！"

三爸再也忍不住怒火，抓起桌上的杯子摔到地上骂道："你这个瞎包，我看你欠揍！"

白芒从来没见过三爸这样，吓得赶紧跑了。

三娘扶住大满坐下，拿块毛巾递给大满，又去拿过笤帚和铁簸箕要打扫大满吐出来的污秽。大满放下毛巾抓起桌上的抹布在嘴上擦了擦，去三娘手里拿笤帚和簸箕："我收拾吧娘，让娘笑话了。"

三娘说：“这个白芒真不是个东西，快坐下歇着，你这是气的。”

大满说：“在老家也是这样，一憋气就吐，真是糟践粮食。”

三娘说：“今天不去商亭了，挣钱哪有完呀，他稀罕钱让他挣去吧。”

白行和章向东的大酒店开张了，白行写了副对联挂在店门两边。

上联：醉易醉求神醉之天下雅士。

下联：醒难醒舍心醒乎地上俗人。

店名：之乎楼。

白行对大酒店很上心，有时间就在酒店盯着，发现偏颇不足及时纠正弥补，夜里就睡在酒店，周末也待在店里。一个月下来，酒店生意很快红火起来。白行嘱咐厨师，一定要实惠，菜量一定要出奇的大。开酒店，就怕顾客不来，只要客流量大，无论菜量多大都能赚钱。看着一切走向正规，白行把酒店交给章向东负责，自己才得空操心酒水批发和快餐店的生意。

这样过了一段时间，一天酒店的厨师长找白行告状。说章向东经理把海菱从服务员岗位提拔到菜案学顺菜。可是这个海菱有个毛病，总是把厨师配好的菜偷偷从盘子里拿出一些来，致使有时候菜炒好以后都不够一盘子了，说她也不听。白行问，这个海菱为什么要这样？厨师长说也问过她，她说每次客人都吃不完浪费了。白行说你没向章经理反映吗？厨师长说反映了，章经理也不管。

白行就到酒店，让厨师长叫章向东和海菱来。

白行和颜悦色地说：“海菱，听说你老爱把厨师配好的菜再拿出一点来是不是？”

海菱说：“他们吃不了都瞎了。”

白行说：“以后不要这样了——菜量大是咱酒店的特色之一，不能改。以后你要是觉得客人吃不了，就让客人少点几个菜不就行了。”

海菱说：“那不行。少点菜咱就赚得少了。”

白行听海菱这样说，笑了起来。

章向东见白行笑，就夸奖说：“看见了吗，多有经济头脑。”

白行问海菱：“要是客人觉得菜量少，以后不来了怎么办？”

海菱说：“哎哟天天若干人，都坐不下了，少来几个不碍事。”

白行说：“酒店就是这样，越是坐不下，越是都来。真等哪天人少了，你再想让人多起来，就难了。”

海菱说："咱这菜好吃，他们一准来。"

白行见说不通，就说："其实我们与附近几个酒店菜品的质量都差不多，我们的特点是量大、不计较小利、干净、服务意识强——就是想得周到。直接看得见的就是菜量大。你把这个特点弄没了，人家为什么偏要老远跑到你这里来吃饭？其实顾客也不是就图那个菜量大能多吃几口，但是菜量一大，顾客就舒心，就会觉得这个酒店方方面面都实在可信不骗人。这个特色必须坚持。你记住，以后坚决不能再从配好的菜里往外拿菜了，再有一次，你就还回去干服务员。"

章向东说："至于吗，海菱也是好心。"

白行说："好心也不行。海菱，章经理让你学配菜，你就好好跟着师傅学，不要自己做主做事情。听到了吗？"

海菱一脸的不高兴，扭头就走了。章向东看着她背影说："没事海菱，忙你的吧。"又对白行说："都是你老家来的人，至于这么严厉吗？你忙你的吧，我也忙去了。"说完就朝海菱离开的方向走去。

一天，章向东对白行说："我的工资都让媳妇领走了，现在着急用点钱……是家里老太太用，不想让媳妇知道。"

白行觉着不便多问，就说："你着急用钱先从店里借，有钱就还，没钱就欠着，反正是咱自己的店。"

章向东说："行啊。一万五就够。千万让会计保密啊。"

白行说："动钱的事都是咱俩签字，你写个借条都签个字就行了。"

章向东就写了个借条，让白行签了字，他自己也签上，拿着找会计去了。

白行没想到的是，章向东借钱并不是给他老太太用，而是给了海菱——章向东悄悄和海菱好上了。

过了几天，在大酒店那边办公的会计和一个领班跑到酒水批发这边来找白行说，章向东他媳妇和章向东在酒店打起来了，把店里的桌椅也砸了，把海菱也打了。白行问为什么。会计说："我把章经理借钱的事告诉他媳妇了。"白行说："不是讲过会计方面的工作是保密的吗？章经理自己想用点钱，你告诉他媳妇不是制造矛盾嘛！"会计说："章经理肯定把钱给了海菱了——海菱往家里寄钱，就问过我们怎么寄。章经理和海菱好，你肯定也知道。"

白行感到奇怪："把钱给海菱了？怎么回事？和海菱好是什么意思？"

会计说："章经理上个月就借了五千块钱，让我别告诉你，还嘱咐说也别告诉他媳妇。前几天你签字同意的他又借了一万五，这又想偷着借一万元。我要是不借给他就得罪他，借给他不是更违反工作纪律？到时候扣工资扣奖金，还不是我倒霉？”

白行自语道：“章向东和海菱好上了？我怎么不知道？不可能吧……”

领班说：“白老板，你看现在海菱打扮的，衣服都是章经理买的。”

白行不再说什么，急忙跑到酒店。

酒店里一片狼藉。章向东媳妇在那里大骂着，几个厨师和店员围在一边看。

白行问：“怎么回事？章向东呢？”

章向东媳妇扯着嗓门说：“都是你招来的好人，偷俺的男人！”

白行问其他几个人：“章向东呢？”几个人说海菱跑出去了，章经理就跟着去了。章向东媳妇说：“还干什么狗屁买卖！家破人亡啦！”

白行出了酒店去找章向东。一个店员跟出来告诉他章向东和海菱经常在后面的小树林里待着。白行问：“你们都知道他俩的关系？”店员说知道。白行按店员指点的地方找过去，二人果然在那里。海菱低着头哭，章向东在一边劝。

白行气愤地走过去骂章向东是混蛋，章向东说你别生气，我娶海菱。白行问海菱怎么回事。海菱说俺爹说章经理是大老板，真心娶俺俺就答应。

为保住章向东和她媳妇的婚姻，白行要做最后的努力。他把章向东和她媳妇叫到一起：“我本想一起做点生意都能过上舒服日子，没想到闹出这么个乱子来，完全出乎我意料。从今天起这几个店铺就归你俩了，我退出不干了。希望你俩好好过日子，好好干下去，别再提离婚的事了。”

章向东说退出也要先盘点。于是白行和章向东夫妻俩一起组织员工对酒水批发店、超市、大酒店、快餐店一起集中盘点，算清应收应付等。

最后财务、仓管、领班等把各种账目摆在白行和章向东夫妇三人面前。

章向东看着账目单说：“这些生意太好了，白老板你现在退出我心里真过意不去。”

章向东媳妇瞪着章向东说：“谁造成的？是人吗？不是人就别学着说人话。”

章向东对她媳妇说：“我现在没空搭理你，等把老板这边弄利索了咱再算咱俩的。”

白行说：“我这里好弄——我什么也不要，钱、物都是你们的。”

章向东说：“开什么玩笑，不可能的事。真要这样我还真不是人了。”

章向东媳妇说：“你就不是人！”

白行说："从一开始做生意就说好了听我的，这是我最后一次决定，你们必须听。"

白行分文未取退出了合伙生意。章向东要求盘点的真实意图随之显现：他要和媳妇离婚、分财产。

两口子很快办理了离婚手续。快餐店、酒店归章向东，酒水批发、超市归章向东的媳妇。接着章向东就和海菱结了婚，婚礼就在自己的大酒店举行，海菱娘家来了一大堆人，很是热闹。

婚礼上章向东对白行说："几个店的经营状况都这么好，这么赚钱，这些买卖都是你操办的，你退出让我得现成的，太对不住你了。"

白行说："真没想到弄得你两口子离婚，对不起了。"

古立春说："章向东你这小子倒是捞着了，弄了个纯正黄花大闺女。我要是早知道还有这个好处，说什么也要入伙！"

古立春问白行："最后的利润也没分吗？"

白行说："没分。留着给他们做流动资金吧。"

古立春对白行说："你起码应该把入股的钱拿回来。"

白行说："无所谓，已经赚回来了。"

鲁铁体制改革大张旗鼓地开始了。总厂改名叫集团公司，厂长改称总经理。与之配合的内部调整是机关合并裁员，服务处由原来的三十几人裁为只保留五个岗位，专职负责处理异议。按照集团公司文件要求，这五个岗位要通过竞争上岗。没有竞争上的人员到新成立的人才交流中心报到学习，等着重新安排工作，找不到新工作期间，拿待岗工资，也就是厂内"下岗"。

服务处把人员召集起来，处长把集团公司的决定在处里一宣布，又是一片哗然。处长接着又宣布服务处文件："根据工作需要，对服务处内部进行调整：取消原有三个科室设置，成立异议处理科，科长胡山，科员四人……"

一个职工说："你干脆直接说这几个人留下不就完了吗，用得着弄这些郎闲芝麻盐吗？"

处长说："开始竞争的时候，这五个岗位其他人也可以报名竞争……"

"这叫什么会？糊弄傻子呢！"另一个职工直接起身走了。

几天后，除了处长安排到异议处理科的几个人以外，服务处的人都没有参加处里组织的竞争上岗活动，直接到人才交流中心报到去了。

白行与几个同事相约回服务处收拾东西，处长见了热情地一一握手说："我有几个没想到：没想到我们处的裁员工作开展得这么顺利，没想到大家这么支持集团公司的机关裁员工作，没想到同志们的觉悟这么高！"

一个同事悄悄说："真不要脸。"

接下来就是"双向选择"。人才交流中心摆着一溜条桌，后面坐着各生产单位人力资源科负责招人的同志，一面墙上挂着所需要的工作岗位和招聘人数，另一面墙上挂的是集团各单位各部门内部下岗人员的基本情况表，有一千多人。负责招聘的可以挑选自己看中的下岗人员，下岗的也可以主动应聘各单位所需要的岗位。没有看好想去的岗位也没被看好的，参加文化学习，拿待岗工资，等着公司安排。

白行看好一个岗位：扳道工。他来到运输部负责招聘的条桌前，对坐在条桌后面的姑娘说："我应聘扳道工。"

负责招聘的姑娘看了看白行，不像傻大黑粗的愚钝人，就说："你要考虑好，这个岗位环境差、熬夜、孤单，一般就是一个人守着，再就是岗次低、工资少。你要是报了名可不能变。"

白行说："《红灯记》里李玉和不就是干扳道岔吗，我想体验体验。只要这个岗位没有什么特殊要求，就这么定了。"

姑娘说："没有特殊要求，小学文化就行。你是什么文化水平？"

白行说："文化水平肯定够，你让我上岗就行了。"

姑娘说："那你填个表吧。"说完把一张表递给白行。

白行快速填好表，故意把文化程度一栏空着，把表交给姑娘。

姑娘看一眼白行填的表说："字写得挺好啊。行，一会儿我们科长来面试，通过了你就可以上班了。"姑娘往门口一看，说："我们科长来了，你精神点。"

科长走到近前问姑娘："有报名的吗？"

姑娘指了指白行："有一个，在这儿。"

科长一看是白行，惊奇地说："白老师，您还认识我吧？我是您学生，车工班的。"

白行说："你要不说我还真不一定认出来，既然咱俩认识，你就不用面试了，直接让我上岗吧。"

科长说："白老师您这不是开玩笑嘛，您怎么能干这个？"

白行说："我喜欢一个人待着。"

姑娘说："科长你就让他干呗，反正也不好招，他愿意干，这不正好吗？"

科长说："你知道什么啊？这是白老师，是我老师，我叫他老师可不是客气。"又说："你不是佩服新工人进厂学的语文课本编得好吗，不是还说想让我介绍你认识白老师吗？现在见见吧，课本就是这个白老师编的。"

姑娘站起身瞪大眼睛说："真的呀？白老师您发表的小说我也看过……您今天是来体验生活的吧？"

白行说："既然你们认识我，就帮帮忙，我想干扳道工。"

科长说："白老师您这玩笑开大了。这绝对不行。我知道您们部门解散了，但是这个岗位实在不能让您干。"

白行说："既然你认我这个老师，我就再教你一回：没有'您们'这个词，再尊敬也只能说'你们'。"

科长说："我知道，白老师您以前给我们上课的时候说过这个，但是光我知道不行啊，领导们未必知道啊，所以只能说'您们'——宁愿用错词也不能被领导们误会。"

白行点点头说："难怪你当科长了。说起这些道理，我就不是你老师了。"

……就这样，白行的第一次上岗没有成功。

接着白行又有了第二次上岗机会。鲁铁刚接收了一家欠款单位抵给鲁铁的一座烂尾的破楼，破楼离厂区挺远，四周是片坟地，荒烟蔓草的。鲁铁还没想好这破楼能派什么用场，就让人才交流中心临时安排几个人去看守房子。因这地方离家远，环境又吓人，岗次又低，没人报名。最后人才交流中心动员了几个以前从勤杂工岗位上下来的上岁数的男职工去上岗。本来白行没注意到这个新增的岗位，所以也没报名。没想到组干部的刁科长还惦记着白行，亲自让人才交流中心安排白行去干这个活。人才交流中心的同志找到白行，满脸歉意地说组干部举荐白行去这个岗位，问白行同意不同意，白行欣然接受。

因为是临时性工作，也不需要办什么手续，人才交流中心给开了个介绍信，几个人就拿着去了。这几个人在破楼跟前等了半天，负责给他们安排工作的厂保卫处民警大队的人穿着不伦不类的制服开着摩托车来了。几个人跟着他到了值班室，这人掏出钥匙打开门，坐在唯一的一把椅子上，派头十足地掏出一支烟点上，沉着脸扫视了白行他们几个一下："你们几个下岗了，不要紧，只要在这里老老实实本本分分，就可以重新做人……"

白行打断他："你说什么呢？训犯人呢？我们是下岗了，不是犯罪了，你用得着弄这一套吗？什么叫重新做人？说顺嘴了是吧？别说你是厂公安处的职工，你就是真警察，也不该对下岗职工这样说话吧？"

这人对白行说："你不适合干这个，你回去吧，我这里不要你。"

……就这样，白行的第二次上岗又没有成功。

厂里报社的主编找到白行说：现在体制改革，报道的工作量很大，人手不够，能不能到报社帮忙干干记者工作？白行说正闲得心慌，就去了。对这个工作白行很用心也很积极。主动跑到车间去了解职工对体制改革的感受，去搜集各生产厂的小革新小发明写成推广材料，深入了解先进人物的感人之处，宣扬事迹并加以评述……然而白行点灯熬油费劲写的这些东西总是被一个负责三版的女编辑弃用，说是写得既不是记叙文又不是论说文，还不像说明文，不伦不类的没法登。倒是主编安排白行跟会采访的一些报道，什么时候开了个什么会，哪些领导参加了会议，某领导做重要讲话，某某领导就贯彻落实某领导重要指示提出具体要求等等，随便一整，便登载在一版头条。这样的工作和白行想象的工作内容完全不同，他感到成天弄这些东西没有什么实际意义。如此过了一段时间，白行的工作热情渐渐减了下来，白行就找主编："报社这么多人，所谓的很忙，不过就是跟着领导跑，屁大点事也要报道报道。车间里这么多生动的先进事迹不宣传，这么多小发明小革新不推广，这么多新闻热点不捕捉，这合适吗？成天忙活的这些事有什么价值？"

主编对白行说："你就是来帮忙的，管这些干什么，内部报纸不就是这样吗，还能和社会上的报纸似的？再说社会上的主流报纸不也是这样？领导高兴就行了。人浮于事谁不知道？因人设事，都是关系来的。你不也是我介绍来的吗？别管这个，拿到工资算完。你要是有更有意义的事做，你就去忙。"

这不就是逐客令吗？白行感到自己或许没有再待下去的必要了，于是告辞不干了。

……就这样，白行的第三次上岗还是没有成功。

鲁铁让还没上岗的员工在家待命，每周到人才交流中心去报到一次。白行天天在家闲着没事，开始琢磨自己是不是应该在社会上找点事做做呢。他买来晚报翻看招聘启事，很快就看到了一份自己喜欢的工作：某通讯社招聘采编人员。

白行骑着夏菁的小摩托按照报纸登的地址找过去，招人的部门是在通讯社院里的一座小楼上，负责的是几个北京人。白行按照招聘启事上的要求递上自己的材料后，负责人边看材料边与白行交流，最后说白行符合他们的招聘要求。负责人说工作内容有两项：搜集提供内参材料和推广销售内参。工资待遇是如果提供的内参材料被采用就有稿费，推广销售内参拿提成，没有底薪。白行对提供内参材料感兴趣，愿意试试。负责人说只提供内参材料他们不要，必须同时推销内参才行。说提供的内参材料被采用很难，主要还是要靠推销内参挣钱。为了能干提供内参材料这个有意义的事，白行同意同时做推销。

白行开始了这个新工作。白天出去推销内参，夜里把自己平时关注的社会问题，对社会、改革发展的建议甚至治国方略写成材料交给北京来的负责人由他转交给“内参”编辑部。

白行销售推广的目标是厂矿企业，业务开展得也算顺利，时间不长就卖了一些。负责人看白行有业绩，就给白行发了工作证，印了名片。工作证盖着通讯社的钢印，名片是姜黄色的底、暗红色的字，角上通讯社的标志像个发射塔，透着典雅、权威。

时值盛夏，白行天天骑着夏菁的小摩托到处推销“内参”。一天中午白行正骑着小摩托在路上走着，估计是因为小摩托一直在烈日下暴晒，着起火来。白行赶忙跳下车设法灭火，小摩托却瞬间着完了，只剩下一副烧得变形的铁架子。碰巧有沿街巡逻的交警带着晚报的记者路过，问了问车主和自燃的情况，就让环卫工把铁架子弄到路旁后走了。环卫工问白行这铁架子还要吗，白行说送给你吧。

第二天晚报就登了个图片新闻《小摩托行驶中自燃》，报道说“济南市民夏菁的摩托车在行驶中自燃”，照片是那副烧得变形的铁架子，边上站着白行。

小摩托烧了，夏菁本就心疼得不得了，上班时又看到了晚报的报道，就非常生气。中午夏菁回到家说这下丢人了，让同事看见还不笑话死！埋怨白行不该说出自己的名字让别人看笑话。

白行觉着没有什么好解释的，就任由夏菁叨叨，也不搭腔。

夏菁越说越气，新账旧账一起涌上心头：“什么破研究生？研究生没有下岗的。成天什么也不干，光知道拿着本破书这里躺那里歪。总算干点正事做买卖，好好的自己退出来不干了。好不容易买了个小摩托，又让你给烧了。你说你干什么行？”

夏菁冲白行嚷着，在自己房间写暑假作业的白思荫不时走过来，站在夏菁身边叉起腰来，怒视着白行给妈妈助威。白行看着思荫的神情感到好笑，就说：“碍着你什么事？写你的作业去。”

思荫眼里含着泪嗔怪道：“你把小摩托烧了，以后我妈怎么送我上少年宫学舞蹈？”

起初买这个小摩托，就是为了方便思荫到少年宫学舞蹈——要是坐公交车去少年宫要倒好几次车，浪费很多时间。现在小摩托烧了，去学跳舞成了问题。

白行看着夏菁，试探着说：“要不然，再买一辆？”

夏菁说：“买个屁，还以为自己干着买卖呢？你自己摸摸你还有几个子儿？烧了正好，省了买汽油了。舞蹈也别学了，没用。饭都快吃不上了，学什么舞蹈！”

思荫悲愤交加怒视着白行，白行无奈地低下了头。

一天白行去通讯社开总结会，去负责人那里找打火机，当他拉开第二个抽屉，看到自己呕心沥血写的一份份内参材料安静地在抽屉里睡大觉。看到这一幕的负责人并未恐慌，他请白行坐下，向白行解释说其实大家的工作就是推销内参，至于白行撰写的反映社会问题、针砭时弊的材料，写得再好也白搭，内参不可能用大家提供的材料，内参的材料也不是平常人能写的。

白行拿起自己的东西告辞，说不干了。负责人说白行业绩突出，从下个月可以按照招聘的内勤人员标准发底薪，推销内参的提成也可以再提高。白行告辞说：“我干这个工作，一个主要目的就是想把自己看到的一些问题通过内参这个媒介反映给高层领导，把自己对社会发展、国家建设的一些看法让领导知道，就是想让自己发挥点作用，让生活有意义。如果只是推销内参，单纯为了赚钱，我不做了。”

白行的“再就业”又一次失败了……

第二十七章

这天，章向东到白行家里来商量事。章向东说大酒店和快餐店都干不下去关门了，和海菱商量好了准备办个酱油厂。已经交了五千块钱定金买设备，设备五万块钱一套，厂房也定好了，海菱也做好了回老家招工的准备。问白行还有什么没想到的。白行问多大的设备？预定的厂房合适不合适？日产量是多少？需不需要考虑原材料和产成品的储存场地和储存方式？产品市场投放价格参照什么档次的酱油？成本核算后的毛利润是多少？有没有算算边际贡献？白行的一连串问题把章向东说蒙了。章向东让白行别一说就一大套，先说第一步该干什么，白行问怎么想起来的办酱油厂？章向东说从报纸的广告上看的，就给人家打了电话，人家说设备紧缺，让先交定金，就先交了五千块。白行说你再给对方打个电话，让他给你寄设备使用手册和宣传画册来，先看看设备是个什么东西再说。章向东说自己马上去打电话，让白行帮他想想，要是办酱油厂不行的话还能干什么。白行答应琢磨琢磨。

几天以后，章向东又来找白行，骂骂咧咧地从口袋里掏出一张折了几折的图片递给白行。

白行接过图片展开看了看，笑着说："外观和个小冰箱差不多。上边往里加原料，下边自动出酱油，我看这个东西不靠谱。就是真能产酱油，先别说产出的东西质量、口味怎么样，单说产量，一天才十多斤，不够卖的呀。这个也不用招职工，你两口子自己操作就行，租个厂房更不合适。"

章向东说："他妈的今天那边还给我打电话来，问我订几台。我说你妈我一台也不订。那边一听就说给我优惠。你猜他最后给我降到多少钱？一万一台。说让我再给他汇五千块钱就给我发一台。我说我一台也不要，让他把我的五千块钱退给我。他说退钱不可能，还说我要是不再交五千块钱买一台就起诉我。”

白行说：“定金是不可能退给你了。不过他们也不会告你。这个事就这么结束了。”

章向东掏出烟卷给白行点上：“你给我想想出路，我们两口子不能光在家里闲着啊。白搭了五千块钱，海菱今天和我吵吵一天了，再没出路她非和我打起来不可。”

白行说：“这两天我还真帮你咨询了一个事，不知道你是否感兴趣。”章向东催促快说。

白行说：“现在一些单位在搞房改，原来公家的房子让职工买下来成自己的了。自己的房子都舍得花钱装修，装修的一个必不可少的环节就是整地面，多数是铺地板砖，也有少数铺木地板的。我给你的建议就是生产地板砖。”

随后白行向章向东做了详细介绍：胶东一家单位愿意出卖技术，他们负责培训。章向东两口子可以去人家的企业学习，多去几个人也可以，学会了自己回来干。地板砖生产出来人家包销，章向东也可以自己卖。工艺不难，好学，制作原料对方可以提供，章向东也可以自己就地采购。按照只有章向东两口子干这个事的规模算，需要三间平房：一间存放原料，一间加工，一间存放成品。章向东租个院子也行，在自己家院子里干也行。按照他们提供原料、产品由他们包销、生产人员就章向东两口子两个人核算，每月能获毛利两万元。刨去房租五百元，水电费三百元，每月拉原料、送产品运费两千元、章向东两口子每月工资各一千元，每月可获纯利润一万五千二百元。

章向东兴奋地说：“两口子的工资就不算成本了，闲着也是闲着。我回家把海菱叫来，你和她详细说说。”说完就跑了出去……

一个星期五的下午，章向东和海菱正忙活着筹建地板砖厂的事，古立春找到他们请他两口子帮忙。古立春向章向东说明来意：一个刚参加工作的女大学生意外怀孕，在医院住院做引产，古立春害怕这个女孩要是没有人陪护，自己一害怕把这个事和她父母说了，事情就败露了，想让海菱去陪床、照顾一下。

章向东问：“又是你胡捣鼓的吧？你自己说，这是第多少个了？”

古立春说：“我还真有个小本子记着她是第多少个，不过不能告诉你。这个女孩，我是真心喜欢。”

章向东说：“没见我和海菱都忙着吗，没空。”

古立春拿出两条烟：“先抽着，过两天再给你。”又拿出两套女装说：“那和美买的，买了没穿过，让我给海菱拿过来。”

章向东一愣：“你媳妇知道这个事？”

古立春说：“别胡说了，哪能让她知道。这两身衣服是那和美早就说让给海菱拿过来的，一直没空。”

章向东说：“把你媳妇的衣服送给海菱，让海菱去照顾被你搞大肚子的女学生，我怎么觉着不大正常呢？”

古立春说：“这有什么不正常的，赶紧的吧。”

章向东拿起一套女装扭头喊：“海菱，过来看看这身衣服合适吧？”

章向东两口子跟着古立春到了医院产科病房，刚上走廊，就见一个身材苗条相貌俊美的姑娘在走廊上来回跑，扎的高高的马尾辫甩来甩去。古立春赶紧拉着章向东和海菱躲到一旁说：“就是她。我就不过去了，你俩和她说是我让你们来的就行了。”

海菱说：“你心怎么这么狠啊，把人家闺女弄成这样也不过去看看人家。”

古立春说：“我过去就走不了了，让别人看见也没法解释。你俩过去就行了。”

章向东问：“她来回跑什么？”

古立春说：“打了引产针了，大夫说两三天才能见效，她想跑跑能快点见效，不想耽误星期一上班。”

海菱说：“打了引产针能乱跑吗？俺听说得在床上躺着，这样乱跑伤身体。”

古立春从口袋里掏出五百块钱塞给海菱说：“医院我已经交押金了，这钱拿着你俩买东西吃。”

海菱举起手里的保温桶和手提袋说：“我这不是熬了小米稀饭煮了鸡蛋了吗，红糖也带来了，还买啥？”

古立春对海菱说：“三天两天可能出不了院。要是这个女孩非要见我或者想告诉她父母、她同事，你一定赶紧给我打电话，我来处理。快过去吧，有事打电话。”说完就头也不回地快步走了。

章向东的地板砖厂选在一个星期天开张，白行去捧场。白行叮嘱海菱：“生产地板砖也要足斤足两的，像做菜一样，该加的材料一样不能少。”

海菱笑笑：“白老板光想着俺缺点。”

章向东说：“这可不是缺点，这是会过日子。”

在齐鲁，不只是鲁铁这一家钢铁企业，还有大大小小的好多家。一天，北京的同学齐虎给白行打电话问他现在的情况。白行就把自己的窘境和他说了说。

又过了几天，齐虎又给白行打来电话。齐虎告诉白行，他现在调到离济南不远的齐钢集团任常务副总经理、副书记，让白行也调过去，干销售。齐虎说知道白行一直想干事，到齐钢后先安排个独当一面的岗位，然后再挑更重的担子，总之一定会提供平台让白行把自己的才能充分发挥出来。齐虎还开玩笑说齐钢也是国有企业，白行来这边工作，定会得心应手，前途更光明。

听齐虎讲完，白行犹豫着：“去外地工作，家里老人、媳妇可能不高兴啊。”

齐虎说：“离家又不远，有什么不高兴的？和嫂子说，实在离不开，在齐钢磨炼好了，再调回鲁铁担当重任。”

一直以来，白行总认为自己有很大的能量没机会发挥，这次他不想再像推辞陆良那样推辞齐虎的邀请。他稍作沉吟后，一咬牙：“好，干了。去了就不考虑回来，必会全力以赴，不辱使命。”

白行要调离鲁铁的消息在熟人中传开了。已是分厂厂长的吕红军派人把白行叫到自己办公室。

吕红军说：“知道你下岗了，一直等着你来找我，等来个你要调走的消息。你到齐钢也没什么意思，上我这里来干秘书吧。”

白行想起当年两人在电工班合作给别人写检查的搞笑场景：“是不是想让我替你写检查？我可不想弄这个事了。”

吕红军盯着白行看一会儿：“不想来拉倒。我就送你几句话吧。在国有企业工作，重要的不是会干活，重要的是会做人。工作再出色，没有人说好还不是白搭？人做好了关系搞好了就什么都好了。在国有企业和在政府机关差不多，关键就是做人，是关系。”

白行开玩笑说：“别替我操心了，你还是先想想‘舜’字怎么写吧。”

吕红军说：“你这个小子，就是不服我气。不瞒你说，我到现在也写不出来。这有什么？我找个会写的不就行了？我的办公室主任、政工科科长都是笔杆子。你看书多有什么了不起，还不照样下岗？”

白行说：“我宁愿下岗，也不想学你那套混世关系学。你这一套理论，和服务处的胡山说的差不多。我想的和你俩不一样，我就是想干点有意义有价值的事，不想搞拉关系那一套。”

吕红军指点着白行说：“要不是一起进厂的老弟兄，我都不可能见你，你小子就是个呆子。要是换了别人早就把礼给我送到家里去求我安排工作了，我主动找你来，你不感谢不说，还你妈说怪话。拉关系怎么了？能拉关系也是本事。你以为我什么事都指望我爹的关系吗？我现在是生产厂厂长，正处级，我爹就是个镇长，也已经二线了，光凭他的本事能把我提成处级吗？路靠自己走。我想说的都说了，你爱听不听吧。”

白行说：“我知道你是为了我好。你就别管我的事了，多给朱老大操操心吧。”

吕红军说：“朱老大工作热情是有，干技术活是跟不上趟了，也没什么好照顾的，不过也不能让他下岗，他现在到北门干门卫去了。行了，你也别替别人操心了，奔你的前程去吧。我还是那句话，国有企业都一样，你要还是这个熊样，到哪里也白搭。这样吧，晚上我安排个酒局，给你送送行。”

“免了。”白行说。

白行离开吕红军的厂长办公室，去鲁铁北门找到朱老大，把要离开鲁铁去齐钢的事和他说了说，并说有同学在那里，让他放心。

朱老大说：“兄弟，我支持你。我就不信没有你施展才能的地方。去了好好干，干出样来给这帮小子看看。真干出名堂来，你哥我脸上也光彩。”

两个人一阵闲聊。白行等朱老大下了班，两人到附近一家小酒馆喝了一顿酒，算是话别。

白行很快就办好了调动到齐钢的各种手续，这一应繁琐的手续都是齐钢的人来鲁铁办的，基本没用白行插手。

到齐钢报到的那天早晨，白行给齐虎打电话说自己到了。齐虎告诉他说自己当选了原来所在城市的十大杰出青年企业家，正在参加表彰会。又说一切都安排好了，让白行直接去经营公司报到就可以了。白行问齐虎什么时候回来，齐虎说本来想在家再住一晚，既然白行到齐钢了下午就坐飞机回去给白行接风。白行说你老远回一趟家就在家住一晚呗，齐虎哈哈一笑说已经住了一晚了，该办的事都办了。

齐钢的经营公司在厂区附近的一个单独院落里，院墙上竖着十个大牌子：您要买钢材请到齐钢来。白行到经营公司综合办公室报到，和他一起去办理调入手续的还有一个叫宋帅瓜的年轻人。办完了相关手续后办公室赵主任说："你们在这里等一下，早晨许经理说今天调来的人他要见见，我去看看他这会儿有时间吗。"又补充说："许经理就是公司一把手。"

坐在办公室等着被召见，闲着没事，白行端详起这个叫宋帅瓜的人：小个子，黑皮肤，窄尖的头顶，肥厚的脸庞，在鼻子的一边有一颗硕大的黑痣，眼眶大，眼睛小，眼珠子逛来逛去好像随时能掉出来，眼里无神，俗称死羊眼。宋帅瓜发现白行看他，赶紧把视线移开。白行搭讪说："宋帅瓜，你这名字挺有意思的。以后在一起工作，商场如战场，咱就是一个战壕的战友了。"

宋帅瓜满脸笑，竟是因狂笑致使面部肌肉失去控制的那种笑脸，接着就一收："我是农村来的，啥也不懂，你要是想糊弄我，也没这么容易。"

白行没想到宋帅瓜会这样说，见谈不来，就不再说话。

一会儿赵主任走来招呼二人说许经理这会儿有空，让过去见见。白行和宋帅瓜就跟着赵主任去经理办公室。宋帅瓜突然打了个响嗝，赵主任问："这么响，吃的什么？"

宋帅瓜说："藕。"

赵主任开玩笑说："以后别买藕吃，不合算，一斤藕半斤窟窿。"

宋帅瓜眨眼思索，嗯了一声。忽然明白过来，发火说："你奶奶的，你坑人！"

赵主任吃惊："你怎么骂人？我就是开个玩笑，你这是干什么？"

宋帅瓜一脸怒气："你错误大了！"

赵主任惊愕地盯着宋帅瓜看了一会儿，又看看白行，连说："好好好，我错大了，我错大了。"

三人走到经理办公室门口，赵主任敲了三下门，顿了顿，然后将门推开："经理，才调来的人，您见见？"

许经理起身迎过来。见赵主任领着两个人，就问："谁是白行？"

白行就搭腔说："经理好，我是。"

许经理伸手握住白行的手说："欢迎欢迎，我们齐钢就需要你这样的人才。"

白行说："一定尽己所能努力工作。"

许经理拉着白行坐在沙发上，抬头看见宋帅瓜："你也是刚调来的？"

宋帅瓜余气未消没有搭腔。赵主任说："也是。"

许经理打量一下宋帅瓜："你忙你的去吧。"

宋帅瓜转身就走，虽然腿短，步子却迈得很大，走出去后用力一带门，门在宋帅瓜身后咣的一声关上了。

许经理看了看白行，瞪起眼对赵主任说："这是个什么玩意儿？谁弄来的？神经病吗？"

赵主任也看看白行，欲言又止。

白行边起身边说："我出去……"

许经理按住白行对赵主任说："这样的能做营销吗？说，谁弄来的？"

赵主任说："前天招待客户的酒宴上，郃总不是和您提了一句吗。就是这个人。"

许经理想了想："是和我说过。就是这个人？什么背景？"

赵主任又看了眼白行没说话。

许经理说："我给你介绍介绍，这是白行，以后你们要齐心协力，相互照应。说吧，没事。"

赵主任说："郃总那个傻侄女刚找了个对象，就是这个人。"

许经理哦了一声，又低下头想了想，对赵主任说："你去把他叫回来。"

赵主任就赶紧走出门去，转过身轻轻把门带上。

许经理拿过茶几上的软中华，递给白行一支，要给白行点烟，白行赶紧去夺打火机要给许经理点上，许经理抬手阻止，自己点着烟后把打火机递给白行说："齐总都和我说了，你来了以后，先安排科长岗位，等个半年几个月的再提处长助理，再往上升就得齐总亲自运作了。要说起来，公司也有规定，提拔干部原则上提副科级必须三十五岁以下，副科转正科要任职两年以上，你这个年龄了，不能再按那个来了，必须特殊情况特殊对待。"

"让您操心了。我一定干出成绩来，不让您为难。"白行说。

许经理说："你肯定错不了，一看就能看出来。不像刚才那小子，就是个神经病。你说那小子来了能干什么？唉，郃总安排的，没办法。"又说："郃总的傻侄女能嫁出去也算去了个心事——郃总就是齐钢的老总，一把手。"许经理抽了两口烟，突然想起说："你到这里来工作你爱人怎么办？分居不合适，干脆都调过来算了。"

白行说："家里还有孩子和老人，离不开。"

许经理说："不调来也行，齐钢离济南也没多远，等你当了处长配了汽车，你天天回去都没问题。"许经理又感慨："齐总三十多岁就是正厅级，常务副总，前途不可限量，我猜他很快要接一把手的班。齐总是大才啊，将来上到哪一步，绝对超出我们想象！”

两人正说着话，房门轻轻响了三下，随后被轻轻推开，赵主任和宋帅瓜站在门口。许经理起身说：“来来来……”

宋帅瓜几步走到沙发跟前一屁股坐下了。许经理本要和宋帅瓜握手，见他已经坐下，也就罢了。许经理乐呵呵地说：“今天一下来了两个人才，这是集团公司对我们营销一线的支持啊。现在我们经营公司什么也不缺，就是缺人才。”许经理看了一眼站在一旁赔笑的赵主任，对白行和宋帅瓜说：“上个星期，有人笑话我们说，我们院墙上的广告牌‘您要买钢材请到齐钢来’可以去掉两块，改成：您买钢材，请到齐钢。也可以去掉四块，改成：买钢材，到齐钢。还可以增加几块，改成：如果您要买钢材，那么请到齐钢来。你说这不是笑话我们是什么？我让赵主任组织几个人成立个策划小组，一个星期过去，搞出三个方案。一个是让我去掉两块牌子，改成：齐钢产品，全国一流。第二个是还用这句话，剩下的两块牌子还留着，一边一幅画。第三个方案是还是这句话，剩下的两块牌子，中间加个逗号，句尾加个句号。说是三个方案，其实就是‘齐钢产品全国一流’八个字，就想不出别的词来了。实在说，我都不满意。还要继续策划。”

赵主任说：“我已经找了广告公司了，让专家帮着策划策划。”

许经理不以为然地斜了赵主任一眼说：“缺人才啊。现在集团把营销定位为第一线，我们要利用这个机会，广招人才！只要是人才，我一律绿灯。今天白行和这个这个……”

“宋帅瓜。”赵主任赶紧说。

“宋帅瓜？哪个瓜？”许经理问。

赵主任脱口而出：“傻瓜的瓜。”

宋帅瓜噌的一下站起来怒视着赵主任高声说：“你知道个啥？”

赵主任赶紧说：“西瓜……冬瓜……甜瓜，甜瓜的瓜。”

许经理摆手示意宋帅瓜坐下：“小宋啊，别着急，赵主任口无遮拦乱说一气。今天咱俩好好谈谈，你来了以后想干什么岗位？咱俩好好交流交流。”

白行和赵主任起身告辞。

许经理叫住他俩，问赵主任：“白行的住宿怎么安排的？”

赵主任：“这个……还没……还没和白行老师商量。”

许经理说：“一定安排好。”

白行说：“不是有单身宿舍吗，我住单身宿舍，一个人就不租房子了。”

许经理对赵主任说："赵主任好好想想，有什么好办法吗？单身宿舍乱糟糟的能休息好吗？"

赵主任想了想："很多外地经销商在齐钢设了办事处，有长期租宾馆的也有租民房的，他们一般每个月订货的时候来住几天，平时房子都空着，白行老师要是不嫌弃的话，我联系联系他们，让白老师上他们那里去住？"

许经理说："我看行，挑个好点的。"

白行说："不用不用，我住单身宿舍就行，麻烦人家多不好。"

赵主任说："这麻烦什么，他们求之不得。"

许经理说："一定安排好。"

赵主任答道："领导放心，一定让白行老师满意。"

赵主任选了一个最好的经销商办事处给白行住，因经销商不在齐钢，答应第二天就送钥匙过来。赵主任就先在宾馆给白行订了个房间，说费用公司报销。白行说费用必须自己承担，住经销商的办事处也要交房租，要不然还是住单身宿舍安心。赵主任说白行老师你可别让我为难呀，这都是许经理亲自安排的任务，必须办好。白行一再坚持自己的意见，赵主任说先住下，费用的事请示许经理以后再说。

因还没给白行安排岗位，赵主任就让白行在自己办公室坐着。下班的时候赵主任对白行说："晚上一起喝个酒，我请客，给你接风。"

白行估计晚上齐虎会请自己吃饭，就推辞说："刚来，想休息一下。再说你帮我联系住处，要请也是我请你。晚上我还想给家里报个平安，改天我请你吧。"

赵主任说："你一个人也得吃饭不是？不吃饭怎么休息？给家里报平安好办，你就用我桌上的电话给家里打，能打长途。"

白行想了想，拿起赵主任桌上的电话拨打齐虎的手机。赵主任指指外面说："我在楼下汽车里等你，你打完电话把门带上就行。"说完夹起包出去了。

白行打了几遍都没有人接，持续地拨，就通了。白行说："齐虎啊？齐总？还没忙完呢？今天能回来吗？"

接听的不是齐虎："你是谁？"

白行说："我是齐总的同学，说好晚上一起吃饭的……"

对方说："去不了了。"说完就把电话挂了。

小饭馆里，赵主任很客气地劝酒劝菜，两人喝得脸通红。

白行说:“赵主任，你是我领导，怎么这么客气？”

赵主任说:“可不是这么回事。你前途不可限量啊。”

白行说:“初次见面，何出此言啊？”

赵主任说:“今天在许经理办公室许经理怎么说的你还记得吧？让我们互相照应。你要就是个一般科员，许经理能这么说啊？见都不会见你。我要是这点政治敏感度都没有还怎么干主任？”

白行说:“许经理也就是这么随口一说。”

赵主任说:“白哥，今天我看了你的简历，咱俩同岁，你月份大点，以后我就叫你白哥了。今天我也不问你来历，你也不用告诉我，这些事用不了多久就都知道了。我只希望今后咱俩都能做到许经理说的:互相照应。你们这些新来的，势头都很猛，我也不想设绊子，绊也绊不住。我去年来的时候这里只有两个正科级，现在七八个了。我是打算来接副书记的班的，现在一年过去了，八字还没有一撇，正科越来越多，竞争就越来越激烈了。唉，看来再不想想办法是没希望喽。其实我也有关系，要不也来不了经营公司，看来原来的关系不够硬，必须找到更硬的才行。”

白行说:“只要积极努力肯定没有问题。”

赵主任说:“努力管用吗？你看今天许经理说的，缺人才啊。这几天，做梦都是那十块破牌子，三个方案，许经理一个也不满意。让继续策划，还怎么策划？找广告公司策划，人家收费，你没见今天许经理的态度，真要是花钱，他还未必同意。愁死了。”

白行说:“赵主任，我初来乍到，蒙你看得起。那十块牌子，你要是不嫌弃，我给你提提建议行不行？”

赵主任眼睛一亮:“天爷，快说快说。”

白行说:“现在大企业，都讲究品牌，追求品牌效应。有的走专业技术品牌，有的强调服务品牌，有的突出质量品牌。无论走哪个路，都是奔着一个目标:世界品牌。再就是，经营公司是齐钢的窗口，外人要想了解齐钢，也多是通过销售来了解，而许经理又一心想干出一番突出业绩。所以我认为，经营公司有责任通过自己的工作和形象来展示齐钢风采，而且我们也自信，只有我们才有资格有能力展示出齐钢风采。所以这十块牌子就换成十个字:展齐钢风采，创世界品牌。”

赵主任双手一拍大腿:“准行！别看我不会弄，但我听出来了，准行。明天你就把这些写出来，给许经理看看。”

白行说："我明天写好后交给你，你给许经理看就行了。"

赵主任说："没必要没必要。我说我想出来的，许经理也不相信。你想的就是你想的。只要这件事能交差，我就比谁都高兴。"

第二天上班后，白行和赵主任一起把白行写好的方案拿给许经理看。许经理看完后很兴奋："让那帮家伙看看，看看我们经营公司有没有人才！看看谁还笑话咱？就这么定了，马上制作。"许经理想想又对白行说："现在一些老百姓买螺纹钢盖房子，有的企业也小批量采购钢材，正好我们也有些计划外的乱七八糟的现货要降价处理。为了这个我们利用路边周转库房搞了个小额站，可是小额站这个名字没什么特色，小额站搞起来以后销量也上不去。白行你想想，给出出主意看看怎么弄好。不着急，什么时候想出来什么时候算。"

白行说："虽然小额销售销量有限，看似给整个销售工作帮不了什么大忙，但是对消化现货降低库存减少资金占用有帮助，还有个作用就是体现服务和亲民。现在普通老百姓愿意去什么商店买东西？超市。想买什么自己选。所以我建议这个小额站就叫：齐钢钢材超市。好像我们那些杂七杂八的现货不是不可避免形成的，而是专门给顾客备下供他们挑选采购的。再把服务环节跟上，弄好了，不但可以提高知名度吸引顾客增加销量，现货还不必降价处理。"

许经理拍着桌子说："看看，看看，这就是人才。白行，今天我不提提拔的事，我先封你个雅号：策划大师。现在市里要求企业搞好三大工程，就是：营销队伍建设，营销网络建设，市场信息部建设。咱正要成立一个市场信息部，专门搞市场研究和策划，还有网络。白行你就去市场信息部吧，给你七八个人，你负责。"

赵主任笑着说："钢材超市，白行你是怎么想出来的？"

白行说："其实跨行业借鉴是最好的手段——思路不受限制。我在济南鲁铁工作的时候，看到钢材销售只有批量优惠一种促销手段。而终端客户及经销商之间常常为了一些急需的钢材不惜出高价采购。我就给厂里提出一个建议叫：机票订货模式。就是采购钢材像买机票一样，远期订单平价保生产，近期急需的可以在生产计划中插单，但是价格可就贵了。"

"效果怎么样？"许经理问。

"没被采纳。"白行说。

许经理说："看来你这方面的思路还不少。"又对赵主任说："赵主任，成立市场信息部是集团公司已经定了的，你抓紧下一个通知，包括这么几个内容：一是遵照集团公司安排成立市场信息部，二是白行同志任临时负责人，三是把白行关于更换广告牌的策划方案和超市的方案也写进去。通知一并报组织部和人力资源部。写好了给白行看看。”许经理又对白行说：“你的事今天早晨我已经和组织部说了，马上办。”白行说：“谢谢许经理。”

出了许经理办公室，赵主任把白行领到一个电脑跟前说：“通知就你写吧，我就不掺和了。”白行也没推辞，就坐下写了起来。

白行刚把通知写完，赵主任跑过来把白行拉到一边很神秘地说：“告诉你一个刚得到的消息。我肯定这个消息对你非常重要。”

白行说：“你怎么知道什么消息对我重要？”

赵主任说：“早晨我查询我桌上电话的通话记录，你昨晚是给齐虎副总打的电话。”

白行笑笑：“确实是。”

赵主任说：“所以我这个消息你肯定关心，估计你还不知道。”

白行问：“什么消息？”

赵主任说：“昨天齐虎回东北参加市里的表彰会，在主席台上，市领导给他发奖状，他给领导一个躬鞠下去，一起身子，就直接躺下了，脑溢血，送到医院没抢救过来，昨天夜里去世了。”

白行脑子一片空白……

赵主任拿着白行写好的通知交给许经理。

许经理说：“等等吧。”

白行对赵主任说：“那个提供住宿的经销商还是别让他来了吧，我还是住单身宿舍安心。”赵主任爽快地答应：“好，就按你的意见办，一会儿给你开个介绍信，你拿着去单身宿舍就行了。”

白行在单身宿舍得到了一个床位，一间房住四个人，顶到屋顶的壁橱一分为四，可以上锁，能放点自己的私人物品。白行下班后躺在床上不停地吸烟，思考着自己今后的路。鲁铁肯定是回不去了，即便能回去自己也无法回去——无颜见江东父老。不回去，在齐钢又能怎样呢？前途渺茫。吸烟无法排解心中的烦恼，白行出去买了瓶白酒回来，不停地喝，直至醉倒在床上。

白行醒来，已是凌晨。他反复想着自己可以选择的选项。他想起一句台词：

夜里想了千条路，醒来照旧卖豆腐。自己的路应该只有一条：殚精竭虑想工作，竭尽全力干工作，在齐钢干出业绩、干出奇迹，没有别的出路。自此，白行开始了自己在国有企业的奋斗之路……

几日后，成立市场信息部的通知下来了，临时负责人的名字换成了宋帅瓜，广告牌的方案和超市的方案也写在通知里，只是没有说是谁策划的，白行等几个人调入新成立的市场信息部。许经理让赵主任找白行谈话，谈话的目的和效果要达到：讲清道理，安抚情绪，协助宋帅瓜干好工作。

赵主任把白行叫去："提你科长的事，许经理也不是不办，主要是你刚来，不干出成绩来就提拔难以服众……宋帅瓜你也知道，不安排好也不合适。许经理让我和你谈谈，反正就是这么回事，心照不宣，你要是还想在齐钢待下去，就只能面对现实。"

白行表态："赵主任放心，道理我都懂，我一定配合宋帅瓜干好工作。等许经理有空我也和他汇报一下思想，让领导放心。"白行说完，心里蔑视自己竟能说出如此世故圆滑的话来。

赵主任说："许经理那里你就没有必要去了，他要想谈，他会找你，你主动去找他不太合适，是不是？"

白行说："好。那我就先把工作干好。"

赵主任拍拍白行肩膀说："忙你的去吧。"

一天，许经理把白行叫去，劈头就问："你有什么情绪吗？"

白行不知何故，没有说话。

许经理说："我听说你每天来得都很早，走得很晚。这是好现象。不过光这样还不行，还要在工作上干出成绩来才行。你们部里的工作至今毫无进展，我让宋帅瓜了解其他钢厂的钢材价格，几个月了，到现在也没搞到。你作为部里的骨干，是不是也有责任啊？"

白行说："不知道有这个工作安排呀。"

许经理说："宋帅瓜在部里没传达吗？"

白行说："没有。"

许经理沉吟一下说："宋帅瓜有宋帅瓜的特点，你有你的特点，以后干工作你不要等，也不能靠。再有什么工作，我就直接和你说，你直接干就是了。"

白行说：“领导放心，我一定尽力。不过这项工作我确实不知道。”

许经理说：“有些工作，领导没安排，自己也应该想到。你抓紧想想办法，把别的钢厂的销售价格了解一下，给你两周时间能不能搞到？”

白行说：“我马上办。”

许经理说：“还有一件事，市金属协会搞了个《物贸快讯》，想让我们订购，还想让我们在上面做广告，他们主编找过我，集团领导也知道这事。你去和他们谈谈，看看订个二三十本需要多少钱，我们在上面做广告的方式和费用也定下来，尽量尊重他们的意见，只要价格不是高得太离谱就行了。谈妥以后写个报告。”

回到市场信息部，白行把许经理安排的工作向宋帅瓜汇报。宋帅瓜说：“他让你干什么你就干，别和我说。”

白行并不介意，拿起电话和几家知名钢铁网站联系，索要各钢铁企业价格。因平时就与这些网站有交流，彼此熟识，各网站也愿意帮忙，很快就把各厂价格传真过来。白行又和几家熟识的钢厂市场部人员电话交流，问他们的品种钢加价幅度情况并一一记录，然后将各家普钢、品种钢价格进行比较，做成表格，标明各钢厂价差差额，将各厂品种钢加价幅度做了文字说明，连同传真一起交到许经理手上。

许经理翻看着表格、文字和传真原件：“好家伙，这才过了两个来小时，这么快就完成了？看来以后得多给你派点活干干。”

白行说：“感谢领导信任，我愿意多干活。”

白行找到《物贸快讯》编辑部主编室，向主编说明来意。主编说：“报告我都替你们写好了。”说完，拿出一份《关于订购〈物贸快讯〉和在〈物贸快讯〉上做广告的请示》递给白行。

白行接过报告看了一下说：“我们还没谈，您怎么就知道是这个结果？”

主编说：“我们和你们集团领导、处领导都谈好了。你把报告拿回去交给你处长就行了。”

白行拿起最新的《物贸快讯》翻看，认为存在信息量小、权威性差、时效性差、可读性差、印刷成本高、定价高等问题，这些问题必然会导致发行量低和亏损的结果。白行向总编提出自己的看法和判断，主编诚恳承认，问白行可有计策改变，白行就向其提出以下措施：一、封面标注“齐钢合办”，以提高权威性，增加可信度。二、齐钢及时提供企业信息，以增强时效性。三、减少研究性文章，减少页数，降低印刷成本，降低销售价格。四、免费为经销商刊登销售价格和库存品种广告，以增加信息量。预期效果是广告征集量增加，发行量增加，扭亏为盈。齐钢的条件是：一、齐钢提供的信息是对《物贸快讯》权威性、时效性的支撑，不应视为广告，也不应收广告费。二、每期赠送齐钢三十本，以利信息共享、及时提出改进意见。

白行最后说："您要觉着不合适，我就把您这个报告拿回去交上就是了。"

总编让白行等等，就去找协会领导汇报去了。时间不长，主编和金属协会的领导来了。一番寒暄后，协会领导说："你本事不小啊，一分钱不掏就把事办了。"

白行笑笑："这是双赢，一般双赢的时候双方都纠结，觉得不是全赢。要是单赢就不纠结了，可是事也就办不成了，办成了也不会长久。"

协会领导哈哈一笑："说得好。走，吃饭去。我们多聊聊。"

第二天，白行把《关于与〈物贸快讯〉协商合办杂志的情况汇报》交到许经理手上，没想到许经理看着报告眉头越皱越深。

许经理放下报告有些恼怒地说："你这是弄的什么？我们订他这个杂志、登广告，说白了就是看在上面领导的面子上给他们帮帮忙，你这叫帮忙吗？你自己说说，一分钱不掏能算帮忙吗？"

白行说："这个办法确实对他们扭亏有帮助，他们自己也研究了，认为可行。"

许经理说："他们扭不扭亏与我们有关系吗？那个破杂志有几个人看？上面领导打招呼，我们就要体现出做贡献来，你这个方案能体现出来吗？"

白行说："我当时也说可以按照他们原来的想法做，他们选择了这个方案。"

许经理生气地说："我怎么说你才明白，你管他们怎么想干什么，领导怎么想你想过吗？怎么和集团公司领导汇报？"

白行低头不语。

许经理说："你说你弄的这事，改都没法改，没法挽救。现在人家同意不收钱了，我们也不能说你不要不行啊。我们不拿出点钱来，有关领导那里说得过去吗？"

"那怎么办？要不然我再去和他们商量商量？"

"还商量什么，齐钢非要给钱？传出去能行吗？就这样吧。我和集团领导解释解释吧。以后做事要多想想，不要节外生枝。"

几个星期后，许经理又把白行叫去：“最近工作不错，市场部的工作很有起色，市场信息很及时，市场分析也准确到位，与兄弟企业的联系渠道也建立起来了，集团领导很满意……齐虎还真没看错人……可惜了啊，可惜了。你文笔不错，你部里的材料都是你写的是不是？”

白行说：“是。”

许经理说：“我们经营公司能写的太少。我们光干不行，还要喊出去。你抽空多写写，特别是我们的一些营销思路、工作业绩多写写。写好了登在《齐钢报》上，署名可以是市场部，直接署名经营公司也行。”

白行连忙答应：“好，行。”

第二十八章

长江大洪水。

在湖北神农架，已经转为志愿兵的白德与花麒麟收养的女儿、在医学院读书的白鸽于抗洪救灾中相遇。巧得像说书一样，但并不稀奇。因为在中国这片热土，向来是一方有难八方支援，而出现在灾区最多的救援人员身影，就是解放军和医护人员。

大水漫灌，乡村淹了，城市淹了，山洪暴发，泥石流肆虐……日日夜夜，无论是救人的还是被救的，都在一次次涉险，一次次闯着鬼门关……

白德已经极度劳累，他已记不清自己救起了多少人，也记不清自己死过多少回。作为班长，他必须冲在前面，既要更多地救出百姓，还要关照自己的战友们不要出危险。

白德和几个战友刚把又一群老百姓送上军用卡车，一个战士在远处喊："班长！饭来了，开饭了！在这边！"白德挥一下手算是答应了，然后疲惫的身体像往地上丢一口袋土豆似的，一屁股坐在石台上。他浑身瘫软无力，若不是穿着这身军装，真想躺到地上——像赖猫子那样躺下，让身体的每一个部位都着地，每一个部位都得到休息。望着眼前湍急宽阔的水面，白德做着深呼吸，他想调整一下状态再出现在战友面前。突然，一个姑娘从他面前跑过去扑向前面汹涌奔流的大水。白德没感到吃惊，因为他已见到过因失去亲人而悲痛欲绝去寻短见的先例。白德噌地起身去抓那个女孩，没有够到，紧跑几步在淹过膝盖的水中抱住了她，这个姑娘就是来参加志愿者的像柳枝一样修长的白鸽。白德直接把白鸽抱起来急忙往回走，因为大水随时有可能把他们冲跑。白鸽吓了一跳，加上白德的双臂箍得她生疼，让她喘不上气来，只能挣扎着要下来。白德大声说："小妹妹！坚强起来！祖国需要你！你还有很多亲人需要你！"

白鸽好不容易捯过气来，大喘着气说："我是学生！"

白德说："我知道！你的老师、同学们都在等着你！"

白鸽说："我是医学院的学生！是志愿者！水里有人！快去救！"

白德连忙把白鸽放下回头去看，从上游冲下来的一个人已经被自己的战友们救了起来。

白德问："你刚才是要去救人吗？"

白鸽说："要不然干什么呀？"

白德批评她："你救生圈也不拿就去救人？你才多大你就救人？"

白鸽望着英俊刚毅又个子高高的解放军大哥哥，委屈地说："我都上大学了，在医学院。"

白德笑笑："我还以为你是中学生。你还掉眼泪了？"白德伸手拍拍白鸽的肩膀说："好了好了。你很勇敢。但是不能表扬你，你要注意安全，只有保存自己才能消灭敌人，对不对？好了好了。"

白鸽一次次抬眼看着白德，好像要对他说什么，又什么话都没说。

白德端详了一下眼前这个羞涩拘谨的姑娘："开饭了，到那边吃饭去吧。"

白德说完就向水中走了几步，脱下自己的上衣在水中涮着，露出了浑雄宽阔的胸背和野狼一样的细腰。胸肌、腹肌、阔背肌、胳膊、小腿，浑身上下到处是一道道的划痕，一块块破损的皮肤还在往外渗着血。白鸽的心猛然就突突突突地跳，她想起自己同学说的话：这种感觉就证明你恋爱了。白鸽的几个女同学跑过来问询、关心白鸽，她们也马上被白德的俊美身躯所吸引。一个女学生说："你们别看了，他是我的奋斗目标，我都关注他好久了。"其他的女学生纷纷说：凭什么呀！我早就关注了呀！我还和他说话了呢，都别争了……一个胖姑娘突然哈哈大笑起来："原来你们都盯着人家呢，好好好，我宣布退出！"

白德使劲拧了拧衣服又抖了抖，一边穿上衣服一边转过身来，见白鸽和几个女学生站在那里说笑着，就走过来对白鸽说："走，吃饭去。"说完就走，目不斜视，好像其他人不存在似的。

白鸽脸颊绯红，竟一句话也没说出来，跟在白德身后往前走。

其他的女孩子又七嘴八舌地议论：什么时候的事啊？没看出来呀！看着白鸽最老实，闷声发大财呀！白鸽怎么这样呀！完了完了，我们都败了……一个姑娘突然想起来："白鸽！我们不是吃过饭了吗！你跟着干什么去？"

白德大步流星地往前走，白鸽近似小跑地在后面跟着。白德回头看看白鸽，放缓脚步："累了吧？……饿不饿？"白德并没有意识到他对白鸽的感觉就是一见钟情。几年来有女兵和社会上的女青年或公开或暗示地追求他，他都直接谢绝了，因为他没有找到要谈恋爱的理由。但是今天不同，他有愿意与白鸽说话、交流的愿望，这种感觉从他抱起白鸽的时候好像就有了。

白鸽抬眼看一下白德，脸上又是一红，没有点头或摇头，也没有说话——她说不出话，满心都是紧张和羞涩。她感觉自己言语都笨拙了，变得张口结舌，她想让自己自如一些，但是做不到。

白德干脆停下脚步专注地看着这个站在自己面前的姑娘。眼前的这个姑娘的每一个眼神、表情都在拨动着白德的心弦。白德说："曾有人想和我谈恋爱，我回绝了，也说不清为什么回绝，总归就是不想谈。但是今天不同。"

白鸽看着白德的眼睛，恳切地点点头，因为她也是这样。

白德问："你是志愿者？从哪里来的？"

白鸽嗓音纤细，娇柔地低着头说："我是深圳的，就在湖北的医学院上学。"

白德问："你叫什么？"

白鸽说："白鸽。"

白德说："姓白吗？"

白鸽点点头。白德正要说话，就见一个战士边往这边跑边喊："班长！命令来了！马上出动！上神农谷！"

白德立刻匆匆对白鸽说了句："再见。"就快速向军车跑去，边跑边喊："集合！目标神农谷！出发！"

夜幕降临。军车一辆跟着一辆往山里开，越开坡越陡，越开气温越低，直到冻得车厢里的战士们浑身发抖，特别是白德，因为没来得及吃饭，更是饥寒交迫苦不堪言。车队到达神农谷，在紧靠着陡崖的路边停下，战士们纷纷从车厢里跳下来，紧接着就是"稍息、立正、报数"的集合队伍的口令声。一位首长走到队伍前下达命令："同志们！前面从神农谷到神农顶之间，有多处险情，汽车已经无法往前行驶，现已确认有不少老百姓滞留在那里，情况非常危险，我们到这里来，就是要把这些老百姓救出去！现在我命令：后勤保障人员就地支起帐篷，做好接收老百姓和伤员的准备，其他同志，目标神农谷，行动迅速，注意观察。

出发！”

指战员们随即快速向神农顶方向搜索前进，一只只手电筒划破夜色闪着希望的光。这时从车队最后几辆装运保障设备的军用卡车里跳下来几个女孩，是白鸽和她的同学们。白鸽怀里抱着几个馒头和煮鸡蛋，一边急急地往前跑一边在解放军队伍里搜寻着，直到快到队伍的最前面，看到白德就冲他跑过来。白鸽在快步向前的白德身侧小跑着，没有阻拦白德前进的步伐，也没有叫他。白德看到白鸽在身旁吃了一惊，赶紧停下脚步把她拉到一边：“你怎么来了？快回去！”白鸽把怀里的食物递给白德，看着白德的眼睛没有说话。白德抓起一个馒头塞进嘴里边吃边说：“今天的任务非常危险，你快回去！是不是冻坏了？”白德看看自己身上也没有取暖的衣服，就摘下钢盔戴在白鸽头上系好。停下脚步的白鸽脸色煞白，冻得浑身哆嗦，上牙碰着下牙说不出话来。白鸽的几个同学在后面跟着她跑，也在帮着搜寻着白德，见他俩已经站在一起就聚拢过来。部队首长跑过来大声问道：“你们几个小姑娘怎么过来的？今晚的行动非常危险，没有组织志愿者上山，你们怎么来的？”几个女孩除了那个胖姑娘全都冻得说不出话，胖姑娘指着白鸽和白德说：“她来给他送吃的，我们不放心，就跟来了。”

首长厉声一句：“胡闹！”接着问白德：“你认识她？”白德一立正：“是。”首长说：“现在我命令你，马上把这几个女同志送回帐篷，确保……”首长还没说完，前面队伍一阵骚乱，一个战士慌慌张张地跑过来：“班长，我们班里的同志掉下悬崖了！”白德等人赶紧跑过去看：见一个战士在距离地面一米多深的悬崖陡壁上悬着，双手抓着藤条、荆棘之类的植物，随时会掉下去。白德大声问：“谁有绳索？”有战友回道：“绳索还没上来！”

白德对身边的战友说：“你们抓着我的脚，我探下去把他拉上来。”

白鸽一下抓住白德的胳膊声音哆哆嗦嗦地说：“不……不行！太危……险……”

白德命令几个战士说：“快！执行命令！”说罢就趴下身子把上半身探出悬崖，几个战士连忙抓住白德的脚踝。白德指挥着：“放！再放……”白德终于抓住了战友的手腕：“抓住了！往上拉！拉！”就在白德快把战友拉到地面的当口，一个战士松开一只抓着白德脚踝的手去接掉下去的战友，或许他认为这样可以减轻白德承受的重力，或许他太相信自己威武无敌的班长，或许他以为其他战友还有力气抓得住白德，但是就在他拉住掉下去的战友的同时，白德从战友们的手中滑出掉下悬崖。白鸽惊呼一声纵身去够白德，也跟着掉了下去……

在半山腰的水洼里，白鸽惊慌又焦急地在黑暗中四处寻找着白德，终于在水洼的中间看到了他。白德脸朝下趴在水中，水面没过了他的身体，使他只能依稀可见。白鸽慌慌张张踉踉跄跄地蹚着水跑过去，用力提起白德的肩膀让他的脸离开水面，拉着他往水洼的边上拖，总算把白德的上半身拖离水洼，她放下白德，转到一侧把白德的身体翻过来，这时她才看清白德的头上往外涌着鲜血，她急忙从随身的救生包里拿出绷带使劲缠在白德头上止血，然后用力给白德做着心肺复苏和人工呼吸……随着白鸽双臂的一次次用力下压，一股股水从白德的嘴里冒出来，白德两眼半睁着像是在看着白鸽，又像是看向静谧的夜空，或者这只是眼睛还没有闭上……白鸽想喊人，但是她的嗓子发不出一点声音。她已不再寒冷，替代寒冷的是满脸的汗水，不知是热汗、冷汗还是虚汗……

就在白鸽再无力气近乎绝望的时候，她看到远远近近无数个手电筒的光四处摇晃着，依稀听到有人在喊。白鸽感到自己一下有了力量，这骤然聚集的能量激活了她的声带，她拼命喊道："在这里！快救人！"声音苍凉尖厉，有着无限的穿透力。远近的光束一下集中过来。这犀利的嗓音也唤醒了白德，他在白鸽叠加的双掌拼命按压下，嘴中接连冒出几口水，接着微微呼出一口气……白鸽喜极而泣，哭着说："我就相信你能活……"这时她才发现，自己胳膊上有一道长长的伤口，流出的鲜血淌得白德满脸、满胸都是，与白德头上流出的血汇集在一起……她依然不停地用尽全力给白德做着心肺复苏和人工呼吸，当救援人员赶到面前时，白鸽已经再无一点气力，她挤出全身的力量说出最关键的一句话："他溺水……快救……"然后就瘫倒在地上昏迷过去……

白德和白鸽被送回了后方医院。白德被送进医院不久就完全苏醒了，陪护的战友给他介绍了白鸽救他的经过。白德问白鸽情况怎么样。战友说也在医院里，高烧。白德要去看，大夫不同意，说一些女病号有体外伤，身体裸露，不便探视，并告诉他白鸽生命体征平稳，没有太大危险。

天亮的时候，白鸽在沉睡中醒来。床前的胖姑娘欣喜地说："醒了！好得真快。"又摸一下白鸽的头说："你发高烧……好像不那么热了。"

白鸽问："那个解放军……救过来了吗？"

胖姑娘说："救过来了，我们把你俩都送到这个医院了。"

白鸽问："他……严重吗？"

胖姑娘说："应该不严重……不是很严重。他还想来看你呢，大夫没同意。我去和大夫说一声。"说完就去找大夫了。

白鸽欣慰地闭上眼睛，她努力想着白德的形象，想让一个清晰完整的画面出现在脑海并锁定。她知道自己爱上了这个解放军，他在自己心里是完全炽热完全美好的感觉。她在想：贾宝玉第一次见林黛玉就说这个妹妹以前见过，其实并没有，但是难道真有这样的感觉吗，这个解放军自己感觉就是见过，但是应该也是不可能的事情……

白鸽含羞含情地想着白德的样子，想得心里突突跳。

深情与美好中，白鸽猛然想起曾经在妈妈的钱包里看到过哥哥的照片，那张照片自己看过很多次，想让妈妈摆放在家里，妈妈非要随身带着，虽然不是穿军装的照片，年龄也比这个解放军小，但白鸽几乎马上就能肯定，这个自己爱上的解放军极有可能就是自己的哥哥。白鸽的心再次坠入悬崖——他竟然是哥哥。这让她失望、悲伤又惊喜，说不出来的五味杂陈。她不愿相信真是这样，可能只是长得一样。她努力坐起要找护士问问这个解放军叫什么，医生走了进来。

医生说："怎么坐起来了，感觉怎么样？"说着摸一摸白鸽的额头，看了看白鸽包扎着的手臂，又看看白鸽打着的吊瓶："你不要起来，有事就叫人。"

白鸽问："你知道昨天和我一起来的那个解放军吗？"

医生说："你说白班长吗？肯定知道呀，你俩的事迹可是传遍了，白班长已经救了十几个人，你又把白班长救了……"

还真姓白！白鸽的心里，极度的恐慌、失望与懊丧交织着，但还是不死心地问："他叫什么？"

医生说："白德。你说巧不巧，他叫白德你叫白鸽，你俩都姓白。"

白鸽躺在床上闭上眼睛，心里乱糟糟的，自己一直盼望着见哥哥见哥哥，现在哥哥出现在自己面前了，结果呢……他不是自己的哥哥该多好……不，他应该是自己的哥哥……不，应该不是……

大夫轻声唤："白鸽，白鸽，你怎么样？想不想吃点东西？"说着一手摸白鸽的额头，一手号白鸽的脉。

白鸽闭着眼没有反应。

听说白鸽醒了，白德跟着胖姑娘来到病房外，等医生走出病房，白德问："我现在能进去看看她吗？"

医生说："发烧，又睡了，还不稳定，不要打扰她。"白德点点头，守在病房外。胖姑娘说："你也回去歇着吧，有消息我告诉你。"白德说："我没事了，你进去看着她吧。"胖姑娘说："要不然你在这里看着，我去吃点东西，饿得不行了。"白德点点头，胖姑娘就去吃饭了。

认真冷静地思考以后，白鸽整理、平复了自己的心绪。自己爱上了这个解放军，但是他是自己的哥哥，就这么简单。还能怎么样？还有必要纠结吗？任何纠结都没有意义也是绝对不应该的。应该高兴起来，认哥哥。想明白了，白鸽睁开了眼睛。她起身从门口往外看，见白德头上缠着绷带站在走廊里，就开门走过去。

白鸽的神情不再害羞拘谨，也不再躲闪白德的目光，而是直盯着白德看，流露出的眼神也不是含情脉脉，满含着的是嗔怪甚至有些怨气。白德见白鸽出来，就快步迎上去，刚走到白鸽跟前，白鸽眼盯着白德也不问他伤势如何，伸手在他胳膊上狠命拧了一把。白鸽的举动让白德吃了一惊。

白鸽表情严肃，嘟着嘴问："你是不是叫白德？"

白德点点头，一脸茫然。

白鸽问："你妈妈是不是叫花麒麟？"

白德摇摇头："不是。"

白鸽想了想："那你爸爸是不是叫白丰？你叔叔叫白行。"

白德再次感到吃惊："我大叔叫白丰，小叔叫白行。你怎么知道的？你是谁？"

白鸽有些得意地看着白德，没有回答他。

白德思索着问："你是大叔白丰的孩子？大叔在哪儿？"

白鸽说："我只能告诉你，我是你妹妹，详细情况我也说不清，可以让妈妈给你讲。"

白德吃惊道："你真是大叔的孩子？是我妹妹？大叔现在在哪儿呢？"

白鸽说："什么呀，大叔大叔的，你说的大叔是白丰对不对？白丰是咱俩的爸爸，有些事你还不如我清楚呢。"

白德说："不对不对，这就不对了。"

白鸽调皮地冷笑道："你叫白德，我叫白鸽，哪里不对了？"

白德捂头，这变故太大太突然，变得让人无法接受。他心里乱极了，像白鸽刚知道他是哥哥的时候一样乱。

白德神情恍惚地说："你是大叔的孩子……是妹妹？"

白鸽说："等见了妈妈你就明白了。"

两人正说着话，从走廊那头出现一对夫妻，有三四十岁，远远看见白德，喊了一句"白班长！"就快步跑过来。夫妻俩一左一右站在白德两旁上下打量着白德，男的问：“白班长你不要紧吧？”白德认出这两个人，就说：“你们不是被救的……”男的说：“是是，现在我们俩是来做志愿者的，把孩子和老人安顿好我们就赶了过来。刚找到你们的部队就听说你遇险被送到这个医院，这就又赶到这里来了。”没等白德说话，男的又转向白鸽：“谁是白鸽？你是白鸽吗？”白鸽说：“我是。”男的就冲着白鸽一下跪下去，女的也跟着跪下了。

白鸽慌乱地往后退：“你们搞错了，我什么也没做。”

男的说：“没有错。白班长救了我的孩子又救了我母亲，救了我家两个人，是我全家人的恩人，还有比这更大的恩情吗？你救了我的恩人也就是我的恩人。”说完冲着白鸽一个头磕下去，女的也跟着磕。

白德连声说：“起来起来起来……”

这时走廊上又出现一些人，都是听说了白德遇险、白鸽救人的事后赶来看望白德感谢白鸽的，他们中有的是自己被白德救起的，有的是亲人被救。一时间人声鼎沸热闹非凡。

几个医生和护士过来说：大家都离开这里，病人需要休息，现在不适合探视。但是没有人愿意离开，都在争抢着诉说白德抢险救人的感人事迹。这个说白班长已经救起十七个人了，那个说刚问了他的首长，是救了十九个，又一个说那是昨天早晨的数据，肯定还要多！有的人就拉着白鸽千恩万谢，说要不是你救了白班长我们连个报恩的机会都没有，你是大英雄……

媒体也来了，报社的、电台的，钢笔、录音笔、摄像机、照相机齐上阵。

医院领导赶来说：大家都到会议室！会议室已经准备好了……

总算劝走了记者和探视的人们，医院领导对白德、白鸽二人说：“现在灾区的电话线路已经恢复，刚才部队首长来电话询问你们二人的情况，介绍了你们的事迹，你俩都是英雄，特别是白班长，救了这么多人。你看刚才这阵势，谁不敬重英雄？后面肯定还会有很多人来慰问你俩。医院决定，给两位英雄特别安排，一人一间单独病房。一是为了更好地治疗，二也是为了方便探视和接受采访，不影响其他病员。”

白德说：“首长来电话了？部队现在在什么位置？我已经好了，可以归队了。”白鸽听白德这样说，就跟着说：“我也好了。”医院领导看向身边的医生：“不会好这么快吧？”

医生说：“白班长摔到了头部，缝了针，不排除有轻微脑震荡的可能，又溺水，需要继续留院检查和观察。白鸽还在发烧，手臂上的伤口也缝了针，也需要留院治疗。”

白鸽对白德说：“谁让你把钢盔给我戴的，把自己头摔坏了。”

医生说：“幸亏白班长把钢盔给你戴上，否则后果不堪设想。白班长虽然没戴钢盔，我想他应该接受过悬崖坠落的自我保护训练，所以才没受重伤，白班长主要是溺水……”

医院领导打断医生的话说：“你俩都不能离开，我们不能对英雄的身体健康不负责任。”

白德从医生胸前的衣袋里拿过笔，又拿过医生手中的病历夹，在上面写下自己的联系方式递给白鸽：“等灾情结束后你联系我。”说完冲医院领导和医生点点头算是告别，又拍拍白鸽的肩膀：“灾情过后你不给我讲清楚我饶不了你。”说罢转身就走。医生追着他说：“白班长，你不能走，你还没做完检查……你需要留院观察。”白德边走边说：“放心吧，我不可能脑震荡，训练的时候磕磕碰碰，比这严重多了。”医生停下脚步看着白德走远，走回来站在医院领导面前听候指示。医院领导感慨：“英雄，英雄就是英雄！”

第二天早晨，白鸽在医院拨通了妈妈花麒麟的电话。电话一接通，白鸽叫了一声“妈妈”就哭起来，她自己也说不清为什么哭。

电话那头，花麒麟焦急地说：“你可急死我了，这么多天给你学校打电话都打不通，后来让湖北的朋友去你们学校找你，说学校不上课了，老师学生都去救灾了。白鸽！我昨晚在电视上看到你了！”

白鸽说：“妈妈，我见到哥哥了。”

花麒麟问：“是那个头上缠着绷带的解放军吗？”

白鸽答：“是。”

“我看着就很像，那个劲和他爸爸一个样，包着头我也能看出来。他伤得严重吗？你怎么也受伤了？严重吗？”

白鸽说：“妈妈这到底是怎么回事？哥哥说爸爸白丰是他大叔，你现在又说哥哥像他爸爸，他爸爸不就是我爸爸吗？你们把我搞晕了。”

花麒麟没有回答白鸽的问题，继续问道：“你伤得严重吗？电视上我看你胳膊受伤了，骨头不要紧吧？白德的头不要紧吧？”

白鸽说：“哥哥又去抢险了，我也要去了。妈妈你能告诉我是怎么回事吗，以前问你爸爸和哥哥的事，你总是不让问不愿意回答，现在我已经见到哥哥了，他又说白丰是他大叔，到底怎么回事，妈妈？”

花麒麟说：“受伤了还去呀？都不要去了！”

白鸽说：“你不告诉我我就挂电话了。”

花麒麟说：“白丰是他爸爸……也是你爸爸。但是你哥哥还不知道白丰是他爸爸，他以为你俩的大伯是他爸爸。你不能告诉他这些事，部队要求很严格，要知道这些事会影响你哥哥知道吗？”

白鸽问：“为什么是这样？”

花麒麟说：“一句两句说不明白，你记住，不能告诉他这些事，也不能告诉任何人，知道了吗？”

白鸽问：“你告诉我行吗？我不说。”

花麒麟生气了：“你这孩子怎么不听话了？和你说过多少次了，别打听这些事。我现在告诉你的就太多了，别再问了。”

白鸽少有的执拗：“你不说，我就去问哥哥。”

花麒麟说：“好，我告诉你。以前给你说哥哥寄养在别人家里，其实就是寄养在他大伯家里，怕你去找他才没告诉你这么清楚。白德也不知道他大叔白丰才是他爸爸，所以就……这样。白德参军的时候政审的他大伯就是他爸爸，要是又多出来个爸爸，就乱套了知道吗？我现在告诉你，你不能告诉哥哥，也别再和他联系了，省得出乱子，听到吗？”

白鸽问：“哥哥的大伯不就是我大伯吗？”

花麒麟应了声：“……是。”

白鸽说：“那你怎么说他大伯他大伯的？听着怪怪的。”

花麒麟说：“你今天怎么这么多话？烦不烦？”

白鸽说了句“再见”，就挂断了电话。

不知道该怎么办的花麒麟打电话给白行说了这些事：“你一直不让认领白德，现在再不挑明也瞒不住了”。白行说：“开始不让你认是怕影响白德入党，想等他退役以后再商量这个事。谁知道他转志愿兵了，这不就只能再缓缓了。”花麒麟问：“那你说现在怎么办？”白行说：“等我问问白德什么时候转业，回到地方就行了，在地方上工作，这都不是事。”花麒麟说：“那你抓紧问问。当志愿兵有什么意思呀，等我认了白德，就让他上我公司来。我现在酒店、餐饮、房地产、配件厂……好多事情忙不过来，你就别让白德在部队了，我认了他，让他来我这里。”白行说：“我现在联系不上他，联系上以后再说吧。”

多天以后，白德给白行打电话，告诉白行他见到了大叔白丰的孩子，是个女孩，叫白鸽。白德向白行讲述了他与白鸽的见面经过，问白行为什么白鸽说自己是白丰的孩子。白行问白德有没有向家里其他人问过这个问题，白德说还没有。白行叮嘱白德说这件事与你无关，是你大叔的一个秘密。这个秘密全家人谁也不知道，目前还要继续保密，你再也不要提了。并承诺等时机成熟后会把真相告诉白德。白德说既然与我无关我就不问了。白行问白德有没有回地方工作的打算，白德说没有，说他的理想就是金戈铁马，报效国家。白行告诉白德，家里人都在电视上看到了他的英雄事迹，让他给他爸妈打电话报个平安。

白德按照白行的要求，把电话给他爸爸打过去。电话一接通，白芒就骂上了：“你他娘的充能，冒傻气！这么积极干什么，人家都往后撤，你向前面冲，你要是死在那里算怎么着？家里的事你从来不关心，忙外人的事你看你这个能耐！还上电视，有什么用？能给多少钱？我这里忙不过来，你成年不着家，赶紧转业回来，家里这么多事等着你……”

白德打断他说：“我就和你说一声：还活着呢。”说完就挂断了电话。

白芒一直在生白德的气。几年前，白德就有战友回济南当了警察，白芒就让白德也回来当警察。白德说当警察的是极少数，多数当不上。白芒说可以托关系办。白德交实底：不想回地方。气得白芒骂他：活不见人死不见尸的，白养这些年。但是无论白芒多么着急，白德都不为所动，往家里打电话的次数更少了。

白芒确实忙得很。单位上当着主任自然是少不了做事，最主要是家里的生意，如果白德能在身边，不至于眼见着遍地是钱弄不到家里来。

这几年，白芒当了领导，不只是身体胖了，眼界也跟着高了，他已经看不上小商亭挣的那点钱。作为办公室主任，他经常陪同领导或被合作方邀请去洗头房、洗浴中心、足浴店、歌厅等场所消费。白芒算了一下，这些场所一天挣的钱够自己的小商亭挣几个月甚至挣一年的。于是他在大明湖附近租下一个二层的门脸，开了一家美容店，一楼理发、美容，二楼按摩。店门前竖着很大的广告牌子，牌子上是白行给想的广告词：让时光倒流不再是梦！白芒因为还要上班，不可能成天待在店里，就打算让大满来负责收钱，但是大满说自己干不来这个，小商亭也挺挣钱的，加上坐车也不方便，不愿意来。白芒没办法，考虑再三叫来了还算可靠的大满兄弟。平日里就是舅子兄弟在店里负责，主要就是收钱，只要白芒到店里来了舅子兄弟就回住处休息。开张以后，生意还不错，但常有些调皮孩子来捣乱，要么按摩后调戏按摩师要求特殊服务，要么找茬不给钱。白芒因为还要上班，白天也不能总在店里，对这些捣乱的甚感头疼。后来白芒找到白德在派出所工作的战友，问问怎样能不让人捣乱，白德的战友热情帮忙，把一辆准备报废的警车开到店门口停着，以期起到警示的作用。结果捣乱的确实是没有了，但是顾客也来得少了。最让白芒头疼的还不是这些，而是漂亮的按摩师不好找，好不容易找到了，干不了多久就被大款抱走了。所以白芒对那些光顾生意的大老板是又爱又恨，盼着他们来，又害怕他们来。碰到哪个顾客来得勤了，白芒就提高警惕，不给人家好脸。这样的生意真是不好做，竟然害怕回头客。操心的地方太多，如果白德能回来在店里掌控着该有多好！

这天，梦儿给白行打电话，让他回济南时上她家找她，说有重要的事情商量。白行按照梦儿的要求周六去了她家。梦儿家已经搬进了号称富人区的一个别墅群，房子地上三层地下两层，甚是富丽堂皇。

等保姆沏好茶离开客厅，白行问："有什么事不能电话里说，非要到家里来面谈。"

梦儿说："你道哥上班的制药厂现在改称制药公司了，他是总经理兼党委书记。改制的事也弄得差不多了，改制完成以后他就是董事长。"

白行说："看来事情的发展完全是按照道哥预期的那样。"

梦儿说："你道哥现在忙得不得了，我琢磨你也到制药公司来，让你道哥给你安排个重要岗位。"

白行问："是你这么想还是道哥的意思？"

梦儿说："两口子还分谁谁谁？你道哥的意思就是我的意思，我的意思就是你道哥的意思。改制完成以后制药公司就是咱自己家的了，到时候你和你道哥一块儿弄着就行了。"

白行说："现在就说是自己家的？没这么简单吧，我听说国有企业改制，企业的决策层、中层干部、基层干部甚至普通员工都有股份，就是股权多少的区别。"

梦儿说："确实都有股份就是有多有少，但是都得自己掏钱买，有很多职工都不愿意买，还不知道企业将来怎么样，让他们掏钱买股权他们都有意见。"

白行说："确实想法不一样。"

梦儿说："你道哥说了，现在按政策把股权派发给职工，然后企业再高价把股权买回来，管理层也可以买，职别越高可以买得越多。这样运作几次以后企业就成自己的了。而且职工还愿意企业这样操作，买的时候便宜卖的时候贵，职工肯定没意见。"

白行笑笑，感叹道："眼光、境界都不一样呀。"

梦儿说："我已经给你道哥打电话了，让他赶紧回来。等他回来以后你俩好好商量商量，你帮着你道哥，肯定能干好。"

梦儿的儿子文白从补课老师家回来了，和舅舅打声招呼就回自己房间学习去了。梦儿用嘴努一下儿子："最近自己突击学英语呢，给他请的英语老师。"白行问为什么。梦儿说："准备送他出国留学。"白行说这才多大。梦儿说："先学着点英语，还没确定什么时候去呢。"

姐弟俩聊着天等着文道，直到天黑吃完了晚饭，文道也没有回家来。梦儿无奈地说："以前甭管他在哪儿干着什么，一个电话接着就回来了。现在不行了，和以前不一样了。以前再忙，干的也是公家的事，那叫工作。现在干的是自己的事，不只是干事业，身家性命都在里面了。"

白行说："你感悟很深呀。"

梦儿说："这都是你道哥说的。"

白行几次要走，都被梦儿阻止，说一定要等你道哥回来当面谈谈，把一些事说定了再走。

深夜，文道终于回到家来，兴奋又疲惫的样子。

保姆把夜宵端上来摆在餐桌上，文道摆手说："放到书房里去吧。"又对梦儿说："一会儿还有个方案要看，明天还要早去。"

梦儿就把让白行到制药公司工作的事和文道说了说。

文道问白行："行儿什么意见？在齐钢干得行不行？前程怎么样？"

白行说："没什么前程。如果来制药公司能有用处，愿意来工作。"

文道说："好。那就过来吧。"说完起身从公文包里拿出一摞纸递给白行："这是一个方案，这么晚了你也别回去了，就在这里加个夜班，把这个文稿校对一下，明天早晨我带着上会。"又补充说："内容不要改，就是校对句子、文字，这是你强项。制药公司的人我还不太熟悉，他们校对的我不太放心。"

梦儿说："这就支使上了，工资可得从今天开始算哈！你看多好，有弟弟帮着，你就能歇歇了。”

白行接过一看，是减员增效实施方案，就说：“刚才和姐姐闲聊，她说对职工负责，不裁员，这不方案都弄好了？”

梦儿凑过来看了看，又看向文道。

文道有些莫名其妙地看着这姐弟俩，不知道他俩是什么意思。

梦儿问：“不是不裁员吗？”

文道有些不耐烦地说：“事物都在发展，形势也在变化。任何决定都由领导班子集体做出，减员增效是政府号召，有什么可质疑的？”

梦儿有些生气地说：“一开始你想来制药厂的时候咱俩就说过这些事，那时候就说好了改制的时候不裁员，现在怎么又裁了呢？我们做事不能让人戳脊梁骨。”

文道烦躁地说：“裁员对企业对职工都好，企业甩掉包袱，职工获得新生，双赢。国家都支持、倡导，有什么不对？”

梦儿发火说：“说好的事不能变。我不管什么号召不号召，做事要问心无愧，裁员我不同意。”

文道说：“实施减员增效，不是我一个人的决定，是党政联席会通过的，而且已经上报政府主管部门批准了，你不同意有什么用？”

梦儿说：“你不是说改制以后我是监事吗，监事不同意就不行。”

文道说：“那是以后的事，再说谁当监事也不是我一个人说了算，需要董事会、股东大会通过才行。”

这是梦儿和文道两人从认识到结婚后第一次吵架。白行劝架说：“姐姐，工作上的事要听道哥的。”又对文道说：“道哥，减员增效只是可用的手段之一，也不是必需的，是不是？”

文道冷冷一笑：“怎么说呢，只能说人的眼光、境界不一样，想法自然不同。”

白行一愣，这不就是自己和姐姐聊天时刚说过的话吗？白行感到自己有些无地自容了，起身告辞，逃出了文宅。

白行感到文道变了，少了些先前的古道热肠。

在资本主义国家，例如美国，主人是资本家，政府只是资本家的代理人，所谓的总统其实就是听命于资本家的首席执行官，议会议员也不过是各资本集团的代言人。整个资本主义国家的国家机器都是在资本的指挥棒下运转。而社会主义国家主人是人民，代表人民管理国家的是政府，官员在政府中起主导作用。改革开放后，资本的成分和作用在加大，“商无官不安，官无商不富”的说法再次盛行，还有多少精英去想“为人民服务”呢？这样好吗？这绝对不是改革开放的初衷。

第二天梦儿又给白行打电话说要他到制药公司，白行回绝说不想去了。

梦儿说：“我看你道哥有点变了，你去了帮我盯着他点，别让他做出出格的事来。”

白行说：“我去了也起不到什么监督的作用，而且夹在你们中间只能添乱，除非坚决站在道哥一边做个忠实的执行者。”

梦儿说：“多少还能一点用没有吗，在就比不在强。再说了，你去了制药公司收入也能高不少。”

白行谢绝：“不去了。谢谢姐姐。不给你们添麻烦了。”

人总是以筹划未来的方式活在当下。未来不是事实也不是现实，未来是一种愿望。愿望不是自己心里产生的，不是自己内心产生的驱动力。愿望是外界对你的引领，是拉你向前的引力。

机械厂又要评选先进工作者。往年白芒对当先进没有兴趣，得个荣誉证书有啥用？但是这一次不同，这一次不只是要发荣誉证书，还给钱给物。办公室就一个名额，白芒琢磨自己当这个先进就行了。然而厂领导却给白芒打电话问办公室先进评选的事，白芒问领导有什么指示，领导说评先进这个事当干部的要让，要通过评先进调动普通员工的积极性，特别是女同志，工作热情一上来就能发挥出意想不到的作用。白芒说我这个部门就沙毕慧一个女同志，平时工作拖拖拉拉的不怎么干活还爱说怪话。领导说这就更要好好想想了，把后进变先进是每一个基层干部都要具备的能力。

放下领导的电话，白芒心里很憋气。他明白领导的意思是让沙毕慧当先进，但是自己也想当，发钱发东西，谁不想？可是领导打招呼了，只能是沙毕慧了。白芒知道沙毕慧家里经济条件差，她要当先进就是图钱图东西，想让她为当先进给自己送点礼是不可能的事，但是这个先进绝不能让沙毕慧白当，这不是白芒做事的风格。白芒几次给沙毕慧说这次竞选先进要求条件高，我这当主任的都不一定够格，实在不行办公室就放弃这个名额。沙毕慧问白芒到底啥意思。白芒也说不出自己的粽子是糖的还是枣的。最后也可能是沙毕慧误解了白芒的意思，竟然暗示白芒自己愿意以身相许，条件是以后的先进还是她来当。这却是白芒没想到的，白芒知道自己在那方面不行，但是好像除了做做这个事再也捞不到其他好处了。白芒想反正不能让她白当先进，到时候看看蹭蹭都是赚的，否则自己心理实在是不平衡。

周日一大早，沙毕慧用钥匙打开办公室的房门走了进来，四下一看，快步走到自己的隔断里坐下，拿出镜子照了照，然后拿起电话拨通了白芒的手机说："你还没到啊？我还以为你到了呢，真是领导啊。到楼下了？快点吧，趁着这个点没人，要是碰上有人来，再把你吓个好歹的。嘻嘻嘻……你上来吧，等着你呢。"

过了一会儿，白芒慢腾腾地推开门进来了。结果没有意外，白芒根本无法上战场，更谈不上败下阵来。

沙毕慧问："领导你是不是觉着这里不安全吓的？你一直这样吗？"

白芒又摇头又咧嘴，最终也没说出个理由。

沙毕慧说："咋都有这毛病呢？南部山区有个老中医，会看这个病，你让老中医给你开个方子，吃了就好。"

白芒注视着沙毕慧，将信将疑。

沙毕慧说："真的啊，我糊弄你干啥？黑主任就是这个老中医给治好的。"

白芒问："你咋知道黑主任有这个病呢？"

沙毕慧说："你操这心干啥？有这闲心先治自己的毛病吧。"

沙毕慧如愿当上了先进工作者。她也不食言，真在济南的南部山区给白芒介绍了一位专治男人命根子的老中医。望闻问切、看了物件以后，老中医说能治。随即给开了煎药，嘱咐服药期间若能与伴侣互动，则见效更快、效果更佳。白芒听得仔细，执行得认真，回到家遵医嘱煎药服药。

第二十九章

白芒因为嫌美容店单纯美容、按摩挣钱不够数，已经把店面的二层隔成几个小房间，偷偷地在里面搞上了特殊服务。

平日不到美容院来的大满并不知道白芒搞着这些腌臜的营生。当初白行不赞成大哥开美容店，大满说："挣钱就行，为啥不能开？"白行说："这种店常有些思想腐化的失足妇女，嫂子让大哥做这种生意能放心吗？"大满知道白芒那方面不行，所谓的"传家宝"其实就是个摆设，终年垂头丧气的就没有昂扬过，平日里白芒也对女人没有兴趣，从不多看一眼。大满于是说："有啥不放心的，俺是最放心了。哈哈哈……"美容店开起来以后，大满就来过一次。来了一看店里的几个妇女染着头发抽着烟卷，脸上涂得五光十色，看不出本来的模样，搭话一聊，男人长男人短，都是说些裤裆里的话题。大满受不了这个，加上大满新得了腹痛的毛病，车又不好坐，就再也不去美容店了。大满也曾嘟囔过该关了这个店，但是房租已经交了，装修也花了不少钱，关是不可能了。再说大满清楚自己说话等于放屁，不起任何作用，说得多了可能还会挨骂。比如大满因腹痛让白芒带她去医院查查看看，白芒就骂她是受穷的命，说她是吃得太好肠胃受不了，说她啥病也没有，大满只好天天忍着。大满也曾担心店里有那些不三不四的女人，没准会干出见不得人的事来，好在有自己的娘家兄弟帮着看店，心里也踏实了些。她哪知道舅子兄弟在店里拿着高工资，得空还能与小姐乱搞一通，怎么会把店里的龌龊事告诉她呢？

白芒很认真地煎药服药，他急切盼望着自己真能像老中医说的那样把病治好。白芒曾好奇地问过从二楼下来的客人："感觉怎么样？"客人虚声浪气："痒痒到骨头缝儿里！”白芒咬牙切齿：“该收你双份的钱！”客人认为白芒说这话是夸赞他，哈哈笑着离开。白芒一直以为自己的毛病是先天性的，当年到大医院也没治好，现在老中医说自己的病能治，白芒没有不认真服药的道理。

每次白芒都是在家里煎药吃药，煎药味太大，不适合带到单位或者店里。大满问白芒这药是治啥病的，白芒说：“净你娘的多问。”大满按着自己的胸腹说：“你身体不舒服了煎药吃，我这里疼得越来越厉害了，再不你让医生也给我看看拿点药吃？”白芒骂道：“你娘的壮得像个牛，你也想吃药？你吃草就行，吃草就啥病也没了，也不疼了。”大满也不再说什么了，说多了又挨骂。白芒为了按时服药，一般的接待任务都推辞了，就是在外面吃饭、应酬，再晚也要回家把药喝了。

这天白芒刚下班回到家准备吃饭，厂领导一个电话打给他，说有大领导来了，让他赶紧回去接待。白芒骂骂咧咧地走了。大满提醒说：“别回来太晚呀，你不是说喝药不能超过时辰吗！”

白芒赶回单位一问，令他没想到的是来的大领导竟然是杜镇强。白芒自感大事不妙，冷汗就下来了。白芒一进接待室，厂长就指着白芒恭恭敬敬地向局长介绍：他就是白芒。局长就又恭恭敬敬地问杜镇强：“杜书记，您看是不是这个人？”

白芒点头哈腰地紧跑两步来到杜镇强跟前弓着腰说：“您咋来了？提前打个招呼我好接您去。”

杜镇强厌恶地往后仰着身子，头都躲到了沙发外边，他手指着白芒一脸嫌弃地对大家说：“就是这个……这个……混账东西，冒充是我亲戚，到处招摇撞骗，还不知道打着我的旗号干了多少坏事。你们局、你们厂要马上……根据这个人的思想问题、工作问题，还有这个人的违法乱纪情况，该撤职撤职，该法办法办。坚决不能让这种人混进干部队伍。”

局长赶紧解释：“前期杜书记打招呼以后，我们局也督促他们厂尽快了解、尽快处理，可是他们厂里说这个白芒强调他和杜书记闹了点小误会那是家务事，别人别打听别插手，我们就……”厂长也赶紧解释：“局里给我们安排以后，我们……我们……就怕是误会，怕弄错喽，所以才决定抓紧全面深入了解情况，尽快采取得力、正确措施……”

杜镇强摆手打断厂长：“我就知道可能会造成这种局面，所以我今天亲自来揭穿这个人的谎言，目的就是帮助你们净化、整肃干部队伍，避免在我们之间造成更大的误会，让坏人钻了空子。”

局长和厂长异口同声："明白明白。"在座的其他人也纷纷点头称是。厂长沉着脸冲白芒一摆手："你回去吧。"有几个人就站起身过来往外推白芒……

白芒被推出接待室后回到自己办公室坐在那里发愣。

自从杜镇强打招呼提拔白芒当了主任以后，杜镇强多次询问与梦儿见面的事怎么样了。白芒总是以"正在办、找机会、差不多了、最近不适合、基本答应了"这些托词循环往复地拖延搪塞，直到杜镇强和他翻脸当面骂他。白芒也没有办法，他清楚自己不可能办到让梦儿和杜镇强见面，哪怕通个电话也是不可能的事。白芒为能维持住与杜镇强的关系，只好大节小节的都往杜镇强家跑，把些自己小商亭里卖不掉积压下来的乱七八糟的礼品盒往杜镇强家里塞，气得杜镇强几次把他送进去的东西一脚踢出来或者直接砸在他身上。后来厂长与白芒私下交流，问他是不是和杜书记有什么误会、矛盾之类的。白芒解释说："啥事也没有，一家人喝酒喝多了，下回一家子再喝酒的时候说开就行了。"厂长怕得罪杜镇强，也不好多打听。今天好了，再也瞒不住了，这主任的角色只能按天数了。

白芒正发呆，有个合作公司给他打电话，问白芒大主任肯不肯赏光出来一起坐坐。白芒清楚合作公司请客没有只是喝酒吃饭的，吃完喝完还要拿，白芒家里的茅台、五粮液、中华烟就是这么来的。最近白芒为了吃药推辞了不少应酬，这回他不再推辞了，他清楚没有几次机会了。白芒刚走到厂门口，接他的车就到了，自然是高档的酒店豪华的歌厅到位的洗浴中心。因为心里烦闷加上清楚机会不多了，白芒海吃豪饮，很快就醉了。迷迷糊糊地在洗浴中心冲了个澡，就在休息大厅睡着了。白芒醒来的时候天已经亮了，陪着他的人问是送他回家还是回单位，白芒让他把自己送到了自己的美容店附近。

大满在家给白芒熬好了药等他回来，一宿不敢睡实了，一会儿看看回来没有一会儿看看回来没有，唯恐白芒回来后忘了喝药误了时辰，等到天亮白芒也没回家。到了上班的点白芒还是没回来，大满就拿起家里的电话给白芒打手机，白芒也不接，大满又给白芒的办公室打电话。司机小江说白主任今天没来上班，是不是还在店里？小江是白芒工作单位少有的几个知道白芒开着美容店的人，大满对小江说白芒要喝药，你能不能开车把我送到店里我给他送药去？小江说没问题。

大满放下电话就赶紧打开冰箱把昨晚炖好的羊肉拾出几块来放在锅里热热。白芒爱吃羊肉，在鲁北的时候白芒就经常说要是每年能吃上一顿羊肉，那就是神仙过的日子。可惜对普通老百姓来说，吃炖羊肉是痴心妄想白日做梦。来到济南后日子也不是多么好过，吃炖羊肉也是不可能的事，偶尔买几个羊肉丸子解解馋就很好了，用白芒的话说就是吃羊肉丸子主要是吃那个膻气。从白芒当了主任以后，日子陡然富足了，大满在商亭卖货手里也有俩钱儿，就到处给白芒买羊肉炖着吃。为了买到好的羊羔肉，大满西面跑到西郊西，东面跑到东郊东，几十里地不嫌累，赶集上店不嫌烦。

大满收拾好药和羊肉下了楼，小江的车也到了，就开车拉着大满去白芒的美容店。小江在前面开车，大满抱着热乎乎的药罐子和一保温桶炖羊肉在后排坐着，两人一路说着话。快到白芒店里的时候小江接了个电话，是沙毕慧打的。沙毕慧说："你在哪儿呢？"小江说："在白主任这边干点事。"沙毕慧说："快回来吧，刚宣布了白芒不当主任了。新主任已经来了，让你赶紧回来，让白芒也赶紧来上班。"小江说："好，我马上回去。我还没见着白主任，让嫂子给白主任说吧。"沙毕慧大惊小怪："哎哟赶紧回来吧，都一抹到底了还一口一个白主任。"小江哼哼哈哈的，并没有把这变故告诉大满。

到了美容店门口，小江对大满说："嫂子我就不下车了，单位上有事我得赶紧回去。见了白主任你让他也赶紧回单位，你和白主任一起打车回去就行了，白主任打车能报销。"大满答应着下了车，小江就开车走了。

美容店的卷帘门没有关，里面的玻璃门锁着。大满知道美容店是十点才开门，就拿出白芒留在家里的备用钥匙开开锁进到店里。一层静悄悄的各处都没人，从楼梯口能隐约听到上面传来哼哼唧唧的声音。大满怕吵醒或有睡觉的人，就蹑手蹑脚地来到二层，从一间敞着门的房间里看到了她万万想不到、打死也不敢相信、更无法接受的一幕：白芒赤条条四仰八叉地仰面躺在床上，任由两个放浪女人像屠夫收拾白条猪似的在那里瞎折腾。

大满满身的热血奔涌着，脑袋木木的，五脏翻江倒海好像全部移了位。她不想打闹也不想骂，眼前的人不值得她再去计较，她想赶紧离开，还没来得及转身，一口鲜血喷了出去！继而一头栽倒在地，怀里的药罐子和保温桶摔出老远，汤药、羊肉洒了一地，冒着腾腾的热气。

床上的两个女人可能是这样的事情见得多了，神情冷漠，慢悠悠穿上衣服要到另一个房间睡觉去，走到门口看到地上的鲜血才大呼小叫地跑了。白芒也没太当回事，起码他不怕，被大满发现了又能怎么样？白芒穿上衣服冲还在地上趴着站不起来的大满呵斥："净你娘的在这里装样，还不赶紧滚回家！"继而看到地上的鲜血，故作镇静地说："就你娘的气性大！"

大满一直想站起来离开，但是她站不起来，刚撑起身子，又一口鲜血喷出去，接着又是一口。

一个女人从房间里探出头来，对白芒说："你不送她上医院吗？"

白芒就弯下腰去拉大满，他认为自己能伸手拉大满会感动得大满上天，没想到大满用尽全力甩开白芒的手，喊出一嗓子："起开！嫌你脏！"

白芒万没想到大满敢这样，更感到在别的女人面前丢了面子，冲大满踢一脚骂道："想死出去死去，别脏了我的店！"

大满坚持着站起来，扶着楼梯扶手下楼，有个技师过来想扶她，被大满喷火的眼神吓了回去。大满刚走出店门，又吐一口鲜血，随后栽倒在地上……路人纷纷躲避，不知道发生了什么事情。也有好心人上前探看，说得赶紧送医院。

白芒给办公室小江打电话："马上到店里来送你嫂子上医院。"

小江说："白……白哥，新来的主任在这里呢，您要是用车得给他说一声。"

白芒问："什么新主任？啥意思？"

小江说："嫂子没给您说吗，单位让您赶紧来上班，就是办交接。您现在……不是主任了，刚宣布的。"

白芒并不吃惊，只是没想到这么快。几百米以外就是一家医院，白芒开始东张西望地琢磨怎么把大满弄到医院里去。路人都让他打电话叫救护车，白芒就是不肯——他知道救护车很贵。但是出租车都载着人，空车也未必愿意拉满身是血的伤员。不过济南古道柔肠的人不是少数，一辆私家车停下来帮着白芒把迷迷糊糊的大满架到车上送进了医院。医院大厅的医护人员看到满脸满胸是血、迷迷糊糊的大满，赶紧推过担架车把大满推进急诊室，开车送大满来医院的热心人冲白芒摆一下手就走了。白芒也跟着抬了抬手算是回应，也没问人姓甚名谁，更不会要对方电话号码，省得以后还要花钱感谢。

刚进急诊室，从迷糊状态清醒过来的大满猛然从担架车上爬下来一头撞在墙上，又昏迷过去……

在白芒一次次拒绝无效以后，医院对大满进行了各项检查，医院快下班的时候初步诊断结果出来了：肝癌晚期，已经扩散。医生对白芒说检查还没有做完，需要住院。白芒问能治好吗？要花多少钱？医生说意义不大了，说有一个新药正在做临床试验，你要是同意使用这种新药，我们就签个协议。这个药免费。白芒赶紧说："行，就用这个新药吧。"白芒骂骂咧咧地说："壮得像牛一样，咋好好的就得癌症呢？"医生生气地说："你自己去看看你对象瘦成什么样了，还说像牛一样？面黄肌瘦、皮包骨头，一眼就能看出不是健康的人。而且病人肯定早就有病症反应，只是她自己或者你们家人没有意识到是这么严重的病。"

白芒来到躺在病床上的大满面前，他这才想起看看大满的模样：脸色黑黄，确实是瘦得不像样了，比在老家的时候还要瘦很多。白芒心烦地问大满："不缺你吃不缺你喝的，你为啥得这个病？"

大满头别向一边没搭理他。白芒骂道："成天吃好的喝好的，就是头猪也早就喂肥了，你他娘的白糟践粮食……"

大满冲白芒一瞪眼："你别骂我，你骂我我就骂你！"

白芒一愣，没想到大满敢这样对自己说话，上前一步骂道："你他娘的长本事了？你生病算能耐？还不得我花钱给你治？"

大满又把头别向一边："你离俺远着点，俺嫌你腌臜。"

白芒又是一愣："你还真长能耐了？还知道自己姓啥不？"

大满说："我不想跟你废话，你把我在小商亭挣的钱给我，我回老家。"

白芒说："你在小商亭挣的钱？那是我兄弟给我建的商亭！你个人就能在商亭挣钱了？你的商亭在哪儿呢？老家你也回不去，老家的房子早就卖了。"

大满说："俺不稀罕你那房子，俺回娘家。"

白芒说："你娘家在哪儿呢？你爹娘早就死了，你兄弟你妹妹也早都各人过各人的日子了，哪儿是你娘家？谁能给你个屋住？"

大满说："那我就死去。"

白芒说："你知道你得的啥病不？你不用寻死，等着就行。"

这边一吵吵，大夫就过来看是怎么回事。大满问大夫："我得的啥病？"

大夫就看白芒。白芒说："干脆就告诉她得了，她要寻死，让她明白明白还来得及吧？"

医生对大满说："你得的是挺严重的病，你要配合治疗，只要配合治疗，就能减缓病情发展……"

白芒听着麻烦，估计大满也听不明白，直截了当地对大满说："你得的是肝癌，晚期，知道啥病了吧？明白啥意思吧？"

大满看大夫，大夫点点头。

白芒对大满说："你要真有志气，你就自己找地方住去，正好我还没给你交住院费，你自己想办法吧。”

真就没个去处了？大满想再次爬起来撞墙，就在她猛地一起身的当口，白德突然在她脑海里跳出来……

大满想自己现在还不能死，还有一个要紧的事没做：告诉白德谁是他亲爹娘。告诉白德他的真实身世是大满一直想做的事，但是也没觉着着急，现在她等不得了，一天也等不得。于是大满怒视着白芒说：“你把白德叫回来，让白德给我找地方住。”

白芒说：“白德上哪儿找地方去？再说白德听你的吗？他得听我的！”

大满说：“我哪里也不去，就在这里等死，等白德。”

大夫和白芒商量：“病人这个情况，检查也还没做完。你看是不是先把住院费交上，让她住院？”白芒琢磨大满在医院住着还能张嘴向别人要点钱，弄回家也是个麻烦，就答应了。

下午，白芒给白德打电话，告诉白德大满得了肝癌已经住院，需要很多钱。白德问清大满这次是真得了重病后，就要了白芒的银行卡号，把自己全部存款两万元给白芒汇过来。白德叮嘱白芒一定把管用的好药用上，表示会尽快抽时间赶回济南。白芒又给三娘打电话说大满住院的事，三娘说家来拿钱吧，让你爸取钱去。白芒又给梦儿和白行打电话，都有收获。

白芒忙完了这些事就到店里去看看。店门锁着，白芒骂骂咧咧地嫌不开门营业。他拿出钥匙开开门进去一看，店里只有舅子兄弟一个人在。

舅子兄弟向白芒讲述了店里的情况。早晨白芒和大满去医院后，有人以为发生了伤人案件就报了警。警察来后，把店里的人分开问询，查明了店里有卖淫嫖娼行为，于是把几个小姐带走了。店里的人就赶紧打电话给舅子兄弟，舅子兄弟来到店里问清情况后，给白德的战友打电话说了此事。中午警察带着那几个小姐来到店里，留下了一张停业整改通知书和一张五千元的罚款单。店里的人都说既然停业整改，我们还在这里干什么？舅子兄弟就让这些人先回去，等重新开业的时候再通知。大家都说这里肯定干不下去了，要求结算工资。舅子兄弟说结工资要先算账，让过几天再来。

白芒听了舅子兄弟的讲述，认为白德的战友没发挥作用。舅子兄弟说店里这些人都是内行，他们说要不是有人帮忙，肯定会抓进去几个，绝不会只是停业、罚款这么简单，他们以前也遇到过这种事，都是先抓老板。舅子兄弟问大满在哪儿呢？咋好好的就吐血呢？白芒就告诉他大满在哪里住院，说大满的检查结果还没出来，让他去医院陪护。舅子兄弟说在医院看病需要钱，让白芒拿钱。白芒说舅子兄弟一直贪店里的钱，让他先垫上。舅子兄弟愤愤离去。

舅子兄弟走后，白芒给白德的战友打电话了解情况。白德的战友说：叔你弄的这事白德知道了也不会同意，以后可别再干这个了，再被查着我也没办法了。白芒说这么多干的怎么就单查我呢？白德的战友说你这个店现在已经挂上号了，以后肯定会被重点关注，千万别再干了。

白芒心里生气，心说这白德的战友不大行，自己说和白德是生死兄弟，到了事上不给出力。其实这白德的战友对白芒的事挺尽心的，上次白芒拿着几条软中华去"名烟名酒回收店"卖香烟被店家调包，就是白德的这个战友帮忙把钱给要回来的。

白芒琢磨停业整顿还不是白交房租，干脆以派出所让停业是不可抗力为由把房子退租，房东要是不同意就拉着他一起上派出所。真遇到难题也可以找白德的战友帮忙。尽快退房的另一个好处就是等那些小姐、按摩师来算账要钱的时候已经找不到人了。

房子很顺利地退租了。白芒想让房东补偿点装修费用，对方坚决不给，只同意把押金退给他。也算不错了。

把这些事弄利索后，白芒去厂里上班。新任办公室主任说：你这好多天没来，一些情况变化挺大。你现在被调到车间去了，你抓紧去报到，岗位是熟练工，你自己的东西都放在走廊上的纸盒子里，自己拿回家吧。

白芒原以为撤了自己的主任职务还会让自己在办公室上班，没想到厂里做得这么绝。他六神无主地回到家里想遍能够帮忙的人，最后把电话打给了妹妹梦儿。白芒在电话里说因为自己开店搞第二职业，被撤职让去干熟练工，问梦儿能让文道托人给官复原职吗，他不会把怎样当上主任又为什么被撤的真实原因告诉梦儿。

梦儿在电话里说："我在北京办文白出国留学的事呢。文道现在就是做自己公司的事，外面人也不认识。再说你就不该开那个美容店，什么乱七八糟的，有辱家风，早就被人戳脊梁骨了！让你干什么你就干什么，熟练工就行，你又什么都不会。我帮不上你忙。"说完就把电话挂了。白芒心想白行啥官也不是，更帮不上忙，何况他不在济南。

白芒就这样挖空心思地想着，突然古立春从他脑海里跳了出来。找古立春帮忙行不行呢？古立春曾经到白芒的美容店去过，对白芒说：“大哥，碰到纯洁小姑娘别给别人，一定要联系我。”白芒问：“你是国家干部，要小姑娘干啥？”古立春说：“小姑娘纯洁，有的工作必须选干净正派的来干才行。大哥放心，不让你白忙活。”白芒对古立春的嘱托并不上心，一是觉着古立春没什么用处，二是确实也没见到纯洁小姑娘。没给古立春办成事，他会给自己帮忙吗？最后白芒也顾不得许多，有病乱投医，有枣没枣打一竿子。电话接通后白芒说了自己的事情。古立春说现在办事光靠用嘴拱没用，需要花钱。白芒说你这么大领导办这点事还用花钱吗？古立春推托说：“你单位和我不是一个系统，说不上话呀。大哥再找找别人吧。大哥的美容店生意怎么样，有纯洁小姑娘吗？”白芒不想再跟他废话，就挂了电话。

白芒一宿没睡，最后无可奈何地决定采取滚刀肉耍无赖的策略。只能这样，别无他法。

到了上班的时间，白芒到了办公室对主任说：“熟练工我不会干，我不去。”

主任说：“这个你别跟我说，去和你车间主任说去。”

白芒说：“我没跟你说，我只是告诉你，不给我安排好我哪里也不去。”

主任冷笑一声：“我劝你抓紧去报到，你已经旷工这么多天了，这个月工资除去应缴额基本也没有了，奖金肯定是全扣了，你再不去报到，无故旷工半个月就开除厂籍，这个你懂，不用我说。”

白芒说：“我没旷工，我打电话请假了。”

主任说：“厂里的规定是请假要有假条，批准以后才能休假。”

白芒说：“你别吓唬人，规定是规定，我当主任这好几年，多咱执行过？”

主任说：“那是你工作不负责任。你的工资、奖金已经扣了。”

白芒一拍桌子大声说道：“门也没有！你扣一个试试！”

主任往外推着白芒说：“不是我扣你奖金，你的关系早就转到车间去了，你去和你车间说去。我们还要工作，你在这里不合适。”

沙毕慧轻蔑地看着白芒说：“都被撵到车间里去了还赖在这里干啥？”

小江说：“白哥，你看你这些东西放哪里，我帮你搬过去。”

主任对小江说：“你忙你的去，现在不是学雷锋的时候。”

白芒甩开主任推着自己的手：“你干啥？你啥了不起？你这个主任是我干下不干了的，你摆啥谱？”

主任说："老白我只告诉你一句：你的事还没处理完，你还是老老实实好自为之。"

白芒说："狗屁！你吓唬谁？"

主任说："不信咱就走着瞧。"

白芒说："好，走着瞧。"

从这以后，白芒也不去医院，每天到了上班时间就到办公室来坐着。办公室也没人搭理他，直到发工资的时候，白芒对主任说："我的工资呢？"主任说："你到车间问问吧，早就告诉过你，你的关系在车间。"

白芒就到车间问，车间主任说："这里没有你的工资，你也没来报到，还不算车间的人。"

白芒找到劳资人事科，人事科的人说我们只对口各部门，不对个人做业务。

白芒找到了厂长。厂长一个电话打到办公室，随后办公室主任叫保卫科的人把白芒带离了办公大楼。

第二天白芒又在上班的点去厂里，厂门口的门卫递给白芒一张纸，白芒一看，是《关于开除白芒厂籍的决定》。门卫不让白芒进厂，白芒说我去拿我的东西。门卫和白芒原来也很熟悉，就说你去拿了快走，别给我找麻烦。白芒拿着这张纸去找厂长，厂长说："这是厂里开会按照厂纪厂规做出的决定，不是哪一个人决定的。你违反干部不允许搞第二职业的规定开美容中心而且受到了处罚，你无故旷工半个月以上，你多次把厂里的礼品、物资拿回自己家……还用再说吗？开除你不冤，没有上报追究你刑事责任就很照顾你了。"

白芒点点头没有说话，直接走出了厂长室。白芒不再在厂里纠缠，而是直接到了局里找局长。局里就给厂里打电话让去领人。每次厂里把白芒接回来，第二天白芒还到局里去，非要见到局长不可。最后局长无奈出面对白芒说："开除你是你们厂做出的决定，局里也做了调查，流程、手续完备，没有违反相关规定，你到局里来找没有道理。"

见到局长以后，白芒就不再到局里去了，而是直接去市信访办递材料。信访办接访人员说：你不能越级上访，要厂里、局里，解决不了再到信访办。白芒说：我以前当主任，这个我懂，厂长、局长都见了不给解决，不信你就了解。白芒去过市信访办几次以后，直接对接访人员说：你的名我也记下了，我来了几次我也都记下了，每次我怎么说的你怎么说的我也记下了。从下次开始我就不上你这里来了，我直接上省里去上访了，再不行我就上北京。接访人员怕担责任，极力安抚白芒，答应马上向领导汇报，第一时间给他办理、解决。

花麒麟给白行打电话，说白德立功后保送军校上学，白鸽毕业后在深圳医院上班，两个孩子条件都很好，为什么都不找对象？白行问打算什么时候把白鸽的真实身份告诉她。花麒麟说白鸽现在也成人、工作了，随时可以讲。白行说既然这样，那你有没有想过他俩并不是亲兄妹？花麒麟恍悟，满心欢喜、喜不自禁、开怀大笑，急急忙忙往家赶。

花麒麟回到家，把正在电脑前工作的白鸽拉到客厅坐下，开口就直接问："你觉着你哥哥怎么样？白德，白德怎么样？"

白鸽看着妈妈不知道她什么意思。

花麒麟抬起手挥一下，像是否决自己刚说完的话："我要是告诉你白德不是你亲哥哥，你俩没有任何血缘关系，你怎么想？你觉得他怎么样？"

白鸽眼睛变得明亮，欠起身盯着妈妈问："你说什么？白德不是我哥哥？"

花麒麟说："是，就是……你俩没有血缘关系。你俩不是见过面吗？你喜欢他吗？"

白鸽一下站起来，有些激动地说："妈妈你说清楚点。"

花麒麟说："我问你，如果白德不是你哥哥，你喜欢他吗？"

白鸽认真又迫切地点点头，完全没有了平日里羞涩矜持的气度。但随后又坐下掩饰："我脑子乱了，有点晕。"

花麒麟高兴地一拍巴掌："太好了！哈哈哈。我告诉你，白德不是你哥哥，你俩可以在一起。"

白鸽凑近抓住花麒麟的胳膊："妈妈你接着说，说清楚点。白德不是咱家的人吗？你不是说他长得和爸爸一样一样的吗？"

花麒麟镇定了一下，用关爱的眼神看着白鸽，语速少有的和缓："你和白德都是我的孩子，你俩……有一个是领养的。"

白鸽一愣："我是……领养的？"

花麒麟抓起白鸽的手放在自己的手心里握着："在妈妈心里你永远是我亲生的，要不是想让你和白德在一起，可能以后才告诉你……"

花麒麟在白鸽惊恐、惊诧、迟疑、惊慌的注视下，向她讲述了她爸爸妈妈把她生在饭店和领养她的过程。白鸽没听几句眼里就含上了泪花，继而泪珠扑簌簌地往下掉，花麒麟讲了多久白鸽的眼泪就流了多久。

最后花麒麟在茶几上抽出面巾纸给白鸽擦着眼泪："你永远是妈妈的亲闺女，妈妈永远爱你，胜过爱我自己。"

许久，白鸽回过些神来："那……哥哥……白德……是妈妈生的吗？"

花麒麟点头："是妈妈生的。要是你俩在一起，你又是女儿又是儿媳妇，白德又是儿子又是女婿，你说多好是不是？"

白鸽问："那他……白德，哥哥，知道这些事吗？"

花麒麟说："他什么都不知道，他连他是我生的都不知道。"

白鸽更加惊奇了，在她认为这都是不可能的事，妈妈到底有多少事情没告诉自己？她完全糊涂了，信息量太大，而且都是意想不到的。

于是花麒麟又把自己年轻时怎样和白丰在一起、怎样生下白德寄养在白芒家里和盘托出，完全仔细地讲给白鸽听。又干脆把现在找不到白丰的事也告诉了白鸽。

花麒麟讲完这些，见白鸽一直愣神，她知道信息量太大，白鸽需要消化。但花麒麟是个急性子，她催促白鸽："我记得你说你有你哥哥……白德，你有白德的联系方式对吧？你给他打电话。"

白鸽说："他要是问我我是谁我怎么说？"

花麒麟说："你就说你是白丰——你爸爸，你说你是白丰领养的。然后……你说你爸爸白丰把你送给我了。"

白鸽嘟囔着："送一次就够惨了，还被送两次……"

花麒麟说："那怎么说？干脆你就说你是我亲生的，认白丰当干爹，然后白丰也不知道去哪儿了，这不就行了——反正白德也不知道我是他妈妈。还有，白德只知道白丰是他大叔，不知道是他爸爸。"

白鸽说："那他……你什么时候认他？"

花麒麟说："这谁知道，也可能一辈子都不能认。只要你俩在一起了，他就是女婿，还不一样？"

白鸽嘟起嘴说："还不知道什么情况就女婿女婿的。"

花麒麟哈哈一笑："你快联系白德，别让他找了别人。"

白鸽淡定地说："我没找，他肯定也没找。"

花麒麟问："为什么？"

白鸽说："我没找，他凭什么找？他要是找了就是活该。"

花麒麟问："谁活该？"

白鸽答："都活该。"

花麒麟说："你让他赶紧转业回来，咱家这么多生意，赶紧来帮忙。"

白鸽巧笑一声："人还没见到，你就想连下辈子的事也安排好呀？"

花麒麟兴高采烈地站起身，踱着脚步搓着手，开玩笑说："都安排好！赶紧回来结婚，我要抱娃娃。哈哈哈……"

白鸽白一眼妈妈："妈妈你真烦人……"

"哈哈哈……"

花麒麟嘱咐白鸽一定不要告诉白德他的亲爸亲妈是谁，否则会给他带来麻烦。

夜晚，花麒麟担心白鸽得知自己身世以后心情不好，就让白鸽睡在自己床上，娘儿俩拉着家常，花麒麟把以前从不给白鸽讲述的过往说给白鸽听……

经过这一番折腾，在白鸽的心里，白德已经是自己家里的人了，他是妈妈生的还不是家里人吗？他肯定是亲人无疑，甚至，白鸽已经把白德当作未婚夫，凭她的内心感受，应该不会错。

第二天白鸽电话打到白德原来的部队，自报家门后，白德的战友们就把白德新的联系方式告诉了她。白鸽随后把电话打到军校找到了白德。

电话一通，白鸽开门见山地说："白德……哥哥，我告诉你：妈妈告诉我，我不是白丰爸爸的亲女儿，就是……我只是在很小的时候妈妈让我认他当干爸，我也不知道为什么……也不知道他是什么样子的，而且……也不知道他在哪里。"

电话那头，白德许久不说话。

白鸽对着手机喊："喂，喂，白德哥哥，哥哥，你在听吗？你听明白了吗？就是……你不是我同胞哥哥，我们没有血缘关系。喂，喂？"白德一直不搭腔让原本信心满满的白鸽陡然紧张，难道白德会做出自己意想不到的反应？

白鸽也不再说话，只是心情紧张地拿着电话等着白德，她几次看看手机——是不是掉线了？

又过片刻，电话里终于传来白德的声音。

白德说："白鸽，妹妹。你记着：你这一辈子归我了。"

白鸽抬手摸着自己的胸口，不经意间长舒一口气，她脸颊绯红，轻声说："凭什么呀，我又没想好。"

白德问："你现在在哪儿？"

白鸽答："深圳。"

白德说："你现在能过来吗？马上过来。"

白鸽调皮地耸一下鼻子："凭什么呀，我不着急。"

白德说："妹妹，你赶紧来吧，买好票告诉我我去接你。然后咱俩一起回山东看我妈。"

第二天白鸽就到了白德所在的城市。在机场，白德身着便装，白鸽刚走出出口就被白德紧紧抱在怀里……

几天后，两个人登上了飞往济南的航班。

白德带着白鸽直奔大满住院的病房。一身军装、英俊潇洒的白德拉着娇美清纯的白鸽站在大满病床前叫了一声"妈"，又行了个标准的军礼，病入膏肓的大满惊喜到无法呼吸，继而有气无力地失声哭泣……

白德俯下身脸贴着大满骷髅一样的脸颊，轻轻抚着她瘦骨嶙峋的肩膀安抚着："好了好了好了……"许久，白德直起身，看一下四周："谁陪着呢？"

大满费劲地摇摇头，虚弱得说不出话。邻床的病号说："有时候你舅在这里。"

白德问："我爸爸呢？我爸爸没来吗？"

邻床的病号说："没来几回。就是你舅来。有一多半时间这里没有人，就你妈自己在这里。"又说："你妈就是坚持着等你来了看你最后一眼，要不然恐怕早就……"

白德看着头发凌乱几乎肉皮都要消失只留下骨头架子灰白蜡黄的大满，猛然趴在她身上抽泣："妈！……妈……儿子不孝让你受罪了……呜呜呜……"

白鸽站在白丰身后，轻抚着他的后背跟着掉眼泪……

大满断断续续地宽慰着白德："别哭……不能哭……"

白德稍稍平复了情绪后，直起身子把白鸽拥到大满跟前介绍说："妈，看看你儿媳妇，叫白鸽。"

白鸽恭敬地给大满鞠一躬："阿姨好。"

大满看着白鸽，满心欢喜，大口喘着气："天底下……还有……这么俊的闺女，咋这么……好看……"

白德说："你猜不到她是谁，她是我大叔白丰的闺女。"

大满一愣，恐慌地看看白鸽又看看白德："你们……不能……在一块儿，你们是……亲哥亲妹……”

白德一笑：“妈，我知道。不是亲的。”

白鸽也连忙说：“不是的阿姨，不是亲的……”

大满着急地抓住白德：“儿啊，你大叔白丰……是你亲爹，你娘叫……花麒麟。我和你爸爸……白芒，不是你亲爹亲娘呀……”

白德愣住了：“妈你说什么呢？你怎么知道花麒麟？”白德又看向白鸽说：“你妈妈不是叫花麒麟吗？”

白鸽来不及向白德解释，拉起大满的手：“阿姨，您放心，这些事我都知道，我妈妈就是花麒麟，她都告诉我了……”

大满死命抓着白德，用尽最后的力气说：“你是白丰……和……花麒麟的……孩子……你娘花麒麟……把你生在……咱家里……白芒不是你爹……”大满说完，如释重负，嘴里吐出一口鲜血，昏了过去。

白德抱着大满不住地喊妈，白鸽跑去叫医生。

医生过来看看，对白德说：“你是她儿子，我就跟你说说。多天以前我就和你舅说应该把病人送进 ICU，你舅说他做不了主，让我和你爸爸联系，你爸爸要不就是不接电话，要不就是不表态。”

白德说：“直接送进去不就行了？表什么态？”

医生说：“其实就是个费用问题。进 ICU 要先交一万元押金。”

白德说：“我给我爸爸汇了两万元，都花没了吗？”

医生说：“你妈妈在这里住院没花多少钱，不怎么用药，就是个床位费，也很便宜。”

白德下意识地抬起双手抓着自己的衣袋——他的积蓄已经全部寄给白芒了。

这时白鸽从背包里拿出一张银行卡说：“马上送 ICU，我去交押金。”

邻床的病号说：“总算是来了亲人了。”又对白德说：“可别惹你妈生气了，肝病就是因为憋气上火得的，有气出不来就得肝癌。你爸爸没来几回，来一次骂你妈一次，可见你妈这辈子没少受气。”

在重症监护室里，白德和白鸽分坐在大满病床的两边，一人抓着大满的一只手。白鸽轻声给白德讲述着他是如何被妈妈花麒麟生在了鲁北老家，大满已经睁不开眼睛也说不出话，白鸽每讲一段，白德就问大满：“妈，是这样吗？”两个人就会看到大满的眼皮在跳动。讲完了白德，白鸽又在白德惊讶的注视下向大满和白德讲述自己是被妈妈花麒麟领养的身世……最后，白鸽说：“阿姨，您放心，我会永远和白德哥哥在一起。”白德说：“妈，你听见了吗？听见你儿媳妇说的了吗？”大满的眼皮跳动着。白鸽说：“阿姨，白德是您的儿子，我是您儿媳妇，我能叫您一声‘妈妈’吗？”大满的眼皮剧烈跳动着……白鸽凑近大满的耳边轻声叫道：“妈妈，我是您儿媳妇白鸽。”大满的眼泪流了下来。白德的眼泪也流了下来，他感恩又钦佩地看着白鸽。白德只知道白鸽娇美清纯，没想到她还这么蕙质兰心、冰雪聪明，白德心里产生无限的爱怜、心疼……

第二天凌晨大满离世时，儿子白德和儿媳白鸽守在身旁……

第三十章

白德和白鸽在医院办完了相关手续已经是上午了。白德第一个给小叔白行打电话报告了大满去世的事，白行说马上往回赶。白鸽想起来，对白德说："我们俩的身世小叔都知道，也是小叔提醒妈妈说咱俩可以在一起的。"白德诧异地问白鸽："还有什么我不知道的？小叔为什么不告诉我？"白鸽说："怕给你找麻烦。想等个合适的时候再告诉你。"白德问："你见过小叔？"白鸽说："没有。这些都是妈妈告诉我的。"白德问："还有谁知道？"白鸽说："没有了。"白德问："还有什么是我不知道的？"白鸽拧他胳膊一下："想起来就告诉你，一辈子呢还怕没时间听呀？"白德又给姑姑梦儿打电话，梦儿说在美国陪着文白上学呢，回不去了，制药公司刚上市，文道是董事长也没时间，会安排人给白德送两万块钱办丧事。

白德、白鸽两个人回到病房收拾着大满的衣物。这时舅子兄弟走进病房，看着眼前的景象惊奇地问白德怎么回来了。白德告诉舅子兄弟大满已经去世，让他去给白芒送信，说自己负责通知别人。

白德偕白鸽来到爷爷奶奶家，两个人商量好先不告诉他们白德的身世，免得节外生枝，一切等办完丧事再说。

三爸三娘到医院去看过大满几次，知道时候不多了，但是当听白德说他妈走了时，三娘还是止不住哭起来，嘴里念叨着："受了一辈子罪呀……好儿媳妇呀……"

三娘不哭了，白德就介绍说："这是我女朋友，叫白鸽。"

三娘刚哭完又笑，真是悲喜交加。三娘问："你妈见到这个好孩子了吗？"

白德说："见到了，叫妈了。"

三娘就激动得又掉下眼泪来，连声说："好好好！好呀！好！"

三爸也跟着说："这样你妈就安心了。别看这个小闺女年龄小，还老懂事！"

几个人正说着话，白芒和舅子兄弟进到家来。白芒一见白德就骂，嫌白德回来不先回家看他。三娘拉着白鸽的手对白芒说守着白德的女朋友别骂白德。白芒就问白鸽你和你父母都是干啥的？白德他娘死了你家随份子钱吧？白德说份子钱你就别想了，她没工作，她父母要饭。

三娘冲白芒嗔怪道："这是走了媳妇把脑子疼糊涂了？份子钱多一份少一份能咋着？先把大满的丧事安排好。"

白芒说："没啥安排头，在这里烧了回老家埋。"

白德说："在济南买墓地不行吗？将来扫墓也方便。"

白芒说："买墓地不得花钱？老家有现成的坟地。再说还得回老家发丧，前些年随的份子钱也该往回收收了。"

白德还要争论，三娘发话说："听你爸爸的，你爸爸说了算。"白德也就不再说什么了。

晚上，白行进门的时候夏菁和思荫已经先他而到了，思荫见爸爸进门，神情冷峻地上前接过白行的手包，举手投足规范得体落落大方。年龄大几岁的白鸽在思荫面前好像还小几岁似的，白鸽总是用敬佩钦羡的眼光看着思荫的身影。白行看着思荫嘲笑："十几块钱的衣服愣是能让她穿出上万元的气势，精神上永远霸气十足。"白鸽很服气地说："思荫妹妹肯定能当大领导。"

一家人商定，白芒、白行和白德、白鸽四人回鲁北办丧事。

大满的丧事办得简单。几个人回到老家后，白芒让村里的人帮忙给各村的亲戚们去报丧，找人在白家坟地里挖了墓穴，当天各路亲戚就陆陆续续来了，十块二十块的入了账，然后大满就入土为安。晚辈们在新坟前磕了头，丧事就算办完了。办丧事白德又给了白芒一万块钱，白芒怎么花，白德不过问。

虽然丧事简化了很多老套的程序和环节，但是前来吊唁的人却很多，给足了白芒面子。之所以这么热闹，皆缘于白芒在省城当大主任。村里和远近亲戚都愿意结好白芒，考虑不定有个啥事会请白芒帮忙，就是没啥事，有个在济南当主任的亲戚本身就是个可以炫耀的光彩事。在前来帮忙的亲戚中，顶数一个远房亲戚的母女俩表现最积极，这娘儿俩当娘的是大满的远房表妹，叫白芒一声"表姐夫”，这闺女自然就算是白芒的表外甥女。娘儿俩脏活累活抢着干，大事小事跑在前头。

忙完丧事，白行因第二天还要赶回单位上班，再说白芒早已经把大伯这边的院子也卖了，没地方住，就要乘最后一班长途车回济南，白德说也着急回去，于是让有摩托车的亲戚把他们送到县城去坐车。白芒也没留他们，他们留下也没什么用了，还耽误自己吹牛。白芒不着急走，有几个该来还没来的亲戚他要等一等，再说自己已经不上班了，回济南除了上访也没什么事干，因此白芒已经和村里人说好了，在村长家住几天再回济南。

……

按照风俗，丧事办完后要留下亲戚和帮忙的人一起吃饭，因为白芒在村里已经没了房子，宴席就摆在村长家的院子里。晚上一起吃饭的时候，表现积极的这娘儿俩并不上桌吃饭，只是站在白芒座位的不远处，白芒喝口水，当娘的就示意闺女过来给白芒倒水，白芒喝口酒，闺女就过来给白芒添上酒，比宫女伺候皇上还有眼色。白芒享受得不行，又喝了点酒，终于忍不住打破了自己想好的“装糊涂”的决定：“这孩子真勤快。你娘儿俩跑前忙后的，有话就说吧。”白芒说完就后悔了：这不是没事找事吗。

村长说：“咱都是亲戚连着亲戚，这孩子下学后在家闲着，你给安排个工作吧。”

白芒明白了，这母女俩这么勤快，是想让自己给找工作。这要是还当着主任，应该问题不大，找个熟人特别是找个合作公司给安排个活干就是一句话的事，至于工资高低、岗位好赖、是不是愿意干，那是另一回事。但是现在自己不是主任了，这个事就变得无法实现。

白芒被众人抬到了天上，无可奈何，总不能告诉众人自己被撤职了，于是问：“你叫啥名？多大了？”

“大表姨夫，我叫田青青。十八了。”

白芒思忖再三，在众人“准能办喽”“有能耐”等议论声中起身离开，走到外面拿出手机，拨通了古立春的电话。

白芒问古立春找小姑娘啥目的。古立春说年龄小了好培养，培养好了干工作。白芒说我表外甥闺女十八岁，高中毕业想找工作。古立春说来吧。

白芒与古立春通完电话，在众人瞩目下趾高气扬地回到桌前，他没有坐下，而是抬高了嗓门说：“总算办成了，找了好几个领导。”众人都敬佩地纷纷赞扬。

白芒对田青青说：“等我回济南以后，抓紧办理，都落实好了，你就上济南上班就行了。”

村长怕出现变故，赶紧对田青青说：“跟着你大表姨夫一起去，到那里就上班了多好呢，在家闲着没用。”

白芒被众人托着，又有古立春说去了就安排工作，只好答应带着田青青回济南。

回济南的长途车上，白德对白鸽说：“假期还有几天，我这里还有一万多块钱，咱赶紧上深圳去见咱妈，把钱都给咱妈就行了。”

白鸽说：“哥哥这么孝顺呀，你像妈妈一样急。不过妈妈可能不会要你的钱。”

白德说：“知道亲妈在哪儿肯定要赶紧去见。哪有亲妈不让儿子尽孝心的……咱妈要是真不要，妹妹帮着劝劝她。”

白鸽说：“行呀。听哥哥的。”

白德又问：“你说你是在咱妈的小饭店里出生的，现在小饭店还开着吗？咱妈一个人还是几个人弄着？累不累？”

白鸽笑笑：“累是挺累的。小饭店不开了，关门了。”

白德问：“小饭店关门了，咱妈现在干什么呢？”

白鸽说：“你猜呢？”

白德说：“以前也没受过很好的教育，是不是干保洁员？”

白鸽说：“你见了妈妈你亲自问她呀，你问：妈妈你是干什么的？是不是保洁员？”说完就调皮地笑。

白德探身问坐在前排闭目养神的白行：“小叔，深圳我妈现在什么情况？白鸽不爱说，你给说说？我去见我妈需要做什么准备吧？”

白行闭着眼说：“她不爱说你就别瞎打听了，去了一看不就都知道了，不需要做准备。”

白德缩回身撇了下嘴，自语：“看来还有秘密。”

白鸽看着白德的神情，笑眯眯地说：“哥哥知道我这次和你来山东最大的感受是什么吗？”

白德说：“不知道。”

白鸽说：“就是发现了一个不一样的你。”

白德问：“哪里不一样？”

白鸽说："以前只认为你冷峻，酷，可是你在长辈面前就像个调皮小孩一样。所以我觉着我叫你弟弟更合适。"说完往白德怀里一偎，哧哧地笑。

白德轻轻把白鸽身子扶正，自己穿着军装，不适合这些亲密动作。

白德到济南后带着白鸽向爷爷奶奶辞行，然后两个人直飞深圳。

白鸽偷偷向妈妈报告了行程，花麒麟激动万分，要去机场接。白鸽说你是长辈，到机场接不合适，你在家等着就行了。花麒麟说你们回来直接到酒店，我在那里等你们。花麒麟问派车接你们总可以吧？白鸽说我们打车去酒店更有意思。花麒麟应允。

出租车刚在麒麟五星大酒店门前停下，门前守候着的麒麟集团的副总和迎宾小姐看到车里的白鸽，几个人赶紧上前来开门，另外几个赶紧跑到酒店里面去报信。

集团副总紧握白德的双手："欢迎欢迎。"白德就看向白鸽，白鸽问："叔叔，我妈妈呢？"又向白德介绍："咱妈的同事。"集团副总说："在里面等着呢。"戴着白手套的迎宾小姐就欠身伸手示意白德前行。白德回头看，行李已经被另外几个人提在手里，他们笑容满面地看着自己。白德赶紧去拿行李，几个人死活不肯，白德只好被白鸽拉着继续前行。

几个人乘电梯上楼，然后把白德、白鸽领到酒店主宴会厅的大门前，远远就能看到豪华的大宴会厅里站着很多人。白德说："是这里吗？这里好像在举办大型活动。"白鸽也感到莫名其妙："叔叔搞错了吧？我妈妈在哪个房间呢？直接去找我妈妈。"集团副总说："没错，请进，请。"

白德、白鸽两个人手拉手迟疑地走进宴会厅，里面站着的众人报以热烈的掌声。聚光灯下，挂着一个横幅："麒麟集团喜迎白德先生回家！"花麒麟身着旗袍手捧鲜花站在微微高出地面的台子上。白鸽拉一下白德的手，颐指向前："妈妈。"白德就松开白鸽的手快步走过去。

花麒麟事先想好的是站在台上等白德上来的，但是当她看到儿子快步向自己走来的时候，把任何的彩排都忘记了，她迈下台子迎着白德跑过来，手里的鲜花掉在了地上。白德刚给花麒麟敬了个标准的军礼，花麒麟一下把白德抱在怀里脸颊紧紧贴着白德的前胸，就这样紧紧地、久久地抱着，不哭不笑也不出声，直到白德像宽慰大满那样，抬手轻轻拍着花麒麟的肩膀："好了好了，好了好了。"花麒麟还是舍不得松开手，满厅的掌声持续不断。白鸽一边笑一边叫道："妈妈，妈妈，我也回来了。"

一家人亲密了又亲密，无以复加的浓情蜜意，诉不完的贴心话语。白德向花麒麟打听亲爸爸白丰的情况，花麒麟说：你爸爸白丰特立独行，如果有人说在月亮上看到他了我也相信。白鸽说：妈妈多次自嘲说自己是被爸爸抛弃的，可见爸爸有多优秀，并开玩笑说或许哪个国家总统或华人首富就是爸爸。

过了一天，白德就告别了妈妈和白鸽，登上了回部队的航班。花麒麟公开表示将来要让白德接班，也私下问白德能不能尽快到麒麟公司来主政，说自己太辛苦，等白德来了她再帮他两年以后自己就去游山玩水了。但是白德的心思不在这里，他的志向是做个真男人：驰骋疆场，建功立业，报效国家。首长和战友们也一致认为白德的荣光必定是在军营，说白德入党早、立功多、爱学习、拼劲足、政治觉悟高、军事素质过硬，军校毕业后必定是重点培养、重点提拔的优秀青年军官，可谓前途无量。

白芒把田青青领到古立春面前，古立春安排田青青到一家民营小企业干质检员。白芒对古立春说："人我给你找到了，这可是我给你帮忙。"古立春明白白芒的意思，塞给他一千块钱了事。几天后古立春找到田青青说要和她谈谈心。在一家五星级酒店的总统套房里，田青青没能逃出古立春的魔掌。

因白芒到处上访，机械厂的领导找到三爸让三爸劝劝白芒。三爸表示无能为力。三爸让他们找白行说说，因为白芒有事爱和他弟弟白行商量。机械厂领导给白行打电话，白行知道白芒上访，也曾多次规劝白芒，白行向机械厂领导提出自己的看法：如果要追究这个事，那就不但要追究白芒为什么被撤职，还要追究为什么被提拔。如果说白芒犯了严重错误，是不是领导也有用人不察的责任？白行说出于息事宁人的考虑，建议对白芒的处理是八个字：职务可撤，工作不丢。白行说你们现在断的不是白芒的财路，而是断了他的生路，他不得不上访。白行说如果机械厂领导同意这八个字的处理方式，他愿意劝劝白芒。

第二天机械厂领导给白行打电话说厂里同意白行的意见，也得到了局里批准，让白行告诉白芒尽快到车间去上班。白行给白芒打电话言明此事。白芒生气地说："谁让你瞎操心的？你知道撤了我主任我少挣多少钱少得多少物吧？你给我补上啊？”白行说：“有个班上着退休了也好拿个退休金，你这些年也攒了不少钱了，白德也不需要你的钱，你要这么多钱这么多物有什么用？”白芒怒斥说：“你啥鸟官也不是，充什么能耐？少管我的事！”

白芒看自己上访不起作用，就找到古立春说了此事：“我给你帮忙了，你也得给我帮忙，花点钱能办也行。”古立春说你这事现在弄得上上下下都知道了，不好办了。我给你提个建议：别忘了自己是军属。别的就不好明说了，你好好想想，利用起来。白芒猛然醒悟：去找部队！让部队出面给自己解决问题。

令白芒没想到的是，他已不是想上哪儿就能上哪儿了。他几经努力，都是徒劳。

越来越多的单位搞房改。夏菁、白行住的房子户口本上只有夏菁和白思荫母女俩，房租也是夏菁交着，房子只能卖给夏菁，购房款需要五万多块。虽然夫妻俩省吃俭用，也有点积蓄，但也不够五万。因此夏菁不想买，就去告诉他哥哥让他哥哥买。夏中说：“我有房子我买这个干什么，吃饱了撑的吗？再说人家也不卖给我，你把房子交回厂里吧。”白行给夏菁做工作说：“不买房子以后住哪儿？五万多块是很贵，但家里也攒了一些，再借点就行了，还是买下来吧。”夏菁也没别的主意，就同意了。白行向父母借了五千块，凑够了房款把房子买了下来。五万块在多数家庭月进月光的情况下是个很大的数目。也难怪夏菁不想买房子。

白芒住的房子也要房改，房子小些，需要交两万多一点购房款。房子所属单位的房管部门找到白芒，让他联系白丰买房子。白芒说白丰早就失踪了，你们自己找去吧。房子一直在白丰的名下，这些年来，白芒也以此为由从未交过房租。每次收房钱的人来了，白芒都是对人家说：我是在这里给我兄弟看房子的，什么时候找到我兄弟了就让我兄弟给你钱。收房费的也曾给白芒断过水电，但每次白芒都到这个单位去闹，一个领导一个领导地找，甭管是不是分管房子的，都要闹一阵。后来单位找到三爸，三爸说这个孩子的事我不管。于是虽然房子白芒一直住着，房电水费却一直拖着没交过。

房改要齐步走，落下白芒住的这一户就是工作人员的工作没做好。房管部门几次开会后派人再次找到白芒说：“了解到白丰确实是找不到了，特殊情况特殊对待，你住的这套房子可以用你的名买下，但是要先把这些年欠的房租和水电费补上。”白芒说：“我现在工作都没有，没钱。不信你们上我单位打听去。”于是房改工作人员找到了机械厂，机械厂说白芒已经被开除了，早就不上班了，他买不买房子与机械厂无关。

几天后，房管部门的工作人员又来找白芒："我们委托有关单位协助调查了你的经济状况，你在银行的存款有九十多万元。如果你买房子呢，就说买房子的事，不买房子我们也要请银行配合先把你这些年欠的房租和水电费扣出来。"

白芒惊慌地说："你们凭啥查我的存款？你们这是违法！"

工作人员说："房子是国家的，不可能让你白住这些年，你不交房租和水电费就等于侵占国家财产。"工作人员拿出一张纸递给白芒说："这是这些年欠的房租和水电费的明细表，你自己看看。我们领导说了，等你一周，一周以后还不配合，我们就先扣房租和水电费。"工作人员见白芒不接明细表，就把表放在白芒面前的桌子上。

白芒斜着眼看了看明细表："前面那段时间是我兄弟白丰在这里住的时候欠的，不是我欠的。"

工作人员说："这是你们自己家的事，他欠的你向他要就是了。再说那也没几个月，那时候房租也低，主要是你欠的。"工作人员再次强调："我们只等你一周时间。"

周末，白芒把白行叫到自己家来。白芒要求白行把白丰留下的房子买下来，理由是这房子原本就是白丰留给白行的，就该白行买。白行说自己刚买下了住着的房子，没钱了。白芒说你没钱我借给你，按银行贷款利息计息。白行说这老房子都快塌了，买下来没什么用处。白芒说你买下来我住。白行说自己确实没钱买，白芒实在不愿意买就把房子交上去算了。白芒说如果白丰回来了呢，住哪儿？白芒的这最后一句话起了作用，白行最终同意把房子买下来。

白芒告诉白行房子不到两万五千块，让白行写了欠条。兄弟俩一起到了银行，白芒取了两万五千块钱递给白行，白行把钱存进自己的银行卡里。

白行和白芒一起到了房管部门，几番解释、说明，工作人员也帮着向领导说话，略费周折后，同意了由白行买下房子的申请。交房款的时候，白芒说有事先走了。白行交款时是两张单子，一张是购房款两万零一百多，另一张是这些年来的房租和水电费，四千八百多，合计差几毛钱两万五千元。白行明白了白芒不想买房子的原因之一就是不想补上这近五千元的房租和水电费。

办理购房手续时，需要夫妻双方都签字才行，白行是偷拿的夏菁的身份证和户口本、结婚证作证明由白行替夏菁代签的字。白行本打算过一段时间再把买房子的事告诉夏菁，但白芒担心万一白行出个什么意外夏菁不认账就麻烦了，就装作闲着没事到白行家坐坐，把白行借他的钱买下了白丰房子的事告诉了夏菁。家里刚买了住着的房子，已经穷得叮当响，一块钱都要算计着花，白行却自作主张买下一套没用的快塌了的老房子，夏菁和白行接连打仗，小仗连小仗、小仗变大仗地打了几个月，几次要离婚，几次找房管部门要求退房子，都没能实现。家里的日子变得更加艰难，白行也很自觉，发了工资奖金，留下自己吃饭买烟的钱，其余的全部交给夏菁存起来。

在美国的梦儿给爸妈打来电话，说在美国的房子买好了，二层楼带个很大很大的院子。说文白上学去以后，她自己在个独栋大房子里又孤独又害怕，让三爸三娘去和她一起住。三爸三娘担心到了美国不适应，就不想去。梦儿说先去住一段时间试试，就当去玩玩，住不惯再回来。老两口想趁着还能动出去玩玩也挺好，这些年国内的地方去了不少，国外还没去过，也就答应了。

送三爸三娘出国的时候，文道百忙中抽出时间亲自把二老送到北京机场，白行也跟着车一起去送。

送别了二老，白行坐文道的车回济南。文道说："你姐姐又提到让你到这边来工作。你现在搞市场营销，应该也积累了不少经验，各行各业的市场营销工作大同小异，你要是有兴趣就过来，就干营销。"

白行说："经常在媒体上看到有关制药公司的报道，发展太快了。我看公司时常推出一些新药，都是老百姓热盼、急需的好药，太厉害了。"

文道冷笑一声："好药不一定是好商品。我的保险箱里放着一堆好药方子，先推出哪个，后推出哪个，不推出哪个，这可是市场营销的一门大学问，不只关系到企业的效益、利润，还关系到企业能不能持续发展，是涉及企业命运的大事。"

白行说："从根本目的说，制药、卖药还不就是为了治病救人。从市场营销上说，就是哪种病得病的人多，就先推出哪种治这个病的药，哪种药见效快、疗效好，就先推出哪种药。这样着眼、着手，就能实现社会和企业的双赢。"

文道有些失望地叹口气："是不是要想想富人爱得什么病？穷人爱得什么病？受众多未必是制药企业要选择的目标市场。企业家也是资本家，不从资本的角度考虑问题，不去想投入产出比、回报周期、利润率，只是想生产好药，不去想什么才是好产品，这怎么能行？根本目的是治病救人？第一句就没说到点子上……

营销是门大学问呀……”

白行说：“其实咱俩说的已经不是营销问题了。”

文道说：“这就是营销问题，是营销的根本问题。别看你有硕士学位，对营销的认识可能还不如我的司机看得透。”

开着车的司机听董事长提到自己，就说：“药品也需要回头客，好药不一定是好商品，一吃就见效，一不吃就接着犯的药才是好商品。”

文道看了白行一眼，将座椅的靠背往后调了调，把眼睛闭上了。

两个人都不再说话，他俩同时都明白了白行并不适合到文道的制药公司去工作。

一天，许经理把白行叫到办公室：“这个……有时候坏事也能变成好事，以前让你到《物贸快讯》去谈合作，订他们几本，给他们送点钱就算完，公司领导也是这个意思，结果你去了给人家出谋划策，没花钱把杂志订回来了。其实我很赞成你的做法，就是担心他们不理解。你猜怎么着，他们按照你的谋划去做，还真打开局面了，发行量上去了，还挣了不少广告费。事情过去这么久了，这次金属协会的领导到齐钢走访，专门提到这个事，非常感谢，说我们齐钢就是人才多。集团领导也高兴了，表扬了我们经营公司。”

白行赶紧说：“还不是领导您平时开导得好。”

许经理哈哈大笑：“白行啊，好好干，机会总会有的，没有这机会就有那机会。嗯……有这么个事：集团要搞这个……叫 CIS，就是企业文化形象策划的意思，专门委托一家策划公司搞这个事。现在的情况是，这个策划公司派来的几个专家在齐钢待了几个月了，又是现场考察又是座谈会的，看着挺热闹，结果弄出来的东西不理想。所以集团决定让我们抽些人帮着他们搞，各系统都抽几个。我琢磨营销系统就抽你吧，去帮帮忙。”

白行说：“专家还用我们帮忙？”

许经理说：“有几个是大学退休的老教授，还有几个也不知是什么部门退下来的不大不小的老领导。这些人搞策划，唉……他们不太了解情况。”

白行说：“那我们去协助是不是就是给他们介绍情况？”

许经理摇摇头：“情况都介绍了无数遍了，就是弄出来的东西集团不满意，又不好明说，抽调你们协助，说白了就是由你们策划，或者叫一起策划，甭管谁策划，最后把事弄好就行了。你看现在他们策划的，我们过去的质量观是‘质量是企业的生命线'，现在他们给策划的质量观是'好了还要好'。我没看出水平高来。"

白行说："请他们来策划得不少钱吧？"

许经理撇嘴点头："得个几百万啊。"

白行说："那我们自己策划还给他们这么多钱吗？起码要少给点吧？"

许经理指点着白行："你这个同志啊，脑子就是不开窍……"

白行顿悟："明白了，和《物贸快讯》一样，就是给他们送钱赞助。"

许经理说："话不能说得这么直白。不过这个事还真是一个大领导提议的，策划公司也是这个领导推荐的，所以必须把事弄好。"

正在齐钢抽调人马要协助策划公司搞策划时，这家策划公司不高兴了，说齐钢的事难办，不配合。不久，那个大领导来齐钢走访调研了，"顺便"问了问企业文化、企业形象策划的事。齐钢就把专家们搞的"质量观"方案拿给大领导看，说其他的专家还没搞出来。大领导扫了一眼，评价说："很好啊，不愧是专家水平。这个东西宣贯实施后，相信对企业的发展会有很大帮助。"

于是，齐钢的质量观就是"好了还要好"，多少年不变。

整个CIS方案完成后，白行还是没忍住给集团公司总经理写了个报告：齐钢自己抽调人员搞CIS以后，那些所谓的专家要么不来，要么来了就让派车拉着他们到处游山玩水，整个方案的三十九项内容只有质量观一项是他们自己想出来的，其余三十八项都是我们齐钢人自己搞的。建议在付费时考虑这些因素，避免国有资产白白流失。集团公司把白行的报告转给了经营公司许经理"阅处"。许经理把白行叫过去一顿猛训，让白行摆正位置，不要盲目干涉集团决策。许经理直截了当地说："本来看你工作成绩出色，还考虑给你安排个'代理'岗位，你这一瞎操心，免了吧。"

齐钢的营销系统每一两年就做一次干部交流。说是人才交流，培养复合型人才，实际是担心一个人在营销系统干久了或许会与客户结成同盟，损害企业利益。再就是担心有的人会犯大错误、出大事，这也是出于对干部保护的考虑吧。每次干部交流的对象主要是处级领导、科级干部，以及个别普通员工。多时能调动二十几个，少则也要十来个。有的被交流的人不愿意走，觉得这里有油水、面子风光，听到宣布自己要被调走，就去找领导闹，有的就高高兴兴——领导已私下通气，要高就了。

在经营公司又一次干部交流后，许经理被提拔为集团公司总经理助理兼经营公司经理，人称许总，办公室赵主任和市场部经理宋帅瓜被提拔为经营公司经理助理。白行作为普通员工，没有被提拔也没有被交流。按照赵助理的说法，没被交流就是对白行工作的认可，就要感谢领导，加倍努力工作。

一天，许总把赵助理和白行叫到办公室："现在我分管集团的几个口，接触的范围广了，了解得深入了，听到的话也就多了。集团方方面面很多人对我们经营公司的贡献不认可，对我们的工作不理解，甚至对我们的人有错误看法。说我们经营公司神神秘秘的，工作就是吃吃喝喝，游山玩水，怀疑我们的工作作风。原来认为白行经常在报纸上写写东西，就挺好的了，现在看，远远不够。赵助理干办公室主任多年，应该能分析出原因：白行有脑子，是策划大师。你俩说说，怎么把这个形象弄好喽。"

赵助理说："这些人就是嫉妒，他爱说啥说啥，咱工作成绩在这里摆着——每年近千万吨钢材谁卖出去的？"

许总摆手说："人言可畏。不把形象扭过来不行，这是大问题。"

赵助理扭头看白行："别愣着了。"

白行说："我来这里也好几年了，我认为，别人对我们产生误解，主要是我们不够阳光。比如说，集团搞的一些活动我们从不参加，像歌咏比赛、篮球比赛、演讲比赛、板报展等等我们就不参加。还有一些活动机关处室联合组队搞竞赛，要我们抽人，我们也都说没空，我们公司内部也从不搞任何活动，加上我们是与集团外面打交道，和集团内部联系少，日子久了，就给人这样一个印象。今后我们要是能多参加一些集团组织的各类比赛、竞赛，自己再搞一些群众性、公益性活动，联系集团的电视台和报社多给报道报道，形象很快就能扭转过来。"

许总高兴地说："我看行。那好，你抓紧拿个方案……干脆就由你来负责这个事……这归什么部门管？"

赵助理说："要说是政工科。咱这里没有政工科，以前集团来了让参加活动的通知，都是办公室应付，说是应付，其实就是回绝。"

许总说："没有政工科还没有政工员吗，白行就兼政工员，负责这个事，搞起来！"

赵助理说："还有个问题：政工员得是党员才行，白行还不是党员。"

许总问："为什么不是？"

赵助理说："他倒是早就递交申请书了，可是每年名额有限，还没安排上。"

许总说："入党不就是为了干工作吗，先按党员的标准把工作干好。白行不是党员，赵助理可以靠上抓，多指导指导不就行了。"

赵助理问："那他市场部的工作还干吧？市场部也离不了他。"

许总说："不干还行？兼着，两边办公，两边都要干好。"

于是白行在做好市场部工作的同时还负责经营公司的政工工作。经营公司积极参加集团和机关党委组织的各种比赛、竞赛，公司内部也开展起丰富多彩的群众活动，整个公司的精神面貌焕然一新，团结紧张，严肃活泼……

一次，在参加集团组织的大合唱比赛获得最佳作词、最佳谱曲、最佳表演等多个一等奖后，经营公司举行庆功宴，赵助理喝多了酒，对白行说："白行，我认为你这人还不错，今天和你说句话：你别在齐钢干了，辞职吧。实话告诉你，你干也没出路，不干也没出路，这样干没出路，那样干还是没出路。无论你怎样千方百计地干，最终的结果都是一个——没出路。你看这次，你自己作词，自己掏钱请客让艺术团的人给谱曲，加班加点组织大伙练习获得好几个一等奖，最多也就是赏你喝酒吃饭，别的连想也别想。上次参加团体操比赛获得一等奖，不也是喝酒吗，别的都别想。"

白行也喝得够呛："我从最初到齐钢来，就只有一个目的：做事情。就是想干出成绩、干出业绩，干出更大成绩、更多业绩。要通过这些成绩、业绩来体现人生价值。"

赵助理说："你这些年干出的成绩还少吗？有个鸟用？给企业是创造价值了，给你自己创造了什么价值？"

白行说："创造业绩本身就是人生价值的体现。当然，如果能给我一个更大的舞台，让我有机会创造更大、更多业绩就好了。"

赵助理说："能把想当官说得这么超凡脱俗，也就是你白行。"

白行说："我还真就不是想当官，我就是想做事，做很多很多的事。人总得干事吧？不干这个就干那个，干事心里踏实。再说我现在只能干好，无论让我干什么我都必须干好，我从济南跑到这里来，如果只是混日子，那我何必跑这么远？在鲁铁还不是一样混？"

赵助理："……唉，你这觉悟，优秀党员也比不了呀。"

白行笑道："其实我学的就是马克思主义哲学，也是忠实信徒，只是没能入党，很遗憾。”

赵助理说：“对啊，我是替你抱不平。我要是有权力，我就让你入党，还要提拔提拔你。但是，我告诉你，可惜你一点希望也没有。国有企业，要想提拔全凭关系。你要不听我的，你就走着瞧，累死你也白搭。”

赵助理的一番言论让白行想起鲁铁的胡山和吕红军和他说过的话，几乎是完全一样的。白行说：“可能我是死脑筋，但是我不想改变。”

赵助理说：“唉，反正你不靠上人，光知道干，白搭。这些年你除了年年是先进，还有什么？如果先进工作者不是大家投票选出来的，你先进也不是。”

白行说：“来来来，别说这些了，喝酒。”

赵助理感叹：“唉，你真不愧叫白行，干啥啥行，行也白行。”

白行笑说：“惭愧惭愧，是行走的行。”

周五，已经过了下班时间，白行还在市场部帮着胖子汪安富整理本该由汪安富独立完成的市场调查报告。

赵助理急急忙忙进门招呼白行：“快点快点，马上去齐钢宾馆，我开车送你。”

白行连忙起身收拾着：“领导您什么指示这么着急？来客人了？我自己跑过去就行。”

赵助理说：“不是我着急，是许总的命令急，许总正在宾馆陪客人，刚来电话，让你马上到。”

白行说：“许总的客人我哪有资格陪啊，弄错了吧？”

赵助理说：“我也不知道怎么回事，让你去你就去，抓紧吧。”

汪安富说：“白行说今天整完了方案他请我喝酒，我都和老婆请好假了。”

赵助理说：“一起去吧，上别的桌上陪陪客人。快走。”

两个人上了赵助理开的车，直奔齐钢宾馆。

有时碰上经营公司来的这里那里的客人多了，要订好多个单间，公司会安排一些能喝酒的去陪酒，领导们陪不过来还会串桌，就是每个酒桌都去坐坐。但是像白行这样的一般员工所陪的也是一般的采购员，像许总都亲自出面作陪的客人，白行还从来没有陪过酒——不够级别。

白行、汪安富跟着赵助理来到宾馆找到许总的房间，赵助理轻轻推开房门往里观瞧。许总正在里面与客人们把酒言欢，看见他，就问：“来了吗？”

赵助理就回身拉着白行站到房门口。许总说：“先进来坐会儿吧。”

汪安富听许总只让赵助理和白行两人进去，就从后面挤到前面来让许总看见自己。

赵助理说："市场部的汪安富正准备和白行一起去吃饭，我就一块儿叫来了。"

许总说："都进来吧，挤挤。坐下我有事问。"

客人起身邀请，赵助理和白行、汪安富就赶忙各自搬把椅子坐下。

许总问白行："你以前和郜总有来往吗？熟不熟？"

"哪个郜总？"白行站起身。

赵助理说："还哪个郜总，齐钢就一个郜总。"

白行顿悟，许总和赵助理说的是齐钢一把手，就说："不熟。估计郜总也不认识我。"

许总点头："郜总肯定知道有你这么个人——你经常在《齐钢报》上发表文章，他应该能看到。要不今天怎么给我打电话让你来宾馆？要说熟应该是不熟，没听郜总提起过你……你最近运作什么事了吗？说说没事，我早晚也会知道。"

白行说："没运作什么啊。"

许总突然明白了："你是从济南鲁铁调来的是不是？"

白行说："是。"

许总说："这就对了——今天郜总陪鲁铁来的一个副总吃饭，肯定是鲁铁的副总认识你想见见你。"

白行想了想："以前鲁铁有个谭厂长我认识，现在要称谭总了……不过论年龄也离休了。这个人是不是姓谭？"

许总摇头："好像不姓谭……不管了，一会儿就知道了。郜总和客人在元帅厅，一会儿他秘书来叫我们过去。"

白行中规中矩地坐下，不言不语，一头雾水。赵助理、汪安富开始端着酒杯挨个给客人敬酒……

门口，郜总的秘书向许总招手示意，许总就把自己高脚杯里的啤酒倒在碗里，拿起白酒把酒杯加满，端着酒杯叫着白行去郜总的大元帅厅，赵助理也赶紧端着酒杯跟上。汪安富稍一犹豫也端起酒杯跟了过去。

许总端着酒杯走到大元帅厅门口特意回头看看，见赵助理跟在身后，白行排在第三，就示意白行跟着自己。赵助理赶紧让到一旁。

白行说："哪能哪能，赵助理在前面。"

赵助理说："郜总点名叫你，赶紧的吧。"

白行连说了几个“大不敬”，跟在了许总身后。

许总直了直身子，推开门高声说：“郃总，属下给您敬酒！”

郃总给身边的客人介绍说：“这是许副总，能喝酒！”

客人就起身与许总握手，许总快步走过去说：“我们郃总教导我们说：酒品代表人品，酒量代表工作量！咱先干一个！”

客人也爽快：“好！酒风很正！干！”说完，两人一碰杯，一人二两半白酒下肚。

白行第一次进这个大元帅厅，大元帅厅是专门给郃总接待客人使用的，有时郃总一个人吃饭也是在这里，装修得豪华大气、富丽堂皇。

郃总看看白行，又看看汪安富：“哪个是那个……白？”

白行冲郃总一个深鞠躬：“郃总您好，我叫白行。”

客人几步走到白行面前两手抓着白行的双肩晃了晃。白行定睛一看：小驴子吕红军。

白行心里发紧，眼睛一下就湿润了，他有马上离开房间的冲动。

郃总说：“来来来，都坐下吧。白行你挨着吕总。”

白行跟着吕红军坐在他身旁。吕红军抓着白行的手注视着白行，轻叹一口气，起身拿过酒瓶子把自己和白行面前的酒杯加满，端起自己的那杯一饮而尽。白行木讷地坐在那里，没有响应。

许总催促白行：“吕总都干了，还不赶紧的。”

白行端起自己的酒杯。吕红军按住白行的手腕对郃总说：“俺俩是兄弟，他喝不喝随便他。”

郃总说：“那也要喝。”

白行听郃总如是说，赶紧掰开吕红军的手，端着酒杯站起身一饮而尽。然后坐下，仍没有说话。

吕红军问郃总：“我这个弟兄现在是什么角色？”

郃总看许总。许总接声说：“副科长，内定的副科长。”

吕红军瞪着白行：“你妈你当年在鲁铁如果有现在的一半谦虚劲，现在起码也是个处长了。”然后又对郃总说：“我这个哥们儿有才啊。”

许总说：“有才。就是调来的时候就已经过了提拔科级的年龄了，要不也早就行了。”

郃总说：“是人才就要用起来。好了，咱先喝酒，你兄弟俩的话喝完酒你们单独聊。”

汪安富端起酒杯：“我敬一圈，先敬郜总！”赵助理赶紧摁住汪安富的酒杯，低声又不失威严地呵斥他：“你算老几就敬一圈？”

几圈酒过后，吕红军再次向齐钢的领导们推介白行：“我这个白行兄弟搞文学，在鲁铁的时候他就弄这一套，我是比不了。”

郜总说：“文学就是写生活。怎样才能有好生活？要想生活好，可以是鹦鹉，做好宣贯；可以是鹰，抓兔子有业绩；可以是犬，绝对忠诚。既然是搞文学，就要把这些道理向职工讲清楚。”

众人纷纷赞扬、喝彩。汪安富站起身：“郜总的理论太高深了！绝对是至理名言！今天绝对受教育了！我敬郜总一杯！我干了，您随意！”汪安富说完，就一仰脖子把自己杯子里的白酒一饮而尽，然后杯口朝下给众人看看。

郜总端起自己面前的酒杯碰了下嘴唇：“这个胖子不错，酒品行，工作热情很高。”

汪安富赶紧说：“这都是郜总培养得好！感谢郜总栽培！我叫汪安富！”

一心要在郜总面前好好表现的赵助理看汪安富抢了风头，心中难免气恼：“这个汪安富酒品还行，就是人品差点。好几次出差冒充经营公司经理，有一次被我撞见了，当面揭穿他。白行搞文学可以写写这种事，大反转的大家都爱看。”

或许是喝得太猛，也或许是心里憋屈，白行喝得大醉。

第三十一章

第二天早晨醒来，白行发现自己睡在宾馆里，一边的床上睡着一个三十岁左右的人。白行费劲地坐起来，深叹一口气。另一边床上睡着的人听见动静就欠起身问：“领导您醒了？没事吧？”

白行问：“你是谁啊？”

这人说：“我是吕总的秘书。昨晚您喝得多了点，吕总让我照顾您。”

白行说：“谢谢谢谢，添麻烦了。昨晚吃饭你也在？你看我都喝糊涂了，不认人了。”

这人说：“我昨晚和司机在外面大厅吃的。”

白行说：“哦，你不在桌上，怎么看着这么面熟？你是……”

白行正要说出这人的名字，这人说：“白老师，我是裴军。”

白行说：“对对对，裴军。哦，你现在给吕总干秘书了？”

裴军红着脸说：“白老师，当年我年龄小不懂事……”

白行抬手制止他：“别说当年，你现在怎么样？”

裴军赶紧说：“白老师，我这个年龄了要是还犯那样的错误，老天爷也饶不了我，天打五雷劈。我真的，这方面，就犯过那一次错误。”

白行说：“十几岁干过荒唐事，不算稀奇，改了就是好同志。”

裴军从提包里拿出两条软中华香烟塞到白行的枕头下面：“白老师，当年真谢谢您了，要不是……”

白行又制止他：“你还真别谢我，我当时想把你送进派出所去。要说你真该谢谢肖老师，要不是她一心护着你，你的档案里就会被写上一笔，有这么个污点，估计你现在也干不成秘书了。”

裴军说：“白老师，您有肖老师的联系方式吗？我想当面致谢。不瞒您说，我打心眼里感激她。这些年要不是怕不吉利，我真想天天拿香供着她。”

白行笑笑：“从她离开学校就再也没联系过。你有这个心，我替肖老师感到欣慰。看来当年还是肖老师做对了——挽救了一个偶然做出荒唐事的少年。但愿肖老师能因祸得福，现在过着幸福的生活。”

裴军说：“白老师，我真的也要感谢您，要不是您……”

白行再一次抬手阻止他说下去。也不知为什么，白行不想听裴军说话。白行问：“吕红军呢？”

“在对面的套房。”

白行下地穿上鞋说：“我要走了。你和吕总说，我先走了，就不见他了。”

裴军赶紧说：“白老师，您可别。吕总交代我等您醒了就和您到他房间去，您要是先走了我没法交代。”

白行说：“你就和他说，我不想见他。行吧？我还有事就先走了。”

裴军连忙拦着：“您不去吕总房间，让我打个电话行吧？打个电话您再走？”

白行说：“那行，不为难你，你和他说一声我就走。”

裴军拨通吕红军房间的电话，说白行要走，然后嗯嗯地答应几声后把电话放下。

白行说：“那我走了？谢谢你照顾，再见。”

裴军说：“您等会儿，吕总马上过来。”说完从衣袋里掏出软中华，给白行递上一支点上。

白行看看挡在自己面前的裴军，知道走不了，就坐到椅子上。裴军走过去把房门打开，等在那里。

不一会儿吕红军就过来了，一进房间就指着白行：“你小子这个熊德性永远当不了官。”

白行只管抽烟，也不理他。

吕红军把房卡递给裴军：“你去我房间等着吧，我和他说点事。”

裴军答应着接过房卡提着自己的包往外走。

白行招手叫住裴军：“裴军，你的东西忘在这里了。”说完，从枕头下面拿出那两条软中华递给裴军。裴军犹豫着不想接。

吕红军看看两个人，问白行：“你们认识？你怎么知道他叫裴军？”

裴军正要回答，白行抢先说："不认识。这不刚问的他，他说自己叫裴军。"说完冲裴军摆摆手，让他离开。

裴军拿着烟，冲两人点着头退出房间把门带上了。

白行看着吕红军，感到熟悉又陌生，脑子里浮现出当年"小驴子"的形象，让他感到更亲切。

在齐钢这些年的不懈努力让白行感到一个科长、处长是那样高不可及，自己好像永远坐不到那个位置了，而集团公司的老总更是高深莫测。现在看着眼前的吕红军，吕总，感觉他应该还是自己以前熟悉的那个人，这让他感到那些领导或许并不是那么高深，有自己不可及的本事。可是怎么自己就不行呢？虽然他感觉眼前的吕总还是以前的那个小驴子吕红军，但他也清楚地知道，自己已经无法用以前那样的口吻和吕红军说话了——自己已经失去了过去的心态，没有了资格。

吕红军说："你说你，跑到这里来，这些年了才弄个副科长，还是内定的。我的秘书还是正科级呢。你说你……唉，真你妈有意思。"

白行想说内定副科长也是假的，但是终究没说。

吕红军又说："你说你现在四十好几了，再提科长也不是这么个事了，你这个年龄提处长都不年轻了。我看你就跟我回鲁铁吧，我在子公司给你安排个岗位，怎么也比在这里强。"

白行垂着眼帘："自己选的路，只能走下去。鲁铁是不可能再回去了。"

吕红军说："我这次来齐钢走访，还有一个原因。最近鲁铁正在与一家外商谈一个合作项目，想从这家公司进口几套大型环保设备。这个公司的老板知道你在鲁铁工作，一到鲁铁就打听你，想见见你。我说你调到齐钢好多年了。人家遗憾得不得了，问你在齐钢干什么，说有机会到齐钢来看你。你妈我也够劲，这些年光忙活工作了，连你在这里干什么都不知道，只能如实告诉人家只知道你研究生毕业，别的都不知道了。我和人家老板说了：正好最近要去齐钢走访，把白行请回来！你猜这个老板是谁？能猜到吧？"

白行说："我不可能认识外国公司老板。可能弄错了。"

吕红军说："你真差劲，这么多年人家一直惦记着你，你都不知道人家是谁。"

白行一下想起了二哥白丰，难道是二哥回来了？白行眼睛一亮："也姓白对不对？"

吕红军说："姓林！林总，你认识吧？她说你们是小时候的同学。叫林晓萌。"

白行一下站起来：“林晓荫我认识啊！她……”话没说完又坐回椅子上。

吕红军说：“林晓荫还打听这打听那的，很关心你，你俩以前是不是有一壶？不对啊，我记着咱们刚进厂的时候你不就有对象了吗？我还给你老丈人弄牛蹄子呢！大梁骨！”

白行的脑子里翻江倒海，弄不清自己是不是在做梦，也听不清吕红军在说什么。

吕红军看白行发愣，又说：“人家林总这么大的跨国集团公司老板，单纯为了几套设备的生意不可能亲自来鲁铁，她就是想见见你。我可是答应人家了，接你回鲁铁你俩见见面。”

白行恨不能马上赶回济南去见林晓荫，他有无尽的话要对她诉说。但是想想自己现在落魄的窘境，他又能见谁啊？他定定神，终于摇摇头说：“不见了，就是一般同学。”

吕红军说：“别你妈装样，我看出来了，你俩关系不一般。林晓荫说了，如果有可能，她想让你负责她在中国的生意。干脆你就上林晓荫公司里干去，也给齐钢进几套设备，到时候直接和齐钢的部总谈判，风光风光，让齐钢这些小子看看，你齐钢不认真人，有识货的。”

白行答非所问：“她……身体好吗？”

“谁？林晓荫？好啊，走路像飘着一样。就是一个仙女。”

白行问：“她……结婚了吗……她孩子来了吗？”

吕红军说：“这个我没问，肯定结了吧，这个年龄了，不过没见到她孩子。没想到你还和这么美的女人有一壶。你也别管她结没结婚，就去她公司干去，重续前缘。”

白行沉默片刻：“只要她好就行了。既然你看出来了，也就该明白：我宁愿在齐钢一事无成，也不可能去她那里谋职——还是留点美好的东西吧。”

吕红军说：“你这是什么逻辑？非要在国企这棵树上吊死？你去林晓荫那里，收入起码是现在的几倍、几十倍。”

白行说：“不是钱的事。”

吕红军问：“那我回去见到林晓荫怎么说？”

“你就说在齐钢没见到我，就说不知道我又去哪儿了，联系不上了。”

吕红军不耐烦地说：“你爱怎么着怎么着吧，我真懒得管你的事。我见了她就如实把你的情况和她说说，至于她是不是和你联系就是她的事了。”

白行说："你实在要说我也没办法，反正我不见她。"

两个人正说着话，吕红军的手机响了。吕红军拿起一看，眼睛一亮，接通电话："林总您好，您好您好，见到了见到了，我一到齐钢就先办这个事。哎呀，您还真是牵挂他。白行就在我身边，您和他说说话吧。"吕红军把手机递给白行，小声说："快点，林总，林晓荫。"

白行手抓着电话愣在那里，电话里传出最亲切、最令他心动、最让他夜夜回想、最让他期盼着还能再听到的柔美嗓音："是白行吗？白行，白行你好，白行，我是林晓荫……"这嗓音、声调、语气与当年无异，白行的脑海里浮现出林晓荫曼妙清纯的身姿神态。他心里颤抖着，眼睛瞬间变得赤红，满含着泪水与烈火。他的嘴哆嗦了几下没说出话来，把手机放下，站起身走出了房间……

吕红军喊道："你干什么去？你别走，一会儿你们许总过来陪我吃早点，一块儿说说让他关照你的事。"见白行没搭腔径自走了，吕红军赶紧拿起电话："林总，是这么回事……"

白行回到宿舍躺下，脑子昏昏沉沉的。

林晓荫，自己几十年始终惦念的女性，自己心中的女神，自己生命价值的依托，自己深爱着的人，本以为今生再也联系不上了，现在她来找自己了，自己该做什么？去死吗，还是去见她？白行的精神几乎要错乱了……

几天后，许总把白行叫到办公室："鲁铁的吕总很关心你，让我多关照关照，他和部总也说了。那天酒席上部总也说，是人才就用起来。你现在这个年龄，再提科级也不可能了，所以说你这个人才怎么用还真是个问题啊。你自己有什么考虑吗？"

白行说："感谢领导操心。我没有什么特别的考虑，就想好好地工作。"

许总说："这次干部交流以后，办公室和绩效管理科合并成立综合办公室，主任是新调来的，不太了解经营公司的情况，现在办公室的工作有点乱。赵助理不再管办公室的事了，我让他协助我抓业务，宋帅瓜现在提成助理了，虽然兼着市场部经理，但精力也不会全放在市场部的工作上，现在市场部的工作也有问题，可以说市场部的作用一直就没体现出来。正好这两块你都熟悉，所以我琢磨把你内定为市场部副经理、办公室副主任，两块工作都要干好、干出成绩来。办公室的工作要理顺，绩效考核、人力资源、后勤保障、党政工团、安全保卫、环境卫生、体系认证……摊子不小，都要管起来，全部实现规范运作，绝不能像现在这样乱成一锅粥。市场部职能定位不应是现在这样，现在就是搜集信息、交流价格，没有什么太大的意义。市场部应该是集团公司的营销战略参谋部、营销策略规划部、营销模式创新部。你到位以后，要马上提升工作水平，真正发挥出市场部的职能作用。两个部门的工作要全面抓起来，要以一把手的责任感和使命感为标准开展工作，需要请示汇报的，直接向我汇报。你的这两个副科级岗位呢，内定的意思就是不上报，组织部不备案，自然工资也无法调整，但是奖金享受副科级待遇……干脆就正科级待遇，也算给鲁铁的吕总一个交代。你看怎么样？”

白行满心感激。这些年来，他越来越感到一个科长或者副科长的位置离自己是那么的遥远。现在被内定为两个副科级岗位，终于可以大干一场了。至于工资和奖金是否提高他并不在乎，他需要的是被认可，他需要一个更大的平台发挥自己澎湃的热情。

白行对着许总弯下身子鞠了一躬:“感谢领导栽培。我一定更加努力，不辜负您的期望。”

这以后，白行更加忙碌起来，也忙碌得更加带劲了，好像还有多么美好的前程在等着他。其实就他个人的仕途来说，他已经什么机会都没有了。白行也知道这点，但他并不在乎，他看重的是可以在更大的舞台干更多的事，事情做得越多，生命就越有意义——人生的路长度已定，但可以拓宽宽度。

这样忙忙活活，转眼就是几年。

齐钢的一把手部总离休前提出让宋帅瓜担任经营公司的经理，说这是他离开工作岗位前的最后一个期望，领导们都举手赞成。于是宋帅瓜被提拔为经营公司经理，许总不再兼任经营公司经理职务，赵助理提升为经营公司书记。

经营公司新任经理宋帅瓜有很多特点让齐钢的领导及客户们吃不消。一是对领导的指令要么充耳不闻我行我素，要么把领导的指令领会错了，工作走了样。二是违反“各单位一把手出差必须请示集团分管领导”的规定，想出差就出差，想去哪儿就去哪儿，从不给集团领导打招呼。三是手机常在关机状态，自己想用的时候开机，打完电话就马上关机，弄得集团公司领导们经常联系不上他，特别是在他出差的时候，根本就找不到人。四是脾气特别，经常有客户在门外排队等着要见他，而他在办公室里玩电脑上的纸牌游戏，一个也不见。五是对经营公司各部门的工作情况从不多问，理由是各有各的岗位职责，各干各的……宋经理个性鲜明，特色不胜枚举。齐钢的领导想换掉他，但碍于老领导部总的面子不好弄。

不久领导们的机会来了。

经营公司下属的钢材仓库的天车在夜班吊钢材时钢丝绳断裂，钢材砸坏了轧钢厂加热炉技术改造用的临时放在那里的耐火材料。这批材料原本是天亮就要用的，结果砸坏了，肯定要影响工期。齐钢一个分管领导很生气，在第二天早晨的调度会上把宋帅瓜好一顿训斥，扬言说要扣他半年的奖金。

宋经理憋着一肚子火，尤其心疼可能要被扣掉的奖金。他赶到仓库办公室，要召集全体职工开会。仓库主任和党支部书记赶紧劝说道：职工们都在各个岗位上忙着，入库、出库、吊装、发运、统计等各个岗位都离不开人，全部来开会做不到，能不能叫一部分职工来开？

宋经理火更大了："我的指令就是你们的使命！必须全部职工！到了我点名，少一个就扣你们仓库的全部奖金！"

仓库主任知道宋经理的特点，说扣奖金不含糊。就说："发运环节，汽运的可以停下来，让客户等着就是了，铁路的不能停，车皮进厂待久了铁路要扣我们占时费。特别是吊装入库不能离开人，真要是全部来开会就意味着停产——钢材在产线上无法下线入库，轧机只能停下来，这是天大的事，我做不了主。"

宋经理一拍桌子："马上全部来开会！人叫不齐我现在就撤你！快！解放军速度！"

仓库主任还要辩解，支部书记拉着主任往外走，边走边回头对宋经理说："马上叫，马上叫。"

离开宋经理，支部书记和主任商量：除了实在无法离开的岗位，其余人全部来开会。尽管整个工作肯定要慢下来，慢就慢吧，一把手的命令，没办法。

两个人分头去召集人，很快大家都来到车间会议室，仓库的工作处于半停滞状态。

宋经理听主任说到齐了，来到会议室，也没点名，扯开嗓子说："昨天夜里你们砸坏了耐火材料，厂里说要扣我半年奖金。你们还不如砸死人呢，死一个人才扣三个月的……"

人群一阵骚动。一个工人喊："这是你妈什么领导？人命关天，砸死你行不行？"

另一个职工说："这是拿着咱不当人啊！"

大家你一言我一语越说越激动，有的就鼓动说："揍这个色孩子！"

眼看局面不好控制，主任就说：“会就开到这儿，都回去干活吧！”

大家不回去，非要宋经理说清楚该砸死谁。

宋经理见势不妙缩回到主任办公室里不露面了。

这里正闹着，轧钢厂的领导们跑来问怎么都跑到这里来了，产线马上就要堵死了！客户也跑来催促赶紧发货！负责铁路运输的运输部调度也跑来问为啥不装车了……生产厂的职工也跑来看热闹，动静越闹越大……

作为市场部内定副经理，白行正领着兄弟企业的同志参观齐钢的库房，见这边闹起来，就跑过来看是怎么回事。白行很快弄清原委，他挤过去，站到仓库工人们面前喊：“大家给我个面子！听我说两句！”

白行作为经营公司办公室内定副主任，实际担任着办公室的管理职责，平时对公司职工、特别是仓库一线工人的公事、私事都很上心，不论是谁家有个生老病死、婚丧嫁娶、孩子入托上学等事，他都全心全意去操办，没有一点所谓的架子。所以他在大家面前要讲两句，大家愿意给他这个面子。白行说：“第一句：我问问大家，你教育孩子的时候说要揍死他，你真会揍死他吗？还不就是个气话吗？所以刚才宋经理也就是气火攻心说了句气话，不可能不在乎大家的生命安全。第二句：即便是这样，也不行！所以，我在这里代表宋经理，给大家道歉！对不起！对不起啦！”白行双手拱拳举过头顶，冲着大家拜谢，“给个面子！先回去干活！产线已经堵了！我们是企业的主人！不能眼见着乱套不管！给个面子！”仓库主任和支部书记也跟着喊：“先干活先干活！”大家边回去干活边嘟囔：“今天要不是看白主任的面子……”

第二天早晨，轧钢厂的厂长在齐钢集团早调会上提到了经营公司仓库停工影响了生产的事，说幸亏经营公司白科长及时安抚，否则损失就大了。

几天后齐钢组织部下了一道文件，把宋经理和赵书记的岗位调换了一下：赵书记任经营公司经理，宋经理任经营公司书记。

内心的本质是世界观，外在的修养是方法论。无事的时候修养在发挥着展示的作用，遇到事情，内在的本性就凸显出来。

这天，赵经理单独找白行安排工作并嘱咐：“一直以来，你的工作都很出色，许总很满意，我也很满意，上上下下都赞扬你。但是要想真正被提拔重用，必须要等时机。这不，机会来了——许总想在他家乡建一个与齐钢合资的加工配送中心合作项目，我特意向许总推荐让你负责去洽谈。这件事办好了，你就是许总的人，也是我的人。这件事对你个人的意义你要好好领会领会。”

白行表态一定办好，请领导放心。白行去了当地一看，村里提供的地块在个山沟里，地势低洼、倾斜、狭长，没有公路，没有电力，完全不符合加工配送中心项目的基本要求。就向村里解释这块地实在是不行，设备无法摆放，原材料和产品无法储存，甚至连个基本的厂房都没法建，提出换一块地。村里说：你只管来看看，回去说可以建就行了，别的不用管。白行说建这个项目估计总投资需要五千万，问村里对出资方式和股权比例是怎么考虑的，村里说：这块地值两千五百万，村里只提供这块地，股权一家一半。白行说：这块地也就一百五十亩，从招商局了解的情况这个位置的地是七万块钱一亩，合计就是一千万元，股权占百分之五十不合理。村里说：我们这块地应享受退耕还林政策，这块山地是用耕地换的，要按耕地价格计算……白行见谈不拢，就在周边搞市场调研，奔波了多天，发现方圆近百里没有多少像样的企业，仅有的几家使用钢材的企业也都有自己的加工线。于是白行就据实写出调研报告，结论是：没有市场需求，场地不符合项目要求，交通、电力不具备条件，不应在此建加工配送中心。

赵经理看了白行的报告很不高兴，说你忙活这么多天就弄了个这？赵经理亲自前往，当天去当天回，结论是：村里很配合，建议马上投资建设。

如果说白行因此丧失了一次被重用的机会，接下来的一件事则实在是他自己活该，不被提拔怨不得别人。

白行鲜有跟许总出差的机会。春节前，集团公司领导要分头走访客户，许总要走访的区域客户都是白行开发、维护的，经营公司就安排白行陪同许总前往，随行的还有许总的秘书、专车司机。白行问许总的秘书许总有什么特殊要求，秘书奇怪地说：许总是从经营公司出来的，有什么要求你还不知道吗？白行说我还真没跟着许总出过差。秘书问这一趟四天三个城市八九家客户，住宿是我们自己找还是客户安排？白行说要去的几个城市的客户都把住宿安排好了。秘书说没什么特殊要求，别忘了让客户开住宿发票就行了。

许总秘书叫着白行和专车司机到集团办公室接待科把送给客户的礼品装上车，白行和司机在楼前等着，秘书到楼上请许总，许总上车后，秘书让白行陪许总坐后面，自己坐副驾，四人正好一辆车。一路上许总和白行都是频繁接电话，特别是白行几乎电话不断，营销工作就是这样，许总是经营公司出来的也理解。偶尔许总也和白行扯扯闲篇，白行也是知无不言，气氛很是融洽。许总好像又对白行多了些了解，交流中对白行不吝赞美之言。

走访工作进展顺利，无非就是谈谈合作情况，展望一下未来，好酒好菜一吃喝，客户给装上礼物就走人。一天走访两三家，上午座谈，中午喝一顿，下午换一家，晚上喝一顿，行程不紧不慢，井然有序。第三天的晚上住下后，许总秘书到白行房间来问："你看出咱司机师傅不愉快了吗？"

白行说："我今天也注意到了，正想问问怎么回事。"

许总秘书说："还用问吗？"

白行问："是怎么回事？"

许总秘书说："不瞒你说，我和司机跟着许总出差也不是一次两次了，惯例就是许总有什么礼物我们俩就有什么礼物，都是一样的。当然，合作方私下是不是对许总另有酬谢，咱不清楚不能乱说。但是大面儿上的事都是一样的，还真没遇到你这样的客户。"

白行说："这两天不也是这样吗？"

许总秘书摆手："哪样啊？都是给了三份，司机师傅能高兴吗？瞧不起人也不能太明显。"

白行赶紧解释："抱歉抱歉，我忘了告诉你了，客户给的三份礼物就是你们三个人的。"

许总秘书惊奇地问："你的呢？"

白行说："我不要。"

许总秘书更加惊奇："不是……你什么意思？"

白行说："你可能不了解……我从来没要过。"

许总秘书说："你这演的哪一出？你想这时候表现也不合适吧？你不要我们怎么要？还有许总呢！"

白行说："我只能说抱歉，这些年我一直这样。这次客户也问我了，我不想改变自己的惯例。"又说："客户给你们你们拿着就是了，你给司机说清楚有他的，许总那里你就别说了，他也不会问谁有谁没有。"

许总秘书不住摇头："你可真行！他们都说你另类，你还真是另类。不瞒你说，我过来给你说这个事许总知道，是许总让我过来的。"

白行很惭愧。他不想让领导为难，更不想让领导因为自己为难。

许总秘书问："明天走访的那几家你也这个弄法？"

白行说："我觉着这也不算什么，我和别人出差也是这样，人家给你们你们拿着就是了。”

许总秘书起身往外走：“怪不得他们都不愿意和你一起出差。我给许总汇报汇报吧。”

白行在许总秘书身后提醒：“明早还是八点吃早餐。”许总秘书也没搭理他，径直走了。

第二天早晨快八点的时候白行到许总秘书房间敲门，没有人，又去许总房间敲门也没有人。白行给许总秘书打电话，电话接通后许总秘书说许总有事先回去了，剩下的客户让白行自己走访一下就行了。白行着急地说那几家客户刚刚又落实了一下，都是安排的一把手接待，有家客户已经到高速路口等着去了。许总秘书说这没办法，解释解释吧，许总有重要公务先回去了。说完就挂断了电话。

两天后白行回到齐钢去找许总秘书。许总秘书很嫌弃地看了看白行，扭回头去说：“这次合作方给的礼品都交到接待科了，你还看看去吧？”

白行说：“不都是自己拿回家吗？怎么这次……”

许总秘书说：“你可别胡说，谁拿回家了？你放心，不可能让你抓住把柄。”

白行说：“你误会了，我绝对没有这个意思，我就是从来没收过……”

许总秘书往外摆着手：“行了行了行了，走吧走吧，忙你的去吧。”

白行从手包里拿出几张住宿发票：“你们三个住宿的钱是我垫上的，你看是报销以后给我还是……”

许总秘书惊诧道：“住宿不都是合作方安排的吗？”

白行解释：“是客户安排的。你说要开发票不就得咱自己拿钱吗？要是不要发票……”

许总秘书猛一抬手阻止白行说下去：“这也是第一次，我只能先汇报。”说完拿着住宿发票去找许总了……

白行清楚，自己不可能被重用了。

爱出去转着玩的宋帅瓜书记决定要去各驻外公司检查队伍建设，到各区域市场考察市场行情。宋书记并不知道在检查队伍建设时面对驻外员工该说些什么，也不知道考察市场行情要做哪些事情。而这两项工作都是白行驾轻就熟的，加上每到一处后都要写总结、纪要、调查报告，这也是宋书记不爱干而白行在行的，于是宋书记每次出行，都带着白行。

——青藏高原净化着你的心灵。

——玉龙雪山犹如仙境；古城的小桥流水酒吧篝火让你尽情感受人间的美好与放纵。

——站在大连的街上往哪儿看，那都是一幅画。

——不到阳朔不知道什么叫水墨画卷、烟雨蒙蒙。

——流连在舟山群岛感到自己就像鱼儿在水中穿梭。

——游人行走在雁荡山就像笔尖在画中随意涂抹。

——俯瞰千岛湖让你舍不得大喊高声。

——南京的秦淮河夫子庙比上海的外滩更令人浮想联翩。

——重庆的解放碑前并没有多少美女穿行。

——站在滕王阁上想象着落霞与孤鹜齐飞。

一片片水域，一座座山。看不完的风土人情。

——人文景观若不是行家总会让人失望，比如杨贵妃沐浴的华清池就是一个石坑；只有西安的城墙让人感觉到历史的厚重。

——城市风貌大同小异。若说区别，哈尔滨的异国情调甚于天津、青岛，香港的拥挤感不是因为人而是因为建筑。

——草原给你的震撼和大海一样强烈；让你在庆幸自己也能够来到这个世界的同时，感慨造物主的胸怀博大、法力无边。

时隔三十年，白行终于站在了长春电影制片厂的门前。回想起少年时的情怀，未免羞愧难当，神伤黯然。

一心想着金戈铁马血洒疆场、建功立业报效国家的白德，从军校毕业进入军官体系，升了一级回到原部队准备升第二级的当口，白芒终于来到了白德所在的部队。

白芒是采取半路截长途车的方法，几经周折来到白德部队的。白芒到了部队也不找白德，而是直接找到了白德的首长，要求部队给自己伸张正义。正在部队研究该怎样对待、处理这件事的时候，白德上学的军校也传真信函给白德所在部队，说白德的父亲找到军校要求军校出面解决问题，得知白德已经毕业回原部队后就走了，请部队高度重视，避免出现复杂局面。接着机械厂及济南有关部门也给部队来电来函，了解白芒是否来到白德所在部队，提出如果白芒在部队，请配合安抚并把他留下等待济南派员接回，如果白芒不服从安排则请联系当地公安部门予以留置。

部队研究后，按照济南来函中的联系方式打电话告诉对方白芒现就在部队，请尽快派员领回，并请妥善处理好军人家属反映的问题。济南第二天就来人把白芒带走了。

白芒离开部队几天后，部队找白德谈话，组织决定：白德同志转业到地方工作。部队也知道白德的未婚妻白鸽在深圳，表示白德回济南还是去深圳都可以安排。

白德担心的事果然发生了，无论他怎样向首长表决心，甚至提出自己可以和白芒断绝父子关系，也已无济于事。白德伤心至极，愤恨无比，倘若白芒站在面前，他极有可能会把他推倒在地。

白德给小叔白行打电话说了此事。白行说："现在是和平时期，国家以经济建设为中心，你到地方工作照样可以报效国家、为人民服务，甚至机会更多、贡献更大。再说你麒麟妈多次催你和白鸽结婚，你一心在疆场，结婚的事想都不想，现在转业到地方正好可以把婚姻大事解决了——你不能只想着自己的一生要怎样度过，你也要想想白鸽。"

白德问："那我上哪儿？"

白行说："济南这边，你爷爷奶奶去美国你姑姑那里了，你大满娘去世了，我也在外地，就你白芒爸爸在济南，你亲爸爸白丰谁也不知道在哪儿。深圳那边你亲妈和白鸽都在那里，还有很大的家业需要管理。该去哪里你应该清楚。"

白德说去了深圳也不想到麒麟集团，而是想在体制内谋职。白行说那你听组织安排就是了。

白德给白鸽和花麒麟打电话说了白芒到部队上访和部队安排自己转业去深圳的事。白鸽自是快乐无比，问需不需要去部队接他，花麒麟更是欢乐开怀："白芒总算办了件人事！"

白德离开部队的时候，多位大首长亲自相送，战友们热泪涟涟，哭声一片，既为原本前途无量的白德感到惋惜，又因胜似同怀的骨肉离别而悲伤。

白德和战友们一个一个拥抱告别，最后站在大首长面前敬了个标准的军礼，眼含热泪怒吼道："召必回！战必胜！"

白德被安排的工作岗位是交通警察，地方也算满足了部队特意提出的尽量安排在政府部门的要求。白德上岗后努力工作，每天在风里雨里或在烈日当头下指挥交通，处理事故。花麒麟一直要求白德辞掉这个工作到麒麟公司来上班，白德则一直不为所动。花麒麟没有办法只好打电话找白行帮忙。

白行给白德打电话说了建议他去麒麟集团上班的事。白德说仅为了赚钱没意义，不想去。白行说："麒麟集团肯定也有很多党员，你去了可以把党组织建立起来，甭管是成立党支部、党总支、党委，你把组织工作、组织生活搞好，让每一个支部都是一个战斗堡垒，每一名党员都是一面旗帜，凝聚力量，服务社会，贡献国家，这难道没意义吗？作为一名党员，你有没有考虑去占领麒麟集团这个阵地？特别是对于你这名党员来说，你责无旁贷。"

白德想通了，欣然前往。

白德到麒麟集团上班后，花麒麟想先任命他为副总经理，熟悉工作以后再任命为总经理。白德关心的是组织建设，向花麒麟说要成立党组织。花麒麟说集团早就有党组织，党组织开会的时候花麒麟还亲自去讲话呢。白德问花麒麟什么时候入的党，花麒麟说没入党，不是党员。白德说那你去讲话不对啊，这不乱套了吗。白德问书记是谁，花麒麟也说不上，打个电话一问，是集团副总兼着。花麒麟对副总说以后书记就是白德的了。白德说这得走组织程序，等把组织关系转过来再说吧……

花麒麟还想让白鸽也到麒麟集团工作，白鸽更愿意悬壶济世，也只好依她。

机械厂和上级部门研究后决定，对白芒这种顽固不化的坏分子要主动出击，不能再一味地被动应付。于是把白芒的情况写成检举材料报到公安局和检察院，后由公安局立案侦查，随后白芒被刑事拘留。侦查结果包括：偷将工作单位礼品、物资拿回家占为己有，属盗窃行为；违反领导干部不能从事第二职业的规定私开美容店且存在组织卖淫嫖娼犯罪事实；存款一百余万元不能说明正当来源，属于巨额资产来路不明；多次违规、非法上访，扰乱社会治安等。在他家里查到的名烟名酒、一摞一摞的新工作服新劳保鞋等全部折成现金统计在册作为定案依据……

公安局完成侦查后将案卷及起诉意见书提交到检察院，很快检察院就对白芒提起了公诉。

法院开庭后很快就判了：没收全部财产，数罪并罚，判处白芒有期徒刑五年六个月。

白德和白鸽登记结婚了，婚礼在自己家的五星大酒店举行，极尽奢华，白行代表白家出席了婚礼。在花麒麟的要求下，白行在婚礼上讲了话。白行说：“婚姻是在爱情的基础上增加了亲情，在爱慕的基础上增加了包容。寻找伴侣时可以提高标准从心顺意，找不到心仪的不死心，结婚后对待伴侣应该降低标准多尽义务，强调的是担当和责任……”

婚礼结束后，白德偕白鸽到监狱去探望白芒，告诉白芒自己结婚和与花麒麟母子相认的事。白芒神情呆滞，忽然就哈哈大笑起来。

白德向狱警反映白芒的精神状况，说白芒可能得了精神病，申请送医或办理保外就医。狱警说这可不是一句话两句话就能办的事，说白芒也可能是为了逃避制裁装的，也可能是临时受刺激的偶发症状，起码要观察一段时间再说。

白芒确实得了精神病。一年后，在花麒麟的努力下，白芒的保外就医申请获批。白芒被送进神经病医院住院治疗，病情时好时坏。住院治疗了半年以后，办理了相关手续回到家里，继续吃药。白芒清醒的时候就满脑子都是杜镇强的影子，他认为自己的这一切遭遇都是杜镇强使坏造成的。他几次到杜镇强住处去找他报仇，终于有一天晚上他在杜镇强家外面的小路上等到了杜镇强，他从杜镇强身后凑过去，从怀里掏出菜刀冲杜镇强的头上就砍了下去……

杜镇强被毁容送进了医院。白芒被重新收监，加刑八年。

第三十二章

齐钢的高级职称待遇是参照副处级制定的，工资、奖金比科长、部门经理、驻外公司经理都要高，因此通常在仕途上没有机会的人就在技术职称上下功夫，这也致使每次职称评聘时竞聘竞争都很激烈。经营公司的职称评聘工作由白行具体负责，每次评聘活动开始，白行得到的领导指令是他要避嫌、让贤。所以每次评聘白行干脆不报名。很多职工都为白行鸣不平，说人家都是近水楼台先得月，白行是猴子捞月，而且捞都不让捞。

职称评聘工作又要开始了，赵经理把白行叫到办公室。赵经理说话绕来绕去，最后点出主题：设法让汪安富竞聘上高级职称。白行说汪安富从工作表现、工作能力、学历分、成果分、论文分等各项比较，都排名靠后，而且因为他经常不上班，群众测评分也很低。赵经理无可奈何地说：许总安排的，必须办。白行说硬件分是公开的，除非把群众打分的权重调得特别低，把领导打分的权重调得特别高，而且领导打分时还要给别人打低分，只给汪安富打高分。赵经理说就是这个意思，让白行抓紧办。

白行不想通过做手脚把不干正事的汪安富的排名弄到那些优秀员工的前面去。他琢磨出了一个办法：让汪安富放弃竞聘。白行把汪安富约到小酒馆，告诉他领导准备把他聘为高级经济师。但是参加竞聘的其他同志说如果汪安富竞聘上，他们就向上反映汪安富在“以产顶进”业务中协助客户偷税漏税的事。汪安富说“以产顶进”业务早就不做了，集团公司也处理完了。白行说这些参加竞聘的人说汪安富勾结客户做假账，收的钱够判刑的，他们说会越过纪委直接向检察院反映。汪安富没想到有人会提“以产顶进”这个事，端着酒杯陷入了沉思。

“以产顶进”是国家为鼓励钢铁制造企业和钢材使用企业的产品出口采取的一项激励措施，规定下游企业采购钢材后用以加工出口的，视为“来料加工”，可以享受退税政策。要实现退税，须钢铁企业查看“报关单”后给税务部门提供证实性材料，证明客户确实是以“以产顶进”的方式采购了钢材，证实这些钢材确实是客户加工后出口了。搞“以产顶进”业务的客户每年能抵扣税款几百万甚至几千万元。如果钢材加工产品并没有出口，而钢铁企业没有查看“报关单”就出具了证实性材料，就等于客户少缴了几百万、几千万税款。

宋帅瓜安排市场部汪安富一个人负责齐钢的“以产顶进”业务，宋帅瓜也不过问。白行在被内定为市场部副经理全面负责市场部工作后，发现该项工作会有经销商偷税漏税的可能。白行让汪安富和自己一起去税务局走访，汪安富不去，说这项工作是宋帅瓜亲自抓，白行属于越权干涉别人的工作。白行电话邀请税务局相关人员到齐钢来洽谈，并提出了应严加防控避免出现偷税漏税的问题。税务局高度重视，局领导带着相关人员到齐钢直接找许总了解情况。许总不知道出了什么事，问赵经理，赵经理又问宋书记，宋书记问白行，白行如实汇报是自己邀请的税务局来洽谈，没想到他们直接去找许总了。齐钢集团接待室，税务局一行人与齐钢的许总、赵经理、宋书记、白行、汪安富等人洽谈后，双方做出了“暂停业务，全面核查”的一致决定。随后许总说这件事由集团接手处理，经营公司就不要再参与了。

汪安富在经过深思熟虑后，果然如白行预期的那样，放弃了竞聘高级职称。

第二天，白行向赵经理汇报：汪安富放弃竞争高级职称。赵经理问怎么给汪安富做的工作。白行说他自己愿意退出的。赵经理给许总打电话说白行说的汪安富不竞聘高职了，许总就让白行去当面汇报。

白行跑到集团公司办公楼许总办公室，门虚掩着，白行就进去哈腰叫道：“许总。”

许总锁着眉头看着白行：“你又搞什么名堂？汪安富为什么又放弃了？说说吧。”

白行秉持“爱民以诚心，侍君以性情”的道理，直截了当地说：“他成天不上班，聘他为高级经济师不合适，我吓唬吓唬他，他就放弃竞聘了。”

许总依然紧锁着眉头：“谁让你吓唬他的？你怎么吓唬的？”

白行说：“我说有的同志提出汪安富搞的‘以产顶进’业务有问题，不适合被聘为高级经济师。他就放弃竞聘了。”

许总生气地质问：“你怎么又提‘以产顶进’？这业务早就结束了，而且这项工作集团公司已有定论，你提这个干什么。”

白行知道自己又做错事了，慢慢低下了头。

许总继续训斥：“你这个白行啊！说‘以产顶进’偷税漏税的是你，现在又提‘以产顶进’的还是你。让你弄竞聘的事，你把‘以产顶进’翻出来了，这两件事有关系吗？安排你做个事你怎么老是走样？你自己看看你，你和宋帅瓜一起进来的，人家以前什么样现在什么样？人家能进步你怎么就不行呢？”

白行没话说，也不想辩驳。

由美国次贷危机引发的全球金融危机让国内的钢材市场变得极度疲软，需求匮乏，到了一单难求的境地。齐钢召开动员会：全员搞营销。齐钢在国内有十几个驻外经营分公司，白行被领导安排到这些分公司帮助推销钢材。白行工作开展得很顺利，帮着一些驻外分公司打开了局面，拓展了销售渠道。经营公司领导没想到白行卖钢材也有一套，形势所迫，内部管理顾不上了，决定派白行到已有半年没开张的北方分公司任代理经理，给他配的副手是汪安富，任代理副经理，算是对没能让汪安富竞聘上高级经济师的弥补。临行前，许总亲自与白行谈话。许总说：“北方分公司负责华北各省市、东北各省的市场销售，这些年一直半死不活的，现在干脆半年不开张，一吨不卖。又是销售又是财务的这么多人在那里，这么大区域一吨钢材不卖像什么话？还租着这么多房子。你去那里干干看看，不行我就把这个销售点撤了，不要北方分公司了。”

白行到北方公司后没急于开展业务，而是全面深入地搞了一周市场调研和公司治理策略研究。他白天跑市场，走访重点企业、直接用户，或召开用户座谈会，联系经销商协商合作模式，晚上公司内部召开员工座谈会分析市场研究对策，并逐个与员工进行单独交流探讨公司发展策略。一周以后，白行向总部递交了一份工作报告。报告细分了区域及周边市场态势，确定了目标顾客并将之分为重点用户、直接用户、战略合作经销商等。报告提出了针对竞争对手的营销策略，和针对不同客户所采取的不同服务模式。报告特别提出了公司治理和内部管理方案恳请领导批准：一、裁撤齐钢经营公司北方分公司，在当地注册齐钢北方经贸有限公司。二、新公司成立后，独立核算，自负盈亏。三、将全体员工的劳资关系划归新公司，薪酬模式为底薪加提成。四、方案试行三个月。齐钢经营公司研究同意并报请集团公司领导批准后，新的北方公司很快成立了。

白行召开全体员工会议。白行把自己写的工作报告在会上仔细宣讲了一遍，又着力给大家鼓了鼓劲。随后把底薪加提成的薪酬方案向大家详细做了说明，强调了方案“统筹兼顾、点面结合”的特点。大家都说这边市场不比江浙沪，已经半年没开张了，虽然都对白行的能力有所了解，但对能否挣出原工资持怀疑态度。好在方案试行三个月，不行可以改回去，只能先干干看了。

原来是北方分公司的时候，每个月只需要月底从齐钢来个会计做一下账即可，注册成立齐钢北方经贸有限公司后，一个会计不符合要求，必须两个以上才行。白行向领导汇报，领导指示齐钢依然是每月底安排一个会计来，日常财会工作应就地聘用，北方公司承担费用。白行找当地经销商了解情况，经销商给介绍了一个记账会计，上班不定点，一人跑多家。如果让其顶会计名，每个月多给点钱即可。白行忙着走访客户，就让汪安富约其面试一下，把这事定下。

来面试的会计叫甄莉，不到三十岁，在钢材市场承担着多家记账和跑税务的工作。汪安富见甄莉干净利索相貌也好，当即拍板聘用了她。甄莉也即刻投入工作，对钢贸财会业务驾轻就熟，得心应手。

财务是单独的办公室，每次甄莉来办公，汪安富就跟进去不出来了，家长里短地和甄莉扯，甄莉也不怎么搭腔，主要是汪安富自己吹牛。赶上甄莉有几天不来，汪安富就给甄莉打电话叫她，说有财务上的事要问问。这样过了一段时间，汪安富终于按捺不住，向甄莉提出了非分要求。甄莉恋着这个工作，不想得罪汪安富这个副总经理，每次汪安富挑逗她只装作听不懂，弄完了自己的活就赶紧走。但汪安富明知甄莉不答应他，仍然可劲地骚扰，说出的话做出的动作越来越过火。直到惹恼了甄莉冲他讥讽：“你不看看你那大肚子，恶心不恶心？”

汪安富马上说：“肚子绝对性感，而且不碍事，到时候你就知道了。”

甄莉冷下脸来：“你真不要脸。”

汪安富说：“都是成年人，闲着也是闲着。你没听白总说吗，都要动起来、忙起来。”

甄莉说：“你找错人了，你找别人忙去吧。”

汪安富说：“白总说了，设备闲置就等于管理不善。”

甄莉说：“你要再说这些不要脸的话我就找你们领导。”

汪安富说：“你别心里没灯，是我把你弄进来的。我能让你来，就能让你走。你答应了多好呢，绝对不亏待你。”汪安富说着就去搂甄莉的肩膀。

甄莉猛然站起直奔白行的办公室，汪安富在后面紧跟着，嘴里不住地说：“诶、诶，别胡闹……诶、别胡闹……”

甄莉进了白行办公室，汪安富紧跟着也进来了。白行正在写营销方案，抬头看看他俩，等着他俩说话。汪安富对甄莉说："白总忙着呢，咱走，别打扰领导。"甄莉欲言又止，迟迟不想离开。白行问："有什么事吗？"汪安富说："没事，就是过来看看你忙什么呢。"汪安富又对甄莉说："走吧，领导忙着呢。"甄莉这才转身离开。白行看两人举止怪异，但因自己正忙着，也顾不得多问。

这天，甄莉趁汪安富不在，到白行办公室把汪安富骚扰她的事讲了出来。表示如果汪安富再这样，她只好辞职不干了。白行没想到还会出这样的事，对甄莉说："齐钢的财务人员表扬你工作积极主动，业务也熟练，你继续干着，我和汪安富谈谈。"随后白行对汪安富说："甄莉说不想干了，说你知道原因，你说说什么原因。"

汪安富说："我不知道。"

白行说："你还是好自为之吧。倘若真把她逼急了，给你告一状，只怕你想回家都难。"

汪安富气呼呼地说："干脆把她开了，再换一个。"

白行说："自知自律方得祉猷并茂，到此为止吧。"

汪安富嘟囔着："你不是说设备闲置是暴殄天物吗……"

白行说："这是人，不是设备，更不是备品备件。"

市场开拓工作是艰难的。建立一个销售渠道就意味着鼓动客户舍弃其原来的采购渠道。销售如作诗，功夫在诗外。客户如果不想买你的产品，你就是给他跪下也白搭。你越是叨叨自己的产品如何如何好，人家就越烦，甚至不给你说话的机会。要想把产品卖给他，在做人上先要设法赢得他的尊重，让他感到和你交往有意思，愿意和你交朋友，在做事上要设身处地站在对方角度想一想，要能给对方帮上忙。剩下的事就好办了。

在北方公司的生活是孤单的。齐钢北方公司办公地点在一个钢材批发市场内，钢材批发市场本来就因市场需求萎缩，冷冷清清，门可罗雀，到了周六周日，无论是买的还是卖的，都不知上哪儿去了，整个市场连个人影也没有。白行到北方公司后，提出了非工作时间无紧急业务不主动联系客户的要求，以减少对客户的打扰。齐钢北方公司的哥们弟兄，过去因为客户少，工作也少，下班以后要么是继续待在办公室上网，要么待在宿舍看电视，有的干脆用睡觉打发时间。新公司成立后，这些人一改常态，下班和周末一般就是聚在一起分析市场、研究对策，信息共享，互相支撑。因为按照白行制订的考核方案，无论谁取得的业绩，大家都能分到点，帮忙的分得多，拆台的扣得狠。

白行在业余时间要么召集大家开讨论会和上网搜集市场信息，要么思考工作上的事，除了工作就是工作。刚来北方公司时，白行和作为大学交换生在韩国留学的女儿还在网上聊几句，但因白行爱说教，聊着聊着白思荫就隐身了，父女俩本来也没多少话说，后来就干脆不聊了。一家三口，三个地方，各过各的。

功夫不负有心人，北方公司在全体员工的共同努力下，工作业绩飙升，销售量、销售利润均取得了超出意料的优异成绩，全体职工也拿到了意想不到的高收入，可谓皆大欢喜。

齐钢在各地的驻外经营公司还有一个隐形的职能：接待齐钢集团各单位各部门到该地出差的领导。一般哪个领导去某地出差，就会给经营公司领导打电话，问在该地有分公司吗？有经销商吗？经营公司都会给安排好。有驻外公司的，那就驻外公司出面，没有驻外公司的，就找个经销商出面接待。但是齐钢的领导们出差去的地方多是北上广深一线城市或者有著名景点的好地方，像北方公司所在的这种老工业城市，鲜有人来。

一个刚从南方一线城市分公司交流来的职工说：这过的是什么日子啊，在这里驻外和南方一线城市驻外比起来可真是一个天堂一个地狱。我在那边驻外的时候，和那些老板在一起，用花天酒地来形容都是贬低和讽刺——你们都想象不到那是什么生活。每天中午就开始喝，一直喝到晚上，全世界的山珍海味应有尽有，全世界的豪车应有尽有，全世界的美女应有尽有。

北方公司的弟兄们就说：我们别的不盼，要是有个领导来出差多好，我们也能跟着吃一顿。

盼着的事还就真的来了。一天，经营公司赵经理给白行打来电话：“我明天到你们北方公司去看看，同行的还有领导，你好好安排一下。酒可以好一点，菜不能孬喽。”

白行诚惶诚恐，向大家宣布消息。大家激动得不行，纷纷说北方公司成立这些年来，一把手亲自来还是第一次，而且还是陪着领导来，面子真够大的！说明近来我们的工作没白干，干出成绩来了，领导就来了。

白行组织员工研究制订接待方案。包括在哪里吃，到哪里住，订什么样的房间，见哪些客户，交流哪些问题，借谁的车去接站，走什么路线……各项任务一一落实到人，提前准备。统一着齐钢工装，大扫除，做到窗明几净一尘不染……

第二天，一切准备停当。中午饭后白行正要去接站，一个客户造访，是谈一桩白行一直盯着的大单子。白行犹豫再三，最后还是安排别人去接站，自己留下接待客户。

接站的走后，白行想想总觉着不妥，又给赵经理打电话解释。赵经理心情很好的样子，爽快地说："这么客气干什么，让他们来就行。我正和领导说话呢，你忙你的吧，一会儿就见了。"白行这才放下心来和客户洽谈……

白行正和客户交流着，听着门外纷纷扬扬的说话声，估计是赵经理到了，白行赶紧起身去迎。赵经理已经推门进来了，一群人跟在后面。

白行碎步上前握住赵经理的手："感谢领导关怀！您这一来，对我们鼓舞太大了！"

赵经理笑呵呵地说："过了过了，咱还客气什么。你看看这位大领导你认识吧？"说完身体往旁边一让。

一位女士走上前来，面含微笑，像是在压制着自己的情绪，儒雅睿智的仪态中闪出一丝妩媚。

白行心尖一颤，全身的热血沸腾起来——林晓荫。

林晓荫走上前近距离看着白行，眼睛不停地眨动，睫毛要触碰到白行的面颊似的。林晓荫这一看，就如同如来佛的手掌一下握住了孙悟空一样，让白行心头一紧。多少年来，白行的心就是块冰凉的石头，经林晓荫拿眼一握，这心就变成了猴子，上蹿下跳，而且要成仙。

两个人对视着，说不出一句话……

林晓荫的眼睛里渐渐含满了泪水。白行上前伸手给她抹去眼泪："别哭。"林晓荫听话地点点头。

赵经理见状，给大家摆摆手，众人一起退出房间。

白行拉着林晓荫的手一起坐在沙发上。两个人眼里含着泪和笑，谁也不说话。他们感到心里有无数的话要说，又感到说什么都是多余。就这样一起坐着，很好。

良久，林晓荫说："白行，你不说说话吗？"

白行拉着林晓荫的手，含笑摇头说："没有想说的。"

林晓荫说："我也是，不想说话。"

忽然，白行有些担心地说："以前每次做梦梦见和你在一起，我都想表达，可是每次要表达的时候就醒了，即便是没有马上醒，也终究是个梦。有时候在梦里还验证自己是不是在做梦，结果最后还是醒了。这次不知道醒不醒，我想说的是：'林晓荫我喜欢你。林晓荫我日日夜夜思念你。'"白行为印证自己不是在做梦，在说完以后大声喊了一句："林晓荫！"

林晓荫赶紧捂住白行的嘴，眼含热泪笑着说："别喊，这次不是做梦，我们真的在一起。"

白行像个孩子似的："以前做梦你也是这样说，每次都这样，可能马上就要醒了。"

林晓荫拿出纸巾给白行擦着眼泪："这次醒不了，我们都不醒。"

白行说："可是，这就是个梦。"

林晓荫说："那好，我们就在这梦里，不醒。"

白行点点头。

片刻，白行含着泪说："我以为今生不会再见到你了……"

这时赵经理推门进来问："喊什么呢？是叫我们吗？"

白行和林晓荫两个人赶紧松开手。林晓荫说："没事没事，白行想起以前，挺激动的。"

赵经理说："那是那是，老同学见面肯定激动。继续聊，喝点水润润嗓子。"说完回身一摆手，汪安富端着两杯茶水放到茶几上。赵经理说："慢慢聊，吃饭还早呢。"说完和汪安富两个人退出房间关上了房门。

两个人又相互注视着，不说话。

许久，白行注视着林晓荫："林晓荫，你真美。洗尽铅华不著妆，一般真色自生香。"

林晓荫莞尔一笑，轻叹一声："唉，有什么用呢？"

白行从上到下反反复复地看着林晓荫，他依然感到这个女子无一处不美好，无一处不令自己心动、迷恋。

两个人就这样互相关注着又过了许久，白行的心情平静了些："刚才和客户交流，沉默十秒钟就感到挺尴尬。和你在一起，就是一天不说话也会很高兴，一年不说话也还是享受。你觉着呢？"

林晓荫点头："可能是吧。等我们都老了，如果能一起晒太阳，就一句话也别说。现在就说说吧。”

白行说：“日思夜念，不敢想今生还能相见。”

林晓荫轻叹一口气：“今生必须见一面。”

白行说：“你还记得有一天晚上我和那个黑子打仗的事吗？三十年前的事了。”

林晓荫点点头。

白行接着说：“过了两天我去你家找你，你已经搬走了。”

林晓荫叹气：“一开始无法与你取得联系，直到你结婚后要考大学的那年，我第一次回国去青岛谈事情，打算谈完事后就到济南找你，可是在青岛碰到了你的好朋友，他说你和一个叫夏菁的结婚了。”

白行惊奇地问：“哪个好朋友？怎么没告诉我？具体是什么时候？”

林晓荫也惊奇地说：“没告诉你？他说你刚结婚，在你爱人家住着，说你正复习功课准备考师范学院，他还说你肯定考不上。我当时还说刚够结婚年龄就结婚吗？他说我刚离开，你就和夏菁谈恋爱，早就想结婚了。我再去找你也不合适了。”

白行说：“那时我还没结婚。我住在夏菁家是为了复习功课。是哪个好朋友对你说的？”

林晓荫说：“古立春。”

白行愣在那里片刻：“于是你就送了一块手表对不对？”

林晓荫说：“我想，既然你已结婚了，就买了块手表让古立春送给你。当时我真的很伤心，接受不了，没想到你这样。就想送你块表，希望这块表能伴你一生，也算我一直……拉着你的手。”林晓荫又笑笑，“其实我也有赌气的意思，让你看看时间，别忘了我们的约定。”

白行紧咬牙关沉吟良久：“你该来济南找我。那时我还没结婚。”

林晓荫说：“我随后去济南了，不过没去找你，我去华山了——华阳宫。”

白行问：“那你看了信物了？那封信？”

林晓荫摇摇头：“每次去都会看看那块石头，但是没有搬开过。”

白行问：“为什么？”

林晓荫说：“信物放在那儿，美好的希望和期许就还在，看了，也就没有了。”

白行点点头没说话。又问：“你说每次，你去过好几次吗？”

林晓荫点头说：“只要到济南，都会去看看。如果你不来齐钢，我们可能会遇见。”

白行心里五味杂陈，只感到自己对不住林晓荫。他想告诉林晓荫自己也经常去看那块石头，但是好像没有了资格。白行思索着说：“不知道古立春为什么要这样——那时候我还没结婚。”

林晓荫说：“当时古立春向我要了个地址，说把地址给你让你联系我。结果后来古立春自己不断地给我写信，我就怀疑他说的你已经结婚的事。一年多以后我又回国一次，我直接到了济南，联系古立春说要和你见见面。古立春就找到我，拿出你和你爱人的照片给我看，还让我看那块戴在他手腕上的手表，他对天发誓说是你送给他的。”

白行惭愧地轻声说：“我是上大学以后利用假期结婚的，为什么结婚，我没有任何解释的理由。”又说：“古立春这样做，是不是想追求你？”

林晓荫勉强笑笑：“可能是吧。”

白行说：“明白了。他对你说我结婚了，不告诉我你的联系方式，不让我与你见面，包括他向我要那块手表，都是因为他在打你的主意。”

林晓荫说：“是这样。唉，挺可笑的。”

白行问：“你现在……家庭情况？你丈夫……对你好吗？”

林晓荫摇摇头：“不想结了。”

白行问：“是……是……离婚了吗？孩子……有几个孩子？”

林晓荫微微叹口气：“没结婚。”

林晓荫的回答让白行吃惊：“一直没找吗？”

林晓荫点点头。

白行心头一紧：“是……因为我吗？”

林晓荫有点神伤地说：“……没有合适的。”

白行闭目仰头，深吸了一口气——竟然是这样，林晓荫竟然一直未婚！这是白行在无数次猜想林晓荫婚姻家庭状况时无论如何都想象不到的。他想象的是林晓荫与她丈夫过着富有的生活，儿女成群。

白行低下头用拳头砸着自己的脑袋。许久，白行说：“林晓荫，我对不起你。我不知道，该怎样补救。无论我怎样做，都无法弥补你失去的青春、你的大好年华。”

林晓荫别过脸去，用纸巾擦着眼睛。

白行说：“我离婚，和你在一起，我还够格吗？”

林晓荫又微微叹了口气：“我现在一个人也挺好。习惯了。”

白行知道现在林晓荫不同意和自己在一起，是因为不想破坏自己的家庭。再说自己现在还有资格和林晓荫在一起吗？如果以前自己和林晓荫是一对双星，那么现在林晓荫依然是那么明亮，而自己却已掉进沟渠。自己已是浊物腐水，林晓荫仍胸怀初心。自己心中的林晓荫是永远的林晓荫。和林晓荫比，自己与猪狗何异，解释吗？说自己新婚夜没有上夏菁的床，而是在梦中与林晓荫在一起？现实面前任何说辞都是谎言。白行真想一刀捅死自己。

这么多年来，白行一次次地想：如果今生见不到林晓荫，他不会接孟婆的碗。现在林晓荫就在眼前，又能怎样呢？

回不去了，如果还能回去，多少年都等着你。

看着白行神不守舍的样子，林晓荫伸出手指，点了一下白行的额头，像长辈责备幼儿似的嗔怪说："不想说你。"

林晓荫这伸手一点，让白行感到被无限的美好包围着，同时又陷入更深的自责之中。他低着头，语音沉重地说："对不起。我错了。"

林晓荫再次微微叹口气，对深低着头的白行说："已经这样了，别想了。"见白行没反应，又说了一遍："别想了，已经这样了。"

白行抬起头："其实无论以后会怎样，我都应该先离婚。不能补偿对方，那就惩罚自己，这样心里可能好受点。"

林晓荫说："不要乱讲。听他们说你女儿挺出色的。"

白行说："其实做什么都没用了，何况对我来说，离婚也不算惩罚。看到你依然完美无瑕，真好。"

林晓荫轻轻叹气："最多只能算是枯萎在树枝上的花朵。"

白行说："你总是爱叹气，不像叱咤商海的大老板，这应该也是我的罪过。"

林晓荫说："有吗？他们也说我，还真这样？"

白行点点头。

林晓荫说："也可能是工作太忙，有点累。你能不能到我公司来给我帮帮忙？"

白行说："其实你那里并不缺我这种人，你只是想帮我。"

林晓荫说："听赵经理说这些年也有民营企业让你去帮忙，你有个情结，总觉着在体制内才是真正为社会创造价值，所以就一直留在齐钢。是这样吗？"

白行笑笑没说话。

林晓荫说："假如我收购齐钢呢？你会辞职吗？你现在是主人翁，要是齐钢改制了，被我收购了，你怎么想？离开这里？"

白行说："这可是几百亿的资产。"

林晓荫说：“这个钱我不会全部自己出，可以贷款。有家国有钢铁企业不是已经改制了吗？齐钢为什么不可能？”

白行站起身，到办公桌前拿起一支烟点上，走到窗前打开窗子，趴在窗台上吸起来。

直到一支烟吸完，白行转过身将烟蒂摁在烟灰缸里，坐回到林晓荫身旁：“现在的钢铁企业已不是原来‘钢铁元帅升帐’时的光景了，建议你别弄这个事，很可能会把你拖入泥潭。”

林晓荫说：“弄不弄是我的事，我想知道你怎么想？”

白行说：“过去读历史，你知道我常感慨什么吗？就是我们知道那时的某个主子正在走向灭亡，而那些不知情的能人志士热血青年还满怀豪情地去奔赴。每个朝代都有这样的事。每当看到这样的情节，我就恨不能穿过时间隧道去告诉他：快别做梦了，醒醒吧。可惜这样的故事现在还在上演。”

林晓荫说：“你是说自己选错了路？是在齐钢错了？”

白行说：“我从一进齐钢经营公司就想扬才露己施展一番，盼望着能有一个更大的平台为国家、社会，也为自己的人生做出贡献。这些想法，在你看来可能很可笑，不值一提。”

两人沉默片刻，林晓荫说：“其实所谓事业，有时候也是没办法，被推到这个位置上，还能怎样？唉，这会儿别说去干事业，说这些事都觉着无聊。白行，我们出去走走好吗？”

白行与林晓荫出了钢材市场，在旁边一个小公园里随意溜达着，边走边说，如同一对夫妻在夕阳下遛弯。

路边凉亭里，一个四五岁的小男孩拿着一个扭蛋，让同样是四五岁的小女孩猜里面是空的还是有东西，小女孩不想猜。林晓荫就走过去问小男孩：“我猜猜行吗？”

小男孩就把扭蛋藏在身后倒腾一阵，又拿回到前面，问林晓荫：“你猜这里面是空的还是有东西？”林晓荫说：“有东西。”

小男孩问：“是什么东西？”

林晓荫说：“还真有东西？”她四下看看，见地下有很多黑色和白色的石子，就说：“是石子。”

小男孩问：“几个？”

林晓荫高兴地说：“真是石子？这么巧！”她稍一思量：“三个。对不对？”

小男孩又问：“什么颜色？”

林晓荫惊奇地说：“难道又猜对了吗？太神奇了！白色！”

小男孩问：“几个白色？”

林晓荫说：“两个。”

小男孩问：“几个黑色？”

林晓荫乐呵呵地看一眼白行：“还有这么巧的事？太不可思议了！”她和蔼可亲地对小男孩说：“三减二等于一，肯定是一个黑色了。”

小男孩说：“你猜错了，里面什么也没有。”说完打开扭蛋，里面果然是空的。

林晓荫惊诧地看着小男孩：“那你为什么还问这么具体？还要让我猜下去？”

小男孩说：“玩嘛！”

白行似有所悟：“这孩子太有意思了，像领导给下属画饼，看似离成功越来越近，其实一开始就是空的。”

林晓荫对白行说：“有没有出乎意料？”

白行说：“有。没想到。”

这时小女孩高叫道：“我的城堡建好啦！谁敢和我开战？”

林晓荫问：“你的城堡有什么呀？”

小女孩介绍说：“这是炮台，这是瞭望塔，这是大城堡，这是哨兵……这些都是大炮，谁敢和我开战我就消灭他。”

林晓荫说：“我和你开战行吗？”

小女孩问：“你的城堡在哪儿？”

林晓荫说：“我马上建。”说着就在小女孩城堡的对面搭建自己的城堡。白行就帮着给捡石子、树枝。小女孩在她与林晓荫的城堡中间用树枝隔开：“这是城墙，这面是我的，那面是你的。”

林晓荫把自己的城堡搭建好了，得意扬扬地说：“看，我的城堡比你的高比你的大，我的大炮也多，肯定能战胜你。”

白行对小男孩说：“你们两个一伙，你可以帮着小女孩扩建城堡……”白行话没说完，小女孩拿起当作城墙的树枝放到了林晓荫搭建的城堡中间：“城墙在这里，这边都是我的城堡，那边一点才是你的。”

白行与林晓荫对视了一下，他们因小女孩解决问题的方式而感到惊奇。

小男孩对林晓荫说：“她赢了，你输了。”

林晓荫问白行："这怎么解释？"白行笑着说："改制。"

林晓荫不服气，指着地上的两个画板："这上面的汽车是谁画的？"

小女孩指着说："这个是我画的，那个是他画的。"

林晓荫说："我们比画画好不好？比谁画的卡车拉的东西多？"

小男孩说："我和你比。"说着拿起自己的画板推一下画板擦，擦掉原来画的，递给林晓荫，自己拿起小女孩的画板，也把原来的擦掉，喊一句："预备——开始！"就开始画起来。

林晓荫把画板递给白行，白行就在上面画了一辆托盘车拉着五层集装箱。没等白行画好，小男孩已经画完了。只见小男孩画的卡车上方是几个小圆圈围着一个大圆圈。白行问小男孩的卡车拉的是什么，小男孩说："太阳系。"小女孩指着白行："你输了。"

白行抬头看林晓荫。林晓荫正忍着笑看着这一切。

白行站起身："太出乎意料了。"他看向两个在一旁边看孩子边聊天的大人，那两位女士应该分别是男孩和女孩的妈妈，她们对孩子的表现毫无感觉，可见孩子平时就是这样玩耍的。

白行感慨："少年智则国智，少年强则国强。可见中国的未来必然是灿烂辉煌。"

林晓荫说："是呀，国家也好，企业也好，家庭也好，都需要一代一代地传承。"

白行看着林晓荫，心里明白她这些话的意思——她的家业需要传承。

林晓荫笑笑："我挺喜欢小孩的。"

天渐渐黑下来，小男孩和小女孩被他们的妈妈领着回家了，公园里的游人也渐渐散去。白行和林晓荫坐在凉亭的石凳上，两个人常常是相互注视着，话并不多。空气中弥漫着哀怨、忧愁的氛围。林晓荫像想起什么，就拿出手机放出罗马尼亚电影《沸腾的生活》主题曲。白行的心一下被提了上来，他惊奇地问林晓荫："你也爱听这个曲子？"

林晓荫笑笑："当年看这部电影的时候，就感觉在海边快乐嬉戏的夫妇像是我们俩。那时候我就想：这首曲子将来一定要和你一起听。"又轻轻叹口气，"我们在一起上学的那些年，是我一生最美好的时刻。"

白行知道林晓荫与自己一起上学的那些年，林晓荫除了心里与自己有着美好的友情，她所面临的，多是不公的境遇。她竟然把那段时间看作最美好的时光。

白行掉泪了，他被林晓荫感动，他被两个人几十年的念念不忘所感动。

白行走到林晓荫面前，想对她说些宽慰的话，又不知该怎样说。

林晓荫说："你知道我喜欢听这首曲子的另一个原因是什么吗？这部电影最初的版本是男主角死了，海边骑马、嬉戏的场景是他和他妻子在天堂。我就想，今生不可能了，我们来生再见。"

白行内心愧疚无比："我能不能补救？"

林晓荫看看白行，缓缓地说："我在公司开会的时候常说这句话：战略定力。也就是想好了的大政方针不要因为一些小的突发事件而改变，不要受情绪影响改变对原则问题的处理方式。只有这样航船才能穿过激流险滩驶进滟滟万里的大海。情感也是这样。我相信我们都能够处理好感情上的事。"

白行叹口气："滟滟随波千万里，余生春江无月明。"

这时两个人同时看到夜空中有流星划过，林晓荫下意识地把手放到腰间："流星。"

白行看着林晓荫的举动，想起当年自己和林晓荫说过的看到流星抓住腰带就能心想事成的话。林晓荫也意识到这一点，就笑笑："我这都成毛病了。幸亏看到流星的时候并不多。"

白行眼泪一下就涌上来："林晓荫，你忘掉过去吧，你应该有自己全新的生活。因为……我已经不值得你回忆。"

片刻，林晓荫说："白行，我的产业需要继承人……"林晓荫正要往下说，就见赵经理和几个人从远处走过来。赵经理说："肚子饿不饿？再谈下去酒店要关门了。"

白行就和林晓荫迎着他们走过去。白行说："本来我已经安排好了，现在为了林晓荫换个地方，吃西餐。"

赵经理问："林总喜欢西餐？"

林晓荫说："我都可以的，为什么要换？"

白行说："中餐是公有制，一盘子菜上来，你也可以吃我也可以吃，属于所有人。西餐是私有制，菜在自己的盘子里，大家只能吃自己的——私有财产不可侵犯。林晓荫是资本家，私有制的代表。所以吃西餐。"

林晓荫说："我是在祖国，我要吃中餐。"

两个人见面没有出现他们几十年来一直憧憬中的诗情画意和缠缠绵绵，竟然说了一堆世俗的废话。他们谁也没想到会是这样。或许，也只能这样……

酒桌上，林晓荫本有很多话要和白行说，没承想白行并不搭腔，只顾拿着酒瓶子自己猛灌，接着眼泪无法控制地哗哗流了下来。白行任由热泪奔涌，也不去擦，谁也不知道他心里到底想些什么……

“白行，你怎么了？”林晓荫含着眼泪着急地问。

赵经理说：“没事没事，见了初恋激动的。”

林晓荫也喝了不少酒，然后慢慢地就不说话了，继而眼泪也不停地掉下来。

赵经理问：“林总怎么哭了，是为白行抱不平吗？”

林晓荫：“是为我自己。”

赵经理：“是不是觉得不值当的，这些年您为了等他……”

林晓荫摆摆手不让赵经理说下去，站起身：“对不起，我先回去了。”

林晓荫走的时候，白行酩酊大醉，没能去送。赵经理让业务员在高级宾馆给两人订下的套间大床房林晓荫和白行都没去住，林晓荫直接去了机场，白行被架回宿舍……

白行与林晓荫的这次见面，两人都没认为这是新的开始，反而像是了却了一桩心事。

两个人是真正的爱与不舍，可还是选择理性地离开。

原来浓墨重彩的爱情变成了淡淡的忧伤。

第三十三章

二〇一二年，玛雅人预言的世界末日。从中国的、外国的天文、地理学家们的言论看，天行仍健，地势仍坤，并无异象。

然而对有些人来说，从这一年开始，他们一再为自己埋下祸根，加快了走向末日的步伐。

好色成性的古立春要打新来的保洁员的主意了，用他自己的话说是吃腻了山珍海味就想尝一口村妇腌的咸菜疙瘩。

他盯着新来的保洁员，普通到无法再普通，近乎粗鄙。但古立春不泄气，仍在用心寻找拿下她的理由。保洁员挽起袖子拿抹布擦桌子，还算白，嗯，一白遮百丑，白了好，这要看看是不是哪儿都白。想到这儿，古立春哈哈一笑，吓了保洁员一跳。古立春关切地问："刚来的呀？不要紧张，革命工作没有贵贱之分，只有岗位不同，累了就坐下歇歇，喝点水，不要拘束。"

保洁员快速看一眼这个态度和善的副厅级大领导，心里充满感激，没想到自己平时只敢偷偷看的大领导对自己这样客气，于是就大着胆子说："我可不敢坐，我们有规定，领导的房间不能长时间逗留，坐就更不行了。"

古立春哈哈一笑："关上房门谁能看见，别说坐了，躺下也没人知道。"

保洁员跟着笑了笑："要是被我们头儿知道了还不直接开除。"

古立春知道自己在保洁员心里是神一样的存在，也认为自己要是对她干点事就是对她的施舍，于是不假思索又理所当然地过去把门插上，转过身把保洁员拉进自己怀里。

保洁员极为好奇地观察着古立春，不知道接下来这个大领导要做什么。

古立春看着站在近前的保洁员，抱也不想抱，亲又下不去嘴。就这么没滋没味地僵持了一会儿，古立春勉强摸了一下保洁员的后脑勺，就要转回身去开房门。

保洁员不想失去这超出自己想象的高级情感，拉住古立春问："领导你喜欢俺？"

古立春有点骑虎难下，他不想吃村妇腌的咸菜疙瘩了。古立春后退两步："想哪儿去了？我看你身上有个线头，想帮你弄一下。"说完又伸手去开门。

保洁员倚住房门："俺也是女人，还看不出……"

古立春赶紧抬手阻止她说下去："打住。胡说什么呢？我告诉你，我一分钱也没有，我老婆孩子都住院，我现在借钱过日子。而且，我不给任何人走后门。"说完开开房门自己出去了。

古立春有每天早早就到办公室的习惯，作为领导这是必须的，如果这个样子都做不出来，那还是什么领导？出差回来，古立春依旧早早来到了办公室，在写字台前坐下后，习惯性地拉开了中间的抽屉——他的写字台抽屉从来都不上锁，以示坦荡清廉。抽屉拉开后，一个花边信封摆在那里，古立春捏一捏厚度，不像有钱的样子，撑开信封往里看看，是二百元。不可能是谁送的吧？就这么摆在抽屉当中，这么不懂规矩？还只有二百元，不可能有人会送这个数——这不是自找难看吗？他拿起信封看看里面还有没有购物卡，见还有个字条在里面。就见字条上歪歪扭扭地写着："俺不图你钱和办事，心里有俺就行了，你家里缺钱，俺给你二百，俺自己攒的。"

原来是保洁员给的。这么傻蛋——古立春心里骂道。

白行在北方公司干得热火朝天，在连续超额完成销售任务后，北方公司被树为先进典型。齐钢在各地的驻外公司也都采取了独立核算、自负盈亏的模式。

北方公司局面打开了，经营公司又把白行调回本部去干管理，赵经理的话是：公司内部管理越来越乱，让白行回来理顺理顺。

白行回齐钢，汪安富被内定为北方公司代经理，又调来一个领导的孩子任副经理。虽然不是组织人事部任命的正式科级干部，汪安富并不太在意："黑的也行啊，有权就行。"

听说白行要回齐钢，甄莉到白行办公室说："白总，你回去有什么意思，在这里自己干不行吗？"

白行觉着新奇："自己干什么？"

甄莉说："干钢材呀。你看东三省、京津冀，你手里有多少客户啊，没有一千也有八百。你成立个公司，我给你干财务。"

白行说："我还真没想过这个事。"

甄莉说："现在想也不晚呀。自己干！"

白行笑了笑："都说山东人很在乎这个正统不正统。山东自古以来就是贤臣良将和娘娘多，出不了皇上，因为山东人从不造反。还是思想上的问题，有局限性。"

甄莉说："知道有局限性就改呀。"

白行笑了笑，感叹："哎呀，受儒家文化影响，在编是山东人特有的情节，对体制内体制外的认可度有天壤之别。当年宋江一心受招安还不就是为了个编制。"

甄莉也感叹："手里有这么多客户，又和全国这么多钢铁企业都认识，不自己干真是可惜了。"

接着又有很多经销商找到白行，有的想高薪聘请白行去干总经理，有的说要拿出公司股份给白行，可谓诚意满满，都被白行婉言谢绝。

紧接着，甄莉得知白行走后汪安富要当一把手，就找到白行说要辞职，恳请白行在离开前给她结清工资。白行说干得挺好的，辞职干什么，汪安富不是不找你麻烦了吗？甄莉说汪安富已经让她等着瞧了。白行说我再和汪安富谈谈，如果他不听，你再辞职不迟。

白行把汪安富叫到自己办公室与他单独交流。刚说了没几句，汪安富就听明白了白行的意思，就冲白行摆摆手说："你都调回去了，这里的事就别操心了。"

在白行离开北方公司以后，北方公司很快恢复到每月一吨钢材也不卖的状态。按照经营公司的考核规定，没有完成销售任务拿不到全额工资。北方公司新上任的正副经理一商量：建立不了销售渠道，还建立不了自己领导的渠道吗？于是他们在当地买了些礼品带回齐钢，给各个领导和相关职能部门送礼。效果很快显现：领导和相关部门商量后，把北方公司的任务指标调低了。无奈北方公司一吨钢材也不卖，领导就又想了个办法：只要有北面的客户登门买钢材的，领导就说：去北方公司买吧，价格优惠，还能免除一部分运费。然而这样的客户并不是太多，而北方公司的礼品接二连三地送回来，领导就安排其他驻外公司在完成自己的销售任务后，再卖钢材时，从北方公司走账，算作北方公司的业绩。北方公司也尝到了甜头，隔三差五拉回大堆礼物挨个送，倒也挺忙活的。汪安富也不是一事无成——他把甄莉辞退，换了个自己满意的新会计。但是汪安富同时也给自己埋了个雷——他拖欠着甄莉的工资不给，给自己惹下了天大的麻烦。

古立春感到乏味得很。工作乏味是因为从年龄上分析，自己应不会再升迁了。所谓的工作就是开会。开会无非就是或传达文件贯彻精神或下达文件部署工作，具体的工作方案由职能部门和秘书制订，他只需同意或不同意即可。生活乏味一个主要原因就是他想搞到哪个女人就能搞到哪个女人，几乎没什么难度。这让他失去了追逐的乐趣，他感到爱情不再神秘，女人也不再新鲜。那些看似圣洁、清纯的女孩，在他的金钱和权力面前都成了俘虏，而得到那些妩媚风骚的女人简直就像从烟盒里拿支香烟那么简单。特别是女性的新鲜感在古立春这里完全丧失，用他的话说：原以为那些所谓的玉女，那儿不是玉的起码也该是瓷的吧，宽衣一看——还是该有的老样子！

爱情这东西，没有平等的互动就没有切身揪心的感受，古立春认为女人就是个雌性器官的载体，没有必要会思考、有知识，甚至没有必要会说话、会动。古立春从来没有因为爱而情不自禁地亲吻女性，都是因为认为亲了是赚了，是收获，是享受，不亲白不亲。

古立春认为权力是一切事物的主子，有了权力就有了一切，包括爱情。爱情是什么？当爱情升华到最高的层级也就进入了最原始的状态。精子在精囊里搞大练兵，但是什么时候冲锋，它们一点自主权都没有，这足以证明爱情是个寄生虫，只能依附于权力、金钱、物质。这是古立春的爱情观。

前几年古立春在网上隐瞒身份找网友，但是见面后他不经意间流露出的权力和财力很快就会把对方震慑住，接下来的情节就会变得乏味。他一直盼着能出现一个让他想吃又吃不到的，但总是不如意，不是接触不上就是一接触上就很快到手。最后古立春自我加压，把目标锁定在从农村来济南上大学借宿在家里的那和美表哥的女儿身上，想在这个叫和芹的女孩身上找点刺激。

没想这个事之前，古立春不常回家，需要回家拿东西或者送东西，就安排一直跟着自己的司机跑一趟。古立春偶尔回到家也很少和那和美等家里人说话，夫妻俩也早已分床睡。夫妻两人，古立春当他的领导，那和美在一家职业学校教书，各忙各的，各自独立，互不干涉，相安无事。

和芹是个老实本分的姑娘，长相很普通，无论是脸庞还是身材，毫无姿色可言。她对古立春这个表姑父是非常崇拜的，因为这个表姑父是大领导，同时和芹对这个表姑父也是敬畏的，因为这个表姑父很少说话。偶遇古立春回家，和芹总是端茶倒水很勤快，姑父长姑父短的嘴也甜。她知道自己住在这里给人家添了麻烦，唯恐被人厌烦。

如果这个和芹是在外面认识的，古立春绝不会对她动什么心思——那么多美貌如花的女人等着他去临幸，哪会有和芹这种平庸乏味女孩的机会。古立春甚至很可能不会注意到有这么一个人。但是，现在他要对和芹展开进攻，目的只有一个：寻找刺激，看看几天能拿下，他盼着所用的时间能长一些。对这个和芹动念头，古立春感觉自己是在施舍。

古立春回家的次数比过去多了些。最初，他只是拿几件不起眼的小东西丢给和芹，和芹总是欢欣无比地接受。几次以后，古立春趁那和美不在家，把和芹叫到跟前，语调沉稳地说："我想和你交个朋友，就是……忘年交。怎么样啊？"

和芹说："好啊，我正好可以跟姑父学本事。"

古立春怕她马上答应："你不着急回答，想一想，我不强人所难。我说的忘年交，是指全身心地交，全身心，你应该明白。你想想以后再说行不行，我不强求，只要你说一声不，我就再也不提这个事了。"古立春说完就出门走了。

几天以后，古立春回家，进了自己房间，发现自己以前送给和芹的几样东西都摆在自己的床头柜上。古立春感到丢了面子，很恼火。骂了一句：傻蛋。古立春觉着这件事不能算完，否则自己太丢人。

古立春找机会再次把和芹叫到跟前，面带笑容和颜悦色地说："你这大学生，这学都白上了。你看你来济南这么长时间了，还是农村的老思想老观念，很封建啊。"

和芹低头不语。古立春开始苦口婆心地给和芹做工作，又是人生一世要及时行乐，又是思想要开放不能难为自己，等等，但是无论古立春怎样说，和芹就是不说话。古立春最后对和芹说一切顺其自然吧，但是要求和芹不能退回送给她的礼物，否则自己太没面子。和芹依然不说话。

这以后，古立春经常给和芹房间里放礼物，东西越来越值钱，也注意观察和芹的反应。和芹像什么也没发生一样，没有任何变化。

这天，家里没别人。古立春感到火候差不多了，笑嘻嘻地问和芹："给你的礼物喜欢吗？"

和芹说："以后别给了，太贵了。"

古立春说："只要你喜欢，礼物会越来越贵。这不叫事。怎么样？我可以抱抱你吗？"

和芹说："不行。"

古立春一下把和芹抱在怀里，把自己的嘴糊在和芹嘴上。和芹紧闭着嘴，把嘴唇裹在里面回避着。古立春伸手去抓和芹的前胸，和芹死命拒绝。古立春松开手。和芹擦擦嘴走开了。

有几次古立春和和芹单独在一起，和芹好像只允许古立春亲到自己的看不到嘴唇的嘴，别的都会极力抗争。无论古立春送给她多么值钱的礼物，结果都是这样。

一次古立春气愤地说："不断努力总是回到原点，还像一开始一样，毫无进展。你说我什么时候才会有新斩获？哪怕前进一点点。"

和芹擦擦嘴离开了，没有回话。

古立春得不到和芹，让他越来越恼火，不由得心里骂道："仗着自己长了个雌性器官看把你能的！"他后悔自己一开始做的这个决定，但事已至此，不能算完。他开始琢磨其他办法。

古立春知道和芹有夜间喝水的习惯。这天晚上，古立春趁和芹在卫生间洗澡，悄悄进到和芹房间，把磨成粉的安眠药放进她的水杯里。

第二天早晨，古立春听着那和美出门上班了，就拿着提前配好的钥匙打开和芹的房门。和芹果然还在昏睡。古立春得意地坐到和芹床边，嘴里骂了一句："傻蛋，你不会逃出我手心的。"然后一个扣子一个扣子慢慢地解着和芹的睡衣。他对这身体并没有多大兴趣，所以并不心切。正在他要扒下和芹最后一件衣服的时候，听到身后有动静，回头一看：那和美站在房门口。古立春赶紧拉过毯子盖在和芹身上："你不是去上班了吗？怎么回来了？"

那和美怒视着古立春问："你在干什么？"

古立春站起身说："没干什么。"

那和美说："没干什么是干什么？"说完走过来要掀盖在和芹身上的毯子。

古立春赶紧拦着："你想干什么？"

和芹被争吵声惊醒，坐起身迷迷糊糊地问："表姑你们干什么呢？"袒露的前胸一览无余。

那和美啊的一嗓子，伸手打了和芹一耳光，叫道："滚！滚出去！"

和芹低头一看，愣在那里。

那和美又喊：“滚！”

古立春拥着那和美出了和芹房间，嘴里说着：“不是你想象的，什么事也没有……我见她没去上学就过来看看怎么回事。”

那和美歇斯底里：“你放屁！”又冲和芹房间喊：“快滚！”

古立春说：“你冷静点行不行？让邻居听见算怎么回事？我就是过去看看，我也不知道她没穿衣服对不对？再说穿不穿反正我都没看见。”

那和美喊：“你放屁！没看见？没看见你给她盖毯子?！”

古立春说：“胡闹啊，你是看花眼了，盖什么毯子？”

那和美狂喊：“你放屁！”

和芹看到自己褪到一半的内裤，什么都明白了。她眼里含着泪急急慌慌穿好衣服，把自己的衣物敛到行李箱里，低着头提着行李箱快步往外走。

古立春问：“你干什么去？这都是误会。”

那和美喊：“滚！你要拦她我就杀了你！”

古立春目送和芹离开家门，回头冲那和美喊道：“你有完没完？什么事也没有，你胡闹什么？”

那和美猛然站起身走进和芹房间，把床上的铺盖扯下来丢在地上，打开一个个抽屉、橱柜，把里面和芹的东西全部扔到地上。

古立春问：“你这是干什么。”

那和美喊道：“都给我扔出去！我嫌脏！恶心！”

古立春说：“你没完了是吧？有病吗你？有本事你把房子点喽！”

那和美拉开靠墙的最后一个橱门，愣了一下：里面全是金银首饰、翡翠、玉器和各种名贵衣物。那和美一把抓出几个 LV 包丢到地上，大声问：“哪儿来的？谁给的？说！”

古立春说：“我哪知道，可能是交了男朋友了吧。”

那和美怒道：“你放屁！什么男朋友能买得起这些东西？”

古立春说：“你别一口一个放屁的。闹起来对你也没好处！”

那和美说：“害怕了是吧？怕给你说出去是吧？有本事别害怕！敢作敢当！”

古立春说：“你这个闹法，你不说也有说的。”

那和美瞪着古立春听其究竟。

古立春说：“你冤枉和芹，你就不怕她说出去？她要是真说出去，这个家就完了。我无所谓，孩子怎么办？你想想，孩子怎么办？孩子这辈子还活吧？”

那和美说：“说出去活该！谁造成的？我造成的？哈哈，活该！”

古立春说：“你别闹了，好好想想孩子，赶紧把和芹叫回来，我和她什么事也没有，就是给她买几件礼物，也是看着你的面子。要不这样：你带她去医院查查，看她是不是处女，她要不是处女，算我倒霉！”

那和美怒视着古立春没有说话。

古立春说：“我得上班去了。你好好想想，多想想孩子。孩子在英国读书需要资助，你移民英国的事也办得差不多了，你要是一闹，或者和芹一说，全完了。特别是孩子怎么办？好好想想。”古立春说完，回自己房间穿戴整齐出门走了。

古立春出门后给和芹打了几遍电话，和芹都没接，就给和芹发过去一个短信：“抱歉，全是误会。一切平安、正常。你表姑可能会找你，不是找你麻烦，是向你道歉，望配合。不要倔强，闹起来传到你家乡你也很难解释。确实都是误会，再次抱歉。”

那和美在家里左想右想，最后拨通了和芹的电话……

白天，古立春本想给和芹再打个电话问问情况，又担心和芹和那和美在一起，终归没打。傍晚他早早回到家里，看到和芹的房间还是乱糟糟的，收拾也不是，不收拾也不是。多年前那和美就提出要雇个保姆，古立春没同意，不是因为没钱，而是因为钱多。后来那和美把老家在济南上学的表侄女叫到家里来住，就是为了让和芹帮着做饭打扫卫生。

古立春一直等到过了吃饭时间也没见那和美回来，就给那和美打电话。电话接通后那和美没好气地问：“什么事？”

古立春说：“你在哪儿呢？怎么还不回家？”

那和美说：“你少管。”

古立春说：“你找和芹了吗？这可是大事。别真出什么乱子。”

那和美说：“把你那花心放进狗肚子里吧。告诉你，今后你要是再干这种不要脸的事，咱就别过了。”说完挂了电话。

古立春估计问题解决了，就拨通司机的电话：“过来接我吧，我们去吃个饭，然后去那家新开的洗浴城洗个澡。”

齐钢选拔了几十个中层干部到美国一家商学院读研究生班，虽然学费颇高，但这点钱齐钢还拿得起。这或许也是齐钢面对艰难的内外部环境所采取的工作措施之一吧。经营公司赵经理也是学员，学期三个月。赵经理去了美国，宋帅瓜书记主持工作。

钢材市场仍然极度疲软。宋书记主持工作不久，无论在齐钢的销售本部还是驻外公司都拿不到订单。宋书记想了个办法：开展劳动竞赛，每月各销售部门、驻外公司按照卖钢材多少，分出一、二、三等，卖得好的给奖励。然而效果并不佳，虽然奖励也发了，但也只是比较出来的成绩，钢材仍是卖不出去。订单越来越紧张，生产部门天天告急，经常是上午告急说订单只能保证干到下午，下午告急说订单只能保证干到夜里。

几天后，关于怎样促进钢材销售，宋书记终于想出了一个好办法：各驻外公司没有订单可以模拟订单，按照模拟订单订货。任务派下去，各驻外公司没办法，就按照平时好卖点的品种规格报了个数上来。没想到宋书记在各驻外公司报的数后面都给加了个零，以此下订单安排生产。各驻外公司表示没有这么多钱，宋书记都给按订金订货，先交百分之十订金，宋书记签字特批，财务据此释放订单。

北方公司原来报了一千吨，本打算让其他公司帮忙给卖了算了。结果几天以后一万吨钢材发到了北方公司。

北方公司联系各驻外公司帮忙销货，各驻外公司均表示无能为力。北方公司的两个经理商量：完不成任务扣工资奖金不怕，反正我们自己有财务，找几个饭单子一报销钱就有了。可是这一万吨钢材放在这里要交仓储费不说，等钢材一生锈就更没人要了。到时候集团财务再催要货款，这正副经理的岗位就很难保住了。

正在两个经理绞尽脑汁一筹莫展的时候，一个南方的钢贸商找上门来。钢贸商表示，他可以包销这一万吨钢材，操作方案是每吨要降价三百元，他给两位经理每吨返利五十元。两位经理权衡一番，认为不降价肯定卖不掉，不接受返利也是白便宜了钢贸商，收了返利的五十万两人私下分了就行了。于是同意了钢贸商的提议，汪安富写了降价申请，带着礼物回齐钢找宋帅瓜签字去了。

钢材市场完全成为红海市场，竞争到了你死我活的境地。

宋帅瓜书记愣派下去的模拟订单，生产厂不到半个月时间就干完了，订单告急，生产厂表示再无订单只能停产了。派给各驻外公司的钢材基本都还没卖，销售本部各业务部门也无订单，宋书记这次一点办法也没有了。

正在宋书记万般无奈之际，一个大老板带着银行的人来找宋书记说有办法帮助销售钢材，每个月十万吨。方法是三家开展“银商企”合作业务。银行人员介绍说银商企业务就是银行把钱打到钢贸商在齐钢的账户上，钢贸商可以据此在齐钢订货，然后齐钢根据银行通知发货。宋书记一听大喜，这一家就是几亿元的订单，多搞几家何愁钢材难卖？

宋书记带着大老板和银行的人去向许总汇报，许总叫来财务部和法务部的负责人一起研究。几个人很快弄清要点：银商企业务就是钢贸商向银行交纳百分之三十的保证金，银行把百分之百的半年期承兑汇票打到钢贸商在齐钢的账户上，半年内钢贸商要用现金把银行那百分之七十的敞口还上。银行的操作要点是钢贸商给银行还了多少钱，银行就出多少钱的发货通知单。齐钢操作的要点是等银行通知发货。如果银行没来通知，齐钢把钢材发给了钢贸商，到期钢贸商还不上银行的钱，银行就会让齐钢还钱。

大老板表示如果齐钢必须等银行通知书才发货他就不做了，因为这对他来说毫无意义。

不等银行通知书发货，齐钢有风险；等通知书发货，大老板不做。钢材卖不出去，齐钢面临停产，形势逼人，许总让大家研究办法。最终银行和大老板同意共同向齐钢出具主要条款为“在交付工作中，齐钢按照自己的发货流程办理，未按协议执行不承担责任”的承诺与说明书。银行表示这已经是最大让步，齐钢不同意就无法做了。

当天，经营公司就在合同审批流程上提交了《关于开展银商企业务的请示》，请示中把承诺与说明书作为附件加在上面。法律、财务及集团公司相关领导都签署了“同意，但要谨慎操作”的意见。

银商企三方合作很快开展起来。

很多钢贸商也找宋书记要求做银商企业务。宋书记来者不拒，一概应允。

银商企合作业务，解决了齐钢的销售问题。宋书记得意扬扬地说：“扩大银商企业务是我想出来的，承诺与说明书也是在我的启发下搞出来的。什么是营销工作的关键诀窍？我的这两个创新就是关键诀窍！”

白行在仔细研读了银商企三方协议和承诺与说明书后，找到宋书记说：恐怕承诺与说明书在法律效力上对抗不了银商企的三方协议，风险很大。白行分析说，钢材市场形势好的时候，钢材是抢手货，钢贸商用百分之三十的现金，换银行百分之百的承兑汇票在齐钢订货，可以多订钢材并享受大额批量优惠。市场疲软期，钢材卖不动，钢贸商做这种业务的目的就是用百分之三十的现金换出与百分之百承兑汇票等额的钢材，然后把钢材低价变现后马上再把钱交给银行换出更多的承兑汇票，金额越来越大，窟窿也越来越大，如果市场好转，钢贸商就赚了，市场持续低迷，钢贸商就倾家荡产或跑路。再一种可能就是钢贸商直接把变现的钱挪作他用。而银行不怕，因为三方协议上明确规定齐钢必须等通知发货。

白行竟然想推翻宋书记一再标榜的创新模式，令宋书记大为光火。宋书记冲白行拍桌子瞪眼："你说干什么没风险？在马路上走路有没有风险？现在市场是什么状况你不知道吗？你麻木！"

白行见宋书记不听劝告，很是着急，对宋书记说："我举个你能听明白的例子，这个承诺与说明书就像扎了个洞的安全套，如果觉着套上这个东西就可以肆无忌惮地大干了，是自己糊弄自己。"

宋书记怒视着白行，没有说话。

白行说："现在民间借贷盛行，很多客户一两年没和我们做业务，现在突然跑来要和我们做银商企，他们怎么突然需要钢材了？事实是他们买了钢材马上低价抛售变现，再把资金拿去放高利贷或堵别的窟窿。一旦他们半年内放出去的钱收不回来，堵窟窿的钱挪不回来，齐钢就很可能受连带责任。"

宋书记气愤至极："你这是胡说八道，动摇军心，我看你这个部门代经理也别干了！"

宋书记说到做到，马上召集班子成员开会，随后让办公室下发了公司决定：《关于白行同志不再担任公司任何职务的通知》。

白行持续不懈地努力了十来年，终没能得个一官半职，即便是虚职也被一概取消。白行的仕途之路终于回到了原点并画上了句号。

不再担任任何职务的白行责任心却没有减退，他认为既然自己看出了银商企业务的巨大风险就应该向集团汇报反映。他写了个《关于银商企业务存在巨大风险的报告》分别交给了经营公司宋书记和齐钢集团办公室。几天后集团办公室给白行回复说报告已转给分管营销的许总，以后有营销方面的报告和想法直接报许总就行了。白行等了多天没见许总召见自己，反而再次被宋书记在经营公司的会议上好一顿批评。时值在美国学习的赵经理镀完金回来了，白行又看到了希望，又写了个《关于缩减银商企业务和加强管控力度的建议》报给赵经理。赵经理说早就知道白行反映的事了，集团这么多职能部门难道还不如你一个白行明白吗？

白行看不起作用，直接把建议连同上次递交的报告各打印一份去交给许总，许总的秘书接收了建议和报告，说由他转交就行了。白行递交的报告和建议又如石沉大海，没有泛起一点涟漪。银商企业务依然如脱缰野马在荒野驰骋奔突。

夏菁几十年来冷漠的脸上终于见到了笑容——早年夏菁白行买下的白丰名下的房子要拆迁了，买的时候花了两万多，拆的时候连补偿带奖励给了六十多万元。

白行对夏菁说："这钱咱全拿着好吗？是不是应该给大哥点？"

夏菁说："凭什么？这房子和大哥根本就没关系，他就是在这里白住了这么多年，房租都是咱替他交的。要说给只能给二哥，你去找你二哥去吧，都给他我都不管。"

白行说："大哥也疯了，又在监狱里关着，给他钱他也没地方放。要不然我给白德打电话说说这个事？"

夏菁说："你说去吧，听听你侄子怎么说。"

白行给白德打电话说了房子拆迁的事。白德说："小叔，拆迁款是你的，你拿着就行了，我爸爸就是在那里住了住，房子与他没关系。"

白行说："你还一个爸爸呢？"

白德说："我亲爸爸就更别提了，人还不知道在不在了。小叔拆迁款你拿着就行了——房子原来是公家的，是你自己花钱买下来的。这些年一直想帮你，每次给你钱你都不要。我说实在的，我妈这边生意做这么大，别说六十万，就是六千万我也不在乎。你拿着吧，要不然我给你转过去点凑个一百万？"

白行问："给你爸爸办保外就医的事怎么样了？在精神病院治疗起来及时些。"

白德说："问题不大。正常情况下加刑了的不好办，他现在是彻底疯了，就好办了。我想直接让他上广东这边的精神病院来，我探视也方便。"

白行说："你和你妈商量商量看能不能给你爸爸去的精神病院捐点钱，这样人家能对你爸爸好点。"

白德说："小叔放心，这个没问题。"

白德把想让白芒办保外就医后住进广东的精神病院和给医院捐款的意思对花麒麟说了，问能不能办，捐多少钱合适，是不是需要个几百万上千万的。

花麒麟说："这个事我清楚，我来安排。"

花麒麟指示一个副总妥善处理，副总派员到精神病院递交邀请函，邀请院长等主要领导到麒麟集团洽谈合作事宜，洽谈地点设在麒麟大酒店。精神病院的几位领导很快到了，双方友好协商达成以下合作条款：精神病院举办各类大型活动均在麒麟大酒店举行，享受战略合作伙伴优惠待遇，麒麟集团开发的房地产项目优先供应精神病院职工并享受团购价。麒麟集团设宴款待院长等领导，每人赠送一张贵宾金卡，凭此卡可在麒麟大酒店等麒麟集团名下任一住宿、餐饮连锁店消费享受五折优惠。医院几位领导表示看好麒麟集团新开发的楼盘，麒麟集团副总当场敲定享受内部职工价并可以提前锁定房源。席间麒麟集团副总谈到花麒麟董事长的亲戚也就是白德副总的养父精神上受了些刺激，要到广东来治疗。医院几位领导异口同声马上表态：那还有什么说的，到我们医院来，配备最好的专家组，提供最好的医疗条件，用心治疗，精心照料。麒麟大酒店顶层有花麒麟的办公室，副总离席给花麒麟打电话汇报了洽谈情况，说院方领导正在大酒店吃饭，问她是否在酒店这边，要不要下来见见面，花麒麟答应见见。副总回到酒席宣布董事长马上来和大家见面，几个人就起身到门前迎候，花麒麟随即从电梯下来，后面跟着秘书等人。花麒麟与大家一一握手，坐下后再次过问了白芒看病的事以示重视。看看事情办妥了，花麒麟对副总说："你去把白副总叫来吧。"副总赶紧离席去打电话。随后白德就来了，听副总介绍了与精神病院建立战略合作关系的情况，医院几个领导又再次表态说一定尽全力医护白芒。花麒麟又就白芒住院的几个细节问题进行了嘱托。

不久，白芒就办了保外就医，住进了广东的一家精神病院，直至终老。

白行在鲁铁的时候，每年春节会与章向东、古立春三个人喝点小酒聚聚。后来白行去了齐钢，章向东得了尿毒症，古立春当了大领导，三个人就很少聚在一起喝酒了，逢年过节打个电话问候一下就过去了。

这次春节古立春主动提出一起坐坐。地方是古立春定的，很是高档。

三个人刚在酒店会合，一个光鲜亮丽的女性从不远处走过，古立春盯着看，直到她消失后，才回过头来说："女人的衣服完全多余，哪怕女人穿再性感的比基尼，暴露出来的部分也不足她身体的百分之一，隐藏着的才是女人的百分之九十九。"章向东说遮住的才那么点，怎么成百分之九十九了？古立春说："露在外面的是公摊面积，遮住的才是使用面积。"

三人落座后，古立春挺客气地劝酒布菜。

章向东说："今年这是怎么着，请俺俩吃饭，这太阳还是从东边出来的吗？好酒好菜尽管上，反正也不是你掏钱。”

古立春说：“你还真说错了，不是以前喽。这回还真是我自己拿钱结账。”

白行说：“不是能报销吗？”

古立春叹气说：“现在都很注意，不想惹麻烦。厅局级干部已经进去好几个了，还有几个正被暗中调查。你俩记得咱同学孟头吧？在公安分局干得还不错，他各种消息都掌握。”

章向东说：“孟头就是个半傻子，能破案吗？他连我都不如。他把内部消息告诉你说明他也不是好东西。”

古立春笑笑：“在有些执法者眼里，法律法规如同他裤裆里的那玩意儿，能大能小能软能硬，任由他操弄。再说这些消息也不是孟头告诉我的。”

章向东问：“那谁告诉你的？史大个子吗？”

古立春说：“俺俩还有走动。”

章向东问：“你从史大个子那里打听到什么事了？是不是你也快进去了？”

古立春气愤地说：“我就是有事，也死在你后面。”

章向东说：“别看我尿毒症，我死我不怕，你不死你也怕。”

白行宽慰古立春：“你也别太紧张，没听你说做了什么违法的事啊？再说做过的事后悔也没用了，主要还是看将来。借用伟大领袖说的话，过去的阶段从你想改过自新就掀过去了，等于过了年三十，今后还应从大年初一做起。”

古立春心事重重：“如果既往不咎还好，谁能没点事？”

白行见章向东频频端杯，就劝说道：“你有这个病，碰碰嘴唇是这么个意思就行，怎么喝这么多？”

章向东说：“无所谓，随时可能死。”说完撸起袖子和裤腿让两人看他胳膊和腿上因透析割血管留下的一道道隆起的疤痕。

古立春说：“人这一辈子，真是没意思，我现在是啥也不想干了。什么权力啊，女人啊，有时候得到还不如得不到，得到了，动力跟着没了。达到最极点的时候也是最失落的时候。男女、事业都这样。”

章向东瞥一眼古立春：“你就是女人太多了，所以不珍惜。”

古立春说：“女人多了也不是好事……力不从心啊。性的问题只有在性功能减退以后才明白。”

章向东好像心理平衡了：“好！别看你当官儿，这个事上咱俩一般棒，我也早就不行了。”

古立春说："海菱跟着你，也真是不容易。"

章向东说："其实地板砖厂一开始也很红火，赚钱也挺多。后来海菱老是偷工减料，不搞砸才怪。"

白行看着古立春手腕上的劳力士手表，想起了林晓荫，他自己斟上酒喝了一口，自言自语："我企求那像彩虹一样的一道幻影，她生于天空，泯灭于天空，短暂的美丽像闪电惊诧我的心灵。只是一击，竟让我一生铭刻！我愿让这眷恋的冥想撕扯我的心肺，让愁肠百结，让思念如血浸透我回望的视线，像火，像剑，像匕首把我的心穿透！我愿受这折磨，这剜心的思念是我爱你的写证……"

三个人喝完了酒，临分别，古立春想起自己为什么要请白行和章向东吃饭了，就对白行和章向东说："咱三个这么多年了，虽然这十来年不怎么见面了，但还是弟兄。万一有调查我的、打听我的事的，以前的一些事可别乱说啊，被人利用了就麻烦了。"

章向东说："小绵羊的事吗？再不就是你把人家闺女弄大肚子的事？"

古立春说："你这不胡说嘛！"

章向东说："胡说什么胡说，不可能胡说，你让海菱上医院伺候月子，这个我能忘了吗？"

古立春看一眼白行，对章向东说："你绝对记错了。"

章向东说："守着白行说怕什么，要是有外人在这里我给你保密。再说白行又不是不知道你的事——史大个子……还有白行的女同学，叫什么千婵的……"

古立春着急地说："哥！向东哥！我叫你哥行了吧！"

章向东嘿嘿嘿笑了一阵："看把你吓的！哈哈哈哈……"

春节田青青回到鲁北老家，刚刚十五岁还有一个学期就要初中毕业的妹妹田苗苗和父母给她出了个难题：让她把田苗苗安排在济南的高中读书。田青青在济南认识的人中只有古立春能办这个事，她知道古立春的德性，如果让古立春见到乖巧可爱的妹妹，那妹妹就倒霉了，她不想让妹妹被古立春祸害，所以就直接回绝妹妹说办不了。然而学习优秀要求上进的田苗苗心情迫切，田青青的父母也说要是能把妹妹安排在济南上学，那可是一家人露脸的事。妹妹哀求，父母也催，好像田青青有多大本事似的。

田青青反复思量，心想不让古立春见到妹妹就行了，如果古立春问起妹妹长相，就说很丑很难看。再说妹妹毕竟只有十五岁，是小孩，古立春或许不会打妹妹的主意。田青青想好以后，就答应节后回到济南问问看看。

古立春霸占了田青青以后，开始那段古立春几乎天天接连不断、三番五次地祸祸田青青，致使田青青身心都频频受到伤害，几次想逃回老家。后来古立春又有了新女人，加上对田青青的新鲜劲也过去了，慢慢就不怎么联系田青青了，而田青青更不会主动联系古立春。春节刚过，当古立春接到田青青主动打来的电话时他感到很意外。古立春说："我先问问你，你是不是打错了？"田青青说："我妹妹想来济南上高中，你能给办吗？不能办就算了。"古立春说："见面聊。"田青青脑海里出现的是自己被玩弄的场景，她开始后悔给古立春打这个电话，就说："算了，不办了。"古立春赶紧说："能办。见面详细聊。"

在古立春快要退租的房子里，田青青再次被蹂躏。完事以后，田青青向古立春说了自己妹妹想来济南上学的事。古立春问多大了？好看吗？田青青说不到十五岁，挺丑的。古立春直接说办不了。然后催着田青青快走，说自己要休息。

两个人的这次媾和，古立春没采取任何安全措施，田青青事后也没补救。

第三十四章

钢材确实难做，市场上流传着这样一副对联——

上联：一个经理两部手机三餐喝酒只为四季销量搞得五脏俱损六神无主仍然七点起床八点开会约了九个客户十分辛苦。

下联：十年经验九州跑遍八面玲珑忙得七窍生烟到头六亲不认五体投地依旧四肢勤快三更加班只为二个臭钱一生奔波。

横批：钢材难做。

齐钢为销售钢材不得不做的银商企业务果然出事了。先是一个客户到期敞口八千万元没有还，带着老婆孩子跑到澳大利亚去了。银行找到齐钢，说这八千万银行并没有给齐钢发货通知书，要求齐钢还钱。齐钢说八千万的钢材已经发货，并拿出银行和客户出具的承诺与说明书。银行说事情出了，我们共同承担如何？齐钢说凭什么？你们给我们的承诺与说明书写得清楚，齐钢可以按照自己的流程生产发货，不按协议执行不承担责任。

接着另一家银行的客户有一亿五千万元到期敞口还不上了，原因是这个客户把钢材卖掉后用变现的钱去放贷，结果收不回来了。这个客户没有跑路，也承认欠款，就是没钱还。银行找到齐钢让齐钢还钱，齐钢同样拿出了银行出具的承诺与说明书。银行和齐钢商量说：你们拿出一亿五把敞口还上，我们通过给你们几十亿的低息贷款，以降息的方式再把这一亿五还给齐钢。齐钢研究后说：一是我们没有必要协助搞这个，因为这是银行和客户之间的事；二是齐钢是国有企业，拿出这一亿五财务也不好下账，实在是帮不上忙。

齐钢不配合解决问题，于是两家银行都向法院递交了诉状。

虽然齐钢成为被告，但并不担心。在银行诉齐钢案开庭时，齐钢法律部人员信心满满地拿着承诺与说明书去应诉。结果时间不长法院裁定：齐钢分别向两家银行还款八千万和一亿五千万。齐钢完全败诉。

接下来，各个与齐钢开展银商企业务的银行纷纷把齐钢诉至法庭。齐钢全部败诉。

银商企业务造成齐钢十几个亿的损失，必须要有个说法。先是齐钢自己的纪委出面调查追究责任，得出的结论是：这是全国普遍现象，是金融体系上出了问题。但是这种结论在上级主管部门那里交不了差，上级纪委要求重新深入全面调查，不可能都没责任。

一天，许总亲自给白行打电话，嘘寒问暖极为亲和。问白行忙什么呢，有没有时间当面交流一下。白行说许总您这么大领导亲自召唤，再忙也有时间呀。通完电话白行就赶紧跑去许总办公室。

白行一进许总办公室，许总热情地拉白行坐到沙发上，然后从厨子里拿出茶叶给白行沏茶。白行赶紧起身："许总，这茶几上有茶叶。"

许总说："那个不行，那是办公室拿过来的招待茶。"举举手中的茶叶盒，"这个好。"

白行赶紧伸手要接过茶叶盒："我来我来。"

许总一再让白行坐下，待白行坐好后，许总给白行沏好茶把茶杯放到白行跟前，坐在另一个沙发上，身体前倾凑近白行："老弟呀，你来齐钢第一天咱俩就见面了，而且很投机，这一晃多少年了？不承认缘分不行呀。"

白行见许总这样对待自己，猜测是有极为艰难困苦的工作要让自己干，就表态说："许总，有什么工作您尽管吩咐，无论是到边远地区驻外还是到钢材库去当工人我都没问题。"

许总把白行面前的茶杯盖打开："喝茶。这些年那么多不好做的工作都是安排给你做，不能再让你干棘手的事了。我今天找你，一是好久没见你了，再就是和你聊聊银商企的事。"

白行心里一下明白了，没有说什么。

许总说："现在上级纪委又要求调查这个事，要和经营公司各部门负责人单独谈话。你是经营公司内定的代经理，在集团组织部没备案，不算正式负责人，列名单的时候经营公司没把你列进去。你不会有什么意见吧？"

白行说："许总，我已经不是内定代经理了，不列进去肯定对呀，我能有什么意见。”

许总做吃惊状：“是吗？什么时候的事？”

白行说：“好长时间了。”

许总哦了一声：“等我问问情况，该恢复恢复。”

白行说：“谢谢许总。您不用过问了，我现在挺好。”

许总说：“你放心，都是为了工作，你这个事我肯定要过问。这个……银商企这个事……据说他们还要随机抽一部分人了解情况，你也要做好准备，考虑假如抽到你，你怎么说。”

白行说：“我没什么可说的。”

许总说：“嗯，多一事不如少一事，没说的就是没说的，就怕现在觉着没说的，到时候又想起来了。”

见许总老是不点破，白行就直接说：“这个业务我没直接参与，就是我认为有漏洞后写了个报告，后来又写了个建议，别的事没有。许总要是担心这个事就请放心——我认为现在应该做的是想办法补救，解决存在的问题，忙着处理人于事无补。”

许总说：“那你写过报告和建议的事……我认为没必要提，现在提这些事对解决问题也没啥帮助。”

白行点点头：“我认为是这样。”

许总直起身子，暗暗舒了口气：“我早就说你是人才，站得高，看得远，有谋略，有大局观。”

白行赶紧说：“哪里哪里，许总您过奖了。”

许总说：“你刚才一说我才知道，经营公司把你的代经理给撤了，这不是胡闹嘛！你的工作能力那是没得说，没有正式提拔主要是年龄问题。先等等，等银商企这个事弄利索了，马上恢复职务。”

白行清楚像撤销职务这样的决定必须报许总批准，文件下发前也必须先报许总审阅，但他不想再想这些事：“我能力不行，经营公司撤得对。我这个年龄了，干好现在的工作就行了。”

许总马上说：“那不行，必须重用！不但要重用，还要好好地重用。你放心，我必须弄这个事。”

白行起身告辞，许总从厨子里拿出准备好的茶叶：“拿着，这个好喝。”

白行边笑边拍着自己的额头：“他们都笑话我，说我像个傻子似的也不知道给领导送礼，现在许总您反倒给我茶叶，这……我还想活不想活了？”

许总说：“这是什么话，同志之间烟酒不分家，这是他们刚拿过来的，正想交到办公室，正好你来了，拿着吧。”

白行说：“那我拿回去招待客户了？”

许总说：“你说了算。”

银商企第二次调查的结论及处理方案出来了：银商企业务的开展是齐钢集体做出的决定，法律、财务、经营等各职能部门完全按照管理流程实施了管理责任。受大环境影响，齐钢没能提前发现和规避风险，在决策上存在不足。经营公司负责公章管理的业务员没能尽到管理责任致使商户偷盖公章，扣除全年奖金，调离营销岗位。

齐钢银商企业务调查报告及处理结果报上去几个月以后，上级再次要求重新全面深入进行调查……

赵经理叫宋帅瓜书记和白行到他办公室一起研究应对上级部门调查银商企业务的事，虽然此项业务白行未参与过，但因他写过报告和建议，赵经理想听听他的意见。白行到了以后，赵经理给宋书记打了几遍电话宋书记也没过来，赵经理就叫着白行到宋书记那边去。两人一进宋书记办公室，就见宋书记桌上摆着一本打开的印刷粗劣的小册子，就像电影《功夫》里面的如来神掌武功秘籍。宋书记右手抬起做拜佛状，正在那里嘟嘟囔囔地诵经。

赵经理感到又好气又好笑，指点着宋书记说：“典型的临时抱佛脚。”

宋书记做完功课，拿起小册子对赵经理说：“听者有缘，你也复印一份念念吧。”

赵经理接过小册子翻看着：“这都什么时候了？还来得及吗？”

白行感到好笑，就问宋书记：“宋书记，我讨教几句。我听你刚才波罗蜜波罗蜜的，这波罗蜜是什么意思？”

宋书记说：“波罗蜜是梵语，没达到一定的境界怎么能知道啥意思呢？”

白行问：“你达到那个境界了吗？给讲讲？”

宋书记不耐烦地说：“我说了这是梵语，梵语懂不懂？要是汉语我就给你讲讲，你问的是梵语，就是大师也只能悟，我现在还不是大师，怎么给你讲？”

赵经理说：“我知道波罗蜜，波罗蜜的意思就是‘到家啦’！就是到了极限了。”

白行看看两位领导：“我说说这波罗蜜是什么意思你们听听对不对：波罗蜜就

是很深很深的禅定境界。观世音菩萨在进入这个境界时，发现五蕴皆空。五蕴就是：色、受、想、行、识。人就是由这五个因素组成的，这五大因素一解散，人就空虚了，没有了。为什么会是这样呢？我们上化学课时学到过一个知识：任何物质都是由分子组成的。那好，人也肯定是由分子组成的，而每一个分子个体是没有意识没有自性的，而且即便分子有自性，分子还可以继续分解成更小的个体。所以《心经》里的意思就是说：凡是有形状、占有一定空间体积的东西，就它们的本质而言，都是由其他的微小因素组合而成。这东西本身并没有自性，因而是空虚的。因此可以说：色不异空，空不异色。反过来，这些有形状、有空间体积的东西在本质上就是空的。这就是我们经常听到的：色即是空空即是色。像我们这些人，虽然不是大师，但是如果懂得了这些道理，就没有什么恐惧了，也没有什么可牵挂的了。这是佛家的大道理，明白了这些，就有可能达到波罗蜜这样的至高境界。是谓：故知般若波罗蜜多，是大神咒，是大明咒，是无上咒，是无等等咒，能除一切苦，真实不虚。”

宋书记凝滞不语。赵经理伸着大拇指：“厉害！最后这句说得好——能除一切苦。”

白行说：“人们常说的‘脱离苦海’，其实这个苦海永远存在，只是信佛的心境变了，不再认为这是苦海。这是唯心主义的，是世界观的改变。共产党信仰唯物主义，反对唯心主义，这也是我国不反对但也不积极倡导信佛的原因之一。”

赵经理再次举起大拇指：“白行，你是真行！”又对宋书记说：“听白行说了吗？你是共产党员、唯物主义者，还是书记，别诵经了，先把银商企的事弄利索吧。”

赵经理见宋书记看着白行愣神，就催促道：“赶紧的吧，人家修行多少年也不一定见到效果，你这才下手，多咱能成佛呀？快别弄这一套了。”

白行说：“想成佛吗？佛讲菩提，我认为有仁厚的心，不计得失，乐于助人，这就是菩，愿意把自己对人生的领悟传播出去，这就是提。有了这两条，菩提在矣。佛的能力也有大小，我们虽然没有超常的本领，但只要我们具备了成佛的心，谁又能说你不是呢？”

赵经理拍一下大腿，来回走着：“我这是到寺庙里来了，一个在这里愣神，一个在这里讲经。”

宋书记用信服的眼神注视着白行：“你说信佛有用吗？”

白行说：“那要看你信佛的目的是什么了。如果你仰慕佛，崇拜佛，认识到佛是普度众生、是为广大民众谋福祉的，那你信佛，想向佛学习，我认为你可以信。如果你是为了私利，信佛的目的只是求佛保佑，那我看你不信也罢。有的人拜佛是为了个人升官发财，我看佛未必管他。比如说有的贪污犯把藏的赃款上面摆上佛像，求佛保佑，你想佛能保佑他吗？杀人犯给佛磕头，求佛保佑他不被警察抓住，佛能保佑他吗？像这样的人这样的想法，我看还是离佛远一点，因为你离佛越近，越方便佛为了广大民众的公共利益帮着警察尽快抓到你。”

赵经理转身往外走：“今天不研究了，改天再说吧。”

被古立春嫌弃的保洁员一直惦念着古立春。她并不知道是古立春指示物业经理把她调离原负责区域，安排到办公楼一层大厅打扫卫生的。偶尔看到古立春从大厅经过，保洁员都会情不自禁地往前凑凑，但古立春从未正眼看过她，她把此理解为不方便。她相信古立春心里肯定有她，因为她还给古立春的抽屉里放了二百块钱，二百块钱可不是小数，是她半个月的工资。难道古立春不知道是她给的钱吗？很有可能不知道，要不然他也不会从来不偷看自己一眼。她并不知道二百块钱在古立春眼里啥都不是，早就把她给钱的事忘了。她想到古立春的办公室去看望他，告诉他上次的钱是自己给的，然后再把自己一直想进一步表达的心意表达出去。这天，物业的电工要到领导的办公室装摄像头，保洁员提出帮着电工拿东西得到许可，保洁员赶紧先回到更衣室在自己的更衣柜里拿出早就准备好的五百元钱。保洁员跟着电工在领导办公楼层一个办公室一个办公室地安装摄像头——这是新规定的反腐措施之一。古立春不在办公室，在安装完古立春办公室以后，保洁员又一个人悄悄来到古立春办公室，把五百块钱像上次一样放进了办公桌中间的抽屉里。然后拿起桌上的笔在纸上急匆匆写道：“我，保洁，二百块钱是我给的，再给你五百，以后我攒了钱再给你。”写好后又把信封拿出来，把字条塞进信封，重新放好后匆匆离开，刚出去又想起一件事，就又赶回来写了个字条，塞进信封后走了。

几天以后古立春出差回来，早早来到办公室，拉开抽屉看到了和上次一样的花边信封，赶紧起身去把房门闩上，回到桌前拿出信封一看，里面是五百元和两个字条。古立春拿起一个字条，上面写着：“你办公室安装摄像头了。”古立春头皮发麻，他动作沉稳地放下纸条，关上抽屉，缓缓抬头张望，黑黝黝的摄像头就在自己的头顶正上方，圆圆的，发着明亮的光。古立春心说一句：“坏了。”

古立春因为长年纵欲，造成肾精严重亏虚。虽然吃各种补药、速效药，药量也不断增加，但效果越来越差。以致后来基本丧失了功能，那物件干瘪了又干瘪萎缩了再萎缩，下面就像挂了个撒了气的小气球，抻就长松就皱，除了还能撒尿再无别的用处。这让古立春极度懊丧，感觉生活及人生的意义全都没有了。不久他打听到有一种“假体植入”手术，能让人随心所欲。古立春欣喜若狂，赶紧多方了解，最后确认南方一家私人医院做得好。古立春联系到这家医院，选中了进口、大号的假体，约定好时间以出差为由去待了一周，第一天做手术第五天出院，第二周就回来上班了，可谓神不知鬼不觉。

就在古立春心花怒放兴奋无比地要跃跃欲试的当口，一个十五岁的小女孩来到古立春面前，这个女孩就是田青青的妹妹田苗苗。

田苗苗听姐姐说过古立春，这是她姐俩约定不能说出去的秘密。姐姐不给帮忙上学的事，古灵精怪的田苗苗自有主张。初中毕业放暑假期间，田苗苗帮着家里忙完了夏收夏种以后，对父母说去济南找姐姐玩。来到济南后，田苗苗趁姐姐上班，自己背着姐姐直接去找了古立春。

古立春得知田苗苗是背着家人找到自己的，喜出望外，他做了手术后还没试效果，这小姑娘竟然主动送上门来了。他琢磨要想把这纯真的乡村小姑娘成功搞到手，首先要把她留在济南上学，否则没有机会。他叮嘱田苗苗不要和家人说她找过自己，又给她姐姐田青青打电话说能给苗苗办理上学的事。

不谙世事的田苗苗并不知道古立春心里揣的什么坏主意，一切听从古立春安排，反正只要能让她来济南上学就行。见了古立春就古伯伯古伯伯地叫着，甚是开心。

古立春尽心尽力忙活着田苗苗读高中的事，时时憧憬着自己的“第一次”与这个黄花嫩闺女的第一次对接时的美妙与疯狂。他费了超出以前几倍的努力，总算把田苗苗办进了一所高级中学。

古立春开始实施自己的阴谋。因形势所迫，古立春用公款在高级宾馆长期租用的办公室已经退回，自己租的民房也退了，配备的专车改为和别的领导合用，去宾馆开房又怕被举报。最后古立春不得不把实施阴谋的地点安排在了自己家里。古立春平时就很晚回家或不回家，那和美因和芹的事与古立春吵架后也不愿回这个家了，一般就在娘家住着，这正好给古立春提供了机会。古立春不怕田苗苗不从，他准备了迷药。

刚开学，古立春找到田苗苗，让她放学后就出来，带她出去玩。快放学的时候古立春借了个私家车在学校外面等着，刚一放学，就见田苗苗溜溜达达朝这边走来，手里还拿着个苹果，不时啃一口。田苗苗也不问古立春去哪儿玩，玩什么，反正大人领着，玩什么都行。

古立春载着田苗苗奔家而去。他让田苗苗坐在后座，避免被人看见，一路上他没有和田苗苗说多少话，他在积聚能量和激情，到家后集中爆发。快到家的时候，古立春想象着即将要和懵懂青涩的田苗苗开始的云雨大戏，不禁得意地颤着嗓子唱出一句："路边的野花，你不要采……不采白不采……"

"呕……"车后座上的田苗苗夸张地做出呕吐状……

古立春哈哈一笑。他越发感到这田苗苗着实可爱。

下了汽车古立春在前面走，田苗苗在后面跟着。直到乘电梯后站在家门口，古立春一直保持着端庄肃穆的做派和神情，他担心不定哪里有一台摄像机正对着自己。过去他是不会把女人领到家里来的，用他的话说，这是大忌。然而现在的形势不比从前，想想能和女人承欢的地方，好像只剩家里还算安全了。

古立春平和地拿出钥匙，轻轻地打开房门，他不想因动静过大惊动邻居。古立春走进屋里，田苗苗静悄悄跟在后面，她还不懂男人是怎么一回事，也不清楚古立春带她来这里干什么。这时，房中传来哼哼唧唧的声音。古立春头皮一紧，轻轻走过去看——那和美正和古立春的司机在床上热火朝天地忙活着。

古立春感到极大的耻辱，理性尽失，大喊一声：我弄死你妈的！冲进房去。司机慌忙起身，古立春几拳打在司机脸上，回身去厨房拿了菜刀又奔了过来。

司机慌乱地穿着衣服，一脸惭愧地说："真不是我的事，是她一次一次地叫我……我真不想干这个……"

那和美扯着嗓子说："活该！我就是报复！哈哈！活该！有本事你放火！我们都死在这里！"

古立春挥手把菜刀冲着司机甩过去。菜刀擦着司机头皮而过，剁在对面的衣柜上，鲜血顺着司机的额头流了下来。司机惊恐地捂着头顶，鲜血顺着胳膊流到地上。

古立春和那和美都愣在那里不知所措。

田苗苗站在门口着急地说："你快去医院吧！"

古立春跟着说："快滚！自己滚到医院去！"

司机也顾不得穿衣服，敛着自己的衣物奔逃而去。古立春骂道："老鼠枕着猫蛋睡，好大的胆子！看我怎么弄死你！"

那和美回过神来，怒气冲冲地指着田苗苗问古立春：“她是谁？说！她是谁？又刚搞到的小浪妮子是不是？哈哈！知道你就改不了！”

古立春这才意识到田苗苗不该出现在这里，又舍不得训斥，就压低嗓音对田苗苗说：“你怎么还在这里？先走吧。”

那和美一把抓住田苗苗：“不能走。你是干什么的？说出来！”

古立春用力掰开那和美的手，把她推到一边：“别在这里丢人了！还知道廉耻不？还光着呢！”

古立春再次对田苗苗说：“先走吧。”那和美又要去抓田苗苗，被古立春挡住。田苗苗转身走了……

房间里古立春和那和美两个人默默地坐在那里，谁也不说话。古立春感到自己太他妈失败了！奇耻大辱！

一个多小时过去了。古立春冒出一句：“你还不如让狗干喽呢！让狗配了也比这个强！”

那和美说：“你怎么不让狗配啊？活该！我就是报复！”

又是一个多小时过去了。

古立春又冒出一句：“你妈你有本事找个小伙子啊！我也算你是寻开心消遣。你妈你找我的奴才下人！还让我活吧？”

那和美还是那句话：“活该！我就是报复！”

古立春无法平复自己的心情，也想不出该怎样处理这件事。弄死司机？或者弄死那和美？或者都弄死？好像都不合适——社会上已经有过这样的先例，很容易闹出事来。

古立春的司机伤得并不严重，划了道口子，缝了几针。司机包好了头出了医院，找个没人的地方坐了下来。他满心恐惧，不知道接下来自己要倒霉到什么程度。以前遇到事，他会聆听古立春的教诲，现在他无人可讨教。他感到自己走到了人生的尽头——自己会不会被杀啊？

最后，古立春的司机走进了检察院……

第二天早晨，古立春没去上班。他赖在床上翻来覆去唉声叹气，始终没有想好自己该怎么处理这件事，怎样才能洗刷自己的耻辱。离婚不是好办法，因为有那和美这块挡箭牌在这里，那些暗中的女人都还老实，一旦离婚，不知有多少女人要来争这个位置，那会给自己带来无限的烦恼，甚至还会闹出大事。可是如果什么也不做，那可真是对不起列祖列宗。那和美也没去上班，待在自己房间没有动静。好像是在等着古立春决策。

直到中午，古立春肚子咕噜咕噜饿得不行，就起身下床想找点吃的。这时手机响了，是一把手的电话，让他马上去单位开会。古立春说吃点东西就过去。一把手问他在哪儿，他说在家里。一把手说车马上过去接你，准备出门吧。古立春不敢怠慢，赶紧穿戴整齐拿着提包下楼等着。一会儿单位的小车开到楼下，开车的是另一个司机。司机给古立春打开车门，古立春上车后看到车的副驾驶座上还坐着一个陌生人。古立春问那陌生人是谁。那人说自己是刚调过来的，来认识下领导的家门。小车开出小区，这时一前一后两辆检察院的车靠了过来把小车夹在中间。古立春心里一紧，问司机："上哪儿去？什么会？"

司机说："我也不知道，光说让我跟着前面的车走。"

古立春脸色煞白，心说一声："完了。"

国人惊喜地发现，反"四风"是真反，走群众路线是真走，"八项规定"是真执行，苍蝇老虎一起打……

齐钢北方公司的腐败案件败露了——

南方的那个钢贸商在齐钢北方公司所在的钢材市场上找另一家钢铁企业销售公司谈合作，同样是要求对方每吨降价三百元，每吨私下返利五十元。这家钢铁企业销售人员说这是违法的事，不敢做。这个钢贸商说怕什么，与齐钢北方公司的汪安富就是这么合作的，什么事也没有。钢贸商的这些话被正在这家销售公司干活的记账会计甄莉听到了，直接就去报了案。当地公安机关先是把这个南方钢贸商带走问话，随后当地检察官就把齐钢北方公司的代经理汪安富和副经理两个人带走了。

由于齐钢连年亏损，齐钢集团从领导到一般管理人员和工人收入均有大幅度降低。在这种状况下，很多能人都辞职离开了齐钢。特别是一些新来的大学生，纷纷跳槽走人。齐钢发出号召要职工与齐钢共命运，但看不到效果。

这一年新进齐钢经营公司的只有一名研究生，叫国未来。据说国未来进齐钢后一再争取才到了经营公司，他认为如今企业的核心管理已经不再是财务管理，而是营销管理，而营销管理的核心就是销售。国未来用几个月的时间，对齐钢的整个营销体系进行了全面深入的研究、诊断，最后形成了一套覆盖整个营销管理体系的全新管理模式。

国未来把自己呕心沥血完成的《营销体系改革创新方案》报给已是齐钢总经理助理兼经营公司经理的赵总。赵总工作忙，把方案发给白行让先看看。

白行很认真地看完了国未来的方案，觉得小伙子下了很多功夫，看问题很准，很多设想、规划正是齐钢急需的，是个大胆、科学又具备可行性的极好的谋划。白行就把国未来的方案归纳出要点发给赵总，建议赵总和小伙子当面谈谈。得到赵总许可，白行就叫着国未来一起到了赵总办公室。

赵总对国未来说你拿出的这个东西很有价值，但主要是参考价值。因为如果按照你这个东西来弄，那么齐钢整个营销体系的整个机制就全改了，但是由于国有企业体制的原因，一些机制是不能改的。说方案先留着，不定哪天集团想弄这个事了，你这个方案正好能用上。赵总最后对国未来说你可以多和白行聊聊，他是策划大师，这些方面白行有经验。赵总对国未来说，要论营销理论，你和白行有一拼，要说实践经验，你要多向白行学习，他可是你师傅。

这以后，国未来就经常找白行交流沟通请教看法，时间不长，小伙子私下里就开始称白行为师傅。

中秋节快到了。

这天，国未来找到白行："我听他们说要想被重用就要给领导送礼，中秋节我是不是应该给领导送点礼？"

白行说："老弟，不送。为了自己，为了领导，为了我们这个刚刚好转的社会风气，都不能送。"

国未来问："您给领导送过礼吗？"

白行说："没有啊。有一次大伙一起打够级的时候，一个领导还当众对我说：你不给我送礼，只能在打牌的时候多吃你的贡牌了。事后好几个人问我：真没给领导送过礼吗？我说还真没有。"

国未来说："所以您一直没被提拔。"

白行说："也不能这么说，主要还是自己综合能力不够。"

国未来问："他们别人给领导送吗？"

白行说："以前可能送吧？现在不知道了。"

国未来说："他们说在民营企业，谁把企业放在心上老板就把谁放在心上，在国有企业领导只把有背景的人放在心上。我没什么背景，在齐钢还有前途吗？”

白行说：“一切都在变。新形势下，你有真本事，就会有希望。”

国未来狡黠地一笑：“您知道我今天找您谈这个话题是为什么吗？”

白行说：“不知道。”

国未来说：“如果您说过节应该给领导送礼，我就辞职。”

白行问：“怎么把这两件事联系到一起考虑？”

国未来说：“如果是需要送礼，那就是任人唯亲；如果不需要送礼，那就是任人唯贤。”

白行哈哈一笑：“有些道理。好好在齐钢干吧，有希望，有前途。”

根据发展需要，齐钢与鲁铁要合并成立鲁齐钢铁集团。上级审计部门分别到齐钢、鲁铁进行审计，同时上级纪委也派出工作组到齐钢再次对银商企业务造成的巨额损失开展调查。

齐钢与鲁铁合并，要裁撤部分管理和生产岗位。公司决定，愿意提前内退的可以办内退，不愿意提前内退的必须服从工作安排。许总再次找到白行与他谈话，希望他能办内退，意图也明白，就是以免他说出曾经就银商企业务给集团和几位领导递交过报告和建议。这次谈话许总、赵总、宋书记三位领导一起在许总的办公室与白行交流。

赵总说：“经营公司有相当一部分人会被分流到生产厂的生产车间，那些岗位以前都是雇用农民工，工作环境恶劣程度可想而知。”

宋书记说：“还不如直接办内退。”

许总说：“白行要是办内退，经营公司必须要把内退待遇安排好，白行在销售口上工作这么多年，功劳苦劳都没得说，给予一定的政策倾斜也是应该的。”

赵总说：“白行如果现在报名，到办理内退手续还有半年多的时间，经营公司可以在这半年多时间里多给做工资额，这样的话，内退和正式退休以后都可以多拿些钱。我还兼着经营公司经理，宋书记也在这里，这个事现在就能决定。”

白行明白了领导们是要让自己报名办内退，忽然想到难道此生工作年代就要结束了吗？竟然就要退休了？远在天边的事突然就近在眼前了。

三位领导见白行没有表态，互相看了一眼。

白行满脑子回想着自己从参加工作以来的一步一步，好像没有一脚是踏实的，竟然就到了要退休的时候。

赵总叫道：“白行，老白，想什么呢？”

白行看着三位领导愣神。

三位领导又互视一下，许总皱起眉头：“我就不赞成一些单位、部门虚报工资额的事，这不是弄虚作假吗！白行在经营公司勤勤恳恳工作十几年，临要离开了，为什么不能实奖实发？”

赵总说：“可以可以，现在奖金也计入缴交基数了，多发奖金就可以。多发多发。”

宋书记也说：“这个事能办。”

三位领导一起注视着白行等他发表意见。白行则慢慢陷入痛苦之中……

赵总轻声喊道：“白行，老白，怎么了？”

白行看看几位领导依然没有说话。

赵总说：“刚才说的你都听明白了吗？如果你办内退，从这个月到正式办内退手续这半年多时间，公司给你按正科级系数发奖金，计入缴交基数。这样你内退和正退都能多拿一块，这可是许总亲自决定的，是许总对你的关怀……”

许总制止赵总：“你怎么这样说？你们经营公司的事我决定什么？我什么也没决定。”

赵总说：“是是，经营公司决定的，这不经理、书记党政一把手都在这里，回去班子开个会就定了。白行你什么态度？”

宋书记说：“这是好事、好机会，还犹豫啥？”

白行深深长叹一口气：“唉，我知道领导们为什么着急要让我内退，领导不挑明，我也就不明说了。其实我早就表过态，不知道还有什么不放心的？”

几个领导都没说话。白行接着说：“从参加工作至今这几十年，特别是来到齐钢经营公司在营销一线这十几年，面对各种诱惑，我没有为自己谋过私利，没有送礼也没有受贿，虽然身份卑微，但对自己的要求从未放低，自己还算瞧得起自己的德行。如果临到最后要结束一生工作使命的时候，为了蝇头小利放弃自己做人的原则，那我这十几年当真就是卑贱无耻、一地鸡毛了，领导们还是给我留下仅有的这点东西吧。”

三位领导这次没有互视沟通，也都没有说话。

白行说：“我同意办内退。”

三位领导心里的石头总算落了地，气氛马上就轻松了。许总叹口气：“实实在在说，白行是好样的。唉，国有企业这些事……都是为了工作，经营公司同意你内退也是为了工作。”

赵总对宋书记说：“宋书记，送行的事可一定要安排好。我们和白行不仅是同事关系、上下级关系，还是弟兄，绝对感情深。”

白行说：“送行就免了，再说不是还有半年多时间吗？”

宋书记说：“马上办，我安排个好地方。”

赵总对白行说：“虽然离正式办手续还有半年多时间，别人要内退必须要继续上班站好最后一班岗，你白行就不必了。你家在济南，人在齐钢工作，这些年来来回回的，在路上耽误了多少自己的时间，大家都清楚，都能体会你的辛苦。今天我和宋书记就决定了，一会儿你回公司在内退申请上签个字，今天晚上我们好好聚聚给你送送行，明天开始你就不用来上班了。”

在白行的心里本是要在自己努力工作十几年的地方留恋一番的，看来这个机会也不给了。白行知道上级纪委的人正在齐钢搞调查，明白这几位领导内心的焦急与恐慌，也不再提什么条件：“好吧，我今天收拾收拾，明天开始就不来了。”

几个领导如释重负。

许总说：“晚上定好了地方给我说一下，只要有时间我肯定参加，我要和白行喝几杯，白行是人才、好兄弟。”

当晚，白行没有参加领导们安排的送行酒宴。

第二天，白行收拾了自己的东西回到济南家中。白行向夏菁说了办内退的事，夏菁说：“你在那里住着就是了，回来也没什么意思。”

白行说：“毕竟这也算个家。”

夏菁说：“我一个人住习惯了，你回来算怎么回事？”

白行无言以对。

白行在齐钢这十几年，夏菁基本是自己在家里住着。白思荫在济南上学的时候隔个一两周会回家住一天，后来作为交换生去韩国留学，一般春节前后才回家一次。白思荫留学结束后回国在本校拿了本科毕业证，本以为自己已经学富五车可以干一番事业了，就去考公务员，结果每次面试都落榜。她又降低标准去一些招人的事业单位应聘，结果是无论参加应聘的人有几十、几百个，每次笔试、面试结束后，人家招一人她就是第二名……人家招十人她就是第十一名。表面看机会总是与她擦肩而过，实际上是这些机会与她毫无关系。白思荫看明白了这一套，不再去应聘，但她对自己的能力更有自信了，她坚信如果单纯凭实力排名，她都会是第一名。每次结果出来她就会自嘲说："我的水平和能力，领导们还是充分认可的！"白思荫经过一段时间的考虑，联系了在韩国留学时自己的老师——一位著名教授，去读这个韩国教授的研究生了。白思荫表示本科毕业的时候就有韩国大企业向她抛出橄榄枝要聘用她，被她回绝了，等在韩国研究生毕业后基本就是留在韩国发展了。

白行和已经正式退休的夏菁在家里如同路人，各在各的房间，各睡各的床，各吃各的饭。如果听着另一个在客厅看电视，这个就在自己屋里不出门，再好的电视节目也放弃。

田青青在一家民营粮油公司上班，古立春被抓后，有关组织来找她了解过情况，她那时怀疑自己怀孕，但是没敢向外说。但日渐隆起的肚子让她整日里提心吊胆，生怕被人看出来被辞退，更怕事情败露名声扫地。她想出的办法就是穿得宽松一点，拼命勒紧裤腰带。

田苗苗在济南的一所中学上了两天半的课，学校通知她回原籍上学，说她手续不全，不符合在济南读高中的相关要求。

田苗苗六神无主、慌里慌张地去田青青上班的地方找姐姐想办法。有人告诉她田青青去上厕所好长时间了，让她去厕所看看在不在。田苗苗就跑去厕所找姐姐，此时田青青刚把一个死婴生在厕所里。田苗苗吓得大哭，有人报了警。古立春的罪状又增加了一条。田青青住院期间，田苗苗陪着姐姐，出院后姐妹俩回到了鲁北。姊妹俩约定这件事保密，不能让任何人知道。一心要好好学习的田苗苗因没在原籍报名考高中，无法继续上学。想出去打工又年龄不够，每日以泪洗面，痛不欲生。田青青不仅自己遭受磨难，还拖累了妹妹，内心的痛苦更是多过妹妹百倍。不久田青青离家出走，谁也不知道她去了哪里。后来有人说在一个庵里见过田青青，也不知是真是假。

这天，花麒麟接到相识的一所大学的党委书记打来的电话，说有一位著名科学家想见她，届时书记将陪同前往。花麒麟说如果是谈项目赞助的事，找副董事长——白德书记，他负责这方面工作。大学书记说不是赞助的事，这位著名科学家是位女士、美国著名大学的著名教授，只说想与花麒麟董事长见面，没说为什么。花麒麟请他们下午来麒麟集团。

下午，花麒麟董事长偕副董事长兼党委书记白德在花麒麟董事长的接待室接待来宾。

大学书记陪同著名教授来到接待室，大学书记向著名教授介绍说：“这是花麒麟董事长，这是……”

没等大学书记说完，花麒麟抬起手指，注视着著名教授，迟疑地说：“你是……”

著名教授观察着花麒麟的表情变化，紧张地点点头：“……是……”

花麒麟对大学书记和白德说：“书记，让白德书记陪着你参观参观我们公司，我们单独谈谈。”

大学书记看向科学家，科学家点点头。大学书记对科学家说：“那好。我就在附近，有事打电话。说着拿出手机晃了晃。”科学家又点点头说：“好。”

白德对大学书记说：“走，我陪您去看看我们集团的‘党建活动室’。”

两个书记离开后，花麒麟说：“你是那个……”

科学家神情惶恐地叫了声：“大姐。”

这个科学家是白鸽的妈妈。

花麒麟故意板着脸说：“白德书记的小叔说过一个词，叫什么‘下山摘桃子’？”

白鸽妈妈赶紧说：“不，不是的大姐，我就是想知道她还在不在？不是，就是……她还好吗？”

花麒麟问：“你怎么知道我在这里？”

白鸽妈妈说：“这些年……大姐您别生气，这些年，我就没放下过……我就想知道她怎么样了，又不敢来找，怕影响到你们。后来在媒体看到您的照片，就……就是想知道……她……”

花麒麟说：“活得好好的。”

白鸽妈妈神情一下放松下来，沉默片刻说：“谢谢大姐。”

花麒麟面无表情地说：“你想见她？想认亲吗？”

科学家一脸愧疚地连忙说：“不，我就想知道她的情况。我不打扰她。”

花麒麟问：“你和你对象又有孩子了吗？”

白鸽妈妈说：“我们没在一起，没结婚。”

花麒麟惊奇道：“为什么？孩子都有了还不结婚？他人呢？”

白鸽妈妈说：“出国以后我们不在一个学校，就是不在一个城市，不怎么见面，加上一些观点、想法都不一样，就分手了。”

花麒麟问：“那你现在？”

白鸽妈妈说："大姐，我单身。"

花麒麟哦了一声。

白鸽妈妈诚恳地说："大姐，这么多年，让您受累了。"

花麒麟说："我安排你们见见面，该相认就相认。"

白鸽妈妈听不出花麒麟这话是真是假，赶紧说："不不，大姐，我不打扰你们，我就是想……知道她的情况就行了。"

花麒麟突然就笑起来："哪个亲妈不想孩子？我理解你。"

白鸽妈妈惭愧地笑笑："谢谢大姐，我……不够格。"

花麒麟摆一下手示意白鸽妈妈坐下。两人坐在沙发上，花麒麟面带微笑："你闺女叫白鸽，在医院当医生，已经结婚了，刚才那个白德书记就是她老公。"

白鸽妈妈身体前倾全神贯注地听花麒麟说话，生怕漏下一个字。等花麒麟说完，白鸽妈妈眼含热泪愧疚地说："大姐，您不只是白鸽的妈妈，您是白鸽的恩人，也是我的恩人。"

花麒麟笑笑："谈不上这些，孩子给我带来很多快乐。还有，刚才这个白德——你女婿，是我儿子。"

白鸽妈妈稍一愣神，惊喜道："太好了！"

花麒麟哈哈一笑："我觉着也挺好。"

白鸽妈妈说："大姐，您别说'你女儿''你女婿'的，我不配您这样说。"

花麒麟说："我已经和孩子说了她是领养的，就是没想到她亲妈成科学家了，哈哈哈……"

白鸽妈妈含着热泪跟着花麒麟开心地笑："大姐，我真不知该怎样感谢您。"

花麒麟拍拍白鸽妈妈的手，拿起手机给大学书记打电话："书记，晚上在这里吃饭……便饭，不违反规定。您让白德书记接电话。"然后对白德说："晚上一起吃饭……"

花麒麟又拨通白鸽的电话："白鸽，晚上过来吃饭……嗯，有重要客人，白德也参加。"

白鸽妈妈听出是在给白鸽打电话，马上直起身子正襟危坐，极力倾听着电话里传出的声音。

花麒麟含笑看着白鸽妈妈的劲头，扣了电话后笑着说："看你急的，晚上就见到了。"

白鸽妈妈说："大姐，这……不合适吧？我就是想……我也没准备……"

花麒麟说：“没说让你们相认，就是让你见见。至于认不认、什么时候认以后再说。”

在麒麟大酒店的豪华包间里，花麒麟等坐在沙发上等着白鸽到了以后开席。

大学书记感慨地对白鸽妈妈说：“您一向惜时如金，没想到今天和花董事长一见如故，畅谈了一下午，连晚饭都在这里吃了。真是没想到……”

白鸽妈妈笑笑算是答复，只顾着眼睛跟着白德转……

几个人正说着话，门一开，白鸽进来，花麒麟站起身，其他人也跟着站起来。花麒麟向白鸽妈妈介绍说：“这是白鸽。”又看向大学书记说：“我女儿。”然后向白鸽介绍说：“这是……”

白鸽没等妈妈介绍，惊呼道：“芮格莘！您是芮格莘教授？”

白鸽妈妈满心欢喜地看着白鸽说：“我是芮格莘。”

花麒麟有些好奇地问白鸽：“你怎么知道她叫芮格莘？”又看向众人：“很有名吗？”

白德说：“刚才听书记介绍了，很有名。”

白鸽说：“岂止是很有名，是世界著名科学家！妈妈你真该没事上上网。”

花麒麟乐呵呵地说：“哦，著名到这个程度？这倒没想到。哈哈哈……好。”

白德说：“这么有本事的科学家，回国多好，为伟大复兴的中国梦做贡献。”

大学书记说：“这次芮格莘教授来我校进行学术交流，我们向她发出了邀请，据我所知这几年国内多所大学都曾为聘请芮教授做过努力。可惜啊……不过论科研条件、薪资待遇我们国内大学确实没法和美国著名大学比，也是没办法的事。”

芮格莘说：“……也不全是因为这些。”

白鸽说：“要是我，我就回国效力。”

芮格莘轻声应道：“哦，是吗……”

白鸽说：“肯定是。我们是共产党员，为人民服务、为中华民族伟大复兴的中国梦而奋斗是我们的责任。”说完得意地看看白德。白德悄悄给她竖起了大拇指。

花麒麟说：“来，入席吧，边吃边聊。”白德就走过去对站在门外守候的服务员说：“上菜。”

众人坐下后，芮格莘对花麒麟说：“大姐，我想先说个事。”

花麒麟说：“好，你说。”

芮格莘看看白鸽，对大学书记说：“我决定接受贵校的聘请。”

白鸽禁不住拍手：“好好好……”

大学书记吃惊道：“芮教授您不是开玩笑吧？您就是真打算回国也不应该来我们学校呀！这么多顶尖大学邀请您……他们给的待遇可是要比我们提供的条件好很多！”

芮格莘说：“待遇问题没考虑过，科研条件我们一起想办法。”

大学书记喜出望外：“太好了！”又对花麒麟说：“董事长您施的什么魔法？您要知道芮教授回国可不只是我校的喜讯，对我们国内整个科学界都是一大喜讯。”

花麒麟说：“我看是白鸽有魔法。来，我们一起举杯……”

第三十五章

临近中秋节，梦儿给白行打电话，让他把济南东郊父母的老房子收拾一下，说二老要回国到自己的老房子住，二老表示这次回家后哪儿也不去了。白行问回国缘由，梦儿说他和文道离婚了，本来不想让大家知道，结果文白把他爸妈离婚的事告诉了三爸三娘，三爸三娘就生气了。加上二老平日就看不惯文白的做派，于是就在美国待不下去了，闹着要回国。白行问为什么离婚，梦儿说一年两年见不了一次面，婚姻质量太差，没有必要再保持这个有名无实的婚姻关系了。白行说你俩没想想孩子吗？梦儿说她和文道离婚就是文白挑拨的，文白多次说他们两个已经不是真夫妻了，这样相互耗着是不道德的，还不如各自再找一个。梦儿说，文白到美国留学后，文道自感没能在孩子身边陪护，对不住孩子，就背着梦儿偷偷给文白打钱，一次几万几十万是常事，还花上千万给文白买豪车。文白有了豪车后，一些乱七八糟男的女的黑的白的黄的坏孩子都约着文白出去疯玩，文白有钱，每次出去玩都是他请客，没钱了就向他爸爸要。后来文白又生病，干脆就休学了。为了这事梦儿和文道吵了好多次，越吵越厉害，加上文白挑拨，最终导致二人分了。白行感慨原本品学兼优的孩子到了美国变成这样，要是好好学习，现在是博士了。白行问二人分手后财产怎么分。梦儿说国内的动产、不动产都归文道，美国这边的归梦儿，孩子以后的一切费用归文道负责。梦儿还分到一小部分资金，有几个亿。梦儿说三爸三娘要回国，梦儿想在济南给父母买套好点的房子，无奈三爸三娘坚持要住自己的老破小，只好让白行把房子收拾收拾。

白行找人粉刷了房子，把原来厕所的蹲坑换成了坐便器，添了几样必需的家具，又给装了个座机电话，算是把房子收拾出来了。随后三爸三娘就回国住进了自己的老房子。

中秋之夜，在三爸三娘老旧的小屋子里，白行一人陪二老吃晚餐。夏菁去她妈家陪她妈去了，她妈的老伴已去世，老太太一个人在家。

白行早早来到父母这边，做了几个菜，三个人边吃边拉家常。三爸三娘已知道了白德是白丰和花麒麟的孩子，就向白行问详情。白行把来龙去脉及当下白芒得病和治疗的情况仔仔细细地向父母做了汇报。三娘对三爸说："怪不得当年大儿有白德的时候瞒着咱，这全明白了。"三爸说："啥事都是该着，白芒这些年抠唆、算计、攒钱，到了啥也没捞着，儿子也不是他的。"三娘感叹说："生了这几个孩子，也有傻了的，也有找不着的，还一个在外国不回来的……还就是这个当年不想要的孩子在身边。"

三爸三娘岁数大了，不能在桌前久坐，吃了点东西就歇着去了。白行关了这间屋里的顶灯，怕灯光透到那屋影响二老休息，仅靠窗外的街灯照亮，桌面上投下白行僵硬的身影。

白行拿过酒瓶给自己加满。

四下里寂静凄凉，满屋里弥漫着忧伤，看着眼前摆着的几块月饼，白行脑子里突然浮现出四十多年前二哥白丰在中秋节晚上往家里送月饼的情景，眼泪顿时流了出来。他端起酒杯一饮而尽，嘴里嘟囔着："哥哥，你到哪里去了？你就是太自私，你总是说谁是你的什么应该对你怎样，你有没有想过你还是咱爸咱妈的儿子，你还是我的哥哥?！呜呜呜……"

躺在床上醉得迷迷糊糊的白行再次想到死亡。内退回到济南以后，他感到自己的生命失去了价值，已经没有存在的必要。几次想去死，又觉着不着急。白行想让自己像节日的礼花那样在生命鲜活时刹那归于虚无，他只差一个结束自己的引信。如果去死，黄泉道上会不会遇见二哥呢？如果二哥真的死了，白行愿意去追随，去走二哥走过的路，去吹二哥吹过的风……还有林晓荫，自己要在奈何桥上等着她，见不到面不托生。

第二天早晨白行刚睡醒，看守所的警察给白行打来电话，说古立春在看守所情绪不稳定，他们领导让白行和章向东去安抚一下。白行答应说早就想去看他，只是不知道关在哪儿，让不让探视，说马上叫着章向东去。

白行给章向东打电话约他一起去看古立春。接电话的是海菱："在医院呢，快不行了。”白行急忙先去医院看章向东。

章向东躺在病床上，打着吊针，插着氧气，闭着双眼，也不知是昏迷还是睡着了。海菱在病床前陪着。白行问：“情况怎么样？”

海菱叹气：“一阵清醒一阵迷糊的，大夫说没多少天了。我看他是装的，清醒的时候还让俺给你打电话呢，俺也没打，还打啥啊，过几天一块儿说呗。”

白行笑笑：“哪有你这个说法，你该早告诉我。”

章向东微微睁开双眼，看了半天才断定是白行来了，弱弱地说：“行儿，还以为见不到你了。”

白行向章向东说了警察让到看守所去探视古立春的事，说章向东这个状态就安心养病吧，自己去看看就行了。章向东坚持一起去，说临死前能看老弟兄一眼就可以瞑目了，说完自己拔下了正打着的吊瓶针头。白行和海菱帮着章向东穿上衣服，白行背着瘦骨嶙峋的章向东快步走出医院病房楼，打了个车直奔看守所。

在看守所门口白行拨通了那个与自己联系的警察的电话，一个年轻的警察出来询问了他们三个人的姓名，看了白行的身份证做了登记：“一会儿你们和古立春见面劝劝他，然后我们领导还要和你们交流。”白行背着章向东跟着年轻警察往里走，海菱站下说自己在外面等着，不进去了。

古立春穿着号服，干黄消瘦，精神萎靡，看上去要比原来老二十岁。古立春一见白行和章向东，喊了一声“行儿”，哇地哭出声来。警察一声呵斥，古立春赶紧低下头，哭声戛然而止。

章向东一路奔波，非但没出状况反而精神好了很多。他对警察说：“现在警察态度不是好了吗？怎么还这么厉害？你让他哭两声怕什么。”

警察说：“好态度是给人民群众的，他是人民群众吗？”

白行指指穿着病号服的章向东，对警察说：“章向东是从重症监护室跑来见古立春最后一面的。你看你在这里古立春头都不敢抬，要不你忙你的，我们和古立春单独谈谈？”

警察皱眉说：“你认为可能吗？今天让你们见面已经是特殊安排了。你们有话赶紧说，劝劝他，别成天寻死觅活的。”

白行答应：“是，我们就是来劝劝他的。”

白行看着古立春，不知道该说什么。劝他老实交代？好好改造？随遇而安？说他活该如此？让他认罪服法？想好的词一句也说不出，感到说什么都是多余，说什么都起不到劝他的作用。倒是章向东一句话就让古立春抬起头来。章向东说："你看你这熊样。放心吧，现在一般不枪毙人，你死不了——起码你死在我后头。"

古立春说："行儿，有件事我对不起你，那块劳力士手表，是林晓荫让我送给你的结婚礼物，我没告诉你。你和检察院说说要回来吧，你要是不说，可能我的量刑会加重。"

白行说："这点东西，应该不会影响到对你的量刑。"

一个年长的警察走过来，看看白行等，问年轻警察："谈得怎么样了？"

年轻警察说："好像见效。"

年长警察说："差不多就行了，孟局过来了。"

年轻警察就对白行和章向东说："行了，结束吧，领导过来了要和你俩交流。"正说着，年轻警察说的领导——孟头孟局带着海菱走了过来。

古立春一见孟头和海菱，神色顿时慌张起来，语无伦次地说："别信他的……我说的都是假的……别信……"

年长的警察指着古立春呵斥道："你胡说什么？哪句是假的？当着孟局的面还敢胡说，你想好了后果！"

古立春突然哭着说："我是混蛋……我不是东西！我不是人！"

孟头嘲讽道："什么情况？见到老相好这么激动？有这个必要吗？"

海菱转身要往回走，被年长的警察抓住胳膊。孟头对年长的警察说："你带她去问问情况，我和这两个人聊聊。"又冲年轻的警察说："把古立春带走吧，太他妈不是玩意儿了，这你妈是什么兄弟？哎呀，太尴尬了！"

章向东问："你刚才什么意思？谁是老相好？你说古立春和我媳妇海菱有一腿？"

孟头说："不是我说的，是古立春说的。"

章向东问："他和海菱怎么回事？他怎么说的？"

孟头说："古立春曾经把一个女孩子搞大了肚子要引产，是不是你媳妇海菱去伺候了一段时间？"

章向东："……是啊。"

孟头轻蔑地一笑："这就对起头来了。"

章向东愤怒地骂："这个色孩子！混蛋王八蛋！"

孟头道："诶！这里可不是骂人的地方。白行，那个林晓荫怎么联系？你把林晓荫也叫来有些事要问问，都是老同学一起聊聊……"

章向东吃惊道："你说古立春这个色孩子和林晓荫也有一腿？"

孟头说：“林晓荫……有些事需要找林晓荫核实一下，林晓荫也算是重要证人，必须要找到她。”

白行问：“是不是手表的事？”

孟头点点头：“看来古立春说的都是实话。”

白行说：“古立春那一块劳力士手表是林晓荫送给我，我借给古立春戴的，能不能还给我？”

孟头说：“这几乎不可能了。”

白行说：“不行就算了，正好也不必打扰林晓荫了。我们刚才也和古立春谈了，没什么要说的了。没什么事我们就回去了——章向东还住着院。”

孟头顿了顿：“好，今天就到这儿。哈哈哈，你说你们三个，从上学的时候就关系最好，朋友妻不可欺呀，结果古立春这小子……哈哈哈……章向东啊，窝囊呀！”

章向东说：“你也别幸灾乐祸，咱俩是爷儿俩比雀子一个鸟样。你回家问问你媳妇史大个子吧。”

孟头一愣：“你什么意思？”

章向东说：“你回家问问就知道了，我要撒一句谎你弄死我。你们公安局、检察院现在调查谁、想抓谁古立春都知道，都是你老婆告诉他的。”

孟头骂道：“纯粹你妈放屁！”

章向东接着说：“史大个子那里有个红胎记——古立春告诉我们的。古立春有个小本子专门记这个，你去搜搜吧，看看你媳妇是第多少个。”章向东一口气说完，累得上不来气。

孟头满脸涨红地看一下四周，猛然站起身说：“我去揍死这个色孩子！”说完就往里走。

章向东说：“我和你一起去！”刚站起身就一头栽倒在地上……

白行俯身一看，章向东已昏迷过去。白行赶紧背起章向东往外跑去……

章向东去世了。

毫无预兆地离开这个世界，虽然是蛮好的——躲过了生前想过无数遍的死亡带给自己的恐惧，但是却失去了面对死亡的体验，人生不就是体验吗？没有面对死亡的感受，少了这一环，人生是不完整的。面对死亡，想想得失，想想布施与亏欠，想想若有来生该怎样活，不是也挺好的？临近死亡或许你对所有人的劝慰只有一句话：放开，平静地呼吸，其他的随他去吧。

忙完了章向东出殡的事，白行回家向夏菁提出离婚，自己净身出户。白行没说为什么离婚，夏菁也没问，而是说了句：“早就该离。”其实如果夏菁问为什么，白行也说不出来。几十年来他时常或迫切或悠闲地想一个问题：是不是应该离开这个世界了？或者出家当和尚？道士？和夏菁离了婚，自己的离世或出家也就少给别人带来麻烦。

白行和夏菁来到民政局离婚登记处，办手续的工作人员问有离婚协议吗？白行说没有，不需要离婚协议——全部钱、物、不动产都归夏菁，自己什么也不要。工作人员说那也要有个协议，不能只口头表达。白行就当场写了个字据，自己签字按了手印，也让夏菁签好字按上手印，把字据交给工作人员，权当协议书。工作人员看了看白行写的东西，说如果一方没有明显过错，也没有逃避债务的嫌疑，这份协议明显不公，你俩再考虑考虑。夏菁这才认真看了下白行写的字据，说：存款一人一半。白行说不是已经说好了所有钱物都归你吗，你就别节外生枝了，你现在再提这提那就没法办了。工作人员说你俩回去再商量商量，都定好了再说。白行和夏菁退出来，白行给夏菁做工作说就按咱说好的，我净身出户，一会儿咱进去把字签了就行了，你千万别再说这说那的了。

夏菁问：“你真想离？”

白行一愣：“这不是你这些年一直想干的事吗？现在孩子也大了，又不在国内，咱俩离婚对她也没什么影响。以后你还可以去孩子那里和她一起住。总归是今天把手续办完就行了。再就是，所有钱物都给你，以后孩子那里需要资助，你看着办就行了。所以你也没什么不好意思的。”

夏菁说：“早怎么不离？现在着急了？五十好几了闹离婚，笑死人了。”

白行有些不耐烦了，琢磨了一下，开始采用激将法：“你要是不敢离就明说。原来这些年你说离婚都是吓唬人的？你也太能装了。”

夏菁怒视着白行不说话。

白行说：“看什么看？你就是不敢离！有本事现在就进去签字！”

夏菁转身就往登记处走，白行赶紧跟上，想趁着夏菁这股劲把手续办了，生怕再生变故。

两个人又来到工作人员面前，把结婚证、户口本、身份证、协议书递上。工作人员看看协议书还是原来那一个，就问夏菁：“你同意了？”白行说：“同意。”工作人员说：“没问你，让她自己说。”白行就用鼓励和期待的眼神看着夏菁。夏菁说：“到这一步了，还能怎么着。”工作人员说：“你直接说同意不同意？”夏菁略显含糊地说：“同意。”白行如释重负地看向工作人员，夸张的神情好像在说：“看，我说她同意吧。”

工作人员看看两个人：“都同意我就办手续了。”说完拿出几张格式化的离婚协议书和离婚登记表递给二人：“填一下。”

白行把所有表格填完，在需要签字的地方签上字按上手印，又让夏菁也签字按手印后交回去。工作人员问：“带照片了吗？每人两张二寸免冠近照。”

夏菁说：“没带。”白行赶紧说：“带了带了。”夏菁惊奇地看着白行从衣兜里拿出四张照片递给工作人员。夏菁说：“谁让你拿我照片的？拿我照片干什么？”白行说：“知道你可能忘了，就替你拿着了。”

工作人员审核了一下材料：“你们是走一般模式还是快捷模式——一般模式两周后来拿离婚证，快捷模式你们等一下，走完审核流程就拿证。”

白行说：“快捷模式。我们就在这里等着。”

工作人员在电脑上提交了材料走审核流程，然后拿出两份离婚证开始在上面填写。

一切顺利。白行看看夏菁，有些愧疚地说：“再过一会儿我们就不是夫妻了，离婚前我想和你说句话：我们从十几岁相识，这些年，从结婚前交往，到结婚后，到现在，我知道你从未真正开心过，也可能分开后，你才能过上好日子。最后说一句：今生……耽误你了，对不起。”

白行话刚说完，工作人员把两份离婚证丢到两人面前，夏菁抓起一份转身就走，跟着哇的一声哭起来，一边撕着离婚证一边快步往外走去……

白行不放心，赶紧收拾东西跑出来找夏菁，远远地看见夏菁已经搭乘一辆出租车走了……

感觉一切都结束了，没有任何新的开始。

白行去小卖部买了瓶酒，来到华不注山——这是他内心唯一的归宿。

白行给三爸三娘打电话，电话没人接，估计二老遛弯去了。白行又给女儿白思荫打电话，也没有打通，估计在上课，他又给白思荫发信息，也没有回。父女俩共同语言不多，电话打通了也没多少话说。白行想给姐姐梦儿打个电话，考虑正是美国的夜间，也就罢了。

白行又给侄子白德打电话，接电话的是花麒麟。花麒麟说：“白德在音像室里唱歌呢，有空就在里面唱，唱来唱去就是那一首《精忠报国》，别的歌不唱，嗓门可大了。”白行说：“有了小孩别忘了让他给爷爷奶奶报喜。”花麒麟说：“这个你放心，有动静了就告诉你们。”

做完了这些事，白行低落无主的心情变得平和了许多。他拿出酒来，对着嘴咚咚咚灌进去一半……

这些年华山作为济南重点开发的旅游景点，变化很快，据说政府要围着华山建湖，恢复华山四周皆水域、山如花跗注水中的“鹊华烟雨”景象。华阳宫也修缮一新，原来破烂的宫墙上的窟窿全都堵上了，重新粉刷了墙漆。那棵九百年的老柏树属于被保护对象，依然健在，白行还可以经常到这里来，还可以看看那块压着他和林晓荫信物、与地面平齐只露出一点点石皮的石块，还可以坐在老柏树下看天。

白行没有像往常那样直奔华阳宫老柏树，而是径直登上山顶。

阴霾的天空笼罩着大地，四处灰蒙蒙的。远处发电厂高大的烟囱一个挨着一个。白行小的时候那里还只有那个最矮的只有一百米高的烟囱，白行曾跑到烟囱下面贴着烟囱往上看，烟囱在半腰处突然往外折过来，像要倒下来似的。白行几次去看，都会吓得赶紧跑开。现在从华山顶上看过去，那些烟囱在远近高楼大厦的掩映下，实在算不得什么。

东面的饮马泉据说是曹操饮马的地方，过去，泉涌使那里形成一个小水塘。白行上小学的时候，上学放学都会在泉边走过，还曾经在小水塘边用树枝狠挖湿泥，看有没有曹操落下的东西。现在，只是饮马泉这个名字还依稀记得，确切的位置已经找不到了……

曹操说何以解忧唯有杜康，作为丞相和诗人的曹操到底喝不喝酒呢？会不会喝醉？人在喝酒前思想敏锐行事干练字字珠玑，喝酒后憨态、痞态尽显，假语村言频现。李白斗酒诗百篇。艺术家喝多无人笑，众人对他的评判是通过他的作品。官员喝醉有失官体，百姓对官员的印象是通过他的外表，官体失了，形象就没了，尊严和威望也就同时丧失。所以孔子强调要“临之以庄”。曹操是怎样把握这个度的？比之曹操，白行啥都不是。白行曾说：酒能误国，岂能不误人？如今他想，酒其实能度人。然而酒并不能度人，度人的是人自己，酒只是催化剂。

小清河已修砌得很好，两岸栽了这样那样的花草树木，甚是美观整洁，但却早没有了驳船穿梭、水岸互动的欢乐景象。一切都在变，一切都留不住。长久存在的，或许只有华不注山……

风雨中的痛不可怕，可怕的是已经没有了梦不再前行。

白行如一条被抵在地上的虫子：是继续活着受罪还是赶快死？他该怎样选择？

白行站在山顶的一块巨石上，他想假如从这里纵身一跃，是留下了一具尸体还是瞬间化为虚无呢？没有追求的事业，没有追求美好生活的愿望，没有任何的想法，也不再感悟人生，甚至无家可归……但白行并没有感到走投无路。他好像在等什么，他或者认为如果双脚一用力，就会像鲤鱼跳龙门那样到达另一个更加美好的世界。白行想在这华山一跃化为幽灵，永远存在，静观众生。就在他要纵身跃起的一刹那，一只手拉了他一下，白行回头看，自己身后站着一个雍容华贵、身材健美的女人。这女人惊喜地说："白老师！真的是你！我——梅宝儿！"

白行看着梅宝儿，没有想说话的欲望。

梅宝儿向身边的丈夫介绍："白老师——我在农场教学的时候，白老师也在那里。"

梅宝儿的丈夫哦了一声，伸出手来说："你好你好。"

白行伸出手让他握了握。梅宝儿在一旁说："他是我老公，自己开公司。"

白行点点头，还是没说话。

看着眼前的白行，梅宝儿心存感激。

梅宝儿问："白老师，这么多年没见到你，你一直在济南吗？"

白行脸上的肌肉微微动了一下，似笑非笑，依然没有说话。

梅宝儿夫妇看白行并不想与他们叙谈交流，就给白行留下了联系方式后走开了。

沉舟侧畔千帆过，病树前头万木春。

白行看着梅宝儿离开的背影，他的心被一种力量拉了一下，在他的脑海里出现了那棵老柏树。也罢，再去看看那棵树吧，仿佛那棵树才是自己的家。

白行徐徐离开山顶，下山来到华阳宫那棵老柏树下，看了一眼那块石头，坐了下来。

这华不注山的石头能雕佛像，石匠面对着一块石头，待亲自把石头雕刻成佛陀后，他顶礼膜拜。这是可笑的吗？或者这是一个聚拢和确立信念的过程？这，是一个寄托。如果你问石匠，石匠会说：其实佛陀早就在石头里，石匠只是帮佛陀显出真身。

一切都留不住吗？白行仰望着灰蒙蒙的天空，心里默默地说：我活着，在我的心里存在着你，我心怀你而去，你就永远在我的心里……

白行躺在华不注山华阳宫的那棵老柏树下，闭着双眼，看不出是睡着了还是在冥想。他摸索着从衣兜里拿出自己偷偷珍藏了几十年的林晓荫的花袜子，从衣领处塞进去贴到自己胸前……

白行已经心如死灰。

人世间的一切都对他失去了吸引力。

他感到极度的孤独与忧郁。

几十年所遇到的这个世间的形形色色，不会因自己要离开而归于虚无……

是否应该就此化为无影？

还在等什么？

是时候了……

白行迷迷糊糊看到林晓荫在冲着他笑，还伸出纤纤手指在他的脑门上点了一下。

白行心想即使林晓荫出现在自己面前，也不会与她怎样了，两个人行走在两条截然不同的人生道路上，这两条路再无交叉，况且自己已经坚定了就死的想法。白行闭着双眼苦笑了一下，自语道："我的个体，何尝不是某些生物浩瀚的宇宙，而对于整个宇宙来说，我的存在又是何等微不足道。死了化一缕烟，变一抔土，仍是宇宙的一分子——无论面对的是怎样形式的存在，我都要说：我来了。"

白行做好了准备，要离开这现实的世界了……

这时白行的脑门确确实实被人点了一下。

白行睁开双眼，那最最美好又熟悉的形象呈现在眼前——林晓荫静静地坐在他身旁，像关注熟睡中的婴儿似的正含着暖暖的笑意看着他。

白行不知道自己是在现实还是在梦中，定定地看着林晓荫。

林晓荫语调轻柔地说："真在这里碰到你了，真好。"

白行坐起身看着林晓荫，半天回不过神来。

林晓荫说："想什么呢？不是做梦。"

白行说："你是来给我送行的吗？"

林晓荫问："你要到哪儿去？"

白行说："莫非你是来接我的？"

林晓荫问："你要去哪里呀？"

白行说："去天堂的海边，骑马。"

林晓荫看一眼白行身边的半瓶白酒，轻叹一声："古来圣贤皆寂寞，唯有饮者留其名。"

白行摇摇头，慢吞吞地说："春风一杯酒，夜雨十年灯。林晓荫，你来干什么？"

林晓荫说："见你。"

白行用充满血丝的红眼睛看着林晓荫，等她说下去。

林晓荫美丽的双眸如深不见底的海，她也注视着白行，不想接着往下说。

两个人不知道，此时的默默对视已经是今生无限的美好。

林晓荫率先把眼光移开，片刻后又看着白行："白行，我需要结婚……你也知道，我需要继承人——这也是我姥爷当年临终前对我的嘱托。"

白行看着林晓荫听她继续说下去。

林晓荫说："这些年，我一直很犹豫，生活在矛盾中，知道自己应该有下一代，又不知该和谁结婚。年龄越大，就越焦虑……"

白行看着林晓荫没有说话。

林晓荫说："我需要有个孩子，一个继承人。专家说我这个年龄已经不适合冷冻卵子，也不适合做试管婴儿。美国和我国专家的一致意见是，如果我想要个孩子，趁着我现在卵泡还行，排卵也正常，抓紧争取自然受孕还有希望。"林晓荫说到这里脸红了，低下头不说话了，神情与当年无异。

白行当然知道自然受孕是什么意思，林晓荫来找自己，是想和自己……要孩子吗？

林晓荫说："白行，我给你讲个故事好吗？"

白行缓缓地点了点头。

林晓荫坐在白行身旁，眼睛看着远方，一边回想一边轻声讲述起来："我邀请了几个中国企业家一起到非洲去，出行规划是先到撒哈拉沙漠旅行，然后到西非的塞拉利昂去洽谈合作项目。我们在撒哈拉大沙漠，当地的导游叫 Raul，他很像我的……同学——白行。"

白行问："你说的是你做的梦吗？非洲人还能像我？"

林晓荫摇摇头，接着说："Raul 对我很关心，服务很周到。几天后，我们收到警报信息，说在撒哈拉大沙漠南边暴发了埃博拉疫情。疫情很严重，很快就死了很多人。当时我们在马里，于是我们决定马上去塞拉利昂谈项目，然后离开非洲。当时其他导游为躲疫情都回家了，但是Raul毫不犹豫地说送我们去塞拉利昂。我们同行的几个人都很感动，因为如果Raul不送我们，我们可能就去不了塞拉利昂了。就在去塞拉利昂的路上，我突然就出现了头痛、呕吐、腹痛、腹泻症状。同行的人都吓坏了，离我远远的，怕被传染上。有的人就提出打电话让防疫组织把我接走。埃博拉病毒最直接的传染就是接触传染，让我震惊和感动的是，Raul竟然走到我面前伸手摸我的额头测试我是不是发热。同行的几个人吓得躲得更远，连Raul他们也不敢靠近了。Raul对大家说：感染埃博拉病毒的潜伏期是二到二十一天，我们天天在一起，若是病毒应该就都传染上了，躲也没用。他说我不发热，应该不是埃博拉。我也解释说自己有一劳累或吃得不对就呕吐、腹痛的毛病，应该没有感染埃博拉。但是他们几个人坚持要把我隔离。Raul对他们说：我肯定要把她送到塞拉利昂，你们不去就自己想办法离开马里吧。说着就发动了四驱越野车……只有我一个人上了车，因为我怕被隔离，Raul就拉着我一个人去塞拉利昂。一路上Raul对我非常关心，还咏诵自己写的诗给我听。”

白行说：“你是在讲述自己的梦吗？”

林晓荫微微一笑，接着说：“我们快到塞拉利昂的时候，得知几内亚、塞拉利昂、利比里亚也暴发了埃博拉疫情。世界各地在非洲旅行的人此时都在想办法离开非洲，但是很多航空公司已经停飞，船也没有，已经很难找到离开的办法了。Raul就帮着联系中国大使馆，大使馆说现在只顾得上接送中国人。Raul就问我算不算台湾人？我说算。大使馆的人说，只要我承认自己是中国人就马上安排。我说我当然是中国人了！于是在大使馆的安排下，Raul把我送到指定宾馆，然后Raul一直陪着我，直到我离开非洲。”

林晓荫说完，注视着白行。

白行听完了林晓荫讲的故事，心里得到些许安慰——自己就做过无数次与林晓荫在一起的美好的、惊险的、各种各样的梦，林晓荫梦到一个和自己很像的人在一起很正常，或者她梦到的就是和自己在一起，只是她不好意思说。白行以会意的神情再次问：“你讲的是自己做的梦吧？”

林晓荫摇头：“不是梦，是我和Raul的真实故事。”

“和谁？真有Raul这个人吗？”白行问。

林晓荫说：“是的，真有。我已经想好了，这次来见你，把想要个孩子的心愿告诉你，把我想开始新生活的想法告诉你，得到你的许可后，我就去找Raul，而且，很有可能和Raul……结婚。”

白行再次问："真有这个人？"

林晓荫说："嗯。Raul是十年前从欧洲去的非洲。我和他一见面就有一种亲切感，挺谈得来的。"

白行问："然后呢？你们现在？"

林晓荫说："我觉着……挺合适的。我能感受到，他爱我。"

半晌，白行说："你不是……不结婚？"

林晓荫说："Raul也一直没结婚，挺巧的。"

这时的白行是感到心疼、无法忍受，还是撕心裂肺？无论是怎样的感受，他都无法表达，说不出来的难受与痛苦。无论这个Raul是非洲黑人还是欧洲白人或者什么人，白行都无法接受。他后悔没能在听到这个消息之前就死掉。

这时的白行感觉林晓荫说的"自然受孕"就像在他的心上插一根钢针。

"他……是酋长还是部落首领？"白行总想把那个人往原始里去想，好像如果这个Raul不是同类，自己心里会好受些，就好像林晓荫要和松鼠或者羚羊结婚那样。

林晓荫说："Raul算是个流浪诗人，写得也不怎么成功，说他是诗人也行，导游也行，流浪汉也行——他自己介绍自己说，他也没稳定收入，风餐露宿、朝不保夕的。"

白行说："流浪汉？你要收留流浪汉？他多大？"

林晓荫轻声说："快六十岁了。"

白行吃惊地看着林晓荫。

林晓荫问白行："白行……你……是不同意我和他在一起吗？"

白行没有回答，而是胆战心惊地问："你……爱他？"

林晓荫没有说话。

"……一个流浪汉，你不该轻贱了自己……"白行嘟囔着。他心里无法忍受地悲伤、痛苦和怨恨，远不是吃醋这么简单。

白行问："你确定和那个人在一起了？"

林晓荫轻声叹了一口气。

白行想说：坚决不行！我不同意！但是他认为自己没有这个资格——自己几十年前就和别人结婚了，而林晓荫直到今天才遇到一个合适的人。

林晓荫说："你问我爱不爱他，知道我为什么打算和他在一起吗？说出来你可能不相信。"

“为什么？”白行问。

林晓荫说：“很简单，就是我刚才说的——因为他像你，没有别的原因。”

白行苦笑道：“非洲人像我？欧洲人也不可能像我吧？”

林晓荫勉强笑笑：“你看这是他中秋时写给我看的。”说着把手机递给白行。

白行接过手机来看——《中秋夜雨》：

谁揽中秋月，
不让上青天？
望却云阔千万里，
闲看雨点点。
故作骚情浓，
强写新诗说中秋，
无奈词穷情如水，
化作秋雨惹人愁。

谁见月疏懒，
团作乖巧秀闺中，
蹙眉揽镜学思夫，
欲嗔频回眸，
柴门半掩听雨声，
哪管今夜是中秋。

谁写月如女，
凭做多情人，
遥寄相思何须有？
心中月，
长相守。

《中秋絮语》：

月衔桂花嗅，

云作头巾半含羞，
凝望似是旧相识，
相看你我均不厌，
笃情两心知；
一别三百六十五日太久，
回眸顿觉西月瘦；
不敢问侬可安好，
怕看泪双流。

天路何处有，
我愿打马踏青云，
送你胭脂粉，
从此中秋月如桃，
人间遍地桃花水……

海上明月何年生，
何年明月初照人？
天若有情莫须问，
嫦娥含笑耳语轻，
儿时梦想今日圆，
杳袖半掩露大书……

谁不话长久，
伴我终生明月心，
今夜失去还复来，
今生失去谁复还？

年年明月似相识，
年年新人成旧人；
劝侬更进一杯酒，
情到浓时无须羞。

呼月陪我同坐台，
歌一曲，
天地情！

白行往上滑着手机看着：“这人在中国长大吗？是个汉学家？”

林晓荫说：“Raul 是华人，名字翻译过来叫劳尔。”

白行诧异道：“你不是说他是从欧洲过去的？”

林晓荫说：“是，他以前在欧洲，后来去了非洲，我们在非洲相遇。”

白行疑惑地看看林晓荫又看看手机上的诗歌，一种慌乱涌上心头。

白行快速滑着手机，已无心细看，突然就在手机屏停顿的瞬间，一首短诗出现在眼前——《祝福——给女友》：

请饮下这最后的一杯
清澈的酒花
洋溢我甜甜的祝福
——不要说心儿已醉

玫瑰的路很长
泥泞会把你的足迹点缀
你双眸不要眨动深深的谢意
我的爱是为你设下的一块路碑

快不要在梦里暖成一尾小鱼
趁四月把你的双翼吹绿
学山鹰去寻找生活的蔚蓝吧
——我愿做春风送你

白行的心咚咚狂跳——这不就是二哥白丰的诗吗：“这一首也是劳尔写的？”

林晓荫看一眼：“是。他说是他以前写的。”

二哥白丰还活着！在非洲。白行眼神怔怔，嗓音颤抖地说：“劳尔——老二？”

林晓荫看着白行怪异的神情："白行，你怎么了？"

白行依然念叨着："劳尔，老二，跑到非洲去了……"

林晓荫说："白行你说什么……什么老二？是劳尔。"她恍悟："白行你有个哥哥是不是？Raul是你哥哥吗？白行，是不是？"没等白行回答，林晓荫又说："难怪一见面就感到亲切，见过似的。"

白行看着林晓荫，不知道该怎样回答。

见白行不说话，林晓荫问："白行，我记得你有个哥哥，他现在在哪儿？"

白行心里在想："如果自己把劳尔就是二哥的事告诉林晓荫，要不要把二哥还有个儿子白德的事也告诉她呢？那么林晓荫会怎样？还会和二哥在一起吗？继承人的事怎么办？挑明后将会给林晓荫和二哥带来多少难题和烦恼？"

林晓荫继续发问："白行，想什么呢？你是不是有个哥哥？他在哪儿？"

林晓荫会不会也担心劳尔是白行的哥哥呢？白行望着林晓荫焦急又期盼的眼神，她焦急什么？期盼的又是什么？

白行心里说不出的滋味，不再仅仅是心疼。他清楚自己没有理由怨恨二哥，即便二哥不出现，自己会主动去找林晓荫吗？应该不会。

白行终于做出艰难的决定，他不能把劳尔就是二哥白丰的实情告诉林晓荫，让二哥自己去说吧，或者二哥永远也不会说。

白行缓缓地开口："我哥哥在广东的一家精神病院。"

林晓荫问："真的？"

白行说："嗯，由我侄子白德照顾他。"

林晓荫依然怀疑："白行，Raul是你哥哥对吧？你为什么不想承认？是因为我吗？"

白行答非所问："他从欧洲过去的，你从什么地方过去的？"

林晓荫说："美国。"

白行心里想："看来他俩现在还不是很熟悉，可能二哥还不知道林晓荫的中国名字叫什么。过不了多久二哥和林晓荫就会明白，其实两个人都是从中国济南过去的。到那时二哥会不会想起弟弟白行说过的'林晓荫第一好看'呢？又会不会把这事告诉林晓荫？"白行清楚，林晓荫在心里已经接受了二哥白丰，二哥也爱上了林晓荫。如果这时候告诉林晓荫自己愿意和她在一起，只能让林晓荫为难。那就毁灭了二哥将将为自己漂泊的小船构筑的港湾，也拆掉了林晓荫刚刚为自己心中的烛火搭建的小屋。

白行拿出手机，翻出穿着病号服的白芒在精神病院与白德的合照给林晓荫看：“这是我哥和我侄子在精神病院的照片。”

林晓荫看完照片说：“Raul 看上去比你的哥哥还像你。”

白行问：“劳尔跟着你到中国来了吗？”

林晓荫说：“没有，他还在非洲。我想给他办移民，到美国去。”

林晓荫望着木讷的白行：“我要是和 Raul 在一起，我觉着……挺对不起你的……你怎么想的？能告诉我吗？”

白行想：一直在自己心里近乎完美的二哥或许不适合林晓荫。那么谁又适合？林晓荫需要个什么样的人做伴侣？白行知道二哥白丰不会照顾人，但是林晓荫需要的是照顾吗？白行用哀怨、愤恨、哭喊和期盼、祝福纠结在一起的复杂的心说出一句：“祝福你们，我盼你们好。”

林晓荫叹口气：“你真是这样想的？”白行没说话。林晓荫说：“其实我想听你说的，可能就是这句话，可是我还是觉着对不起你。”

这时有几只归宿的山鸟在老柏树上叽叽喳喳争抢着爱巢，林晓荫抬头看看天：“天快黑了，我们走吧。你还记得初中毕业那年我们在这里玩，不知不觉天黑了，就像现在一样。我们还像以前一样一起回去好吗？”

白行已无处可去，况且即便有地方，他也不想离开这里，几十年来，往往是只有待在这里他的心神才感到安宁。白行说：“你走吧，我在这里。”

林晓荫问：“你不回家吗？”

白行说：“心在哪儿，家就在哪儿。”

林晓荫没明白白行的意思，犹豫着：“那我先走了？天都黑了，这里挺吓人的。”

白行点点头。

林晓荫站起身往外走了几步，停在那里。片刻，林晓荫又转过身来，从提包里拿出一摞纸片递给白行，白行一看，是自己当年送给林晓荫的那些临摹的画书封面。白行没感到意外，好像这些纸片本来就该被林晓荫珍藏。林晓荫现在把这些纸片拿出来还给白行，像是在开始新生活前向以往做一个诀别，这也不意外。

然而白行的内心依然波涛汹涌，只是这波涛瞬间又沉寂下去，如同篝火熄灭时升起的最后一缕青烟。

林晓荫眼含热泪，深情地看着白行：“白行，我能……抱抱你吗？”

白行站起身，双臂依然下垂着，手中的纸片掉在地上。林晓荫靠上前来抱住白行，脸颊靠在他的胸膛上。白行已心如死灰，这期盼一生的拥抱在他的心里没有泛起一丝波澜。

这时，从白行的前胸掉出一样东西，林晓荫弯腰拾起来一看：是当年自己的那只花袜子，粉色的底上开满金色的向阳花。林晓荫抬头看着白行，眼泪夺眶而出，哽咽着说："白行，你为什么？为什么要结婚？你忘了我们的誓言吗？你还留着它干什么，这辈子都等不了，还在意下辈子吗？"

白行的心被林晓荫唤醒，他从林晓荫手里拿过花袜子，双臂抱紧林晓荫，流着热泪说："林晓荫，对不起，下辈子我一定等你……"

两个人就这样拥抱着，流着泪。他们在告别，不仅是向对方告别，他们是向过去的青葱岁月、如歌爱情告别，向自己永不泯灭的初心告别……

林晓荫走了，她的心是痛苦的。她心里清楚，这一别，天各一方，再不会相见。她感受着自己与白行爱的历程，太凄美了。她想对白行说，自己的这几十年，光鲜的背后全是苦楚与心酸，她一直追逐着爱的梦想，直到今天……

白行坐在老柏树下，他的全部的心念都已灰飞烟灭。他知道，这一别，阴阳两隔，再无牵挂与不舍……

入夜，白行还在华不注山南麓华阳宫的老柏树下坐着。四处黢黑幽静，不时在这里那里会发出这样那样怪怪的声响……

白行不想再有什么举动，他相信自己会在这里坐化。

白行想起身边还有半瓶白酒，就拿起酒来全部倒进自己肚子里。

渐渐地，白行感到自己已经不存在，自身已融入宇宙，无须奔与投。突然由远及近传来一声沉闷的叹息声和孩童的嬉笑声，若在平时，这突如其来的一声叹息和嬉笑会让人毛骨悚然，而此时的白行却像听到了召唤。白行睁开眼看，就见一个白衣仙者带着一个仙童飘飘忽忽来到近前。仙童说："人不能做蒙着眼睛在磨道上奔跑的驴，否则永远出不了这个磨道。人怕黑暗，因为看得见的不怕，怕看不见的。那么光从哪里来？光来自内心。黑夜里人怎能安睡？因为有梦，梦里有光。"

白行不屑地说："不追求不奋斗，来这世上干什么？"

仙者说："应无所住，而生其心。"

白行赌气说："善相净相也不可住，何为修行？"

仙者说："凡所有相，皆是虚妄，若见诸相非相，即见如来。"

仙童在一旁附和："一切法空，是空亦空，是名空空。缘起性空。"

白行知道自己说不过他们，就背诵道：“观自在菩萨，行深般若波罗蜜多时，照见五蕴皆空，度一切苦厄。舍利子，色不异空，空不异色，色即是空，空即是色，受想行识，亦复如是。舍利子，是诸法空相，不生不灭，不垢不净，不增不减……”

仙者微微一笑，带着仙童飘飘忽忽地走了。就在仙者将要消失时，只见他扯下自己的白氅挥手一扬，那白氅飞舞着落在老柏树上。白行抬头看，老柏树上白光满天。于是白行迎着白光往树上爬去……

白行从高高的树上四下看着寻找仙者，突然在树前的地面上看到一个大大的“行”字，难道这就是父母说过的神仙写的“行”字吗？是幻觉还是自己正在被召唤？白行不再犹豫，从老柏树上冲着“行”字扑了上去……

济南东郊老旧小区狭小的破房子里，昏暗的灯光下，三娘和三爸在说闲话。

三娘说：“听人说行儿从树上掉下来就没影了，也有人说是被一个老神仙救走的，说啥的都有。”

三爸说：“唉，年轻的时候在济南就是咱俩，几十年过去，现在还是咱俩，咱俩死了济南就没人了。”

三娘说：“咱家里没人，人家家里有。再说行儿也不一定死了，俺就相信行儿是被当年那个活神仙接走的。行儿是来度世的，度人度己，现在该做的都做完了，是被叫回去了。”

三爸说：“我还做梦了呢，行儿托梦说他化进老柏树里了，还说他就是华阳宫的树，在里面听神仙们谈经论道几百年了。谁知道真假呀，盼着的事……”

三娘说：“真的，俺那天夜里也做了个梦，一个老道士是个老神仙，他对着我说白行也是他徒弟。”

三爸看着三娘：“这些梦里的事……俺就不大信。”

三娘说：“好梦为啥不信？信！”

一切都结束了，只有这华不注山孤独地伫立着，她在守望着另一个问询人生意义的人的到来。

离济南华不注山南麓华阳宫里活了九百年的老柏树不远处，有一棵小柏树苗拱出了地面……

后　记

我们处在实现中华民族伟大复兴中国梦的伟大时代，在这个关键时期关键时刻的历史节点上，在全国蒸蒸日上阔步前行的大好形势下，把那些过往沉重的东西揭发出来，引起关注和警醒，是文学的责任。

这部小说，自 2013 年着笔，用了十一年时间方得完成。

2015 年写完第一稿后自己并不满意，搁置了几年，始终没有成书出版的打算。此后重新构思，准备材料，为改写做准备。2021 年开始重新改写，直到 2023 年年初完成第二稿，有六十六万余字。2024 年 7 月删减一些枝蔓章节、生活情感段落等，计二十多万字。

每次辍笔又能再次拿起，原因是总感觉还有个事没有完成——倘若几十万字的小说止在修改中，如同将要出生的孩子死于腹中。

有出版公司自告奋勇要帮我完善、润色，我说你这属于代孕业务，但是我想要的不仅是结果，我还要享受过程。

从年轻就有写一本长篇小说的想法，这本书出了，自感心中不留遗憾。把心里的念想付诸行动，如同把种子埋进了土地，风没来，雨没下，种子没发芽，心里依然不虚。但是如果让种子烂在手里，则连个怨天尤人的理由都没有。

回想整个写作过程，我如同一个石匠。我与别的石匠的区别是，我手头只有一块石头，所以只能沉住气，反复刻画打磨，一心要雕琢出精品，直到自己满意。好在不指望这个事吃饭，否则早已饿死。

人生的路走得越久，就越不在乎经历过的得与失，因为继续走下去才是真正的成功。

今生已是最后一生，我们都应该倍加珍惜。

感谢所有读者。

2013 年动笔

2015 年 9 月第一稿创作完成

2023 年 5 月第二稿改写完成

2024 年 7 月第三稿改写完成